DICTIONNAIRE

DE

LA JURISPRUDENCE

DE LA COUR IMPÉRIALE DE CAEN.

CAEN.—IMPRIMERIE E. POISSON.

DICTIONNAIRE

DE LA

JURISPRUDENCE

DE LA COUR IMPÉRIALE DE CAEN

1841—1854

Servant de Table générale au Recueil de la Jurisprudence de la Cour de Caen
pour lesdites années

Par LÉON BIDARD

AVOCAT, DOCTEUR EN DROIT, RÉDACTEUR DU RECUEIL DE LA
JURISPRUDENCE DE LA COUR IMPÉRIALE
DE CAEN.

CAEN

ALFRED BOUCHARD, LIBRAIRE-ÉDITEUR
Rue Notre-Dame, 119

PARIS

AUGUSTE DURAND, libraire-éditeur | MARESQ ET DUJARDIN, libraires-éditeurs
Rue des Grès-Sorbonne, 7 | Rue Soufflot, 17

1855

PRINCIPALES ABRÉVIATIONS.

———◦———

Les solutions qui ne portent pas de lettre indicative émanent de la Cour de Caen.—Les chiffres *ordinaux* indiquent la chambre qui a rendu l'arrêt.—Les chiffres *romains*, le volume du Recueil de la Jurisprudence de la Cour de Caen dans lequel la décision est rapportée, et les chiffres *arabes*, la page du volume; Exemple: 2ᵉ, 2 *mars* 1843 (*Angé*), VII, 178, signifie: *Arrêt de la Cour impériale de Caen, 2ᵉ chambre, affaire Angé, rapporté dans le recueil de la* Jurisprudence de la Cour de Caen, *tome 7, page* 178.

Ch. vac., signifie: *Chambre des vacations de la Cour de Caen.*

Ch. d'accusation, signifie: *Chambre d'accusation de la Cour de Caen.*

Ch. corr., signifie: *Chambre correctionnelle de la Cour de Caen.*

Aud. sol., signifie: *Audience solennelle de la Cour de Caen.*

C. cass., signifie: *Arrêt de la Cour de cassation qui casse.*

C. rej., signifie: *Arrêt de la Cour de cassation qui rejette.*

Ch. req., signifie: *Arrêt de la Chambre des requêtes.*

T. signifie: *Tribunal civil.*

T. comm., signifie: *Tribunal de commerce de Caen.*

T. corr., signifie: *Tribunal correctionnel de Caen.*

DICTIONNAIRE

DE LA

JURISPRUDENCE

DE LA COUR IMPÉRIALE DE CAEN.

(1841—1853 inclusivement).

A

ABANDON DE BIENS.— *V. Cession de biens.*—*Démission de biens.*—*Donation entre-vifs.* — *Partage d'ascendant.*—*Tiers détenteur.*

ABROGATION DE LOI.—*V. Absent.* — *Coutume normande.* — *Vaine pâture.*

ABSENCE—ABSENT.—*V. Désaveu d'enfant.*—*Exploit.*—*Filiation légitime.* — *Rente viagère.* — *Saisie-exécution.* — *Saisie-gagerie.* — *Scellés.*— *Serment décisoire.* — *Stipulation pour autrui.*

1. — La loi du 11 ventôse an II, qui prescrivait des mesures dans l'intérêt des militaires absents, pour le cas d'ouverture de successions à leur profit, a été abrogée par la loi du 13 janvier 1817. En conséquence, les représentants d'un militaire qui veulent venir à partage aux droits de leur auteur, doivent prouver que celui-ci existait au moment de l'ouverture de la succession. — 2e, 2 mars 1843 (Angé), VII, 178.

2. — Doit être considéré comme mort et non pas seulement comme absent l'individu embarqué sur un vaisseau qui a péri corps et biens. En conséquence, ne peut être réputé enfant légitime, l'enfant né de la femme de cet individu plusieurs années après le naufrage. — 2e, 24 fév. 1843 (Laga), VII, 629.

3. — L'effet d'un jugement déclaratif d'absence est de jeter un doute légal sur la vie ou sur la mort de celui auquel il s'applique, de telle sorte que quiconque réclame un droit subordonné à l'existence de l'absent, doit prouver cette existence.—Ainsi, l'enfant dont la conception est postérieure au jour de la disparition ou des dernières nouvelles du mari de sa mère, ne peut écarter les héritiers appelés par l'art. 120 du Code Napoléon, qu'en prouvant l'existence du mari au moment de la conception. Les héritiers n'ont pas besoin de recourir à la voie de désaveu.—And. sol., 14 juill. 1853 (Besague), XVII, 241.

4. — Il n'y a pas lieu de nommer un

1

notaire pour représenter dans une succession un individu dont l'existence n'est pas reconnue à l'époque de l'ouverture de cette succession. — 1re, 26 juin 1843 (Gaya), vii, 372. — 1re, 1 juill. 1850 (Le Vionnois), xiv, 425.

5. — Le notaire nommé par justice pour représenter à un inventaire des héritiers absents, a également qualité pour les représenter lors d'un référé statuant sur des mesures provisoires intéressant la succession.—2e, 8 fév. 1849 (de Rigny), xiv, 192.

ABSTENTION DE JUGES.

1.—Ne peut s'abstenir le juge qui a été l'avocat de l'adversaire d'une des parties dans une contestation *terminée* par des décisions ayant acquis l'autorité de la chose jugée.—Mais peut s'abstenir, le magistrat qui, comme magistrat, a donné des conseils à des personnes intéressées au procès même par leurs ayants-droit. —4e, 23 janv. 1850 (Delaporte), xiv, 126.

2.—Les juges ont la faculté de s'abstenir pour d'autres causes que celles qui peuvent motiver leur récusation ; mais l'abstention ne peut, dans ce cas, être admise que pour des motifs réellement sérieux et graves.—*id.*.

3. — La parenté, au septième degré, d'un juge avec le créancier d'une partie, et les relations d'intimité qui existent entre la famille du juge et celle du créancier, ne sont pas des motifs suffisants d'abstention.—Surtout lorsque ce créancier est désormais sans intérêt et ne figure pas au procès actuel.—*id.*.

4. — Lorsque, par l'abstention ou la récusation de *tous les juges*, un tribunal ne peut se compléter *régulièrement*, en appelant des avocats ou des avoués, c'est à la cour de laquelle ressort ce tribunal que l'on doit s'adresser pour statuer sur les motifs d'abstention des juges, ou sur le renvoi à un autre tribunal.

Il ne s'agit plus alors d'une question d'abstention *d'un seul juge*, prévue par l'art. 380 du Code de procédure, mais d'une véritable demande en renvoi.—*id.*.

5.—*Id...* et jusqu'à ce que la cour ait statué, le tribunal n'est point légalement dessaisi. — L'on doit suivre dans ce cas les formalités prescrites par les art. 363 et suivants du Code de procédure civile, relativement aux réglements de juges.— 4e, 14 nov. 1841 (Mazeline), v, 431.

6. — Dans le cas d'abstention ou de récusation bien fondée de tous les juges et juges suppléants composant le seul tribunal de commerce d'un arrondissement, la décision du litige n'est pas dévolue de plein droit au tribunal civil du même arrondissement aux termes de l'art. 640 du Code de commerce ; c'est à la cour impériale qu'il appartient de désigner le tribunal qui devra en connaître ; mais le renvoi doit avoir lieu de préférence devant un autre tribunal de commerce.— *id.*.

ABUS DE BLANC SEING. — *V. Acte sous seing privé. — Lettre de change.*

ABUS DE CONFIANCE.—*V. Lettre de change. — Meubles.*

ACCEPTATION. — *V. Donation entre époux.—... entre-vifs.—Effets de commerce. — Lettre de change. — Obligations.— Offre.—Remploi.— Stipulation pour autrui.—Succession (en gén.).—... bénéficiaire.*

ACCROISSEMENT. — *V. Muta-*

tion.—Renonciation à succ. — Substitution. — Usufruit.

ACHALANDAGE.

L'achalandage d'un magasin loué est inhérent à la personne et au commerce du locataire, et non au magasin lui-même. — Le propriétaire ne peut exiger qu'une chose, à savoir, que les marchandises qui garnissent le magasin soient d'une valeur suffisante pour assurer le paiement des loyers; il est mal fondé à s'opposer au transport par le locataire, dans un autre magasin, d'une partie des marchandises, du siége principal de son commerce et de son achalandage, à moins de stipulations contraires dans le bail. — 1re, 23 déc. 1850 (Lefrançois), xiv, 630.

ACQUÉREUR.—*V. Bail (en gén.). — Conservateur des hypothèques. — Donation entre époux. — Dot.—Eviction.—Femme mariée.—...normande. —Garantie.—Hypothèque (en gén.).— Hypothèque légale.—... des femmes. — Inscription. — Intervention. — Mineur.—Paiement.—Purge.—Remploi. —Saisie-arrêt. — Société d'acquêts.— Stellionat.— Subrogation.— Tiers détenteur.—Vente.*

ACQUÊTS et CONQUÊTS. — *V. Communauté conjugale.—Coutume de Paris.—Faillite.—Femme normande. —Hypothèque conv. — ... légale des femmes. — Remploi. — Saisie immobilière.—Société d'acquêts.*

ACQUIESCEMENT. — *V. Appel en matière civile. — Appel incident.— Billet à ordre.— Chose jugée.— Contrainte par corps. — Contrat jud..— Créancier (en gén.).—Degré de jurid.. — Désaveu d'off. minist..—Exception. — Jug. interloc.. — ... par défaut.—*

Ordre. — Rétention. — Séparation de corps.—Serment décisoire.

Indication alphabétique.

Acte s. s. p., 5, 6.	Jugem. homol., 11.
Avaries, 11.	Jugem. interloc.,14 et s.
Créanciers, 5, 6.	Jugem. par déf., 5 et s.
Date cert., 5.	Licitation, 22.
Délivrance, 30 et s.	Paiement, 4.
Demande récurs., 21.	Preuve testim., 3, 4.
Dépens, 4, 30 et s.	Rapport à justice, 7 et s.
Dispositions distinctes, 10.	Revendication, 20.
	Révocation de donation,
Dot, 22 et s.	26.
Effet, 30 et s.	Saisie immob., 21.
Enonciation, 2.	Séparat. de corps, 26.
Enquête, 14 et s.	Signification, 11 et s.,
Femme dotale, 22 et s.	30 et s.
Distraction, 20.	Sommation, 13 et s.
Exécution, 14 et s.	Subrogé-tuteur, 29.
Expertise, 17 et s.	Tiers, 5 et s.
Inductions, 1, 2.	Tuteur, 27 et s.

1. — L'acquiescement à un jugement doit être formel et ne peut résulter de simples inductions. —2e, 10 mars 1843 (Hébert), vii, 602.

2.—... Ni de simples énonciations faites dans un acte que s'est approprié le débiteur. — 2e, 21 déc. 1851 (Leclair), xv, 143.

3.—La preuve testimoniale de faits tendant à établir l'acquiescement donné à un jugement qui statue sur des valeurs supérieures à 150 fr., est inadmissible. —2e, 13 mai 1842 (Lolivier), vi, 311.

4.— Jugé encore que l'acquiescement résultant du paiement des dépens de l'instance ne peut, lorsqu'il s'agit d'un jugement qui statue sur un objet d'une valeur indéterminée, se prouver par témoins ou par présomptions s'il n'existe pas un commencement de preuve par écrit.— 1er, 3 janv. 1849 (Sellier), xiii, 25.

5.—L'acte sous seing privé par lequel

un débiteur acquiesce à un jugement par défaut rendu contre lui, ne peut être opposé aux tiers que du jour où la date en est devenue certaine. — 2°, 21 déc. 1851 (Leclair), xv, 143.

6. — Mais l'acte sous seing privé par lequel un débiteur acquiesce dans les six mois à un jugement par défaut faute de comparaître, peut être opposé aux créanciers de ce débiteur, lors même qu'il n'aurait acquis date certaine qu'après l'expiration des six mois, si les droits des créanciers sont postérieurs à l'époque où l'acquiescement a acquis date certaine. — 2°, 5 nov. 1841 (Plummer), v, 385.

7.-8. — S'en rapporter à justice n'est ni acquiescer aux prétentions de la partie adverse, ni reconnaître le mal fondé d'une demande que l'on a précédemment formée, ni renoncer à celles que l'on pourrait faire valoir. — 2°, 2 juin 1842 (de Grainville), vi, 381. — 2°, 13 mai 1853 (Chéchin), xvii, 174.

9. — Id... Alors surtout que dans un des écrits du procès la partie a fait des réserves. — 2°, 27 janv. 1844 (Rondel), vii, 54.

10. — Lorsqu'un jugement a deux dispositions distinctes, l'acquiescement donné à l'une d'elles n'empêche pas que l'appel ne puisse être porté au chef de l'autre disposition, alors surtout que l'acquiescement n'a été donné que sous réserve. — 4°, 14 déc. 1842. (Le Gallois), vii, 18.

11. — Le fait d'avoir déclaré que l'on consentait à la déduction ordonnée par un jugement d'homologation d'un règlement d'avaries, rendu arrière d'une partie(qui doit contribuer, entraîne acquies-

cement et rend non recevable le demandeur à présenter la même question, quand le défendeur vient à critiquer le jugement sur les chefs admis. — Mais le simple fait d'avoir fait signifier ce jugement, ne rend pas le demandeur non recevable à réclamer, sur appel, la réformation du jugement homologué, lorsque le défendeur demande qu'il y soit fait des modifications, pourvu que la demande n'ait pour but que le maintien du chiffre réclamé en première instance. — 4e, 8 nov. 1843 (Liais), vii. 523.

12. — N'emporte pas acquiescement à un jugement, de la part de celui qui la fait, la simple signification de ce jugement d'avoué à avoué. — 2°, 10 août 1843 (Zill des Ylles), vii, 460.

13. — ..Ni la sommation de délivrer le jugement. — 1re, 1 mars 1843 (Grimoult), vii, 574.

14. — Mais il en est autrement de la sommation de délivrer un jugement ordonnant une enquête, et de commencer l'enquête. — 4°, 17 nov. 1852 (Masson), xvii, 12.

15. — Lorsqu'une enquête a été ordonnée par un jugement, la présence à cette enquête de l'avocat et de l'avoué de la partie défenderesse, ne constitue pas un acquiescement à ce jugement, si cet avocat et cet avoué n'ont pris aucune part active à l'enquête et se sont bornés à une simple surveillance. Par suite ce jugement peut encore être choqué d'appel. — 1er, 12 mars 1849 (de Saint-Céran-Vérel), xiii, 167.

16. — Mais la partie qui a exécuté un jugement interlocutoire ordonnant une enquête, en assistant à l'audition des

témoins produits par la partie adverse et en faisant elle-même une contre-enquête, sans protestations ni réserves, est non recevable à interjeter appel de ce jugement. — 4°, 2 juin 1841 (Dufort), v, 249.

17. — La présence d'une partie à l'opération des experts ne rend pas cette partie non recevable à arguer de nullité le jugement qui ordonne l'expertise, si d'ailleurs elle a fait des réserves à cet égard. — 4°, 14 déc. 1846 (Toutain), x, 633.

18. — La présence d'une partie à un procès-verbal d'experts n'entraîne pas de sa part acquiescement au jugement qui a ordonné l'expertise, lorsque au moment de sa comparution elle déclare s'en rapporter à justice, et lors surtout que précédemment elle s'était réservée à faire valoir ses droits. — 2°, 27 janv. 1844 (Rondel), viii, 54.

19. — Mais il en est autrement de la partie qui se présente à l'expertise, qui accompagne les experts dans leur opération et leur donne les explications dont ils ont besoin. — 2°, 15 mai 1847 (Rosier), xi, 343.

20. — 21. — L'adjudicataire sur saisie immobilière qui, sur une action en revendication, se borne à conclure un recours contre le poursuivant pour être indemnisé de la perte que lui fait éprouver la distraction opérée, est réputé acquiescer à la demande en revendication; il ne peut plus, par suite, attaquer par une voie quelconque la portée du jugement qui adopte les conclusions du revendiquant. — 1re, 28 juin 1847 (Delleris), xi, 345.

22. — Lorsque les époux sont mariés sous le régime dotal, le mari ne peut en son nom seul donner acquiescement à un jugement qui statue sur les biens dotaux de sa femme. — 2°, 13 mai 1842 (Lolivier), vi, 311.

23. — Une femme mariée sous le régime dotal, mais avec faculté de vendre moyennant remplacement, ne peut arguer de nullité l'acquiescement qu'elle a donné à un jugement ordonnant une vente par licitation. — 2°, 24 avril 1845 (Lechaudey), ix, 152.

24. — Une femme dotale, séparée de biens, peut valablement acquiescer à un jugement qui attribue à ses créanciers une partie de ses revenus. C'est là un acte de sage administration, surtout lorsque ce règlement judiciaire a pour objet notamment de soustraire le mari à l'exercice de la contrainte par corps. — 1er, 5 avril 1848 (Quesnay), xii, 41.

25. — Id... A un jugement qui accorde au mari une pension alimentaire à prendre sur les revenus des immeubles dotaux. — 1re, 16 nov. 1846 (Blouet), xi, 574.

26. — Id... A un jugement qui, après sa séparation de corps, la déclare non recevable dans sa demande en révocation des avantages par elle faits à son mari, lors même que ces avantages frappent sur ses biens dotaux. — 1re, 16 mars 1847 (Saugrain), xi, 667.

27. — Le tuteur n'a pas qualité pour acquiescer, sans le concours du subrogé-tuteur, à un jugement rendu contre le mineur. — Un pareil acquiescement ne rendrait donc pas l'appel non recevable. — 2°, 8 juin 1842 (Doucet), vi, 509.

28. — L'acquiescement régulièrement donné par le tuteur ou le subrogé tuteur, en remplacement du tuteur, à un juge-

ment qui statue sur une action purement mobilière intéressant le mineur, ne peut être attaqué par ce dernier lorsqu'il a atteint sa majorité. — 4e, 19 nov. 1844 (Cottun), VIII, 645.

29. — En supposant qu'un subrogé-tuteur ait le droit d'acquiescer au jugement rendu dans une affaire qui intéresse le mineur, on ne pourrait voir un acquiescement dans le fait de n'avoir pas contredit les collocations ou actes d'exécution d'un ordre dans lequel il n'a été ni présent ni appelé. — 2e, 21 août 1846 (Legenvre), x, 444.

30. — L'acquiescement à un jugement ne met point obstacle à ce que la partie qui a obtenu gain de cause le fasse délivrer aux frais de son adversaire. — 2e, 27 janv., 1842 (Herbault), VI, 477.

31. — Lorsque sur l'appel d'un jugement il est intervenu un arrêt confirmatif et que l'appelant a acquiescé à cet arrêt en obéissant payer les frais sur taxe, il n'y a pas lieu à la délivrance et à la signification de l'arrêt et par suite ces frais ne doivent pas entrer en taxe. — 2e, 5 août 1847 (Lefront). XI, 577.

ACQUITTEMENT. — *V. Chasse.* — *Dommages-intérêts.*

ACTE (en général). — *V. Démence.* — *Nullité.* — *Titre.* — *Tuteur.* — Et ci-après les différentes espèces d'actes.

Pour qualifier un acte, on doit s'arrêter, non à son apparence, à sa forme extérieure, mais à l'intention des contractants. — 1re, 16 juin 1852 (Lecheyallier), XVI, 229.

ACTE ADMINISTRATIF. — *V. Acte de commerce.* — *Compétence civile.* — *Dommages intérêts.* — *Eau.* — *Travaux publics.* — *Usine.*

Indication alphabétique.

1. — Lorsqu'un acte administratif est clair et qu'aucun doute ne peut s'élever sur le sens de cet acte, c'est aux tribunaux civils qu'il appartient d'en faire l'application. — 2e, 24 janvier 1845 (Maillard), IX, 194.

2 — Id... Lorsqu'un titre postérieur, sérieux n'est pas opposé. — 1re, 27 janvier 1852 (Duteil), XVI, 65.

3 — Id... Alors même qu'il s'agirait d'une question de propriété. — 1re, 26 juillet 1842 (Préfet du Calvados), VI, 465.

4 — Id... Alors surtout que cet acte ne serait invoqué que comme renseignement. — 1re, 6 avril 1842 (de Fontette) VI, 198.

5. — Cette règle ne pourrait recevoir d'exception, quant aux faits accomplis, par cette circonstance que l'une des parties se serait pourvue devant l'administration, pour faire modifier l'acte dont l'exécution est réclamée par ladite partie. — 2e, 24 janvier 1845 (Maillard), IX, 194.

6. — Mais du moment qu'un doute peut s'élever sur le sens d'un acte administratif, les tribunaux doivent d'office renvoyer devant l'administration, qui seule a, dans ce cas, le droit d'interprétation. — 1re, 15 nov. 1841 (Marie), v, 370.

7. — Jugé encore que les tribunaux judiciaires sont compétents pour statuer sur tous les droits de propriété, lors même que ces droits dériveraient d'un acte administratif, s'il ne peut s'élever aucun

débat sérieux ni sur la validité, ni sur le sens de cet acte.

Que si, au contraire, il y a lieu à l'interprétation de l'acte administratif, les tribunaux ne doivent pas se déclarer incompétents, ils doivent seulement surseoir à statuer, jusqu'après la décision de l'administration sur la question préjudicielle.

Spécialement, les tribunaux civils sont compétents pour statuer sur la revendication formée par une commune contre le département, des biens domaniaux qui lui ont été abandonnés en vertu du décret du 9 avril 1811.—Toutefois, s'il s'élève quelques doutes sur la désignation précise des objets compris dans le procès-verbal de mise en possession, il y a lieu de renvoyer devant l'autorité administrative, pour l'interprétation de ce procès-verbal, et de surseoir au fond.— 1re, 26 juillet 1842 (Préfet du Calvados), VI, 465.

8--La question de savoir si l'administration n'a payé qu'une indemnité pour occupation de terrains seulement, ou la propriété même du terrain, quand tout s'est passé administrativement et sans l'intervention de l'autorité judiciaire, et s'il se présente des doutes sérieux, est une interprétation d'actes administratifs, qui doit être renvoyée à l'administration.—2e, 17 nov. 1849 (Léguillon), XIII, 390.

9--.Lorsque, dans un acte de vente consenti par l'État, il a été déclaré que l'immeuble vendu était grevé d'un droit de passage *pour différents usages*, la question de savoir si tel individu a droit d'user du passage réservé, ne peut donner lieu à une interprétation par voie administrative, et doit être résolue par l'autorité judiciaire.—2e, 26 fév. 1842 (Vautier), VI, 611.

ACTE APPARENT. — *V. Enregistrement.*

ACTE AUTHENTIQUE. — *V. Acte notarié.*

ACTE CONSERVATOIRE. — *V. cession.*

ACTE DE COMMERCE. — *V. Billet à ordre.—Commerçant.—Compét. Comm..— Huissier.— Intérêts.— ....judic..—Juge de paix.— Notaire. — Remplacement militaire. — Vente publ. de meubles.*

Indication alphabétique.

<table>
<tr><td>Achats, 1, 5, 9 et s.</td><td>Oblig. access., 8.</td></tr>
<tr><td>Aubergiste, 2 et s., 14.</td><td>Pharmacie, 9.</td></tr>
<tr><td>Bail, 6.</td><td>Présomption, 13.</td></tr>
<tr><td>Billets, 6, 10.</td><td>Preuve test., 13.</td></tr>
<tr><td>Carrières, 5 et s.</td><td>Remise de place en-</td></tr>
<tr><td>Charronnage, 10.</td><td>place, 12.</td></tr>
<tr><td>Cultivateur, 1, 3.</td><td>Rétrocession de bail, 14.</td></tr>
<tr><td>Emprunt, 3.</td><td>Usine à gaz, 11.</td></tr>
<tr><td>Fonds de comm., 5, 9.</td><td>Voiturier, 2 et s.</td></tr>
</table>

1. — Constituent des actes de commerce qui, par conséquent, tombent sous la juridiction commerciale........ L'achat de grains et denrées fait par un agriculteur dans le but de les revendre. — 1re, 1 mars 1852 (Sénécal), XVI, 91.

2. — *Id*..... Les dépenses d'auberge faites par le domestique d'un marchand de bois, conduisant ses chevaux et sa voiture. — 4e, 25 mars 1846 (Duhoulay), X, 197.

3. — *Id*..... L'obligation respective qui naît entre un voiturier et un aubergiste par suite du dépôt d'objets voiturés, fait par le premier entre les mains du second. — 4e, 27 fév. 1847, (Gost), XI, 89.

4. — *Id*..... Les emprunts faits par un cultivateur, non pour subvenir à sa culture, mais pour faire face aux obligations résultant de la négociation successive de nombreux effets souscrits à son profit. — La contrainte par corps peut donc être prononcée. — 4°, 26 avril 1843 (Cochon), vii, 175.

5. — *Id*..... L'achat d'un fonds de commerce. — 4e, 23 avril 1845 (Aubert), ix, 302.

6. — *Id*..... La location par un marchand de granit, d'une carrière pour l'exploiter. — Et cela pour toutes les obligations contractées par le locataire, relativement à son entreprise, non-seulement avec des tiers, mais même avec le propriétaire du sol. — 4°, 17 déc. 1847 (Jobert), xi, 593.

7. — *Id*..... L'extraction de pierres sur un terrain, loué dans ce but, pour les revendre ensuite. — 4°, 22 mars 1847 (Jobert), xi, 92.

8. — *Id*..... Toute convention accessoire à une obligation principale, laquelle est reconnue commerciale, par exemple, celle par laquelle le propriétaire stipule que lui seul fournira les vivres aux ouvriers qui extrairont la pierre sur l'immeuble par lui loué à cet effet, et que le locataire lui en paiera le prix. — *id*..

9. — *Id*..... L'achat d'un fonds de pharmacie, par un pharmacien, pour l'exploiter lui-même. — 4°, 28 déc. 1840 (Guillemard), v. 7.

10. — *Id*..... L'achat de charronnage de la part d'un individu qui, bien que propriétaire de quelques hectares de terre qu'il cultive lui-même, ne se livre pas moins habituellement à des opérations de transport. — En conséquence le billet souscrit par lui, pour cette cause, peut donner lieu à la juridiction commerciale et à la contrainte par corps, — 4°, 20 mai 1841 (Leclerc), viii, 321.

11. — *Id*..... L'obligation prise par un particulier envers l'autorité admistrative d'établir dans une ville une usine à gaz, pour l'éclairage des rues et places de cette ville, rend l'obligé justiciable des tribunaux consulaires pour toutes les contestations qu'il peut avoir avec les vendeurs et les fournisseurs de l'établissement d'éclairage. — 4°, 3 août 1847 (de Choisy), xi, 411.

12. — *Id*..... Les remises d'argent faites de place en place, encore qu'elles n'aient pas lieu par la voie de lettre de change. — Ainsi le billet à ordre, connu sous le nom de *billet à domicile*, c'est-à-dire souscrit dans un lieu réputé place de commerce, et payable dans une autre place de commerce, constitue un acte de commerce en ce qu'il renferme remise de place en place ; dès lors le signataire est soumis à la juridiction commerciale, quand même il ne serait pas commerçant. — 4e, 10 nov. 1841 (Roger), vii, 314.

13. — La présomption que les billets souscrits par un commerçant sont faits pour son commerce, peut prévaloir même au cas où celui-ci demande à établir par témoins que le billet a eu pour cause un prêt destiné à payer des frais de justice, et que ce fait était bien connu du prêteur ; cette preuve peut être déclarée inadmissible. — 4e, 14 fév. 1843 (Guérin), vii, 179.

14. — On ne peut considérer comme

un acte de commerce la rétrocession que fait un hôtellier de la jouissance de l'hôtel qu'il occupe, pour le temps qui reste à.courir sur son bail, ainsi que la vente d'un certain nombre d'objets mobiliers garnissant cet hôtel, spécialement désignés et estimés en détail. — 4e, 19 avr. 1842 (Létot), VI, 222.

ACTES DE L'ÉTAT CIVIL. — *V. Absent.—Désaveu d'enfant. —Enfant naturel.—Etat (Réclam. d').—Filiation.*

1.—Les actes de l'état civil rédigés en pays étranger, suivant les formes usitées dans le pays, ont en France la même force qu'ils auraient dans les lieux où ils ont été rédigés. — *Spécialement*, les extraits du registre des baptèmes délivrés et signés par le pasteur apostolique de Batavia antérieurement à l'ordonnance du 18 juin 1828 font *foi de la naissance et de la filiation* des enfants auxquels ils se rapportent, sauf la preuve testimoniale du contraire réservée aux intéressés.—1re, 22 mai 1850 (Le Bailly), XIV, 383.

2.— Est recevable une demande en rectification d'actes de l'état civil tendant à faire restituer à un nom sa véritable orthographe, et spécialement à faire décider que la particule DE qui se trouve en tête du nom doit en être distincte au lieu de faire corps avec lui et de ne former qu'un seul mot.—2e, 13 fév. 1846 (de Vilade), X, 169.

3.—L'action en rectification d'un acte de naissance, bien qu'elle ait pour but de procurer une exemption du service militaire, ne nécessite pas la mise en cause du préfet.—2e, 17 août 1843 (Laqueono), VII, 432.

ACTE NOTARIÉ. — *V. Double*

écrit.—*Notaire.—Poids et mesures.— Testament authentique.*

1.— Est destitué de toute authenticité l'acte qui a été reçu par un clerc hors la présence du notaire, et que celui-ci n'a signé qu'après coup.—2e, 18 janv. 1845 (Guillandre), IX, 3.—1re, 26 mai 1847 (Guillandre), XI, 289.

2.—*id...* Encore bien que cet acte porte l'énonciation qu'il a été reçu par le notaire lui-même et son collègue.—2e, 5 janv. 1844 (Manchon), VIII, 3.

3.—*id...* Alors même encore que le notaire s'est après coup transporté auprès des parties contractantes et leur a donné à nouveau lecture de l'acte, s'il n'y a pas fait apposer en sa présence de nouvelles signatures.—1e, 26 mai 1847 (Guillandre), XI, 289.

4.—Si les témoins peuvent en général signer les actes après qu'ils ont été reçus par un notaire, ils ne peuvent les signer valablement avant qu'ils soient reçus.—*Spécialement*, ils ne peuvent signer valablement l'acte rédigé par le clerc avant que le notaire ait donné lui-même lecture de l'acte aux parties, leur ait fait apposer leur signature ou constaté qu'elles ne savent signer.—*id.*.

ACTE NUL.—*V. Acte notarié.— Contrat synall.—Faillite.—Preuve par écrit (commenc. de).—Ratification.*

ACTE RÉCOGNITIF.—*V. Ratification — Rente (en gén.)—. féodale.*

ACTE RESPECTUEUX.

1. — L'effet d'actes respectueux peut, d'un accord commun entre les parties, être subordonné à des conditions ne blessant ni l'ordre public ni les bonnes mœurs. — Ainsi on peut valablement convenir que l'enfant se retirera dans

une maison religieuse pendant un certain laps de temps durant lequel ses parents pourront venir lui donner leurs conseils. — 2e, 25 janv. 1845 (Fristel), IX, 85.

2. — Est valable l'acte respectueux remis par le notaire à la domestique du père, dans un jardin dépendant de son habitation, après que la domestique a déclaré que son maître était absent. — 1re, 28 janv. 1850 (Hamon), XIV, 230.

3. — Quand le père n'a fait aucune démarche près de son fils, ou qu'il ne justifie pas avoir été dans l'impossibilité de lui adresser des conseils, il n'y a pas lieu de fixer un nouveau délai et de retarder la célébration du mariage. — id.

4. — Le délai qui doit s'écouler entre les notifications des actes respectueux se compte de quantième en quantième. — id.

ACTE SOUS SEING PRIVÉ. —

Acquiescement. — Approbation d'écriture. — Contrat de mariage. — Contrat synall.. — Donation déguisée. — ..... entre vifs. — Double écrit. — Effet de commerce. — Lettre de change. — Rente viagère. — Testament ologr.. — Transaction. — Vente. — Vérification d'écriture.

1. — Une surcharge qui, dans un acte sous seing privé, n'a pas été approuvée, ne doit pas être prise en considération. — 4e, 29 janv. 1845 (Forget), IX, 59.

2. — Un acte acquiert date certaine du jour du décès d'une des parties qui y a concouru. La simple possibilité d'un abus de signature dont on ne rapporte pas la preuve ne saurait faire obstacle à cette présomption. — 1re, 30 déc. 1850 (Dupont), XV, 45.

3. — Les actes sous seing privé ne peuvent avoir date certaine contre les tiers que par l'un des trois moyens indiqués par l'art. 1328 du Code Nap. — Ainsi, l'acquéreur ne peut être admis à établir la vérité de la date d'un acte de vente sous seing, en prouvant que le tiers-acquéreur a eu connaissance personnelle de la vente. — Cette connaissance ne suffit pas pour constituer le tiers en état de fraude. — 2e, 30 août 1841 (Deville), v, 335.

4. — L'article 1328 du Code Nap. est limitatif et non pas démonstratif. — En conséquence, la preuve testimoniale ne peut être ordonnée, alors même qu'il existerait un commencement de preuve par écrit, pour démontrer, à l'encontre des tiers, qu'un acte sous seing privé a bien été rédigé le jour de sa date apparente. — 4e, 5 nov. 1851 (Martin), XV, 282.

5. — Le défaut d'enregistrement d'un acte sous seing privé, et le défaut de mention de mutation de propriété sur le rôle des contributions ne constituent pas la clandestinité qui empêche l'acte d'être valablement opposé aux tiers, *quand il a acquis date certaine de quelqu'autre manière ;* ces omissions dégagées de fraude ne donnent pas lieu à l'application des articles 1382 et 1383 du Code Nap. en faveur des acquéreurs postérieurs. — 1re, 30 déc. 1850 (Dupont); XV, 45.

6. — Le jugement rendu après la transcription d'un acte de partage d'ascendant, et qui déclare reconnue la signature d'une obligation souscrite par l'ascendant, n'a pas pour effet de faire considérer comme certaine, à l'égard des enfants donataires, la date donnée à cet acte. — Il en est surtout ainsi lorsque le

jugement n'a pas été rendu contradictoirement avec les donataires.— 1re, 15
janv. 1849 (Charpentier), XIII, 15.

ACTE SYNALLAGMATIQUE.—
..... UNILAT RAL. — *V. Caution.*
— *Contrat synall.. — Double écrit.*

ACTION (en justice). — *V. Chemin
public. — Créancier. — Désaveu d'enfant. — Don. entre vifs. — Dot. — Droits
litig.. — Enseigne. — Etat (Récl. d'). —
Fabrique. — Faillite. — Legs (en gén.). —
Libraire. — Mariage. — Officier de santé.
— Pillage. — Propriété. — Ratification.
— Remploi. — Remplac. milit.. — Société
civile. — Testam. (en gén.). — Transaction. — Usure.*

1.— Une action ne peut être valablement portée devant les tribunaux que
pour soi-même, on ne pourrait l'intenter
pour un tiers dont on se porterait fort.
—2e, 9 fév. 1844 (Le Boucher d'Emiéville), VIII, 130.

2. — Mais l'on peut valablement intenter une action pour le compte d'un
autre, et sans en avoir reçu mandat,
si l'on justifie d'un intérêt légitime pour
agir, et que d'ailleurs l'adversaire renonce à exciper du défaut de qualité en
acceptant le débat. — Spécialement, celui
qui a recueilli son frère peut intenter une
action en pension alimentaire contre la
femme de celui-ci. — 2e, 1 déc. 1849
(Doccagne), XV, 320.

3.— *Id...* Le locataire qui a pris l'o-
bligation de payer ses loyers par antici-
pation, a qualité suffisante pour agir directement et en son nom personnel, contre l'entrepreneur qui s'est engagé envers
le propriétaire, sous peine d'une indemnité envers le locataire, à terminer dans
un délai fixe les travaux nécessaires à
l'immeuble loué. — 2e, 2 janv. 1847
(Lardière), XI, 42.

4.— L'époux veuf sur le point de contracter un second mariage et dont les
gains de survie, d'après les déclarations
des débiteurs desdits gains, paraissent
subordonnés au non-convol, a un intérêt
né et actuel qui légitime une action en
justice relativement à la conservation ou à
l'extinction de ses droits au cas d'un second mariage. — 4e, 4 août 1851 (Isabelle).
XV, 247.

5. — Le contredit à un droit peut
résulter des prétentions exprimées dans
des actes extra-judiciaires: par exemple,
dans une consultation signifiée et devenue pièce commune de procédure. — *id..*

ACTION CIVILE. — *V. Action publique. — Chose jugée. — Diffamation.
Dommages-intérêts.*

1.— Il peut être sursis à statuer sur une
action introduite devant les tribunaux
civils, jusqu'au vide d'une procédure
criminelle engagée contre une personne
étrangère à cette action, lorsque le demandeur sur l'instance civile prétend
atteindre le défendeur comme civilement
responsable du fait auquel se rattache
la procédure criminelle. — 4e, 2 déc.
1844 (David), VIII, 565.

2. — L'action civile en dommages et
intérêts résultant d'un crime ou d'un
délit, est soumise à la prescription ré-
glée par les articles 637, 638 et 640 du
Code d'instruction criminelle. — Un jugement ou arrêt de condamnation ne
suspend pas la prescription des articles
ci-dessus indiqués, alors que le plaignant
y est resté étranger, puisque le jugement
ou l'arrêt ne forment point un titre à
son profit. — T. Caen, 1re, 14 nov. 1849

(Lepetit), xiii, 574.

3. — La prescription des articles 637 et 638 du Code d'instruction criminelle n'est pas applicable aux actions en revendication, en restitution et en reddition de compte, fondées non sur l'existence d'un crime ou d'un délit, mais sur les principes des contrats ou quasi-contrats du droit civil. — Spécialement, l'action en restitution de billets dirigée au civil contre une personne, accusée d'abord de les avoir détournés et volés, n'est prescriptible que par trente ans, si cette action est dirigée contre le détenteur en sa qualité de mandataire ou dépositaire, indépendamment de tout caractère criminel. — Il en est ainsi lors même que le demandeur se serait porté partie civile sur la poursuite criminelle abandonnée et éteinte par la prescription. — 1re, 26 mai 1845 (Boulard), IX, 404. — T. Caen, 1re, 14 nov. 1849 (Lepetit), xiii, 574.

4. — L'acte par lequel un délinquant reconnaît qu'il s'est rendu coupable de tel ou tel fait répréhensible ne constitue pas une reconnaissance interruptive de la prescription de l'action civile. — T. Caen, 1re, 14 nov. 1849 (Lepetit), xiii, 574.

ACTION COLLECTIVE. — V. degré de juridiction.

ACTION CRIMINELLE. — V. Action civile.

ACTION de in rem verso. — V. Dot.

ACTION DOMANIALE. — V. Domaine de l'Etat. — Domaine engagé. — Terres vaines et vagues.

ACTION EN DÉLAISSEMENT. — V. Garant.

ACTION EN NULLITÉ ou EN RESCISION. — V. Action révocatoire.

— Cession. — Consignation. — Créancier. — Dot. — Legs universel. — Mandat. — Prescription. — Ratification. — Remploi. — Saisie immobilière. — Transaction. — Tuteur. — Vente. — ... publique d'immeubles.

ACTION EN REDDITION DE COMPTE. — V. Action civile.

ACTION EN RESTITUTION et EN REVENDICATION. — V. Action civile. — Revendication.

ACTION HYPOTHÉCAIRE. — V. Degré de juridiction. — Hypothèque. — Purge. — Tiers détenteur.

ACTION PÉTITOIRE.

La partie qui, négligeant l'action au possessoire, se pourvoit directement au pétitoire, n'est pas pour cela déchue du droit d'invoquer les faits de possession servant à établir ses droits de propriété. — 2e, 16 juin 1847 (Commune de Pierreville), xi, 394.

ACTION PRINCIPALE. — V. Demande nouvelle.

ACTION PUBLIQUE. — V. Action civile. — Adultère. — Bois. — Chasse. — Chose jugée.

ACTION RÉDHIBITOIRE. — V. Vice rédhibitoire.

ACTION RÉSOLUTOIRE. — V. Vente.

ACTION RÉVOCATOIRE. — V. Action en nullité. — Créancier. — Domaine engagé. — Dot. — Femme normande. — Intervention — Remploi.

ACTIONNAIRE. — V. Société anonyme.

ADITION D'HÉRÉDITÉ. — V. Femme normande. — Succession. — Hypothèque en général.

ADJUDICATAIRE. — ADJUDI-

CATION. — *V. Commune. — Consignation. — Emigré. — Exception. — Héritier apparent. — Ordre. — Rente foncière. — Rétention. — Saisie immobilière. — Succession bénéf.. — Surenchère. — — Travaux publics. — Vente. — …publ. d'immeubles.*

ADMINISTRATION FORESTIÈRE. — *V. Bois.*

ADOPTION. — *V. Enfant naturel.*

La disposition de l'article 359 Code Nap., d'après laquelle l'adoption doit être inscrite dans les trois mois qui suivent le jugement sur les registres de l'état civil, est suffisamment remplie par la transcription, opérée par l'officier de l'état civil, de l'arrêt d'adoption ; il n'est point nécessaire qu'inscription ait été faite de l'acte dressé par le juge de paix de la déclaration des parties de vouloir procéder à l'adoption. — Il suffit également que l'acte de transcription constate que c'est sur le vu de l'expédition de l'arrêt présenté par l'une des parties que cette transcription a été faite ; il n'est point indispensable que mention expresse ait été faite de la réquisition de la partie ; la loi n'exige dans ce cas ni la signature de la partie réquérante, ni l'assistance de témoins. — Aud. sol., 9 juill. 1846 (Desmares), x, 393. — C. ch. req., rej. 23 nov. 1847 (Desmares), xi, 670.

ADULTÈRE. — *V. Désaveu d'enfant. — Etat (réclam. d'). — Récidive.*

1. — Bien qu'aux termes de l'art. 336 du Code pénal, le mari ait seul le droit de dénoncer l'adultère de sa femme, néanmoins, lorsque l'action publique a une fois pris son cours, elle peut, sans nouvelle manifestation de volonté de la part du mari, être portée devant tous les de-grés de juridiction. — *Spécialement,* le ministère public est recevable à interjeter appel de la décision rendue en première instance. — 4e, 13 janv. 1842 (Godefroy), vi, 14.

2 — La séparation de corps ne rend pas le mari non recevable à porter plainte en adultère contre sa femme. — *id.*.

3. — La femme convaincue d'adultère et punie comme telle, ne peut cependant être condamnée à des dommages-intérêts envers son mari; cette condamnation ne peut être prononcée que contre le complice. — 4e, 16 mars 1843. (Salge), vii, 393.

AFFAIRE SOMMAIRE. — *V. Distribution par contribution.*

AFFOUAGE. — *V. Usages (droits d').*

AGENT D'AFFAIRES. — *V. Avocat. — Commerçant.*

AGENT DU GOUVERNEMENT.

Les délégués désignés par le juge de paix pour assister le maire dans la confection des listes électorales ne sont pas des agents du gouvernement dans le sens de l'article 75 de la loi du 22 frimaire an VIII. En conséquence, ils peuvent, sans autorisation préalable, être mis en jugement à raison de faits commis dans l'exercice de leur mission. — *Spécialement,* un délégué peut être poursuivi directement devant le Tribunal correctionnel pour diffamation, sans autorisation préalable. — 4e, 12 mars 1851, (X…), xv, 129.

AGRÉÉ. *V. Privilége.*

AINESSE. — *V. Jumeaux.*

AJOURNEMENT. — *V. Appel. — Citation. — Exploit.*

ALIÉNATION. — *V. Dot. — Femme normande. — Mandat. — Partage. —*

Tuteur.—Vente.

ALIMENTS.—*V.* *Action en justice.—Dot.—Emprisonnement.—Femme normande.—Pension alimentaire.—Rente (en général).—Séparation de corps.*

Les tribunaux peuvent, en condamnant une mère à fournir des aliments à son fils, décider que la condamnation ne produira effet que jusqu'à une certaine époque, en astreignant le fils à former, s'il y a lieu, pour ladite époque, une nouvelle demande, qui l'obligera à justifier qu'il lui a été impossible de se procurer par son travail les moyens de subsister.—1re, 11 nov. 1845 (Legendre), x, 9.

ALLÉE COMMUNE.—*V. Copropriété.*

ALLIANCE.—ALLIÉ.

L'affinité n'est pas détruite entre le survivant des époux et les parents du décédé, lors même qu'il n'existe pas d'enfants du mariage dissous.—4e, 27 sept. 1845 (Lefèvre), IX, 703.—4e, 27 sept. 1845 (Gueret), *ibid.*.

ALLODIALITÉ. — *V. Rente féodale.*

ALLUVION. — *V. Prescription.—Rivage de la mer.*

AMÉLIORATIONS.—*V. Communauté conjugale.—Constructions.—Dot.—Femme normande.—Héritier apparent. — Partage. — Rente foncière.—Rétention. — Société d'acquets.— Tiers détenteur.— Usage (droits d').*

AMÉNAGEMENT. — *V. Usage (droits d').*

AMENDE. — *V. Degré de juridiction.—Huissier.— Poids et mesures. Prescription.*

AMEUBLISSEMENT —*V. Communauté conjug.—Émigré.*

AMIABLES COMPOSITEURS. — *V. Arbitrage.—Arbitrage forcé.*

ANATOCISME. — *V. Intérêt de l'intérêt.—Usure.*

ANGLAIS. — ANGLETERRE.— *V. Contrat de mariage.*

ANIMAUX.—*V. Vice rédhibitoire.*

ANTICHRÈSE. — *V. Contrat pignoratif.—Séparation de biens.*

1. — L'antichrèse n'existe qu'autant que le créancier est mis en possession. Peu importe, du reste, qu'il exerce cette possession par lui-même ou par un tiers. —Il peut donc donner à bail l'immeuble antichrésé.—2e, 31 janv. 1851 (Bassière), XVII, 86.—2e, 12 fév. 1853 (Lapeyrière), *ibid.*.

2.—Le contrat d'antichrèse est valablement fait sous la forme d'une vente. —2e, 12 fév. 1853 (Lapeyrière), *ibid.* — V. aussi *Contrat pign.*, n° 1.

3.—Le contrat d'antichrèse dissimulé sous la forme d'un acte de vente peut résulter des termes du contrat, et surtout des circonstances qui l'ont accompagné, par exemple de la vilité du prix, de la faculté de réméré, des droits éventuels d'enregistrement mis, contrairement à l'usage, à la charge des vendeurs, de l'obligation enfin qui leur est imposée, pour le cas où ils exerceraient le droit de réméré, de rembourser également les sommes pour la sûreté desquelles les prétendus vendeurs donnaient en gage, dans le même acte, divers objets mobiliers.—1re, 30 déc. 1850 (Dupont), xv, 45.

4.—La femme qui a obtenu sa séparation de biens a droit de répéter les fruits de ses immeubles donnés en antichrèze par son mari, depuis sa demande en séparation. — 2e, 11 juil. 1844 (Lepelletier), IX, 179.

5. — Le détenteur à titre d'antichrèse des biens d'une femme est difficilement supposé de bonne foi, à l'effet de faire les fruits siens, lorsqu'il habite la même commune que les époux, qu'il a pu connaître le mauvais état des affaires du mari et la demande en séparation formée par la femme. — *Id.*.

6. — La seconde disposition de l'article 2082 du Code Nap., d'après laquelle le créancier nanti d'un gage ne peut être tenu de s'en dessaisir, tant que le débiteur ne s'est point libéré envers lui de toutes les dettes devenues exigibles avant le paiement de celle pour laquelle le gage avait été fourni, n'est point applicable à l'antichrèse. Le créancier ne peut donc retenir l'immeuble donné en nantissement, sitôt que le paiement de la première créance lui a été fait, quelles que soient d'ailleurs les autres obligations contractées envers lui par le débiteur. — 2e, 2 janv. 1846 (Deburcy), X, 117.

7: — Les créanciers hypothécaires postérieurs à une antichrèse, ne peuvent exercer leurs droits sur l'immeuble que sous la réserve des droits de l'antichrésiste. — 2e, 12 fév. 1853 (Lapeyrière), XVII, 83.

APPEL EN MATIÈRE CIVILE.

— V. *Acquiescement.* — *Adultère.* — *Appel incident.* — *Appel en mat. corr.*. — *Arbitrage.* — *Autor. de fem. mar.*. — *Chemin vicinal.* — *Chose jugée.* — *Commune.* — *Compensation.* — *Compte.* — *Conflit.* — *Contrainte par corps.* — *Contrat jud.*. — *Degré de jurid.*. — *Demande nouv.*. — *Dépens.* — *Désistement.* — *Distrib. par contrib.*. — *Enquête.* — *Exception.* — *Exécution provisoire.* — *Exploit.* — *Fabrique.* — *Faillite.* — *Garant.* — *Huissier.* — *Inscription hypoth.*. — *Interdit.* — *Interrog. sur faits et art.*. — *Intervention.* — *Jugement définitif.* — *... interloc.*. — *... par défaut.* — *Mesures conservatoires.* — *Mise en cause.* — *Octroi.* — *Offres réelles.* — *Ordre.* — *Règlement de juges.* — *Réserves* (*proc.*). — *Saisie immob.*. — *Séparat. de corps.* — *Surenchère.* — *Témoins en mat. civ.*. — *Transaction.* — *Vente publ. d'imm.*.

Indication alphabétique.

1.—L'appel de la sentence rendue par un consul de France à l'étranger, doit être porté devant la cour impériale la plus proche du lieu où la sentence a été prononcée.—4e, 10 août 1846 (Hay), x, 413

2.— Lorsqu'en première instance le débiteur n'a point contesté l'existence de sa dette, et a déclaré être prêt à verser ses fonds aussitôt que les droits des créanciers qui réclament sur eux un droit de préférence seraient fixés, ce n'est point contre lui que le créancier qui succombe doit porter l'appel, mais bien contre le créancier en faveur duquel le droit de préférence a été déclaré.—Inutilement donc le débiteur dénoncerait l'appel interjeté contre lui à ce créancier, l'autorité de la chose jugée n'en serait pas moins irrévocablement acquise à celui-ci. — A plus forte raison en serait-il ainsi dans le cas où, lors de la dénonciation, les délais d'appel auraient été expirés.—4e, 3 mars 1842 (Hernsheim), vi, 233.

3.—Lorsque deux personnes sont poursuivies comme garantes d'avaries et que l'une d'elles a été seule déclarée responsable, elle peut valablement porter l'appel du jugement dans les délais fixés par la loi depuis la signification du jugement à elle faite, lors même qu'à cette époque le même jugement aurait acquis l'autorité de la chose jugée au respect de l'autre partie, et que par suite l'intimé se trouverait ainsi privé du droit de porter l'appel à son respect.—4e, 17 août 1847. (Estienne), xi, 433.

4.— Les délais pour interjeter appel d'un jugement rendu contre la femme en faveur du mari, courent durant le mariage: ces délais expirés, le jugement acquiert l'autorité de la chose jugée.—

4e, 19 fév. 1845 (Lepetit-Dulongprey), ix, 217.

5.—Le jugement rendu sur une action en partage des biens d'une femme mariée sous le régime dotal, et auquel le mari et la femme étaient parties, doit être signifié au mari et à la femme par deux copies séparées.—La signification faite aux époux en une seule copie remise au mari est irrégulière et ne fait pas courir les délais d'appel.—1re, 13 avril 1842 (Plessis) VI, 167.

6.— L'art. 993 du Code de procédure civile qui règle les formes et délais d'appel des jugements rendus sur les difficultés qui s'élèvent relativement au cahier des charges et les difficultés relatives aux formalités postérieures à la sommation d'en prendre communication est inapplicable au jugement qui statue sur la question de savoir si les biens seront partagés en nature ou licités.—2e, 13 mai 1853 (Chéchin), xvii, 174.

6 bis.— Le jugement qui statue entre des colicitants et des adjudicataires sur une instance relative à des justifications réclamées par les adjudicataires avant de pouvoir être contraints à payer leur prix, instance dans laquelle est intervenu un créancier des colicitants afin d'obtenir, avant le paiement du prix, des garanties pour le service d'une rente, ne peut être considéré comme un incident sur folle-enchère, lors même que dans les écrits du procès les vendeurs auraient déclaré vouloir recourir à la folle-enchère, s'ils n'étaient pas payés.—Il en est ainsi surtout lorsque les vendeurs n'ont en aucune manière commencé les poursuites, en accomplissant les formalités prescrites par les art. 734 et 735 Code de procédure ci-

vile, et lorsque le jugement ne s'occupe pas de cette folle enchère.—Par suite l'appel de ce jugement peut être porté dans les délais ordinaires et n'est pas soumis aux formes et aux délais exceptionnels résultant de la combinaison des art. 972, 964, 731 et 782 du C. de pr. civ. — 1e, 9 sept. 1848 (Buhour), XII, 502.

7. — La fin de non-recevoir d'appel tirée de ce que le jugement attaqué était en dernier ressort est une exception d'ordre public qui peut être proposée en tout état de cause.—En conséquence, elle doit être accueillie même après un arrêt par défaut qui a confirmé le jugement dont est appel.—4e, 17 janvier 1842 (Faucon), VI, 50.

8.—La déchéance résultant de la tardiveté de l'appel n'est point une exception qui doive nécessairement être proposée *a limine litis*. On peut la faire valoir tant qu'on n'y a pas formellement renoncé. — *Spécialement*, les intimés, après avoir obtenu un arrêt par défaut qui confirme purement et simplement le jugement attaqué, peuvent encore opposer que l'appel a été porté après l'expiration des délais.—4e, 26 avril 1842 (Bertrand), VI, 215.

8 *bis*.—Lorsque le jour fatal pour interjeter appel est un jour férié, il n'y a pas lieu de proroger le délai au lendemain.—Il en est ainsi lors même que la veille du jour fatal est également un jour férié.—2e, 18 fév. 1842 (Campion), VI, 183.

9.—Jugé même que la fin de non-recevoir, tirée de l'expiration des délais d'appel, n'est pas une prescription proprement dite, mais une déchéance d'ordre public à laquelle toute renonciation est impossible.—Dans tous les cas, la renonciation à se prévaloir d'une telle déchéance ne résulterait pas de ce fait que l'intimé aurait prêté interrogatoire sur faits et articles à la requête de la partie dont l'appel a été tardivement porté, lorsque cet interrogatoire a été demandé simultanément par une autre partie dont l'appel était recevable —2e, 30 avril 1853 (Margueritte), XVII, 184.

10.— Lorsqu'un jugement a acquis l'autorité de la chose jugée par l'expiration du délai de trois mois, il ne peut être attaqué par aucune voie, lors même qu'il serait entaché du vice d'incompétence *rationé materiæ*.— 2e, 10 janv. 1850 (Janson), XIV, 113.

11.— L'appel interjeté par une partie ne profite pas à une autre partie également condamnée en première instance, mais qu'elle ne représente pas et qui a des intérêts distincts. Celle-ci, quoique mise en cause par l'appelant, n'est pas recevable à conclure contre l'intimé, lorsque le délai pour porter appel est expiré à son égard.—2e, 30 janv. 1852 Raoûlt), XVI, 78.

12.— L'appel d'un jugement valablement porté par l'une des parties à ce jugement, ne relève pas de la déchéance qu'elles ont encourue, en n'appelant pas elle-même régulièrement, les autres parties qui ont porté un appel nul ou irrégulier. L'indivisibilité de l'obligation ou la solidarité sont les seuls cas où l'appel porté par une partie conserve le droit de toutes les autres, mais c'est à celui qui invoque cette position exceptionnelle à en justifier.—4e, 19 fév. 1850 (Benard) XIV, 293. — *V. appel inc.*, n. 4.

13.—L'action intentée contre plusieurs héritiers d'un acquéreur, en revendication d'un immeuble qui se trouve par suite d'un partage dans les mains d'un seul d'entre eux, ne peut être considérée comme indivise; en conséquence, l'appel interjeté contre les cohéritiers du détenteur de l'immeuble, ne peut conserver le droit d'appeler vis-à-vis de ce dernier après l'expiration des délais accordés par l'art. 443. du Code de proc. civ..—1re, 26 déc. 1842 (Dargouge), vi, 698.

14.—Toutes les fois que l'intimé propose la nullité de l'appel, les appelants peuvent se refuser à se livrer à l'instruction du fond et demander qu'il soit avant tout statué sur la demande en nullité.—1re, 10 fév. 1846 (Hocmelle), x, 144.

15.—Lorsqu'une femme, mariée sous le régime dotal, a été condamnée en première instance au paiement d'une somme d'argent, elle ne peut porter l'appel de cette décision sous le prétexte qu'elle ne possède que des biens dotaux.—C'est là une question qui peut se présenter lors de l'exécution du jugement, mais qui n'empêche pas la condamnation.—1re, 25 janv. 1842 (Huard), vi, 126.

16.—Lorsque sur l'appel d'un jugement de séparation de corps, l'intimé a formé une demande incidente en provision, le désistement de l'appelant n'éteint pas l'instance, et il doit être statué tant sur l'appel que sur la demande incidente. — 1re, 5 déc. 1843 (Vimard), vii, 684.

17.—Quand un jugement ordonne un double errement, une enquête et une expertise, et que l'une des parties en porte l'appel seulement au chef qui a ordonné l'enquête, il doit être procédé à l'expertise nonobstant l'appel, à moins que l'autre partie ne porte un appel incident. 1re, 28 nov. 1848 (Chollet), xii, 352.

18.—Lorsqu'un appel n'a été porté que sur un point distinct du jugement, on ne peut, devant la cour, attaquer les autres parties dudit jugement. — 4e, 21 juin 1842 (Deschevaux), vi, 427.

19.—La partie qui a interjeté en termes généraux l'appel d'un jugement, conserve la faculté de faire porter cet appel sur toutes les parties de ce jugement, bien que dans les premières conclusions qu'elle a signifiées elle ait semblé le restreindre à un chef déterminé. —4e, 26 août 1846 (Nicolle), x, 552.

20.—L'intimé qui n'a point porté d'appel incident au chef d'un jugement qui a rejeté sa demande en dommages-intérêts, ne peut en obtenir de la cour pour le préjudice antérieur à ce jugement, mais on peut lui en accorder à raison de l'appel. — 4e, 6 janv. 1845 (Canet), ix, 198.

21. — La partie dont l'appel ne peut être soutenu par aucun moyen sérieux et qui a toute l'apparence d'une vexation, peut, outre l'amende, être condamnée à des dommages-intérêts. — 2e, 18 avril 1833 (Delanoe), xiv, 598.

22.—Le demandeur principal, intimé sur appel, a le droit de demander incidemment la nullité d'un acte que les appelants lui opposent pour la première fois devant la cour, à titre de fin de non-recevoir contre son action.—2e, 10 mars 1841 (Nouet), v, 85.

23.—Les juges d'appel ne peuvent ni confirmer ni infirmer un jugement, sans que ce jugement leur soit représenté. — C'est à la partie qui veut obtenir une décision de délivrer le jugement, pour mettre les juges à même de statuer. — Il n'y a pas lieu d'ordonner que l'une ou l'autre des parties délivrera ce jugement, sauf à distraire la cause du rôle, si les deux parties restent dans l'inaction. — 4e, 23 janv. 1849 (Cavelier), XIII, 67.

24. — Un tribunal d'appel a qualité pour interpréter la décision rendue par les premiers juges, alors que de cette interprétation dépend la question de savoir si l'appel est ou non recevable.— 1re, 15 juin 1846 (Fauvel), X, 396.

25 —Les appels irrégulièrement portés au nom d'une partie mineure, peuvent être ratifiés par les conclusions prises sur le fond par cette partie devenue majeure.—4e, 24 juill. 1850 (Ozouf), XIV, 637.

26. — La signification d'un jugement rendu contre un mineur doit, pour faire courir les délais d'appel, être faite non-seulement au tuteur, mais encore au subrogé tuteur. — 2e, 8 juin 1842 (Doucet), VI, 509.

27.—Lorsqu'un subrogé tuteur a été personnellement partie dans un procès qui intéressait les mineurs, sans toutefois avoir d'intérêts opposés aux leurs, la signification qu'il reçoit du jugement, encore bien qu'il ne soit pas dit qu'elle lui est faite tant pour lui personnellement que pour les mineurs, n'en fait pas moins courir les délais d'appel à l'égard de ceux-ci. — 2e, 20 juill. 1843 (Cohué), VII, 481.—V. inf., n 30.

28.—Lorsque dans une instance, le tuteur et le subrogé tuteur ont des intérêts

en opposition avec ceux du mineur, les délais d'appel ne courent contre ce dernier qu'à partir du jour où la double signification prescrite par l'article 444 du Code de pr. civ. a été faite à un tuteur et à un subrogé tuteur ad hoc.—C'est à la partie qui veut faire courir le délai d'appel de faire pourvoir le mineur des deux protecteurs qu'il doit avoir aux termes de la loi. — 4e, 8 fév. 1848 (Blanche), XII, 443.

29. — L'appel du jugement rendu contre une tutrice est valablement interjeté par le subrogé tuteur et profite au mineur, lorsque la tutrice intervient ultérieurement devant la cour, pour donner suite à l'appel, munie de l'autorisation du conseil de famille.—4e, 7 fév. 1844 (Pesnel), VIII, 69.

30.—Lorsque la tutrice d'un enfant mineur a succombé sur une demande en distraction formée incidemment à une saisie immobilière, il n'est pas suffisant pour faire courir contre le mineur le délai d'appel du jugement qui a proscrit la demande de sa tutrice, que le saisi, s'il est en même temps le subrogé tuteur du mineur, ait reçu à son domicile copie dudit jugement. — Il faut qu'il ait reçu cette copie spécialement en sa qualité de subrogé tuteur.—id..—V. sup., n. 27.

31.—Un jugement, quoique bien rendu dans l'état d'instruction où se trouvait l'affaire en première instance, peut être réformé si des pièces probantes sont produites sur appel, même au dernier moment. — 2e, 30 mars 1841 (Daragon), VIII, 297.— 4e, 23 juin 1845 (Lachet), IX, 439.

32.—Le détenteur d'une somme en litige, peut, pour la première fois sur

appel, opposer qu'il est légataire universel de la personne à qui elle appartenait,
et que par conséquent l'action en remboursement n'a plus de base. — 4e, 12
fév. 1844 (Lefrère), IX, 89.

33. — Toute cause qui pourrait donner lieu à requête civile contre un jugement rendu en dernier ressort, rend
recevable l'appel de ce jugement s'il
n'est rendu qu'en premier ressort. —
2e, 8 avril 1843 (Mahieu), VII, 267.

34. — Id... Tous moyens qui donneraient ouverture à la requête civile peuvent être présentés comme moyens d'appel, tant que cette dernière voie reste
ouverte. — Il en est ainsi même en matière d'ordre, et lorsque les moyens
n'ont été présentés qu'après les délais
prescrits par les art. 755 et 756 du Code
de procédure civile. — 1re, 19 janv. 1846
(Godefroy), X, 153.

APPEL EN MATIÈRE COM-MERCIALE. — V. Appel en mat. civ..

Dans une contestation dont l'intérêt
n'atteint pas 1,500 fr., le jugement d'un
tribunal de commerce est susceptible
d'appel au chef où il refuse, avant faire
droit au principal, de renvoyer les parties procéder devant le tribunal compétent sur la vérification de l'écriture
d'une pièce produite. — 4e, 30 avril 1845
(Biennais), IX, 187.

APPEL EN MATIÈRE COR-RECTIONNELLE. — V. Contumace.

1. — L'appel, en matière correctionnelle, ne peut être interjeté par exploit
signifié au procureur impérial ; la forme
de l'appel par déclaration au greffe,
aux termes de l'art. 203 du Code d'instruction criminelle, est substantielle
et prescrite à peine de nullité. — 4e, 24

juillet 1851 (Pannier), XV, 237.

2. — Id... Et il en est ainsi alors
même que la contestation s'agite entre
parties civiles, et la cour peut, d'office,
prononcer la déchéance. — 4e, 21 nov.
1850 (Dillaye), XV, 237.

3. — En matière correctionnelle, les
appels incidents, comme les appels prin-
cipaux, doivent être portés, conformément aux règles tracées par les articles
202 et 203 du Code d'instr. crim. et non
par l'art. 443 du Code de proc. civ. —
4e, 28 mars 1849 (X...), XIII, 481.

APPEL EN MATIÈRE DE PO-LICE — V. chemin vicinal.

APPEL INCIDENT. — V. Appel. —Appel en mat. correct..

1. — La partie qui, après avoir elle-
même signifié le jugement de première
instance et avoir reçu la notification des
moyens d'appel de sa partie adverse, a
conclu à la confirmation pure et simple
du jugement, est non recevable à porter
ensuite un appel incident. — 4e, 3 août
1842 (de Canteloup), VI, 560.

2. — Mais l'intimé qui, dans sa constitution d'avoué sur l'appel principal et
antérieurement, s'est réservé expressément à porter un appel incident, n'est
pas déchu de ce droit, pour avoir conclu,
dans une réponse à un écrit des appelants, à la confirmation pure et simple
du jugement. — Cette déchéance d'un
droit légal et réservé ne saurait résulter
que d'une renonciation formelle. — 4e,
1 mai 1850 (Buret), XIV, 399.

3. — Jugé encore que l'intimé qui, dans
ses premières conclusions, a demandé
la confirmation pure et simple du jugement attaqué, mais avec des réserves
de porter un appel incident, n'est pas

non-recevable à interjeter cet appel par cela seul que dans des conclusions postérieures il a conclu la confirmation pure et simple, sans renouveler les réserves d'appel incident contenues dans ses premières conclusions.—1re, 11 déc. 1848 (Lefèvre), xii, 329.

4. — *Id*... Que l'intimé qui, en demandant la confirmation du jugement dont est appel, fait des réserves formelles de prendre d'autres conclusions, conserve par cela seul le droit de porter un appel incident, et cet appel profite aux autres intimés qui n'ont point fait de réserves lorsqu'il s'agit d'un droit indivisible. — 1re, 27 janv. 1846 (Billeux), x, 134.—*V. Appel en mat. civ.*, n° 12 et s.

5. — Toutefois l'intimé qui, sur l'opposition à un arrêt par défaut confirmatif d'un jugement, a conclu purement et simplement à la confirmation de ce jugement, est non recevable à s'en rendre incidemment appelant, bien qu'avant la reddition de l'arrêt par défaut il eut pris des réserves de porter un appel incident.— 4e, 4 juill. 1842 (Larcher), vi, 561. — *V. appel en mat. civ.*, n° 12 et s..

6.—L'intimé qui porte un appel incident, se rend par là non-recevable à exciper de l'acquiescement donné par l'appelant au jugement de première instance. Cet acquiescement est réputé non avenu.—2e, 12 mars 1842 (Gallien), vi, 554.

7.—Lorsque les prétentions de l'une des parties n'ont été admises par l'autre que sous une condition, si le jugement qui intervient consacre effectivement lesdites prétentions, mais moyennant que la condition imposée sera accomplie, et qu'il y ait appel de ce jugement,

l'autre partie est en droit de porter de son côté un appel incident, et de soutenir que les prétentions de son adversaire doivent être rejetées purement et simplement. — 4e, 7 juin 1842 (Genet), vi, 367.

8.—Lorsque le ministère public a été entendu, un appel incident ne peut plus être porté.— 4e, 8 août 1848 (Fournier), xii, 221. — V. aussi 2e, 5 juin 1845 (Crespin), ix, 466.

APPORTS MATRIMONIAUX.
—*V. Communauté conjug.*.—*Contrat de mariage.*—*Dot.*—*Faillite.*—*Femme normande.*—*Partage d'ascendant.*

APPORT FICTIF.—*V. Donation entre époux.*—*Séparat. de biens.*

APPORT FRANC ET QUITTE.
—*V. Communauté conj.*.—*Contrat de mar.*.—*Dot.*—*Femme normande.*

APPROBATION D'ÉCRITURE.
— *V. Caution.*—*Lettre de change.*

1. — Le défaut de bon ou approuvé, dans le cas où il est exigé par l'art. 1326 du C. Nap., n'entraîne pas la nullité absolue de l'obligation. — L'acte forme un commencement de preuve par écrit donnant passage à la preuve testimoniale.—4e, 2 fév. 1842 (Bertot), vi, 180, —1re, 4 mai 1846 (Billois), x, 267.—2e, 26 août 1847 (Hélène), xi, 453.

2.—*Id*......Et la preuve peut être complétée à l'aide de présomptions. — 4e, 26 janv. 1841 (Amesland), v, 203.— 1e, 19 juill. 1843 (Le Guédois), vii, 418. —4e, 14 avril 1847 (Gardie), xi, 249.— 1re, 27 avril 1847 (Lelaidier), xi, 257.

3.—On ne peut considérer comme laboureur, dans le sens de l'art. 1326 du C. Nap., le propriétaire qui exploite lui-même une partie de ses terres et.

donne le surplus à ferme. — 7e, 26 août 1847 (Hélène), xi, 453.

4. — *Id*........Ni le propriétaire lettré qui, établi à la campagne, exploite pour son utilité ou son agrément tout ou partie de ses terres. C'est du reste aux tribunaux à apprécier, d'après les circonstances, la position de l'auteur de l'obligation, afin de déterminer s'il doit ou non être compris dans la classe des personnes pour lesquelles l'art. 1326 a, en fait, apporté une exception au principe posé dans sa première partie. — 4e, 14 avril 1847 (Gardie), xi, 249.

5. — L'art. 1336 qui dispense du *bon* ou *approuvé* les billets souscrits par les laboureurs ne s'applique pas à leurs femmes. — Il en est ainsi lors même que la femme aurait signé le bail de la ferme que le mari fait valoir, et qu'elle s'occuperait des détails accessoires à la profession de cultivateur. — 1re, 28 nov. 1843 (Monnoyer), vii, 513.

ARBITRAGE. — ARBITRE (en gén.). — *V. Arbitrage forcé. — Arbitre (tiers). — Communauté conjug.. — Compromis. — Degré de juridiction. — Récusation. — Séparat. de biens. — Société commerc..*

Indication alphabétique.

1. — Lorsque, dans un compromis, des arbitres ont été nommés, avec droit, en cas de partage, de choisir un tiers arbitre, leur mandat ne finit pas par le partage; au contraire, il est prorogé pendant toute la durée de la mission confiée au tiers arbitre. Ils ont donc qualité pour prendre part aux réunions et aux délibérations, jusqu'au vide du litige. — 1re, 29 août 1853 (Pillière), xvii, 280.

2. — Bien que des arbitres ne soient pas dans la nécessité rigoureuse de suspendre leurs travaux, sur l'action en récusation dirigée contre eux par l'une des parties, en les suspendant ils ne violent cependant aucune loi, et, pendant ce sursis, les délais à eux impartis, soit par la convention soit par la loi pour accomplir leur mission, sont également suspendus. — 4e, 4 juin 1845 (Bidard), ix, 441.

3. — Est non recevable l'appel d'une sentence rendue par des arbitres que le compromis a autorisés à prononcer comme amiables compositeurs. — 4e 6 mars 1849 (Desquesne), xiii, 88.

4. — Une sentence arbitrale rendue en dernier ressort par des arbitres amiables compositeurs, est valable lors même qu'elle rétracterait un arrêt contradictoire. — 2e, 18 fev. 1843 (Prodhomme), vii, 563.

5. — Les sentences arbitrales rendues en dernier ressort, ne peuvent être attaquées que par voie d'opposition à l'ordonnance d'exécution, et non par voie d'appel. — 4e, 10 août 1842 (Chennevière), vi, 598.

6. — Lorsque, dans un acte de société, il a été stipulé que les contestations qui

pourraient s'élever entre les parties seraient jugées par des arbitres, souverainement et en dernier ressort, et que l'acte de compromis est nul pour inobservation de quelque formalité, ce n'est pas par voie d'appel, mais bien par voie d'opposition à l'ordonnance d'exécution, que la sentence arbitrale doit être attaquée. — 4e, 23 mai 1842 (Legrand), VI, 264.

7. — Une sentence arbitrale, quoique rendue en dernier ressort, peut néanmoins être attaquée quand il y a cause de récusation dans la personne de l'un des arbitres. — La sentence à laquelle coopère l'arbitre récusé depuis le jugement de *soit communiqué* est frappée de nullité. — Dans tous les cas et en supposant que l'arbitre récusé puisse, à raison de l'urgence, concourir à l'examen et au jugement de l'affaire soumise à l'arbitrage, la validité de la sentence arbitrale est subordonnée au sort de la demande en récusation, et par suite les actes et jugements auxquels l'arbitre a pris part, sont frappés de caducité, si la récusation est admise. — 4e, 8 juillet 1846 (de Manneville), x, 513.

8. — La disposition de l'art. 61 du Code de commerce relative à l'arbitrage forcé et d'après laquelle le jugement doit être déposé au greffe du tribunal de commerce et rendu exécutoire par le président de ce tribunal, n'est point applicable au jugement rendu sur des contestations dont les unes étaient à la vérité soumises à l'arbitrage forcé, mais dont les autres y étaient étrangères. — Un tel jugement doit, aux termes des art. 1020 et 1021 du Code de procédure, être rendu exécutoire par une

ordonnance du président du tribunal civil. — La nullité résultant de la contravention à cette disposition est d'ordre public; elle peut être proposée nonobstant tout acquiescement. — 4e, 25 nov. 1844 (Durand), VIII, 577.

9. — Les arbitres ont qualité pour prononcer sur les dépens et frais qui sont une conséquence de la contestation qu'ils sont appelés à vider. — 2e, 19 juin 1846 (Blin), x, 342.

10. — Des arbitres peuvent, sans excéder leurs pouvoirs, statuer sur les dépens de la contestation, et mettre au nombre de ces dépens les frais d'enregistrement d'un acte occasionnés par la faute de l'une des parties. — Ils ont également qualité pour indiquer le nombre de leurs vacations à l'effet de fixer leurs honoraires. — 4e, 6 janv. 1845 (Canet), IX, 198.

11. — Lorsque des arbitres ont reçu mission de statuer sur les indemnités qui peuvent être dues à un propriétaire, par suite de la jouissance qu'un fermier a eue de ses terres, ils ont également qualité pour statuer sur les récompenses que demande le fermier, à raison des améliorations qu'il a pu faire ou du tort qu'il a éprouvé pendant la durée du bail, — 2e, 19 juin 1846 (Blin), x, 342.

ARBITRAGE FORCÉ. — V. *Arbitrage.* — *Degré de juridiction.*

1. — La disposition de l'art. 51 du Code de commerce, portant que toute contestation entre associés sera jugée par des arbitres, doit être entendue dans un sens absolu et impératif. L'incompétence du tribunal de commerce est telle, qu'elle peut être invoquée pour la première fois en appel, après même que les par-

ties se sont réciproquement signifié des moyens sur le fond.—Cette règle est tellement absolue, qu'elle s'applique même au cas où la société qui donne lieu à la contestation est nulle, parce qu'elle n'a pas été rédigée par écrit. Les difficultés qui naissent des faits accomplis, doivent donc nécessairement être soumises à des arbitres.—4e, 30 déc. 1840 (Halbout), v, 3.—4e, 23 mai 1842 (Legrand), vi, 264.

2.—Lorsqu'en matière de société commerciale, le délai fixé pour la décision des arbitres est expiré, sans que cette décision soit intervenue, les parties sont en droit de demander soit.une prorogation de délai, soit la nomination de nouveaux arbitres.—4e, 15 juin 1842 (Moisson), vi, 370.

ARBITRE (TIERS-). — V. Arbitrage.

1.— L'art. 1017 du Code de procédure n'interdit pas aux arbitres chargés de choisir le tiers-arbitre de s'en remettre à la voie du sort pour désigner celle des deux personnes, sur lesquelles leur choix s'est arrêté, qui devra opérer.— En supposant que ce mode de nomination fût irrégulier, l'irrégularité serait couverte par la ratification des parties. —2e, 28 août 1845 (Pellecat), ix, 663.

2.—Le tiers-arbitre appelé pour vider un différend peut valablement émettre un troisième avis, et le jugement rendu conformément à son opinion est valable, si l'un des autres arbitres s'est rangé à cette opinion.— 2e, 24 déc. 1846 (Marreau), x, 620.

3.—Au jour fixé par les trois arbitres pour une nouvelle réunion afin de délibérer et rédiger la sentence arbitrale, si l'un des arbitres ne se présente pas,

l'autre peut modifier son opinion première et le tiers-arbitre peut adopter cette opinion ainsi modifiée.—1re, 29 août 1853 (Pillière), xvii, 280.

4.— Le délai imparti au tiers-arbitre, pour rendre la sentence, ne court que du jour où son acception de la qualité d'arbitre a été régulièrement constatée. —Id..

5.—Le tiers-arbitre a qualité pour constater seul, par un procès-verbal signé de lui, que les deux arbitres dissidents et lui se sont réunis, et que, tous trois ensemble, ils ont visité les lieux et conféré de la sentence à rendre.—Id..

ARBRES.—V. Bois.—Chemin vicinal.— Servitude.— Succession bénéf.. —Usufruit.

ARCHITECTE.--V. Entrepreneur.

Lorsqu'une convention par écrit est intervenue entre un propriétaire et un architecte pour la confection de travaux, nulle preuve testimoniale n'est admissible à l'effet de changer en quoi que ce soit ladite convention; elle seule doit faire la loi des parties.—4e. 29 janv. 1845 (Forget), ix, 59.— 1re, 16 janv. 1850 (Toutain), xiv, 101.

ARGENT.—V. Legs (en gén.).

ARMATEUR.—V. Capitaine.

ARMÉE.—V. Garde nationale mobile.

ARRÉRAGES. — V. Conserv. des hypothèques.—Degré de juridiction.— Eviction.--Femme normande.—Hypothèque légale des femmes.—Intérêts.— ......judiciaires. — Novation. — Prescription.—Preuve par écrit (commencement de).—Rente (en gén.). —...... féodale. — ...... foncière. — .....viagère.—Usage (droits d').

ARRÊT. — *V. Arbitrage.* — *Audience solennelle.* — *Cassation.* — *Commissaire extraordinaire* — *Compétence (en gén.).* — *Jugement (en gén.).* — *Partage d'opinions.*

1 — Lorsqu'une partie condamnée par un arrêt prétend s'être libérée par des paiements ultérieurement faits et demande la main-levée des oppositions et inscriptions requises par le créancier, cette demande ne rentre pas dans la classe des exécutions qui, d'après l'art. 472, appartiennent à la cour impériale, elle ne peut donner lieu qu'à une action nouvelle et principale soumise aux règles ordinaires de la compétence. — Aud. sol. 25 juin 1846 (Chedeville), x, 357.

2 — Bien que ce soit à la cour qui a rendu un arrêt, de déterminer, en cas de doute, le sens de sa décision; cependant le tribunal, devant lequel les parties ont été renvoyées, peut, en se fondant sur les termes de l'arrêt, sur sa corrélation avec les conclusions prises devant la cour, décider que le sens dudit arrêt est suffisamment clair, et refuser le sursis demandé pour recourir à l'interprétation. — 2e, 6 mai 1847 (Lambert), xi, 226.

3. — Lorsqu'un arrêt a besoin d'être complété ou interprété, la partie qui ne répond point à l'interpellation qui lui est faite, par un acquiescement à l'interprétation et au complément donnés légitimement à l'arrêt par son adversaire, doit supporter les dépens de l'instance en interprétation, quoiqu'elle ait seulement gardé le silence. — 2e, 5 nov. 1847 (de Joviac), xii, 533.

4. — Lorsqu'un arrêt a décidé que la prétention de l'une des parties n'était point justifiée, cette partie ne peut faire rapporter l'arrêt par voie de rectification en présentant de nouveaux documents. — 2e, 16 déc. 1846 (Lefèvre), x, 607.

ARRÊT COMMUN. — *V. Garant.*

ARRÊT DU CONSEIL. — *V. Usage (droit d').*

ARRÊT PAR DÉFAUT. — *V. Appel incident.* — *Défaut profit joint.* — *Délit de presse.* — *Folle enchère.* — *Jugement par déf..* — *Saisie immob..*

ARRÊTÉ ADMINISTRATIF. — *V. Acte administratif.* — *Compét. civ..* — *Liberté du commerce.* — *Règlement de police.*

ARRÊTÉ DE COMPTE. — *V. Compte.* — *Usure.*

ARRÊTÉ MUNICIPAL. — *V. Liberté du commerce.* — *Règlement de police.*

ARRÊTÉ PRÉFECTORAL — *V. Expropriation pour util. publ..*

ARRHES. — *V. Vente.*

ASCENDANT. — *V. Donation dég..* — *Enfant naturel.* — *Success. irrégulière.*

ASSIGNATS. — *V. Papier-monnaie.*

ASSIGNATION. — *V. Ajournement.* — *Citation.* — *Enquête.* — *Exploit.*

ASSOCIATIONS. — *V. Communauté religieuse.* — *Réunion publique.* — *V. encore les diverses espèces de sociétés.*

ASSURANCE. — *V. Assurance mutuelle.* — *.....terrestre.*

ASSURANCE CONTRE L'INCENDIE. — *V. Assurance mutuelle.* — *..... terrestre.* — *Incendie.* — *Rente viagère.*

ASSURANCE MILITAIRE. — *V. Assurance terrestre.*

ASSURANCE MUTUELLE. — *V.* *Commerçant.*

1.—Les assurances mutuelles ne sont jamais des sociétés commerciales. — La stipulation de garantie des quatre cinquièmes seulement de la perte éprouvée, et l'établissement d'un fonds de prévoyance, n'ôtent rien au caractère de mutualité. — 4e, 9 juill. 1849 (Busnel), XIII, 336.

2.— La société d'assurance, bien que se qualifiant de mutuelle et de civile, est une société commerciale, lorsqu'elle opère sous le couvert de la mutualité, avec mises fixes et sans appel de fonds.— 4e, 12 mai 1846 (Compagnie l'*Agricole*), XI, 181.

3.—Le conseil général d'une société d'assurance mutuelle, qui, d'après les statuts, peut apporter à ces statuts tels changements qu'il jugera utiles, peut étendre les opérations de la société.— 4e, 9 juill. 1849 (Busnel), XIII, 336.

4. — L'action en nullité d'une police d'assurance peut être intentée devant le tribunal de commerce du lieu où la police a été souscrite, et ce encore bien que la société se qualifie de société civile et mutuelle et qu'elle ait son siége social à Paris. 4e, 1er juin 1845 (Lepage), IX, 522. — 4e, 6 août 1845 (Péronne), IX, 522.

5. — *Id.......* Et il en est de même de la demande en nullité de la société. —4e, 12 mai 1846 (Compagnie l'*Agricole*), XI, 181.

6.—Lorsque, dans les statuts d'une société d'assurance mutuelle, il est dit que les contestations entre la société et les sociétaires seront jugées par le tribunal du lieu où se trouvent les ob-jets assurés, cette attribution de compétence forme la règle, bien que l'assuré ait fait, dans son acte d'adhésion, élection de domicile au siége de la société. —4e, 20 juin 1853 (Boisgontier). — XVII, 259.

7. — Lorsque dans les statuts d'une société d'assurance mutuelle, il est dit d'une manière générale que : « les contestations entre la société et un ou plusieurs sociétaires seront jugées par le tribunal du lieu où se trouvent les objets assurés (dans l'espèce, il s'agissait de bestiaux), cette attribution de compétence forme une règle unique pour toutes les contestations, quelles que soient leur époque et leur nature, et notamment pour les actions en paiement de cotisations.—1re, 17 mai 1852 (Pigault), XVI, 151. — *V.* encore *infrà*, vo *Assurance lerrestre*, no 2.

8.—Dans le doute sur le sens des statuts, ce doute s'interprète contre la société qui les a rédigés.—*id.*.

ASSURANCE TERRESTRE et MILITAIRE.—*V. Dépôt.—Huissier.*

1. — Quand une compagnie d'assurance a placé dans un département ou arrondissement, autre que celui du siége principal de la société, un agent principal chargé de recevoir les cotisations et de régler les indemnités en cas de sinistre, elle doit être considérée comme ayant une succursale dans ce département ou arrondissement, et par suite le tribunal du lieu est compétent pour connaître des contestations survenues entre l'assuré et la compagnie d'assurance. — 4e, 11 déc. 1848 (Brenier), XII, 566. — 4e, 24 août 1852 (Goupard), XVI, 316.

2.—La clause par laquelle une compagnie d'assurance stipule que les contestations qui pourront naître seront jugées en dernier ressort par le tribunal de commerce du chef-lieu du département, ne confère qu'un droit privé, auquel on peut renoncer.—La renonciation à ce droit résulte du dépôt de conclusions sur le fond. — 4e, 25 juin 1849 (Bœhler), XIII, 522.—V. encore *sup.*, v° *Assurance mutuelle*, n. 6 et 8.

3.—Une société ne peut être recevable à prétendre dolosive et frauduleuse une estimation faite en son nom, par son agent, contradictoirement avec les assurés. — 4e, 14 mai 1845 (Costard), IX, 379.

4. — Quand une compagnie n'assure que contre l'incendie et que ses statuts et ses polices indiquent qu'en cas d'explosion de la foudre elle ne garantit que les dommages qui seraient des dommages d'incendie, elle est à l'abri de toute responsabilité, lorsque le préjudice, dont l'assuré se plaint, résulte non d'un embrasement, mais de tout autre mode d'action de l'électricité.—2e, 7 juin 1851 (compagnie *la Nationale*), XV, 183.

5.—L'assuré est non recevable à prouver par témoins l'existence de prétendues explications qui auraient été données par l'agent de la compagnie pour déroger, au moment de la signature de la police, à ses clauses imprimées et aux dispositions des statuts.—*id.*.

ATTÉRISSEMENT. — *V. Prescription.—Rivages de la mer.*

ATTROUPEMENT.—*V. Pillage.*

AUBERGE.— AUBERGISTE.— *V. Acte de commerce.—Juge de paix. —Restaurant.*

AUDIENCE SOLENNELLE.

1.—Une audience solennelle peut être présidée par un président de chambre, sans mention de l'empêchement du premier président et du plus ancien des autres présidents, cet empêchement étant nécessairement présumé. C. rej., ch. req., 19 déc. 1849 (Deschandeliers), XIV, 536.

2. — Les audiences solennelles d'une cour impériale sont régulièrement formées par la réunion de deux chambres civiles, composées chacune de sept juges leur appartenant ou appelés en remplacement de leurs membres empêchés, sans qu'il soit nécessaire que parmi ces juges figure un président titulaire ou suppléant.—*Id.*.

AUNAGE (droit d').— *V. Bail administratif.*

AUTORISATION ADMINISTRATIVE.

Sur la nécessité et les conditions de l'autorisation administrative et aussi sur l'interprétation, l'effet et l'exécution des actes administratifs, V. notam. les mots : *Acte administ., Bureau de bienfaisance, Compét. civ., Eau (cours d'), Etablissements dangereux, Usine, etc.*

AUTORISATION DE COMMUNE.—*V. Commune.*

AUTORISATION DE FEMME MARIÉE.—*V. Comm. conj.—Dot.— Prescr..—Reprise d'inst..—Séparation de biens.—...de corps.— Surenchère.*

Indication alphabétique.

1.—La femme qui soutient un procès contre son mari peut valablement être autorisée par celui-ci, sans recourir à l'autorisation de la justice.— 4e, 19 fév. 1845 (Lepetit-Dulongprey), IX, 217.

2.— L'appel interjeté par une femme mariée, non autorisée au préalable par son mari ou par la justice, n'est pas de plein droit non recevable; seulement, si l'intimé le demande, la cour doit accorder à la femme un délai pour régulariser sa position ou lui donner elle-même, s'il y a lieu, l'autorisation qui lui est nécessaire.—4e, 17 juin 1851 (Desnos), XV, 193.

3. — La demande de la femme, afin d'être autorisée à interjeter appel, doit être portée devant la cour qui doit connaître de l'affaire.—Id..

4.—Il n'est pas nécessaire, pour obtenir cette autorisation, de suivre la procédure tracée par les art. 862, 863 et 864 du Cod. de proc. civ., la cour peut, à l'audience même et sans renvoi préalable à la Chambre du Conseil, statuer sur la demande en autorisation, alors surtout que le mari est dans l'impossibilité de donner son consentement. —Id..

5.—Les emprunts contractés par une femme mariée, sans l'autorisation de son mari, peuvent donner lieu à une action contre ladite femme ou ses héritiers jusqu'à concurrence de l'avantage qu'ils ont pu lui procurer.—2e, 20 juin 1845 (Bisson), IX, 447.

6.—Est nulle, aux termes de l'art. 217 du Code Nap., l'obligation de garantie prise par une femme, sans l'autorisation de son mari, sur une lettre de change souscrite par celui-ci. — Il en est ainsi lors même que la femme était séparée de biens quand elle a pris l'engagement. — 4e, 22 mars 1847 (Dallet), XI, 162.

7.—Le concours du mari dans une procuration spéciale à un acte déterminé et donnée par sa femme, constitue une autorisation suffisante —2e, 19 avril 1850 (Gesnoin), XIV, 303.

8.— Un mari peut déléguer à un tiers le droit d'autoriser sa femme à régler définitivement les conventions matrimoniales des enfants communs. Il suffit que la procuration soit expresse et spéciale. — 1re, 15 mai 1844 (de Morlac), VIII, 259.

9.—Est suffisamment spéciale la procuration par laquelle un mari donne mandat d'autoriser sa femme à disposer soit de la totalité, soit de partie des biens meubles ou immeubles à elle propres; il n'est pas nécessaire que la quotité soit positivement indiquée.—Id..

10.— La spécialité d'une procuration donnée par la femme à un tiers, avec le concours du mari, résulte de la détermination précise et connue des parties, de l'acte auquel doit se livrer le mandataire; il n'est pas nécessaire que le montant des obligations qu'il doit contracter soit déterminé. — 2e, 19 avril 1850 (Gesnoin), XIV, 303.

11. — L'autorisation maritale nécessaire à la femme pour vendre un immeuble, n'est pas suffisamment spéciale dans le sens des art. 217 et 1538 du Code Nap. lorsqu'elle est conçue dans les

termes suivants : *procéder à tous partages, liquidations,* VENTES D'IMMEUBLES. Il faut qu'elle soit donnée par le mari en pleine connaissance de cause pour un acte déterminé et dont les principales conditions, la convenance et l'opportunité, sont connues de lui. — 1er, 27 janv. 1851 (Souchet), xv, 79.

12. — Les actes et les obligations de la femme séparée de biens, souscrits sans le concours et le consentement du mari, ne sont valables, même sur son mobilier, qu'autant qu'ils se renferment dans les limites d'une sage administration. — *Spécialement,* les transports faits par la femme séparée de biens du montant de ses reprises pour le prix de ses propres aliénés, sont nuls, s'ils excèdent les bornes d'une sage administration. — 2e, 7 juill. 1848 (de Brancas), xii, 267.

13. — Toutefois, le mari et la femme sont non-recevables à proposer cette nullité, s'ils ont ratifié les transports. — Cette ratification peut résulter du concours du mari et de la femme, dans la quittance du paiement de ces transports. — *Id..*

14. — De même, quand un créancier ou cessionnaire de la femme a été colloqué et payé sur le prix des biens du mari et en sa présence, en vertu d'un réglement définitif non attaqué, il n'est plus permis au mari ni à la femme de demander plus tard la nullité du transport qui a servi de base à la collocation, parce que le transport aurait été fait sans autorisation maritale. — *Id..*

15. — Le mari ne peut davantage, dans ce dernier cas, répéter contre le créancier ou le cessionnaire de sa femme les sommes payées à l'ordre ouvert sur le prix de ses biens, sous le prétexte que, par suite de la liquidation définitive des reprises de sa femme, loin d'être son débiteur, il est son créancier. — *Id..*

AUTORITÉ ADMINISTRATIVE. — AUTORITÉ JUDICIAIRE. — *V. Autoris. administ..* — *Bureau de bienfaisance.* — *Compétence civ..*

AUTORITÉ MARITALE. — *V. Autorisation de femme mar..* — *Puissance marit..*

AVAL. — *V. Contrainte par corps.*

AVANCEMENT D'HOIRIE. — *V. Quotité disponible.* — *Rapport à success..*

1. — Est réputée par avancement d'hoirie la donation faite par un père à son fils, lors même qu'au moment où elle avait lieu le donateur n'avait point d'autres enfants. — 2e, 29 déc. 1843 (Deburcy), vii, 679.

2. — L'enfant donataire en avancement d'hoirie, qui renonce à la succession du donateur, peut retenir ce don jusqu'à concurrence de la quotité disponible et de la réserve cumulées. — C. *Cass.* 21 juill. 1846 (Lecesne), x, 602. — Aud. sol. 29 janv. 1847 (Lecene) xi, 283. — *Contrà:* 1re, 4 août 1845 (Lecesne), ix, 596 (Ce dernier arrêt a été cassé par l'arrêt du 21 juillet 1846 ci-dessus indiqué.)

3. — La donation par avancement d'hoirie faite par un père à son fils doit s'imputer d'abord sur la réserve de celui-ci et subsidiairement seulement sur la quotité disponible, encore que le donataire n'ait à partager la succession qu'avec des légataires non successibles. — 2e, 29 déc. 1843 (Deburcy), vii, 679.

AVANTAGES DÉGUISÉS ou INDIRECTS. — *V. Don manuel.* —

Donation (en gén.). — Donation déguisée. — ..... entre époux. — Femme normande. — Legs (en gén.). — Papier-monnaie.

AVARIES. — *V. Acquiescement. — Appel en mat. civ.. — Vente de marchandises.*

1. — En cas de détérioration d'objets transportés, le destinataire peut appeler devant le tribunal de l'expéditeur ou du commissionnaire du roulage toutes les parties qui pourraient être passibles de la détérioration. — 2e, 17 avril 1847 (Leprince), XI, 645.

2. — Le capitaine d'un navire, assigné devant le tribunal de commerce du lieu du déchargement par le destinataire de la cargaison, comme responsable de la mauvaise qualité de ladite cargaison, peut valablement appeler comme garant, devant ce même tribunal, le commissionnaire qui lui a confié la marchandise, pour faire décider qu'au moment où la remise lui en a été faite, elle était déjà viciée. — 4e, 20 janv. 1847 (Etienne), XI, 40.

3. — Les dommages occasionnés par l'échouement fait volontairement dans un endroit moins dangereux, lorsque le péril est imminent, ainsi que les frais faits pour relever le navire et le mettre en état de navigation, sont des avaries communes. — 4e, 8 nov. 1843 (Liais), VII, 523.

4. — Les dépenses de déchargement, de magasinage et de rechargement de la marchandise, quand elle est retirée au moment où le navire est exposé à se perdre par suite d'un échouement même volontaire, sont avaries particulières à la marchandise. — *id..*

5. — Les frais de justice destinés à constater des avaries, doivent être répartis, comme accessoires, proportionnellement au montant des avaries. — *id..*

6. — Le navire qui doit contribuer pour la moitié de sa valeur avec la moitié du fret aux avaries communes, doit être estimé, même lorsqu'il est étranger, au au lieu du déchargement et non au lieu du départ. — *id..*

7. — Le fret ne doit pas être déduit sur la valeur des marchandises qui est fixée au lieu du déchargement pour sa contribution aux avaries communes. — *id..*

AVEU. — *V. Action civ.. — Désaveu d'off. min.. — Interrog. sur faits et art.. — Mandat. — Offres. — Partage. — Preuve (en gén.).. — Reprises matrim. — Testament olog..*

1. — La partie qui a reconnu dans un acte judiciaire, *spécialement*, dans une citation en justice, qu'un mur était la propriété exclusive de son voisin ne peut revenir sur cet aveu en établissant que le mur porte des signes de non-mitoyenné. — 2e, 7 avril 1843 (Mardou), VII, 498.

2. — Les soutiens consignés dans un écrit demeuré sans réponse, ne peuvent être considérés comme un aveu et lier la partie qui les a faits. — 4e, 20 déc. 1843 (Etienne), VII, 683.

3. — La déclaration consignée dans un interrogatoire sur faits et articles, fait preuve complète contre celui qui l'a passée, encore bien que cette déclaration ne soit pas conforme à des écrits de procédure antérieurs ou postérieurs à l'interrogatoire, s'il est évident qu'il n'y a pas eu méprise sur le sens de la question posée par le magistrat interrogateur.

—!re, 19 janv. 1848 (Grimoult) xII, 637.

4.—Les principes de l'indivisibilité de l'aveu sont inapplicables aux diverses réponses d'un interrogatoire sur faits et articles. — 2e, 20 nov. 1841 (Jourdan), v, 361.

5.—Lorsqu'une reconnaissance a été faite en justice par l'une des parties, mais avec certaines explications, la partie adverse ne peut, pour faire tout à la fois admettre le fait reconnu et rejeter les explications données, se faire appointer à une preuve testimoniale, si cette preuve est contraire au contenu d'un acte, et qu'il n'y ait point de commencement de preuve par écrit.—4e, 13 juin 1842 (Dupré), vi, 421.

6.—Les déclarations passées dans son bilan, par un débiteur, sont indivisibles. Un créancier ne peut donc s'armer de celles de ces déclarations qui lui sont favorables, sans en même temps se soumettre à celles qui lui sont contraires.— 2e, 16 janv. 1849 (Larmande), xIII, 112.

7.—Il appartient aux magistrats de déterminer le sens et de limiter l'étendue de l'aveu judiciaire. — Ainsi, lorsqu'étant interpellé sur un fait étranger à la date d'un testament et à la validité de sa forme, le légataire ne méconnaît pas qu'il paraît avoir été confectionné à une autre date que celle qu'il porte, les juges peuvent ne pas voir dans cette non-méconnaissance l'aveu absolu d'une fausse date, et par suite se refuser à prononcer la nullité du testament.—1re, 14 juill. 1852 (Coypel), xvi, 289.

8.—Lorsque, sur la demande en inscription de faux contre un testament authentique, le défendeur à cette demande reconnaît que l'énonciation du lieu que porte le testament est erronée et indique en même temps le lieu où le testament a été réellement confectionné, il ne peut arguer de la prétendue indivisibilité de son aveu, pour être admis à prouver l'inadvertance du notaire; ce serait reconnaître un fait pour en détruire les conséquences légales. — 1re, 19 mars 1850 (Collas), xIV, 262.

AVOCAT.—V. Abstention de juge.

1—Lorsque dans une affaire grave il y a eu un avocat en cause, les honoraires de celui-ci sont dus, bien que la partie dans ses conclusions s'en soit rapportée à justice.—4e, 24 avril 1844 (Chedot), vIII, 659.— V. inf., v° avoué, n° 5.

2.—L'avocat qui s'est ingéré dans les affaires qui intéressent son client, ne peut facilement être présumé l'avoir fait à titre d'agent d'affaires, et par suite avoir le droit d'exiger les honoraires qui lui seraient dus, s'il eût agi en cette dernière qualité. — 2e, 23 nov. 1842 (Mioque), vi, 655.

AVOUÉ. — V. Avocat. — Défaut-profit-joint.—Degré de jurid.—Désaveu d'off. min..—Enquête.—Huissier. — Hypothèque lég. des femmes. — Office. — Ordre.—Privilége.

Indication alphabétique.

1.—L'avoué, qui poursuit un ordre, a le droit de certifier les copies de l'ordonnance d'ouverture d'ordre à signifier aux créanciers; mais ce droit peut lui être enlevé par l'autorisation de faire ces copies donnée à un huissier par la partie qui l'a constitué.— 2e, 31 mai 1851 (Guérin), xv, 161.

2—Les demandes formées pour frais par les officiers ministériels doivent être portées au tribunal où les frais ont été faits, même lorsqu'elles sont dirigées contre un tiers, qui a seulement garanti celui dans l'intérêt duquel les frais ont été faits.—4e, 22 fév. 1848 (Trochon), xii, 6.

3.—C'est au tribunal ou à la cour auxquels était attaché un avoué démissionnaire à statuer sur une demande en paiement de frais formée par celui-ci contre son client.—4e, 15 mai 1843 (Deboislambert), vii, 554.

4.—L'avoué en cause d'appel qui est en même temps mandataire ordinaire de son client peut actionner celui-ci devant le tribunal de première instance, au moins pour le paiement des frais qu'il a faits en sa qualité de mandataire.— 2e, 14 juill. 1843 (Héot), vii, 484.

5.—L'avoué, comme mandataire de la partie, a qualité pour payer les honoraires dûs à l'avocat chargé de soutenir la cause de son client. — 1re, 30 déc. 1840 (Roger), v, 22.—V. sup. vo avocat, no 1.

6. — L'action en remboursement des honoraires avancés par l'avoué, est valablement introduite devant le tribunal où il exerce ses fonctions.—id..

7.— L'avoué n'est pas tenu de donner copie dans son exploit des quittances délivrées par l'avocat pour ses honoraires, il doit seulement en justifier en cas de contredit.—id..

8. — L'avoué a privilége, pour le recouvrement de ses frais et des sommes par lui payées à l'avocat, sur la créance qui formait l'objet du procès. — 4e, 22 fév. 1848 (Trochon), xii, 6.

9. — Lorsque plusieurs créanciers d'une même partie plaident en cette qualité dans un intérêt commun, les frais de la contestation doivent à l'égard de l'avoué qui en fait l'avance, soit en sa qualité d'avoué, soit comme mandataire ordinaire de ses clients, être supportés solidairement, mais ils doivent se répartir entre les créanciers au marc le franc de leurs créances.—Quant aux frais faits par l'avoué pour obtenir condamnation contre ses clients, ils sont supportés par tête vis-à-vis de l'avoué, et dans la même proportion que le principal entre les parties.—2e, 14 juillet 1843 (Héot), vii, 484.

10.—L'art. 151 du Tarif, aux termes duquel les avoués qui forment les demandes en paiement de frais sont tenus, s'ils en sont requis, et à peine d'être déclarés non recevables, de représenter un registre coté et paraphé par le président du tribunal, sur lequel ils doivent inscrire eux-mêmes par ordre de date et sans aucun blanc les sommes qu'ils reçoivent de leurs clients, est applicable non-seulement quand ils agissent contre ces derniers, mais encore quand ils poursuivent la partie condamnée contre laquelle ils ont obtenu la distraction des dépens... Alors du moins que cette partie a un intérêt à demander cette représentation.—C. Cass., 8 juin 1842 (Langlois), vi, 449.

11. — De même les héritiers d'un avoué ne peuvent exiger le paiement

des frais et débours dus à leur auteur par ses clients, s'ils ne représentent pas le registre de recettes et dépenses que doit tenir tout avoué, d'après l'art. 151 du tarif du 16 février 1807.—4e, 7 déc. 1842 (Yvetot), vi, 661.

12. — Un avoué de première instance peut, *de plano*, être poursuivi disciplinairement devant une cour impériale pour des faits qui se rattachent à une instance actuellement pendante devant cette cour.—Vainement soutiendrait-on que le tribunal de première instance, auquel est attaché l'avoué, et qui le premier a eu connaissance des faits, objet de la poursuite, était seul compétent pour statuer sur l'action disciplinaire.—4e, 27 déc. 1843 (F...), vii, 642.

13. — Jugé au contraire qu'un avoué de 1re instance ne peut être poursuivi, *de plano*, devant une cour impériale, et condamné disciplinairement par elle, à raison de prétendues fautes découvertes à l'audience de cette cour.—C. Cass., 29 déc. 1845 (F...) x, 55.

14.—L'arrêt qui prononce dans ce cas une peine disciplinaire inférieure à la suspension ne peut échapper à la censure de la Cour de Cassation, sous prétexte que les décisions rendues en matière disciplinaire ne sont susceptibles d'appel ou de recours en cassation que lorsqu'elles infligent la peine de la suspension.—*id*..

15. — Un avoué de première instance ne peut être traduit, *de plano*, devant une cour impériale, pour être déclaré responsable, à titre de dommages-intérêts, des condamnations qui pourront être prononcées contre le client pour lequel il occupait lors du jugement dont

est appel. — 4e, 20 janv. 1845 (Leboucher), x, 123.

16. — Lorsqu'une partie, tout en obtenant gain de cause, a été condamnée à supporter les dépens d'une procédure qu'elle n'a été forcée d'entreprendre que par suite d'une négligence de son avoué, ce dernier est tenu de l'indemniser desdits dépens — 4e, 12 mai 1846 (Liétot), x, 286.— V. *Officier ministériel*.

17.— La disposition de l'art. 2276 du Code Nap. qui décharge les avoués des pièces cinq ans après le jugement d'un procès, ne repose que sur la présomption que, après ce temps, les pièces ont été remises; lors donc que l'avoué reconnaît les avoir encore en sa possession, il ne peut les retenir, surtout si le client propose de lui payer les honoraires qu'il avoue lui devoir. — 4e, 7 déc. 1842 (Yvetot), vi, 661.

AYANT-CAUSE.—*V. Hypothèque* (*en gén.*).

B.

BAC. — *V. Compétence civ.*.—*Expropriation pour utilité publique.*

1.— Si, d'après les art. 6, 7 et 29 de la loi du 6 frimaire an vii, les détenteurs du matériel des bacs en sont réputés propriétaires à leurs risques et périls, il en est autrement lorsqu'il résulte du cahier des charges que ce n'est pas la propriété, mais seulement la jouissance du matériel d'un bac qui a été transmise à l'adjudicataire. Par conséquent, ce dernier, à moins d'une clause contraire formellement stipulée, n'est tenu, à la fin de son bail, que des dégradations ou moins-value provenant de son

3

fait et non de celles causées par vétusté ou force majeure.—4e, 9 juin 1834 (Jouenne), VIII, 528.—2e, 21 août 1844 (Bellenger), *ibid.*.

2.—La faculté accordée par l'art. 1732 du Code Nap. au locataire de prouver que les dégradations ou les pertes arrivées pendant sa jouissance ont eu lieu sans sa faute est de droit commun; elle appartient aussi bien au fermier d'un bac qu'à tout autre locataire. Ce droit ne pourrait lui être enlevé que par une clause du bail formelle et précise.—*id.*.

BAGUES et **JOYAUX.**— *V. Femme normande.*

BAIL (en général).— *V. Achalandage.—Acte de comm.—Antichrèse.— Arbitrage.—Bac.—Bail à ferme.—... verbal.— Caution.— Cheptel.—Degré de juridiction.— Demande nouv..— Dot.—Enseigne.—Faillite—Incendie. —Instit. contract.—Privilège.—Récoltes en vert.— Saisie-gagerie.—.... revendication.—Société d'acquêts.— Usufruit.— Vente.*

Indication alphabétique.

1.— Un mineur émancipé peut, sans l'assistance de son curateur, prendre des biens à loyer ou à ferme.—2e, 13 mars 1852 (Onfroy), XVI, 109.

2.—Lorsqu'un bail a été consenti concuremment à un mari et à sa femme, ce bail est parfait, bien qu'il ait été signé par le mari seul, s'il a été fait en l'absence de la femme, et qu'il résulte des termes de ce bail et de faits constants que le bailleur, en faisant figurer la femme dans l'acte, avait moins pour but de s'assurer sa coopération dans l'exploitation de la terre, que de se procurer une garantie plus grande pour le paiement des fermages.—L'acceptation de la femme est, dans ce cas, une simple condition qui peut toujours être accomplie.—1re, 15 nov. 1853 (Lechevallier), XVII, 297.

3.— Le bail fait par un individu étranger à la propriété de l'immeuble loué, et en son propre nom, est opposable au véritable propriétaire et à l'adjudicataire de celui-ci, lorsqu'il a d'ailleurs date certaine et qu'il est constant que le propriétaire en a eu connaissance et a exécuté les principales obligations qui en résultent.— Ch. Vac., 11 sept. 1846 (Laloé), X, 431.

4.— Les créanciers d'un fermier ne peuvent provoquer la relocation, par voie de bannie, de la ferme qu'il détient. La loi ne permet pas une pareille expropriation.—1re, 31 mai 1853 (Amiot), XVII, 210.

5. — L'art. 1716 du Code Nap. ne s'applique qu'au bail purement verbal, et non à la tacite reconduction. Dans ce dernier cas, on doit admettre que la jouissance a continué aux conditions

précédemment arrêtées, et c'est à celui qui allègue une dérogation, qu'il incombe de la prouver par les voies ordinaires du droit. — 4e, 23 mai 1842 (Feuillet), VI, 275.

6. — Le bail d'une maison n'empêche pas le bailleur de surélever les murs formant séparation entre les objets loués et ceux qu'il s'est réservés. — 1re, 19 janv. 1842 (Sébire), VI, 459.

7. — Lorsque, dans le bail d'un moulin, il a été convenu que les *servitudes pour accéder à ce moulin auraient lieu et se feraient en la manière accoutumée*, le bailleur ne peut supprimer un chemin qu'il avait établi sur ses propriétés, pour faciliter l'accès du moulin, lorsqu'il l'exploitait lui-même. — 1re, 3 août 1848 (Porcher), XII, 213.

8. — Lorsque plusieurs baux successifs et pour les mêmes immeubles sont intervenus entre les mêmes parties, et que tous ces baux mettaient les impositions à la charge du preneur, on doit, en cas de difficulté, recourir aux baux antérieurs pour savoir si dans le dernier bail il n'y a pas eu erreur dans l'indication du jour à partir duquel le preneur est chargé des impositions. — 4e, 8 juin 1853 (de Viette), XVII, 293.

9. — Le bailleur ne peut réclamer d'indemnité pour dégradations, lorsque au moment de l'entrée en jouissance du locataire, il n'a point été dressé d'état descriptif des objets loués, et que plus tard c'est par la faute du bailleur que le preneur se trouve dans l'impossibilité de faire constater le mauvais état dans lequel il les a reçus. — 4e, 9 juin 1834 (Jouenne), VIII, 520. — 2e, 21 août 1844 (Bellenger), *ibid* ...

10. — La clause d'un bail portant que le preneur devra remettre, à la fin du bail, les objets qu'il a reçus en bon état de réparation, et en payer les détériorations ou dégradations conformément aux états dressés, ne doit s'entendre que des dégradations provenant du fait personnel du preneur, comme locataire, et non de celles résultant de l'usage et de l'action du temps. — *Id.*.

11. — Est valable et peut être exécutée dans toute sa rigueur, la clause d'un bail portant qu'à défaut de paiement de chaque annuité *dans tel délai*, après un simple commandement, le bail sera résilié, s'il plaît au bailleur, par le fait seul de l'expiration du terme, et sans formalités de justice. Peu importe que le bailleur n'ait point, pendant plusieurs années, reçu son paiement à jour fixe, sans cependant user du droit de résolution que lui confère le bail, il n'a pas par là renoncé à exercer ce droit, si bon lui semble par la suite. — 4e, 22 mai 1844 (Pastey), VIII, 300.

12. — La clause d'un bail qui met les réparations d'entretien à la charge du fermier, ne peut s'entendre en ce sens qu'elle dispense le bailleur de délivrer la chose en bon état de réparations de toute espèce. — 2e, 19 juill. 1845 (Lancelin), IX, 543. — V. encore *Infrà*, n° 15.

13. — Les actions du preneur contre le bailleur sont purement personnelles et mobilières, et doivent être portées devant le tribunal du domicile de ce dernier. Il en est ainsi lors même que le bail a date certaine et qu'il s'agit de réparations à la charge du bailleur. — 1re, 24 janv. 1848 (Bertaux), XII, 560. — *V, infrà*, n. 22.

14. — La clause d'un bail par laquelle

le preneur s'oblige à nourrir les ouvriers qui feront les grosses réparations mises à la charge du bailleur, doit s'entendre en ce sens que, d'après la commune intention des parties, cette obligation n'existe pour le preneur, que en ce qui concerne les réparations qui ont une cause postérieure à son entrée en jouissance.—1re, 8 août 1848 (Pézeril), xii, 575.

15.—Lorsqu'un moulin est loué sans réserves, et que, au moment de la location, le moteur pouvait faire marcher les deux piles de ce moulin, le bailleur est tenu de mettre ces deux piles en état de fonctionner. Vainement demanderait-il à prouver que, depuis plus de dix ans qu'il exploitait lui-même ce moulin, il n'avait fait marcher que l'une d'elles. —1re, 3 août 1848 (Porcher), xii, 213. — V. aussi *suprà*, n° 12.

16.—On ne peut admettre que le locataire d'un moulin à huile puisse, à moins de convention expresse à cet égard, être tenu de cesser de le faire fonctionner du mois de mai au mois d'août, pour donner du repos au mécanisme et afin que l'on puisse faire les réparations nécessaires. — Le moulin peut, au contraire, fonctionner tant que les eaux et les marchandises le permettent.—*Id.*.

17.—On ne peut être admis à prouver par témoins la résiliation d'un bail fait par écrit. — 4e, 13 nov. 1843 (Brault), vii, 614.

18. —Un locataire peut contraindre, par les voies de droit, le propriétaire à faire aux objets loués les réparations nécessaires, mais il n'y a pas lieu, en cas de refus de la part du propriétaire, de prononcer la résiliation du bail *contre*

ce dernier. — 1re, 26 juin 1850 (Leffraye), xiv, 437.

19.—Au contraire, la résiliation doit être prononcée *contre* le locataire insolvable qui ne garnit pas les lieux à lui loués de meubles suffisants.—*Id.*.

20.—Le locataire qui, par suite du mauvais état de l'immeuble à lui loué, et dont il a inutilement demandé la réparation au propriétaire, s'est vu obligé de déguerpir et de porter ailleurs l'établissement pour lequel il avait loué ledit immeuble, ne peut être tenu des loyers pour le temps écoulé après sa sortie.— De nouveaux délais ne peuvent être accordés au propriétaire pour faire les réparations nécessaires, et il y a lieu de prononcer la résiliation du bail.—Toutefois le locataire ne peut, dans ce cas, obtenir ni indemnité ni répétition ou diminution de loyers pour le temps de sa jouissance qui s'est écoulé sans réclamation de sa part.—2e, 12 fév. 1847, (Girard), xi, 83.

21.—Lorsque le locataire d'une usine est mis en jouissance d'une force motrice moindre que celle qui lui avait été promise, il y a lieu, non pas seulement de réduire proportionnellement le prix de location, mais bien de résilier le bail.— 2e. 4 janv. 1843 (Girard), ix, 96.

22.—Une demande en résiliation de bail est une action personnelle qui doit être portée devant le juge du domicile du défendeur, à moins qu'elle ne soit connexe à une autre demande déjà intentée, ou qu'elle ne soit l'exécution de jugements définitifs précédemment rendus.— 4e, 20 mars 1848 (Aumont), xii, 105.

23.—L'acquéreur d'un immeuble peut demander la nullité d'un bail consenti par le vendeur antérieurement à son acquisition, s'il justifie par présomptions appuyées d'un commencement de preuve par écrit que ce bail est simulé et n'a pas réellement dessaisi le prétendu bailleur de la jouissance de l'immeuble. — 2°, 28 nov. 1845 (Gassouin), x, 45.

BAIL A CENS. — *V. rente féodale.*
BAIL A CHEPTEL. — *V. Cheptel.*
BAIL ADMINISTRATIF. — *V. Bac.*

L'adjudicataire d'un droit d'aunage ne peut demander la diminution du chiffre de ses loyers sous le prétexte que des événements politiques, en paralysant le commerce et la fabrication, ont réduit de plus de moitié les marchandises à auner, et lui ont ainsi fait perdre plus de la moitié du produit sur lequel il comptait. — L'art. 1769 du Code Nap. spécial aux baux à ferme est une disposition exceptionnelle qui n'est pas susceptible d'extension. — 1re, 20 janv. 1851 (Delaunay), xv, 40.

BAIL A FERME. — *V. Caution.* — *Cheptel.* — *Saisie revendication.*

Indication alphabétique.

Airures, 5.
Bestiaux, 1.
Bois, 6.
Contenance, 2.
Engrais, 5.
Fermier sortant, 3, 6 à 13.
Fin de non-recev., 7, 11.
Fossés, 2.
Fourrages, 10.
Herbage, 1.
Indemnité, 7 à 13.
Interprét., 5.
Légumes, 10.
Plante de colza, 3.
Présomptions, 7 et s.
Prestation en nature, 4.
Preuve test., 7 à 12.
Privilége, 1.
Recroit, 6.
Résiliation, 6 à 13.
Rétention, 1.

1. — L'obligation prise par un propriétaire de nourrir dans ses herbages des poulains appartenant à une autre personne ne constitue pas un contrat de bail proprement dit. — Le propriétaire de l'herbage ne peut donc invoquer le privilége accordé aux bailleurs par le n° 1er de l'art. 2102 du code Nap. — Il pourrait tout au plus exercer *un droit de rétention* sur les poulains qui lui ont été confiés; mais ce droit disparaît du moment où les poulains ont été remis volontairement à leur propriétaire. — 4e, 9 fév. 1848 (Buret), xii, 454. — 4e, 13 déc. 1848 (Buret), *ibid.*

2. — Lorsqu'un immeuble a été affermé *à tant l'are*, on doit comprendre dans la location les talus et fossés, bien qu'ils soient improductifs. — 4e, 14 nov. 1842 (Chauffray), vii, 543.

3. — Le fermier sortant a le droit de disposer de la plante de colza; il est tenu seulement d'en laisser la quantité suffisante pour la plantation de la ferme. — 1re, 21 fév. 1849 (de Turgot), xiii, 58.

4. — Lorsque des prestations estimées à une somme fixe sont dues dans un délai déterminé, et que le débiteur déclare vouloir se libérer en nature, le bailleur ne peut plus rien exiger de lui, s'il laisse expirer le délai sans demander l'exécution de ces prestations. — 4e, 25 nov. 1846 (Sellier), x, 564.

5. — Dans le langage du droit, le mot *airure* ne signifie autre chose que les préparations données à la terre pour la labourer, ou le labour lui-même; mais on ne peut l'appliquer aux engrais. — 4e, 17 déc. 1844 (Desobeaux), ix, 434.

6. — Sauf convention contraire, le recroit d'une année appartient au fermier qui paie les fermages de ladite année. — En conséquence, si plusieurs années de recroit ne sont écoulées au moment où un bail est résilié, le nouveau fermier

qui prend la continuation du bail n'a aucun droit à ces années de recrût. elles appartiennent à l'ancien fermier. — 2e, 19 nov. 1846. (Delarue), x, 561.

7. — Lorsqu'il existe des comptes à régler entre les parties, une demande en indemnité, bien que tardivement formée par l'une d'elles, peut être admise, mais le fait de ce retard est déjà une présomption de l'illégitimité de cette demande, qui doit par suite être rejetée si d'autres présomptions viennent corroborer celle résultant de la tardivité de l'action. — 4e, 17 déc. 1844 (Desobeaux), ix, 143.

8. — Lorsqu'un fermier cultivait mal, quand il avait l'espoir de jouir de la ferme jusqu'à la fin de son bail, on doit difficilement admettre qu'il ait commencé à engraisser les terres et à y faire des frais jusque là inusités pour lui, au moment où il était constant que la résiliation du bail allait être prononcée. La présomption contre lui est si forte qu'elle doit faire rejeter la demande en preuve testimoniale par lui formée. — id..

9. — En fait d'indemnités entre propriétaires et fermiers, une cour doit difficilement changer le chiffre fixé par les juges de la localité plus à portée d'apprécier le préjudice, lorsque d'ailleurs l'exactitude des faits énoncés dans leur décision n'est point contestée. — id..

10 — Le fermier qui par son bail est tenu de faire consommer sur la ferme les sainfoins, fourrages et légumes, ne peut, si ce bail vient à être résilié, réclamer aucune indemnité pour les gerbes de pois qui à sa sortie, se trouvent dans les greniers de la ferme. — id..

11. — Le jugement qui, statuant sur les réclamations réciproques élevées par un propriétaire et son fermier, résilie le bail et condamne les parties au paiement d'indemnités respectives, n'élève pas une fin de non-recevoir contre les demandes ultérieures que pourrait former soit le propriétaire, soit le fermier, pour dommages causés avant la reddition de ce jugement, il est vrai, mais après l'introduction de l'instance. — id..

12. — Lorsqu'un bail est résilié, le propriétaire a droit à une indemnité si ses terres ne se trouvent pas plantées et ensemencées conformément aux dispositions du bail, notamment, s'il y a moins de terre plantée en colza qu'il n'avait été convenu. — Dans ce cas, l'indemnité doit être fixée, non d'après le faible produit que le fermier, par suite de sa mauvaise culture, retirait de la terre, mais d'après la valeur des récoltes que celle-ci eût donnée si elle avait été convenablement cultivée. — id..

13. — Lorsqu'un bail est résilié, le fermier a droit, d'après l'usage, à la récolte des terres qu'il a ensemencées. — 2e, 7 mai 1855 (Mac-Carthy), xvi, 179.

BAIL A LOYER. — V. *Bail (en gén.).* — *Bail à ferme.*

BAIL A RENTE. — V. *Pacte commissoire.* — *Rente foncière.* — *Vente.*

BAIL EMPHYTÉOTIQUE. — V. *Emphytéose.*

BAIL VERBAL. — V. *Bail (en gén.).*

1. — Les dispositions de l'article 1715 du Code Napoléon ne sont applicables qu'aux baux faits sans écrit qui *n'ont reçu aucune exécution.* — 1re, 18 mars 1844 (Auvray), viii, 206.

2. — L'exécution d'un bail verbal peut

être prouvée soit par témoins, soit par présomptions, s'il existe dans la cause un commencement de preuve par écrit. — *Id.*.

2. — L'art. 1715 du Code Napoléon n'est pas applicable lorsqu'il s'agit de prouver par témoins non l'existence d'un contrat de louage, mais seulement de simples modifications à un bail exécuté depuis plusieurs années. — *Spécialement*, on peut à l'aide d'un commencement de preuve par écrit être admis à prouver par témoins que le propriétaire a abandonné à son fermier, en échange d'autres appartements à lui cédés par ce dernier, un appartement qu'il s'était réservé lors d'un bail dont l'exécution a commencé depuis longtemps. — 1re, 31 janv. 1843 (Dechaumontel), VII, 30.

BAINS. — *V. Immeub. par destin.*.

BAL MASQUÉ. — *V. Théâtre.*

Les tribunaux ont un pouvoir discrétionnaire pour apprécier le caractère d'un bal et voir s'il constitue réellement un bal masqué public. — T. comm., 9 février 1850 (Pescheux), XIV, 288.

BANNI - BANNISSEMENT. — *V. Émigré.*

BANNIE. — *V. Bail (en gén.).*

BANQUE-BANQUIER. — *V. Commun. conjug.* — *Compét. comm..* — *Compte-courant.* — *Crédit.*

BANQUEROUTE. — *V. Faillite.*

BARRAGE. — *V. Demande nouv..* — *Travaux publics.* — *Usine.*

1. — La décision par laquelle un tribunal correctionnel déclare qu'un barrage a pour objet d'empêcher complètement le passage du poisson, a l'autorité de la chose jugée devant les tribunaux civils. — En conséquence, le possesseur du barrage demanderait vainement devant ces derniers à prouver son droit par titres. — 1re, 30 janv. 1851 (de Montchalon), XV, 117.

2. — L'article 24 de la loi du 15 avril 1829, prohibitif de semblables barrages, s'applique même à ceux qui existaient lors de la promulgation de cette loi, en vertu de titres ou d'une possession ancienne. — *Id.*.

3. — L'administration seule peut autoriser les barrages dans les cours d'eau et en fixer la hauteur. — 1re, 23 juin 1846 (de Peyronney), X, 495.

4. — Lorsque, après l'opposition d'un propriétaire riverain, l'autorité administrative a sursis à statuer sur la demande en construction d'une usine, jusqu'à ce que le pouvoir judiciaire ait statué sur la question de propriété du biez, les tribunaux ne doivent pas ordonner le dérasement du barrage qui y aurait été construit ; ils doivent renvoyer les parties devant l'autorité administrative, pour que celle-ci fixe la hauteur de ce barrage Il en est surtout ainsi lorsqu'il n'est pas établi qu'il y ait eu dommage causé aux propriétés voisines. — 1re, 9 janv. 1843 (Pernelle), VII, 55.

5. — Mais les tribunaux peuvent ordonner la destruction d'un barrage non autorisé par l'administration, lorsque ce barrage porte préjudice aux propriétaires voisins. — 2e, 19 fév. 1848 (Janson), XIV, 31.

6. — Le propriétaire d'un immeuble traversé par un cours d'eau accidentel, formé par les eaux pluviales, peut intercepter ce cours d'eau par un barrage construit sur sa propriété, sans que les propriétaires des terrains inférieurs

puissent demander la suppression de ce barrage. — 1re, 26 janv. 1844 (Duhamel), VIII, 77.

BARRIÈRE. — *V. Chemin commu-nal. — Commune.*

BATEAUX. — *V. Bac. — Compét. civile.*

BÉNÉFICE DE DISCUSSION. — *V. Hypothèque. — Tiers déten-teur, etc.*

BÉNÉFICE D'INVENTAIRE. — *V. Succession bénéficiaire.*

BERGE. — *V. Bois. — fossés.*

BESTIAUX. — *V. Pâture. — Vice rédhibitoire.*

BIENS A VENIR. — *V. Contrat de mar.. — Donations. — Dot. — Hypothèque conv.. — ... légale des femmes.*

BIENS COMMUNAUX. — *V. Com-mune.*

BIENS DE MINEUR. — *V. Puis-sance paternelle.*

BIENS D'ÉGLISE. — *V. Bureau de bienfaisance. — Fabrique.*

BIENS DOMANIAUX. — *V. Acte administr.. — Bois. — Domaine de l'État. — Domaine engagé. — Terres vaines et vagues.*

BIENS DOTAUX. — *V. Dot.*

BIENS NATIONAUX. — *V. Biens domaniaux.*

BIENS PARAPHERNAUX. — *V. Dot. — Paraphernaux. — Rem-ploi.*

BIENS PRÉSENTS. — *V. Biens à venir.*

BIÈRE. — *V. Octroi.*

BIEZ. — *V. Barrage. — Canal. — Usine.*

BILAN. — *V. Aveu. — Faillite.*

BILLET (en général). — *V. Acte de comm.. — Approb. d'écriture. — Auto-risation de femme mariée. — Caution. — Commerçant. — Compétence civ.. — .... commerc.. — Crédit. — Dot. — Em-prisonnement. — Effets de comm. — Faillite. — Hypothèque conv.. — Lettre de change. — Novation. — Paiement. — Société en commandite. — Usure.*

BILLET A DOMICILE. — *V. Bil-let à ordre.*

BILLET A ORDRE. — *Acte de comm.. — Billet. — Compét. comm.. — Contrainte par corps. — Effet de comm.. — Endossement. — .... en blanc. — Hypothèque convent.. — Let-tre de change. — Paiement. — Protêt.*

Indication alphabétique.

Acquiescement, 7.	Fin de non-recevoir, 1
Acte de commerce, 4.	à 7.
Competence, 1 à 8.	Non-commerçant, 1 à 4,
Endossement irrég., 2,	7, 8.
6.	Prescription, 8.
Exception, 1 à 7.	Tiers-porteur, 1 à 7.

1. — L'art. 637 du Code de commerce est applicable, même lorsque tous les défendeurs sont des non-commerçants, si le demandeur est négociant. — 4e, 21 janv. 1842 (de Chiffetot), VI, 35.

2. — L'endosseur commerçant peut appeler les souscripteurs non commer-çants devant le tribunal de commerce, peu importe même, sous ce rapport, qu'il n'ait été saisi du billet qu'en vertu d'un endossement irrégulier. — Id..., et 4e, 15 juill. 1850 (Dornois), XV, 5. — V. *Infrà*, n° 6. — V. encore vo *Caution*, nos 10 et s...

3. — Le billet à ordre, même entre non-commerçants, dès lors qu'il contient remise d'argent de place en place, con-

stitue, comme la lettre de change, un effet commercial uniquement soumis à la juridiction des tribunaux de commerce. —2°, 25 juin 1847 (Bonvoisin), xi, 391.

4.—L'individu non commerçant qui a souscrit au profit d'un commerçant des billets à ordre paraissant opérer le change de place en place, ne doit pas être réputé avoir fait un acte de commerce à l'égard du tiers porteur, si celui-ci savait qu'il n'y a jamais eu ni valeur fournie, ni obligation sérieusement prise de la faire compter à l'échéance dans un autre lieu.—4°, 3 janv. 1847 (Hébert), xii, 10.

5.—Le tiers porteur d'un billet à ordre, lors même que ce billet n'est pas un véritable effet de commerce, peut assigner à son choix toutes les parties devant le tribunal du domicile du souscripteur ou devant celui de l'un des endosseurs, à moins qu'il ne soit établi que les négociations ne sont pas sincères et n'ont eu pour but que de soustraire quelques-unes des parties à leurs juges naturels. — 4°, 17 nov. 1847 (Guittier), xi, 623.

6.—Ne sont pas de la compétence du tribunal de commerce les contestations qui s'élèvent entre le débiteur d'un billet à ordre et le porteur, lorsque celui-ci n'a point reçu ce billet par voie d'endossement, mais seulement pour en effectuer le recouvrement.—4°, 21 fév. 1844 (Duval), viii, 169.—V. suprà, n° 2.

7.—L'incompétence établie par l'art. 636 du Code de commerce pour les billets à ordre qui ne portent que des signatures de non-commerçants, et qui ne sont pas faits pour des opérations de commerce, banque ou courtage, n'est

point absolue et d'ordre public. Cette incompétence est personnelle, elle est couverte par l'acquiescement exprès ou tacite des parties, et doit être proposée avant toute défense.—4°, 27 janv. 1841 (Cudorge), v, 61.

8.—Le billet à ordre souscrit par un non-commerçant est présumé avoir une cause civile, et dès lors l'art. 189 du Code de commerce ne lui est pas applicable.— 4e, 26 fév. 1844 (Longuet), viii, 88.

BLANC SEING. — V. Acte sous seing privé.—Lettre de change.

BOIS (en gén.). — **BOIS DOMANIAUX** ou **DE L'ETAT.**—V. Chasse. —Citation. — Dot. — Faillite.—Hypothèq. lég. des femmes.—Partage d'ascend.—Rétention.—Usage (droit d').— Usufruit. — Vaine pâture. — Vente.

Indication alphabétique.

Administ. forest., 4.	Ministère publ., 5.
Citation, 8.	Prescription, 1, 3.
Compétence, 5 et s.	Preuve test., 8.
Contraventions, 5 et s.	Propriété, 2 et s.
Fossés, 2 et s.	Usage, 4.

1.—Les grandes masses de forêt sont imprescriptibles. — 1er, 11 déc. 1848 (l'Etat), xii, 330

2.—Lorsque des fossés ont été creusés entre les forêts de l'Etat et les terres voisines, par suite de l'ordonnance de 1669 ou antérieurement, il y a présomption légale de la propriété des fossés et du rejet de la terre au profit des propriétaires riverains; le rejet de la terre du côté de la forêt ne saurait être considéré comme un signe pour l'Etat ou ses représentants de la propriété du fossé.—2e, 25 mai 1850 (Rogère-Préban), xiv, 370.

3.—Un procès-verbal émané d'un

agent forestier (dans l'espèce, un sous-inspecteur), constatant que les fossés qui bordent la forêt appartiennent au propriétaire riverain, interrompt valablement la prescription de la propriété du fossé qui pouvait courir au profit de l'Etat. Les agents forestiers ont qualité pour faire ces constatations. — 2°, 25 mai 1850 (Rogène-Préban), XIV, 370.

4. — L'administration forestière est sans qualité pour reconnaître des droits d'usage dans les bois de l'Etat, ou pour régler l'étendue de ces droits. — Par suite, les délivrances faites par cette administration dans les bois confisqués sur les émigrés n'ont pu changer les droits des usagers ; toutefois ces délivrances peuvent être considérées comme interruptives de la prescription. — 1re, 5 mai 1855 (de Chasseloup-Laubat), IX, 237.

5. — En matière forestière, l'action publique ou pénale appartient au ministère public comme aux agents de l'administration. — 4e, 17 janv. 1850 (R...), XIV, 567.

6. — Les contraventions forestières commises dans un bois non soumis au régime forestier sont de la compétence des tribunaux de police. — Ch. Corr., 8 mai 1851 (Deschamps), XV, 159.

7. — Mais si le ministère public a saisi le tribunal correctionnel, ce tribunal est compétent pour juger la contravention, et son jugement est en dernier ressort. — Id..

8. — Les délits forestiers peuvent être prouvés par témoins, à défaut de procès-verbaux réguliers. La citation ne doit donc contenir, à peine de nullité, la copie du procès-verbal, qu'autant que la poursuite est fondée sur ce procès-verbal, invoqué comme preuve du délit. — 4e, 17 janv. 1850 (R...), XIV, 567.

BOIS COMMUNAUX. — V. *Bois* (en gén.). — *Commune.* — *Usage (droit d').*

BOIS DE CONSTRUCTION. — V. *Vente publique de meubles.*

BOIS DOMANIAUX. — V. *Bois* (en gén.). — *Domaine de l'Etat.*

BOIS TAILLIS. — V. *Vente publique de meubles.*

BOISSONS. — V. *Contributions indirectes.* — *Octroi.*

1. — Les dispositions des art. 1, 6, 17 et 19 de la loi du 28 avril 1816, sont générales et absolues ; elles comprennent sans distinction tous mouvements ou transports de boissons, quelle qu'en soit la quantité. — Ch. Corr., 25 mars 1841 (Julienne), V, 98.

2. — L'exception établie par l'art. 18 de la même loi relativement aux vins qu'il est permis aux voyageurs de transporter avec eux, ne peut, par analogie, s'appliquer aux eaux-de-vie. — Id..

3. — L'art. 41 de la loi du 27 avril 1832, qui dispose que le droit général de consommation imposé sur les eaux-de-vie doit être perçu à l'entrée des villes soumises à une taxe unique sur les vins, cidres, poirés et hydromels, d'après l'art. 35 de cette même loi, n'a pas abrogé les art. 6 et 17 de la loi du 28 avril 1816 sur la circulation des eaux-de-vie. — Id..

4. — Le délai accordé pour faire un transport de liquides doit être compté à partir du moment où commence l'enlèvement, et non pas seulement à partir de celui où l'objet ainsi transporté sort de la ville où il était déposé. — Ch. corr.,

8 mai 1845 (Legris), IX, 368.

5.—Les tribunaux n'ont pas à examiner si c'est par une circonstance indépendante de la volonté du voiturier que le transport ne s'est point fait dans le délai déterminé, à moins toutefois que l'obstacle n'ait été suscité par les employés eux-mêmes.—Id..

6.—Tout conducteur d'un chargement de boissons dont le transport est interrompu pendant vingt-quatre heures est obligé d'en faire la déclaration au bureau de la régie. Il en est ainsi lors même que les boissons n'auraient pas été déchargées et que le conducteur ne réclamerait aucun supplément de délai pour en effectuer le transport. —Ch. Corr., 26 janv. 1843 (Brazy), VII, 99.— Ch. Corr., 26 janv. 1843 (Baudoin). ibid..

BON ou **APPROUVÉ**.—*V. Approbation d'écriture. — Effet de comm.. — Lettre de change.*

BONNE FOI. — *V. Antichrèse. — Boissons. — Diffamation. — Domaine engagé. — Donation (entre vifs). —... déguisée. —... par contrat de mar.. — Dot. — Erreur de droit. — Faillite. — Fruits. — Héritier apparent. — Imprimeur. — Poste aux lettres. — Prescription.*

BORDEREAU.—*V. Ordre. — Travaux publics.*

BORNES.—*V. Copropriété.*

BOULANGERIE.

L'article 1er de l'ordonnance du 8 juillet 1816, qui imposait à celui qui veut exercer la profession de boulanger l'obligation d'obtenir la permission *préalable* du maire, est illégale, comme prise hors des limites du pouvoir de l'autorité ad-

ministrative, et comme contraire aux lois sur la liberté de l'industrie. — T. corr., Caen, 12 mars 1841 (Langlois), V, 74.— Ch. corr., 20 mars 1841 (Laloe), ibid..— Ch. corr., 27 mars 1847 (Lalee), ibid..

BRASSERIE.—*V. Octroi.*

BREVET D'INVENTION. — *V. Mandat.*

BRIQUETERIE. — *V. Vente.*

BUREAU DE BIENFAISANCE.

1. — Les bureaux de bienfaisance, comme les communes auxquelles ils sont assimilés sous ce rapport, ne peuvent plaider sans autorisation du conseil de préfecture. Mais, lorsqu'ils ont été autorisés à soutenir un procès en première instance, ils peuvent, comme administrateurs et à titre d'acte conservatoire, interjeter appel dans le délai fixé par la loi, sauf à obtenir ensuite l'autorisation nécessaire pour poursuivre les fins de cet appel. — Dans ce cas, cette autorisation, lors même qu'elle n'est accordée qu'après l'expiration du délai d'appel, rétroagit jusqu'au jour même où l'appel a été porté.—1re, 10 fév. 1846 (Hocmelle), X, 145. — V. infrà, v° commune, 1 et 6..

2. — Le bureau de bienfaisance représente seul les pauvres d'une commune, considérés comme corporation.— En conséquence, il peut seul accepter les legs qui leur sont faits, en poursuivre les débiteurs, et recevoir les arrérages des rentes léguées. — Toute clause contraire est nulle.—1re, 29 déc. 1841 (Fossard), V, 480.

BRUYÈRE. — *V. Usage (droit d').*

C

CABARET. — CABARETIER.—
V. Restaurant.

CABOTAGE.

1. — L'ordonnance de la marine du mois d'août 1681 est encore en vigueur. — Ch. corr., 18 avril 1850 (Croix), xiv, 349.— C. cass., ch. crim. (Croix), x, 562.

2. — L'art. 2 de cette ordonnance n'est pas appliquable aux maîtres au grand cabotage qui entreprennent des voyages de long cours. L'autorité administrative peut leur refuser le congé nécessaire pour entreprendre un semblable voyage; mais le capitaine n'encourt aucune pénalité en le faisant sans autorisation.—Ch. corr., 18 avril 1850 (Croix). xiv, 349.

3. — Jugé au contraire que les articles 1 et 2 de cette ordonnance sont applicables aux maîtres au grand cabotage qui entreprennent des voyages de long cours. — C. cass., ch. crim. (Croix), xiv, 562.

CADUCITÉ. — *V. Legs* (en général) — ... *particulier. — Séparation de biens.*

CAFÉ. — *V. Café chantant. — Enseigne. — Restaurant.*

CAFÉ CHANTANT.

N'est pas réputé tenir un spectacle public, et, par suite, n'est pas tenu de remettre le cinquième de sa recette au directeur privilégié du lieu, le cafetier qui, sur un théâtre construit dans son établissement, fait chanter des morceaux de musique, alors surtout que les spectateurs ne sont soumis à aucune rétribution autre que celle de leur consommation. — T. comm., 27 oct. 1849 (Pescheux), xiii, 566.

CAHIER DES CHARGES. —
V. Saisie-immobilière.—Surenchère.— Vente publique d'immeubles.

CAISSE D'ÉPARGNE.

1.—Les caisses d'épargne sont responsables envers les déposants des infidélités commises par leur caissier.— 2°, 7 mai 1853 (Grandguillot), xvii, 212.

2. — Les art. 2, 8 et 10 du réglement de la caisse d'épargne de Caen, qui exigent la présence d'un commissaire aux séances de versement, comme à celles de remboursement, ne s'opposent pas à ce que les articles signés sur le livret, par le caissier seul, ne soient considérés comme réguliers et valables.

Dès que les versements sont portés et signés sur le livret, il y a présomption de droit qu'ils ont été faits régulièrement; ce serait à l'administration de la caisse d'épargne à prouver le contraire. *Id..*

CAISSE DES DÉPOTS ET CONSIGNATIONS.—*V. cession.— Consignation.—Offres réelles.*

CALOMNIE.—*V. Diffamation.— Injures.*

CANAL.—*V. Eau* (cours d').—*Expropriation pour utilité publ..—Servitude.—Usine.*

1.—La propriété du canal emporte nécessairement celle des francs bords, mais la largeur de ceux-ci peut être déterminée d'après la possession respective des parties.—1re, 9 janv. 1843 (Pernelle), vii, 53.

2.—En thèse générale, le propriétaire d'une usine est réputé propriétaire du canal qui y conduit l'eau, lors surtout que ce canal a été creusé de main d'homme.—1re, 25 nov. 1841 (Ballière), v, 401.

3.—Si, en général, la propriété d'un biez artificiel est réputée appartenir au propriétaire du moulin que l'eau de ce biez fait mouvoir, ce principe peut fléchir suivant les circonstances, et notamment s'il est présumable que le biez a été creusé aussi bien dans l'intérêt des propriétaires riverains que pour l'avantage du moulin; par exemple, si le biez est d'une très-grande étendue, si les riverains sont restés propriétaires des rives et ont profité du produit des arbres exerus sur ces rives, s'ils y ont construit des lavoirs, et ont fait les ouvrages nécessaires pour exercer des prises d'eau. En de telles circonstances, le propriétaire du moulin ne peut réclamer qu'un droit de servitude sur les eaux du biez et les riverains peuvent en faire tel usage qu'ils jugent convenable pourvu qu'ils ne portent pas atteinte à ses droits.—2e, 3 juillet 1833 (Trolley), v, 413.

4.—Lorsqu'un acte de partage attribue à l'un des lots un moulin et à l'autre les fonds riverains du biez de ce moulin, on ne peut décider d'une manière absolue et comme règle invariable de droit que la propriété du biez est une dépendance soit du moulin, soit des fonds riverains. Cette question doit se résoudre d'après les circonstances.—2e, 12 juill. 1845 (Fleuriot), xvii, 120.

CANTONNEMENT. — V. Bois. —Usage (droits d').

CAPACITÉ. — V. Bail (en gén.). —Compétence commerciale.— Emancipation.—Etranger.—Femme mariée. —Femme normande.

CAPITAINE. — V. Avaries.— Cabotage.—Pêche.—Vente de marchandises.

1.—Le capitaine qui n'a pas rempli les formalités prescrites par l'art. 245 du Code de commerce pour constater le caractère forcé de la relâche ne doit pas, par cela seul être déclaré responsable, envers le chargeur, de la perte de la marchandise; il peut prouver par témoins qu'il a été obligé de relâcher.—4e, 7 janv. 1845 (Couëdel), ix, 9.

2.—Le capitaine qui n'a signé un connaissement qu'avec cette réserve: Poids et quantité inconnus, n'est pas responsable du poids énoncé dans le connaissement, lorsque d'ailleurs on ne peut établir qu'il y ait eu fraude ou négligence de sa part.—Les armateurs sont aussi dans ce cas, à l'abri de toute responsabilité. —4e, 8 mars 1853 (Lebrecq), xvii, 113.

CAPITAL. — CAPITAUX. — V. Dot.—Donation entr'époux.—Emigré. —Femme normande.—Legs (en gén.). —Quotité disponible.—Rente viagère. —Usure.

CAPTATION.—V. Preuve par écrit (commencement de). — Testament (en gén.).

CARRIÈRES.—V. Acte de commerce.—Hypothèque (en gén.).—Purge.

CARTE DES HARAS.—V. Effet de commerce.

CAS FORTUIT.— V. Bac.—Bail (en gén.).— Force majeure.

CASSATION.—V. avoués. — Lettre de change.—Reprise d'instance.— Testament (en gén.). — Obligation (en gén.). — Obligation naturelle.— Remplacement militaire.

1.—Le pourvoi en cassation formé par *la partie condamnée* est régi par l'art. 417 du Code d'instruction criminelle, le condamné n'est pas tenu, malgré la présence au procès d'une partie civile, de faire la notification prescrite par l'art. 418 du même Code. Cette notification n'est exigible que dans le cas d'un pourvoi formé par *le ministère public* ou par *la partie civile*. —4e, 18 juill. 1850 (C...), XIV, 514.

2.—Celui qui, par voie de requête civile, a obtenu la rétractation d'un arrêt statuant sur chose non demandée, ne peut puiser contre ce même arrêt un moyen de cassation dans l'excès de pouvoir qu'il renfermait, et que la rétractation a fait disparaître. — C. Cass. 24 déc. 1844, (de Montfleury), VIII, 675.

3.—Lorsqu'un pourvoi n'a été formé que sur quelques chefs d'un arrêt, la cassation de l'arrêt ne remet pas en question les points jugés par la cour impériale sur lesquels il n'y a pas eu pourvoi.—Il en est ainsi lors même que la Cour de cassation aurait ordonné que les parties seraient remises dans l'état où elles étaient avant l'arrêt cassé. — Aud. sol. 30 mars 1843 (Roy), VII, 286.

4.—La partie qui s'est pourvue devant la Cour de cassation contre un arrêt qui annule une hypothèque n'a pas exécuté suffisamment cet arrêt, si dans la main-levée par elle consentie, elle s'est réservée à tout recours en cassation.— Cette main-levée doit être pure et simple, et exempte de toute équivoque, surtout lorsqu'elle intéresse des tiers.—4e, 19 mars 1844, (Morin-Angot), VIII, 124.

CAUSE DES OBLIGATIONS.—

CAUSE LICITE. — *V. Obliga-* tions (en général). — *Obligation naturelle.*

CAUTION. — CAUTIONNEMENT.—

V. Crédit. — Donation entr'époux. — Dot. — Faillite. — Héritier apparent. — Hypothèque (en gén.). — Institution contractuelle — Liberté provisoire. — Mandat. — Ordre. — Surenchère. — Usufruit. — Vente publique de meubles.

Indication alphabétique.

Approbation d'écrit.,5.	Interprétation, 7.
Bail, 13.	Lettre missive, 6.
Billet, 8.	Nullité, 9.
Cession de biens, 17.	Oblig. sans cause, 9.
Compétence, 10 et s.	Paiement partiel., 14
Contrat synal., 5 et s.	et s.
Crédit, 4.	Présomptions, 2 et s., 8.
Désistement, 16.	Preuve, 1 à 8.
Effet de comm., 8.	Preuve par écrit (commenc. de), 4.
Faillite, 17.	
Forme, 1 à 8.	Preuve testimoniale, 4.
Hypothèque, 12.	Recours, 12 et s.
Inscription hyp., 12.	Solidarité, 12 et s.

1.—Celui qui s'est porté caution d'une obligation ne peut se soustraire aux effets du cautionnement, quelle que soit la forme de l'acte qui le constate. — 1re, 15 déc. 1851 (Mérimée), XVI, 1 — 2e, 22 nov. 1851 (Marqué). *Ibid.*.

2. — Un cautionnement se présume difficilement. On ne peut le faire résulter de simples notes. — 4e, 7 déc. 1842 (Le Baron), VI, 661.

3. — *Id...* Ni de présomptions. — Il doit être exprès, surtout lorsqu'il s'agit d'un cautionnement illimité. — 4e, 27 déc. 1847 (Godeheu), XI, 601.

4. — Toutefois, encore bien qu'il paraisse résulter des termes d'un acte de crédit que la caution n'a entendu garantir que les versements de deniers qui seraient ultérieurement faits au crédité,

on peut trouver dans les déclarations contenues dans une procédure intervenue entre le prêteur et la caution, un commencement de preuve par écrit, et ce commencement de preuve, réuni à des présomptions, peut faire décider que la caution a réellement voulu garantir le paiement de dettes antérieures à l'ouverture du crédit. — 1re, 24 mars 1847 (Lebaudy), xi, 172.

5. — Le cautionnement est un contrat unilatéral, dont l'acte probatif est régi par l'article 1326 du Code Napoléon, lors même qu'il serait fait sous une condition imposée au créancier dans l'intérêt du débiteur. — 1re, 27 avril 1847 (Lelaidier), xi, 257.

6. — Un contrat de cautionnement, en le supposant synallagmatique, peut valablement se former par correspondance, sans être assujetti aux formalités imposées par les art. 1325 et 1326 du Code Napoléon. Il suffit que le double lien soit formé de manière que chaque partie puisse faire valoir ses droits.— Id.

7.) — La reconnaissance écrite d'un créancier qu'une obligation personnelle a été prise en garantie d'une dette préexistante, ne fait pas dégénérer cette obligation en simple cautionnement à l'égard de celui qui l'a souscrite et qui n'était pas tenu de la dette pour la garantie de laquelle il s'est obligé. — 1re, 5 juill. 1852 (Dansos), xvi, 225.

8. — On peut s'appuyer sur un ensemble de présomptions pour décider contre la caution d'un effet souscrit par un commerçant, que le billet cautionné est bien le même que celui qui, comme billet perdu, est mentionné dans une or-

donnance rendue conformément aux articles 151 et suivants du Code de commerce. — 1re, 24 mars 1847 (Lebaudy), xi, 172.

9. — Est nulle, ainsi que toutes ses suites, la garantie d'une obligation sans cause. — And. sol., 13 fév. 1850 (Allard-Grandmaison), xiv, 265.

10. — La caution civile d'une dette commerciale peut être traduite devant le tribunal de commerce, en même temps que le principal obligé. — 4e, 31 juill. 1843 (Housset), vii, 474.— 4r, 23 avril 1843 (Aubert), ix, 302. — V. supra, vo Billet à ordre, n. 1 et s., et infra, vo Garant, n. 1, et s.

11. — Id... Mais elle ne peut y être traduite seule et par action principale. —4e, 13 nov. 1841 (Hurel), v, 383.

12. — L'omission du renouvellement d'une inscription hypothécaire ne peut être opposée par la caution du débiteur solidaire, aux termes de l'art. 2017 du Code Napoléon. — Pour que cet article soit applicable, il faut qu'il y ait un fait positif de la part du créancier ; une simple négligence ne suffit pas pour donner ouverture à l'action cedendarum actionum. — 2e, 3 juill. 1841 (Lefortier), v, 282.

13. — Lorsque la caution solidaire d'un fermier a garanti non-seulement le paiement du prix des fermages, mais encore l'exécution de toutes les conventions du bail, elle ne peut, pour arriver au recouvrement de ses avances, saisir les meubles qui ont été placés par ce fermier dans les bâtiments à lui loués, conformément aux obligations qui lui étaient imposées par le bail. — 2e, 6 nov. 1843 (de Savignac), x, 44.

14. — Lorsqu'un débiteur n'a donné caution que pour une partie de son obligation, les paiements partiels faits par lui, sans imputation, doivent être réputés faits sur la partie de cette dette, objet du cautionnement, et non sur la partie qui n'est pas cautionnée. — 1re, 16 juillet 1851 (Dubois), xv, 268.

15. — Le créancier qui, lors du paiement partiel à lui fait par une caution solidaire, s'est réservé la priorité pour le paiement de sa créance, et qui poursuit le recouvrement intégral de cette créance, sauf à tenir compte à la caution des sommes dépassant ce qui lui reste dû, s'oblige nécessairement à rembourser à la caution une part des sommes qu'il touchera proportionnelle à leurs droits respectifs. — 2e, 9 fév. 1850 (Duval), xiv, 285.

16. — Le désistement donné par le créancier au débiteur principal, ne décharge pas la caution, s'il est évident que l'action abandonnée par le désistement était illusoire, et ne pouvait pas sérieusement profiter à cette caution. — 1re, 5 juill. 1852 (Dansos), xvi, 225.

17. — L'acte par lequel un commerçant en état de cessation de paiements cède son actif à tous ses créanciers, est opposable à celui qui s'était porté précédemment caution envers l'un de ces créanciers, et cela encore bien qu'il n'ait pas figuré à l'acte de cession. — **La caution ne pourrait, dans ce cas, arguer cet acte de nullité et demander la mise en faillite du cédant, hors la présence de celui-ci.** — 4e, 7 nov. 1848 (Bétourné), xii, 568.

CAUTIONNEMENT DE TITULAIRES ou DE COMPTABLES. —

V. Commune. — Percepteur. — Saisie-arrêt.

CENS. — V. Rente féodale.

CENS ÉLECTORAL : — V. Elections.

CERTIFICAT. — V. Conservateur des hypothèques. — Hypothèque légale (en gén.).

CESSION. — CESSIONNAIRE. —

V. Commissionnaire. — Communauté conjug. — Commune. — Demande nouvelle. — Droits litigieux. — Double écrit. — Eau (cours d'). — Échange. — Eviction. — Faillite. — Femme normande. — Hypothèque (en gén.). — ... légale des femmes. — Maître de poste. — Office. — Ordre. — Prêt. — Privilège. — Purge. — Rente (en gén.). — ... viagère. — Retrait litigieux. — ... successoral. — Saisie-arrêt. — Subrogation. — Usure. — Vente.

Indication alphabétique.

Actes conservat., 6 et s.	Inscription hyp., 6.
Action en nullité, 4.	Nullité, 1 et s.
Caisse des consignations, 10.	Officier minist., 4.
Compétence, 6.	Opposition, 11 et s.
Crédit ouvert, 2.	Payeur, 13.
Droits immobiliers, 3.	Préférence, 8, 11.
État, 11 et 12.	Prescription, 7.
Exception, 6.	Prête-nom, 6.
Exécution, 7 et s.	Prix, 1.
Faillite, 9.	Rente viagère, 1.
Fin de non-recevoir, 4 et s., 13.	Retrait litigieux, 4.
	Saisie-arrêt, 6, 8, 11 et s.
Hypothèque, 6.	Signification, 7 et s.
Immeubles, 3.	Simulation, 6.
Incendie, 9.	Succession, 5.
	Vente d'immeubles, 3.

1. — On ne peut annuler, pour défaut de prix, la cession d'une créance faite moyennant une rente viagère dont le chiffre doit rester égal à celui des intérêts payés par le débiteur de la créance

cédée, jusqu'au moment indéterminé où ce débiteur pourra se libérer. — La cession a tout son effet, encore bien que le crédi-rentier soit mort avant que le débiteur cédé se soit libéré. — 2e, 2 janv. 1851 (Pelletier), xv, 15.

2. — Le transport d'une créance peut avoir lieu en paiement du montant d'un crédit ouvert, quoique ce crédit ne soit pas encore réalisé. — 4e, 28 août 1843 (Bioche de Misery), vii, 487.

3. — La cession des droits qui peuvent revenir dans certains immeubles, constitue un abandon de droits éventuels dont la validité n'est soumise à aucune forme. — Un pareil acte ne peut être considéré ni comme une vente de biens immobiliers annulable pour défaut de prix, ni comme une donation nulle pour vice de forme. — 2e, 27 avril 1839 (Martine), ix, 306. — 7 mai 1845 (Auvray-Francquetot), ibid..

4. — Lorsqu'un officier ministériel réclame le paiement d'une créance au nom et avec l'autorisation du créancier originaire, le débiteur ne peut exciper d'une prétendue cession qui aurait été faite à cet officier, et en demander la nullité aux termes de l'art. 1492 du Code Napoléon, lorsqu'il ne demande pas à exercer le retrait litigieux. — 2e, 10 août 1843 (de Rayneval), vii. 479.

5. — L'acte par lequel un débiteur cède et délègue à son créancier, mais à titre de garantie seulement, une somme égale au montant de sa dette, à prendre sur les plus clairs deniers d'une succession qui lui est échue, ne confère à ce créancier aucun droit réel sur la succession. — Le cessionnaire devient seulement l'ayant-cause de son débiteur, et peut exercer toutes les actions que celui-ci pourrait intenter. — 2e, 2 mai 1845 (Aubry), ix, 258.

6. — L'arrêt, qui déclare simulé un transport, n'anéantit pas par cela seul tous les actes conservatoires faits par le prête-nom; il a seulement pour effet de permettre au débiteur d'opposer au cessionnaire toutes les exceptions qu'il pouvait opposer au cédant. — La question de validité des inscriptions, saisies-arrêts et oppositions, doit être renvoyée devant les juges appelés à statuer sur les contestations soulevées entre les divers créanciers. — Aud. sol., 25 juin 1846 (Chedeville) x, 357. — Aud. sol., 9 juill. 1846 Chedeville), ibid..

7. — La signification d'un transport n'est nécessaire, aux termes des art. 1689, 1690, 1691 et 2214 du Code Napoléon combinés, que pour empêcher le débiteur de payer le prix au cédant, ou pour conférer le droit de procéder par voie exécutoire. — Mais il suffit au cessionnaire, pour faire consacrer son droit de faire des actes conservatoires interruptifs de la prescription, ou de faire connaître au débiteur, par des significations quelconques, sa qualité de transportuaire. — 2e, 27 avril 1839 (Martine), ix, 306. — 7 mai 1845 (Auvray-Francquetot), ibid..

8. — Le cessionnaire d'une créance sur laquelle une saisie-arrêt est exercée pour une somme quelconque, avant la signification du transport, ne peut prétendre aucun droit de préférence sur les saisissants postérieurs à la notification. La première saisie-arrêt rend la créance qui en était l'objet, le gage commun de tous les créanciers, et même de ceux

qui se présentent après la signification du transport. — T. Caen, 2e, 8 janv. 1846 (Letourmy), x, 99.

9. — Lorsque délégation ou cession de l'indemnité due pour cause d'incendie de bâtiments assurés a été consentie en faveur d'un crédi-rentier, la signification de ce transport approprie ce crédi-rentier, pourvu qu'elle ait été faite avant le jugement déclaratif de la faillite du débiteur de la rente, et encore bien qu'elle ait eu lieu à une époque postérieure au jour où l'ouverture de la faillite a été reportée. — 2e, 17 nov. 1850 (Mouchel), xiv, 643.

10. — La signification d'un transport faite à la caisse des consignations, à une époque où il n'y avait encore aucuns fonds déposés à cette caisse, ne produit aucune saisine au profit du cessionnaire sur les deniers qui sont déposés postérieurement. — T. Caen, 2e, 7 déc. 1846 (Chédot), x, 573.

11. — Les dispositions de la loi du 9 juillet 1836, qui exigent le renouvellement, dans un délai déterminé, des saisies-arrêts, oppositions et significations de cession ou transport de sommes dues par l'État, s'appliquent à tout transport, soit qu'il soit seul et confère un droit exclusif au cessionnaire, soit qu'il se trouve en concours avec d'autres transports, et ne donne ainsi que le droit de prendre part à une distribution. — 4e, 18 mai 1842 (Le Guay), vi, 377.

12. — Le délai de cinq ans, accordé par l'art. 14 de la loi du 9 juillet 1836, pour opérer ce renouvellement, ne s'applique qu'aux transports effectués depuis la publication de cette loi ; quant à ceux qui avaient eu lieu précédemment, le renouvellement a dû nécessairement, d'après l'art. 15 de la même loi, être fait dans l'année même de la publication de ladite loi, quelle que fût d'ailleurs l'époque à laquelle le transport avait été signifié à l'État. — Id..

13. — Le cessionnaire, s'il veut conserver son recours contre le payeur, n'est point dispensé de faire le renouvellement dans l'année, par cela seul que le payeur aurait, antérieurement à la loi du 9 juillet 1836, versé les deniers nonobstant la signification du transport qui lui avait été faite. — Id.. — V. vo saisie-arrêt.

CESSION DE BIENS. — V. Caution — Commerçant. — Démission de biens.

1. — Un acte de cession de biens est valable lors même qu'il n'est pas revêtu de la signature de quelques créanciers dont les créances n'étaient pas constatées à l'époque de la cession, et sont, du reste, d'une très-faible importance. — 4e, 17 mars 1846 (Gouin), x, 222.

2. — Le créancier avec lequel l'union des créanciers fait un traité, ne doit point figurer dans l'acte de cession de biens du débiteur commun. — Id..

3. — Sous l'empire des anciennes dispositions du Code de commerce sur les faillites, la terminaison de la liquidation et l'admission du failli au bénéfice de cession de biens, opéraient la dissolution de l'union et faisaient cesser l'état de faillite, de telle sorte que si de nouveaux biens advenaient au failli, ses créanciers non complétement désintéressés devaient procéder individuellement contre lui, sans pouvoir faire revivre la faillite, nommer un juge-commissaire et élire des syndics pour les

représenter.—Aud. sol , 4 janv. 1843 (Conard), VII, 103.

4.—La mise en faillite d'un débiteur n'anéantit point l'acte de cession de biens qu'il a passé avec ses créanciers. —4e, 17 mars 1846 (Gouin), X, 222.

5.—Les créanciers qui ont accepté la cession volontaire des biens de leur débiteur, ne peuvent exercer contre lui un recours, à raison des condamnations qu'ils encourent, par suite de l'inexécution des obligations souscrites par ce débiteur et qu'ils ont expressément acceptées.—4e, 22 mai 1849 (Pauwels), XIII, 395.

CESSION DE DROITS LITIGIEUX.—V. *Cession.*—*Droits litig.*.

CESSION DE DROITS SUCCESSIFS.—V. *Retrait successoral.*

CESSION D'IMMEUBLES.—V. *Échange.*

CESSION RÉCIPROQUE. — V. *Échange.*

CHAMBRE DES AVOUÉS. — V. *Huissier.*

CHAMBRE DES NOTAIRES.— V. *Notaire.*

1.—Les décisions de discipline intérieure, prises par les Chambres des notaires, ne peuvent être attaquées par voie de nullité devant les tribunaux civils.—1re, 4 juill. 1843 (Daufresne), VIII, 369.—1re, 19 juin 1844 (Daufresne), *ibid.*.

2.—Les délibérations des Chambres des notaires doivent rester secrètes, la partie qui a à se plaindre de la publication qui en a été faite, peut faire supprimer cette publication.—*Id.*.

3.—La chambre des notaires d'un arrondissement a qualité pour réclamer par son syndic les droits et prérogatives qui sont attribués à ces officiers.—2e, 25 fév. 1850 (Falaise), XIV, 336.

CHAMBRE DU CONSEIL.—V. *Tribunal correctionnel.*

CHAMBRE GARNIE.— V. *Donation entre époux.*

CHAMBRE LEGISLATIVE.— V. *Élections.*

CHAMBRES RÉUNIES. — V. *Audience solennelle.*

CHAPELLE.—V. *Église.*

CHARGES.—V. *Donation.*—*Remploi.*

CHARRONNAGE.—V. *Acte de commerce.*

CHASSE.

Indication alphabétique.

Acquittement, 9.	Fin de non-recevoir, 1,
Action publique, 8.	8.
Agent forestier, 1.	Forêts de l'État, 1.
Clôture, 4 et s..	Peine, 8.
Confiscation, 3.	Pigeons, 2.
Convention, 6 et s..	Suspension, 3.
Délit, 1 et s..	Terres ensemencées, 2.
Dépens, 9.	Transaction, 8.

1.—Le fait d'avoir chassé, sans autorisation, dans une forêt de l'État, constitue un délit forestier;—par suite, les agents forestiers ont qualité pour poursuivre la répression de ce délit devant les tribunaux correctionnels, soit qu'ils se bornent à réclamer l'application de l'art. 1er de la loi du 30 avril 1790, soit qu'ils concluent à des dommages-intérêts plus élevés.—Ch. corr., 5 août 1841 (Delagrenée), V, 318.

2.—Celui qui, à une époque de l'année où la chasse n'est pas ouverte, tue des pigeons dans le champ récemment ensemencé de son voisin, sans justifier d'une autorisation formelle et préexistante de celui-ci, commet le délit prévu par l'art. 12 de la loi du 3 mai 1844.—Ch. corr., 27 nov. 1846 (Simon), x, 568.

3.—Lorsque, pour une cause quelconque, par exemple en temps de neige, la chasse a été suspendue par un arrêté préfectoral, le délinquant, bien que muni d'un permis de chasse, doit être condamné non-seulement à l'amende, mais encore à la confiscation de son fusil.—Ch. corr., 30 janv. 1845 (Châtel), ix, 354.—Ch. corr., 27 fév. 1845 (Lechat), *ibid.*.

4.—L'arrêté préfectoral prononçant clôture de la chasse, n'est exécutoire que dix jours après sa publication ; en cas de publication tardive, on peut donc, sans se rendre coupable de délit, se livrer à la chasse pendant les dix jours qui suivent cette publication, bien qu'on ait d'ailleurs connaissance de l'arrêté de clôture.—Ch. corr., 27 mai 1852 (Barbot), xvi, 255.

5.—Lorsqu'un arrêté préfectoral est ainsi conçu : « La chasse sera close le 15 février », le jour du 15 est compris dans le délai de clôture.—*Id.*.

6.—La convention par laquelle deux propriétaires stipulent qu'ils chasseront réciproquement sur les fonds l'un de l'autre, tant qu'ils seront détenteurs desdits fonds, est parfaitement licite. Elle ne constitue pas une indivision ne pouvant être stipulée dans les termes de l'art. 815 pour plus de 5 années.—4°. 10 déc. 1851 (de Saint-Pierre), xvi, 12.

7.—Le droit de chasse à tir concédé à un individu personnellement doit être limité dans les termes précis de la stipulation, et il n'implique pas, pour le concessionnaire, la faculté de chasser à cheval ou en voiture.—*Id.*.

8.—La citation introductive d'instance, par laquelle un propriétaire assigne devant le tribunal de police correctionnelle un individu pour avoir chassé sans sa permission sur ses propriétés, saisit la justice de telle sorte, que la transaction qui interviendrait entre les parties ne pourrait soustraire le chasseur à l'application de la peine édictée dans l'intérêt de la vindicte publique.—En conséquence, serait inadmissible comme inconcluante, la preuve tendant à établir l'existence de cette transaction.—Ch. corr., 28 avril 1846 (Lepelletier), x, 477.

9.—Un prévenu, bien que renvoyé de l'accusation, peut cependant être condamné aux dépens, si c'est par sa faute que des poursuites ont été dirigées contre lui.—*Spécialement*, l'individu qui, pris en état de chasse, ne peut présenter son port d'armes, et répond même qu'il ne lui en a pas encore été envoyé, bien qu'il l'ait demandé, doit, lorsqu'il est constant qu'à cette époque il lui en avait été délivré un, être condamné aux frais occasionnés par les poursuites dirigées contre lui.—Ch. corr., 30 janv. 1845 (Demonceaux), ix, 362.

CHAUDIÈRE A VAPEUR. —*V. Copropriété.* — *Établissement dangereux.*

CHAUFFAGE.—*V. Usage (droits d').*

CHEMIN.—*V. Chemin communal.* —...*de halage.*—... *public.*—... *vicinal.* — *Commune.* — *Copropriété.* — *Servitude.*

CHEMIN COMMUNAL.—..*RURAL.*—*V. Chemin public.*—... *vicinal.*—*Commune.*— *Servitude.*

Indication alphabétique.

1.—Les chemins communaux ou ruraux sont, comme les chemins vicinaux la propriété des communes dans l'enclave desquelles ils sont établis.—Le caractère distinctif de ces deux espèces de chemins, c'est que l'entretien des chemins communaux est laissé à la discrétion des intéressés, tandis que l'entretien des chemins vicinaux est une charge qui pèse sur les communes. —2e, 28 août 1846 (Loury), x, 422.

2.—Les communes ne sont pas astreintes à représenter les titres constitutifs de leurs chemins; des titres énonciatifs de la situation de ces chemins peuvent suffire pour justifier de leur existence.—1re, 13 mars 1850 (commune de Manherbe), xiv, 314.

3. — Le fait de passage exercé par les habitants d'une commune sur un chemin constitue, au profit de la commune, une présomption de la liberté et de la publicité de ce chemin.—Id..

4.—Il résulte également une présomption grave, au profit de la commune, de ce que le chemin en litige met en communication deux chemins publics avec lesquels il s'embranche par ses extrémités.— L'omission de ce chemin sur le tableau de classement dressé par le Conseil municipal ne saurait priver la commune de ce chemin s'il est utile et important.—Id..—V. encore infra, v° Chemin public, n° 2.

5.—L'article 15 de la loi du 24 juin 1836, est inapplicable aux chemins ruraux; aussi l'arrêté préfectoral qui classe un chemin comme rural n'attribue-t-il pas à ce chemin le sol compris dans la largeur déterminée par cet arrêté.—2e, 28 août 1846 (Loury), x, 422.

6.—Des ornières, des hauts-bords, sur lesquels il reste d'anciennes souches déterminent la largeur et la situation d'un chemin. — 1re, 13 mars 1850 (commune de Manherbe), xiv, 314.

7.—Le fait par les habitants d'une commune de conduire des bestiaux par des chemins traversant une lande, ne peut pas faire acquérir à la commune des droits sur la totalité du terrain traversé par ces chemins; c'est un acte de tolérance de la part du propriétaire qui s'explique par l'absence d'un préjudice notable.—2e, 27 déc. 1848 (Commune de Céaucé), xii, 581.

8.—Une barrière volante peut, suivant les circonstances, être maintenue dans un chemin public communal.—2e, 25 avril 1844 (Lepetit), viii, 566. —V. cependant infrà, vis Commune nos 16, et 30; Chemin public n° 3.

CHEMIN DE FER.—V. Octroi.

CHEMIN DE HALAGE.

1.—Le conseil de préfecture est seul compétent pour décider si le propriétaire sur les immeubles duquel l'État établit une servitude de halage, a droit à une indemnité et pour fixer le chiffre de cette indemnité.—1re, 26 nov. 1844 (Commune d'Amfréville), viii, 617.

2.—Il en est ainsi lors même que l'Etat repousserait par la prescription la demande en indemnité.—Le conseil de préfecture juge de l'action, doit être également juge de l'exception.—Id..—V. infrà, v° Compétence (en gén.).

CHEMIN D'EXPLOITATION. — *V. Chemin communal.—Servitude.*

CHEMIN PRIVÉ.—*V. Chemin communal.— ... public.— ... vicinal. Commune.—Copropriété.—Servitude.*

CHEMIN PUBLIC.—*V. Chemin communal.—... de halage.—Intervention.—Servitude.*

Indication alphabétique.

1.—On doit facilement déclarer public le chemin qui est séparé dans presque toute son étendue par des haies et fossés des propriétés riveraines et présente des accès fréquemment usités.—1re, 9 juin 1842 (Pelcerf), vi, 499.

2.—L'existence constatée par titres, de deux bouts de chemin voisins du terrain revendiqué par une commune comme voie publique, ne suffit pas pour constater l'existence de cette voie dans la partie intermédiaire.—2e, 16 fév. 1842 (Millet), vi, 473.—V. suprà, v° Chemin communal, n° 4.

3.—L'existence d'une barrière, même mobile, ainsi que la confection de travaux sur un terrain, s'opposent à l'idée que ce terrain puisse constituer un chemin public.—Id..—V. suprà, vo Chemin communal, no 8.

4 —Un terrain faisant partie de la voie publique, devient prescriptible du jour où il a cessé d'avoir cette destination. —1re, 3 janv. 1849 (Sellier). xiii, 25.

5.—Le chemin qui ne sert que de raccourci, mais n'est pas indispensable à une commune, est facilement présumé ne constituer qu'un passage de tolérance. —2e, 16 fév. 1842 (Millet), vi, 473.

6 —Quand un sentier a été déclaré chemin public, comme sentier à l'usage des piétons et des bêtes de somme, les riverains n'ont pas qualité pour soutenir que le public n'a pas le droit de le pratiquer avec voitures dans la portion où sa largeur permet ce mode de passage.—2e, 4 janv. 1849 (Lefranc), xiii, 13.

7.—Sous l'empire de la Coutume de Normandie, c'était le riverain et non le seigneur qui profitait des arbres plantés sur les chemins publics.—Par suite, si le propriétaire riverain utilisait par des plantations, l'excédant du terrain qu'il était obligé de laisser libre, il usait de son droit et n'empiétait point sur les droits du seigneur qui ne pouvait, par conséquent, ainsi que cela avait lieu dans beaucoup de provinces, réclamer cet excédant de largeur comme un terrain vain et vague qui lui aurait appartenu en vertu des lois sur la féodalité. — 2e, 13 déc. 1850 (Tostain), xv, 104.

8.—id.. Et le propriétaire actuel de terrains autrefois seigneuriaux peut invoquer ce droit établi en faveur des riverains, parce qu'alors le droit de propriété qu'il réclame n'est pas le droit féodal attribué autrefois au seigneur et aboli par les lois de 1790 et 1792.—Id..

9.—S'il est vrai qu'en Normandie un chemin public avait souvent une largeur plus considérable que la largeur déterminée, et que, sous l'empire de la coutume de ce pays, la présomption était que cet excédant faisait partie du chemin et appartenait à la commune, cette présomption cédait à la preuve faite par le riverain d'un droit de propriété sur ce terrain. — *Id.*.

CHEMIN RURAL. — *V. Chemin communal.* — ...*public.* — ...*vicinal.*

CHEMIN VICINAL. — *V. Chemin communal.*

1. — Avant la loi du 21 mai 1836 et le règlement rendu en exécution de cette loi pour le département du Calvados, le 10 février 1837, il n'existait aucune distance à observer pour les plantations à faire le long des chemins vicinaux. — T. corr., Caen, 9 avril 1842 (R...), VI, 248.

2. — Sous la dénomination de plantations maintenues par l'art. 77 de ce règlement, on doit comprendre des baliveaux de 18 à 20 ans non plantés de main d'homme, mais provenant de jets ou repousses qu'on a laissé croître. — *Id.*.

3 — Lorsque sur une action pour contravention au règlement du préfet du Calvados du 10 février 1837, relatif aux plantations le long des chemins vicinaux, le tribunal de simple police condamne le défendeur à une amende inférieure à 5 fr. et ordonne en même temps que, pour l'exécution de l'art. 80 du règlement précité, il sera donné avis au maire de la commune où sont situés les biens dans le cas où les bois n'auraient pas été abattus dans un délai fixé, le jugement rendu n'est pas en dernier ressort, l'appel peut en être porté devant le tribunal de police correctionnelle. — Il doit en être surtout ainsi lorsque le ministère public a conclu formellement à l'abattis des arbres. — *Id.*.

CHEPTEL.

1. — Dans les baux à cheptel, l'estimation ne devant avoir lieu qu'à la fin du bail, ou lors de sa résolution, le profit fait sur chaque troupeau ne doit pas être l'objet d'un compte particulier. — 4e, 17 déc. 1844 (Désobeaux), IX, 143.

2. — Le fermier qui a refusé par des motifs jugés sans fondement de recevoir les troupeaux que lui offrait le bailleur, doit tenir compte à celui-ci des frais de nourriture et de garde que lui a occasionnés cette injuste résistance. — *Id.*.

CHEVAL. — *V. Dommages-intérêts. — Vente.*

CHIRURGIEN. — *V. Médecin.*

CHOSE COMMUNE. — *V. Copropriété. — Indivision. — Licitation. — Partage.*

CHOSE D'AUTRUI. — *V. Bail (en gén.). — Legs (en gén.). — Testament (en gén.). — Vente.*

CHOSE JUGÉE. — *V. Appel en mat. civ. — Arbitrage. — Autorisation de femme mariée. — Barrage. — Cassation. — Communauté conjugale. — Compte. — Contrat judiciaire. — Créancier (en gén.). — Dépens. — Dot. — Exception. — Faillite. — Femme normande. — Garant. — Interrogatoire sur faits et articles. — Jugement définitif. — ...interloc.. — Licitation. — Ordre. — Péremption. — Remploi. — Séparation de corps. — Solidarité. — Subrogation.*

Indication alphabétique.

Dulongprey), IX, 217.

1.—L'extrait d'enregistrement de la signification d'un jugement ne peut remplacer la représentation de la signification elle-même, afin de faire acquérir au jugement l'autorité de la chose jugée.—2e, 13 mai 1842 (Lolivier), VI, 311.

2.—Le jugement homologatif d'une liquidation arrêtée devant notaire entre deux époux après séparation de biens, est un acte de juridiction gracieuse qui ne peut acquérir à l'égard des tiers l'autorité de la chose jugée.—1re, 19 janv. 1846 (Godefroy), X, 153. V. vo Partage.

3.—Il ne peut y avoir autorité de chose jugée que sur les questions soumises directement au juge par les conclusions des parties, et qui forment l'objet du dispositif du jugement.—Peu importe que le juge ait préjugé dans les motifs de sa décision une autre question qui n'était pas soumise à son appréciation. Les motifs ne sont que des moyens de décision, qui peuvent bien avoir une certaine influence sur une délibération postérieure, mais qui n'offrent point la présomption légale de vérité que la loi attache à la chose jugée, et qui exclut tout examen.—1re, 2 juin 1840 (Claude), v, 63.—4e. 10 nov. 1841 (Regnault-Bretel), VI, 45.—2e, 7 déc. 1849 (Than), XIII, 421.

4.—Un nouveau moyen de nullité ne peut suffire pour remettre en question un point qui a acquis l'autorité de la chose jugée.—4e, 19 fév. 1845 (Lepetit-

5.—Lorsqu'un jugement renferme à la fois des dispositions définitives et des dispositions interlocutoires, les dispositions définitives acquièrent l'autorité de la chose jugée par le défaut d'appel dans le délai de trois mois, encore bien que l'on puisse porter l'appel des dispositions interlocutoires, en même temps que celui du fond.— Spécialement, la disposition d'un jugement, qui, avant d'ordonner une expertise pour la fixation des dommages-intérêts, dit à bonne cause la demande, est une disposition définitive, et l'appel doit en être porté dans le délai de trois mois.—2e, 10 janv. 1850 (Samson), XIV, 113.

6.—Lorsque, dans une instance en revendication de biens dotaux, un jugement ou un arrêt, statuant sur une exception, réserve l'une des parties à faire rapporter un arrêté administratif, et renvoie instruire sur le fond, si les parties, sans user de ces réserves, instruisent, acquiescent à la décision intervenue au fond, et transigent en renonçant à se troubler désormais et en réservant leur recours contre leur vendeur, celle d'entre elles qui agissait alors en qualité d'héritière, ne peut pas plus tard former la même demande comme agissant de son chef et à titre d'acquéreur, elle doit être repoussée par l'autorité de la chose jugée et acquiescée.—2e, 25 fév. 1850 (Devillereau), XIV, 297.—V. Anal., infrà, n° 9.

7.—Lorsque, pour parvenir à la décision d'une contestation qui lui est soumise, un tribunal a dû nécessairement attribuer à l'une des parties la qualité d'héritière pure et simple du débiteur primitif, son jugement n'a pas l'autorité de la chose jugée sur cette qualité d'héritier dans une autre question pendante entre les mêmes parties.—1re, 4 mars 1841 (Samson), v, 92.

8.— L'annulation d'un legs ne peut profiter qu'à ceux des héritiers qui figurent au procès et pour leur part; elle ne les autorise pas à réclamer pour la part qui reviendrait à d'autres héritiers acceptants.—1re, 31 mars 1846 (les Ursulines de Mortain), x, 232.—V. encore *suprà*, v° *Appel en matière civile*, nos 11 et s..

9.— Le jugement passé en force de chose jugée qui déclare qu'un héritier n'est ni l'auteur ni le complice de l'auteur de soustractions commises au préjudice d'une succession, met cet héritier à l'abri de toutes nouvelles imputations à cet égard de la part de ses cohéritiers. Peu importe que ce soit à l'occasion d'une autre succession et comme représentant le défunt, que ceux-ci élèvent leurs prétentions; ils sont non-recevables.— 2e, 5 juin 1845 (Crespin), ix, 468.—V. Anal., *suprà*, n° 6.

10.—Le jugement qui, sur la demande de l'un des héritiers, déclare l'époux survivant coupable de soustractions jusqu'à concurrence d'une somme de..... envers la succession de son conjoint décédé, et le condamne à faire au demandeur le rapport de la part qui lui appartient dans ces soustractions, n'a d'autorité de chose jugée qu'à l'égard de celui qui l'a fait prononcer. Il ne peut profiter à ses cohéritiers. Ceux-ci doivent intenter une action de leur chef, lors même que, par suite du décès de l'époux condamné, ce serait contre l'hé-

ritier qui a obtenu le jugement qu'ils devraient diriger leur demande.—*Id.*.

11.—Lorsqu'un créancier hypothécaire est intervenu en première instance, pour la conservation de ses droits d'hypothèque sur un immeuble litigieux, il ne peut, s'il n'a point interjeté appel du jugement qui a ordonné une enquête relativement à la propriété de cet immeuble, contester plus tard la recevabilité de cette enquête à son égard.—2e, 30 janv. 1847 (Marais), xi, 65.

12.—La déclaration de culpabilité émanée de la juridiction criminelle a, quant à la matérialité du fait sur lequel elle est basée, l'autorité de la chose souverainement jugée à l'égard de tous les intérêts civils, lesquels ont été suffisamment représentés, soit par le ministère public, soit par le prévenu, soit par les juges mêmes qui ont prononcé; la matérialité de ce fait ne peut donc être remise en question devant les tribunaux civils.—1re, 18 juillet 1853 (Brisset), xvii, 238.

13.—Mais il en est autrement de l'acquittement en matière criminelle; la déclaration de non-culpabilité ne peut avoir l'autorité de la chose jugée lorsqu'il s'agit des réparations civiles, le jury étant appréciateur au point de vue de la criminalité, et les tribunaux au point de vue de la responsabilité civile. —2e, 9 avril 1853 (Villette), xvii, 196.

14.—De même, les jugements d'acquittement rendus en matière correctionnelle n'ont point l'autorité de la chose jugée au civil; l'individu acquitté sur les poursuites dirigées contre lui par le ministère public, peut donc être poursuivi en réparation civile par toute personne intéressée. — 4e, 16 janv. 1844 (Foucu); VIII, 33.

15. — *Id*... *Spécialement*, le jugement correctionnel qui acquitte un prévenu du délit d'homicide par imprudence, n'empêche pas les parents de la victime de réclamer devant les tribunaux civils des dommages-intérêts contre le prévenu acquitté. — 4e, 28 mai 1849 (Dubosq), XIII, 183.

16. — *Id*... Mais ces tribunaux peuvent se servir de semblables décisions comme d'éléments de conviction, les prendre pour bases de leurs décisions, et y puiser des présomptions graves, précises et concordantes qui les dispensent de recourir à la preuve testimoniale. — 1re, 18 fév. 1850 (Blanchet), XIV, 199.

17. — Une décision rendue en matière criminelle favorablement à des habitants d'une commune, poursuivis pour délits commis dans une forêt grevée de leurs droits d'usage, ne peut engendrer une exception de chose jugée en faveur d'autres usagers poursuivis en dommages-intérêts devant un tribunal civil pour faits identiques. — 2e, 6 mai 1847 (Lambert), XI, 225.

18. — Le jugement qui décide qu'un droit d'usage est attaché à la qualité d'habitant d'une commune, abstraction faite de l'époque à laquelle les maisons occupées par lesdits habitants ont été construites, est opposable comme ayant autorité de chose jugée par tout habitant de la commune, à quelqu'époque qu'il vienne s'y fixer. — 1re, 18 août 1836 (Lambert), XI, 228.

CIRCONSTANCES ATTÉNUANTES. — *V. Délit de presse.* — *Diffamation.* — *Imprimeur.*

L'article 463 du Code pénal ne s'applique qu'aux dispositions de ce code et à celle des autres lois qui l'ont *expressément* autorisé. — Ch. corr., 29 nov. 1849. (L....) XIV, 47.

CITATION. — *V. Bois.* — *Colportage.* — *Conciliation.* — *Exploit.* — *Tribunal correctionnel.*

1. — Les nullités étant de droit étroit ne peuvent être étendues à d'autres objets que ceux spécialement déterminés par la loi. — Ch. corr., 25 juill. 1850 (L...) XIV, 506.

2. — La nullité de la citation entraine la nullité de la poursuite qui en a été la suite, mais elle n'a pas pour résultat d'éteindre l'action à laquelle le délit peut donner lieu, et le jugement qui statue sur cette nullité ne met pas le délinquant à l'abri de nouvelles poursuites. — *Id*..

3. — L'inobservation du délai de trois jours entre la citation et le jugement n'entraine pas nullité de la citation; elle entrainerait seulement la nullité du jugement par défaut prononcé contre la partie qui n'aurait pu jouir de ce délai. — Si la partie citée comparait, elle n'est pas fondée à demander la nullité de la citation, mais seulement un délai suffisant pour préparer ses moyens de défense. — Ch. corr., 17 janv. 1850 (R...), XIV, 567.

CLANDESTINITÉ. — *V. Acte sous seing privé.*

CLAUSE ALÉATOIRE. — *V. Saisie immobilière.*

CLAUSE COMPROMISSOIRE. — *V. Arbitrage.* — *Compétence commerciale.* — *Compromis.*

CLAUSE LICITE. — *V. Bureau de bienfaisance.* — *Chasse.* — *Commune.*

—Contrat de mariage.— Donation en-
tr'époux. — Exception. — Intérêts (en
général). — Percepteur. — Purge. —
Remploi.— Rente viagère.—Testament
(en gén.).—Vente.—Vice rédhibitoire.

CLAUSE PÉNALE. — *V. Degré*
de juridiction.—Donation entre époux.
—Entrepreneur.—Femme normande.--
Legs (en gén.).—Partage d'ascendant.
— Promesse de mariage. — Substitu-
tion.— Testament (en gén.)

1. — Lorsque une convention porte
que, en cas d'inexécution, une certaine
somme sera payée à titre de dommages-
intérêts, et que cette convention a été
en partie exécutée, ce n'est pas l'art. 1152
du Code Napoléon qui est applicable,
mais bien l'art. 1231 du même Code,
qui, en ce cas, permet au juge de modifier la peine stipulée. — 4e, 14 août 1844
(Boschet), IX, 127.

2.—Lorsqu'un entrepreneur de construction s'est obligé à faire certains travaux pour une époque déterminée, et ce
à peine d'une somme fixe par chaque
jour de retard, cette indemnité ne peut
être exigée s'il a été fait au devis des
changements importants qui ont dû nécessairement apporter des retards dans la
construction.— 1re 29 mai 1848 (Dumesnil), XII, 449.

3. — Lorsque c'est par suite de force
majeure qu'une obligation de faire dans
un délai déterminé, sous une contrainte
de... par chaque jour de retard, n'a pu
être exécutée pour le terme convenu, les
tribunaux peuvent, en appréciant les circonstances, relever l'obligé de l'exécution
de la clause pénale, non-seulement pour
le temps pendant lequel la force majeure
a existé, mais encore pour tout le temps

moralement nécessaire pour la reprise
des travaux forcément interrompus.—2e,
2 janv. 1847 (Lardière), XI, 42.

4. —Lorsqu'il a été stipulé entre un
marchand et un commissionnaire de
transport que, si les marchandises n'arri-
vaient pas au lieu de leur destination au
jour convenu, le commissionnaire serait
passible d'une diminution sur le prix de
la voiture; c'est là une clause pénale qui,
aux termes de l'art. 1152 du Code Napoléon, règle d'une manière invariable le
montant des dommages-intérêts. — En
cas de retard, le destinataire ne pourrait donc, en supposant même qu'il eût
action contre le commissionnaire, rien
réclamer au-delà de la somme stipulée,
quel que fût d'ailleurs le préjudice éprouvé. — 4e, 16 janv. 1843 (Favier), VII, 165.

CLAUSE RÉSOLUTOIRE.— *V.*
Créance.— Emphytéose. — Résolution.
— Vente.

CLAUSE RÉVOCATOIRE. — *V.*
Donation (entre vifs). — ... (entre
époux).— Révocation.—Testament.

CLERC. — *V. Acte notarié.*

CLOTURE (*d'héritages*).—*V. Cou-*
tume de Norm..— Servitude.—Vente.

CLOTURE (*d'ordre*).— *V. Consi-*
gnation. — Ordre.

CLUBS.—*V. Cris séditieux.—Réu-*
nion politique.

CODÉBITEUR.— CODÉBITEUR
SOLIDAIRE.— *V. Conciliation. —*
Degré de jurid.. — Prescription. —
Solidarité.— Usure.

COHABITATION. — *V. Puis-*
sance maritale.

COHÉRITIERS. — *V. Héritiers.*

COLLATÉRAUX,— *V. Enfant na-*
turel.—Filiation légitime. — Interdit.

— *Partage d'ascendant.*

COLLOCATION. — *V. Autorisation de femme mariée.* — *Communauté conjug.* — *Créancier (en gén.).* — *Donation (entre vifs.)* — *Dot.* — *Hypothèque lég. des femmes.* — *Lettre de change.* — *Notaire.* — *Ordre.* — *Purge.* — *Subrogation.*

COLLOCATION PROVISOIRE. — *V. Ordre.*

COLLUSION. — *V. Ordre.* — *Tierce opposition.*

COLONS DE SAINT-DOMINGUE. — *V. Preuve testimoniale.*

COLPORTAGE. — *V. Crieur public.*

Indication alphabétique.

Autorisation, 1 et s..	Distribution gratuite, 5
Citation, 10.	à 8.
Complicité, 5.	Journal, 2.
Contravention, 1 à 11.	Marchand ambulant,
Dépôt, 1.	1.
Distribution, 1 et s..	Prescription, 11.

1. — Sont considérés comme *colporteurs*, les marchands ambulants ou distributeurs de livres, encore qu'ils en possèdent des dépôts considérables, si ces dépôts ne sont pas ouverts au public. — 1re, 16 juill. 1850 (Grelley), XIV, 518. — *V. infrà*, n. 6.

2. — L'expression d'*écrits* dont se sert l'art. 6 de la loi du 27 juillet 1849 est générale, et comprend toutes les publications, et notamment le spécimen d'un journal. — Ch. d'accusation, 30 janv. 1850 (L...) XIV, 204.

3. — Tout fait, même *accidentel* et *isolé*, de distribution ou colportage d'écrits, sans autorisation du préfet, tombe sous l'application de la loi du 27 juillet 1849. — *Id.*.

4. — Quel que soit le nombre des écrits distribués, le seul fait de la distribution constitue le délit. — *Id.*.

5. — Celui qui a donné les instructions aux distributeurs, qui les a chargés de faire la distribution, doit être également poursuivi, encore qu'il n'ait distribué ou colporté *personnellement* aucun écrit. — *Id.*.

6. — L'autorisation donnée par le préfet, conformément aux prescriptions de l'art. 6 de la loi du 27 juillet 1849, aux distributeurs ou colporteurs d'écrits, livres, brochures, etc., n'est point uniquement relative à la personne de ces derniers, mais aussi et principalement à la nature des écrits, à colporter; le préfet peut donc limiter l'autorisation qu'il donne à la vente ou distribution de certains ouvrages par lui déterminés. — Ch. corr., 2 fév. 1853 (X...), XVII, 265.

7. — Le fait d'avoir colporté des ouvrages autres que ceux compris dans l'autorisation, constitue une contravention punissable par les tribunaux correctionnels. — *Id.*.

8. — Il importe peu que ces ouvrages aient été vendus ou distribués gratuitement. — *Id.*.

9. — La découverte faite dans un appartement privé d'un colporteur, et où le public n'est pas admis, de brochures à lui remises ou envoyées par un tiers et non comprises dans l'autorisation, ne constitue pas une contravention, et le tiers ne saurait être poursuivi comme complice, la contravention n'étant accomplie que par le fait de la distribution. — *Id.*. — *V. suprà*, n° 1.

10. — La citation délivrée à la requête du ministère public doit répondre aux

prescriptions de l'art. 184 du Code d'instruction criminelle, et non à celles de l'art. 16 de la loi du 17 juillet 1849. — *Id.*.

11. — Les contraventions pour fait de colportage se prescrivent par trois ans. — *Id.*.

COMMANDEMENT (Exploit). — *V. Degré de jurid..— Exploit.— Intérêts judiciaires. — Prescription.— Preuve par écrit (commenc. de).—Saisie immob..— Titre exécutoire.*

COMMANDITAIRE. — *V. Contrat judiciaire.*

COMMENCEMENT DE PREUVE PAR ÉCRIT.— *V. Preuve par écrit (commencement de).*

COMMERÇANT. — *V. Acte de commerce. — Communauté conjug..— Compétence civile. — ... commerciale. — Domicile. — Enseigne. — Femme mariée. — Garant. — Huissier. — Séparation de corps. — Vente publ. de meubles.*

Indication alphabétique.

1. — Le commis qui tient une maison de commerce pour autrui et souscrit des acceptations de lettres de change au profit de son patron, ne fait pas un acte de commerce dont la répétition plus ou moins fréquente puisse constituer la profession de commerçant, et donner lieu à l'application de l'art. 541 du Code de commerce. Il peut donc être admis au bénéfice de la cession de biens. — 1re, 8 nov. 1841 (Bellamy), v, 520.

2. — L'homme de confiance à gage qui se livre à des actes de commerce pour le compte d'un commerçant, ne devient pas par cela même commerçant ; on doit le considérer comme domestique. Dès-lors le tribunal de commerce est incompétent pour connaître des contestations relatives au paiement de ses gages. — 4e, 29 juillet 1847 (Piquenot), xi, 406.

3. — Ne peut être réputée commerçante la femme qui débite les marchandises du commerce de son mari. — Toute preuve contraire est inadmissible, s'il est établi que le mari est bien réellement commerçant à raison du débit qui se fait chez lui. — 4e, 6 juin 1845 (Buret), vi, 335. V. *Contrainte par corps.* n° 3.

4. — Le fils qui s'occupe dans la maison de son père du commerce de celui-ci, achète et paie les marchandises, ne peut être réputé commerçant et avoir agi pour son propre compte. — 4e, 3 mai 1842 (Delange), vi, 245.

5. — Ne peut être réputé commerçant à l'effet de déterminer la compétence, celui qui, jusqu'alors simple propriétaire, se propose de devenir commerçant et fait un acte en conséquence. — 4e, 19 avril 1842 (Letot), vi, 222.

6. — La question de savoir si l'herbager est ou non commerçant, doit se résoudre d'après les circonstances ; si l'herbager n'a d'autre but en achetant des bestiaux pour les revendre que l'exploitation de ses terres, il ne fait point acte de commerce et il n'est point commerçant ; mais il en est autrement s'il a pour but principal une opération mercantile,

par exemple, s'il achète des bestiaux gras ou maigres à un marché pour aller les revendre presque immédiatement à d'autres marchés. — 4e, 25 mars 1844 (Vannier), VIII, 195.

7. — Le journaliste, propriétaire et rédacteur en chef, est commerçant. En conséquence, les obligations par lui souscrites et les emprunts par lui faits constituent des actes de commerce qui le rendent justiciable des tribunaux de commerce. — 4e, 9 mars 1852 (de Nollent), XVI, 124.

8. — Le meunier qui, ne se contentant pas de moudre le grain appartenant à autrui, achète des grains pour les revendre, est commerçant, et les billets par lui souscrits sont réputés faits pour son commerce, et le soumettent à la juridiction commerciale. — 4e, 21 janv. 1845 (Guilbert), IX, 80.

9. — Un maître de poste ne peut, en cette seule qualité, être considéré comme commerçant, lors même que, par une convention particulière, il aurait consenti à faire le relayage des voitures publiques à un prix inférieur au tarif. — 2e, 12 juin 1847 (Lacour), XI, 355.

10. — Bien que, en général, les associations pour assurance mutuelle ne puissent être considérées comme sociétés commerciales, les directeurs de ces associations ne sont pas moins réputés de véritables agents d'affaires qui, comme tels, sont justiciables des tribunaux de commerce. — 4e, 24 nov. 1846 (Poriquet), X, 625. — V. suprà, vo Assurance mutuelle, n. 1 et s..

11. — La signature de quelques effets de commerce sur lesquels la qualité de marchand a été donnée au signataire ne suffit pas toujours pour faire considérer celui-ci comme commerçant. — 4e, 25 mars 1844 (Vannier), VIII, 191.

12. — Lorsque une partie a accepté dans un acte la qualification de commerçant (dans l'espèce celle d'agent d'affaires), c'est à elle, si elle veut décliner la juridiction commerciale devant laquelle elle est appelée à raison de cet acte, de justifier qu'elle n'est pas commerçante. — Cette justification ne résulterait pas de la qualification, prise dans d'autres actes, de propriétaire ou d'homme sans profession. — 4e, 12 avril 1842 (Tabart), VI, 631.

COMMERCE. — V. Séparation de corps.

COMMETTANT. — V. Commissionnaire.

COMMIS-MARCHAND. — V. Commerçant. — Compétence commerciale.

Les appointements d'un commis, bien que calculés à tant par année, n'ôtent pas au patron le droit de le congédier ; et il ne lui doit que le prorata de ses gages, calculé d'après le temps de son service. — Mais le commis renvoyé sans motifs graves, et qui éprouve par ce renvoi un préjudice, a droit à des dommages-intérêts. — 4e, 20 août 1849 (Niaux), XIV, 39.

COMMISSAIRES EXTRAORDINAIRES.

Les Commissaires extraordinaires envoyés dans les départements après la révolution de 1848, n'avaient pas le droit de nommer provisoirement à des fonctions de magistrat. Mais on peut, pour valider les décisions rendues par un magistrat nommé par eux, invoquer

l'exception tirée de l'erreur commune.
— T. Pont-l'Evêque, 24 mai 1849.(Beaudoin), xiv, 83.

COMMISSAIRE - PRISEUR. —
V. *Vente publ. de meubles.*

COMMISSIONNAIRE. — V. *Avaries.*— *Clause pénale.* — *Commissionnaire de transport.*

Indication alphabétique.

Dépôt, 1 et s..	Preuve testimoniale,
Endossement, 8.	2.
Gage, 6 et s..	Privilége, 5 et.s..
Garantie, 3 et s..	Revendication, 1 et s..
Prêt sur gage, 6 et s..	Transmission, 8.

1. — Le commissionnaire qui achète des marchandises (du blé) en son nom, mais pour le compte d'un commettant, et les place par son ordre dans ses magasins, doit être considéré comme *un consignataire à titre de dépôt* dans le sens de l'art. 575 du Code de commerce. — Par suite, en cas de faillite du commissionnaire, le commettant, qui a payé la valeur des marchandises, doit être admis à les revendiquer. — 4e, 15 nov. 1818 (Chapman), xii, 315.

2. — Toutefois, pour que cette revendication puisse avoir lieu, il ne suffit pas que le commissionnaire ait écrit au commettant que sa commission avait été exécutée, et qu'il se trouve des marchandises de même nature, au moment de la faillite, dans les magasins du commissionnaire qui se livrait au commerce des mêmes denrées pour son propre compte. — C'est au commettant de prouver que la convention a été exécutée, et que de plus, les marchandises achetées pour son compte ont été *individualisées* dans les magasins du failli. — Il ne lui suffirait pas, pour justifier sa revendication, d'éta-blir par une preuve testimoniale que les marchandises trouvées dans les magasins du failli lui étaient destinées; il faudrait de plus que cette destination eût été réalisée et constatée par des circonstances extérieures et matérielles.— *Id.*.

3. — Le commissionnaire est garant des vices de la chose achetée pour le commettant, encore bien que celui-ci ait reçu du voiturier la marchandise sans réclamation ni réserve. — 4e, 19 août 1846 (Joly), x, 405.

4. — *id*... et le commettant n'est pas déchu du recours en garantie contre le commissionnaire par cela seul qu'il a disposé d'une partie de la marchandise à lui expédiée, à moins qu'il ne s'agisse d'un objet indivisible qui ne peut être vendu ou consommé qu'en totalité. — *Id.*.

5. — Lorsque les marchandises ne sont pas à la disposition du commissionnaire dans ses magasins ou dans un dépôt public, celui-ci ne peut obtenir un privilége sur leur valeur pour le remboursement de ses avances, s'il ne justifie de l'expédition à lui faite que par des preuves extrinsèques au connaissement lui-même, qui est d'ailleurs entre ses mains.—4e, 1 déc. 1846 (Cau), x, 491.

6. — Le privilége accordé par l'art. 93 du Code de commerce au commissionnaire, sur les marchandises à lui expédiées, n'existe que lorsque ces marchandises lui ont été expédiées d'*une autre place.* — Dans tout autre cas, et notamment dans le cas de simple prêt sur marchandises consignées, le privilége résultant du nantissement n'a lieu qu'autant que les formalités prescrites par l'art. 2074 du Code Napoléon ont été

remplies. — Il en serait ainsi, alors même que le commettant et le commissionnaire habiteraient des lieux séparés. —4e, 22 juill. 1845 (Fourchon), ix, 626.

7. — Id.... Alors même que les marchandises auraient été consignées dans un dépôt public. — C. ch. civ., rej., 17 mai 1847 (Fourchon), xi, 328.

8. — Le privilége du commissionnaire, dans le cas de l'art. 93, est transmissible à un tiers par voie d'endossement régulier des connaissements à ordre des marchandises qui lui ont été expédiées. — Aud. sol., 23 juill. 1851 (Smith), xv, 295.

COMMISSIONNAIRE DE TRANSPORT. — *V. Clause pénale.* — *Commissionnaire.*

1. — Le commissionnaire de roulage qui s'est obligé à faire parvenir des marchandises à leur destination, et le voiturier qu'il a chargé en sous-ordre d'opérer le transport, sont tenus solidairement envers le destinataire. Celui-ci peut les assigner au domicile de l'un ou de l'autre, à son choix. — 4e, 5 déc. 1843 (Héron, vii, 630.

2. — Jugé cependant que le commissionnaire intermédiaire n'est garant envers le destinataire que des pertes ou avaries survenues depuis que les objets lui ont été confiés, et qu'il n'est point responsable de celles arrivées par la faute du premier commissionnaire. Si donc il peut établir que la détérioration ou la fracture était antérieure à la remise qui lui a été faite de la chose, il demeure affranchi de toute responsabilité. — 4e, 4 janv. 1842 (Héron), vi, 56.

COMMISSION SYNDICALE. — *V. Commune.*

COMMUNAUTÉ. — *V. Copropriété.* — *Indivision.* — *Servitude.*

COMMUNAUTÉ CONJUGALE.

—*V. Contrat de mariage.*—*Coutume de Paris.*—*Donation (entre vifs).*—*...entr'époux.*— *Dot.* — *Erreur de droit.* — *Faillite.*—*Femme normande.* —*Hypothèque conventionnelle.*—*...légale des femmes.*—*Intervention.*— *Inventaire.* — *Jugement interlocutoire.* — *Licitation.* — *Office ministériel.* — *Ordre.* —*Partage.* — *Remplacement militaire.* — *Remploi.*—*Retrait d'indivision.* — *Saisie-immob..*—*Société d'acquêts.*— *Usufruit légal des père et mère.*—*Vente.*

Indication alphabétique.

1.—La clause d'ameublissement de tout ou partie des biens de la femme, conçue en termes généraux ne comprend pas les biens à venir et doit se restreindre aux biens présents.—2e, 24 avril (Hubert), v, 170.

2.—Les juges peuvent induire de l'ensemble des stipulations d'un contrat de mariage que des époux qui ont adopté le régime de la communauté ont entendu en exclure leurs apports mobiliers; il n'est pas nécessaire qu'il existe à cet égard une clause explicite dans le contrat. —1re, 10 mai 1842 (James), vi, 557.

2 bis.—Id.... Et cette interprétation peut résulter: 1° de la stipulation de séparation des dettes antérieures au mariage; 2° de l'estimation détaillée des apports du mari comme de ceux de la femme, et contradictoirement avec elle; 3° du droit accordé à la femme de reprendre toujours ses apports, même en cas de renonciation de sa part à la communauté. —1re, 10 mai 1842 (Guesnerot), vi, 283.

3.—Id.... La stipulation d'un contrat de mariage portant que: « La future déclare apporter en communauté tous ses meubles et effets mobiliers évalués à ..... », équivaut à une clause de réalisation pour toutes les valeurs mobilières appartenant à la femme lors du mariage, et excédant le montant de l'estimation.— Cette stipulation exclut de la communauté les valeurs mobilières échues à la femme pendant le mariage.—2e, 24 avril 1851 (Hubert), v, 170.

4.—Lorsque des époux, en adoptant le régime de la communauté, ont indiqué les valeurs qui devaient entrer dans cette communauté en se réservant comme propre le surplus de leur mobilier présent et futur, l'immeuble acheté par le mari, de ses deniers propres, n'en constitue pas moins un acquêt de communauté, sauf la reprise de la somme employée à cette acquisition.—Il serait ainsi lors même que le contrat d'acquisition énoncerait l'origine des deniers, et que ces deniers, dependant d'une succession indivise, soumise à l'usufruit d'un tiers, n'auraient pu, en fait comme en droit, entrer en communauté. —C. cass. (Hocmelle), xiii, 121. — V. infrà, n° 7, et v° Société d'acquêts, n° 2.

4 bis. — L'immeuble acquis par des époux, conjointement et solidairement, tombe dans la communauté, à moins moins qu'il n'ait été cédé par le mari à sa femme en remploi de ses immeubles dotaux aliénés. — 2e, 20 août 1847 (Giffard), xi, 427. — V. infrà, v° Partage.

5.—Doit être considéré comme acquêt

de communauté l'immeuble cédé à deux époux conjointement par le père de l'un d'eux, moyennant une constitution de rente foncière. Ici ne s'applique pas l'art. 1406 du Code Napoléon, qui veut, pour que l'immeuble reste propre à l'enfant du cédant, que l'abandon ait été fait à lui seul, soit pour le remplir de ce qui lui est dû, soit à charge de payer les dettes du donateur.—2e, 1er août 1844 (Mouville), viii, 476.

6.—L'immeuble vendu par un père à son gendre et à sa fille stipulant conjointement, moyennant une rente foncière en déduction de laquelle les acquéreurs sont chargés de payer diverses rentes dues par le vendeur, ne forme pas pour moitié un propre de la femme, mais un acquêt de communauté pour le tout. —4e, 6 fév. 1844 (Pillon), viii, 127.

7.—Lorsqu'il existe des doutes sur le point de savoir si des immeubles acquis pendant le mariage sont la propriété du mari ou de la femme, ce doute doit s'interpréter contre le mari ou ses héritiers surtout lorsqu'ils sont en présence des créanciers de la femme.—1re, 16 déc. 1844 (Lainé), viii, 622.—V. *suprà*, n° 7, et *infrà*, vis *Dot* et *Société d'acquêts*.

8.—Les immeubles donnés à la femme pendant le mariage, comme le prix qui les représente lorsqu'ils sont aliénés, ne tombent point dans la communauté.— 4e, 24 juill. 1850 (Madulo), xiv, 606.

9.—Dans le cas de stipulation, par le contrat de mariage d'époux mariés sous le régime dotal, d'une communauté d'acquêts réduite aux immeubles et aux rentes, toutes les dettes contractées par le mari pendant le mariage doivent être imputées sur les immeubles et rentes de la communauté d'acquêts.—Peu importe qu'il s'agisse de dettes ayant pour cause des fermages ou de toute autre dette.—Dans de semblables circonstances, le mobilier quel qu'il soit, existant à la dissolution de la société d'acquêts, appartient au mari.—2e, 12 nov. 1853 (Bulot), xvii, 308.— V. sur ce point, *infrà*, v° *Société d'acquêts*.

10 —Les dettes contractées par la femme pour les besoins du ménage, sans autorisation de son mari, sont à la charge de la communauté.—La femme est présumée avoir à cet égard mandat tacite de son mari.—2e, 18 mars 1853 (Lelogeais), xvii, 158. — V. encore 2e, 25 juin 1845 (Jubé), ix, 569.

11.—Le mari qui tolère que sa femme ait une habitation séparée de la sienne, n'est pas tenu de payer les sommes prêtées à cette dernière par un banquier, encore bien que ces sommes ne soient pas exagérées, et que pendant la séparation de fait, le mari ait perçu les revenus de la communauté.—Id.. V. *suprà*, V° *autorisation de femme mariée*, n° 5.

12.—Lorsqu'il y a eu convol de la part d'une femme qui avait des enfants d'un précédent mariage, les frais d'entretien et d'éducation desdits enfants sont à la charge de la communauté qui existe entre les nouveaux époux.—Il en serait ainsi lors même que l'on aurait dérogé à la communauté légale par une clause de séparation de dettes.—2e, 29 mars 1844 (Coppin), viii, 231.

13.—Le créancier d'une communauté ayant existé entre époux ne peut se faire payer avant tout partage sur l'actif de ladite communauté, si des prélèvements étant dus à certains héritiers, il en devait résulter entre ceux-ci une inégale répartition dans la contribution aux dettes.—Il n'a le droit de poursuivre le paiement de sa créance que contre chaque héritier pour sa part et portion virile. 4e, 13 nov. 1844 (Marie), VIII, 547.—V. *infrà*, v° *Partage*.

14.—Mais les créanciers auxquels le mari a, pendant le mariage, consenti des hypothèques sur les conquêts de la communauté, même sans le concours de sa femme, doivent être colloqués sur ces conquêts par préférence aux reprises de celle-ci, lorsqu'elle accepte la communauté. Ils ne sont pas obligés d'attendre la liquidation des droits de la femme, celle-ci n'ayant pas d'hypothèque légale sur lesdits conquêts. — 2e, 12 mai 1849 (Adam), XIII, 378. — V. *infrà*, v^is *hypothèque conventionnelle. — Hypothèque légale des femmes*.

15.—La preuve par commune renommée ne peut être ordonnée que pour établir la valeur et la consistance d'un mobilier, quand il est d'ailleurs certain que le mari en a recueilli un quelconque pour sa femme.—2e, 27 janv 1853 (Pantin), XVII, 76.

15 *bis*.— L'aveu du mari n'est pas suffisant pour justifier les reprises réclamées par la femme, mais cet aveu rend admissible la preuve testimoniale, à l'effet d'établir que le mari a, en effet, reçu pour la femme les sommes réclamées par elle.— Sont suffisamment concluants dans ce cas: 1° le fait allégué que la mère de la femme aurait fait à celle-ci un don manuel de la somme réclamée, afin d'établir l'égalité entre ses héritiers, à cause des sommes payées

pour ses autres enfants dont elle s'était portée caution, des frais de remplacement militaire de l'un d'eux, et des donations déguisées, surtout lorsque l'on indique en même temps et que l'on offre de prouver l'origine des deniers versés par la mère; 2° le fait qu'une succession s'élevant à une valeur de ... est échue à la femme, constant le mariage; que les immeubles ont été vendus sans formalités de justice, et le mobilier, par un commissaire-priseur, sans qu'il ait été dressé d'inventaire, les héritiers étant tous majeurs.—2e, 28 avril 1853 (Dupray) XVII, 269.

16.—Les reprises et prélèvements des époux sur la communauté, après sa dissolution, s'exercent à titre de propriété, et non à titre de créance.—Le droit exercé est donc mobilier si le prélèvement a lieu en valeurs mobilières, immobilier s'il s'opère en immeubles.—2e, 31 déc. 1852 (Pernelle), XVII, 61.—V. *infrà*, n°s 18, 38.—V. encore *infrà*, v° *inventaire*.

17.—Les prélèvements que les époux exercent sur la masse des biens de la communauté, ne sont pas des créances actives mobilières que l'un d'eux ait le droit de répéter par action personnelle contre son conjoint et dont celui-ci puisse se libérer en argent.—Les biens qui reviennent ainsi à chacun des époux soit à titre de prélèvement, soit à titre de bénéfice de communauté leur sont attribués à titre de partage, et ils en sont réputés propriétaires du jour où ces biens ont été acquis par la communauté. — 4e, 7 juin 1848 (Leboucher), XII, 795.

18.—Les récompenses dues par le mari à la communauté font partie de l'actif soumis aux prélèvements de la femme.

—2e, 27 juin 1845 (M...), ıx, 555.

19.—La femme, même partie dans l'acte de vente de ses propres, peut être admise à prouver par tous moyens, que la valeur desdits biens était supérieure au prix porté au contrat, et obtenir sur les biens de son mari, la véritable valeur de ses propres aliénés, lors même qu'elle a adopté le régime de la communauté. —4e, 30 juillet 1849 (Legoux), xııı, 354 — V. *infrà*, n° 36 et vis *Dot, Partage* et *Remploi*.

20.—Le droit accordé à la femme par l'art. 1471 du Code Nap. d'exercer ses prélèvements avant le mari, même sur les immeubles de la communauté, est absolu; il doit s'exercer lors même que le prix des immeubles serait insuffisant pour payer les dettes et les frais faits pour parvenir à la liquidation des droits des parties.—1re, 21 avr. 1845 (Ripeaux-des-Fosseaux), ıx, 303.

21.—La femme, avant de faire son choix des biens à prélever sur la communauté, peut exiger qu'estimation desdits biens soit préalablement faite.—2e, 27 juin 1845 (M...), ıx, 555.

22.— La femme qui, conjointement et solidairement avec son mari, a constitué une dot à l'un de ses enfants, est obligée au paiement de la dot entière devenue exigible par la faillite du mari; mais elle ne paie alors que comme caution de ce dernier. — Elle peut donc, si elle offre de payer la dot entière, et alors même qu'elle n'aurait encore rien payé, exiger que ses reprises soient augmentées du montant de la moitié de cette dot qui était à la charge de son mari, surtout lorsqu'elle demande que le montant de cette moitié soit versé directement entre les mains de son gendre et à la décharge de son mari. — 1re, 23 mai 1853 (Huet), xvıı, 287.

22 bis — Lorsqu'il est constant qu'un acte passé, sous la forme d'un contrat à titre onéreux, entre l'un des époux et un parent dont il est le successible, cache une donation en avancement d'hoirie en faveur de cet époux, celui-ci a droit au prélèvement du montant de la donation sauf récompense envers ladite communauté des débours par elle avancés.—*Id.*.

23.—La femme ne peut lors de la dissolution de la communauté, réclamer aucune indemnité à cause des retenues subies, pendant le mariage, en faveur de la caisse des retraites, sur le traitement de son mari. *Id.*. —V. *infrà*, v° *Société d'acquêts*.

24.—Lorsqu'il est stipulé dans un contrat de mariage que, si la femme survivante renonce à la communauté, elle pourra reprendre telle somme ou tels effets mobiliers apportés par elle, cette stipulation lui est entièrement personnelle, ses héritiers ne peuvent en profiter. — Si donc, après avoir renoncé à la communauté, ces héritiers ont reçu du mari quoique ce soit en raison de cette clause, c'est un paiement sans cause sujet à répétition. — 4e, 26 juin 1844 (Morin-Angot), vııı, 469.

25.—La femme mariée sous le régime de la communauté, qui stipule que, si elle renonçait à la communauté, elle pourrait reprendre ses apports mobiliers, en exemption de toutes dettes et charges de ladite communauté, n'en reste pas moins obligée, sur ses reprises mobilières, pour toutes les dettes qu'elle contracterait personnellement. — 1re, 28 mai

†849 (Lerouge), XIII, 223—*V. infrà*, n° 28.

26.—Quand une femme, en se mariant sous le régime de la communauté, a fait insérer dans son contrat de mariage la stipulation suivante : « La future épouse et ses héritiers, en renonçant à la communauté, auront, dans tous les cas, la faculté de reprendre et remporter en exemption de toutes dettes et charges, et par préférence à tous les créanciers, lors même que la future se serait obligée personnellement et aurait été condamnée comme commune, tous les apports par elle faits, et tout ce qui serait échu de son chef à la communauté par succession, donation, legs ou autrement », elle ne peut céder ses reprises aux créanciers de son mari, même quand elle s'est personnellement obligée envers eux ; et ces derniers ne peuvent exercer de poursuites contre ces reprises. — Une semblable clause n'est contraire ni à la loi ni à l'ordre public.—4 juin 1844 (Brisollier), XII, 564.

27.—*Id*..... Dans le cas où le contrat de mariage ajoute que la femme ou ses enfants devraient être indemnisés pour les dettes par le futur et sur ses biens, la femme a droit alors de reprendre son entier apport, et, par conséquent la somme qu'elle avait déclarée mettre en communauté, le tout franc et quitte de toutes dettes.—1re, 23 mai 1853 (Huet), XVII, 287.

28.—*Contrà*...... Une telle clause ne lui donne pas le droit d'exercer cette reprise par préférence et au préjudice des créanciers envers lesquels elle s'est personnellement obligée.—2e, 19 mai 1853 (André), XVII, 175. — V. *suprà*, n° 25. — V. encore *infrà*, v^is. *Contrat de mariage*, n°s 25 et s.; *Dot*, n°s 3 et s..

29.—Lorsqu'à la dissolution de la communauté ayant existé entre époux, des rentes appartenant à la femme ont disparu, les héritiers du mari doivent en tenir compte, s'ils ne peuvent justifier que cette disparition n'est en rien imputable à leur auteur.—1re, 22 juill. 1847 (Bureau de bienfaisance de Céton), XI, 512.

30.—Lorsque le mobilier composant la communauté dûment acceptée par la femme ou ses héritiers, est insuffisant pour faire face à la totalité des reprises mobilières de la femme, ces reprises se transforment pour le surplus dans les acquêts immobiliers et s'exercent sur eux jusqu'à due concurrence.—Il en serait ainsi lors même que la femme aurait fait donation par contrat de mariage à son mari de tout le mobilier qu'elle laisserait à son décès. Ses apports mobiliers se trouvent, par l'effet de la transformation que l'acceptation de la communauté leur fait éprouver, soustraits à cette donation.—2e, 14 nov. 1845 (Robin), X, 545.

31.—L'époux survivant, qui n'a pas fait dresser d'inventaire du mobilier dépendant de la communauté, n'est pas recevable à établir, par témoins, la consistance de ce mobilier, bien que les héritiers du prédécédé fussent majeurs à la dissolution du mariage. — La preuve par commune renommée, permise par l'art. 1442 du Code Napoléon contre l'époux survivant, ne peut pas être invoquée par lui.—1re, 10 mars 1851 (Blaisot), XV, 125.

31. — Par suite, lorsque des époux se sont mariés sous le régime de la commu-

nauté, et que la femme, en cas de survie, est donataire de tout le mobilier du futur, elle ne peut, si elle est restée saisie du mobilier sans en avoir fait dresser inventaire, soutenir que ce mobilier était insuffisant pour la remplir de ses reprises et des récompenses auxquelles elle avait droit sur la communauté.— Elle ne pourrait même demander à établir la consistance du mobilier par témoins ou par présomptions : la seule preuve légale de cette consistance était un inventaire, que les héritiers majeurs du mari n'avaient pas le droit de faire faire, puisque la veuve était donataire de tout le mobilier.—2e, 17 janv. 1850 (Cotentin), xiv, 151.—V. *infrà*, n° 42.

32 *bis.*—Par suite encore, le mari donataire du mobilier de sa femme ne peut soutenir, à défaut d'inventaire, que l'actif mobilier de la communauté était suffisant pour la remplir de ses reprises, et que dès lors il en est approprié, parce que ce n'est pas par un prélèvement aux dépens des immeubles que ces reprises doivent être payées.—1re, 10 mars 1851 (Blaisot), xv, 125.

33.—La clause de préciput ne peut s'appliquer qu'aux cas expressément prévus, et, dans le doute, elle doit s'interpréter contre celui des époux qui l'a stipulée.—1re, 23 mai 1853 (Huet), xvii, 287.

34.—Lorsque dans un contrat de mariage il est déclaré que le survivant des époux aura droit à un préciput, le droit de la femme à ce préciput est subordonné à la condition de prédécès de son mari, alors même que, dans ce même contrat de mariage, elle aurait réglé d'un manière générale le prélèvement de ses reprises en cas de dissolution de la communauté.—*Id.*.

34 *bis.*—Toutefois, en cas de faillite du mari et de séparation de biens, la femme peut exiger des créanciers de son mari, comme de celui-ci, une caution pour garantie de l'exercice de son préciput, s'il venait à s'ouvrir en sa faveur.—Les termes de l'art. 1518 du Code Nap. sont démonstratifs et non limitatifs —En vain la masse des créanciers du mari soutiendrait-elle que le préciput stipulé en faveur de la femme, constitue une pure libéralité, si la femme n'est pas dans le cas d'exception prévu par l'art. 564 du Code de commerce.— *Id.*.

35.—Un mari ne peut être tenu de rendre compte des biens échus à sa femme pendant le mariage que déduction préalablement faite des dettes qu'il a acquittées pour elle.—4e, 19 fév. 1845 (Lepetit-Dulongprey), ix, 217.

36.—Lorsqu'une femme mariée sous le régime de la communauté s'est constituée en dot ses immeubles, en se réservant le droit de les aliéner moyennant remplacement, elle est tout à la fois créancière sur son mari de ses apports mobiliers et du prix de ses immeubles dotaux aliénés, les dettes immobilières acquittées par le mari pour dégrever les biens dotaux, doivent d'abord se compenser contre les reprises immobilières et ne peuvent frapper que subsidiairement sur les reprises mobilières.—1re, 19 janv. 1846 (Godefroy), x, 153.—V. *suprà*, n° 17.

37.—Le jugement qui fixe le montant des reprises qu'une femme peut exercer contre son mari, ne met point obstacle à ce que les créanciers de celui-ci opposent en déduction le montant des impenses sujettes à indemnité que leur débiteur aurait faites sur les biens de sa femme. — Ils n'ont pas besoin pour cela de se pourvoir par voie de tierce-opposition. — 2e, 5 mars 1846 (Tardif), x, 180.

38. — La femme qui renonce à la communauté ne peut exercer ses reprises mobilières par voie de prélèvement et par préférence aux créanciers de son mari ; elle ne peut que venir au marc le franc avec eux sur les valeurs mobilières. — 1re, 25 juill. 1853 (Pitou), xvii, 246. — V. suprà, n° 16.

39. — Lorsque, par suite de la séparation de corps prononcée entre deux époux commerçants, il y a lieu de liquider la communauté qui a existé entre eux, on peut, par analogie de l'art. 429 du Code de procéd., nommer un expert-arbitre pour vérifier les comptes, livres, pièces et registres produits par les parties, et donner son avis sur la preuve qui en résulte. — 2e, 19 fév. 1846 (Harel), x. 167.

40. — Si, après séparation de corps, la liquidation en justice des droits respectifs des époux devait soulever de graves difficultés, il y aurait lieu d'admettre celle qui a été faite amiablement entre les parties, alors surtout que les époux ne sont pas mariés sous le régime dotal. — 2e, 7 janv. 1847 (Harel), xi, 55. — V. aussi infrà, v° Séparation de biens.

41. — Le délai de trois mois et quarante jours après la séparation définitivement prononcée, accordé à la femme séparée de corps pour accepter la communauté, court seulement du jour où le jugement de séparation a acquis l'autorité de la chose jugée par l'expiration des délais d'appel, et non du jour même de la prononciation du jugement. — 2e, 11 déc. 1841 (Leblanc), v, 438.

42. — La femme commune ne peut renoncer à la communauté, si dans les trois mois après le décès de son mari, elle n'a pas fait rédiger un bon et loyal inventaire, dans les formes prescrites par la loi. Par suite, elle ne peut obtenir aucune collocation sur les biens de son mari, au préjudice des créanciers de celui-ci. — 4e, 21 juillet 1847 (Lepeltier), xi, 533. — V. suprà, n° 31.

43. — Un cessionnaire à titre singulier ne peut être admis à renoncer au lieu et place de sa cédante à la communauté qui a existé entre celle-ci et son mari. — 4e, 1er juill. 1846 (Lecoq), x, 387.

44. — Dans les contestations relatives aux propres de la femme, le mari n'est pas le représentant légal de celle-ci. — 4e, 31 déc. 1849 (Lannier), xiii, 465.

45. — Le mari, en sa qualité de chef et administrateur de la communauté, peut seul, et sans le concours de sa femme, décharger la communauté, par un remboursement, du service d'une rente alimentaire constituée conjointement par lui et sa femme à un de leurs enfants. Mais ce remboursement ne peut être opposé à la femme qui n'y a pas été partie. — Si donc elle ne veut point ratifier l'amortissement, elle continue d'être obligée conformément aux stipulations contenues dans le contrat de mariage de l'enfant donataire. — 1re, 1er juin 1853 (Pagny), xvii, 230.

COMMUNAUTÉ D'ACQUÊTS.

— V. Société d'acquêts.

COMMUNAUTÉ DES HUISSIERS.—*V. Huissier.*

COMMUNAUTÉ RELIGIEUSE.

1.—Aucune congrégation religieuse ne peut s'établir en France, si elle n'a été autorisée par le pouvoir compétent, sur le vu des statuts et réglements sous lesquels elle se propose de vivre.—Ce principe consacré spécialement par le décret du 3 messidor an XII, n'a été abrogé ni par l'art. 291 du Code pénal, ni par l'art. 5 de la Charte constitutionnelle, ni par aucune autre loi. Par suite, tout acte qui aurait pour but de transmettre des biens à une congrégation religieuse non autorisée est nul.—Par suite encore, une société civile universelle de gains stipulée entre la plupart des membres d'une communauté religieuse non autorisée, est nulle, quoique toutes ses clauses soient conformes au droit commun et qu'elles n'empêchent pas le Gouvernement, instruit de leur réunion, de les obliger, par mesure de police, à se séparer, si bon lui semble. Un tel contrat est présumé avoir pour objet de constituer et d'avantager une congrégation illicite.—1re, 20 juill. 1846 (Onfroy), x, 553.—C. Ch. req., rej., 26 juin 1849 (Onfroy), XIII, 109.

2.—Les communautés religieuses autorisées ne peuvent accepter que des legs particuliers. Par suite, un legs universel fait à une communauté ou à une personne interposée, est complètement nul; il n'est pas seulement réductible au quart des biens de la testatrice.—1re, 31 mars 1846 (Ursulines de Mortain), x, 232.

3.—La donation entre vifs qu'une religieuse qui n'a pas d'héritiers réservataires, peut faire de tous ses biens à sa communauté, dans les six mois de la reconnaissance légale de cette communauté, doit être acceptée définitivement dans ce délai. Toutefois l'acceptation, faite après les six mois est valable, si avant l'expiration de ce terme, il a été dressé un acte constatant la donation proposée, et si demande a été faite au gouvernement par la communauté afin d'être autorisée à accepter cette donation.—1re, 26 déc. 1848 (Bénédictines de Caen), XII, 393.

4.—Le legs fait par une religieuse à sa communauté, dans les six mois de la reconnaissance légale de l'établissement, et par un testament ayant date certaine, peut embrasser tous les biens de la testatrice, quoique la succession ne s'ouvre qu'après les six mois de la reconnaissance de la communauté.—*Id.*.

5.—Dans les computations pour réduire au quart les libéralités faites en dehors des six mois, ne doivent pas être compris les revenus touchés par la communauté avant le décès de la testatrice.—*Id.*.

6.—On ne peut exiger un compte de mandat pour des capitaux et revenus entrés dans une communauté religieuse avant sa reconnaissance légale, lorsqu'il est établi que l'association de fait avait pour base des statuts plus tard approuvés légalement qui mettent en commun les meubles et revenus des associés, et que, dans un contrat postérieur à la reconnaissance de la congrégation, la religieuse du chef de laquelle le compte est demandé a reconnu n'avoir rien à réclamer pour lesdits capitaux et revenus.—*Id.*.

COMMUNE--COMMUNAUX. —

V. Bureau de bienf.. — *Chemin communal.* — *... public.* — *Chose jugée.* — *Compétence civile.* — *Domaine engagé.* — *Garant.* — *Halle.* — *Intervention.* — *Mandat.* — *Percepteur.* — *Péremption.* — *Pillage.* — *Prescription.* — *Revendication.* — *Servitude.* — *Tiers détenteur.* — *Travaux publics.* — *Usage (droits d').* — *Varech.*

Indication alphabétique.

1. — Bien que, deux mois après le dépôt à la préfecture d'un mémoire tendant à autorisation, on puisse, sans que l'autorisation ait été accordée, intenter action contré une commune, celle-ci ne peut défendre à cette action qu'autant qu'elle y a été expressément autorisée. — Cette exception peut être opposée pour la première fois sur appel à la commune qui s'était défendue en première instance, nonobstant le défaut d'autorisation. — Dans ce cas, les tribunaux doivent suspendre l'action pendant un certain délai, pour que la commune puisse être autorisée, s'il y a lieu. — 1re, 7 fév. 1849 (Ameline), XIII, 191. — 1re, 23 mai 1849 (Ameline), *ibid*..

2. — Lorsqu'une commune est demanderesse ou appelante, si elle ne s'est point pourvue d'une autorisation, son action ou son appel doivent être déclarés non-recevables. — 2e, 24 janv. 1844 (commune de Saint-Germain-de-la-Coudre), VIII, 50.

2 *bis*. — Toutefois, l'appel interjeté par le maire interrompt les délais, et il appartient à la Cour de fixer à la commune un délai pour se pourvoir de l'autorisation. — *id*.·

3. — Lorsque, sur une action régulièrement intentée contre une commune, le garant du demandeur intervient dans la cause pour faire valoir les droits du garanti, il n'est pas besoin de faire pourvoir la commune d'une nouvelle autorisation. — Mais il en est autrement si le garant élève, en même temps, dans son intérêt personnel, de nouvelles réclamations. — 2e, 20 janv. 1844 (Lecacheux), VIII, 63.

4. — Le défendeur à une action pétitoire, qui prétend que le terrain revendiqué appartient à la commune, au rôle de laquelle il est inscrit comme contribuable, doit, lorsqu'il le demande, obte-

nir préalablement un délai pour rapporter l'autorisation exigée par l'art. 49 de la loi du 18 juillet 1837, et mettre en cause le maire de la commune. — Le jugement qui statue au fond, sans avoir égard à cette demande, est nul comme prématuré.—4e, 17 avril 1844 (Lefoulon), VIII, 292.

5. — Sous l'ancienne législation, les terres vaines et vagues non cultivées appartenaient de droit au seigneur territorial dans la circonscription duquel elles étaient situées, mais si elles se trouvaient en dehors de l'enclave du fief, elles étaient, par leur nature, dévolues au domaine de la couronne et réputées propriété de l'État. Cette présomption légale ne s'effaçait que devant des titres formels ou une possession véritablement caractéristique de la propriété même. — 1re, 3 juillet 1845 (Compagnie du Cotentin), IX, 492.

6.—On ne peut considérer comme vain et vague, et appartenant à ce titre à la commune, en vertu de la loi du 10 juin 1793 art. 1er, un terrain couvert d'eau, lorsque les propriétaires en retiraient des avantages par la pêche, la chasse aux oiseaux, la coupe des herbes, et la perception d'une contribution payée par les habitants pour le rouissage des lins.—2e, 11 mai 1842 (de Beaumont), VI, 286.

7.—On ne peut considérer comme vain et vague dans le sens des lois des 28 août 1792 et 10 juin 1793, le terrain qui est entouré de bâtiments et corps de ferme, et sur lequel on voit encore des traces de plantations.—2e, 27 déc. 1848 (Commune de Céaucé), XII, 581.

8. — La disposition de l'édit de 1667, qui autorise les communes à exercer le rachat de leurs biens, en remboursant aux acquéreurs les sommes qu'elles avaient reçues d'eux, a été abrogée par les édits de 1677 et 1701. — 2e, 11 mai 1842 (de Beaumont), VI, 286.

9. — La commune qui revendique un terrain de valeur et productif, doit établir qu'elle en a eu autrefois la possession, et n'en a été dépouillée que par un abus de la puissance féodale. Ce n'est qu'à cette preuve de possession d'une part, de spoliation de l'autre, que les anciens seigneurs sont obligés d'opposer un titre authentique constatant qu'ils ont légitimement acquis. — Id..

10. — Les lois du 28 août 1792 et du 10 juin 1793, relatives au rétablissement des communes dans les propriétés et droits dont elles ont été dépouillées par l'effet de la puissance féodale, et au mode de partage des biens communaux, ne peuvent être invoquées que contre les anciens seigneurs ou leurs ayants droit, et non contre des particuliers, étrangers aux priviléges du régime féodal, qui présentent des titres non-empreints de féodalité. — 1re, 17 juin 1850 (Rabault), XIV, 455. — 1re, 3 juin 1852 (Commune de Boscrenoult), XVI, 294.

11. — Id... Alors surtout que ces titres sont appuyés d'une longue possession. — 2e, 27 déc. 1848 (Commune de Céaucé), XII, 581.

12. — Il n'est point nécessaire que l'ancien seigneur qui, dans le cas de l'article 8 de la loi du 28 août 1792, veut s'opposer à la revendication d'une commune, représente l'acte même par lequel les biens lui ont été vendus; il suffit qu'il produise un titre authentique qui constate que cet acte de vente existe, et

que par conséquent les biens lui sont légitimement acquis.—2e, 11 mai 1842 (de Beaumont), vi, 286.

13. — Les lois du 28 août 1792 et du 10 juin 1793, en attribuant aux communautés d'habitants la propriété des terrains vains et vagues dont elles présumaient qu'ils avaient été dépouillés par la puissance féodale, n'entendaient pas restituer ces terrains à ceux des seuls habitants qui étaient vassaux du seigneur, mais bien à la généralité des membres de la communauté, qu'ils fussent ou non vassaux, c'est-à-dire qu'ils fussent ou non dans la mouvance du fief.— Les habitants de divers hameaux d'une commune ne peuvent, par suite, prétendre à la propriété exclusive des terrains vains et vagues, en s'intitulant section de commune, par cela seul qu'ils étaient dans la mouvance du fief des seigneurs auxquels appartenaient les terrains revendiqués. — Ces hameaux doivent établir qu'ils avaient une existence séparée comme *section de commune*, et qu'ils jouissaient exclusivement, comme *communauté*, des terrains situés dans leur circonscription.—4e, 3 mars 1848 (commune de Saint-Front), xii, 123.

14. — Les mêmes lois ne peuvent être invoquées par les communautés d'habitants que relativement aux biens qui étaient situés dans le territoire de leur commune. — 2e, 11 mai 1842 (de Beaumont), vi, 286.

15. — La commune, qui peut établir qu'au 10 juin 1793, elle était propriétaire de terrains vains et vagues alors situés dans son enclave, établit suffisamment par cela seul ses droits sur ces mêmes terrains. Peu importe que, par suite

d'une nouvelle circonscription, lesdits terrains se trouvent situés dans l'enceinte d'une autre commune. — 2e, 16 juin 1847 (Commune de Pierreville), xi, 394. — V. encore *infrà* vo *Usage* (*droits d'*).

16. — L'action en revendication de terres vaines se prescrit par cinq ans, aux termes de l'article 9 de la loi du 28 août 1792, et cet article n'a pas été abrogé par la loi du 10 juin 1793. — 1re, 3 juin 1852 (Commune de Beaumont), xvi 294.

17. — L'obligation de former leur réclamation dans le délai de cinq ans imposée aux communes par l'art. 9 de la loi du 28 août 1792, suppose qu'elles n'étaient pas déjà en possession des biens. — Dans le cas de possession, les communes n'ont aucune revendication à former. — 2e, 20 mai 1853 (de Gomicourt), xvii, 253.

18. — La propriété des terres vaines et vagues sur lesquelles une commune a exercé des actes de possession avant et depuis 1793, en concurrence avec un particulier non seigneur, peut être prescrite au profit de ce dernier par trente années, suivant la loi commune. — 1re, 17 juin 1850 (Rabault), xiv, 455.

19. — Lorsqu'une commune prétend avoir la propriété d'un bien, d'une mare, par exemple, c'est à elle de justifier ses prétentions. Celui qui possède n'a rien à prouver, et il suffit, pour qu'il soit maintenu en possession, que la commune n'ait pas suffisamment établi son droit. — 2e, 30 avr. 1836 (commune de Manvieux), xiv, 588.

20. — Les préfets n'ont que le droit d'annuler purement et simplement les délibérations des commissions syndicales

relatives à l'administration des biens communaux ; ils ne peuvent modifier ces délibérations, et imposer aux communes un mode de jouissance dont elles ne veulent pas. — Il suit de là que l'annulation d'une clause du règlement arrêté par la commission syndicale entraîne l'annulation du règlement en entier, et que, jusqu'à ce qu'un autre règlement ait été fait, la jouissance des biens communaux doit avoir lieu conformément aux anciens usages. — 2e, 10 fév. 1843 (Bayeux), vii, 133.

21. — Le droit dans les marais d'une commune, tant qu'il n'a pas été l'objet d'un partage, est exclusivement attaché à la personne de l'habitant, de sorte qu'il ne peut être aliéné avant que le partage ait été opéré; la loi du 9 ventôse an XII n'a en rien dérogé à cet égard à la loi du 10 juin 1793. — 4e, 31 mai 1843 (Lahaye Marie), vii, 444.

22. — Id... Spécialement, est nulle la clause d'un bail par laquelle un fermier cède à son propriétaire la part qu'il pourrait avoir dans les biens communaux, si le partage venait à être ordonné pendant sa jouissance. — C. cass. (Delarue), vi, 402.

23. — Jugé encore que, bien que dans un acte de partage des biens d'une succession, il ait été stipulé que les droits de marais attachés auxdits biens seraient partagés chaque année également entre les cohéritiers, s'il survient une ordonnance de partage desdits marais, la part attribuée à l'un des cohériters, comme habitant de la commune, reste propre à celui-ci. Ses cohéritiers n'y peuvent rien prétendre, encore bien que, n'ayant point d'habitation dans ladite commune, ils n'aient au droit à aucune part des communaux. — 2e, 28 avr. 1843 (Houel), vii, 235.

24. — Les propriétaires non résidants dans une commune, ne peuvent participer au partage des biens communaux. L'on ne peut appeler au partage que les habitants chefs de famille, domiciliés dans la commune. — C. cass. (Delarue), vi, 402.

25. — C'est le moment de la demande en partage des biens communaux qu'il faut prendre en considération pour déterminer le nombre des ayants-droit au partage. — Par suite, si, depuis cette demande, une section de commune a été retranchée de la commune propriétaire ou lui a été adjointe, les droits n'en doivent pas moins être fixés comme ils l'eussent été sans ce changement de position. — La section de commune retranchée conserve donc tous ses droits; celle adjointe n'en acquiert aucuns. — 1re, 7 juill. 1847 (commune de Beaupte), xi, 507.

26. — L'autorité judiciaire est incompétente pour s'occuper du mode de partage des biens communaux, juger les difficultés qui peuvent s'élever sur ce mode de partage et arrêter le nombre des ayants-droit; mais à elle appartient de déterminer les droits de chaque commune et les conditions d'après lesquelles le nombre des ayants droit doit être fixé; elle pose le principe, et l'autorité administrative en fait l'application. — L'incompétence des tribunaux, en cette matière, étant d'ordre public, peut être proposée pour la première fois sur appel. — 1re, 7 juill, 1847 (commune de Beaupte), xi, 507.

27. — En fait de partage de biens communaux exécuté par vente de lots, suivant le mode déterminé par une ordonnance, l'action pour excès dans la mesure est, comme en cas de vente ordinaire, irrévocable après l'année. — 2ᵉ, 4 août 1842 (commune d'Ecrammeville), vi, 554.

28. — Lorsque, dans un acte de partage de biens communaux, il est stipulé que tout soumissionnaire, auquel un lot sera échu par la voie du sort, sera tenu, dans un délai déterminé, de passer acceptation de ce lot et de s'obliger à en payer la valeur, c'est l'acceptation seule et non le tirage au sort qui dessaisit la commune pour approprier le soumissionnaire ; si donc celui-ci a laissé passer le délai sans notifier son acceptation, la commune peut revendiquer la portion de terrain qui lui était échue, et le soumissionnaire n'est plus en droit d'élever aucune prétention sur cette portion. — 4ᵉ, 27 mai 1846 (Ledain), x, 304.

29 — Dans les partages de biens communaux opérés depuis la loi des 10-11 juin 1793, les chemins qui servaient à l'exploitation desdits biens sont réputés être restés en dehors du partage. Les lotageants n'ont donc aucun droit exclusif sur la partie du chemin qui borde leur propriété et sert à son exploitation. — 2ᵉ, 10 juin 1842 (Tillard), vi, 425.

30. — id.. Les chemins réservés lors d'un partage de biens communaux, conformément à l'art. 23 de la loi du mois de juin 1793, pour l'exploitation des lots, ne constituent point des servitudes d'un lot sur l'autre, mais bien des chemins communs. On ne peut donc se fonder sur l'art. 701 du Code Napoléon,

pour changer l'emplacement de ces chemins. — On ne peut non plus y placer des balises, qui, quoique ouvrantes, deviendraient un obstacle à la libre circulation. — 2ᵉ, 15 mars 1849 (Létot), xiii, 115. — V. cependant suprà, vᵒ chemin communal,, nᵒ 8.

31. — Une ville ne peut réclamer du département aucune indemnité pour l'occupation de quelques édifices qui lui appartiennent, si ces édifices n'étaient point de nature à pouvoir être loués et si l'occupation qui en a eu lieu ne lui a causé aucun préjudice. — 2ᵉ, 15 fév. 1844 (ville de Vire), viii, 72.

32. — Lorsque la délimitation de deux communes a été fixée par l'autorité administrative, les tribunaux judiciaires sont compétents pour ordonner une plantation de bornes, en exécution de cette décision. — 2ᵉ, 11 déc. 1840 (commune de Glatigny), v, 28.

33. — Les communes ont privilège sur la totalité du cautionnement versé par les percepteurs, et non pas seulement sur le supplément qu'ils doivent fournir comme receveurs des deniers communaux. — C. ch. civ., rej., 5 déc. 1843 (Lefebvre-Banville), viii, 15.

34. — On doit entendre par section de commune une agglomération d'habitants réunis sous un même nom, et formant, à raison de son importance, de sa position, de ses droits particuliers, un tout vraiment à part et distinct de la commune, quoique régi d'ailleurs par le même personnel administratif que cette commune. — 4ᵉ, 3 mars 1841 (commune de Saint-Front), xii, 123.

35. — Les travaux communaux, quand ils présentent un caractère d'utilité gé-

nérale, les travaux de construction d'une église, par exemple, sont considérés comme travaux publics, et les difficultés qu'ils soulèvent sont de la compétence des conseils de préfecture. — C'est notamment aux conseils de préfecture qu'il appartient de statuer sur la résiliation de l'adjudication demandée par l'entrepreneur, *à titre de droit*, et sur la réclamation de dommages-intérêts. — 4e, 24 févr. 1845 (commune de Campandré), IX, 76.

36. — Les tribunaux judiciaires sont compétents pour juger une contestation née entre une commune et un entrepreneur, relativement à la construction d'un presbytère. — 4e, 16 janv. 1843 (Huvé), VII, 539.

37. — Jugé au contraire que les travaux faits pour la construction d'un presbytère et la réparation d'une maison d'école sont considérés comme travaux publics, et que dès-lors c'est à l'autorité administrative qu'il appartient de statuer sur les difficultés qui s'élèvent entre la commune et les entrepreneurs. — Conseil d'Etat, 23 août 1844 (Huvé), VIII, 640.— *V. infrà*, vis *Compétence commerciale*, n° 18 et *Garantie testimon.*

COMMUNE RENOMMÉE. — *V. Communauté conjug..— Faillite. — Inventaire.—Preuve testimoniale.*

COMMUNICATION DE PIÈCES.

Une partie ne peut demander communication que des pièces signifiées ou employées contre elle, ou encore des pièces communes. — 2e, 27 mai 1852 (Richer), XVI, 254.

COMMUNICATION AU MINISTÈRE PUBLIC. — *V. Faux incident civil.*

COMMUNISTES. — *V. Copropriété.— Indivision. — Partage.*

COMPENSATION.— *V. Conciliation. — Demande nouvelle. — Dot.— Faillite.—Fruits.— Usure.*

1.—Pour que la compensation puisse avoir lieu entre deux sommes, il faut qu'elles soient simultanément liquides et exigbles.—2e, 2 mai 1849 (Lamotte), XIII, 363.

2.—*Id*..... Et il faut de plus qu'il s'agisse de deux créances distinctes.— *Spécialement*, lorsqu'un individu est, en vertu du même titre, créancier et débiteur, il n'y a pas compensation entre les deux créances, il n'existe alors qu'une créance ou une dette résultant de la balance du compte.—2e, 27 mars 1849 (Claude), XIII, 403.

3.—Toutefois lorsque deux parties sont respectivement créancières et débitrices l'une de l'autre, à raison de la même cause, il y a lieu encore que l'une des créances soit liquide et certaine, tandis que l'autre ne l'est pas, de surseoir à l'exécution pour la créance liquide jusqu'à ce que les droits respectifs aient été définitivement réglés. Le sursis peut être demandé pour la première fois sur appel, parce qu'alors c'est une sorte de compensation que l'on oppose, ou plutôt une défense à l'action principale.—4e, 26 janv. 1842 (Desobeaux), VI, 463.

4.—Jugé encore qu'en fait de demandes reconventionnelles, on ne doit pas toujours appliquer les règles rigoureuses de la compensation; il est laissé à l'arbitrage des juges d'apprécier s'il y a motif suffisant de surseoir à statuer sur la demande principale, pour être fait droit sur le tout par un seul et même jugement.—2e, 9 mai 1845 (Corbin-Desparcs), IX, 409.

5. — Les sommes ou rentes que le possesseur d'un immeuble a payées à raison de sa possession, et qui doivent lui être remboursées par le propriétaire, se trouvent naturellement, et sans qu'il soit besoin de l'exprimer dans le jugement de renvoi en possession, compensées jusqu'à due concurrence avec les fruits ou revenus perçus par ce possesseur pendant sa jouissance.—2e, 10 janv. 1845 (de Burcy), IX, 401.

6.—Celui qui a reçu un paiement sans cause se trouve grevé d'une dette qui se compense de plein droit jusqu'à due concurrence avec les créances liquides et certaines qu'il peut avoir sur la personne qui lui a fait ce paiement. Il en serait ainsi lors même que plus tard il emploierait la somme qu'il a indûment reçue à l'acquit de quelques dettes de son créancier.—4e, 26 juin 1844 (Morin-Angot), VIII, 469.

7.—Quand une transaction intervenue entre deux parties a déterminé entre elles de nouvelles conventions qui devaient recevoir leur exécution indépendamment des négociations antérieures, l'une de ces parties n'est pas fondée à opposer à l'autre, en compensation des créances nées de la seconde convention, des dettes antérieures à la transaction. Il en est de même des intérêts de ces créances.—4e, 28 nov. 1849 (Rothiacob), XIII, 526.

COMPÉTENCE (en gén.). — *V. Abstention de juges.—Appel en mat. civ.—Arrêt.—Autorisation de femme mariée.—Avoué.—Bail (en gén.).— Caution. — Cession. — Chambre des notaires.— Chemin vicinal.—Compétence administ..—...civile.—...commerciale.—... des tribunaux criminels. — Conflit. — Courses. — Désistement.—Diffamation.—Dot.—Établissement dangereux.—Étranger.—Exécution provisoire.—Femme normande. — Garant. — Hypothèque légale des femmes.—Mandat.— Officier ministériel.—Prise à partie.—Rente féodale. — Société (en gén.). — Transaction.— Vente publique d'immeubles.*

1.—Le juge compétent pour connaître de l'action est également compétent pour apprécier les moyens de justification présentés.—4e, 19 avril 1842 (Letot), VI, 222. —V. infrà, v° Chemin de halage.

2. — La disposition de l'art. 472 du Code de procédure civile, d'après laquelle l'exécution appartient à la cour impériale qui a infirmé un jugement ou au tribunal par elle indiqué dans son arrêt, ne s'applique pas aux instances particulières auxquelles cet arrêt peut ultérieurement donner naissance et dans lesquelles il ne s'élève aucune contestation sur le sens dudit arrêt. Ainsi, de ce qu'un jugement statuant sur une demande en séparation de corps a été réformé, il ne s'en suit pas que le tribunal qui a prononcé ce jugement soit incompétent pour statuer sur les difficultés qui s'élèvent relativement à la liquidation des droits de la femme.—2e, 13 fév. 1847 (Suriray), XI, 78.

3.—La compétence du tribunal se règle par la qualité du défendeur principal, qui entraîne devant la juridiction qui lui est propre ceux qui ont contracté avec lui, envers le demandeur, une obligation indivisible.—4e, 13 août 1849 (Fanet), xiv, 71.—V. *suprà*, v^is *Billet à ordre*, n°s 1 et s..—*Caution*, n°s 10 et s..—Et *infrà*, v^is *Compétence civile*, n° 1.—*Garant*, n°s 1 et s..

COMPÉTENCE ADMINISTRA-TIVE.—*V.* les mots *Acte administratif* et *Compétence civile* et les renvois indiqués sous ces mots.

COMPÉTENCE CIVILE. — *V. Acte administratif. — Acte de commerce.—Appel en mat. civ.—Arbitrage forcé. — Assurance mutuelle.—.... terrestre.—Avaries.—Barrage.—Billet à ordre.—Caution.—Chemin communal.— ... de halage.— Commune.— Compétence commerciale. — Conflit. Courses.—Domaine engagé. — Dommages-int.. — Eau (cours d').—Effets de commerce.—Établissement dangereux. —Expropriation pour utilité publique. — Fabrique. — Faillite. — Garant.— Huissier.—Hypothèque légale des femmes.—Injures.--Juge de paix.—Lettre de change.—Percepteur.—Pillage.— Poste aux lettres.—Prise à partie.— Réglement de police.—Rente féodale. —Rivage de la mer.— Société (en gén.). —... commerciale — Transaction.— Travaux publics.—Usine.—Vente publique de meubles —... d'immeubles. —Voitures publiques.*

1.—Un huissier, chargé, en cette qualité, du recouvrement des sommes dues à une maison de banque, ne peut être traduit, pour rendre compte de son mandat, que devant les tribunaux civils, lors même qu'il se serait établi entre lui et les directeurs de la banque une espèce de compte-courant, et que le remboursement des sommes reçues aurait été effectué par des remises de billets. Les tiers appelés comme garants de la gestion de l'huissier, peuvent valablement être cités devant le même tribunal, quels que soient d'ailleurs leur qualité et le lieu de leur domicile.—4e, 20 mars 1849 (Delangle), xiii, 116.—V. *suprà*, v^is *Billet à ordre*, n°s 1 et s..—*Caution*, n°s 10 et s..—*Compétence (en gén.)*, n° 3.—*Garant*, n°s 1 et s..

2.—Aux tribunaux civils, et non aux tribunaux de commerce, appartient de statuer sur le dommage qu'un navire a causé à un bac par sa trop grande vitesse.—4e, 19 mars 1844 (Coniat), viii, 201.

3.—Les tribunaux civils sont compétents pour connaître de l'action intentée par un ancien commerçant, contre un commerçant, à raison d'un prêt fait dans l'intérêt du commerce de celui-ci, lors même que, au moment où le prêt a eu lieu, le prêteur était déjà retiré du commerce.—4e, 26 janv. 1847 (Saint-Clair), xi, 30.

4.—L'autorité judiciaire est seule compétente pour statuer sur les questions de propriété privée qui s'élèvent entre un maire et une commune.—2e, 17 juill. 1852 (Gambier), xvii, 22.

5.—L'autorité judiciaire ne saurait, sans méconnaître la distinction des pouvoirs, rechercher la ligne séparative de deux départements.—1re, 20 mai 1850 (Delarue), xiv, 354.

6.—Lorsque dans une action en revendication d'immeubles il s'élève une question de limite territoriale qui peut changer la compétence du tribunal saisi de l'affaire, il y a lieu de *surseoir* jusqu'à ce que l'autorité compétente ait déterminé les limites respectives des départements ou des arrondissements auxquels on prétend attribuer le terrain en litige, mais le tribunal saisi ne doit point se déclarer incompétent.—*Id.*.

COMPÉTENCE COMMERCIA-LE.—*V. Acte de commerce.—Arbitrage forcé.—Assurance mutuelle.—… terrestre.—Avaries.—Billet à ordre.—Caution.—Commerçant.— Commissionnaire de transport.— Compétence civile.— Convention.— Degré de juridiction.—Effets de commerce.— Exception. — Faillite. — Garant. — Huissier.— Juge de paix.—Lettre de change.— Prud'hommes.—Société (en gén.).—… commerciale. — Transaction.—Tribunal de commerce —Vente publique de meubles.*

Indication alphabétique.

1.—Les tribunaux de commerce sont juges de la *capacité des personnes* qui figurent dans les instances de leur compétence, en ce qui touche l'obligation déférée à leur appréciation.—Il leur appartient donc de décider si l'individu qui a été reconnu avoir *la qualité* de mineur, de femme mariée, de pourvu d'un conseil judiciaire, a pu, sous l'empire *de ces qualités*, consentir valablement l'obligation dont on réclame l'exécution. — Il leur est seulement défendu de statuer sur les questions concernant l'*état civil* de ces mêmes personnes. — 4e, 20 févr. 1850 (Rével) xiv, 411. — *V. infrà*, no 27.

2. — Lorsque, sur une action en reprise d'instance, les parties appelées devant le tribunal de commerce, comme héritières d'un de ses justiciables, prétendent avoir renoncé à la succession de ce dernier, et que la validité de cette renonciation est contestée, le tribunal de commerce doit renvoyer devant la juridiction ordinaire, pour y être statué sur le mérite de la renonciation ; mais il doit retenir l'affaire au fond, et ne peut se déclarer incompétent pour le tout. — 4e, 19 janv. 1846 (Denis dit Lachapelle), x, 122.

3. — Les billets souscrits par la femme d'un commerçant, comme mandataire et dans l'intérêt du commerce de son mari, tombent sous la juridiction commerciale, comme s'ils étaient souscrits par le mari lui-même. — 4e, 7 juill. 1845 (Quesnel), IX, 561. — V. *suprà*, vo *Billet à ordre*, nos 1 et s., *Caution*, nos 10 et s., *Garant*, nos 1 et s..

4. — Les billets à domicile soumettent ceux qui les souscrivent à la juridiction commerciale. — 4e, 10 déc. 1849 (Helène); XIII, 519.

5. — Lorsqu'une vente de marchandises a été soldée dans un lieu en effets de commerce payables dans un autre lieu, le lieu du paiement, dans le sens de l'article 420 du Code de procédure civile, est non celui où les lettres de change ont été remises pour solde, mais celui où elles sont payables; le tribunal de ce dernier lieu est donc compétent pour connaître de l'exécution de la vente. — Mais lorsqu'il a été convenu que les effets de commerce destinés à solder la vente seraient remis par l'acheteur au vendeur préalablement à la livraison des marchandises, l'acheteur ne peut, avant d'avoir remis ces effets, assigner le vendeur en livraison de la marchandise devant le tribunal du lieu où les effets sont stipulés payables. — Il ne peut l'assigner que dans le lieu où il doit remettre les effets, et où la marchandise doit être livrée. — C. ch. req., rej., 14 avr 1847 (Ruault), XI, 221. — V. *infrà*, n° 8.

6. — Lorsque la facture indique que le paiement de la marchandise se fera au domicile de l'expéditeur, le tribunal de ce domicile est compétent pour connaître de la demande en paiement. — 4e, 17 mai 1847 (Bailly-Rigollot), XI, 665.

7. — Lorsque le prix d'un marché est stipulé payable sur traites non accepta-

bles, le lieu du paiement est celui du domicile élu pour le paiement de ces traites, et non celui du domicile du vendeur, qui est autorisé à les émettre. — 4e, 16 déc. 1844 (Rowclife), VIII, 580. V. *infrà*, n° 13.

8. — Pour, qu'aux termes de l'article 420 du Code de procédure civile, il y ait exception au principe *actor sequitur forum rei*, il faut nécessairement la réunion de ces deux conditions : 1° que la promesse de vente ait été faite; 2° que la marchandise ait été livrée dans l'arrondissement du tribunal devant lequel l'action est portée. — On ne pourrait donc assigner devant ce tribunal pour faire ordonner la livraison par suite de la promesse de vente. — A *fortiori*, lorsque l'existence d'une promesse de livraison n'est pas établie, est-ce devant le tribunal du domicile du défendeur que la contestation doit être portée. — 4e, 12 août 1846 (Lemauviot), X, 540. — V. *suprà* n° 5 et s..

9. — En matière commerciale, le tribunal dans l'arrondissement duquel la promesse a été faite et la marchandise livrée, est compétent, encore bien qu'une modification ait été apportée dans un autre arrondissement, à la convention primitive, mais sans l'anéantir. — 4e, 26 mai 1847 (Louveau), XI, 353.

10. — Sous le rapport de la compétence, la marchandise est réputée livrée au lieu du départ, quoiqu'elle soit assujettie à vérification au lieu d'arrivée. — 4e, 3 avril 1843 (Testu), VII, 496.

11. — La promesse est faite non dans le lieu où parvient la lettre de l'acheteur, qui relate les conditions d'un marché verbalement convenu, mais dans celui

où la vente a été conclue verbalement. —4ᵉ, 16 déc. 1844 (Rowclife), vɪɪɪ, 580.

12. — Le tribunal du lieu où une obligation a été contractée et a reçu en partie son exécution, est compétent pour connaître des difficultés qui s'élèvent sur l'exécution du surplus de ladite obligation. — 4ᵉ, 28 juin 1842 (Royer), vɪ, 432.

13. — L'art. 420 du Code de procédure qui donne la faculté d'assigner le défendeur devant un tribunal autre que celui de son domicile, et *spécialement* devant celui du lieu où le paiement doit être effectué, ne s'applique qu'aux actions portées devant les tribunaux de commerce.—Il en serait ainsi lors même que le demandeur aurait pu assigner devant un tribunal de commerce, s'il a porté son action devant un tribunal civil. — 4ᵉ, 4 janv. 1842 (Lelandais), vɪ, 78.— *V. suprà*, n° 5 et s..

14.—Les tribunaux de commerce sont incompétents pour statuer sur une demande en paiement de frais faits par un huissier à l'occasion d'une contestation soumise à leur juridiction.—4ᵉ, 10 mai 1843 (Lomer), vɪɪ, 247.

15. — Même entre commerçants, le tribunal de commerce n'est compétent que pour ce qui concerne des opérations relatives à leur commerce.— 4ᵉ, 21 fév. 1844 (Duval), vɪɪɪ, 169.

16.—*Spécialement*, l'action en paiement de travaux, même faits pour le compte d'un commerçant, ne rentre pas dans la compétence des tribunaux de commerce. — Ces tribunaux ne peuvent étendre par analogie leur compétence, et doivent se renfermer dans les limites expressément tracées par la loi. — 4ᵉ, 14 nov. 1849 (Bizé), xɪv, 46.

17.—Les tribunaux de commerce sont incompétents pour statuer sur les actions formées par les commis de marchands, à raison des engagements qu'ils prétendent avoir été contractés envers eux par leurs patrons. — 4ᵉ, 15 déc. 1841 (Lemotteux), v, 427.— *V. infrà*, n° 23.

18. — Les discussions qui naissent à l'occasion du compte que doit rendre un commis à un commerçant, relativement à la gestion des affaires commerciales de celui-ci, sont de la compétence des tribunaux de commerce. — 4ᵉ, 20 déc. 1843 (Etienne), vɪɪ, 683.

19.—Est de la compétence du tribunal de commerce, à raison tant de la qualité des parties que de la nature de l'affaire, le traité intervenu entre un entrepreneur de route et un sous-entrepreneur.—4ᵉ, 15 juill. 1845 (Lerebourg), x, 534. — *V. suprà*, vᵒ *Commune*, nᵒˢ 36 et s..

20 — Le tribunal de commerce est compétent pour statuer sur la réclamation formée par un marchand de charbon contre un voiturier auquel le demandeur impute de s'être fait remettre des sacs à lui appartenant, encore bien que le voiturier méconnaisse avoir reçu commission à cet égard. — 4ᵉ, 15 déc. 1846 (Heurtaux), x, 616.

21. — Les tribunaux de commerce appelés à statuer sur les contestations relatives aux opérations de banque, sont compétents pour fixer la manière dont les comptes doivent être établis. — La mise en liquidation n'apporte aucun changement ni à la nature de l'affaire, ni à la compétence. — 2ᵉ, 5 mai 1852 (Bazin), xvɪ, 205.

22. — L'action en nullité d'une obligation ayant une cause commerciale, est valablement intentée devant le tribunal compétent pour connaître de l'exécution de ladite obligation. — 4e, 5 mai 1852 (Julien), xvi, 247.

23. — Les difficultés qui s'élèvent à l'occasion du salaire dû aux ouvriers employés à l'exécution d'un acte de commerce doivent être jugées par les tribunaux de commerce. — 4e, 22 mars 1847 (Jobert), xi, 92. — V. suprà, n° 17.

24. — Un tribunal de commerce est incompétent pour statuer sur une demande en recours formée par une femme contre son mari, à l'occasion d'une dette commerciale réclamée solidairement contre eux, lorsque la demande en recours nécessite l'examen du contrat de mariage des époux et de leur situation respective. — 4e, 20 avril 1846 (Leguay), x, 215.

25. — L'art. 685 du Code de commerce qui porte que : « les tribunaux de commerce connaîtront de tout ce qui concerne les faillites, » est uniquement applicable aux contestations qui naissent de l'état de faillite lui-même, et n'en sont, en quelque sorte, que les incidents ; il est sans application en ce qui touche les actions qui, bien qu'intéressant la faillite, ont cependant une cause qui lui est étrangère. Ces actions doivent être portées devant la juridiction, qui, abstraction faite de l'état de faillite, devrait en connaître. — Spécialement, si une femme mariée sous le régime dotal revendique quelques-uns des biens qui composent la masse de la faillite, comme étant sa propriété, et n'étant parvenus au failli qu'en vertu d'une vente nulle pour cause d'inaliénabilité des biens vendus, le tribunal de commerce est incompétent pour connaître de cette contestation, et il doit surseoir à statuer d'une manière définitive, jusqu'à ce que la question de dotalité ait été décidée par le tribunal civil. — 4e, 26 janv. 1842 (Julien), vi, 73.

26. — Le tribunal de commerce, même saisi d'une affaire commerciale, est incompétent pour statuer sur la question de propriété d'un objet saisi conservatoirement par une des parties en cause sur l'autre partie, et revendiqué par un tiers intervenant, lorsque la demande en revendication est distincte de l'affaire soumise à ce tribunal, et n'a en elle-même aucun caractère commercial. — La juridiction ordinaire est seule compétente pour connaître de cette demande en revendication. — 4e, 8 nov. 1853 (Hervieu), xvii, 295.

27. — Le tribunal de commerce peut, lorsque sa compétence est déclinée par l'une des parties, ordonner une enquête tendant à rechercher si, à raison de la qualité des parties ou de la nature de la dette réclamée, il est ou non compétent pour connaître de la contestation. — Ce n'est point là préjuger le fond. — 4e, 2 juin 1845 (Robert), ix, 420. — V. suprà, n° 1.

28. — Les tribunaux de commerce peuvent ordonner l'exécution provisoire même au chef relatif à la contrainte par corps. — Ch. vac., 1 sept. 1846 (Lecanu), x, 462.

29. — Quand un acte est à la fois commercial pour une partie et purement civil pour l'autre, et qu'il a été convenu qu'un tribunal de commerce, qui n'est pas celui du domicile du commerçant, jugerait en dernier ressort et sans appel

les contestations qui pourraient s'élever au sujet de cet acte, le jugement rendu contre le commerçant assigné devant ce tribunal, n'est pas susceptible d'appel. — Il en serait ainsi lors même qu'il aurait été jugé que la clause de cet acte ne liait pas le non-commerçant, qui pouvait toujours décliner la compétence commerciale. — 4e, 24 janv. 1849 (Boëhler), XIII, 71.

COMPÉTENCE DES TRIBUNAUX CRIMINELS. — *V. Bois.* — *Chasse.* — *Chemin vicinal.* — *Diffamation.* — *Garde forestier.* — *Garde nationale mobile.* — *Injures.* — *Tribunal correctionnel.*

COMPLICE. — COMPLICITÉ. — *V. Adultère.* — *Colportage.* — *Délit de la presse.*

COMPROMIS. — *V. Arbitrage.* — *Compétence commerciale.* — *Séparation de biens.*

1. — Est nul le compromis passé par un mandataire qui n'a pas reçu de pouvoir exprès à cet effet. — 2e, 12 nov. 1852 (Chenest), XVI, 323.

2. — La clause par laquelle les contractants déclarent que les difficultés à naître de leur convention seront jugées en dernier ressort et sans appel par des arbitres nommés à l'amiable entre eux, ou, si elles ne s'accordaient pas sur ce point, par le Président du tribunal de commerce d'une ville désignée, est valable et doit recevoir son exécution, à moins que le tiers qui se trouve ainsi désigné, ne veuille pas ou ne puisse pas remplir la mission qui lui a été confiée. — 4e, 14 nov. 1841 (Mazeline), V, 431.

3. — La clause par laquelle les parties conviennent que, s'il s'élevait des contestations sur l'exécution de leurs conven-tions, ces contestations seraient jugées par des arbitres, est nulle, si d'ailleurs les conditions essentielles pour la validité d'un compromis n'ont pas été remplies ; par exemple, si l'objet du litige n'a pas été désigné, ou si le nom des arbitres n'a pas été indiqué. — Peu importe que postérieurement il soit intervenu un compromis régulier, si ce compromis n'a pas été exécuté dans les trois mois de sa date. — 4e, 20 avril 1844 (Martin), VIII, 226.

4. — La disposition de l'art. 1006 du Code de procédure, qui veut que le compromis désigne les objets en litige, est suffisamment observée lorsque le compromis se réfère, quant à ce point, à un acte connu des arbitres, tel qu'une citation adressée par l'une des parties à l'autre. — 2e, 19 juin 1846 (Blin), X, 342.

5. — La disposition de l'art. 1012 du Code de procédure civile, portant que le compromis finit par l'expiration du délai de trois mois à partir de sa date, lorsqu'aucun délai n'a été stipulé, n'est pas applicable au compromis par lequel des arbitres ont été nommés pour prononcer sur les difficultés qui pourraient s'élever lors de l'exécution d'un acte. Mais, dans ce cas, le délai de trois mois court de l'époque où sont nées ces difficultés. — Par exemple, les arbitres doivent statuer dans les trois mois du jour où ils se sont transportés sur les lieux en litige avec les parties, pour y fixer les points à résoudre. — 1re, 4 mai 1841 (Deschamps), V, 151. — V. vo *Arbitrage.*

6. — En matière d'arbitrage volontaire, la prorogation du compromis peut être prouvée par témoins ou par pré-

somptions, s'il existe un commencement de preuve par écrit, et alors même que ce commencement de preuve ne résulte-rait que d'un acte postérieur à l'expira-tion du délai du compromis primitif. — 1re, 29 déc. 1841 (Hardy), v, 471.

7. — Quand on a soumis à des arbitres la question de savoir si un passage pouvait être exercé avec *voitures*, on ne leur soumet pas, par cela seul, le point de savoir s'il peut être exercé à pied ou avec bestiaux. — Par suite, si ces arbitres ont ordonné la fermeture du passage, cette décision ne doit s'en-tendre que du passage avec voiture, et l'on ne peut attaquer la sentence arbi-trale sous le prétexte qu'elle aurait statué *ultrà petita*. — 1re, 5 janv. 1842 (Hébert-Desroquettes), x, 59.

COMPTABLE PUBLIC. — *V. Cautionnement de titulaire. — Commune. — Saisie-arrêt.*

COMPTE. — ARRÊTÉ DE COMPTE. — REDDITION DE COMPTE. — *V. Action civile. — Communauté religieuse. — Compte-courant. — Compte de tutelle. — Degré de juridiction. — Donation (entre vifs) — Faillite. — Fruits. — Inventaire. — Jugement interlocutoire. — Lettre de change. — Solidarité. — Usure.*

1. — Un créancier a le droit, comme ayant cause de son débiteur, de former une demande en reddition d'un compte dû à celui-ci. — 2e, 10 janv. 1845 (de Burcy), ix, 401.

2. — Un arrêté de compte fait dans le cours d'une instance sur appel, ne peut être entendu en ce sens que, si le débi-teur ne paie pas le montant de l'arrêté de compte, la Cour soit dessaisie de l'ap-pel. — 4e, 4 mai 1842 (Yvetot), vi, 530.

3. — Un compte ne peut être rejeté comme ne présentant pas de justifica-tions suffisantes lorsqu'il a été admis et en partie exécuté par l'auteur de l'oyant. — 2e, 6 août 1846 (Levard), x, 483.

4. — Lorsque, sur un compte apuré en justice, il est intervenu une transac-tion par laquelle les parties déclarent que, moyennant les clauses y stipulées, tout procès entre elles est terminé, et qu'elles renoncent à s'inquiéter à l'ave-nir, nulle demande en rectification ne peut plus être formée relativement aux éléments de ce compte qui ont fait l'objet tant du jugement ou de l'arrêt que de la transaction, quelles que soient d'ailleurs les nouvelles preuves que puisse appor-ter l'une ou l'autre des parties. — Il y a là une exception de chose jugée invin-cible. — 2e, 6 août 1845 (Lemarchand), ix, 685.

5. — Une partie n'est pas recevable, après dix ans, à attaquer un acte par lequel elle s'est reconnue débitrice d'une somme déterminée pour arrêté de compte, et a constitué cette somme en une rente qu'elle a depuis volontaire-ment servie. — Vainement soutiendrait-elle qu'elle a été victime d'usure, s'il est démontré qu'il ne lui a point été fait de prêt d'argent, mais seulement des fournitures de marchandises. — Elle pourrait toutefois, même après l'expira-tion des dix ans, critiquer l'arrêté de compte pour erreurs ou omissions, à charge de les prouver d'une manière non équivoque. — 4e, 7 déc. 1847 (Tos-tain), xi, 581.

6. — Lorsque la reddition d'un compte a été rendue nécessaire par le désordre

des affaires du mandataire et l'irrégularité de ses écritures, les frais de cette reddition doivent être à sa charge, et non pas à celle de l'oyant. — 2e, 23 nov. 1842 (Mioque), vi, 655.

COMPTE-COURANT. — V. *Effet de commerce.* — *Faillite.* — *Intérêts* (*en gén.*). — V. aussi *Compte* et les renvois.

1. — Le compte-courant s'entend de différentes valeurs que se remettent respectivement deux commerçants, et pour lesquels il existe des intérêts respectifs. — 4e, 1 mai 1850 (Buret), xiv, 399.

2. — Il y a compte-courant lorsque deux commerçants en relations d'affaires s'expédient réciproquement soit des valeurs, soit des marchandises dont ils portent réciproquement la valeur en compte par DOIT et AVOIR. — Peu importe que l'un des deux correspondants soit toujours créancier de l'autre, ou qu'il y ait alternative entre eux de dettes ou de crédit. — 4e, 8 juillet 1850 (Sionis-Béranger), xiv, 446.

3. — La balance d'un compte arrêté entre des commerçants peut devenir, suivant les circonstances, l'élément d'un nouveau compte-courant soumis aux mêmes conditions que l'ancien. — On peut *spécialement* induire ce fait des expressions d'une lettre missive par laquelle le débiteur du reliquat prie son créancier de le *débiter de nouveau* de ladite somme. — 2e, 3 mai 1843 (Delarue), vii, 274.

4. — En matière de compte-courant, les effets de commerce, argent ou marchandises, remises par un correspondant à son correspondant depuis la cessation de paiements du premier, peuvent valablement entrer dans le compte-courant, pourvu que celui qui les a reçus ignorât la cessation de paiements. — 4e, 8 juillet 1850 (Sionis-Béranger), xiv, 446.

5. — La prescription de cinq ans ne peut être opposée pour les intérêts échus pendant l'existence d'un compte-courant. — 2e, 3 mai 1843 (Delarue), vii, 274.

6. — Lorsque l'une des parties ou même toutes les deux ont, par une cause quelconque, omis de porter une opération dans un compte-courant, il n'en résulte pas que cette opération ne puisse être valablement comprise dans ce compte. — Il faut, en ce cas, rechercher dans les conventions des parties et dans leur correspondance quelle a été leur intention, et rétablir cette opération dans le compte-courant, s'il est reconnu qu'elle est de nature à y figurer. — 4e, 8 juillet 1850 (Sionis-Béranger), xiv, 446.

7. — Chaque valeur portée dans un compte-courant ne constitue ni une créance ni une dette spéciale pour chacune des parties; c'est le résultat définitif du compte qui seul établit l'une des parties créancière sur l'autre. — 4e, 8 avril 1845 (Jubel), ix, 296.

COMPTE DE TUTELLE. — V. *Dot.* — *Tuteur.*

CONCEPTION. — V. *Absent.* — *Désaveu d'enfant.* — *Filiation légitime.*

CONCESSION. — V. *Acte administratif.* — *Bac.* — *Bail.* — *Compétence administrative.* — ... *civile.* — *Rente féodale.* — *Usine.*

CONCILIATION.

1 — Le défendeur doit toujours être cité en conciliation devant le juge de paix de son domicile réel, lors même

qu'il y aurait eu élection d'un autre domicile dans l'acte intervenu entre les parties ; cette élection n'a d'effet que pour les ajournements. — 2e, 18 mars 1847 (Barbé), xii, 47.

2. — L'action intentée contre plus de deux personnes qui se sont rendues adjudicataires de travaux par un même acte est dispensée du préliminaire de la conciliation. — 4e, 4 mai 1847 (Boullin), xi, 135.

3. — Lorsque, assignée en paiement de frais qu'on prétend lui faire supporter, une partie demande de son côté le remboursement de frais faits dans une autre instance, cette demande est recevable par voie incidente comme action en compensation, et ne constitue pas une demande nouvelle ; elle est donc dispensée du préliminaire de conciliation—1re, 8 mars 1848 (Bail), xii, 628.

4. — Le soutien élevé par un débiteur que le montant de la dette par lui due et réclamée par les héritiers d'une succession, se compense, à due concurrence, avec la part que son conjoint a droit de prétendre dans les créances de ladite succession, ne peut être considéré comme une demande principale, mais bien comme une demande reconventionnelle dispensée de l'essai de conciliation.—2e, 9 mai 1845. — (Corbin-Desparcs), ix, 409.

5. — Le débiteur solidaire, assigné en paiement des sommes avancées par son codébiteur, peut demander, sans préliminaire de conciliation, que ce codébiteur soit tenu de lui rendre compte du mandat qu'il lui avait donné pour agir dans l'intérêt commun. — Ce n'est là qu'une défense à l'action principale. —

1re, 29 nov. 1842 (Paviot), vi, 651.

CONCLUSIONS. — V. Contrat judiciaire. — Degré de juridiction. — Droits litigieux.—Réserves(procédure). — Tierce opposition.

1. — Lorsque le ministère public a été entendu, les parties ne peuvent plus modifier leurs conclusions. — 4e, 8 août 1848 (Fournier), xii, 221.

2. — Lorsque le rapport d'une affaire est terminé, que les conclusions du ministère public ont été entendues, et que la Cour s'est retirée en la chambre du conseil pour délibérer, les conclusions ne peuvent être modifiées, et il ne peut être fait de significations, quelque soit le temps qui s'écoule entre la clôture de la discussion et la prononciation de l'arrêt. —2e, 5 juin 1845 (Crespin), ix, 466.

CONCORDAT COMMERCIAL. — V. Degré de juridiction.— Faillite. — Péremption. — Ratification.

CONCOURS D'HYPOTHÈQUES. — V. Subrogation.

CONDAMNATION RÉCURSOIRE. — V. Degré de juridiction.—Solidarité.

CONDICTIO INDEBITI (Action). — V. Répétition.

CONDITION. — V. Appel incident. — Donation (en gén.) — ... entre époux. — Legs (en gén.). — Offres réelles. — Substitution.

CONDITION ALTERNATIVE. — V. Remploi.

CONDITION ILLICITE. — V. Clause licite.

CONDITION RÉSOLUTOIRE. V. Créance. — Domaine engagé. — Emphytéose. — Résolution. — Vente.

CONFESSION. — V. Aveu.

CONFISCATION. — *V. Douaire.*
— *Emigré.* — *Imprimeur.*

CONFLIT.

1. — Le préfet peut encore élever en cause d'appel le déclinatoire préalable au conflit, après qu'un jugement a rejeté l'exception d'incompétence proposée par lui comme partie au procès, et qu'un second jugement contradictoire a statué sur le fond. — 1re, 26 nov. 1844 (commune d'Amfréville), viii. 617.

2. — L'exception d'incompétence que le préfet, partie en cause, fait proposer par son avoué, et le rejet de cette exception par le tribunal ne le dispensent pas, quand il veut élever le conflit, de proposer un nouveau déclinatoire sous la forme d'un mémoire adressé à la Cour par l'intermédiaire du Procureur général. — 1re, 30 août 1841 (l'Etat), v, 342.

3. — Lorsqu'un arrêt du conseil d'État, rendu sur conflit, a décidé que l'autorité judiciaire était incompétente pour connaître du litige, la cour doit condamner le demandeur à tous les dépens de l'instance. — 1re, 9 mars 1846 (Bernard), x, 497.

4. — Jugé toutefois que lorsque, en pareil cas, le conseil d'État a renvoyé la contestation devant un conseil de préfecture, sans statuer sur les dépens de l'instance judiciaire, c'est le conseil de préfecture qui doit connaître de ces dépens, comme accessoires du principal. — 4e, 13 nov. 1848 (commune de Saint-Sauveur-Lendelin), xii, 302.

CONFRÉRIE. — *V. Communauté religieuse.*

CONFUSION. — *V. Domaine engagé.* — *Séparation des patrimoines.* — *Succession bénéficiaire.* — *Usage*
(*droits d'*).

CONGÉ (*en matière de louage*). — *V. Commis-marchand.*

CONGÉ (*boissons*). *V. Boissons.*

CONGÉ (*défaut*). — *V. Jugement par défaut.*

CONGRÉGATIONS RELIGIEUSES. — *V. Communauté religieuse.*

CONJOINT. — *V. Appel en matière civile.* — *Autorisation de femme mariée.* — *Bail* (*en gén.*). — *Communauté conjugale.* — *Donation déguisée.* — ... *entr'époux.* — *Dot.* — *Exploit.* — *Femme normande.* — *Partage.* — *Prêt.* — *Retrait d'indivision.* — *Séparation de biens.* — *Vente.* — *Viduité* (*droit de*).

CONNAISSEMENT. — *V. Capitaine.* — *Commissionnaire.* — *Endossement en blanc.*

CONNEXITÉ. — *V. Degré de juridiction.* — *Litispendance* — *Règlement de juges.*

CONQUÊTS. — *V. Acquêts.* — *Retrait d'indivision.*

CONSEIL (*défenseur*). — *V. Abstention de juge.* — *Avocat.*

CONSEIL DE FAMILLE. — *V. Etat* (*réclamation d'*). — *Femme norm..* — *Interdit.* — *Mineur.* — *Tuteur.*

Doit être déclarée nulle la délibération d'un conseil de famille, lorsque, pour la convocation des membres qui doivent le composer, on n'a point observé le délai des distances prescrit par l'art. 411 du Code Napoléon. — 1re, 30 août 1847 (Corbin-Desboissières), xi, 470.

CONSEIL DE GUERRE. — *V. Garde nationale mobile.*

CONSEIL DE PRÉFECTURE. — *V. Acte administratif.* — *Compé-*

tence administrative. — Chemin de halage. — Commune.— Conflit.— Etablissement dangereux, etc.

CONSEIL D'ÉTAT.

Sous l'ancienne législation, le conseil d'Etat était compétent pour statuer sur toutes les matières qui intéressaient le Domaine, et ce à l'exclusion des parlements et de tous les tribunaux inférieurs. 1re, 3 juillet 1845 (commune de Saint-Sauveur-le-Vicomte), IX, 492.

CONSEIL JUDICIAIRE. —*V. Interdiction.*

1.—Une femme mariée peut être pourvue d'un conseil judiciaire sur la demande de l'un des parents qui pourraient provoquer son interdiction. Par suite, la nomination d'un conseil judiciaire à une femme n'est pas révoquée et anéantie par le mariage de cette femme.— Aud. sol., 5 juill, 1843 (Laroque), VII, 398.

2.— Le conseil judiciaire d'un prodigue a droit non-seulement d'assister le prodigue qui reçoit un capital mobilier, mais encore d'exiger l'emploi de ce capital. —1re, 6 mai 1850 (Saint-Céran), XIV, 327.

3.—L'inexécution des dispositions de l'art. 513 du Code Nap. qui défendent aux prodigues de plaider, transiger, emprunter, etc., sans l'assistance du conseil qui leur a été nommé, entraîne de plein droit la nullité desdits actes.— En conséquence, l'acte d'emprunt passé par un prodigue, sans l'assistance de son conseil, est nul, encore bien que le prêteur ait reçu pour le recouvrement de ses fonds une délégation sur les revenus échus du prodigue.—4e, 13 mai 1845 (Moulinet), IX, 582.

4.— Le prodigue qui, sans l'assistance

de son conseil, négocie une lettre de change, ne fait, à proprement parler, qu'un emprunt, et ne peut être tenu de la garantie envers les cessionnaires.— 4e, 14 juill. 1845 (Moulin), IX, 546.

CONSEILLER MUNICIPAL. — *V. Diffamation.— Exploit.*

CONSENTEMENT. *V. Obligations.*

CONSERVATEUR DES HYPOTHÈQUES.— *V. Hypothèque légale (en gén.).—Remploi.—Subrogation.*

Indication alphabétique.

Acquéreur, 2, 11.	Ordre, 11.
Arrérages, 8.	Prédécesseur, 1, 9.
Certificat, 1 à 10.	Radiation, 5, 11.
Certif. suppl., 10.	Recours, 9.
Consignation, 11.	Rectification, 1.
Demande nouvelle, 10.	Responsabilité, 5 et s..
Hypothèque légale, 3.	Transcription, 2 et s..

1.—Un conservateur des hypothèques ne doit point rectifier un certificat délivré par son prédécesseur dans la gestion du bureau.—1re, 16 juill. 1849 (Delahaye), XIII, 424.

2.— Quand un contrat est transcrit à la conservation des hypothèques, l'acquéreur peut obliger le conservateur à lui délivrer seulement le certificat des inscriptions qui grèvent l'immeuble vendu du chef d'un seul des précédents propriétaires. — Le conservateur n'a pas le droit de comprendre dans le certificat, malgré la réquisition limitative, les inscriptions grevant l'immeuble du chef de tous les propriétaires dénommés audit contrat.—1re, 26 déc. 1848 (Vallet), XII, 346.

3.—Bien qu'une inscription requise, pour la conservation de l'hypothèque légale d'une femme mariée, paraisse ne pas atteindre tous les biens du mari, le conservateur peut néanmoins, sans encourir de responsabilité, se croire obligé de l'indiquer dans les certificats qu'il délivre, et ne pas se faire juge de sa portée et de sa valeur.—1re, 19 juill. 1852 (Trémerel), XVI, 297.

4.—Lorsqu'une inscription, pour la conservation de l'hypothèque légale d'une femme mariée, a été requise sous l'empire de la loi du 11 brumaire an VII, le conservateur ne doit point se faire juge de la question de savoir si cette hypothèque subsiste encore ou doit être radiée. — 1re, 16 juill. 1849 (Delahaye), XIII, 424.

4 bis.—Lorsqu'on lui représente un extrait des actes de l'état civil, constatant le décès d'une femme du nom même de l'inscrivante, ce n'est pas non plus à lui de vérifier l'identité de personne.—id..

5.—Lorsque, dans un certificat sur transcription, le conservateur des hypothèques a mis en marge d'une inscription une déclaration de laquelle résulte le rejet de cette inscription, l'art. 2198 du Code Nap. doit être appliqué, et l'immeuble demeure affranchi de ladite inscription.—Le créancier dont l'inscription se trouve ainsi rayée, ne peut opposer à l'acquéreur ni la possibilité où était celui-ci de vérifier si l'inscription était on non valable, ni les paiements qu'il aurait pu lui faire à compte sur sa créance, avant la délivrance du certificat.—4e, 16 mars 1842 (Michel), VI, 208.

6.—Le conservateur des hypothèques n'est pas responsable du préjudice résultant du défaut de mention, dans son certificat, d'inscriptions existantes, lors-

que cette omission provient d'une désignation insuffisante qui ne peut lui être imputée.— 2e, 28 août 1852 (Luard), XVI, 300.

7.—Id..... Et, notamment, d'une désignation insuffisante du débiteur dans le bordereau d'inscription.—2e, 26 juin 1852 (Dubois), XVI, 236.

8.—Le conservateur des hypothèques contre lequel un recours est exercé, dans le cas de l'art. 2198 du Code Nap., ne peut être tenu que jusqu'à concurrence de la somme qui eût été allouée au créancier à l'état d'ordre, c'est-à-dire jusqu'à concurrence du capital de la créance, et deux années et la courante d'arrérages; il ne peut être tenu des nouveaux arrérages échus depuis le jugement.—4e, 16 mars 1842 (Michel), VI, 208.

9.—Le créancier dont l'inscription a été omise dans un certificat sur transcription, a une action contre le conservateur qui a délivré ce certificat, alors même que l'omission serait imputable non à ce conservateur, mais à son prédécesseur, sauf le recours du conservateur attaqué contre son prédécesseur qui a causé l'erreur.—1re, 30 avril 1851 (Bonnejoy), XV, 146.

10 —La demande d'un certificat supplémentaire constatant le non renouvellement dans les dix ans, est comprise dans la demande en suppression de l'inscription, dont elle est le diminutif, et n'est point une demande nouvelle que l'on ne puisse proposer pour la première fois en appel.—1re, 16 juill. 1849 (Delahaye), XIII, 425.

11.—Le conservateur des hypothèques n'est pas tenu, sur la réquisition de l'acquéreur qui a consigné son prix, de radier les inscriptions qui grèvent l'immeuble acquis, si l'ordonnance de réglement de l'ordre ne lui a pas textuellement prescrit de le faire, et a indiqué, au contraire, que la radiation ne devrait s'opérer que sur le vu des bordereaux acquittés et d'une expédition du réglement définitif. — 1re, 29 août 1848 (Vallet), XII, 382.

CONSIGNATION. — *V. Cession.* — *Conservateur des hypothèques.* — *Offres réelles.* — *Saisie-arrêt.*

1. — La sommation indicative du jour, de l'heure et du lieu de la consignation prescrite dans l'intérêt du créancier par l'art. 1259, n° 2 du Code Nap., est valablement signifiée au domicile élu par le créancier pour l'exécution du contrat; il n'est pas nécessaire qu'elle soit signifiée à son domicile réel. — 1re, 6 mars 1848 (Chéron), XII, 14. — V. *infrà*, n° 4.

2. — Il n'est pas nécessaire d'accorder, à partir de la sommation d'être présent à la consignation, le délai des distances prescrit par l'art. 1033 du Code de procédure civile. — *Id.*.

3. — Lorsque, par adjudication volontaire, des biens ont été vendus exempts de dettes, et que le vendeur s'est obligé à donner main-levée des inscriptions, et, à défaut, a autorisé l'adjudicataire à consigner, si la main-levée n'est pas rapportée, sur la demande de celui-ci, dans le délai fixé, il peut consigner son prix et faire prononcer par les tribunaux la main-levée des inscriptions grevant les biens par lui acquis. — 1re, 1er août 1853 (Duperron), XVII, 257.

4. — La consignation n'opère la libération, dans ce cas, qu'autant qu'elle est jugée valable contradictoirement avec le vendeur et les créanciers inscrits. — Toutefois, le vendeur ne peut arguer le jugement de nullité, par ce motif que l'assignation, afin d'obtenir la main-levée des inscriptions et être présent à la consignation, aurait été donnée par un seul et même exploit tant aux créanciers qu'à lui-même, surtout lorsque ce mode de procéder est moins coûteux que celui proposé par lui sur appel. — *Id.*. — V. *suprà*, n° 1.

5. — Lorsque l'acte d'adjudication n'oblige pas l'adjudicataire à attendre la clôture de l'ordre pour faire prononcer la radiation des inscriptions grevant les immeubles par lui acquis, il a droit de se libérer en consignant après le délai imparti par ledit acte d'adjudication et de faire radier les inscriptions. — *Id.*.

6. — Les frais d'offres réelles et de consignation étant à la charge du créancier, lorsque la consignation est déclarée valable, doivent être pris en privilège sur le prix de l'adjudication. — *Id.*.

CONSIGNATION D'ALIMENTS. — *V. Emprisonnement.*

CONSIGNATION DE MARCHANDISES. — *V. Commissionnaire.*

CONSTITUTION D'AVOUÉ. — *V. Appel incident.* — *Exception.*

CONSTITUTION DE DOT. — *V. Dot.* — *Femme normande.*

CONSTRUCTEUR. — CONSTRUCTIONS. — *V. Bail (en gén.).* — *Degré de juridiction.* — *Dot.* — *Entrepreneur.* — *Femme normande.* — *Rente foncière.* — *Servitude.* — *Usufruit.*

1. — Le propriétaire du fonds est également seul et exclusif propriétaire des constructions faites sur ce fonds par un

étranger, alors surtout que celui-ci, par les rapports qui existaient entre lui et ledit propriétaire, doit être considéré comme son *negotiorum gestor.*—2e, 20 déc. 1844 (Lecointe), IX, 93.

CONSUL. — CONSULAT. — *V.* *Appel en mat. civ.—Contrat à la grosse.*

CONTENANCE.—*V. Bail à ferme.* —*Vente.*

CONTRAINTE.—*V. Degré de juridiction.— Octroi.*

CONTRAINTE PAR CORPS.— *V. Acte de commerce. — Compétence commerciale. — Demande nouvelle.— Dot.— Emprisonnement.— Faillite.— Huissier.—Lettre de change.—Notaire. —Novation.*

Indication alphabétique.

Acquiescement, 8, 10.	Dom.-intérêts, 2, 7.
Appel, 8, 9.	Excusabilité, 2.
Aval, 1.	Faillite, 2.
Billet à ordre, 1.	Femme de commerç., 3
Créances, 4.	Jugem. par défaut, 10.
Créancier, 9.	Opposition, 10
Cumul, 5.	Prononciation d'office,
Dépens, 6.	4.

1.—Le donneur d'aval, même sur des billets à ordre ayant une cause commerciale, n'est pas tenu par corps, si l'opération commerciale qui a donné naissance aux billets lui est étrangère. — 4e, 24 janv. 1848 (Hamel), XII, 445.

2. — L'article 126 du Code de procédure civile, qui laisse aux juges la faculté de prononcer la contrainte par corps en matière de dommages-intérêts, ne constitue pas une loi *spéciale* dans le sens de l'article 539 du Code de commerce, et ne peut, par suite, être appliqué au failli déclaré excusable. — 1re, 6 mai 1850 (Domin), XIV, 331.

3. — La femme d'un commerçant qui ne fait qu'aider son mari dans son commerce, ne peut être passible de la contrainte par corps pour les obligations par elle souscrites. — 4e, 12 avril 1842 (Rier), VI, 212. — *V. suprà, vo Commerçant,* n° 3.

4. — Les juges ne peuvent prononcer d'office la contrainte par corps : elle doit toujours être demandée. — 1re, 1 mars 1852 (Sénécal), XVI. 91.

5. — Lorsque diverses créances que l'on porte sur un même débiteur n'atteignent aucunes le taux fixé pour la contrainte par corps, elles ne peuvent être réunies à l'effet de faire prononcer cette contrainte. — 4e, 16 août 1843 (Gouin), VII, 492.

6. — Encore bien qu'un jugement ait indûment prononcé la contrainte par corps contre un débiteur, ce dernier doit supporter tous les dépens de ce jugement, ainsi que les frais des poursuites qui ont été dirigées pour exécuter ce jugement sur ses biens. — 4e, 23 mai 1849 (Binet), XIII, 448.

7. — Il n'est pas dû de dommages-intérêts au débiteur pour l'incarcération qu'il a subie en vertu d'un jugement par défaut qui le réputait marchand, si le créancier a eu des raisons sérieuses de penser que cette qualité lui appartenait. — *Id.*.

8. — Avant la loi du 13 décembre 1848, l'acquiescement à un jugement emportant contrainte par corps, mettait obstacle à l'appel de ce jugement, même au chef où il prononçait cette contrainte. — *Spécialement,* le débiteur d'une prétendue lettre de change qui avait été condamné par corps au paiement de cette lettre, ne pouvait, après

avoir acquiescé au jugement, en porter l'appel, afin de faire décider que la lettre de change n'était qu'une simple promesse, qui, par conséquent, ne pouvait entraîner la contrainte par corps. — 4e, 23 août 1842 (Leroux), vi, 566.

9. — Le droit d'appeler au chef de la contrainte par corps, quand l'intérêt du litige est inférieur à 1,500 fr., appartient aussi bien au créancier qu'au débiteur. — 4e, 26 août 1846 (Mérieult), x, 414.

10. L'art. 7 de la loi du 13 décembre 1848, qui permet l'appel des jugements prononçant la contrainte par corps dans les trois jours de l'emprisonnement, même au cas d'acquiescement ou d'expiration des délais d'appel, n'est pas applicable à l'opposition aux jugements par défaut ; cette opposition n'est recevable que dans les cas et délais établis par le Code de procédure civile. — 1re, 5 juillet 1853 (Delamarre), xvii, 244.

CONTRAT. — V. Clause pénale. — Obligation. — Promesse de mariage.

CONTRAT A LA GROSSE.

1. — Les vice-consuls sont, depuis l'ordonnance du 26 octobre 1833, sans qualité pour autoriser, en pays étranger, les capitaines de navires à emprunter à la grosse. — Les consuls seuls peuvent autoriser un semblable emprunt. — Aud. sol., 26 juillet 1849 (Thompson), xiii, 248.

2. — Le contrat à la grosse ne peut exister qu'autant qu'il y a eu risque couru ; si donc le voyage projeté n'a pas lieu, même par le fait de l'armateur, le contrat à la grosse est anéanti, et les fonds prêtés ne sont plus productifs que d'intérêts au taux ordinaire, mais ces intérêts demeurent privilégiés, à moins

qu'il ne résulte des faits que les parties ont entendu faire novation. — 4e, 28 fév. 1844 (Lecordier), viii, 174.

CONTRAT ALÉATOIRE. — V. Assurance. — Contrat à la grosse. — Marché à terme. — Rente viagère. — Saisie-immobilière. — Vente.

CONTRAT DE MARIAGE. — V. Communauté conjugale. — Compétence commerciale. — Don mobil. — Dot. — Douaire. — Émigré. — Erreur de Droit. — Femme normande. — Pension alimentaire. — Prescription. — Remploi. — Réserve à succession. — Testament (en gén.).

Indication alphabétique.

Acte, s. s. p., 1.	Interdit, 3.
Apports, 5.	Interprétation, 15 et s..
Apport franc et quitte, 25 et s..	Nullité, 4.
	Obligation, 19 et s., 25 et s..
Biens à venir, 16 et s..	
Biens présents, 16 et s.	Ordre public, 4.
Clause licite., 25 et s..	Paiement de dot, 5.
Combinaison de régime, 6 et s., 21 et s..	Régime dotal, 5 et s..
	13 et s., 24 et s..
Communauté, 6 et s., 21 et s..	Régime matrimonial, 6 et s., 13 et s..
Cout. norm., 1 et s..	Remploi, 11 et s., 22 et s..
Date certaine, 1.	
Dette, 19 et s..	Rentes, 23.
Dot, 5 et s., 13 et s., 24 et s..	Restitution, 5.
	Revendication, 11.
Étrangers, 29.	Signature, 2.
Fraude, 5.	Solidarité, 19 et s..
Inaliénabilité. 6 et s., 20 et s., 23 et s..	Statut anglais, 29.
	Tiers, 6 et s., 25 et s..

1. — Avant le Code Napoléon, les contrats de mariage pouvaient, en Normandie, être valablement faits par acte sous seings privés, mais leur validité était subordonnée à l'appréciation des circonstances et des faits invoqués pour contester ou pour établir qu'ils avaient été faits avant la célébration du mariage.

— 2e, 1er avril 1841 (Bertrand-Fontaine), v, 260.

2. — De ce qu'un contrat de mariage sous seings privés, passé sous la coutume de Normandie, n'est revêtu que de la seule signature des époux, il ne s'ensuit pas nécessairement qu'il doive être annulé. — 2e, 18 nov. 1842 (Lenfant), vi, 696.

3. — Le contrat de mariage passé par un interdit peut, suivant les cas, être déclaré valable. — Aud. sol., 19 janv. 1843 (Silas), vi, 41.

4. — Les nullités relatives à un contrat de mariage sont d'ordre public; elles ne peuvent être couvertes, au moins pendant la durée du mariage, ni par le silence, ni même par le consentement des époux. — 2e, 9 mai 1844 (Loupie), viii, 207.

5. — Lorsqu'il a été dit dans un contrat de mariage que tel ou tel apport de la femme ne sera livré au mari que sur sa reconnaissance, après le mariage consommé, si la femme ne représente pas cette reconnaissance après la dissolution du mariage, elle peut être déclarée sans droit pour rien réclamer à cet égard. — Lorsqu'au contraire il a été dit que la célébration du mariage vaudrait quittance, il y a preuve complète que le mari a reçu l'apport constaté, preuve que l'on ne peut détruire qu'en établissant la fraude. — 2e, 3 mai 1845 (Verrier), ix, 393.

6. — Les futurs époux peuvent, dans leur contrat de mariage, combiner les règles de la communauté et de la dotalité, soumettre certains biens au régime de la communauté, et certains autres au régime dotal. — 4e, 28 mai 1849 (Marais),

xiii, 240. — 4e, 27 sept. 1851 (Loyer), xv, 290. — 4e, 10 déc. 1851 (Desnos), xv, 322. — 2e, 28 janv. 1852 (Maillard), xvii, 33. — 1re, 10 nov. 1852 (Guillemette), ibid.. — 1re, 7 déc. 1852 (Lefrançois), ibid.. — 2e, 10 déc. 1852 (Défontaines), ibid.. — V. aussi les nombreuses décisions indiquées ci-dessous, jusqu'au n° 28.

7. — Id.... En adoptant, par leur contrat de mariage, le régime de la communauté, les futurs époux peuvent modifier ce régime par toute espèce de conventions non contraires aux art. 1387, 1388, 1389 et 1390 du Code Napoléon, et notamment stipuler l'inaliénabilité des immeubles de la femme. — 2e, 27 déc. 1850 (Dumesnil), xv, 25.

8. — Id.... En adoptant le régime de la communauté, la femme peut stipuler l'inaliénabilité de ses biens présents et à venir. — 1re, 3 mars 1846 (Dosseville, x, 185.

9. — Id.... Et cette inaliénabilité peut être stipulée d'une manière absolue ou sous condition, par exemple sous condition de remploi. — 2e, 21 fév. 1845 (Provost), ix, 154.

10 — Id.... Et, dans l'un et l'autre cas, une telle stipulation est opposable aux tiers. — 2r, 21 fév. 1845 (Provost), ix, 154. — 1re, 3 mars 1846 (Dosseville) x, 185.

11. — Id.... Spécialement, si, dans un contrat de mariage portant adoption du régime de la communauté, il a été déclaré que les immeubles de la femme ne pourraient être aliénés que moyennant remploi, la vente desdits immeubles est annulable tant que le remploi n'est point fait, et une action en revendication

peut être dirigée contre les acquéreurs. — 2e, 21 fév. 1845 (Provost), IX, 154.

12. — *Id....* *Toutefois,* pour qu'il en soit ainsi, et bien qu'il ne soit pas nécessaire d'employer de termes sacramentels, il faut que la stipulation soit tellement claire et précise, que les tiers ne puissent s'y tromper. — 2e, 7 juin 1844 (James), VIII, 331. — 2e, 19 juin 1845 (Hélouis), IX, 485. — 1re, 11 mars 1846 (Cassel), X, 188. — 1re, 17 août 1846 (Harasse), x, 475.—1re, 11 fév. 1850 (Lefortier), XIV, 232.— *V. infrà,* nos 14 et s..

13. — Lorsque deux époux, après avoir déclaré se marier sous le régime de la communauté, ont stipulé que les immeubles présents et à venir de la femme ne pourraient être hypothéqués pendant le mariage et aliénés qu'à charge d'un bon et valable remplacement, le régime matrimonial qui les gouverne est, non pas le régime de la communauté, mais le régime dotal, alors surtout que, dans un article spécial, la femme s'est *constituée en dot* tous ses biens présents et à venir.— 1re, 11 fév. 1850 (Lefortier), XIV, 232. — *V. infrà,* nos 24 et s..

14.— Lorsque, après adoption du régime de la communauté, les époux stipulent « que chacun d'eux conserverait « la propriété de ses immeubles comme « *biens dotaux, et se réservait la fa-* « *culté d'aliéner ses biens à la charge* « *de remplacement, pour en assurer* « *le retour et la réversibilité au profit* « *de celui dont ils seraient provenus,* « *comme de ses héritiers,* » cette clause ne suffit pas pour frapper d'inaliénabilité les propres de la femme : elle n'a d'effet

qu'entre le mari et la femme, et n'est pas opposable aux tiers — 1re, 17 août 1846 (Harasse), X, 475. — *V. suprà,* nos 10 et s..

15. — Il en est de même lorsqu'il est stipulé dans un contrat de mariage portant adoption du régime de la communauté, que « *la future autorise le* « *futur..... à vendre et échanger ses* « *biens, en tout ou en partie, par le* « *consentement de la future épouse,* « *en les remplaçant par le futur sur* « *ses biens, ou des acquêts qu'il pourra* « *faire, que la future acceptera, qui* « *seront pour ses héritiers.* » — Il appartient à cet égard aux tribunaux d'apprécier le sens des actes. — 2e, 7 juin 1844 (James), VIII, 331. — 1re, 11 mars 1846 (Cassel), X, 188.

16. — Jugé que, dans tous les cas, une clause de cette nature n'a d'effet que pour les immeubles qui y sont évidemment compris ; ainsi ne sont pas inaliénables les biens à venir de la femme qui a déclaré *inaliénables,* dans son contrat de mariage, *ses biens immeubles,* sans plus ample explication ; une semblable clause ne comprend que *les biens présents ;* et, par suite, les biens échus à la femme depuis le mariage peuvent être saisis, ainsi que leurs fruits et revenus. — 1re, 11 mars 1846 (Cassel), X, 188.— 2e, 27 déc. 1850 (Dumesnil), XV, 25.

17. — Jugé encore que la clause d'un contrat de mariage, par laquelle des époux, en adoptant le régime de la communauté, stipulent que la femme pourra aliéner le quart de ses immeubles sans remplacement, mais que, quant aux trois autres quarts, *ils ne pourront être ven-*

dus qu'à la charge d'un bon et valable remplacement, ne s'applique qu'aux biens présents, et que ceux échus à la femme, depuis le mariage, restent dans ses mains de libre disposition. Il en serait ainsi lors même que la femme n'aurait possédé aucun immeuble au moment de son mariage. — 1re, 28 mai 1849 (Lerouge), XIII, 223.

18. — *Id....* Que la clause d'un contrat de mariage par laquelle les époux, en adoptant le régime de la communauté, stipulent : « *qu'ils seront communs en biens meubles et acquêts seulement, et que, nonobstant, les immeubles et rentes de la future ne pourront être aliénés, ni le capital reçu, sans un remplacement valable,* » ne s'applique qu'aux biens présents, que ceux échus à la femme pendant le mariage, restent dans ses mains de libre disposition, et que cette solution devrait être admise alors même que la femme n'aurait possédé aucun immeuble au moment de son mariage. — 2e, 19 avril 1850 (Gesnoin), XIV, 303.

19. — La clause insérée dans un contrat de mariage portant adoption du régime de la communauté, qu'une partie déterminée des biens de la femme ne pourra être aliénée qu'à la charge de remploi, laisse la femme capable de tous engagements quelconques, sauf leur inefficacité en ce qu'ils auraient de contraire à cette clause. — *Spécialement,* elle peut s'engager solidairement à l'acquit d'une obligation contractée par son mari. — 2e, 22 fév. 1845 (de Boisdeffre), IX, 172.

20. — Lorsqu'un contrat de mariage porte adoption du régime de la communauté, la clause stipulée que les biens propres de la future pourront être vendus, aliénés ou échangés de son consentement, au moyen d'un remplacement fait en biens immeubles en son nom, ou qui s'opérerait par le fait seul de l'hypothèque légale, ne suffit pas pour frapper d'inaliénabilité les propres de la femme et les soustraire ainsi à l'acquittement des obligations qu'elle contracterait pendant le mariage. — 4e, 26 mai 1845 (Lequet), IX, 388.

21 — La stipulation portant que la femme mariée sous le régime de la communauté ne pourra vendre ses propres sans que leur prix soit remplacé, met obstacle à ce que lesdits propres ou les prix en provenant puissent être affectés au paiement des dettes de la femme contractées pendant le mariage. — 2e, 7 juin 1844 (James), VIII, 331. — 2e, 21 fév. 1845 (Provost), IX, 154.

22. — Lorsqu'en prenant pour base de leur conventions matrimoniales le régime de la communauté, les époux ont cependant stipulé que les immeubles de la femme ne pourraient être aliénés que moyennant remploi, cette stipulation ne confère aucun caractère d'inaliénabilité aux immeubles, et c'est le prix seul porté au contrat qui doit être remplacé. — 2e, 9 déc. 1843 (Bouffard), VII, 616.

23. — Lorsque dans un contrat de mariage, après une énumération des biens qui seraient de libre disposition, il a été stipulé que les autres biens de la femme seraient dotaux et ne pourraient être aliénés que moyennant un bon et valable remplacement, cette clause s'applique à tous les autres biens quels qu'ils soient, meubles ou immeubles,

7

non désignés comme étant de libre disposition, et par conséquent aux rentes. —4°, 13 mars 1843 (de Séguin), VII, 191.

24. — En adoptant le régime de la communauté, la femme peut placer ses immeubles sous la protection du régime dotal. — La dotalité et l'indisponibilité résultent de la clause du contrat de mariage portant : « Que les biens immeubles de la future resteront propres et dotaux dans sa ligne ; que cependant il pourra en être vendu de son consentement jusqu'à concurrence de telle somme, sans remplacement.... » — 1re, 4 juill. 1842 (Morand), VI, 395. — V. *suprà*, nos 5 et s..

25. — On doit voir une constitution implicite de dot dans la clause de reprise d'apport franc et quitte, quand il est ajouté dans le contrat de mariage que la femme exercera cette reprise par préférence à tous les créanciers, même en renonçant à la communauté, et quand même elle se serait obligée au paiement des charges de cette communauté ou y aurait été condamnée. — 2e, 11 juill. 1840 (Hussenot), XII, 559.

26. — Jugé encore que la clause par laquelle une femme, mariée sous le régime de la communauté, se réserve, en cas de renonciation, le droit de reprendre ses apports francs et quittes de toutes dettes sociales, même de celles contractées avec son concours, et ce par préférence et privilége à tous créanciers de la communauté, n'a rien de contraire aux lois et aux bonnes mœurs. Cette clause a pour effet de frapper les immeubles de la femme d'inaliénabilité, absolument comme si elle eût été mariée sous le régime dotal. — 4 juin 1844 (Bri-

sollier), XII, 561. — 1re, 10 nov. 1852 (Guillemette), XVII, 33. — 1re, 7 déc. 1852 (Lefrançois), *ibid*. — 2°, 10 déc. 1852 (de Fontaines), *ibid*..

27. — ...Par suite, le créancier porteur d'obligations souscrites par la femme, ou garanties par elle, ne peut en poursuivre le paiement que sur l'actif mobilier. — 1re, 7 déc. 1852 (Lefrançois), XVII, 33. — 2e, 10 déc. 1852 (de Fontaines), *ibid*..

28. — Il en est autrement de la clause portant obligation pour le mari de remplacer les biens de la femme en cas d'aliénation, et donnant à celle-ci le droit de reprendre ses apports en exemption de toutes dettes et charges de la communauté, et par préférence aux créanciers du futur. — Cette stipulation valable entre mari et femme, n'équivaut pas à une convention de dotalité et ne peut empêcher les tiers, qui ont traité avec la femme, de poursuivre le recouvrement de leurs créances sur ses immeubles. — 2°, 10 déc. 1852 (de Fontaines), XVII, 23. — V. encore en ce qui touche l'effet de la stipulation de reprise d'apport franc et quitte, *suprà*, v° *Communauté conjugale*, nos 24 à 28, et *infrà*, v° *Dot*, nos 3 et s..

29. — Le mariage contracté en Angleterre entre deux personnes étrangères à ce pays, mais l'habitant, n'est pas nécessairement soumis à toutes les dispositions du statut anglais, bien que le pacte anté-nuptial ait été rédigé en considération de ces statuts, s'il apparaît par l'économie de la stipulation que la volonté des parties était moins d'accepter la loi de leur domicile pour règle absolue, que d'écarter son application. —

La loi anglaise ne devrait être considérée comme leur loi, qu'autant que les époux pourraient être réputés se l'être appropriée, au moins tacitement, et c'est au pouvoir discrétionnaire des tribunaux qu'il appartient de décider, en interrogeant les faits et la convention, quelle a été l'intention des parties à cet égard. — 1re, 2 juill. 1849 (Rosenthal), XIII, 302.

CONTRAT D'UNION. — *V. Faillite.*

CONTRAT JUDICIAIRE. — *V. Acquiescement.* — *Tierce-opposition.*

1. — Pour qu'un contrat judiciaire soit formé, il faut qu'un consentement ait été passé en justice par l'une des parties, que ce consentement ait été accepté par l'autre et que le juge ait donné acte de cet engagement réciproque. — Ainsi, de ce que des créanciers d'une société auraient assigné des associés, en leur attribuant la qualité de commanditaires, à fin de paiement de leur mise sociale, il n'en résulterait pas nécessairement l'existence d'un contrat judiciaire sur cette qualité de commanditaires. Pour qu'il en fût ainsi, il faudrait que les associés eussent demandé acte de cette attribution de qualité et que le jugement la leur eût maintenue. — C. cass.; 9 juill. 1845 (Lallambier), X, 364. — Aud. sol., 16 juill. 1846 (Lallambier), *ibid.*.

2. — L'acceptation faite par une partie dans un interrogatoire sur faits et articles de la preuve testimoniale offerte par son adversaire, relativement à une reconnaissance qu'elle aurait passée, est, à elle seule suffisante pour former un contrat judiciaire qui doit faire la loi des parties, et cette acceptation ne peut plus être rétractée. Toutefois ce contrat doit être renfermé dans ses termes précis, et la preuve offerte ne peut se faire que par la personne et sur les faits indiqués. — *Spécialement*, on ne peut admettre comme témoin, même sur le fait précisé, une personne au témoignage de laquelle on a refusé, dans le même interrogatoire, de s'en rapporter relativement à un autre fait. — 2e, 3 août 1848 (Lécuyer), XII, 255.

3. — La partie qui, après avoir sollicité une expertise dans un écrit par elle signifié, fait défaut lors du jugement qui ordonne cette expertise, est recevable à porter l'appel de ce jugement. — Il n'y a pas là contrat judiciaire. — 1re, 5 avril 1853 (Pépin), XVII, 147.

4. — Une reconnaissance mentionnée dans les motifs d'un jugement, mais non contenue dans les conclusions des parties, ne forme pas un contrat judiciaire, s'il n'en a pas été donné acte dans le dispositif. — 2e, 12 nov. 1852 (Chenest), XVI, 323.

5. — Le consentement, l'acquiescement donné par une partie à une demande de son adversaire, et l'acte accordé par le tribunal de ce consentement, ne constituent pas un contrat judiciaire qui mette fin au débat. — Ce consentement et l'acte accordés par le tribunal ne donnent à la partie qui a fait la demande aucun moyen d'exécution. — 4e, 22 juill. 1850 (Yvetot), XIV, 498.

6. — Il y a contrat judiciaire lorsque des conclusions contradictoires ont été prises par des parties capables de plaider et de transiger. Peu importe que ces conclusions n'aient pas été transcrites par le greffier sur son plumitif, il suffit qu'elles aient été déposées entre

ses mains par les avoués qui les ont signées, qu'il en soit resté dépositaire et qu'acte de ce dépôt ait été donné par le tribunal ; les parties ne peuvent donc changer ni modifier ces conclusions de manière à porter atteinte à ce contrat judiciaire. — *Spécialement*, lorsque les parties ont conclu contradictoirement sur une question qui n'avait pas été soumise aux premiers juges, la cour est définitivement saisie de la contestation et l'exception de demande nouvelle ne peut plus être proposée.— 4ᵉ, 7 nov. 1853 (Guyenheim), xvii, 322.

7.—Il y a indivisibilité entre la disposition d'un jugement qui, en prononçant la nullité d'un acte comme contrat de vente, ordonne, du consentement des parties, que les immeubles litigieux seront mis en adjudication, et celle qui, toujours du consentement des parties, porte que le prix sera versé aux mains de l'acquéreur apparent jusqu'à concurrence des sommes dont il est créancier. —2ᵉ, 12 fév. 1853 (Lapeyrière), xvii, 86. —V. encore *suprà*, vᵒ *Appel en matière civile*, nᵒˢ 11 et s..

CONTRAT PIGNORATIF.— *V. Antichrèse.*

Indication alphabétique.

1.—Un contrat pignoratif est valable sous le Code Napoléon.—2ᵉ, 22 nov. 1851 (Marqué), xvi, 1.—1re, 15 déc. 1851 (Mérimée), *ibid*..

2.— Un semblable contrat peut être valablement déguisé sous forme de vente.

—*Id*.—V. aussi *suprà*, vᵒ *Antichrèse*, nᵒˢ 2 et s..

3.—*Id*... Mais il faut au moins, pour qu'il en soit ainsi, que toutes les conditions nécessaires pour la validité d'une vente aient été remplies.—4ᵉ, 22 juill. 1845 (Fourchon), ix, 626.

4. — *Id*.. . Et on doit considérer comme pignoratif et, comme tel, ne conférant aucun droit de propriété, le contrat de vente fait avec clause de réméré, à vil prix et avec la condition que le vendeur conservera la possession.— 2ᵉ, 5 mai 1848 (Liberge), xii, 92.

5.—*Id*... Et la même solution peut être admise lors même qu'il n'y aurait pas vilité de prix.—2ᵉ, 22 nov. 1851 (Marqué), xvi, 1.—1re, 15 déc. 1851 (Mérimée), *ibid*..

6.—*Id*... Mais la vilité du prix, sans aucune autre circonstance, est insuffisante pour faire admettre qu'il y ait contrat pignoratif. — 1re, 2 juin 1842 (Miette), vi, 608.

7.—L'acquéreur apparent est recevable, aussi bien que le vendeur, à opposer le déguisement et l'impignoration. —2ᵉ, 22 nov. 1851 (Marqué), xvi, 1.— 1re, 15 déc. 1851 (Mérimée), *ibid*..

8.— Le vice d'impignoration peut être justifié par témoins et par présomptions, même lorsqu'il n'existe pas de commencement de preuve par écrit.—1re, 20 janv. 1846 (Dubois), x, 202.

9.—Lorsqu'un acte de vente est annulé comme déguisant un contrat purement pignoratif, l'acquéreur est fondé à retenir la possession des immeubles compris dans l'acte de vente, jusqu'à ce qu'il ait été remboursé du principal et des intérêts des sommes qu'il a fournies au vendeur.

—1re, 19 janv. 1848 (Grimoult), xii, 637.

10.—...Mais il ne peut exiger le remboursement des frais de l'acte annulé. —Id..

CONTRAT SYNALLAGMATIQUE.—*V. Caution.—Contre-lettre.— Convention.—Donation.—Double écrit*

CONTRAVENTION.—*V. Bois.— Boissons.—Bonne foi.—Chemin vicinal.—Colportage.—Délits de la presse. —Imprimeur.—Libraire.—Octroi.— Officier de santé.—Pêche.—Peine.— Poste aux lettres.—Réglement de police.—Tribunal correctionnel.—Usage (droits d').*

CONTREBANDE.—*V. Douane.*

Quand il s'agit du délit de contrebande prévu par l'art. 41 de la loi du 28 avril 1816, le juge d'instruction n'est pas appelé à statuer seul sur l'emprisonnement ou la mise en liberté du délinquant, comme lorsqu'il s'agit d'un simple délit de colportage de tabac.— Ch. d'accusation.—8 sept. 1849 (C...), xiv, 51.

CONTREDIT.—*V. Ordre.*

CONTRE-ENQUÊTE. — *V. Enquête. — Etat (réclamation d'). — Séparation de corps.*

CONTRE-LETTRE.—*V. Créancier (en gén.).—Notaire.—Vente.*

1.—La contre-lettre constatant une convention synallagmatique doit, à peine de nullité, être faite en autant d'originaux qu'il y a de parties ayant un intérêt distinct.—4e, 8 mars 1842 (Mélidor Moisson), vi, 141.

2.— Est valable la contre-lettre par laquelle les parties déclarent non sérieux un acte de vente antérieur et constituent l'acquéreur simple mandataire, pourvu toutefois que cette contre-lettre soit faite en autant d'originaux qu'il y a de parties ayant un intérêt distinct. Aucune dérogation ne peut être faite à une semblable contre-lettre lorsqu'elle intéresse des mineurs, et notamment lorsque les parents de ces derniers y ont sisté au nom de leurs enfants, et qu'un original de la contre-lettre produit au procès, a été remis entre les mains d'un tiers pour conserver les droits des mineurs que cet acte avait pour but de protéger. — 1re, 20 nov. 1850 (Fleuriot), xv, 101.

CONTRIBUTIONS INDIRECTES.—*V. Boissons.—Octroi.—Sel.*

1.— Il n'est point nécessaire pour qu'il y ait refus d'exercice de la part d'un fabricant soumis aux visites des employés de la régie. que le fabricant ait formellement refusé d'ouvrir sa porte, il suffit qu'il n'ait pas répondu à la sommation qui lui en était faite par les employés, pourvu qu'il soit constant qu'il a dû entendre cette sommation.— Ch. corr., 5 mars 1846 (Administration des contributions indirectes), x, 471.

2.—Lorsqu'il est suffisamment établi que le fabricant de liquides soumis au droit. a, pour se soustraire à la confiscation par lui encourue à raison d'une fabrication illégalement opérée, détruit le produit de cette fabrication, ce fabricant doit être condamné à payer à la régie le montant de l'estimation du liquide détruit.—*Id*..

3.—La déclaration exigée pour le transport de boissons et le congé ou l'expédition qui sont délivrés par l'administration des contributions indirectes, obligent le déclarant à effectuer le transport dans le délai fixé, mais non à faire l'enlèvement des boissons au moment précis indiqué par le congé.— Ne constitue donc pas une contravention le fait de n'avoir pas opéré l'enlèvement des liquides pour lesquels un congé a été obtenu, au moment indiqué dans ce congé pour l'enlèvement, s'il est d'ailleurs constant que ce retard (une heure et quart dans l'espèce) n'empêchait pas que le transport pût être effectué dans le délai déterminé.— Ch. corr., 20 juill. 1843 (Contributions indirectes), VIII, 310. — C., Ch. civ., rej., 16 fév. 1844 (Contributions indirectes), ibid. — V. suprà, v° Boissons, n°° 4 et s.

4.—Un panier dans lequel se trouvent des vessies contenant des liquides, ne peut être considéré comme moyen de transport dans le sens de l'art. 23 de la loi du 1er germinal an XIII et des art. 17 et 27 de la loi du 28 avril 1816.— Ch. corr., 25 mars 1841 (Julienne), V, 98.

5.—On ne peut être admis à établir par témoins des faits tendant à anéantir un procès-verbal des employés des contributions indirectes, ou à prouver le défaut de sincérité de ce procès-verbal. —Ch. corr., 8 mai 1845 (Legris), IX, 368.

6.—La disposition de l'art. 23 du décret du 1er germinal an XIII, qui décidait que le procès-verbal des employés de la régie devait contenir, à peine de nullité, l'offre de main-levée des objets de transport saisis, sous caution solvable ou en consignant la valeur de ces objets, a été abrogée par la loi du 28 avril 1816, qui n'a point reproduit la disposition pénale de l'art. 26 de ce décret.—Ch corr., 25 mars 1841 (Julienne), V, 98.

7.—En supposant même que le décret du 1er germinal an XIII soit encore dans toute sa vigueur, les préposés ne seraient pas tenus de faire des offres au moment même de la saisie, et il leur serait facultatif d'attendre jusqu'à la rédaction du procès-verbal pour remplir cette formalité.—Par suite, la partie saisie, qui a été sommée de se rendre au bureau central de l'octroi pour assister à la rédaction du procès-verbal et qui ne s'y est pas présentée, est non recevable à argumenter du défaut de mention dans le procès-verbal, d'offres de restituer les moyens de transport, puisque c'est par son fait que l'offre n'a pu avoir lieu.—Id.

CONTUMACE.—V. Faillite —Mort civile.

1. — Lorsqu'une condamnation par contumace n'a pas été rendue publique dans l'arrondissement des biens du condamné, les actes intervenus entre le mandataire laissé par le contumax et les tiers de bonne foi doivent être respectés ; le contumax surtout ou ses représentants sont non-recevables à les attaquer.—2°, 5 janv. 1844 (Administration de l'enregistrement), VIII, 178.

2.—Le condamné par contumace n'a pas qualité pour porter l'appel d'un jument qui préjudicie à ses droits.—1re, 6. janv. 1845 (Ceffray), IX, 47.

3.—Mais l'administration de l'enregistrement et du domaine est fondée à intervenir devant la cour et à s'approprier l'appel interjeté par le contumace, surtout lorsque la partie adverse de celui-ci n'a pas encore coté la nullité de l'appel.—Id.

4.—Le séquestre du domaine subsiste sur les biens du condamné pendant tout le temps imparti par la loi, pour purger la contumace.—Id.

5. — ... Et ce séquestre s'étend même sur les arrérages d'une rente incessible et insaisissable léguée au condamné par contumace. — *Id.*.

CONVENTION CIVILE — CONVENTION COMMERCIALE. — *V. Commune. — Démence. — Eau (cours d'). — Erreur de droit. — Faillite. — Obligations. — Usage (droits d'). — Usine. — Vaine pâture. — Varech. — Vice rédhibitoire.* — V. encore les renvois indiqués sous les diverses espèces de conditions.

1. — Lorsque dans l'intention des parties contractantes, la convention arrêtée entre elles était indépendante de l'acte qui la constatait, la nullité de cet acte ne peut entraîner celle de la convention. — 4e, 13 juin 1842 (Dupré), vi, 421.

2. — Dans une convention commerciale, les parties ne sont pas censées subordonner leur consentement à la rédaction par écrit. Par suite, la promesse est faite non dans le lieu où parvient la lettre de l'acheteur qui relate les conditions du marché verbalement convenu, mais dans celui où ce marché a été conclu verbalement. — 4e, 16 déc. 1844 (Rowclife), viii, 580.

CONVENTION ILLICITE. — *V. Chasse. — Clause licite. — Dommages-intérêts. — Intérêts (en gén.). — Percepteur. — Usine.*

CONVENTIONS MATRIMONIALES. — *V. Contrat de mariage. — Demande nouvelle. — Donation entre époux. — .... par contrat de mariage. — Dot. — Erreur de droit. — Femme normande. — Société d'acquêts.*

CONVENTION SYNALLAGMATIQUE. — *V. Caution. — Contre-lettre.* — *Convention. — Double écrit. — Donation.*

CONVERSION. — *V. Saisie imm.*.

CONVOL. — *V. Action. — Communauté conjugale. — Donation entre époux. — Inventaire.*

COOBLIGE. — *V. Compétence (en gén.). — Degré de juridiction. — Prescription. — Solidarité. — Usure.*

COPARTAGEANT. - *V. Cohéritier. — Commune. — Copropriété. — Mitoyenneté. — Partage. — Rente (en gén.).*

COPIE DE PIÈCES. — *V. Avoué.*

COPIE DE TITRES. — *V. Saisie immobilière. — Tiers détenteur.*

COPOSSESSEURS. — *V. Droits litigieux.*

COPROPRIÉTAIRE — COPROPRIÉTÉ. — *V. Indivision. — Licitation. — Mitoyenneté. — Partage. — Pressoir. — Remploi. — Séparation de biens. — Servitude. — Société (en gén.). — Vente.*

1. — Le fait du propriétaire d'un champ, dont dépend une levée de terre confrontant une voie privée, d'avoir repris dans cette voie les terres éboulées de la levée, ne suffit pas pour lui attribuer la copropriété de la voie. — 1re, 10 janv. 1842 (Badin), vi, 638.

2. — Des bornes placées dans une allée commune le long des murs de cette allée, peuvent, sur la demande de l'un des communistes, être diminuées d'épaisseur, quelle que soit leur ancienneté, s'il ne doit résulter aucun préjudice de cette diminution; mais il y aurait préjudice si la diminution enlevait aux gens de pied une gare contre les voitures dans l'intervalle d'une borne à l'autre et facilitait le passage de voitures plus larges et plus pesamment chargées. — 1re, 17 janv. 1848 (Héot), xii, 363.

3.—Le copropriétaire d'une cour ne peut être autorisé à placer dans cette cour un baquet destiné à recevoir les eaux sortant d'une dalle située dans sa maison.—2e, 23 avril 1847 (Lemoine), XI, 351.

4.—Les copartageants ne peuvent faire dans des murs mitoyens bordant une cour commune aucunes ouvertures ou portes donnant accès sur cette cour.— 1re, 26 déc. 1843 (Mériel), VII, 647.

5.—Le communiste n'a pas le droit de pratiquer, sans le consentement des autres communistes, des jours dans le mur d'un escalier commun ; peu importe, dans ce cas, que le mur soit mitoyen, ou qu'il soit une copropriété.—2e, 19 janv. 1844 (Richet), VIII, 40.

6.—Lorsqu'une maison, dont les étages appartiennent à divers propriétaires, a le droit d'avancer sur la voie publique, par suite d'un nouvel alignement, cet avancement doit se faire en prolongeant horizontalement les planchers de chaque étage. Il en est ainsi lors même que le sol de la rue ou de la route a été exhaussé et que l'entrée du rez-de-chaussée se trouve ainsi diminuée de hauteur ; le propriétaire de ce rez-de-chaussée ne peut demander à exhausser son plancher de manière à regagner la hauteur que lui a fait perdre l'élévation du sol de la rue.— 2e, 23 nov. 1848 (Esnout), XII, 291.

7.—Lorsque les divers étages d'une maison appartiennent à plusieurs propriétaires, le propriétaire du rez-de-chaussée ne peut user de ce rez-de-chaussée de manière à porter préjudice aux propriétaires des étages supérieurs. —Spécialement, il ne peut y établir une chaudière à vapeur qui, soit par la mau-vaise odeur ou la fumée qu'elle répand, soit par la crainte des accidents auxquels elle peut donner naissance, est de nature à préjudicier les propriétaires des étages supérieurs. Les tribunaux peuvent, dans ce cas, ordonner la suppression de cette chaudière.— 1re, 25 nov. 1848 (Marie), XII, 353.—1re, 19 fév. 1849 (Marie), XIII, 63.

CORRESPONDANCE.— V. Lettre de change.—Lettre missive.

COUR.—COUR COMMUNE.—V. Copropriété.—Mitoyenneté.—Prescription.

COUR D'ASSISES.

L'individu poursuivi pour délit de diffamation devant une cour d'assises, doit suivre les formes de procédure imposées aux accusés, et notamment faire les notifications prescrites par l'art. 315 du Code d'instruction criminelle.— Cour d'assises du Calvados, 29 nov. 1853 (D...), XIV, 640.

COUR DE CASSATION.—V. Cassation.

COUR IMPÉRIALE. — V. Audience solennelle.—Réglement de juges.

COURS D'EAU.— V. Eau (cours d'),

COURSES DE CHEVAUX.

Les tribunaux civils sont incompétents pour statuer sur toutes les difficultés nées entre les concurrents à l'occasion des courses de chevaux. La connaissance de ces difficultés est réservée exclusivement aux préfets, sauf le recours au conseil d'Etat, lorsque la commission instituée par les réglements ministériels, n'a pas prononcé avant la signature du procès-verbal. L'art. 35 du réglement ministériel sur les courses, en date du 7 avril 1840, n'a abrogé l'art. 28 du décret du 4 juillet 1806, qu'en ce qui concerne la connaissance des difficultés nées et jugées avant et pendant les courses, *jusqu'à la signature du procès-verbal.*—4ᵉ, 2 fév. 1841 (Marion), v, 44.

COURTAGE.—COURTIER.—*V. Courtier interprète — Vente publique de meubles.*

COURTIER DE TRANSPORT.
V. Commissionnaire de transport.

COURTIER-INTERPRÈTE.

Les courtiers--interprètes et conducteurs de navires, commissionnés seulement pour la langue anglaise, ne peuvent revendiquer le droit exclusif d'assister à la douane un capitaine appartenant à une autre nation, soit pour le dépôt du manifeste, soit pour les déclarations d'entrée et de sortie, s'ils ignorent la langue de ce capitaine, dans laquelle sont écrites toutes les pièces du bord. Le capitaine peut donc, dans ce cas, s'adresser à toute personne parlant sa langue pour lui servir d'interprète et traduire ses pièces, sans que les courtiers puissent élever aucune réclamation.— C., Ch. civ., rej., 12 janv. 1842 (Courtiers maritimes de Cherbourg), vi, 128.—C., Ch. civ., rej., 12 janv. 1842 (Courtiers maritimes de Cherbourg), *ibid.*.

COURTIER MARITIME. — *V. Courtier-interprète.*

COUTUMES.—*V. Coutume de Normandie.*—*.... de Paris.*—*Erreur de droit.*—*Femme normande*, etc...

COUTUME DE NORMANDIE.
— *V. Chemin public.* — *Contrat de mariage.*— *Démission de biens* — *Donation entre époux.*— *... entre vifs.* — *Don mobil.* -- *Dot.* — *Douaire.* —

Eau (cours d'). — *Erreur de droit.* — *Femme normande.* — *Prescription.* — *Reméré.* — *Rente (en gén.).* — *... foncière.* — *Réserve à succession.* — *Retrait d'indivision.* — *... successoral.* — *Saisie immobilière.* — *Séparation des patrimoines.* — *Servitude.*— *Substitution.* — *Tuteur* — *Usufruit.* — *Viduité (droit de).*

1. — Les dispositions de l'arrêt du Parlement de Normandie, du 17 août 1751, relatives au droit de se clore et de se déclore, doivent encore servir de règle dans les pays qui faisaient partie de cette province. — 2ᵉ, 22 janv. 1848 (Leharivel), xii, 500.

2. — Lorsque la clôture d'un héritage se compose d'un fossé, d'une repare et d'une masse, contenant ensemble 5 mètres de largeur, il n'est pas nécessaire, pour satisfaire à l'article 11 du réglement de 1751, de détruire le fossé et la masse entière ; la destruction du fossé et de partie de la masse, dans une largeur de 3 mètres, est suffisante.— Id..

3. — En Normandie, la promesse de garder succession ne s'appliquait qu'aux héritages appartenant aux promettants, au moment du contrat, et n'avait aucun effet sur les biens qu'ils acquéraient postérieurement. — 1ʳᵉ, 14 déc. 1841 (de Lomenie), v, 449.

4. — En Normandie, les transactions consenties par des mineurs ou des femmes mariées, n'étaient soumises, pour leur validité, à aucunes formalités particulières. — Ces transactions n'étaient donc rescindables, pour les mineurs, qu'autant qu'elles lésaient leurs intérêts ; et, pour les femmes mariées, qu'autant qu'elles les dépouillaient de

leurs biens dotaux, sans que la valeur en fût convertie à leur profit. — 1re, 1er déc. 1847 (Tusson), xi, 583.

5. — La fille normande ne peut demander, afin de déterminer la rente qui lui est due pour mariage avenant, qu'on lui délivre fictivement des biens héréditaires, valeur de 1790, si elle a laissé son cohéritier vendre ces biens sans requérir inscription sur eux. — 2e, 24 avril 1847 (Desprez), xi, 197.

COUTUME DE PARIS.

Lorsque des époux mariés sous l'empire de la Coutume de Paris ont déclaré dans leur contrat de mariage ne mettre dans la communauté qu'une somme de...... et se réserver le surplus de leur fortune comme propre, l'acquêt fait pendant le mariage reste la propriété exclusive du mari, si celui-ci a déclaré dans le contrat d'acquisition que les deniers avec lesquels il en payait le prix lui étaient propres, et si d'ailleurs toutes les circonstances viennent à l'appui de cette déclaration. — A la dissolution de la communauté, le mari n'est tenu, pour ce fait, à aucune indemnité ou récompense. — 1re, 22 juillet 1847 (Bureau de bienfaisance de Céton), xi, 513.

GOUVENTS. — V. Communauté religieuse.

CRAINTE D'ÉVICTION. — V. Éviction. — Femme mariée. — Rente viagère. — Vente.

CRÉANCE. — V. Créancier. — Crédit. — Dot. — Droits litigieux. — Legs (en gén.). — Partage. — Privilège. — Quotité disponible. — Remploi. — Substitution. — Succession bénéficiaire.

1. — Les art. 2102 et 2279 du Code Napoléon ne sont pas applicables aux objets incorporels tels que les créances, qui ne peuvent se transmettre que par titres. Ceux donc qui traitent avec les propriétaires de créances, et notamment leur prêtent, en recevant ces créances pour gage, peuvent et doivent exiger la représentation des titres qui en constatent la propriété. — Etant dès-lors à même de connaître, soit les vices dont ces titres sont entachés, soit les conditions qu'ils renferment, ils doivent en subir les conséquences, et ne peuvent, lorsque le droit de propriété de l'emprunteur vient à être résolu, demander la résolution de l'acte intervenu entre eux et ce dernier. — 4e, 27 juin 1849 (Lecoq), xiii, 380.

2. — La renonciation à une créance due par un père à ses enfants du chef de leur mère, doit être expresse et non équivoque; il suffit qu'il y ait doute sur l'existence de la renonciation, pour qu'elle doive être considérée comme n'existant pas. — 1re, 10 déc. 1830 (de Montrond), xiv, 631.

CRÉANCE A TERME. — V. Déconfiture. — Terme.

CRÉANCIER (en général). — V. Acquiescement. — Appel en matière civile. — Bail (en gén.). — Cession de biens. — Communauté conjugale. — Compte. — Contrainte par corps. — Degré de juridiction. — Demande nouvelle. — Distribution par contribution. — Donation (entre vifs). — ... entre époux. — ... par contrat de mariage. — Dot. — Emigré. — Faillite. — Hypothèque légale des femmes. — Insaisissabilité. — Intervention — Mandat. — Mutation par décès. — Office. — Ordre. — Paiement. — Partage. — Prescription. —

Purge. — Rente foncière. — Saisie-
arrêt. — Scellés. — Séparation de
biens. — ... des patrimoines. — Société (en gén.). — Substitution. —
Surenchère. — Tierce opposition. —
Usufruit.

1. — Un créancier peut exercer les
droits et actions de son débiteur arrière
de ce débiteur, et sans l'appeler en
cause. — 2e, 8 nov. 1851 (Duquesnoy),
xv, 316.

2. — Toutefois, un créancier n'a le
droit d'exercer les droits et actions de
son débiteur, spécialement des droits
héréditaires, qu'autant que ce débiteur
est négligent et inactif. Dans tout autre
cas, le créancier peut seulement veiller
à ce que la liquidation n'ait pas lieu en
fraude de ses droits. — 2e, 9 nov. 1850
(Gateclou), xiv, 604.

3. — Lorsqu'un débiteur a des intérêts
différents de ceux de ses créanciers,
ceux-ci ne peuvent, en vertu de l'article
1166, constituer avoué pour leur débiteur contre sa volonté, et plaider en son
nom, pour obtenir de son chef une décision dont le résultat lui serait préjudiciable. — 4e, 13 avril 1842 (Pierre), vi,
243.

4. — L'action révocatoire ne peut être
exercée que par un créancier dont le
titre est certain, et seulement en présence du débiteur. — 2e, 19 juin 1851
(Raphard), xv, 233.

5. — Un créancier ne peut attaquer
en son nom personnel ni au nom de son
débiteur le jugement qui a rejeté la collocation accordée à celui-ci dans un état
d'ordre, s'il n'intente son action que
lorsque le débiteur a acquiescé à ce jugement. — 4e, 8 juin 1847 (Lelasseur), xi,

318. — V. supra, vo acquiescement, nos
5 et s..

6. — Des créanciers appropriés par
un jugement des droits de leur débiteur,
ne sont que des ayants-cause de celui-ci.
Une contre-lettre leur est donc opposable, lors même qu'elle n'aurait acquis
date certaine que depuis la signification
du jugement. — 4e, 13 mai 1846 (Coffin),
x, 300.

CRÉANCIER GAGISTE. — V.
Faillite. — Tierce opposition.

**CRÉANCIER HYPOTHÉ-
CAIRE.** — V. Antichrèse. — Chose jugée. — Communauté conjugale. —
Demande nouvelle. — Faillite. — Hypothèque (en gén). — Rente (en gén.).
— ... viagère. — Saisie immobilière.
Surenchère. — Tierce opposition.

CRÉDIT. — V. Banque. — Caution.
— Cession. — Compte - courant. —
Hypothèque conventionnelle.

1. — Lorsque, dans un acte de constitution de crédit, il a été stipulé que ce
crédit ne pourrait être fermé avant un
délai de....., l'expiration du délai ne
ferme pas de plein droit le crédit, et les
sommes prêtées postérieurement sont
couvertes par les garanties stipulées
dans l'acte de constitution. — 4e, 24 mai
1842 (Rocher), vi, 273.

2. — Dans le cas d'un crédit ouvert
avec hypothèque, pour sûreté de ce crédit, le créditeur ne peut se servir de
cette hypothèque pour se faire payer
d'une dette antérieure, à moins d'une
stipulation spéciale contenue dans l'acte
de crédit — Cette hypothèque n'a d'effet à l'égard des tiers qu'à partir de la
réalisation du crédit, et jusqu'à concurrence seulement des sommes versées,

— 2e, 3 juin 1853 (Verrier), xvii, 201.
— *V.* cependant *infrà*, v° *Hypothèque convcntionnelle. — V.* encore *suprà*, v° *Caution*, n° 4.

3. — Lorsque des billets ont été souscrits *valeur résultant d'un acte d'ouverture de crédit*, le bénéficiaire doit, s'il veut exiger de la caution du crédité le paiement de ces billets, justifier qu'il en a fourni la valeur suivant les prévisions de l'acte de crédit. — 1re, 24 mars 1847 (Lébaudy), xi, 172.

CRIEUR PUBLIC. — *V. Colportage.*

La loi du 16 février 1834, qui impose aux crieurs, sur la voie publique, d'écrits imprimés, la nécessité d'une autorisation municipale, n'a été abrogée, ni expressément ni tacitement par la loi du 27 juillet 1849. — En conséquence, commet la contravention prévue par l'art. 1er de la loi du 16 février 1834, l'individu qui, muni de l'autorisation du préfet, aux termes de la loi de 1849, pour colporter et distribuer des journaux ou écrits imprimés, les annonce à haute voix sans avoir obtenu de l'autorité municipale l'autorisation d'exercer même temporairement la profession de crieur d'écrits imprimés, sur la voie publique. — Une double autorisation est, dans ce cas nécessaire. — Tr. corr. de Caen, 6 juil. 1850 (Cusse), xiv, 390. — Ch. corr., 13 mars 1851. — (Cusse), xv, 110.

CRIME. — *V. Action civile. — Garde nationale mobile. — Responsabilité.*

CRIS SÉDITIEUX. — *V. Délits de la presse.*

1. — Une réunion politique non publique ne saurait être assimilée à un club; l'article 6 du décret du 28 juillet 1848, qui réprime les cris séditieux proférés dans les clubs, n'est donc pas applicable aux cris proférés dans des réunions politiques non publiques. — Cour d'assises du Calvados, 17 août 1850 (Hébert), xiv, 593.

2. — Un cri séditieux, proféré dans une réunion *non publique*, mais entendu par hasard dans un lieu public, et contre le gré de celui qui le profère, peut ne pas constituer un délit, bien que la publicité même accidentelle d'un cri séditieux soit parfois punissable. — *Id.*

CROIX. — *V. Signature.*

CULPABILITÉ. — *V. Action civile. — Chose jugée. — Dommages-intérêts.*

CULTE. — *V. Bureau de bienfaisance. — Communauté religieuse. — Église. — Fabrique.*

CULTIVATEUR. — *V. Acte de commerce. — Approbation d'écriture.*

CUMUL. — *V. Action pétitoire. — Partage d'ascendant. — Peine. — Quotité disponible.*

CURATEUR. — *V. Succession bénéficiaire. — Tuteur.*

D.

DATE. — *V. Aveu. — Date certaine. — Donation (entre vifs). — Exploit. — Testament olographe.*

DATE CERTAINE. — *V. Acquiescement. — Acte sous seing privé. — Contrat de mariage. — Créancier (en gén.). — Donation (entre vifs). — Dot. — Faillite. — Papier-monnaie. — Partage d'ascendant. — Rente (en gén.). — ... viagère. — Société d'acquêts.*

DATION EN PAIEMENT. — *V. Dot. — Remploi.*

DÉCÈS. — *V. Absent.* — *Enquête.* — *Faillite.* — *Jugement par défaut.* — *Péremption.* — *Rente viagère.* — *Reprise d'instance.* — *Serment décisoire.* — *Société (en gén.).* — *... civile.* — *... commerciale.*

Le décès d'un individu est suffisamment prouvé lorsqu'il est constaté à la fois par un inventaire dans lequel est intervenue la justice, en nommant un notaire, pour représenter ceux des héritiers qui résidaient en pays étranger, et par une ordonnance de référé qui a nommé un administrateur provisoire de la succession de cet individu et de la communauté qui avait existé entre lui et son conjoint. — 2ᵉ, 8 fév. 1849 (de Rigny), XIV, 192.

DÉCHÉANCE. — *V. Action pétitoire.* — *Appel en matière civile.* — *Distribution par contribution.* — *Enquête.* — *Etat (réclamation d').* — *Exception.* — *Expropriation pour utilité publique.* — *Faillite.* — *Femme normande.* — *Ordre.* — *Péremption.* — *Protêt.* — *Réméré.* — *Saisie-immobilière.* — *Succession bénéficiaire.* — *Surenchère.* — *Terme.* — *Usufruit légal des père et mère.* — *Usage (droits d').*

DÉCISION ADMINISTRATIVE. — *V. Acte administratif.* — *Commune.* — *Compétence civile, etc..*

DÉCISION JUDICIAIRE — *V. Arrêt.* — *Compétence.* — *Exécution.* — *Jugement (en gén.), etc..*

DÉCISION MINISTÉRIELLE. — *V. Expropriation pour utilité publique.* — *Fabrique.*

DÉCLARATION EN JUSTICE. — *V. Aveu.* — *Désaveu d'officier mi-*

nistériel. — *Preuve (en gén.).* — *Preuve (commencement de).*

DÉCLARATION D'ARRÊT ou **JUGEMENT COMMUN.** — *V. Garant.* — *Intervention.* — *Jugement par défaut.*

DÉCLARATION DE NAVIGABILITÉ. — *V. Expropriation pour utilité publique.*

DÉCLARATION D'HYPOTHÈQUE. — *V. Hypothèque (en gén.).*

DÉCLINATOIRE. — *V. Acte administratif.* — *Compétence civile.* — *Conflit.* — *Connexité.* — *Litispendance.*

DÉCONFITURE. — *V. Faillite.* — *Rente (en gén.).* — *Terme.* — *Usufruit.*

DÉCRETS ET ORDONNANCES. — *V. Abrogation.* — *Boulangerie.* — *Conflit.* — *Sel, etc..*

DÉFAUT. — **DÉFAUT-PROFIT-JOINT.** — *V. Jugement interlocutoire.* — *... par défaut.* — *Saisie immobilière.*

DÉFENSE (*justificative*). — *V. Diffamation.* — *Tribunal correctionnel.*

DÉFENSE AU FOND. — *V. Exception.*

DÉFENSES (*sursis*). — *V. Sursis.*

DÉGATS. — *V. Bois.* — *Pillage.*

DÉGRADATIONS. — *V. Bac.* — *Bail (en gén.).*

DEGRÉ DE JURIDICTION. — *V. Arbitrage.* — *Avoué.* — *Chemin vicinal.* — *Compétence commerciale.* — *Compromis.* — *Contrainte par corps.* — *Contrat judiciaire.* — *Demande nouvelle.* — *Garant.* — *Vente publique d'immeubles.*

Indication alphabétique.

1. — L'appel d'un jugement de tribunal civil qui statue sur une exception d'incompétence, n'est pas recevable au chef où ce jugement prononce en même temps une condamnation sur le fond de la contestation, si les conclusions prises en première instance ne constituent pas un litige d'une valeur supérieure à 1,500 fr. Il en est au moins ainsi lorsque l'exception d'incompétence n'est pas soutenue devant la cour. — 4e, 3 juin 1845 (Laigniez), IX, 458.

2. — Un jugement annulé comme incompétemment rendu, ne peut produire aucun effet, pas même celui de faire considérer l'action comme introduite. Si donc dans une affaire d'un intérêt supérieur à 1,000 fr., mais inférieur à 1,500, un jugement rendu avant la loi du 3

mars 1840 a été annulé pour incompétence, le jugement qui intervient postérieurement à cette loi est en dernier ressort. —4e, 19 mai 1845 (Halbout), IX, 396.

3. —Lorsque sur une même action dont le chiffre s'élève à plus de 1,500 fr., le tribunal de première instance a prononcé par deux jugements séparés, de telle sorte que chaque condamnation ne s'élève pas au-delà de 1,500 fr., ces deux condamnations doivent être réunies pour déterminer le degré de juridiction. —4e, 3 mai 1842 (Delange), VI, 244.

4. —Est en dernier ressort le jugement rendu sur l'action en paiement d'une somme inférieure à 1,500 fr., encore bien que la somme réclamée soit le reliquat d'une créance excédant le taux du dernier ressort. —2e, 26 fév. 1853 (Mathieu), XVII, 121.

5. —Id... Lors même que la somme réclamée serait le reliquat d'un compte portant sur des sommes supérieures à 1,500 fr. —4e, 29 août 1849 (Brasil), XIII, 504.

6. —Ne doivent pas être compris dans la computation du premier et du dernier ressort les chefs sur lesquels les parties sont d'accord. —2e, 23 fév. 1843 (Debrouaize), VII, 565.

7. —Pour fixer la compétence en premier ou en dernier ressort, on ne doit point s'arrêter aux conclusions introductives d'instance, mais seulement aux conclusions prises au moment du jugement. —2e, 29 janv. 1846 (Moulin), X, 149. —4e, 29 août 1849 (Brasil), XIII, 504. —2e, 17 mai 1850 (Foucher), XIV, 352. —4e, 2 avril 1851 (Cohu), XV, 140.

8. —Id... Lorsqu'une demande su-

périeure à 1,500 fr. est réduite à une somme inférieure au taux du dernier ressort par l'acquiescement partiel du défendeur, le jugement intervenu est en dernier ressort. —4e, 26 fév. 1850 (Pagny), XIV, 324. —2e, 15 mai 1852 (Fontaine), XVI, 185.

9. —Id... L'obéissance de déduire de la condamnation sollicitée, les sommes qui auraient pu être payées par le défendeur pour certaines causes déterminées, doit se calculer pour fixer le taux du dernier ressort, lors même que le chiffre à déduire n'est fourni et liquidé que par suite d'une communication de pièces et d'une instruction opérées devant la cour. —4e, 3 juin 1845 (Laigniez), IX, 458. —V. infrà, n° 13.

10. —Quand une demande est supérieure à 1,500 fr., mais que le défendeur reconnaît la dette jusqu'à concurrence d'une somme telle que la différence entre la demande et la dette reconnue soit inférieure à 1,500 fr., le jugement qui statue sur ces diverses prétentions est en dernier ressort. Le degré de juridiction s'apprécie d'après le chiffre de la différence qui existe entre la créance réclamée et la dette reconnue. —4e, 29 juill. 1848 (Duval-Després), XII, 218. —1re, 14 juill. 1852 (de Franqueville), XVI, 271. —Contrà, 4e, 22 juill. 1850 (Yvetot), XIV, 498.

11. —Id... Lorsqu'un créancier s'est fait approprier, aux termes de l'art. 1166 du Code Napoléon, d'une créance supérieure à 1,500 fr., que porte son débiteur sur un tiers, si le débiteur rembourse en partie son créancier et si ce créancier, dans ses conclusions définitives, ne demande plus qu'une somme

inférieure à 1,500 fr. contre le tiers débiteur de son propre débiteur, le jugement est en dernier ressort, si ce dernier débiteur qui reste créancier du surplus, n'a pas été mis en cause.—4e, 17 mars 1851 (Hue), xv, 141.—V. *infrà*, n°s 62 et s., 65 et s., 68 et s., 76 et s..

12.—*Id*... Et, toutes les fois que le jugement définitif est en dernier ressort, les jugements intervenus dans l'instance et qui statuent sur des exceptions relatives à l'action principale, sont également en dernier ressort.—2e, 17 mai 1850 (Foucher) xiv, 352.

13.—*Id*... Et le caractère d'un jugement ne peut être changé, soit par des demandes plus restreintes, soit par des demandes plus étendues formées sur appel.—2e, 30 juin 1853 (Eudes), xvii, 255.—2e, 20 août 1853 (Erard), *ibid*..—V. *suprà*, n° 9.

14.—Jugé encore que, lorsque sur une demande supérieure à 1,500 fr. pour prix de marchandises, les deux parties conviennent que les marchandises seront vendues pour le compte de qui de droit, le produit de cette vente ne doit pas être déduit du chiffre de la demande pour fixer la compétence en premier ou en dernier ressort.—4e, 17 mai 1847 (Hamel), xii, 91.

15.—Lorsque, sur une demande supérieure au taux du dernier ressort, un tiers est mis en cause ou intervient dans un intérêt inférieur à ce taux, le jugement rendu dans la cause est en premier ressort au respect de toutes les parties. —4e, 5 avril 1842 (Lefèvre), vi, 488.

16.—Est susceptible d'appel un jugement qui statue, il est vrai, sur une demande inférieure à 1,500 fr., mais qui est applicable à un intérêt éventuel indéterminé.—2e, 27 déc. 1849 (Lefèvre), xiii, 480.

17.—N'est pas recevable l'appel d'un jugement statuant sur une demande inférieure à 1,500 fr., alors même que l'appelant soutiendrait à tort, il est vrai, pour faire admettre l'appel, que ce jugement peut lui être opposé par d'autres que ceux qui y ont été parties, et qu'ainsi il a en réalité statué sur une demande supérieure au taux du dernier ressort. —2e, 17 mai 1850 (Foucher), xiv, 352.

18.—Est en dernier ressort le jugement rendu après une enquête poursuivie par un créancier porteur d'une créance inférieure à 1,500 fr., encore bien que des créanciers de sommes supérieures soient intervenus au procès, si d'ailleurs les intérêts sont distincts.—2e, 15 mai 1852 (Fontaine), xvi, 185.—2e, 6 août 1852 (Gueret), xvi, 309.

19.—Lorsque plusieurs individus, qui pouvaient exercer contre un défendeur commun chacun une demande distincte et séparée s'élevant à moins de 1,500 fr., se sont réunis pour intenter leur action par un même exploit, le jugement qui intervient est en dernier ressort, bien que les demandes réunies excèdent la somme de 1,500 fr.—4e, 2 mai 1842 (Gallot), vi, 219.

20.—*Id*... Alors même que toutes les demandes procèdent d'une même cause. — 2e, 19 janv. 1850 (Commune de St-Désir de Lisieux), xiv, 172.

20 *bis*. — *Id*... Peu importe, à cet égard, que le défendeur ait approché un garant en cause et demande contre lui une condamnation récursoire pour la somme totale.—4e, 2 mai 1842 (Gallot), vi, 219.

—4e, 5 août 1850 (Verry), XIV, 560.

21. — *Id* .. Peu importe également que, dans l'exploit d'approchement du garant, une demande particulière excédant 1,500 fr. ait été formée contre celui-ci. Ce fait ne peut être opposé aux demandeurs pour changer le degré de juridiction. —4e, 2 mai 1842 (Gallot), VI, 219.

22. — Le jugement qui statue sur une demande en condamnation récursoire est en dernier ressort, si la demande principale elle-même n'est pas sujette à appel. — *Spécialement*, lorsque la demande principale n'est que de 1,500 fr. avec intérêts et dépens, le jugement qui prononce sur la demande en condamnation récursoire n'est pas soumis au second degré de juridiction. —4e, 13 nov. 1848 (Lemonnier), XII, 358. —V. *infrà*, nos 47 et s., 64, 81 et s..

23. —Lorsqu'une demande supérieure au taux du dernier ressort est formée indivisément contre la succession d'un débiteur, le jugement qui intervient est en premier ressort, encore bien que chacun des héritiers n'eût dû être poursuivi que pour une somme inférieure à 1,500 fr., si la demande eût été formée divisément contre chacun d'eux. —4e; 8 déc. 1845 (Barbey), x, 27.

24. —Lorsque le demandeur obtient contre les héritiers d'un débiteur condamnation solidaire de sommes s'élevant à plus de 1,500 fr., le jugement est en premier ressort. —4e, 2 avril 1851 (Cohu), XV, 140.

25. —Lorsque sur une action intentée collectivement contre les héritiers d'une succession, ces derniers opposent en compensation un paiement supérieur à 1,500 fr., le jugement qui intervient est en premier ressort, quoique l'intérêt pour chacun des héritiers soit inférieur au taux du dernier ressort. Il en est ainsi surtout lorsque la créance réclamée contre la succession était indivisible et que, par conséquent, chaque héritier pouvait être poursuivi pour le tout. — 1re, 18 mars 1846 (Les pauvres de Sourdeval-les-Bois), x, 227.

26. —Quand des héritiers se réunissent pour agir collectivement et sans désignation de part contre un débiteur de plus de 1,500 fr. envers la succession, le jugement est en premier ressort, lors même que par la division des dettes la part de chacun d'eux serait inférieure à cette somme. — 1re, 5 mars 1849 (Descelliers), XIII, 119.

27. — Est en dernier ressort le jugement qui statue sur la demande des héritiers du créancier d'une rente de 100 fr., contre les héritiers du débiteur de cette rente, lorsque la part des demandeurs dans la créance et la part des défendeurs dans la dette est inférieure au taux du dernier ressort. — 1re, 3 février 1841 (Noël), V, 107.

28. — Est en premier ressort le jugement intervenu entre deux légataires universels de la nue-propriété, le légataire universel de l'usufruit et un créancier de l'hérédité, lorsque l'action intentée par un même exploit, en vertu de mêmes titres, diminue de plus de 1,500 fr. les droits de l'usufruitier. — Il en est ainsi lors même que la somme qui demeure à la charge de chacun des légataires de la nue-propriété est inférieure au taux du dernier ressort : il y a, en pareil cas, indivisibilité entre les défendeurs. —2e, 30 juill. 1852 (Durand);

8

xvi, 314.

29. — Bien que, par suite de la connexité qui existait entre deux demandes, le tribunal ait statué sur les deux par un seul et même jugement, on ne peut cependant, si ces demandes sont réellement distinctes l'une de l'autre, en cumuler le montant pour déterminer la juridiction du premier ou du dernier ressort. — 2e, 14 janv. 1847 (Rouelle), xi, 63.

30. — Lorsque deux chefs de demande, dont l'un est d'une valeur déterminée, inférieure au taux du dernier ressort, et l'autre d'une valeur indéterminée, ont été formés contre une même personne et devant le même tribunal, le jugement qui intervient n'est en dernier ressort que relativement à la demande de valeur déterminée; quant à l'autre, il est susceptible d'appel, et cela encore bien que ces deux demandes soient repoussées par une même fin de non-recevoir, par exemple par le défaut de qualité du demandeur. — 4e, 16 fév. 1846 (Durand), x, 152.

31. — Lorsque main-levée des inscriptions requises pour la conservation d'une créance supérieure à 1,500 fr. est demandée par plusieurs codébiteurs solidaires, le jugement qui intervient est en premier ressort, lors même que chaque codébiteur ne serait personnellement tenu que d'une somme inférieure à 1,500 fr. — 2e, 29 janv. 1846 (Moulin), x, 149.

32. — Le taux de la contrainte demandée devant le premier juge doit servir à déterminer le premier ou dernier ressort, s'il est évident que le demandeur a entendu fixer ainsi la valeur du litige,

et permettre au défendeur de se libérer en payant la contrainte. — 4e, 15 déc. 1846 (Heurtaux), x, 616. — 4e, 5 mai 1847 (Rogue), xi, 657.

33. — *Id...* Si donc le demandeur conclut à ce que le défendeur soit condamné à faire une chose sous une contrainte de moins de 1,500 fr., le jugement qui intervient est en dernier ressort, puisque le défendeur peut se dispenser d'exécuter ce qui lui est demandé en payant la contrainte — 2e, 13 fév. 1845 (Docquet), ix, 141.

34. — Le jugement qui statue sur une demande même réconventionnelle ayant pour objet de faire condamner une partie à faire une chose sous une contrainte supérieure à 1,500 fr., est en premier ressort. — 4e, 15 juill. 1845 (Lerebourg), x, 534.

35. — Bien que la contrainte sous laquelle une partie a été condamnée à faire une chose ne dépasse pas 1,500 fr., le jugement est néanmoins susceptible d'appel, si la partie adverse a été autorisée, pour le cas où la condamnation ne serait pas exécutée, à préposer elle-même des ouvriers, pour le salaire desquels elle aurait recours contre le débiteur. — 4e, 8 août 1842 (Quesnée), vi, 551.

36. — La partie qui, en première instance, a demandé la livraison d'une certaine quantité de marchandises, ou, à défaut de cette livraison, une somme inférieure au taux du dernier ressort, est non-recevable à porter l'appel du jugement intervenu sur sa demande. — 4e, 9 mars 1847 (de Failly), xi, 58.

37. — Une demande en dommages-intérêts, fondée sur une cause antérieure à l'action, doit être jointe à la demande

principale, pour déterminer le taux du premier ou du dernier ressort. — Aud. sol., 12 juill. 1848 (Blanche), XII, 436.

38. — *Id*... Alors même que la demande en dommages-intérêts ne serait pas justifiée. — 4e, 25 juin 1849 (Bœhler), XIII, 522.

39. — *Id*... Mais les dommages-intérêts réclamés par le demandeur pour des causes postérieures à l'action, ne constituent que des demandes accessoires, qui suivent la nature de la demande principale, et qui ne peuvent être prises en considération pour fixer la limite du premier ou du dernier ressort. — 4e, 26 fév. 1850 (Pagny), XIV, 324.

40. — *Id*... *Spécialement*, l'action en garantie intentée contre un tiers pour une somme inférieure à 1,000 fr., et suivie d'une demande de 2,000 fr. de dommages-intérêts, fondée sur la résistance du garant et sur ses dénégations de mauvaise foi, n'est pas susceptible d'appel. — 4e, 14 nov. 1848 (Tribouillard), XII, 304.

41. — *Id*... Lorsqu'une demande en dommages-intérêts présentée devant les premiers juges n'était fondée que sur la nature des moyens à l'aide desquels le défendeur cherchait à repousser l'action, elle ne doit point être prise en considération pour fixer le degré de juridiction. — 2e, 14 janv. 1847 (Rouelle), XI, 63. — 4e, 1er mars 1847 (Hue), XII, 53.

42. — Les dommages-intérêts réclamés par le défendeur à l'occasion d'une saisie mobilière pratiquée à son domicile, ne doivent pas être pris en considération pour la fixation de la compétence en premier ou en dernier ressort. — 4e, 12 janv. 1848 (Lerey), XII, 54.

43. — Lorsque des parties divisées par une contestation commerciale dont le chiffre est inférieur à 1,500 fr. sont renvoyées par le tribunal de commerce devant le tribunal civil, pour procéder à une vérification d'écriture, les dommages-intérêts conclus devant ce dernier tribunal ne peuvent pas être comptés pour rendre susceptible d'appel le jugement civil intervenu sur la vérification d'écriture. — 1re, 7 juill. 1846 (Leduc), X, 394.

44. — De simples réserves ne peuvent être prises en considération pour déterminer le degré de juridiction. — 4e, 6 juill. 1842 (Yvetot), VI, 431.

44 *bis*. — *Id*... Même solution en ce qui touche des réserves indéterminées. — 4e, 26 fév. 1850 (Pagny), XIV, 324.

45. — *Id*... *Spécialement*, lorsque, dans une liquidation, un des intéressés élève une contestation sur des sommes inférieures à 1,500 fr., le jugement est en dernier ressort, quand même cet intéressé aurait fait des réserves sur un point non contesté, et dont la solution eût pu être soumise à un second degré de juridiction. — 2e, 20 août 1853 (Erard), XVII, 255.

46. — Les errements ou mesures accessoires demandés dans les conclusions ne peuvent avoir aucune influence sur la question de savoir si le jugement intervenu, est en premier ou en dernier ressort. — La solution de cette question ne dépend que de la valeur qui fait l'objet du litige. — 2e, 23 fév. 1843 (Debrouaize), VII, 565.

47. — Les intérêts échus depuis 'a demande ne sont que des accessoires, qui ne peuvent être pris en considéra-

tion pour la fixation de la compétence en premier ou dernier ressort.— 4e, 13 nov. 1848 (Lemonnier), xii, 358. — V. *suprà*, n° 22, et *infrà*, n°° 48 et s., 64, 81 et s..

48. — Mais il en est autrement des intérêts qui ont couru avant le jour où la demande a été intentée. (Dans l'espèce, ces intérêts avaient été demandés dans un commandement adressé au débiteur, et auquel celui-ci avait formé opposition.) — 2e, 29 janv. 1846 (Moulin), x, 149.

49. — Les frais de protêt d'un billet et les intérêts courus depuis le protêt jusqu'au jour de l'action en justice, ne doivent pas être joints au principal pour la fixation du dernier ressort. — *Spécialement*, la demande en paiement d'un billet de 200 fr., avec intérêts et frais de protêt, est de la compétence du juge de paix.— 4e, 4 mai 1841 (Quillebeuf), v, 320.

50. — Lorsque l'objet principal de la contestation est le prix de vente d'un cheval inférieur à 1,500 fr., les frais d'expertise, de fourrière et autres ne sont que des accessoires, qui ne peuvent être pris en considération pour déterminer le degré de juridiction. — 4e, 13 juin 1842 (Saint-Acheuil), vi, 373.

51. — L'amende payée pour contravention à la loi du timbre, dans le cas de poursuite en paiement d'une obligation écrite sur papier libre, ne doit pas être ajoutée au montant de l'obligation pour la détermination du premier ou du dernier ressort. — 1re, 12 déc. 1843 (Rault), vii, 598.

52. — Est en dernier ressort le jugement qui intervient tant sur une demande principale que sur une demande réconventionnelle, qui, ni l'une ni l'autre, ne s'élèvent à 1,500 fr.. — Peu importe que le demandeur réconventionnellement fût créancier sur sa partie adverse, en vertu d'un jugement passé en force de chose jugée, d'une somme qui, à elle seule, était supérieure au taux du dernier ressort, s'il ne l'a pas comprise dans son action. — La fin de non recevoir opposable, dans ce cas, à l'appel du jugement principal qui a prononcé une condamnation, s'applique également aux jugements d'exécution rendus postérieurement. — 4e, 9 nov. 1846 (Congnet), x, 613.

53. — La valeur de l'action primitive et de l'action réconventionnelle, se cumulent pour déterminer le premier ou le dernier ressort, lorsque la jonction des deux instances a été ordonnée pour cause de connexité. — *Spécialement*, lorsqu'une demande en paiement de débours et honoraires, inférieurs à mille francs, dus à la succession d'un avoué, a été jointe comme connexe, à une demande en restitution de pièces que l'on allègue avoir été remises frauduleusement à l'un des héritiers bénéficiaires, le jugement qui intervient sur le tout est en premier ressort. — L'on ne doit point diviser les deux demandes pour calculer le taux du dernier ressort. — 4e, 4 août 1841 (Yvetot), v, 339.

54. — Lorsque, sur une demande déterminée inférieure à 1,500 fr., le défendeur prétend qu'il est créancier de sommes considérables dont il veut justifier la quotité, par une enquête et une expertise, le jugement qui intervient sur ces soutiens respectifs est en premier ressort. — 4e, 14 mars 1849 (Cheval-

lier), XIII, 168.

55. — Lorsque, sur une demande principale, qui aurait dû être jugée en dernier ressort, il est formé des demandes réconventionnelles excédant le premier degré de juridiction, le jugement qui intervient est en premier ressort, lors même que, au moment du jugement, le défendeur n'a pas reproduit dans ses conclusions ses demandes réconventionnelles, et s'est borné à conclure au rejet de la demande principale, s'il ne s'est pas désisté de ses demandes réconventionnelles, et que le jugement en ait apprécié le mérite. — 4e, 7 juin 1848 (Roger), XII, 264.

56. — L'art. 639 du Code de commerce (art. 1er de la loi du 3 mars 1840), d'après lequel les tribunaux jugent en dernier ressort les demandes réconventionnelles inférieures à 1,500 fr., lors même que réunies à la demande principale elles excéderaient cette somme, n'est applicable que lorsqu'il s'agit de deux demandes distinctes qui auraient pu donner lieu à deux procès différents. Mais il en est autrement lorsque, en réalité, la demande principale et la demande réconventionnelle, liées d'une manière indivisible, sont relatives à une seule et même créance supérieure à 1,500 fr.— 4e, 28 mai 1849 (Donnet), XIII, 243.

57. — La demande en résiliation d'un bail est une demande sur laquelle il ne peut être statué qu'en premier ressort, lorsque la somme des loyers ou fermages à courir excède 1,500 fr..—2e, 15 mai 1852 (Fontaine), XVI, 185.

58. — Est en dernier ressort le jugement qui statue sur la demande d'un propriétaire ayant pour but de faire réintégrer dans un appartement loué pour un an, moyennant 500 fr., les meubles enlevés par son locataire, parce que faute par lui de ce faire, le bail serait résilié avec 500 fr. de dommages-intérêts.—4e, 29 déc. 1847 (Lepoittevin), XII, 212.

59. — Lorsque, dans une obligation de faire, a été insérée une clause portant qu'il serait payé une somme déterminée (75 fr. dans l'espèce) par chaque jour de retard, cette clause ne peut donner lieu, tant que l'obligation n'est point remplie, qu'à une demande d'une nature indéterminée. Lors donc qu'au moment où le créancier intente son action, la somme réclamée, à raison du nombre de jours de retard, ne s'élève pas à 1,500 fr., le jugement n'en est pas moins en premier ressort, si l'obligation de faire n'étant point encore remplie, il peut y avoir lieu à de nouvelles indemnités.—4e, 29 août 1842 (Collibert), VI, 572.

60. — Les sentences rendues par des arbitres forcés sont en tout, et *spécialement* en ce qui concerne le degré de juridiction, assimilées aux jugements des tribunaux de commerce. Si donc les contestations sur lesquelles une sentence arbitrale a statué, sont d'une valeur inférieure à 1,500 fr., l'appel ne peut en être porté.—4e, 30 mai 1842 (Chedeville), VI, 376.

61. — Pour décider si un jugement rendu sur l'opposition formée contre une ordonnance d'*exequatur* est en premier ou en dernier ressort, il faut examiner, non pas quel est le taux des condamnations prononcées au profit de celui qui poursuit l'exécution de la sentence arbitrale, mais quel est le taux

des demandes soumises aux arbitres. En conséquence, si les demandes soumises aux arbitres étaient d'une valeur supérieure à 1,500 fr. ou d'une valeur indéterminée, le jugement rendu sur l'opposition à l'ordonnance d'*exequatur* est en premier ressort, bien que la sentence arbitrale ne prononce que des condamnations inférieures en total à 1,500 fr.. —4e, 14 fév. 1844 (Lelièvre), viii, 43.— V. *suprà*, nos 1 et s..

.62.— C'est le montant de la somme pour laquelle une saisie-arrêt est exercée, et non celui de la créance sur laquelle elle est conduite, qui détermine le degré de juridiction.—4e, 15 juin 1846 (Châtelain); x, 377.

63.— Jugé cependant que, lorsque la contestation entre le saisissant et le tiers saisi tend à faire reconnaître celui-ci débiteur d'une somme supérieure à 1,500 fr., il y a lieu aux deux degrés de juridiction, encore bien que la créance du saisissant sur le débiteur direct soit inférieure à ce taux.—2e, 29 nov. 1844 (Riblet), viii, 605.—V. *suprà*, n° 11, et *infrà*, nos 65 et s., 68 et s., 76 et s..

.64.— Lorsqu'une saisie-arrêt est faite à l'occasion d'une somme principale inférieure à 1,500 fr., mais que les intérêts, courus et à courir jusqu'à la liquidation, ainsi que le montant des frais faits et à faire, sont également réclamés du tiers saisi, la demande est considérée comme indéterminée, et le jugement qui intervient est susceptible d'appel. — *Id*..— V. *suprà*, nos 22, 48 et s., et *infrà*, nos 81 et s..

65.— En matière d'ordre, le ressort se détermine uniquement par l'importance de la créance contestée, quelque soit le montant de la somme à distribuer.—4e, 8 mai 1849 (Mousset), xiii, 182.—1re, 12 août 1850 (Maubant), xvii, 121.—2e, 26 fév. 1853 (Mathieu), *ibid*..

66.—Jugé cependant que, en matière d'ordre, le ressort se détermine par la quotité des créances postérieures à celle contredite, et non pas seulement par la quotité de la créance contredisante.— 2e, 13 août 1852 (Lapeyrière), xvi, 313.

·67.—Jugé cependant encore que lorsque, à un état d'ordre, le débat roule uniquement sur la question d'antériorité de deux créances qui l'une et l'autre sont inférieures à 1,500 fr., le jugement qui intervient est en dernier ressort.— 4e, 17 janv. 1842 (Faucon), vi, 50.—V. *suprà*, nos 11, 62 et s., et *infrà*, nos 68 et s., 76 et s..

67 *bis*.— Jugé enfin que, lorsqu'un créancier demande à recevoir, par préférence à tous autres, une somme supérieure à 1,500 fr., le jugement qui statue sur cette demande est en premier ressort, alors même que les droits des créanciers auxquels il se dit préférable, sont inférieurs au taux du dernier ressort.—4e, 5 janv. 1852 (Eudeline), xvi, 84.

68 —Les jugements qui statuent sur le point de savoir jusqu'à concurrence de quelle somme les créanciers d'une femme dotale séparée de biens pourront chaque année se faire payer sur les revenus dotaux, sont en premier ressort, lors même que chacun des créanciers a un titre spécial, inférieur à la somme de 1,500 fr.—Il en est ainsi lorsque les immeubles sont d'une valeur indéterminée ou que le revenu annuel est supérieur à 60 fr.—2e, 17 nov. 1848 (Fournet), xii,

372.—V.*suprà*, n°ˢ 11, 62 et s., 65 et s., et *infrà*, n°ˢ 76 et s..

69.— Est sujet à appel le jugement qui statue sur la demande d'un créancier tendant à être autorisé à louer les biens dont son débiteur a l'usufruit, ou dont la propriété est inaliénable, pour que les loyers servent à acquitter le montant de sa dette, et cela alors même que la créance de laquelle la location a pour but d'assurer le recouvrement serait inférieure au taux du dernier ressort.—2ᵉ, 9 mars 1839 (Héot), v, 196.

70.—Est en premier ressort le jugement qui prononce, en vertu de l'art. 1167, la nullité d'actes de vente d'immeubles, alors même que cette nullité est demandée par un créancier pour obtenir paiement d'une somme inférieure à 1,500 fr.—2ᵉ, 19 juin 1851 (Raphard), xv, 233.

71.— Une action immobilière, (dans l'espèce, l'action en réalisation d'une vente verbale d'immeubles) est jugée en dernier ressort, si le défendeur n'apporte pas la preuve écrite que les immeubles, objet du litige, sont loués moyennant un prix annuel supérieur à 60 fr.. — Une preuve testimoniale tendant à établir ce fait ne serait pas admissible. —2ᵉ, 2 avril 1841 (Lafosse), v, 141.

72.— La demande en revendication d'un immeuble vendu moyennant le service d'une rente de 31 fr., affectée sur l'immeuble, est en premier ressort seulement, lorsque le défendeur réclame, en cas de dépossession, des indemnités indéterminées pour impenses et améliorations faites à l'immeuble revendiqué, et qu'il n'y a pas eu acquiescement sur ce point par le vendeur.—2ᵉ, 8 juill.

1848 (Demosle), xii, 328.—V. *suprà*, n°ˢ 6 et s..

73.— Est en dernier ressort le jugement qui statue sur l'opposition formée par un tiers détenteur, personnellement débiteur, au commandement de payer une somme inférieure à 1,500 fr.—1ʳᵉ, 19 juill. 1852 (Trémerel), xvi, 297.

74.— Au contraire, est en premier ressort le jugement qui statue sur une action dirigée par un créancier hypothécaire contre un tiers détenteur qui n'est point personnellement débiteur.—2ᵉ, 13 mars 1847 (Grivel), xi, 165.

75. — Jugé encore que la décision qui statue sur l'action hypothécaire dirigée contre un tiers détenteur, est en premier ressort, bien que la créance formant l'objet des poursuites soit inférieure à 1,500 fr., si le revenu de l'immeuble poursuivi est supérieur à 60 fr..—1ʳᵉ, 3 janv. 1853 (Hue d'Hérondelle), xvii, 53.

76.— Ce n'est pas le montant de la somme pour laquelle une saisie mobilière a été exercée, mais bien la valeur des meubles revendiqués qu'il faut prendre en considération pour déterminer le degré de juridiction. Si donc les meubles sont d'une valeur indéterminée, il y a lieu à appel. — 2ᵉ, 3 déc. 1846 (Hunger-Chaumondière), x, 640.—2ᵉ, 22 déc. 1849 (Mignot), xiii, 475.—V. *suprà*, n°ˢ 11, 62 et s., 65 et s., 68 et s., 76 et s..

77.—*Id..* Lorsqu'il s'agit de meubles dotaux.—4ᵉ, 19 juin 1843 (Bunel), vii, 344.

78.— Mais lorsque c'est le saisi lui-même qui demande la nullité de la saisie, en soutenant qu'il n'est pas obligé, la compétence du premier ou du dernier ressort se règle d'après le montant de la créance pour paiement de laquelle la saisie a été exercée.—2e, 22 déc. 1849 (Mignot), XIII, 475.

79.— L'action qui a pour but le paiement de reprises immobilières inférieures au taux du dernier ressort, se juge cependant en premier ressort, si une demande en délaissement d'immeubles d'une valeur indéterminée est en même temps formée, pour le cas où les détenteurs préféreraient délaisser que de payer les reprises.—2e, 2 juin 1842 (de Grainville), VI, 381.

80.—La contestation soulevée par l'acquéreur d'un immeuble dotal, qui soutient que l'autorisation d'employer le prix au paiement de grosses réparations et de constructions, n'affranchit pas sa venderesse de lui fournir le remplacement immobilier auquel le contrat de vente l'assujettit, est susceptible d'appel, bien que le commandement frappé d'opposition ne réclame qu'une somme inférieure à 1,500 fr., lorsque le jugement sur requête, qui dispense la femme de fournir remploi, s'applique à la totalité du prix qui est supérieur à 1,500 fr.— 1re, 4 août 1851 (Lebellenger), XV, 270.

81.—Lorsqu'une contestation porte sur l'existence d'une rente d'une valeur inférieure à 1,500 fr., mais que la décision à intervenir doit avoir pour effet de nécessiter un compte des intérêts échus dont la valeur indéterminée réunie au capital de la rente doit excéder 1,500 fr., cette décision est rendue en premier ressort seulement.—1re, 27 nov. 1849 (Bastard), XIII, 482.— V. suprà, nos 22, 47 et s., 64, 81 et s.

82.—Lorsque le paiement des arrérages d'une rente est refusé pour partie au créancier, par le motif que la rente aurait été éteinte par un concordat qui réduit les créances, la contestation est susceptible d'appel si le capital de la rente excède le taux du dernier ressort. —4e, 7 déc. 1847 (Folie), XI, 551.

83.—Lorsque, sur une demande inférieure à 1,500 fr., il est opposé un acte sous seing privé dont la vérification est ordonnée, le jugement qui intervient sur cette vérification est en dernier ressort.—1re, 29 août 1842 (Harcourt), VI, 627.

84.— Le jugement d'un tribunal de commerce, rendu sur une contestation dont l'intérêt est inférieur à 1,500 fr., est susceptible d'appel au chef où il refuse, avant faire droit au principal, de renvoyer les parties procéder devant le tribunal compétent à la vérification d'écriture d'une pièce produite. Il en est ainsi du moins lorsque le tribunal de commerce s'est occupé, soit directement, soit indirectement, de cette pièce. Mais s'il est démontré que ce tribunal a statué au principal, abstraction faite de la pièce dont l'écriture est méconnue, son jugement est en dernier ressort.— 4e, 30 avril 1845 (Biennais), IX, 187.

DÉLAI.— V. Appel en matière civile. — Arbitrage. — ... forcé. — Arbitre (tiers). — Billet à ordre. — Citation. — Conseil de famille. — Consignation. — Dépens. — Douanes. — Enquête. — État (réclamation d') — Exécution testamentaire. — Expropriation pour utilité publique. — Jour férié. — Surenchère. — Sursis.

DÉLAI DES DISTANCES. — V. Conseil de famille. — Consignation. — Enquête.

DÉLAISSEMENT PAR HYPO-THÈQUE. — *V. Degré de juridiction.* — *Garant.*— *Purge.* — *Tiers-détenteur.*

DÉLÉGATION.— *V. Autorisation de femme mariée.*— *Cession.* — *Dot,* — *Offres réelles.* — *Partage.*— *Rente (en gén).* —... *viagère.* — *Séparation des patrimoines.* — *Stipulation pour autrui.*— *Tiers détenteur.*

DÉLIBÉRÉ et **RAPPORT DE JUGE.**— *V. Conclusions.*

DÉLIT (en général). — *V. Action civile.* — *Boissons.* — *Cabotage.* — *Chasse.* — *Contrebande.*— *Cour d'assises.*— *Délit de la presse.* — ... *forestier.* — ... *militaire* — *Dommages-intérêts.* — *Dot.* — *Escroquerie.* — *Faillite.* -- *Fonctionnaire public.* — *Peine.* — *Pillage.* — *Poids et mesures.*— *Poste aux lettres.*— *Prescription.* — *Responsabilité.*— *Tribunal correctionnel.*— *Usure.*

DÉLIT DE LA PRESSE. — *V. Diffamation.* — *Libraire.*

1.— L'individu, attaché ou non à l'administration d'un journal, qui appose, sans avoir rempli les formalités légales, sa signature à ce journal, alors que le gérant emprisonné a perdu le droit de signer, doit être poursuivi pour publication d'un journal sans gérant responsable, par application de l'art 6 de la loi du 6 juin 1849.— Il n'y a pas lieu, dans ce cas, d'appliquer la loi du 18 juillet 1828. — Ch. corr., 23 janv. 1850 (L....), xiv, 377.

2. — Quand l'auteur d'un délit ou d'une contravention en matière de presse est connu, il devient l'accusé principal, et le gérant du journal, s'il y en a un,

ne peut plus être poursuivi que comme complice.— *Id.*.

3. — Quelque généraux que soient les termes de l'article 8 du décret du 11 août 1848, on ne doit les appliquer qu'aux délits de la presse qualifiés par ce décret et à ceux mentionnés par les lois des 17 mai 1819 et 25 mars 1822, dont le décret de 1848 est la modification et le complément. — Le titre 2 de la loi du 21 octobre 1814 n'ayant rapport qu'à la police de la presse, les infractions aux règles établies dans ce titre ne sont pas des délits de presse proprement dits, mais des contraventions d'une nature particulière, punissables par le seul fait de leur existence matérielle, sans qu'il soit permis au juge d'apprécier l'intention ou la bonne foi du contrevenant, et de lui faire par suite application de l'article 463 du Code pénal.—Ch. corr., 29 nov. 1849 (L....), xiv, 47.

4 —En matière de délit de presse, lorsque le ministère public agit, non par voie de citation directe, mais par suite d'une instruction préalable et d'un arrêt de la chambre des mises en accusation, si le prévenu ne comparaît pas devant la cour d'assises, et est par suite condamné par défaut, on doit suivre, pour les délais et les formes de l'opposition, non les articles 18 et 19 de la loi du 26 mai 1819, mais bien l'article 25 de la loi du 9 septembre 1835. — Cour d'assises du Calvados, 22 fév. 1842 (Pont), vi, 39. — C., ch. crim., rej., 21 avril 1842 (Pont), vi, 170.

5. — La signification d'un arrêt par défaut en matière de délit de presse, fait courir le délai de l'opposition, tant à l'égard du ministère public que à

l'égard de la partie civile, lors même que cette signification n'a été faite qu'à la requête de l'une de ces deux parties. — Cour d'assises de la Manche, 11 déc. 1845 (Moussard), x, 90.— C., ch. crim., rej., 25 avril 1846 (Moussard), x, 419.

6. — *Id*.... Mais dans ce cas, la déchéance encourue contre le ministère public n'empêche pas que l'opposition ne soit recevable contre la partie civile, si cette opposition a été faite à son respect dans les délais fixés par la loi. — Cour d'assises de la Manche, 11 déc. 1845 (Moussard), x, 90.

7. — La signification d'un arrêt par défaut, en matière de presse, adressée au gérant d'un journal, est valable et fait courir les délais de l'opposition, lorsqu'elle a eu lieu au bureau du journal, si d'ailleurs ce journal n'a pas de bureau de gérance distinct du bureau de rédaction ou de direction. — Cour d'assises de la Manche, 11 déc. 1845 (Moussard), x, 90.— C., ch. crim., rej., 25 avril 1846 (Moussard), x, 419.

DÉLIT FORESTIER. — *V. Bois.* — *Chasse.* — *Garde forestier.*

DÉLIT MILITAIRE. — *V. Garde nationale mobile.*

DÉLIT POLITIQUE. — *V. Cris séditieux.* — *Délit de la presse.*

DÉLIT RURAL. — *V. Délit forestier.* — *Usage (droits d').*

DÉLIVRANCE. — *V. Donation entre époux.* — *Legs particulier.* — *Usage (droits d').*

DÉLIVRANCE DE JUGEMENT. — *V. Appel en matière civile.*

DEMANDE. — DEMANDEUR. — *V. Action (en justice).* — *Ajournement.* — *Degré de juridiction.* — *Demande nouvelle.* — *Qualité.* — *Quotité disponible.*

DEMANDE EN DÉLIVRANCE. — *V. Donation entre époux.* — *Legs particulier.*

DEMANDE INCIDENTE. — *V. Appel en matière civile.* — *... incident.* — *Conciliation.* — *Degré de juridiction.* — *Demande nouvelle.* — *Désistement.*

DEMANDE NOUVELLE ou **PRINCIPALE.** — *V. Arrêt.* — *Conciliation.* — *Contrat judiciaire.* — *Degré de juridiction.* — *Garant.*

Indication alphabétique.

Action en nullité.— ...
en rescision, 20, 23, 25 et s., 28.
Bail, 27 et s..
Barrage, 31.
Cause différente, 5, 20 et s..
Certificat d'hypothèque, 13.
Cession, 11.
Compensation, 9 et s..
Conclusions, 1 et s..
Contrainte par corps, 24.
Conventions matrimoniales, 5.
Créancier, 8, 16, 20, 22 et s..
Créancier hypoth., 25 et s..
Déchéance, 1 et s..
Défense, 7 et s..
Dette commerciale, 24.
Dommages-intérêts, 15, 22.
Donation, 23, 26.
Dot, 12.
Droit litigieux, 7.
Eau (cours d'), 31.
Eglise, 14.
Eviction, 11.

Exception, 1 et s..
Fabrique, 14.
Faillite, 25, 30.
Femme, 12.
Fermages, 28.
Fin de non-recevoir, 1 et s., 16.
Fraude, 20.
Garant, 11.
Héritier bénéf., 22.
Hypothèque, 25.
Hypothèque lég., 12, 30.
Impositions, 27.
Indemnité, 15.
Inscrip. hypoth., 13.
Institution contract., 23.
Intérêts, 21.
Légataire, 16.
Lésion, 20.
Lettre de change, 29.
Liquidation, 12.
Moyen, 5 et s..
Nullité, 20, 23, 26, 28.
Ordre, 18.
Partage, 20.
Pâture, 15.
Pension, 19.
Privilège, 8.
Production de pièces, 14.
Radiation d'hypoth., 13.

1. — Le juge d'appel ne peut statuer que sur les questions soumises aux premiers juges ; il lui est interdit de s'occuper des demandes nouvelles, lorsque l'une des parties s'y oppose. — 2e, 19 fév. 1848 (Janson), xiv, 31.

2. — L'exception tirée de l'art. 464 du Code de procédure civile, qui défend de former sur appel aucune demande nouvelle, n'est plus recevable de la part de la partie qui a instruit, conclu et plaidé au fond avant de proposer cette exception. — 1re, 19 janv. 1846 (Godefroy), x, 153.

3. — Lorsque les parties ont conclu contradictoirement sur une question qui n'avait pas été soumise aux premiers juges, la Cour est définitivement saisie, et l'exception de demande nouvelle ne peut plus être proposée. — 4e, 7 nov. 1853 (Guyenheim), xvii, 322. — V. infrà, vo Exception.

4. — Lorsqu'en première instance, des réserves seules ont été prises sur un point qui pouvait être l'objet de contestation, on ne peut, sur appel, faire statuer sur le fond même de la contestation. — 1re, 22 juill. 1847 (bureau de bienfaisance de Céton), xi, 513.

5-6. — On peut, pour la première fois sur appel, faire valoir une autre cause de réclamation de la chose qui fait l'objet de la contestation. — Un mari, par exemple, qui, en première instance, a réclamé tout ou partie de la succession de sa femme, en vertu de leurs conventions matrimoniales, peut prétendre, sur appel, que cette succession lui appartient en vertu d'un testament. — 2e, 16 août 1845 (Leharivel), ix, 696.

7. — Ne constituent pas des demandes nouvelles, et sont, par conséquent recevables, quoique présentés pour la première fois devant une cour impériale, tous soutiens moins étendus que ceux précédemment formés, ou qui ne seraient qu'une défense à l'action principale... Par exemple, on peut former sur appel une demande en retrait de droits litigieux. — 1re, 4 mai 1841 (Commune de Craignes), v, 516.

8. — Id... Soutenir qu'un créancier n'a point de privilége et doit être payé au marc le franc. — 4e, 28 fév. 1844 (Lecordier), viii, 174.

9. — Id... Former toute demande qui tend à opérer compensation contre la demande principale. — 2e, 18 août 1841 (Christophe), v, 346.

10. — Id... Lorsque deux parties sont respectivement créancières et débitrices l'une de l'autre, à raison de la même cause, il y a lieu, encore que l'une des créances soit liquide et certaine, tandis que l'autre ne l'est pas, de surseoir à l'exécution pour la créance liquide, jusqu'à ce que les droits respectifs aient été définitivement réglés. — Le sursis peut être demandé pour la première fois sur appel, parce que, alors, c'est une sorte de compensation que l'on oppose, ou plutôt une défense à l'action principale. — 4e, 26 janv. 1842 (Désobeaux), vi, 463.

11. — Id.... Celui qui, en première instance, a été condamné comme garant

d'un cessionnaire évincé, peut, pour la première fois sur appel, soutenir que la prétendue cession qui sert de base à la condamnation n'existe pas. — 2e, 19 nov. 1846 (Delarue), x, 561;—V. *infrà*, vo *Garant*.

12. — *Id*... Lorsque, devant les premiers juges, dans une instance en liquidation des droits d'une femme mariée, les conclusions des syndics à la faillite du mari et celles de la femme tendaient uniquement à la liquidation et à la fixation définitive des droits de cette dernière sur son mari, la femme peut, pour la première fois sur appel, demander que ses reprises soient augmentées du montant de la moitié de la dot constituée à l'un de leurs enfants conjointement et solidairement par elle et son mari, et qu'elle est obligée d'acquitter intégralement.— 1re, 23 mai 1853 (Huet), XVII, 287.

13. — *Id*... La demande d'un certificat supplémentaire constatant le non-renouvellement dans les dix ans d'une inscription hypothécaire, est comprise dans la demande en suppression de cette inscription, dont elle n'est que le diminutif, et peut, par suite, être formée pour la première fois sur appel. — 1re, 16 juill. 1849 (Delahaye), XIII, 424.

14. — *Id*... En supposant que la fabrique d'une église soit tenue, pour justifier de son droit de propriété sur les biens, rentes ou prestations qui lui ont été restituées par l'arrêté du 7 thermidor de l'an XI, de produire un arrêté d'envoi en possession émané de l'autorité administrative. cette production n'étant qu'un moyen complémentaire qui réagit sur l'action et la justifie, peut être faite pour la première fois sur appel. — Aud. sol., 30 mars 1843 (Roy), VII, 286. — V. encore, 2e, 30 mars 1844 (Daragon), VIII, 297. — 4e, 23 juin 1845 (Lachet), IX, 439.

15. — Jugé encore que, lorsque une demande en indemnité, par suite de la privation d'un droit (d'un droit de pâture, dans l'espèce), a été d'abord formée pour une certaine somme, et que le défendeur refuse de payer cette somme, le demandeur peut augmenter sa demande, tant qu'il n'y a pas eu de contrat judiciaire. — 2e, 11 mai 1853 (Poriquet), XVII, 179.

16. — Le tiers détenteur d'une somme en litige peut, pour la première fois sur appel, opposer qu'il est légataire universel de la personne à laquelle appartenait cette créance, et que, par conséquent, l'action en remboursement n'a plus de base.—4e, 12 fév. 1844 (Lefrère), IX, 89.

17. — Toute cause qui pourrait donner lieu à la requête civile contre un jugement rendu en dernier ressort, rend recevable l'appel de ce jugement, s'il n'est rendu qu'en premier ressort. — Il en est ainsi, notamment, lorsque les premiers juges ont omis de prononcer sur un des chefs de la demande.— 2e, 8 avril 1843 (Mahieu). VII, 267.

18 — *Id*... Tous moyens qui donneraient ouverture à la requête civile, peuvent être présentés comme moyens d'appel, tant que cette dernière voie reste ouverte. — Il en est ainsi même en matière d'ordre, et lorsque les moyens n'ont été présentés qu'après les délais prescrits par les art. 755 et 756 du Code de procédure civile. — 1re, 19 janv. 1846 (Godefroy), x, 153.

19. — *Au contraire*, ne sont pas recevables en appel, pour n'avoir pas été soumises aux premiers juges : ….. La demande en réduction d'une pension, lorsque, devant le tribunal de première instance, on s'est borné à demander le paiement des arrérages échus de cette pension.—4e, 18 janv. 1842 (Le Picard de Formigny), vi, 191.

20. — …. La demande formée par un créancier en nullité d'un partage, comme fait en fraude de ses droits, lorsque ce créancier a demandé seulement devant les premiers juges la rescision de ce partage, pour cause de lésion de plus du quart.— 2e, 13 nov. 1846 (Saugrain), x, 468.

21. — … La demande d'intérêts et d'intérêts de dépens, si cette demande, quoique formulée dans les écrits de première instance, n'a pas été soumise au premier juge.—1re, 12 janv. 1848 (héritiers Jourdan), xii, 202.

22.— … La demande en dommages-intérêts formée contre un héritier bénéficiaire, sous prétexte qu'il aurait dû appeler les créanciers à la distribution des deniers de la succession. — 4e, 20 février 1843 (Desvaux), vii, 154.

23. — De même, lorsque, par contrat de mariage, des tiers ont fait aux futurs : 1° une donation entre vifs de certains objets; 2o une institution contractuelle des biens que les donateurs pourront laisser à leur décès, on ne peut, après avoir demandé en première instance la nullité de la donation entre vifs seulement, demander en cause d'appel la nullité de cette même donation, et la nullité de l'institution contractuelle. Il y aurait, sur ce dernier point, demande

nouvelle, proscrite par l'art. 464 du Code de procédure. — 1re, 18 février 1850 (Adam), xiv, 239.

24. —Lorsque, en première instance, la contrainte par corps n'a été réclamée que pour cause de stellionat, on ne peut, sur appel, demander qu'elle soit prononcée, parce que la dette est commerciale. — 2e, 4 mars 1841 (Delaunay), vi, 191.

25. — Lorsqu'en première instance, un créancier hypothécaire intervenant n'a discuté que la question de fixation de l'ouverture de la faillite, il ne peut, sur appel, soulever la question toute différente de l'efficacité des stipulations hypothécaires.— 4e, 3 mai 1848 (syndic David), xii, 72.

26. — Des créanciers qui, pour attaquer une donation, se sont présentés en première instance comme créanciers personnels du chef de leur débiteur, ne peuvent, sur appel, argumenter de leur qualité de créanciers hypothécaires pour agir contre le donataire comme tiers-détenteur.—1re, 15 mai 1844 (de Morlac), viii, 259.

27. — Le bailleur qui, en première instance, a réclamé de son fermier chargé des impositions le paiement de ces impositions jusqu'à une époque déterminée, ne peut, sur appel, réclamer le paiement de celles qui sont échues depuis cette époque. — 4e, 8 juin 1853 (de Viette), xvii, 293.

28.—On ne peut sur l'appel d'un jugement dont le dispositif a uniquement statué sur une action en paiement de fermages dirigée contre le possesseur d'un immeuble, former une demande en nullité d'un acte de vente en vertu duquel le possesseur dudit immeuble se prétend propriétaire. On ne peut davantage réclamer le paiement du prix moyennant lequel l'acte de vente aurait été consenti. Ce sont là des demandes nouvelles non recevables sur appel.—4ᵉ, 10 nov. 1841 (Regnault-Bretel), vi, 45.

29.—On ne peut pour la première fois, sur appel, soutenir que la lettre de change qui a fait l'objet d'une condamnation en première instance, contient supposition de lieu.—4ᵉ, 22 déc. 1846 (Marie), x, 628.

30.— Lorsque la femme d'un failli s'est bornée à conclure en première instance à la condamnation du montant de ses reprises matrimoniales, le syndic de la faillite n'est pas recevable à élever devant la cour la question de savoir si la femme jouira du bénéfice de l'hypothèque légale.—2ᵉ, 30 juin 1843 (Crespin), vii, 364.

31.—La partie qui, en première instance, a demandé seulement la destruction d'un barrage construit par son voisin, n'est pas recevable à demander, sur appel, à être autorisée à utiliser ce barrage et à y pratiquer une ouverture au profit de l'usine qu'elle veut établir.—1ʳᵉ, 26 juill. 1853 (Lemare), xvii, 276.

DEMANDE PROVISOIRE.— V. *Provision.*

DEMANDE RÉCURSOIRE.—V. *Cession de biens.—Degré de juridiction.*

DEMANDE RÉCONVENTIONNELLE.—V. *Arbitrage.—Compensation.— Conciliation.— Degré de juridiction.—Demande nouvelle.—Séparation de corps.*

DÉMENCE.—V. *Conseil judiciaire.*

—*Don manuel.—Enfant naturel.— Interdiction.— Ratification.—Responsabilité.—Séparation de corps.*

1.— Encore bien qu'il soit prouvé qu'une personne a été souvent dans un état de démence et de fureur, ce n'est pas un motif pour annuler les actes par elle faits, si elle n'a pas été interdite et s'il n'est pas clairement établi que l'acte attaqué a été fait pendant un des accès de démence ou de fureur.—1ʳᵉ, 19 avril 1847 (Vavasseur), xi, 621.

2.—Les actes passés par un individu peuvent être annulés après sa mort, lorsque son interdiction a été provoquée pendant son existence. — 2ᵉ, 18 avril 1833 (Delanoe), xiv, 598.

DEMEURE.—V. *Domicile.*

DÉMISSION DE BIENS. — V. *Cession de biens.*

Sous l'empire de la Coutume de Normandie, les démissions de biens étaient irrévocables. Elles ne profitaient qu'à ceux des enfants appelés à succéder par la loi en vigueur lors de la confection de l'acte.—*Spécialement*, les démissions de biens ne transmettaient aucuns droits de propriété aux filles. Elles n'avaient donc à prétendre qu'une légitime, réputée simple créance. — 1ʳᵉ, 16 mai 1839 (de Lomenie), v, 450.

DÉNÉGATION D'ÉCRITURE.— V. *Vérification d'écriture.*

DÉNONCIATION.—V. *Plainte.*

DÉNONCIATION FAUSSE ou **CALOMNIEUSE.**— V. *Diffamation.*

Il n'y a dénonciation calomnieuse que lorsque la dénonciation a été écrite par le dénonciateur, ou lorsqu'elle a été dressée par l'officier de police, en sa présence, et signée par lui, ou au moins, lorsque, à défaut de signature, elle contient mention que le dénonciateur a été requis de signer après lecture à lui faite. — *Spécialement*, le fait de se présenter devant le procureur impérial et de requérir une visite au domicile d'une personne que l'on accuse de vol, ne constitue pas une dénonciation calomnieuse, lors même que procès-verbal est rédigé de cette réquisition, si ce procès-verbal n'a pas été signé par le plaignant ou que celui-ci n'ait pas été sommé de le signer. —Tribunal d'Alençon, 28 avril 1843 (L...), VII, 321.

DENRÉES ET MARCHANDISES. —*V. Acte de commerce.—Vente de marchandises.*

DÉPAISSANCE. —*V. Commune.— Demande nouvelle. — Prescription.— Usage (droits d').—Vaine pâture.*

DÉPARTEMENT. — *V. Compétence civile.—Varech.*

DÉPENS. — *V. Acquiescement.— Arbitrage.—Arrêt.—Avoué.—Chasse. —Conflit.— Contrainte par corps.— Degré de juridiction.—Dot.—Eviction. — Garant. — Huissier.— Hypothèque légale des femmes.—Intervention.— Jugement interlocutoire. — Partage d'ascendant. — Remploi.—Rente foncière.—Surenchère.—Taxe en matière civile.— Vente.—Vérification d'écriture.*

Indication alphabétique.

1.—Le débiteur qui, pour la même dette, souscrit à la fois une obligation hypothécaire et des billets négociables, se soumet par là à une double action, dont il doit payer tous les frais, en cas de poursuites.—4e, 20 juin 1842 (Hue), VI, 429.

2.—La solidarité stipulée pour le principal ne doit pas être étendue aux dépens. Ne peuvent donc être condamnés solidairement aux dépens de l'instance en renvoi en possession, par suite du défaut de paiement des arrérages d'une rente foncière, les codébiteurs solidaires de cette rente.—2e, 12 août 1853 (Bétourné), XVII, 317.

3.—La solidarité pour le paiement des dépens peut être prononcée entre les appelants, en faveur de l'intimé, à titre de dommages-intérêts pour cause d'indue vexation.—2e, 25 nov. 1842 (Marie), VI, 635.

4.— La condamnation aux dépens, prononcée contre plusieurs personnes condamnées solidairement au principal, ne peut être exécutée solidairement, si la solidarité n'est prononcée en termes formels par le jugement.—Aud. sol., 22 décembre 1842 (Loisel), VI, 658. — V. *infrà*, n° 16.

5.—La partie qui n'a formé qu'en fin de cause des demandes justes et qui reçoivent la sanction de la justice, doit supporter les frais et dépens à due concurrence.—4e, 14 août 1844 (Thomas), VIII, 524.

6.—De même, la partie qui n'a produit qu'en appel la pièce qui lui fait adjuger gain de cause, doit supporter tous les dépens faits jusqu'au moment où la pièce a été produite.—2e, 11 déc. 1845 (Sébire-Lavasserie), x, 60. — V. encore *suprà*, v° *Chasse*, n° 9.

7.—Jugé encore que, lorsque la réformation d'un jugement n'est due qu'à une production tardive des vrais moyens, tous les dépens de première instance et même ceux d'appel doivent rester à la charge de l'appelant.—2e, 30 mars 1844 (Daragon), VIII, 297.—4e, 23 juin 1845 (Lachet), IX, 439.— Consult. cependant Aud. sol., 30 mars 1843 (Roy), VII, 286.

8.—Bien qu'une partie soit recevable à faire valoir une exception d'incompétence relative alors même qu'elle a proposé, dans un même acte de conclusions, cette exception cumulativement avec un moyen de nullité d'exploit, cependant elle peut être condamnée au surcroît de frais que la présentation prématurée du moyen de nullité a occasionnés.—1re, 18 nov. 1845 (Véron), x, 51.

9.—Quand un déclinatoire présenté par le préfet est admis, même sur appel, l'appelant doit être condamné aux dépens, lors même qu'après avoir, devant le premier juge, proposé une exception d'incompétence comme partie, le préfet a conclu sur le fond.—1re, 26 nov. 1844 (commune d'Amfréville), VIII, 617.—V. encore, en ce qui touche les dépens en matière de déclinatoire, *suprà*, v° *Con-*

flit.

10.—Le mari qui, par sa négligence se trouve forcé de rembourser, après procès, certaines sommes pour le compte de sa femme, doit seul supporter les frais et dépens qu'il a occasionnés.—2e, 18 déc. 1847 (Perrotte), XI, 603.— V. quant aux frais et dépens relatifs au remploi des immeubles de la femme aliénés, *infrà*, v° *Dot* et *Remploi.*

11.— La partie qui se désiste d'une demande doit supporter les frais faits jusqu'au jour de son désistement; mais si ce désistement n'est pas accepté, et qu'une partie de sa demande primitive lui soit accordée, les frais sont proportionnellement à la charge de son adversaire.—1re, 19 juin 1844 (Daufresne), VIII, 369.—V., quant au droit de refuser un désistement, *infrà*, v° *Désistement.*

12.—Les frais de mutation du renvoi en possession obtenu par jugement contre un tiers détenteur, sont à la charge de ce dernier.—1re, 13 déc. 1852 (Lelaidier), XVII, 13.—V. encore, en ce qui touche les frais et dépens en cas de résolution de vente, *infrà*, v° *Vente.*

13.—L'avoué de l'intimé qui affirme avoir fait les avances des dépens d'appel, a le droit, nonobstant le désistement de l'appelant, de se présenter devant la cour pour faire prononcer la distraction de ces dépens, en cas de non paiement. —4e, 31 août 1842 (Rogue), VI, 634.

14.—Lorsqu'un avoué a obtenu distraction de tous les dépens adjugés à son client, en affirmant en avoir fait les avances, les frais de voyages accordés à la partie ne sont pas compris dans ces dépens.—Aud. sol., 9 juill. 1846 (Chedeville), x, 357.—V. encore, en ce qui touche les dépens, *suprà*, v° *Avoué*, nos 2 et s..

15.—La condamnation à tous les dépens prononcée contre la partie qui succombe, embrasse dans sa généralité tous les frais qu'il a fallu faire, à cause de la résistance de cette partie, pour arriver à la solution du procès, et spécialement tous les droits et doubles droits d'enregistrement qui sont une conséquence de cette résistance.—1re, 6 janv. 1841 (Perchaye), v, 88.—V. *suprà*, v° *Arbitrage*, no 10.—V. *infrà*, v° *Vente*.

16.—Lorsqu'un arrêt condamne l'une des parties aux dépens envers une des autres parties en cause, l'aggravation de frais auxquels la présence de cette dernière a pu donner lieu entre les autres n'est pas comprise dans cette condamnation.—Aud. sol., 9 juill. 1846 (Chedeville), x, 357.

17.—La disposition de l'art. 6 du décret du 16 juillet 1807, d'après laquelle l'opposition à un exécutoire de dépens doit être formée dans les trois jours de la signification à avoué, emporte déchéance. Il en est ainsi lors même que le troisième jour est un jour férié.—1re, 20 juill. 1840 (Claude), v, 33.

18.—L'exécutoire de dépens n'a force de chose jugée que quant à la liquidation de ces mêmes dépens, et il n'a aucune autorité en ce qui touche la question de savoir dans quelle proportion ils doivent être supportés par les parties condamnées.— 1re, 10 déc. 1839 (Syndics Lejeune), v, 39.— V. *suprà*, n° 4.

DÉPOT.— *V. Commissionnaire.* — *Consignation.*

Lorsque, pour garantir le paiement d'un remplaçant au service militaire, un assuré a déposé dans les mains d'un banquier le montant du prix, pour être touché par l'assureur après l'expiration de l'année de garantie, la somme déposée demeure aux risques et périls de l'assuré, qui seul doit supporter la perte résultant de la faillite du banquier.—2e, 3 mars 1849 (David), xiii, 134.

DÉRIVATION. — *V. Eau (cours d').*

DERNIER RESSORT. — *V. Appel.* — *Compromis.* — *Degré de juridiction.* — *Demande nouvelle.*

DÉSAVEU D'ENFANT ou DE PATERNITÉ. — *V. Absent.* — *Enfant naturel.* — *État (réclamation d').* — *Filiation légitime.*

1. — L'impossibilité physique de cohabitation, nécessaire pour faire admettre l'action en désaveu de paternité, peut résulter de la grande distance qui séparait les époux au moment de la conception, encore bien que des rapports entr'eux n'aient pas été absolument impossibles. — C'est là, du reste, une question de fait laissée à l'appréciation des tribunaux.— Aud. sol. 7 juill. 1853 (Marguerie), xvii, 225.

2.— Lorsque la femme est accouchée hors du domicile conjugal, le délai de deux mois accordé au mari pour intenter son action en désaveu court du jour où il a acquis la preuve positive de la naissance de l'enfant, et non pas seulement du jour où la femme a réintégré le domicile conjugal. — *Id.*.

3. — Le recel peut exister, encore bien que l'acte de naissance de l'enfant indique les noms du mari.— *Id.*.

4. — L'action en désaveu peut être

9

admise avant toute preuve spéciale d'adultère et de recel. — Les faits de recel et l'adultère peuvent être prouvés en même temps que celui de non paternité. — *Id*..

DÉSAVEU D'OFFICIER MINISTÉRIEL.

1. — L'art. 352 du Code de procédure civile, qui détermine les cas dans lesquels une action en désaveu peut être intentée contre un avoué, est limitatif; hors les trois cas spécifiés par cet article, un avoué ne peut être poursuivi que par l'action *ex mandato*. — 4e, 12 mai 1841 (Liétot), x, 286.

2. — Le mandat spécial nécessaire à l'avoué, aux termes de l'art. 352 du Code de procédure civile, pour passer des offres, aveux ou consentements, peut être suppléé par les faits et circonstances de la cause. — 4e, 9 mai 1843 (Masson), vii, 205.

3. — L'action en désaveu est non recevable, si l'acte duquel la partie demanderesse veut se faire relever ne lui a pas été réellement préjudiciable. — *Id*..

4. — Lorsqu'une ratification passée par un avoué sans le consentement de son client peut s'induire de quelques actes de celui-ci, toute action en désaveu est impossible. — 4e, 12 mai 1846 (Liétot), x, 286.

5. — On peut puiser dans une lettre écrite par un client à son avoué, une preuve de ratification qui mette obstacle à toute action en désaveu relativement à un acquiescement antérieurement donné par l'avoué au nom de son client à un jugement qui prononçait une condamnation contre ce dernier. — 4e, 4 février 1842 (Thouroude), vi, 469.

DESCENDANTS. — *V. Absent.* — *Désaveu d'enfant.* — *Enfant naturel.* — *Etat (réclamation d').* — *Filiation légitime.* — *Succession irrégulière.*

DÉSISTEMENT. — *V. Caution.* — *Degré de juridiction.* — *Dépens.* — *Prescription.*

1. — On doit considérer comme un désistement rendant non recevable toute action ultérieure relative au même objet, l'acte prétorial par lequel le demandeur s'est désisté purement et simplement de l'action qu'il avait introduite pour faire condamner sa partie adverse au paiement d'une somme d'argent, lorsque d'ailleurs le défendeur avait méconnu l'écriture et soutenu la nullité de l'obligation sous seing privé sur laquelle l'action était fondée. — 1re, 5 juill. 1852 (Dansos), xvi, 225.

2. — Une partie à laquelle on signifie un désistement d'une action intentée contre elle pour la traduire devant un autre tribunal, n'est pas tenue d'accepter ce désistement. — 4e, 19 déc. 1849 (Claude), xiv, 65.

3. — En pareil cas, les juges saisis du litige par l'exploit introductif d'instance, sont juges de la légitimité du refus d'accepter le désistement. — *Id*.. — V., relativement aux dépens, *suprà*, v° *Dépens*, n° 9.

4. — Lorsque, sur l'appel d'un jugement statuant sur une demande en séparation de corps, l'intimé a formé une demande incidente en provision, le désistement de l'appelant n'éteint pas l'instance, et il doit être statué tant sur l'appel que sur la demande incidente. — 1re, 5 déc. 1843 (Vimard), vii, 684.

5. — Lorsque l'intimé a conclu sur ap-

pel à des dommages-intérêts, le désistement de l'appelant ne peut mettre obstacle à ce qu'un arrêt soit rendu.—2e, 25 nov. 1842 (Marre), vi, 635.

DESTINATION DU PÈRE DE FAMILLE — *V. Servitude.*—*Usine.*

DESSAISISSEMENT DE TRIBUNAL.— *V. Vente publique de meubles.*

DESTITUTION.— *V. Offices.*

DÉTENTEUR.— *V. Possession.*

DÉTOURNEMENT. — *V. Preuve testimoniale.* — *Saisie-exécution.* — *Succession* — *Vol.*

DETTES.— *V. Demande nouvelle.* — *Donation (entre vifs).* — ... *déguisée.* — *Dot.* — *Femme normande.* — *Institution contractuelle.* — *Legs (en gén.).*—... *à titre universel.* — *Majorat.* — *Obligations.* — *Partage.* — ... *d'ascendant.*— *Quotité disponible.* — *Séparation de biens.*—*Société d'acquêts.* — *Succession bénéficiaire.* — *Usufruit.*— *Vente.*

DEUIL. — *V. Femme normande.*

Doivent être prélevées sur les valeurs mobilières d'une succession, les sommes dépensées pour le deuil des domestiques. — 2e, 7 août 1845 (Lucas-Dessaulnais), ix, 667.

DÉVERSOIR.— *V. Usine.*

DEVIS.— *V. Architecte.* — *Entrepreneur.*

DIFFAMATION. — *V. Cour d'assises.*—*Délit de la presse.*—*Dénonciation calomnieuse* — *Injures.*

Indication alphabétique.

1. — Un magasin de nouveautés ne peut être considéré comme un lieu public dans le sens de l'art. 1er de la loi du 17 mai 1819, même dans les heures où il est accessible aux acheteurs.—Par suite, les propos diffamatoires tenus à haute voix dans ce magasin, en présence des commis et de deux ou trois acheteurs, ne constituent pas le délit prévu et puni par les articles 13 et 18 de ladite loi.—Il pourrait toutefois en être autrement, si une vente à l'encan ou une exposition eussent été annoncées au public, comme devant être faites dans ce magasin, ou s'il s'y était rencontré un grand nombre d'acheteurs. — Ch. corr., 8 janv. 1849 (Leroux), xiii, 3.

2. — La condition de publication dans

un lieu public ou une réunion publique, n'étant nécessaire, d'après la loi du 17 mai 1819, qu'en ce qui concerne les écrits, dessins, emblêmes *exposés* ou *mis en vente*, la distribution d'un écrit diffamatoire dans une réunion ou un lieu non public constitue la publication de cet écrit.— C., ch. crim., rej., 23 mars 1844 (Delaunay), VIII, 398.

3. — Une partie peut, sans se rendre passible de dommages-intérêts , faire imprimer les pièces d'un procès, telles qu'un rapport de syndic et un interrogatoire sur faits et articles, alors du moins que la suppression des pièces imprimées n'est pas demandée, et qu'il n'est pas justifié qu'il en ait été répandu un nombre d'exemplaires tel que cela puisse être considéré comme ayant été fait dans une intention calomnieuse. — 4e, 22 fév. 1853 (Garel), XVII, 138.

4.—La distribution d'écrits injurieux punie par l'art. 1er de la loi du 17 mai 1819, peut résulter de la simple communication d'un seul exemplaire à plusieurs personnes.—Ch. corr., 15 juin 1843 (Delaunay), VII, 375.

5.— *Id...* Alors surtout que cette communication n'avait aucun caractère confidentiel.—C., ch. crim., rej., 23 mars 1844 (Delaunay), VIII, 398.

6.— *Id...* Et cette distribution est punissable de dommages-intérêts, même devant un tribunal correctionnel, encore bien qu'elle soit le résultat plutôt de l'irréflexion que de la méchanceté et que l'écrit eût été déjà produit antérieurement dans un procès, sans que l'auteur eût été poursuivi.— Ch. corr., 15 juin 1843 (Delaunay), VII, 375.

7.— Un écrit ou mémoire imprimé,

signé d'un avocat et d'un avoué, peut être réputé produit dans le sens de l'art. 23 de la loi du 17 mai 1819, par cela seul qu'il a été distribué aux juges et aux conseils de la partie adverse. Il en est ainsi lors même que dans la signification manuscrite faite de ce mémoire, après sa distribution, l'avoué a retranché les passages attaqués comme diffamatoires.—1re, 26 nov. 1845 (B...), X, 22.

8.— La loi du 17 mai 1819, art. 23, qui porte que les écrits produits devant les tribunaux ne pourront faire l'objet d'une action en diffamation, ne s'applique qu'aux écrits produits dans une cause où le prévenu était partie, et non à ceux produits dans un procès que le plaignant avait avec un tiers.—C., ch. crim., rej., 23, mars 1844 (Delaunay), VIII, 398.

9.—Lorsque les parties adverses sont respectivement sorties des bornes de la modération dans leurs mémoires, en s'attaquant et en se défendant, il n'y a lieu ni d'accorder de dommages-intérêts à l'une ou à l'autre, ni d'ordonner la suppression des mémoires.—4e, 24 avril 1844 (Chédot), VIII, 658.

10 — *Id...* Bien que quelques passages d'un mémoire pris isolément et sans examen de l'ensemble de l'affaire puissent attirer un blâme sur leur auteur, il n'y a cependant pas lieu d'ordonner la suppression du mémoire, si, de son côté, la partie adverse a agi sans modération et s'est servie d'expressions outrageantes.—1re, 19 juin 1844 (Daufresne), VIII, 369.

11.—Lorsqu'un mémoire a été produit devant un tribunal, sans que la partie qui se prétend diffamée se soit réservée à en poursuivre l'auteur, une nouvelle distribution de ce mémoire faite dans le public depuis le jugement, mais avant l'arrêt de la cour qui a terminé le procès, ne peut relever de la déchéance prononcée par la loi de 1819.—1re, 26 nov. 1845 (B...), x, 22.

12.—Une partie n'est pas déchue du droit de demander la suppression d'un écrit, parce que, dans une affaire connexe, elle n'a point fait de réserves à cet égard.—1re, 19 juin 1844 (Daufresne), VIII, 369.

13.—L'action civile accordée par l'art. 23 de la loi du 17 mai 1819 aux tiers qui se prétendent diffamés dans un écrit ou mémoire produit dans un procès, peut être intentée devant un tribunal de police correctionnelle. Il n'est pas nécessaire de venir préalablement devant le tribunal qui a été saisi du procès, pour y faire constater si les faits prétendus diffamatoires étaient ou non étrangers à la cause. C'est le tribunal correctionnel saisi de l'action en diffamation qui apprécie ce point et juge en conséquence.—Tr. corr. de Caen, 6 fév. 1847 (Seigneurie), XI, 360

14.— ... Et, dans ce cas, le tribunal correctionnel compétent n'est pas nécessairement celui de l'arrondissement où le délit a été commis, c'est-à-dire celui du tribunal devant lequel les écrits diffamatoires ont été produits; l'action en diffamation peut être valablement intentée devant le tribunal de la résidence de l'inculpé. A cet égard, il y a lieu, comme en toute autre matière correctionnelle, à la triple compétence consacrée par les art. 23 et s , 63 et s. du Code d'instruction criminelle.—Id..

15.—Lorsqu'un tiers a été diffamé dans un écrit produit devant un tribunal pour des faits qui n'étaient pas étrangers à la cause, il ne peut se pourvoir contre le diffamateur que par l'action en dommages-intérêts devant les tribunaux ordinaires.—Tr. corr. de Caen, 13 fév. 1847 (Seigneurie), XI, 360

16.—On peut considérer comme n'étant pas étrangère à la cause l'imputation diffamatoire lancée contre un tiers dans un écrit signifié dans le cours d'une instance, si cette imputation se rattache à des faits ayant trait au fond du procès.—Id..

17.—La disposition de l'art. 319 du Code d'instruction criminelle, d'après laquelle un accusé ou son conseil ont droit de dire, tant contre le témoin que contre son témoignage, tout ce qui peut être utile à la défense de l'accusé, est applicable aux prévenus en matière correctionnelle, comme aux accusés traduits devant une cour d'assises.—Ch. corr., 21 nov. 1844 (Lerat) , IX, 348.

18.—Id... Mais le droit de défense ne peut aller jusqu'à injurier et diffamer un témoin, en élevant contre lui des imputations calomnieuses. Celui-ci peut, dans ce cas, intenter une action en réparation des outrages dont il a été l'objet.—Ch. corr., 13 juin 1844 (Bessin), VIII, 312.

19. — Id... Et le témoin n'est pas déchu du droit d'intenter cette action, par cela seul qu'il n'aurait pas fait de réserves à cet égard devant le tribunal. — Il n'y a, en effet, dans le sens de l'article 23 de la loi du 17 mai 1819, de *parties* dans une contestation que les personnes qui ont le droit d'y prendre

des conclusions, ou contre lesquelles on peut former des demandes. — Le témoin doit donc être considéré comme tiers, alors même que l'accusation serait fondée sur sa seule déposition. — Ch. corr., 13 juin 1844 (Bessin), VIII, 312. — Ch. corr., 21 nov. 1844 (Lerat), IX, 348.

20. — *Id...* Et un tribunal correctionnel est compétent pour connaître d'une semblable action. — Ch. corr., 13 juin 1844 (Bessin), VIII, 312.

21. — Le gérant d'un journal poursuivi pour diffamation envers certains agents de l'autorité et sur leur plainte, est tenu, s'il veut prouver par témoins la vérité des faits diffamatoires, de se conformer aux dispositions de l'art. 21 de la loi du 26 mai 1819, alors même que les individus diffamés ne sont pas nominativement désignés dans l'article diffamatoire, pourvu qu'ils soient suffisamment indiqués. — Il ne peut être admis à prouver par témoins sa bonne foi et l'absence de sa part de toute intention de nuire, quand les témoins qu'il entend administrer doivent déposer de circonstances se rattachant aux faits diffamatoires. — Cour d'assises du Calvados, 29 nov. 1853 (D...), XIV, 640.

22. — Il n'y a pas diffamation dans l'allégation d'un fait que l'inculpé devait faire connaître à raison de ses fonctions. — Par exemple, le délégué qui s'oppose à l'inscription d'un citoyen sur la liste électorale, sous prétexte que celui-ci est en faillite, ne se rend pas coupable du délit de diffamation. — Il en serait autrement s'il y avait eu de la part du délégué allégation d'un fait faux et intention de nuire. — Ch. corr., 12 mars 1851 (L...), XV, 129.

23. — Les huissiers ne sont pas des fonctionnaires publics dans le sens des lois sur la diffamation ; en conséquence, la peine applicable au délit de diffamation publique commis contre eux, à raison de leurs fonctions ou de leur qualité, n'est pas celle édictée par l'art. 16 de la loi du 25 mars 1822, mais celle prononcée par l'art. 18 de la loi du 17 mai 1819. — Ch. corr., 13 août 1851 (P...), XV, 244.

24. — Un maire ne peut être poursuivi pour injures proférées dans l'exercice de ses fonctions, sans l'autorisation du conseil d'État. — Il n'y a pas à cet égard lieu de distinguer entre le maire agissant par délégation de l'autorité supérieure et le maire représentant des intérêts communaux ; — il est, dans l'un et l'autre cas, agent du gouvernement. — Ch. corr., 3 mars 1842 (Léger), VI, 131.

25. — Le propriétaire, appelé comme plus haut imposé à une délibération du conseil municipal ayant pour objet le vote d'une imposition extraordinaire et la révocation du garde-champêtre de la commune, est momentanément investi d'un pouvoir administratif communal, et doit être regardé comme ayant à cette occasion la qualité d'officier municipal. — On ne peut, par suite, le poursuivre devant l'autorité judiciaire, à l'occasion des déclarations prétendues diffamatoires, par lui passées lors de la délibération à laquelle il était appelé, sans l'autorisation préalable de l'autorité administrative. — Ch. corr, 20 juill. 1843 (Bredin), VII, 411.

26. — La déclaration que le prévenu de diffamation a agi avec plus d'irréflexion que de méchanceté, ne fait pas

disparaître le délit, sauf la réduction de la peine par suite des circonstances atténuantes.—C., ch. crim., rej., 23 mars 1814 (Delaunay), VIII, 398,

27.—En matière de diffamation surtout, les faits constitutifs de ce délit doivent, à peine de nullité, être articulés et qualifiés dans la plainte.—Ch. corr., 12 mars 1851 (X...), XV, 129.

DIMANCHES ET FÊTES.—*V. Jour férié.*

DIMINUTION DE PRIX.—*V. Vente.—Vente de marchandises.*

DIRECTEUR D'ASSURANCE.— *V. Commerçant.*

DIRECTEUR PRIVILÉGIÉ.— *V. Spectacle public.*

DISCIPLINE.—*V. Avoué.—Chambre des notaires.—Notaires.*

DISCOURS SÉDITIEUX.—*V. Cris séditieux.*

DISCUSSION (*bénéfice de*).—*V. Femme normande.*

DISPOSITION UNIVERSELLE ou À TITRE UNIVERSEL.—*V. Communauté religieuse. — Legs universel.—... à titre universel.—Quotité disponible.—Réserve légale.*

DISTILLATEUR.—*V. Contributions indirectes.*

DISTRACTION DE DÉPENS.— *V. Dépens.—Hypothèque légale des femmes.*

DISTRACTION D'IMMEUBLES. —*V. Acquiescement.—Saisie immobilière.*

DISTRIBUTION D'ÉCRITS.— *V. Colportage.—Diffamation.*

DISTRIBUTION PAR CONTRIBUTION.—*V. Cession — Ordre.— Saisie-arrêt.—Succession.—... bénéfi-*

ciaire.

Indication alphabétique.

1.—La sommation de produire dans une distribution par contribution est régulièrement faite au domicile élu par le créancier dans son exploit d'opposition sur les deniers à distribuer.—4e, 8 janv. 1845 (Charpentier), IX, 67.

2.—En matière de distribution par contribution, le créancier qui laisse écouler, sans produire sa demande en collocation, le délai d'un mois fixé à cet effet, est de plein droit forclos, et cela alors même que le procès-verbal n'aurait pas été clos par le juge-commissaire.—*Id.*.

3.—... Ce délai court à partir de la dernière sommation faite aux créanciers opposants, et non pas seulement du jour de la sommation faite au saisi d'avoir à prendre communication des pièces produites.—*Id.*.

4.—L'absence du juge-commissaire ne peut avoir pour résultat la prorogation du délai déterminé par la loi pour les productions; si le juge est absent, elles peuvent être valablement faite au greffe, et sont censées faites, par cette voie, ès mains du juge.—*Id.*.

5.—Le créancier qui, n'ayant formé aucune saisie-arrêt ou opposition, n'a point reçu de sommation de produire ses titres de créance à l'état de distribution par contribution, peut utilement revendiquer l'exercice de ses droits jusqu'à la clôture définitive de cet état. —Trib. civ. de Caen, 2e, 8 janv. 1846 (Létourmy), x, 99.

6.—Quand tous les créanciers d'un individu ont laissé passer les délais pour produire et sont tous frappés de forclusion, aucun d'eux n'est recevable à opposer aux autres cette forclusion. Ils doivent venir tous en concurrence sur la somme à distribuer, à moins que l'un d'eux n'ait une autre cause de préférence.—4e, 12 déc. 1849 (Dallongeville), xiii, 497.

7.—La demande à fin de privilége est régie par l'art. 661 du Code de procédure civile, bien qu'elle ait été formée avant l'expiration des délais pour produire, et sans qu'on ait pu savoir si l'avoué auquel elle était notifiée était le plus ancien. Il suffit que dans ces délais un avoué plus ancien ne se soit pas constitué.—1re, 29 déc. 1851 (Caisse des dépôts et consignations), xvi, 41.

8.—La distribution par contribution étant une affaire sommaire requérant célérité peut être poursuivie et jugée pendant vacations.—4e, 8 janv. 1845 (Charpentier), ix, 67.

9.—En matière de distribution par contribution, l'appel peut être valablement signifié à personne ou domicile. Il n'est pas indispensable qu'il le soit au domicile de l'avoué. — Aud. sol., 18 juill. 1849 (Thompson), xiii, 248.

10.—En matière de distribution par contribution, l'ordonnance rendue sur référé, aux termes de l'art. 661 du Code de procédure civile, n'a pas besoin d'être signifiée à partie ou domicile; la signification à avoué fait courir le délai d'appel qui est de dix jours, conformément à l'art. 669 du même code. L'art. 17 de la loi du 3 juillet 1813 n'est applicable qu'aux contributions terminées et nullement aux incidents.—1re, 29 déc. 1851 (Caisse des dépôts et consignations), xvi, 41.

11.—L'art. 548 du Code de procédure civile n'est pas applicable en matière de distribution par contribution.—Id..

DIVIDENDES. — V. Faillite. — Paiement.

DIVISIBILITÉ.—V. Indivisibilité.

DIVORCE.—V. Séparation de corps.

DOL ET FRAUDE.—V. assurance terrestre.—Obligations.—Ratification. —Requête civile.—Simulation.—Vente.

1.—Le dol ne se présume pas, c'est à ceux qui l'allèguent de justifier qu'il a été employé des manœuvres telles que sans ces manœuvres, l'obligation attaquée n'aurait évidemment pas été contractée. —1re, 2 déc. 1846 (Burot), x, 679.

2.—L'exercice d'un droit conféré par la loi ne peut jamais être réputé frauduleux, quelles qu'en doivent être les conséquences. — 2e, 14 nov. 1845 (Robin), x, 545.

DOMAINES.—V. Domaine de l'État.— Domaine engagé.— Enregistrement.

DOMAINE DE L'ÉTAT.—V. Bois. —Commune.— Conseil d'État.— Contumace.— Domaines engagés.— Rente féodale.

1.—Toutes les aliénations du domaine

de l'État, consommées postérieurement à l'édit de 1566, sont nulles. — 1re, 3 juill. 1845 (Compagnie du Cotentin), ix, 492.

2. — Les biens qui faisaient partie du petit domaine de la couronne, tels que les marais, sont devenus prescriptibles par cela seul qu'ils ont été déclarés aliénables par l'édit de février 1566. La prescription de cette espèce de biens domaniaux n'a point été interrompue par l'effet de l'art. 36 de la loi du 22 novembre 1790, ni par les lois du 3 septembre 1792 et du 14 ventôse an VII. — 1re, 17 mai 1848 (l'État), xii, 110.

3. — Les dispositions révocatoires de la loi du 14 ventôse an VII, n'établissent aucune distinction entre les aliénations de biens provenant du grand domaine et celles de biens provenant du petit domaine. L'exception relative aux terres vaines et vagues, était subordonnée à la condition essentielle de mise en culture par les détenteurs. — 2e, 20 avril 1850 (l'État). xiv, 362.

4. — Les biens domaniaux sont, comme tous autres biens, soumis à la prescription décennale. — 2e, 15 juin 1844 (l'État), viii, 360. — V. encore, en ce qui touche la prescription, *infrà*, v° *Domaine engagé*.

DOMAINE ENGAGÉ. — *V. Domaine de l'État. — Rente féodale.*

Indication alphabétique.

Action, 1.	Déchéance, 2.
Aliénations, 6.	Dépossession, 1.
Arrêts du conseil, 10.	Détenteur, 2 et s., 7.
Bonne foi, 6 et s..	Emigré, 5.
Commune, 3 et s..	Finance, 1.
Compétence, 9 et s..	Gage, 1.
Condition résolutoire, 6.	Interprétation, 10.
Confusion, 5.	Possession, 2, 5, 6 et s.
Prescription, 6 et s..	Revendication, 2 et s..
Présomptions, 2 et s..	Sous-aliénation, 6.
Preuve, 3 et s..	Tiers-détenteur, 2 et s., 7.
Propriété, 2 et s..	
Remboursement, 1	Titres, 4.

1. — D'après les principes de l'ancienne législation, l'engagiste ne pouvait être dépossédé des biens engagés que moyennant remboursement actuel de sa finance et de ses accessoires, et il ne pouvait de plus être évincé qu'en vertu d'un titre valable, dûment notifié. En l'absence de ces conditions, les objets donnés en engagement ne cessaient pas d'être le gage de la finance qui en avait été le prix. Par suite, l'engagiste avait et a qualité pour attaquer les actes qui tendent à le dépouiller de ces objets. — 1re, 3 juill. 1845 (Compagnie du Cotentin), ix, 492.

2 — Le détenteur de domaines engagés, qui n'a pas cessé de posséder et qui d'ailleurs s'est fait relever de la déchéance qu'il eût pu encourir pour ne s'être point soumis aux prescriptions de la loi du 14 ventôse an VII, doit être considéré comme n'ayant jamais cessé d'être propriétaire. — 4e, 7 mai 1845 (Auvray-Francquetot), ix, 306. — 2e, 27 avril 1839 (Martine), *ibid.*.

3. — La présomption de propriété résultant, au profit des communes, des lois des 28 août 1792 et 10 juin 1793 (art. 12. sect. 4), cesse lorsque les biens revendiqués appartenaient originairement à l'État, de son chef (décret du 8 août 1793). C'est alors aux communes à justifier de leurs droits originaires à la propriété des domaines revendiqués. — 2e, 20 avril 1850 (l'Etat), xiv, 362. — V. *suprà*, v° *Commune*, n°ˢ 5 et s..

4. — L'État peut prouver l'origine do-

maniale des biens qu'il revendique comme domaines engagés par titres purement énonciatifs.—*Id.*.— V. *suprà*, v° *Commune*, n° 12.

5.—Les droits des engagistes du domaine de l'État ne se sont pas éteints par la réunion dans les mains de l'État des biens des engagistes, par suite d'émigration ; ce n'est là qu'une confusion momentanée, qui a cessé de produire effet depuis que les biens séquestrés par le gouvernement ont été rendus aux anciens propriétaires.—1re, 3 juill. 1845 (Compagnie du Cotentin), ix, 492.

6.—Sous l'ancien droit, comme sous le Code Napoléon (art. 2236), les possesseurs à titre précaire (dans l'espèce, les engagistes) ne pouvaient prescrire. Les sous-aliénations, consenties par des engagistes, sont soumises à la condition résolutoire comme l'aliénation primitive, et ne peuvent servir de base à la prescription, à moins que le sous-acquéreur n'ait cru traiter avec un propriétaire ordinaire.— 2e, 20 avril 1850 (l'État), xiv, 362.

7.—La prescription de 40 ans édictée par l'art. 36 de la loi des 22 novembre 1er décembre 1790, peut être invoquée par les détenteurs de domaines engagés qui ont en leur faveur le titre et la bonne foi. Cette prescription n'est pas interrompue par les significations mentionnées dans la loi du 12 mars 1820, qui ne regardent que les engagistes ou leurs successeurs à titre universel, et qui, d'ailleurs, ne suspendent le cours de la prescription que pendant un mois.— 1re, 23 fév. 1848 (Laporte), xii, 422.

8.—Depuis la loi du 14 ventôse an VII, les engagistes du domaine de l'État restés en possession pouvaient prescrire la propriété de ces domaines, mais cette prescription spéciale était soumise à l'interruption spéciale résultant de la signification par l'État de titres même simplement énonciatifs de son droit de propriété.— 2e, 20 avril 1850 (l'État), xiv, 362.

9.—Il n'appartient ni aux préfets ni aux ministres des finances d'examiner le mérite ou l'étendue des titres invoqués par les engagistes ou concessionnaires de l'ancien domaine de l'État ; la décision de ces questions appartient à l'autorité judiciaire.— 1re, 3 juill. 1845 (Compagnie du Cotentin), ix, 492.

10.—La connaissance des contestations qui peuvent s'élever soit entre l'État et l'engagiste, soit entre les divers engagistes, est de la compétence de l'autorité judiciaire, lors même qu'il y aurait à statuer sur le sens et la portée d'anciens arrêts du Conseil.—*Id.*.

DOMAINE PUBLIC. — *V. Domaine de l'État.*

DOMESTIQUE. — *V. Actes respectueux.— Commerçant.— Elections. — Poste aux lettres. — Privilège. — Responsabilité.*

DOMICILE. — *V. Assurance mutuelle.— Conciliation.— Domicile élu. Diffamation.—Distribution par contribution.— Elections.— Etranger.— Exploit.— Faillite.— Puissance maritale. — Séparation de biens. — ... de corps. — Tribunal correctionnel.*

Un commerçant doit être considéré comme ayant son domicile dans le lieu qui est le siège de ses principales opérations, où, par exemple, se trouvent son bureau et ses registres, et cela encore bien qu'il paie sa contribution personnelle dans un autre lieu où sa femme habite sur ses propriétés. — Ch. des vac., 26 sept. 1846 (Rubin), x, 429.

DOMICILE ÉLU.—*V. Assurance mutuelle.*— *Compétence commerciale.* — *Conciliation.* — *Consignation.*—*Exploit.*--*Jugement par défaut.*—*Société (en gén.).*—*Surenchère.*

DOMICILE POLITIQUE. — *V. Elections.*

DOMMAGES. — *V. Barrage.* — *Dommages-intérêts.* — *Expropriation pour utilité publique.*

DOMMAGES-INTÉRÊTS. — *V. Adultère.* — *Appel en matière civile.* — *Avoué.*—*Bail (en gén.).*—*Commis-marchand.* — *Commune.* — *Contrainte par corps.* — *Degré de juridiction.* — *Demande nouvelle.* — *Désistement.* — *Diffamation.*—*Dol.*—*Dot.*—*Enseigne.* —*Entrepreneur.*—*Etablissements dangereux.* — *Faillite.* — *Folle enchère.* — *Huissier.* — *Hypothèque conventionnelle.* — . *légale des femmes* — *Liberté du commerce.* — *Mandat.* — — *Offices.* — *Prise à partie.* — *Promesse de mariage.* — *Puissance maritale.*— *Remplacement militaire.*— *Responsabilité.*— *Saisie-gagerie.*— *Scellés.* — *Simulation.* — *Succession bénéficiaire.*— *Transaction.*— *Travaux publics.* — *Usage (droits d').* — *Usine.*— *Vente.*—*... de marchandises.* — *... publique de meubles.*

1. — Tout préjudice, quel qu'il soit, matériel ou moral, pourvu qu'il soit appréciable en argent, donne lieu à des dommages-intérêts. — 2ᵉ, 6 juin 1850 (Burée), xiv, 572.

2. — Un insensé ne peut encourir au-cune responsabilité civile, ni, par suite, être passible de dommages-intérêts pour les crimes ou délits qu'il commet. — 2ᵉ, 2 déc. 1853 (Arragon), xvii, 304.

3. — Un fait dommageable, contraire aux conventions privées des parties, fût-il autorisé par l'administration, peut donner lieu à une action devant les tribunaux civils, qui n'ont pas alors le droit d'ordonner la destruction des ouvrages autorisés, mais qui peuvent prononcer une condamnation à des dommages-intérêts pour la violation des conventions privées. — 2ᵉ, 10 janv. 1850 (Janson), xiv, 113.—*V. infrà,* vᵒ *Eau,* nᵒ 3.

4. — La résolution, pour inexécution des conditions d'une convention par laquelle un entrepreneur s'est engagé à construire un navire, oblige cet entrepreneur à indemniser le stipulant des frais et dépenses faits pour l'armement et le gréement du navire. Il y a là un dommage que l'on a pu prévoir lors du contrat, dommage résultant, directement, immédiatement, de l'inexécution de la convention.—4ᵉ, 30 mars 1852 (Epron), xvi, 129.

5. — Lorsque l'un des sociétaires d'un établissement de dressage a fait admettre, sous son nom et aux conditions particulières aux associés, dans ledit établissement, un cheval qui ne lui appartient pas, les propriétaires de ce cheval ne peuvent avoir plus de droits contre la société que cet associé lui-même. — *Conséquence :* si le cheval meurt par suite d'un accident prévu par les statuts comme ne pouvant donner lieu à aucun recours contre l'administration, les propriétaires de ce cheval ne peuvent réclamer aucune indemnité, alors même que l'accident aurait été causé par la mau-

vaise disposition des locaux de l'établissement.— 4e, 23 août 1853 (Duval), xvii, 274.

5 *bis*.—... Il en est surtout ainsi lorsque l'assoc'é, leur mandataire, était l'un des administrateurs de l'établissement, et connaissait, par conséquent, les dangers résultant de la mauvaise disposition des lieux. — *Id*..

5 *ter*.—... L'associé qui, dans les circonstances ci-dessus, a agi de bonne foi et dans l'intérêt des propriétaires du cheval, en le mettant dans l'établissement, ne peut être déclaré responsable de la perte de ce cheval.— *Id*..

6. — Lorsqu'une demande d'indemnité a été d'abord fixée à une somme qui est refusée par le défendeur, son adversaire est recevable à augmenter sa demande tant qu'il n'y a pas eu de contrat judiciaire. — Mais, dans ce cas, les intérêts de l'indemnité demandée ne sont dus que sur le pied de la demande primitive, jusqu'au jour où elle a été augmentée, et c'est à partir seulement de ce jour que les intérêts courent sur le pied de la demande nouvelle.—2e, 11 mai 1853 (Poriquet), xvii, 179·

DON MANUEL.—*V. Communauté conjugale.—Rapport. — Reprises matrimoniales.*

La preuve testimoniale sans commencement de preuve par écrit est admissible pour établir des libéralités faites par une mère à son fils, *mais en tant seulement qu'elles excèdent la quotité disponible.* — Les libéralités faites de la main à la main par une mère à son fils, indiquant l'intention de la mère de dispenser le donataire du rapport, la preuve testimoniale n'est *concluante* à

ce point de vue, et par conséquent admissible, que si l'on demande à prouver en même temps l'insanité d'esprit de la mère. — Dans ce cas, la preuve de l'insanité d'esprit n'est point admissible comme un moyen *direct* de nullité, mais seulement comme moyen *accessoire* d'éclairer la justice. — 2e, 29 déc. 1849 (Blot), xiv, 92.

DON MOBIL. — *V. Femme normande.*

En Normandie, le don mobil n'était pas, de sa nature, un gain de survie, mais bien une donation entre vifs et actuelle ; toutefois, les parties pouvaient, par leurs conventions, en faire un gain de survie, et c'est dans l'ensemble des dispositions du contrat de mariage que les juges doivent rechercher la commune intention des parties.— 1re, 6 juin 1844 (Gaultier), viii, 400.

DON MUTUEL. — *V. Donation entre époux.*

La renonciation à un don mutuel ne peut s'induire de simples inductions. Les intéressés ne peuvent surtout la faire résulter soit d'une lettre missive, soit de toutes autres écritures émanées de l'ayant-droit, mais qui ne s'adressent point à eux.— 2e, 16 déc. 1842 (Ulrich), vii, 3.

DON PROHIBÉ. — *V. Communauté religieuse.— Donation déguisée.* — V. aussi les diverses espèces de legs.

DONATION (entre-vifs). — *V. Acquiescement. — Acte sous seing privé. — Avancement d'hoirie. — Cession. — Communauté conjugale. — ... religieuse. — Contrat synallagmatique. — Demande nouvelle. — Don manuel. — ... mobil. — Dot. — Enre-*

gistrement. — Faillite. — Femme normande — Garant. — Intervention. — Majorat. — Obligation naturelle. — Partage d'ascendant.—Prescription.— Quotité disponible. — Rapport. — Ratification. — Remplacement militaire. — Remploi. — Rente viagère. — Succession bénéficiaire. — Testament (en gén.). — V. aussi les diverses espèces de donations et de legs.

Indication alphabétique.

1.—Sous l'empire de la Coutume de Normandie et même après la loi du 17 nivôse an II, les donations entre vifs étaient valablement faites pas acte sous seing privé. Par suite, une donation de cette nature consentie par un acte notarié nul, est valable, si cet acte porte la signature des parties.—C. cass., 24 déc. 1844 (de Montfleury), VIII, 675

1 bis. —Jugé, au contraire, que était nulle en la forme, sous l'empire de la Coutume de Normandie, la donation entre vifs faite dans un contrat de mariage sous seings privés.— 2e, 21 mai 1841 (Lefour), V, 222.

2.—La femme commune en biens ne peut, même avec le concours de son mari, donner entre vifs des immeubles de la communauté. Cette donation, en supposant qu'elle ne soit pas radicalement nulle, ne pourrait être que réputée faite par le mari, et ne produirait d'autre effet au respect de la femme que de la mettre hors d'état de l'attaquer ensuite. — Une telle donation serait révoquée de plein droit, pour le tout, par la survenance d'un enfant au mari après le décès de sa première femme.—2e, 3 mars 1843 (Varin), VII, 167.

3.—Jugé cependant que la prohibition de l'art. 1422 n'est pas absolue; qu'elle a été créée dans l'intérêt de la femme qui peut y renoncer et qui, par conséquent, a droit de faire, conjointement avec son mari, donation entre vifs des biens de la communauté à d'autres qu'à leurs enfants. —1re, 18 fév. 1850 (Adam), XIV, 239.

4.—La femme commune en biens peut, pendant le mariage, demander la nullité d'une donation entre vifs faite par elle conjointement avec son mari. Elle n'a pas besoin d'attendre la dissolution du mariage.—Id..

5.—L'acceptation d'une donation faite dans le même acte que cette donation, est valable lors même que l'acte aurait été signé à deux dates, et que le donataire aurait apposé sa signature un ou plusieurs jours avant le donateur.—1re, 25 janv. 1845 (Boitet), IX, 106.

6.—Lorsque, par un même acte, un père et une mère font donation de tous leurs biens à leurs enfants, et que la mère constitue en outre, comme charge de la donation, une rente viagère au profit de son mari, celui-ci ne peut accepter au nom de ses enfants mineurs la donation à eux faite par leur mère.— Trib. civ. d'Argentan, 22 fév. 1847 (Touzé), XIV, 503.—V. encore, en ce qui touche l'acceptation des donations, *infrà*, v° *Donation entre époux*, n° 1.

7.—Le créancier du donateur est sans qualité pour opposer au donataire mineur le défaut d'acceptation régulière de sa part.—1re, 15 juill. 1250 (Touzé), XIV, 508.

8.—L'acte qualifié donation entre vifs, pure, simple et irrévocable, par lequel un père dispose de ses biens au profit de ses enfants, est nul, si le donateur a déclaré se réserver la propriété, possession et jouissance des biens donnés. Il en est ainsi lors même que, dans des actes de vente postérieurs, le donateur aurait reconnu qu'il n'avait que l'usufruit des biens donnés, et que la propriété appartenait à ses enfants.—1re, 21 janv. 1841 (Vardon), V, 209.

9.—La donation d'un office ministériel dont un père se démet en faveur de son fils produit effet du jour de la donation, encore bien que la nomination par le gouvernement ne vienne qu'ultérieurement, cette nomination ayant force

de rétroactivité.—2e, 21 janv. 1853 (David), XVII, 97.

10.—Le concours du mari, soit par lui-même, soit par un mandataire ayant pouvoir d'autoriser, à un acte opérant donation par sa femme de la créance dont il est débiteur, vaut d'acceptation et par suite de saisine du donataire à l'égard des tiers.— 1re, 23 août 1852 (de Cairon), XVI, 273.

11.—La donation d'un droit d'habitation n'est pas une donation d'un bien susceptible d'hypothèque sujette comme telle à transcription.—2e, 21 janv. 1853 (David), XVII, 97.

12.—Un donataire peut se prévaloir du défaut de transcription d'une donation antérieure à la sienne.—1re, 15 mai 1844 (de Morlac), VIII, 259.

13.—Les créanciers chirographaires du donateur peuvent se prévaloir contre le donataire du défaut de transcription de la donation.—2e, 19 fév. 1841 (Lerebourg), V, 58.

14.—Jugé encore que la transcription d'un acte de donation peut valablement être faite après le décès du donateur, et peut être opposée à ceux de ses créanciers qui n'auraient pas d'inscription antérieure à la transcription.— 2e, 21 juill. 1842 (Tostain), VI, 564.

15.—Le tiers qui, connaissant la donation, a traité avec le donateur n'a pas en cela commis une fraude qui le rende non recevable à se prévaloir contre le donataire du défaut de transcription.— 1re, 9 nov. 1847 (Vautier), XI, 438.

16.—Jugé encore que lorsqu'une donation entre vifs n'a pas été transcrite, il est indifférent que le tiers qui se prévaut du défaut de transcription, soit convaincu par des faits particuliers d'avoir connu l'existence de cette donation. —1re, 28 déc. 1853 (Barassin), xi, 143.

17.—Est nulle une donation entre vifs faite en fraude des créanciers du donateur.—1re, 15 juill. 1850 (Touzé), xiv, 508.

18.—L'action révocatoire d'une donation peut être intentée toutes les fois que cette donation porte atteinte aux droits des créanciers, peu importe qu'il y ait eu ou non fraude de la part du donataire. La question de savoir s'il y a ou non préjudice pour les créanciers se résout par la constatation de l'état tant actif que passif de la fortune du débiteur au moment de la donation. On doit, sous ce rapport, comprendre dans le passif les dettes dont le titre existait antérieurement à la donation, bien que le paiement n'en fût exigible qu'à une époque postérieure; mais on doit rejeter toutes celles dont la préexistence à l'acte de donation n'est pas établie.— 2e, 14 mai 1847 (Godefroy), xi, 369.

19.— Les créanciers d'un donateur peuvent faire annuler la donation à titre singulier, comme faite en fraude de leurs droits, lorsqu'elle rend le donateur absolument insolvable; mais ils ne le peuvent qu'autant que l'existence de leur créance avant la donation est constante. Des obligations sous seing privé, souscrites par le donateur, ne suffiraient pas pour faire annuler la donation, si elles n'avaient pas acquis date certaine avant cette donation.—1re, 25 mai 1849 (Turmel), xiii, 370.

20.—Une donation entre vifs faite aux enfants nés et à naître du mariage, ne peut être attaquée par les créanciers du donateur qu'en présence d'un tuteur *ad hoc* nommé à ces enfants. Ni le père ni la mère ne peuvent représenter lesdits enfants sur cette instance.—1re, 17 juill. 1849 (Mazeline), xiii, 271.

21.—Le donateur peut opposer à sa libéralité, alors même qu'il dispose d'immeubles, en tant que ces immeubles sont disponibles, c'est-à-dire non soumis à un droit de réserve, la condition qu'ils seront insaisissables, et cette insaisissabilité est opposable d'une manière absolue aux créanciers du donataire antérieurs à la donation.—1re, 26 août 1850 (Letouzé), xv, 59.— 1re, 17 fév. 1851 (Letouzé), *ibid.*.

22.— Les héritiers actionnés pour la mise à exécution de donations faites par leur auteur, sont recevables à opposer à cette demande la nullité desdites donations, comme faites en fraude des droits des créanciers. Il en est surtout ainsi quand de leur côté ils ont des demandes reconventionnelles à former contre les donataires.—2e, 14 mai 1847 (Godefroy), xi, 369.

23.—Une donation portant à la fois sur des immeubles clairement désignés, sur des meubles présents dont un état n'a pas été dressé et sur des biens meubles à venir, peut être déclarée nulle pour tout ce qui est meuble, et valable pour tout ce qui est immeuble. Il en est surtout ainsi lorsque le donataire déclare renoncer à la partie de la donation portant sur le mobilier, pour s'en tenir à celle relative aux immeubles, tout en consentant rester grevé de la totalité des charges imposées par le donateur.—1re, 10 juin 1847 (Roulland), xi, 264.

24.—Une donation doit être faite en termes clairs et ne peut pas se présumer.

Dans le cas donc où il existe des doutes sur le véritable sens d'une donation, ces doutes doivent s'interpréter contre le donataire.—1re, 19 mars 1849 (Trolley), XIII, 144.

24 bis.—La donation faite par un père et une mère à leur enfant, de tous leurs biens meubles et immeubles dont ils se réservent l'usufruit, avec cette stipulation que s'il se trouve à leur domicile d'autres meubles que ceux qui sont spécifiés dans un état, ces meubles appartiendront au fils qui en pourra disposer, implique la cession au fils du commerce du père, et les actes de commerce faits par celui-ci sont réputés faits dans l'intérêt exclusif du fils et pour son compte ; on ne peut voir dans ces opérations la preuve d'une association entre le père et le fils. — 4e, 27 nov. 1849 (Caillard), XIII, 495.— V. infrà, n° 31.

25.—La clause par laquelle un donateur stipule qu'il ne sera tenu de payer la somme donnée qu'à l'époque où il le jugera convenable, sans être passible jusque là d'aucuns intérêts, est valable. Les donataires ne peuvent faire arbitrer par la justice le délai après lequel le donateur pourrait être tenu d'effectuer le paiement. — 1re, 18 mai 1841 (Flambart), v, 301.

26 — Lorsqu'une donation ne porte que sur des objets déterminés, le donataire, quelle que soit la valeur de ces objets, n'est tenu que des dettes mises à sa charge par l'acte de donation.—2e, 7 juin 1845 (Bauquet), IX, 465.

27.—L'art. 1978 du Code Napoléon portant que le seul défaut de paiement des arrérages d'une rente viagère n'au-

torise pas à demander la résolution du contrat, n'est pas applicable en matière de donation entre vifs, lorsque la rente viagère a été stipulée par le donateur comme charge de la donation —1re, 21 avril 1841 (Desrues), v, 128.

28.—En cas de donation d'objets mobiliers incorporels à la charge de rente viagère, le donateur peut poursuivre la résolution de la donation, et demander le renvoi en possession des biens donnés pour défaut de paiement des arrérages même contre les tiers acquéreurs de bonne foi.— Id.— V. infrà, v° Rente viagère.

29.—La donation entre vifs, que fait une fille à la seconde femme de son père, d'une rente viagère, peut n'être considérée, à raison des circonstances, que comme formant une condition de conventions synallagmatiques intervenues entre le père et la fille, et, par suite, subordonnée à l'existence ou à l'exécution desdites conventions. La donatrice peut, dans ce cas, en demandant la résolution pour cause d'inexécution de la convention principale, obtenir, par voie de conséquence, la résolution de la donation elle-même.— 4e, 13 juill. 1853 (Gagney), XVII, 299.

30.—Le donateur qui se présente à l'état d'ordre ouvert sur le prix d'un immeuble donné pour y être colloqué des créances résultant en sa faveur des charges imposées au donataire, ne renonce pas par là à demander la révocation de la donation pour cause d'inexécution des conditions, relativement aux autres biens compris dans le même contrat, s'il n'est pas venu en ordre utile, ou si la collocation par lui obtenue n'a pu le désintéresser complétement.—1re, 21 avril 1841 (Desrues), v, 128. — V. Anal., infrà, vᵒ Vente.

31.—Le donateur qui, au vu et au su du donataire, continue de jouir des biens par lui donnés, n'est comptable que de la valeur en revenu de ces biens.—2e, 1er déc. 1843 (Lepetit), vII, 609.—V. suprà, nᵒ 24.

32.—Une donation entre vifs doit être réduite avant les libéralités testamentaires, lorsque telle a été l'intention du donateur résultant et des conditions de la donation, et des circonstances dans lesquelles elle a été faite.—1re, 21 juill. 1852 (Lorieul), xvi, 311.—V. aussi 2e, 29 juin 1844 (Lemaître), vIII, 496, et infrà, vis Quotité disponible et Rapport.

DONATION A TITRE PARTICULIER.—... A TITRE UNIVERSEL.— V. Majorat.— V. aussi les diverses espèces de legs.

DONATION CONJOINTE. — V. Communauté conjugale. — ... religieuse. — Quotité disponible.

DONATION DE BIENS PRÉSENTS ET A VENIR.— V. Institution contractuelle. — V. aussi les diverses espèces de donations.

DONATION DÉGUISÉE.—... INDIRECTE.— V. Cession. — Don. entre époux. — Femme norm.. — Inventaire — Obligat. natur.. — Papier-monnaie. —Paraphernaux.—Rapport à success..

Indication alphabétique.

Acte d'incommunauté, 15	Dispense de rapport, 12 et s..
Bonne foi, 7.	Divisibilité, 10.
Conjoint, 8 et s..	Double écrit, 3.
Créance, 16.	Enfants, 8 et s., 15.
Dettes, 16.	État, 10.
Exécution, 6.	et s., 11 et s..
Fin de non-récev., 2, 6.	Présomptions, 5.
Immeubles, 10.	Preuve testimoniale, 5.
Imputation, 11.	Quittance, 16.
Insanité d'esprit, 4.	Rapport, 12 et s..
Intention, 4, 12 et s..	Réduction, 6 et s., 12 et s.
Legs, 17.	
Meubles, 10, 13.	Réserve d'usufruit, 9.
Nue-propriété, 11.	Réserve lég., 5 et s..
Nullité partielle, 10.	Simulation, 7.
Obligation sans cause, 4.	Successible, 11.
Partage d'ascendant, 16.	Tiers détenteur, 7.
	Validité, 1 et s..
Personne interposée, 8	Vente, 5 et s..
	Vilité de prix, 6.

1. — Une donation déguisée sous la forme d'un contrat à titre onéreux est valable, pourvu qu'elle ne porte atteinte à aucuns droits, et que les formalités de l'acte dont on a pris l'apparence aient été observées. — 2e, 2 avril 1846 (Varin), x, 218 — 1re, 10 juin 1847 (Roulland), xi, 263.

2. — ... Et peu importe, quant à la validité de l'acte, que le donataire ait commencé par soutenir que cet acte était à titre onéreux — 2e, 2 avril 1846 (Varin), x, 218.

3. —Id... Et il suffit, lorsque la donation a été déguisée sous forme d'un contrat synallagmatique, que l'acte porte la mention expresse qu'il a été rédigé en double original.— Id..

4. —L'obligation reconnue sans cause ne peut être maintenue comme donation indirecte, lorsque les faits et circonstances ne permettent pas de croire que le souscripteur, dont le grand âge avait affaibli les facultés intellectuelles, ait voulu sciemment faire une libéralité. — Aud. sol., 11 mars 1847 (Deschandeliers), xi, 129.

5. — Lorsqu'une vente est attaquée

comme contenant une donation déguisée faite en fraude de la réserve légale, les juges peuvent rechercher la vérité par la preuve testimoniale et par des présomptions graves, précises et concordantes. — 4e, 2 juin 1847 (Tranchant), XII 176.

6. — L'exécution donnée pendant plusieurs années à un acte de vente n'empêche pas de le considérer comme une donation déguisée, s'il y a eu simulation et vilité de prix. — Il doit par suite être réduit à la quotité disponible. — 1re, 2 déc. 1846 (Burot), x, 679.

7. — La réduction d'une vente considérée comme donation déguisée ne peut atteindre le tiers-détenteur des immeubles donnés, s'il n'est pas clairement établi qu'il connaissait parfaitement la position de son vendeur, et que, par conséquent, il était de mauvaise foi. — Id..

8. — L'art. 911 du Code Napoléon n'est pas applicable aux contrats passés entre des parents et leurs enfants ou le conjoint de l'un de ces derniers. — 1re, 1er juin 1841 (Drieu), vi, 386.

9. — Lorsqu'une aliénation a été faite par un père ou une mère au profit du conjoint de l'un de ses enfants avec réserve d'usufruit, l'aliénation n'est pas de plein droit réputée donation déguisée, et le conjoint considéré comme personne interposée; il y a lieu seulement de rechercher, d'après les faits et circonstances, si ce déguisement ou cette interposition existent réellement. — Id..

10.—La donation même déguisée sous la forme d'un contrat à titre onéreux et portant à la fois sur des immeubles clairement désignés, sur des meubles présents dont un état détaillé n'a point été dressé et sur des biens meubles à venir, peut être déclarée nulle pour tout ce qui est meuble et valable pour les immeubles. Il en est surtout ainsi lorsque le donataire déclare renoncer à la partie de la donation portant sur le mobilier, pour s'en tenir à celle relative aux immeubles, tout en consentant rester grevé de la totalité des charges imposées par le donateur.—1re, 10 juin 1847 (Roulland), xi, 263.

11. — La valeur en toute propriété et non pas seulement la valeur en nue-propriété d'un immeuble dont la nue-propriété seulement a été vendue à un successible ou à une personne interposée, doit s'imputer sur la quotité disponible. —2e, 30 nov. 1842 (Legallais), vi, 624.

12. — Les donations indirectes ou déguisées sont réputées faites avec dispense de rapport, sauf la réduction dans le cas où ces donations excèdent la quotité disponible. — 2e, 29 juin 1844 (Lemaître), viii, 496.

13. — Un avantage déguisé sous l'apparence d'un contrat à titre onéreux peut, suivant les circonstances, être déclaré sujet à rapport. — 2e, 18 août 1843 (Tirel), vii, 476.

14.— Les donations déguisées ne sont pas par elles-mêmes dispensées du rapport, mais il n'est pas nécessaire que cette dispense ait lieu en termes précis. — Les juges peuvent la faire résulter de l'intention du donateur, manifestée par les faits de la cause.— Spécialement, lorsqu'une donation déguisée excédant la quotité disponible a été faite sous la forme d'une acquisition d'immeubles par le père au profit de son fils, les

juges peuvent décider, d'après les circonstances de la cause, que le fils doit
rapporter à la masse non l'immeuble
acquis, mais seulement les sommes que
le père a déboursées pour lui lors de
l'acquisition, et en tant seulement que
ces sommes excèderaient la quotité disponible. — C., ch. req., rej., 20 mars
1843 (Lebas), VII, 320.

15. — Les avantages indirects faits par
un père à l'un de ses enfants, en lui
abandonnant sans titre le mobilier garnissant une ferme, sont sujets à rapport.
— On ne peut voir une dispense de
rapport dans l'acte par lequel le père
venant habiter avec son fils, reconnaît
posséder seulement quelques meubles
et effets mobiliers. — 1re, 14 juill. 1847
(Sorel), XI, 421.

16. — L'enfant qui, par suite d'un
partage d'ascendant, a déjà reçu le montant de la quotité disponible, ne peut,
par une voie indirecte, recevoir ou conserver aucun autre avantage au préjudice
de ses cohéritiers. — Il doit donc le rapport de ce qu'il devait à son père, et dont
celui-ci lui a donné quittance, s'il est
établi que le versement des deniers n'a
réellement pas été opéré. — Il doit aussi
faire le rapport du montant des dettes
que son père a payées pour lui. — 1re,
2 fév. 1847 (Vrac), XI, 52.

17 — Un legs ne peut, sous le point de
vue du rapport à faire à la succession du
testateur, influer en rien sur une donation
même déguisée, précédemment faite par
lui. — 2e, 29 juin 1844 (Lemaître), VIII,
496. — V. suprà, vo Donation, no 32.

DONATION ENTRE ÉPOUX.
— V. Donation (entre vifs) — ... par contrat de mariage. — Dot. — Institution
contractuelle. — Inventaire. — Papier-
monnaie. — Paraphernaux. — Quotité disponible. — Usufruit.

Indication alphabétique.

1. — Les libéralités faites à des tiers,
comme condition des donations que se
font les époux entre eux par contrat de
mariage, n'ont pas besoin d'acceptation
pour leur validité. — 2e, 18 déc. 1847
(Perrotte), XI, 603. — V., en ce qui touche
l'acceptation des donations, suprà, vo Donation entre vifs, nos 5 et s..

2. — Une donation mutuelle et réciproque faite entre époux normands
depuis la loi du 17 nivôse an II, a pu

valablement comprendre les biens dotaux de la femme. — C. cass., 24 déc. 1844 (de Montfleury), VIII, 675.

3. — Un mari peut avantager sa femme en créant des rentes viagères sur leurs deux têtes et à leur profit.—1re, 25 avril 1842 (Dubost), VI, 636.

4. — Est nulle pour le tout, et non pas seulement réductible, la donation déguisée sous forme d'apport dans un contrat de mariage, et faite par un époux au préjudice des enfants issus de son premier mariage. — 2e, 30 avril 1853 (Margueritte), XVII, 184.—V. *infrà*, n° 10.

5. — Une donation entre vifs de biens immeubles, consignée dans un contrat de mariage, et faite par l'un des époux à son conjoint, est soumise à la formalité de la transcription. — Cette donation, si elle n'a pas été transcrite, ne peut être opposée à celui qui a acquis l'immeuble du donateur lui-même. — 1re, 9 nov. 1847 (Vautier), XI, 438.

6. — Les créanciers chirographaires du donateur ne sont pas recevables à critiquer la transcription d'une semblable donation, lors même que cette transcription n'aurait eu lieu que très-longtemps après le mariage, mais avant aucun acte d'exécution de leur part sur les biens donnés.—Trib. civ. d'Argentan, 16 fév. 1848 (Mazeline), XIII, 271.

7. — La disposition par laquelle une femme donne à son mari par contrat de mariage la propriété de son mobilier, à charge de verser une somme à un enfant naturel qu'elle avait eu avant son mariage, doit recevoir son exécution, si la somme donnée à l'enfant naturel n'excède pas la part qui lui est assurée par la loi dans la succession de sa mère.

— 2e, 13 déc. 1847 (Perrotte), XI, 603.

8. — Le mari donataire par contrat de mariage, pour le cas de survie, d'une partie de la fortune de sa femme, n'est pas tenu, arrivant le décès de celle-ci, de former contre ses héritiers une demande en délivrance. — 1re, 15 fév. 1848 (Cécile), XII, 106.

9. — La stipulation de remport d'une chambre garnie insérée dans un contrat de mariage passé sous la Coutume de Normandie, établissait une véritable donation imputable sur la quotité disponible.—2e, 30 mai 1845 (Mofras), IX, 421.

10. — Lorsqu'un époux ayant des enfants d'un premier mariage convole en secondes noces, les enfants issus de cette nouvelle union ne peuvent, en cas de décès des enfants du premier lit pendant la durée du second mariage, attaquer les clauses des conventions matrimoniales de leurs père et mère, comme faites en fraude des dispositions de l'art. 1098 du Code Napoléon. — Les art. 1496 et 1527 du même code, n'accordent ce droit qu'aux enfants du premier lit. — 2e, 24 avril 1841 (Hubert), V, 170.—V. *suprà*, n° 4.

11. — Lorsque, dans une donation contractuelle faite avant le Code Napoléon, le donateur s'est reporté pour l'étendue de cette donation, à la loi qui existerait à l'époque de son décès, c'est cette même loi qui doit servir de base pour les charges imposées au donataire à l'occasion de cette libéralité. — 2e, 11 mai 1848 (Fortin), XII, 494.

12. — Lorsqu'un mariage a été contracté postérieurement à la loi du 17 nivôse an II, mais avant la promulgation du Code Napoléon, les donations faites

par les époux l'un à l'autre ne peuvent être annulées ou réduites, ni en vertu de l'art. 410 de la Coutume de Normandie, cet article ayant été abrogé par la loi du 17 nivôse, ni en vertu de l'art. 1099 du Code Napoléon, auquel on ne peut faire produire un effet rétroactif — 2e, 18 nov. 1842 (Lenfant), vi, 696.

13. — On doit se garder de confondre le cas où les époux ont stipulé que la communauté appartiendrait au survivant des deux, et celui où ils se sont fait donation en faveur du survivant de la part appartenant, dans la communauté, au prédécédé. Dans le premier cas, c'est l'art. 1525 du Code Napoléon qui est applicable; dans le second, ce sont les articles concernant les donations et la quotité disponible.— 2e, 27 janv. 1844 (Rondel), viii, 54.

14. — La clause d'un contrat de mariage portant que les époux se donnent au survivant l'un de l'autre tout ce que la loi leur permet de donner, peut être exécutée dans un sens plus restreint, si, des clauses du contrat ainsi que d'actes postérieurs, il résulte d'une manière certaine que les époux s'étaient trompés sur la latitude que leur donnait la loi, et que leur intention n'était point de s'avantager d'une manière aussi large. — 2e, 4 déc. 1846 (Barbey), x, 604.

15.—Lorsque, par contrat de mariage, les époux ont déclaré que, pour le cas où ils laisseraient des enfants issus de leur union, ils entendaient se faire tous les avantages permis par la loi, le survivant doit être considéré comme donataire de un quart en pleine propriété et un quart en usufruit. — 2e, 27 janv. 1844 (Rondel), viii, 54. — V. infrà,

n° 17.

16. — Lorsque, par contrat de mariage, les futurs époux se sont fait donation au survivant des deux de l'usufruit de tous leurs biens ou de tous leurs immeubles, cette donation doit, en cas d'existence d'enfants, être réduite à l'usufruit de la moitié des biens donnés. L'époux survivant ne pourrait réclamer un quart en propriété et un quart en usufruit. — 2e, 26 mars 1843 (Massieu), vii, 159.

16 bis.—... Mais s'il a été stipulé que, en cas de réduction de la donation ci-dessus pour cause de survenance d'enfants, les époux entendent se donner tout ce dont les lois actuelles et futures leur permettent et permettront de disposer, c'est la portion disponible la plus étendue qui doit être accordée à l'époux survivant, c'est-à-dire que l'usufruit total qui lui avait été donné doit être converti en un quart en propriété et un quart en usufruit.— Id..

17. — Lorsque, par testament, un époux a déclaré léguer à son conjoint tout ce dont la loi lui permettait de disposer, ce legs comprend un quart en propriété et un quart en usufruit. (V. suprà n° 15.) — On ne peut voir une renonciation de la part du légataire à ce droit de propriété dans certains faits, tels que, par exemple, celui de s'être, dans une déclaration pour les droits de mutation, présenté comme simple usufruitier, lorsque ces faits peuvent recevoir une autre explication.— 2e, 25 juin 1845 (Jubé), ix, 569.—V. Legs (en gén.).

18.—La donation faite par un époux à son conjoint de la propriété de tous les meubles et de l'usufruit de tous les immeubles qu'il laissera à son décès, doit, lorsqu'il existe des enfants, être réduite sur les meubles en propriété, et sur les immeubles en usufruit, mais, dans ce cas, la quotité disponible doit être calculée sur la totale succession, de telle sorte que le donataire ait sur les meubles un quart en propriété, et sur les immeubles un quart en usufruit de l'hérédité tout entière. — 2e, 31 déc. 1852 (Pernelle), xvii, 61.

19. — Une donation réciproque faite entre époux par contrat de mariage « *en propriété de tous les biens meubles et conquêts immeubles appartenant à la communauté, en jouissance par usufruit de tous les biens immeubles propres et singuliers du prédécédé*, etc... » comprend non-seulement les immeubles acquis pendant le mariage, mais encore les meubles qui sont tombés dans la communauté du chef de l'époux prédécédé. — 1re, 19 mars 1849 (Trolley), xiii, 144.

20.—La déclaration consignée dans un contrat de mariage que l'un des époux se réserve, comme propre dotal, une somme d'argent, est une immobilisation fictive de cette somme, qui doit la faire comprendre dans la donation en usufruit des immeubles propres du donateur.—1re, 19 mars 1849 (Trolley), xiii, 145.

21.—L'époux donataire seul peut se prévaloir des dispositions de l'art. 1094 du Code Napoléon pour réclamer les donations à lui faites qui excéderaient les limites de la quotité disponible fixée par les art. 913 et suivants du même code ; les autres donataires venant en concours avec l'époux qui leur serait

préférable par l'antériorité des donations à lui faites, n'auraient pas ce droit ; pour eux il n'y a pas d'autre quotité disponible que celle fixée par les art. 913 et suiv..—2e, 16 juin 1847 (Gallet), xi, 407.

22.—L'époux qui a disposé de l'usufruit de la moitié de ses biens en faveur de son conjoint, ne peut plus disposer au profit de l'un de ses enfants, ou d'un étranger, que de la différence de valeur entre l'estimation de cet usufruit, transformé en toute propriété, et la quotité disponible. — 1re, 3 janv. 1849 (Gruel), xiii. 20. — V. *Legs (en gén.)*.

23.—Lorsque dans une succession se présentent à la fois l'époux donataire en usufruit de toute la succession et un légataire de la quotité disponible, l'époux donataire qui a demandé l'exécution de la donation, ce qui a pour résultat d'anéantir ou au moins de diminuer le legs de la quotité disponible en nue-propriété, ne peut plus postérieurement restreindre à son usufruit la quotité disponible, en tant que cette renonciation aurait pour résultat de faire attribuer au légataire la nue-propriété de ladite quotité.—*Id.*.

24.—Lorsqu'une donation en usufruit a été faite par contrat de mariage à l'époux survivant, il y a lieu, pour déterminer si la quotité disponible fixée par les art. 913 et suiv. du Code Napoléon est ou non épuisée, d'estimer quelle est, d'après les circonstances, la valeur à laquelle cet usufruit peut équivaloir en pleine propriété. Cette estimation doit être faite d'après les probabilités existantes au moment du décès du donateur, et non d'après le temps qu'a duré en réalité l'usufruit du donataire.— 2e, 26 mars 1843 (Massieu), vii, 159.—V. *infrà*, v° *Usufruit*.

25.—Lorsque dans un contrat de mariage il a été stipulé que dans le cas où les héritiers contesteraient la donation en usufruit faite par l'un des époux à son conjoint, celui-ci aurait droit de se faire délivrer la quotité disponible en entier, cette clause pénale n'est pas encourue parce que les héritiers, sans élever de contestation sur la donation en elle-même, demandent cependant que le donataire, à raison de sa position embarrassée, soit astreint à fournir caution. —4e, 18 fév. 1845 (Lebosquain), ix, 185.

26.— Les donations mutuelles entre époux des biens que le prémourant laisserait à son décès, faites pendant le mariage, sous l'empire de la loi du 17 nivôse an II, ne pouvaient être révoquées par l'un des époux, à l'insu de l'autre.— C. cass., 22 mars 1841 (de Réméon), v, 148.—C. cass., 24 déc. 1814 (de Montfleury), viii, 675.

27.— Sous l'empire de la loi du 17 nivôse an II, les donations mutuelles entre époux pouvaient valablement être stipulées irrévocables. Une telle clause doit recevoir son exécution, alors surtout que le mariage a été fait dans une province dont la coutume ne s'opposait pas à l'irrévocabilité des donations mutuelles, mais y apportait seulement quelques restrictions. — 2e, 16 déc. 1842 (Ulrich), vii, 3.

28.—La séparation de corps prononcée contre un époux n'emporte pas de plein droit, comme le divorce, révocation des dons et avantages à lui faits par son conjoint.—C. cass., 21 déc. 1842

(Lefoulon), vii, 188.— 2e, 23 mai 1845 (Robine), ix, 289.—V., en sens contraire, *infrà*, nos 32 et s..

29.— *Id*... Mais ces dons et avantages sont révocables pour cause d'ingratitude aux termes des art. 953 et 955 du Code Napoléon. L'art. 959 du même code n'est applicable qu'aux donations faites par des tiers aux époux en faveur de leur mariage.—1re, 18 juill. 1843 (Angoville), vii, 385.—Cour de Rennes (Lefoulon), ix, 264.—2e, 16 août 1845 (Leharivel), ix, 696. — 2e, 22 août 1845 (Chédeville), x, 8.— *Contrà*, C. cass., 21 déc. 1842 (Lefoulon), vii, 188.

30.—Jugé encore que, en supposant que les donations entre époux soient révocables pour cause d'ingratitude et que la prescription ne courre pas entre époux contre l'action révocatoire, les juges doivent examiner si les faits qui ont suffi pour motiver la séparation de corps présentent les caractères de gravité indiqués par l'art. 955 du Code Napoléon pour la révocation des donations. 2e, 23 mai 1845 (Robine), ix, 289.—V. encore *infrà*, n° 34.

31.—Jugé de même que le jugement qui prononce la séparation de corps n'a point autorité de chose jugée, quant à l'appréciation des faits, sous le point de vue de la révocation des donations. —*Spécialement*, la séparation de corps a pu être prononcée contre un époux pour sévices ou injures graves qui rendaient la vie commune insupportable, sans que cependant ces faits doivent entraîner la révocation des donations, parce qu'ils émanaient d'un époux qui ne jouissait pas de la plénitude de ses facultés intellectuelles.—2e, 16 août 1845

(Leharivel), ix, 696.

22.—Jugé contrairement aux solutions ci-dessus que la séparation de corps, comme le divorce, entraîne de plein droit, à l'égard de l'époux contre lequel elle a été prononcée, la révocation des donations à lui faites par son conjoint. —C., chambres réunies, rej., 23 mai 1845 (Lefoulon), ix, 264.—1re, 1er juill. 1845 (Lepelletier), ix, 457.—2e, 7 janv. 1847 (Harel), xi, 55.— 1re, 28 mars 1849 (Bossard), xiii, 156.

33.—Id... Et l'action en révocation n'a pas besoin d'être isolément présentée.—2e, 5 juill. 1849 (Loysel), xiii, 367.

34.—... Mais les héritiers d'une femme demanderesse en séparation de corps, décédée pendant l'instance, ne peuvent reprendre cette instance pour faire prononcer la révocation des avantages stipulés au profit du mari dans le contrat de mariage. Ils ne pourraient intenter qu'une action en révocation de ces donations pour cause d'ingratitude de la part du donataire, mais en se conformant aux dispositions des art. 953, 955 et 957 du Code Napoléon.—4e, 20 mars 1849 (Garnier), xiii, 120. — V. suprà, nos 29 et s.

DONATION PAR CONTRAT DE MARIAGE. — V. Acquiescement.— Action.— Donation (entre vifs).—... entre époux. — Dot. — Émigré. — Institution contractuelle. — Quotité disponible.—Rapport.—Usufruit.

1.—La disposition d'un contrat de mariage par laquelle un père réserve un de ses enfants à sa succession future, et assure au conjoint de cet enfant l'usufruit de la moitié de la part de l'enfant prédécédé, ne l'empêche pas de disposer de la quotité disponible au profit de ses autres enfants. Dans ce cas, l'époux survivant n'a droit qu'à la moitié en usufruit de la réserve légale qu'aurait eue à prétendre son conjoint.— 1re. 3 août 1847 (de Roncherolles), xi, 423.

2.—Jugé de même que la donation contenue dans un contrat de mariage, par laquelle le père et la mère d'un des époux assurent à l'autre époux la propriété ou l'usufruit de la part qu'aurait eue dans leur succession leur enfant en cas de survie, ne les empêche pas de disposer de la quotité disponible. L'époux survivant n'a droit qu'à la réserve légale qu'aurait eue à prétendre l'enfant prédécédé.— 1re, 26 janv. 1853 (Marie), xvii, 189.— 1re, 6 juin 1853 (James), xvii, 220.—V. encore infrà, vo Institution contractuelle.

3.—Lorsqu'une donation par contrat de mariage est faite par le père de l'un des futurs aux futurs, ce accepté par ceux-ci, l'objet de la donation doit se partager par moitié entre les deux époux.—1re, 7 août 1848 (Corbel), xii, 242.

4.—La donation faite par contrat de mariage par un père au profit de son fils, n'est pas un acte de simple libéralité ; elle a le caractère d'un acte à titre onéreux. Dès lors, la révocation de cette donation ne peut être demandée par les créanciers du donateur, comme ayant été faite en fraude de leurs droits, si les époux ont été de bonne foi ; il suffit même de la bonne foi de la femme pour que la donation produise ses effets pendant la durée du mariage, et tant qu'il y aura des enfants issus de ce mariage.

—2e, 21 janv. 1853 (David), XVII, 97.

5.—L'art. 10 de l'ordonnance de 1731 qui déclarait valables les donations entre vifs de biens présents faites par contrat de mariage aux enfants à naître, soit par les conjoints eux-mêmes, soit par les ascendants ou parents collatéraux, ou même par des étrangers, n'a été abrogé par aucune loi antérieure à l'art. 1081 du Code Napoléon; par suite, est valable une donation de cette nature faite sous l'empire de la loi du 4 germinal an VIII. — 2e, 5 août 1847 (de Joviac), XI, 472.

6.—Une donation entre vifs faite par des futurs dans leur contrat de mariage aux enfants nés et à naître de leur union ne peut être attaquée par les créanciers du donataire qu'en présence d'un tuteur *ad hoc* nommé à ces enfants. Ni le père ni la mère ne peuvent représenter leurs enfants sur cette instance.—1re, 17 juill. 1849 (Mazeline), XII, 271.

DOT.— *V. Acquiescement.* — *Appel en matière civile.*—*Communauté conjugale.* — *Contrat de mariage.*—*Degré de juridiction.*—*Donation entre époux.* —... *par contrat de mariage.*—*Droits litigieux.*—*Émigré.*—*Faillite.*—*Femme normande.*—*Hypothèque légale des femmes.*—*Inventaire.*—*Jugement interlocutoire.*—*Ordre.*—*Paraphernaux.* —*Partage.*—... *d'ascendant.*—*Prescription.*—*Puissance maritale.*—*Quotité disponible.*—*Rapport à succession.* —*Remploi.*—*Rétention (droit de).*— *Revendication.*—*Saisie immobilière.*— *Séparation de biens.* — *Société d'acquêts.*—*Testament (en gén.).*—*Tiers détenteur.*—*Usufruit légal des père et mère.*—*Vente.*—... *publique d'im-* meubles.

Indication alphabétique.

1. — La constitution en dot de tous les biens *présents et à venir* ne comprend pas les biens qui ne sont échus à la femme qu'après la dissolution du mariage. — C. cass., 7 déc. 1842 (Jourdan), VII, 39.

2. — La simple déclaration que les époux se soumettent au régime dotal ne suffit pas pour frapper de dotalité tous les biens de la femme qui n'ont pas fait l'objet d'une constitution particulière. — Dans ce cas, les biens de la femme restent donc paraphernaux. — 2e, 23 juin 1841 (Corbin-Desmanneteaux), VII, 110.

3. — Si la loi n'exige pas de termes sacramentels pour la constitution de dot après adoption du régime dotal, il faut au moins que les époux aient clairement exprimé leur volonté à cet égard. — *Spécialement*, la déclaration que les époux adoptent le régime dotal avec société d'acquêts, et la stipulation que les futurs « *entendent s'épouser avec tous les droits qui leur appartiennent alors et tous ceux qui pourraient leur échoir par la suite à quelque titre que ce soit,* » n'équivaut pas à une constitution en dot de tous les biens présents et à venir de la femme; ces biens restent paraphernaux, et par conséquent de libre disposition. — 2e, 19 juin 1845 (Hélouis), IX, 485.

4. — La soumission au régime dotal peut résulter de l'ensemble des dispositions du contrat de mariage, il n'est pas

besoin d'une déclaration expresse. — *Spécialement*, lorsque les époux, après avoir déclaré se marier sous le régime de la communauté, ont stipulé que les immeubles présents et à venir de la femme ne pourraient être hypothéqués pendant le mariage, et aliénés qu'à charge d'un bon et valable remplacement, le régime matrimonial qui les gouverne est non le régime de la communauté, mais le régime dotal, alors surtout que, dans un article spécial, la femme s'est *constituée en dot* tous ses biens présents et à venir. — 1re, 11 fév. 1850 (Lefortier), xiv, 232.

5. — La déclaration que des époux adoptent le régime dotal, et la stipulation que les biens immobiliers de la future seront, « *au cas de perception par* « ledit futur, *remplacés* en fonds et « biens immeubles, qui resteront et « appartiendront à ladite future, *pour* « *tenir son nom, côté et ligne*, et aux « enfants qui naîtront dudit mariage, » équivaut à une constitution en dot des biens immeubles présents de la future. Mais cette constitution implicite conçue en termes généraux, ne peut comprendre les immeubles à venir; aux termes de l'art. 1574 du Code Napoléon, ces biens restent paraphernaux et de libre disposition. — 4e, 2 mars 1811 (Guitton), v, 143. — V. *supra*, vo *Contrat de mariage*, nos 16 et s.

6. — Lorsque les époux ont expressément déclaré adopter le régime dotal, la constitution des biens dotaux n'a pas besoin d'être stipulée en termes formels, elle peut s'induire des dispositions du contrat, et, notamment, de la stipulation que la future est promise « avec

« les biens, droits et prétentions qui « pourront lui écheoir et appartenir des « successions de ses père et mère ou « autrement, *desquels biens, droits et* « *prétentions le futur aura* la gestion « et administration comme époux. » — Il en est surtout ainsi lorsque la future s'est réservée de remporter, en cas de prédécès du mari, son apport mobilier ainsi que les capitaux de ses biens aliénés et non remplacés, *en exemption de toutes dettes*. — 1re, 18 mai 1842 (Chevrel), vi, 257. — V. *supra*, vis *Communauté conjugale*, nos 24 et s., et *Contrat de mariage*, nos 25 et s..

7. — L'immeuble donné en paiement d'objets mobiliers dotaux n'est pas dotal; il fait partie de la société d'acquêts établie entre les époux, sauf la récompense due à la femme pour la valeur des objets mobiliers qui ne lui sont pas délivrés en nature. — 2e, 11 déc. 1841 (Leblanc), v, 438.

8. — Le père qui, par contrat de mariage, a constitué une dot à sa fille, ne peut pas, lorsqu'on lui réclame le paiement de cette dot, opposer en compensation les sommes qu'il prétend avoir avancées pour son gendre, en remboursant des billets souscrits par celui-ci, alors surtout que ces billets étaient antérieurs au mariage, et que la signature en est méconnue. — 2e, 24 nov. 1848 (Burnel), xii, 563.

9. — Lorsque le débiteur de la dot d'une femme s'engage solidairement dans un acte d'emprunt avec le mari, et qu'il est constant que celui-ci a touché la totalité des deniers empruntés, le débiteur de la dot doit être réputé avoir emprunté pour lui-même somme néces-

saire à sa propre libération, et être seulement demeuré caution du mari pour le surplus, de sorte que la dot doit être considérée comme payée par l'effet seul de l'acte d'emprunt. — 2e, 30 juin 1843 (Crespin, vii, 364. — V. aussi *suprà*, v° *Contrat de mariage*, n° 5, et *infrà*, v° *Faillite*.

10. — La dot mobilière est inaliénable, comme la dot immobilière. — 1re, 16 août 1842 (Cusson), vi, 539. — 2e, 18 avril 1833 (Gallard), xii, 589.

11. — *Id*... Par suite, le mari, pendant le mariage, la femme, après séparation de biens, ne peuvent disposer des biens dotaux mobiliers que dans un intérêt de conservation et d'administration.—4e, 7 fév. 1853 (Lailler), xvii, 129.

12. — *Id*... Le mari peut néanmoins valablement aliéner les rentes dotales de sa femme. La seule conséquence de l'inaliénabilité de ces rentes, c'est que la femme ne peut jamais, pendant la durée du mariage, renoncer directement ou indirectement au recours qu'elle a contre son mari, en vertu de son hypothèque légale. — 1re, 13 juill. 1848 (Cahagne), xii, 257.

13. — Lorsque des époux sont mariés sous le régime dotal, le mari peut recevoir les capitaux appartenant à sa femme sans que les débiteurs soient en droit d'exiger de lui un remploi, ou du moins de le faire exécuter eux-mêmes. — 2e, 31 juill., 1845 (Lecoq de Beausamy), ix, 592.

14. — Une femme qui a des créances constituées sous le régime dotal peut acheter un immeuble avec les deniers qui proviennent de ces créances, sans indiquer l'origine des deniers avec lesquels elle a payé, et quoiqu'il y ait entre les époux société d'acquêts. — 2e, 27 janv. 1848 (Bernard), xii, 530.

15. — Lorsqu'une femme mariée sous le régime dotal a fait don à sa fille, en la mariant, d'une créance dotale, cette créance cesse d'être indisponible en vertu du contrat de mariage de la mère, et c'est au contrat de mariage de la donataire qu'il faut se référer pour savoir à quelles conditions le débiteur peut se libérer. — 2e, 26 nov. 1835 (Hamelin), xii, 604.

16. — La prohibition d'aliéner stipulée dans un contrat de mariage emporte nécessairement la prohibition d'hypothéquer. — 1re, 14 mai 1850 (Groult), xiv, 337.

17. — Lorsque l'on se trouve dans l'un des cas où, aux termes de l'art. 1558 du Code Napoléon, la vente du fonds dotal pourrait être autorisée, les tribunaux peuvent permettre à la femme de contracter un emprunt avec affectation hypothécaire sur ses biens dotaux. — 2e, 7 mars 1845 (Barassin), ix, 181. — 1re, 3 mai 1852 (Hervieu), xvi, 174.

18. — Les revenus de la dot sont inaliénables, comme la dot elle-même; ainsi, le créancier porteur d'obligations souscrites par la femme avant la séparation de biens, ne peut poursuivre l'exécution de sa créance sur les fruits échus depuis la séparation, ni même sur la portion de ces fruits qui excèderait les besoins du ménage.—4e, 26 mars 1845 (Philippe), ix, 693. — 4e, 22 déc. 1845 (Jouis), x, 81. — C. cass., 4 nov. 1846 (Moutier), xi, 127. — 2e, 19 nov. 1847 (Busselol), xi, 502. — 1re, 11 fév. 1850 (Lefortier), xiv, 232.

19. — Les fruits des biens dotaux nécessaires à la subsistance de la famille, sont insaisissables pour dettes contractées pendant le mariage, quoique la femme ne soit pas séparée de biens. — 4e, 16 déc. 1845 (Mignot), x, 666.

20. — Les tribunaux peuvent, pour empêcher l'expropriation d'immeubles dotaux hypothéqués, autoriser le créancier, sur la demande de la femme, à faire vendre devant notaire, sous le nom de sa débitrice, d'autres immeubles non affectés à sa créance. — 4e, 28 mars 1848 (Rollin), xii 66.

21. — Une femme mariée sous le régime dotal ne peut, avec la seule autorisation de son mari, aliéner ses biens dotaux pour satisfaire aux obligations par elle prises envers ses enfants dans leur contrat de mariage; l'autorisation de la justice lui est nécessaire, et la vente doit être faite aux enchères conformément aux dispositions de l'art. 957 du Code de procédure; en un mot, c'est l'art. 1558 et non l'art. 1556 du Code Napoléon qui est applicable à ce cas.— 2e, 23 avril 1847 (Busnel), xi, 206.

22. — La femme mariée sous le régime dotal, qui s'est réservée la faculté d'aliéner et d'hypothéquer ses immeubles constitués en dot, ne peut être poursuivie sur ces immeubles pour le paiement d'obligations purement chirographaires. — 4e, 23 mai 1848 (Lamarche), xii, 438.—C., ch. req., rej., 3 avril 1849 (Lamarche), xiii, 208.

23. — Les dettes qui n'ont pas date certaine antérieure au mariage ne peuvent s'exécuter sur la dot après la dissolution du mariage. — Le créancier ne peut être admis à prouver par témoins ou par présomptions que les dettes ont été contractées par la femme avant son mariage. — 2e, 19 nov. 1829 (Hallot), xii, 558.

24. — Bien qu'en général une femme mariée sous le régime dotal ne puisse être admise à aliéner ses biens dotaux pour dettes déjà contractées, les tribunaux peuvent cependant, suivant les circonstances, autoriser la vente des biens dotaux pour l'acquit de dettes que la femme s'est vue contrainte de faire avant de recourir à la justice.— 2e, 7 mars 1845 (Darassin), ix, 181.—V. infrà, nos 46 et s., 111.

25. — Lorsqu'une femme s'est mariée sous le régime dotal avec constitution en dot de tous ses biens présents et à venir, les obligations par elle contractées pendant le mariage peuvent être exécutées sur les biens qui lui sont échus depuis sa dissolution. — C. cass., 7 déc. 1842 — (Jourdan), vii, 39.

26. —L'obligation contractée, sans autorisation préalable, par une femme mariée sous le régime dotal, peut être exécutée sur ses biens dotaux, s'il est prouvé que le montant a tourné au profit de la femme et de ses biens dotaux.—4e, 5 nov. 1851 (Martin), xv, 282.

27. —Les valeurs recueillies dans une succession par une femme dotale ne peuvent être considérées comme dotales, et à ce titre inaliénables, tant qu'elles n'ont pas été dégrevées de leur passif. La femme a donc le droit de vendre les biens recueillis et d'en déléguer le prix aux créanciers de la succession. — 1re, 3 mai 1852 (Hervieu), xvi, 174.—2e, 9 juin 1852 (Duclos), xvi, 232.—V. infrà, nos 42 et s..

28. —L'héritier d'une femme dotale qui accepte sa succession purement et simplement devient passible de toutes

les obligations par elles contractées pendant le mariage, et ces obligations peuvent être exécutées sur les biens dotaux recueillis dans la succession, lors même qu'un inventaire aurait été dressé.—1re, 4 mars 1841 (Samson), v, 92.

29.—Si l'héritière d'une femme dotale est une femme dotale elle-même, les biens dotaux qui lui sont échus, ne peuvent dans ses mains être affectés aux obligations souscrites soit par elle-même, soit par son auteur.—Id..

30.—Le principe de l'inaliénabilité de la dot souffre exception au cas de condamnation de la femme pour délit ou quasi-délit.— 4e, 10 août 1842 (Patris), vi, 620.—1re, 20 mai 1844 (Legrand), viii, 241.—2e, 18 déc. 1846 (Groult), x, 599.

31.—Id... Et les déclarations mensongères faites par la femme dans un acte constituent un quasi-délit, à moins qu'elles ne soient le résultat d'un concert frauduleux entre les parties pour arriver indirectement et illégalement à l'aliénation des biens dotaux.—2e, 24 juill. 1851 (Lelarge), xvi, 88.— 2e, 4 mars 1852 (Mouley), xvi, 88.

32.—Id... Et le quasi-délit peut résulter non-seulement d'un fait in committendo, mais encore d'une omission, d'une simple réticence dans un contrat. —1re, 1er déc. 1851 (Chéradame), xvi, 57.

33.—Mais la femme dotale ne peut être réputée avoir commis un quasi-délit donnant action sur sa dot qu'autant qu'il y a eu fraude de sa part. Elle est donc recevable lorsque, après séparation de biens, elle a accepté sans intention frauduleuse, en paiement de ses reprises, un usufruit qui n'existait plus faute de transcription de l'acte constitutif de cet usufruit, à réclamer sa créance dotale au préjudice des créanciers de son mari. Elle ne peut être réputée avoir eu une intention frauduleuse si les emprunts contractés par le mari n'ont eu lieu que plusieurs années après l'acceptation de la cession, et qu'elle n'ait pas sisté aux actes d'emprunts, lors desquels, d'ailleurs, il n'a même pas été question de cette cession d'usufruit. —2e, 30 juill. 1853 (Yvon), xvii, 281.

34.— L'aliénation de biens dotaux ne peut être autorisée pour acquitter dans les mains de l'avoué d'une femme les frais d'un procès irraisonnable soutenu par elle à l'occasion de ces biens.—1re, 6 juill. 1842 (Henry), vi, 613.—V. suprà, vo Dépens, no 10.

35.— Id... A moins de circonstances spéciales.—1re, 27 août 1851 (Legrix de la Fontelaye), xv, 310.

36.—Mais l'aliénation de tout ou partie de la dot peut être autorisée par les tribunaux pour payer les frais et honoraires dus aux avocats et avoués pour la défense des biens dotaux.—1re, 12 janv. 1853 (Levéel), xvii, 96.

37.—Id.... Les frais faits par une femme mariée sous le régime dotal, soit pour obtenir sa séparation de biens, soit pour se faire autoriser à vendre ses immeubles dotaux dans les cas déterminés par la loi, sont considérés comme faits pour la conservation de la dot, et peuvent par conséquent être payés sur le prix des biens dotaux aliénés.—1re, 6 juill. 1842 (Vallée), vi, 617.—2e, 27 janv. 1843 (de Grimouville), vii, 345.— 2e, 7 mars 1845 (Rarassin), ix, 181.—

1re, 27 août 1851 (Legrix de la Fontelaye), xv, 310.—1re, 3 mai 1852 (Hervieu), xvi, 174.

38.—*Id*... Même solution pour les
frais de liquidation des reprises dotales
de la femme.—1re, 6 juill. 1842 (Henry),
vi, 613.—1re, 6 juill. 1842 (Vallée), vi,
617.— 1re, 3 mai 1852 (Hervieu), xvi,
174.

39.— Les biens dotaux d'une femme
mariée en secondes noces sous le régime dotal, peuvent même être expropriés pour le paiement des dépens faits
pour la reddition du compte de tutelle
des enfants issus de son premier mariage —2e, 12 nov. 1841 (Davy), v, 513.
—V. encore en ce qui touche les frais
et dépens, *infrà*, v° *Remploi*.

40.—Le prix des immeubles dotaux
de la femme, personnellement débitrice
avant son mariage, pouvant être valablement employé à sa libération, le mari
qui a acquitté les dettes de sa femme,
en devient le créancier, qu'il soit ou non
subrogé aux droits de ceux qu'il a payés;
il peut donc toucher le prix des immeubles dotaux jusqu'à concurrence des
sommes qu'il a versées.— 1re, 7 août
1849 (Piel), xiii, 489.—V. *suprà*, n° 27,
et *infrà*, n°s 41 à 43.

41 —... Dans ce cas, le mari n'est pas
obligé d'attendre la dissolution de la
société d'acquêts pour opérer ce prélèvement dont il pourrait d'ailleurs être
privé aux termes de l'art. 1472 du Code
Napoléon, si l'actif de cette société était
insuffisant.—*Id*..

41 bis. — ... Le mari a également droit
d'obtenir le remboursement des frais de
quittance, qui sont les accessoires de
la dette; il en est autrement des frais

de remplacement de l'immeuble vendu,
qui ne peuvent être pris sur le bien
dotal. — *Id*. — V., en sens contraire,
infrà, n° 42 bis.—V. aussi pour tout ce
qui concerne les frais de remploi, *infrà*,
v° *Remploi*.

42.— Lorsqu'une femme dotale vend
les biens à elle échus par succession
pour payer les dettes de cette succession, les frais de vente perçus par les
notaires et avoués, et les frais de notification faits par les acquéreurs, doivent
être pris sur le capital des biens vendus, l'aliénation n'étant pas purement
volontaire, mais nécessaire.—1re, 3 mai
1852 (Hervieu). xvi, 174.—2e, 19 juin
1852 (Duclos), xvi, 232.

42 bis.— Il en est de même dans ce
cas des frais de remplacement du prix
restant, les dettes payées.— 2e, 19 juin
1852 (Duclos), xvi, 232.—V. cependant
suprà, n° 41 bis et le renvoi.

43.—Lorsqu'une femme s'est mariée
sous le régime dotal et s'est constituée
tous ses biens en dot avec faculté de les
aliéner, moyennant un bon et valable
remplacement, c'est à la justice qu'il
appartient de l'autoriser à aliéner ses
immeubles pour amortir les rentes foncières grevant ses biens dotaux. — 1re,
25 mai 1847 (Rouxeville), xi, 223.

44.—Les juges ont un pouvoir discrétionnaire pour accorder ou refuser l'autorisation d'aliéner la dot dans les cas
énumérés par l'art. 1558 du Code Napoléon. — 1re, 6 janv. 1845 (Berruyer),
ix, 43.

45.—La faculté accordée aux tribunaux
d'autoriser la vente des biens dotaux de la
femme pour procurer des aliments à la famille, est absolue; par suite, de ce que

plusieurs autorisations de cette nature auraient été accordées, il ne résulterait pas une fin de non recevoir opposable à de nouvelles demandes afin d'autorisation.—1re, 6 janv. 1849 (Quetel), xiv, 36.

46.—Les immeubles dotaux peuvent être aliénés même pour aliments déjà consommés.— 2e, 27 janv. 1843 (de Grimouville), vii, 545.

47.—Id.... Pour acquitter les emprunts faits pour aliments avant toute autorisation.—1re, 6 juill. 1842 (Henry), vi, 613.

48.—Jugé encore que les dettes contractées par une femme mariée sous le régime dotal pour se procurer des aliments, peuvent, après sa mort, donner lieu à l'aliénation de ses biens dotaux.— 2e, 6 juin 1844 (Duquesne), viii, 359 — V. supra, nos 24 et 28.

49. — La femme dotale, dont le bien dotal a été aliéné, avec les formalités légales, pour subvenir aux besoins de la famille, a recours contre son mari auquel de nouveaux biens sont survenus. Peu importe que ce droit de recours soit ou non exprimé dans le jugement d'autorisation, car il serait dans tous les cas sous-entendu de plein droit. Peu importe encore que, au moment de l'action, les biens survenus au mari fussent encore ou non en sa possession.—2e, 30 juill. 1853 (Yvon), xvii, 281.

49 bis. — ... Sous la coutume de Normandie, ce recours appartenait aussi bien à la femme séparée de biens qu'à celle qui ne l'était pas.—A fortiori, en doit-il être de même sous l'empire du Code Napoléon.—Id.

50.—Lorsque la femme peut aliéner ses biens dotaux pour l'établissement de ses enfants, conformément à l'art. 1556 du Code Napoléon, elle n'a pas besoin de recourir à la justice, l'autorisation de son mari lui suffit.—2e, 9 mai 1845 (Lebourgeois), ix, 397.

51.—L'art. 1556 du Code Napoléon n'établit aucune limite à la faculté accordée à la mère de disposer de sa dot pour l'établissement des enfants issus de son mariage. Une mère peut donc, pour cette cause, aliéner valablement toute sa fortune.—2e, 26 nov. 1835 (Hamelin), xii, 604.

52.—Est considérée comme une libéralité pour établissement d'enfant la donation contractuelle faite par une mère au mari de sa fille, dans le cas de prédécès de celle-ci.— 2e, 30 nov. 1850 (Brisollier), xiv, 610.

53.—Si par établissement on ne doit pas seulement entendre un établissement par mariage, il faut au moins un établissement réel, ayant un caractère sérieux, procurant au donataire une position spéciale, fixe et solide.—Par exemple, la donation d'immeubles faite par une mère à ses enfants dans le seul but de leur procurer une position indépendante, ne peut être considérée comme faite pour cause d'établissement dans le sens légal de ce mot.—1re, 15 mai 1844 (de Morlac), viii, 259.

54.—... Mais la femme mariée sous le régime dotal peut valablement aliéner un immeuble dotal pour faire acquérir à son fils le titre de docteur-médecin. C'est là un emploi valable, lorsque la vente des biens dotaux a été autorisée moyennant remploi par le contrat de mariage. — 4e, 16 août 1842 (Lebourg), vi, 588.

54-*bis*. — Toutefois, les acquéreurs peuvent exiger que des garanties leur soient données que les deniers par eux versés ne seront pas divertis de leur destination, et jusque-là ils sont en droit de ne point se dessaisir de leurs fonds. —*Id*..—V. *infrà*, nos 57, 64 et 107.

55. — La femme mariée sous le régime dotal peut aussi valablement engager ses immeubles dotaux pour le remplacement de son fils au service militaire ; le remplacement doit être considéré comme *un établissement* dans le sens de l'art. 1556 du Code Napoléon. — 2e, 19 nov. 1847 (Busselot), xi, 502.

56. — *Id*.... Lorsque ce remplacement est la condition, le préliminaire d'un établissement. — 4e, 27 sept. 1851 (Loyer), xv, 290.

57. — Jugé encore que, lorsque des époux mariés sous le régime dotal se trouvent dans un état d'indigence et d'infirmité tel qu'ils aient besoin, pour subsister, de l'assistance de leur fils appelé par le sort au service militaire, la dot de la femme peut, aux termes de l'art. 1558 du Code Napoléon, être aliénée pour acheter à celui-ci un remplaçant aux armées. Toutefois, des précautions doivent être prises pour que le prix de la vente ne soit pas détourné de sa destination. Ainsi, les tribunaux peuvent ordonner que les fonds seront versés à l'acquit des engagements contractés pour l'achat du remplaçant, lorsque ce dernier aura été définitivement admis. — 2e, 21 juin 1844 (Prieur), viii, 465.— 2e, 9 mai 1845 (Lebourgeois), ix, 397.— V. *suprà*, nos 54 *bis*, et *infrà*, nos 64 et 107.

58. — Les immeubles dotaux peuvent être aliénés pour l'acquisition d'un mobilier indispensable.— 2e, 27 janv. 1843 (de Grimouville), vii, 545.

59. — L'aliénation de la dot peut être autorisée, aux termes de l'art. 1558 du Code Napoléon, lorsque le mari est sous le coup d'un jugement déclaratif de faillite ordonnant son dépôt dans la maison d'arrêt, et ce encore bien qu'il ne soit pas actuellement incarcéré, par suite de l'obtention d'un sauf-conduit. — 4e, 3 janv. 1853 (Harang), xvii, 161.

60. — Les tribunaux ne doivent pas permettre l'aliénation de la dot pour tirer le mari de prison, lorsque la mise en liberté du mari et le paiement des dettes qui l'ont fait incarcérer ne peuvent procurer à la famille un avantage au moins égal au préjudice qu'elle éprouverait par suite de l'aliénation du bien dotal.— 1re, 6 janv. 1845 (Berruyer), ix, 43.

61. — Le mari n'est tenu, à l'égard des biens dotaux de sa femme, que des réparations d'entretien. — 2e, 21 mars 1834 (Decoufley), xii, 610.

62.—... Si donc il a fait degrosses réparations, aux immeubles de sa femme il a droit, le mariage dissous, à une indemnité, et cette indemnité doit être égale à ce qu'ont coûté ces réparations au moment de leur confection, et non à ce qu'elles valent au moment de la dissolution du mariage.— *Id*..

63.—Les tribunaux peuvent autoriser la vente des biens dotaux de la femme pour réparations aux immeubles dotaux. Cette faculté est absolue, et, de ce que plusieurs autorisations de cette nature ont déjà été accordées, il n'en résulte pas une fin de non-recevoir contre les nouvelles demandes qui pourraient être formées à cet égard. — 1re, 6 janv. 1849 (Quetel), xiv, 36.

64. — Jugé encore que l'aliénation peut avoir lieu pour grosses réparations, mais que, dans ce cas, les paiements ne peuvent être faits par l'acquéreur que sur la quittance des ouvriers. — 1re, 6 juill. 1842 (Henry), vi, 613. — V. *suprà*, nos 54 *bis*, 57, et *infrà*, n° 107.

65. — L'art. 1558 du Code Napoléon, qui parle des grosses réparations, est applicable aux constructions que leur nécessité ou leur extrême utilité permet de considérer comme conservatoires de l'immeuble dotal. — 1re, 4 août 1851 (Lebellenger), xv, 270.

66. — ... Mais l'autorisation d'aliéner le fonds dotal ne peut être accordée que s'il est clairement démontré que les constructions sont indispensables. — 1re, 6 juill. 1842 (Vallée), vi, 617. — V. *infrà*, n° 110.

67. — Les constructions et améliorations faites par le mari sur le bien dotal, deviennent dotales comme le bien lui-même, et restent la propriété exclusive de la femme. — Les créanciers du mari qui ont fait les travaux n'ont donc pas le droit de faire vendre l'immeuble dotal pour se faire payer sur le prix, prélèvement fait pour la femme d'une somme suffisante pour lui procurer un autre immeuble d'une valeur égale à celle qu'avait son bien dotal avant les constructions et améliorations. — Les créanciers n'ont pas même le droit de faire bannir l'immeuble pour se faire attribuer le montant des loyers, déduction faite pour la femme de la valeur

locative de l'immeuble dotal avant les travaux. — 1re, 2 janv. 1844 (Bigot-Pontmesnil), viii, 244. — V. *infrà*, n° 110.

68. — Le mari n'a droit à une indemnité pour les travaux, plantations et constructions qu'il a faites sur les biens dotaux de sa femme, que jusqu'à concurrence de la plus-value résultant de ces travaux, plantations et constructions. — 2e, 11 juin 1834 (Chibourg), xii, 652.

69. — *Id*.... Mais on doit déduire de la plus-value résultant des constructions, les matériaux pris sur les biens de la femme, ainsi que les bois et matériaux provenant des anciens bâtiments. — 4e, 14 déc. 1846 (Toutain), x, 633. — 4e, 4 août 1847 (Toutain), xi, 615.

70. — *Id*.... Et quant aux plantations, on ne doit pas prendre en considération les arbres fruitiers plantés en remplacement d'autres arbres morts, et que le mari était tenu de planter, suivant la loi et l'usage, comme administrateur des biens de sa femme, mais seulement les arbres nouvellement placés dans les terres où il n'en existait pas. — 4e, 4 août 1847 (Toutain), xi, 615.

71. — ..... Une preuve testimoniale peut être ordonnée de préférence à une expertise, pour établir ces faits. — 4e, 14 déc. 1846 (Toutain), x, 633.

72. — Lorsqu'une femme, à la fois dotale et paraphernale, a vendu, conjointement et solidairement avec son mari, un immeuble dotal, la garantie due à l'acquéreur, relativement à l'action résolutoire qui appartient à la femme pour défaut de remploi, ne peut s'exercer sur les paraphernaux, quand il n'y a pas de stipulation expresse à cet égard dans

le contrat de vente. — 1re, 20 juin 1849 (Bellais), xiii, 386.

73. — Le pouvoir réservé à la femme par son contrat de mariage de vendre ses biens dotaux, moyennant remplacement, lui confère capacité suffisante pour fixer irrévocablement le prix de vente, les cas de fraude exceptés. — C'est donc ce prix qui détermine la vraie valeur de l'immeuble.—1re, 4 juill. 1842 (Morand), vi, 395. — 2e, 21 fév. 1844 (Provost), ix, 154. — 1re, 28 mai 1845 (Coutances), ix, 450.— 4e, 7 juill. 1845 (Tostain), ix, 615. — 1re, 12 mai 1851 (Férey), xvi, 153. — V. suprà, vo Communauté conjug., no 19.

74. — Id... Toutefois, si le prix est tellement au-dessous de la valeur réelle de l'immeuble qu'il y ait préjudice notable pour la femme, celle-ci peut se refuser à recevoir ce prix, et demander la nullité de l'aliénation. — 4e, 13 mars 1843 (de Séguin), vii, 191.

75. — Jugé cependant que, lorsque l'aliénation a eu lieu à un prix inférieur à la valeur réelle de l'immeuble, les acquéreurs doivent compléter le prix véritable, mais que l'aliénation ne doit pas être déclarée nulle. — 2e, 12 mai 1848 (Lemière), xii, 649.

76. — Jugé encore que la dissimulation d'une partie du prix de l'immeuble dotal aliéné sous condition de remploi, n'entraîne pas nécessairement la nullité de la vente; il en résulte seulement pour la femme un droit au remploi de la partie du prix dissimulée. — 2e, 16 avril 1852 (Turquetil), xvii, 204. — V. infrà, vo Remploi.

77. —... Mais si la femme a été instituée héritière de son mari et a accepté la succession, elle ne peut attaquer les ventes qu'il a faites comme se portant fort pour elle et promettant sa ratification. — La seule question à examiner, dans ce cas, est de savoir si le prix de l'immeuble a été valablement remplacé. — 2e, 5 août 1848 (Demosles), xii, 198.

78. — C'est au tribunal du domicile des époux, et non à celui de leur résidence, qu'il faut s'adresser pour obtenir l'autorisation d'aliéner. — 2e, 4 mars 1853 (Denis), xvii, 115.

79. — Les jugements portant autorisation d'aliéner les biens dotaux d'une femme, ne sont pas susceptibles d'acquérir l'autorité de la chose jugée. Cependant les motifs qu'ils donnent à l'autorisation doivent être réputés vrais pour tous ceux qui traitent avec la femme sur le vu du jugement.—2e, 16 janv. 1834 (Huet), xii, 626.—4e, 12 juin 1842 (Bedouin), vi, 338.

80. — Jugé encore que lorsque l'autorisation d'aliéner un immeuble dotal a été accordée dans l'un des cas prévus par la loi, et que toutes les formalités voulues ont été remplies, l'acquéreur de l'immeuble peut payer son prix sans s'exposer à aucune recherche.—1re, 4 août 1851 (Lebellenger), xv, 270.— 2e, 4 mars 1853 (Denis), xvii, 118.

81. —... Que la simulation, même pratiquée par une femme mariée sous le régime dotal, relativement à un bien dotal, n'est point opposable aux tiers de bonne foi qui ont traité dans l'ignorance de cette simulation, et qu'il en est dans tous les cas ainsi lorsque la femme se trouve héritière d'une personne qui aurait dû garantie aux acquéreurs. — 2e, 1er août 1844 (Geoffroy), viii, 476.

82.—...Mais si l'autorisation a été donnée hors des cas prévus par la loi, ou par une autorité incompétente, l'acquéreur ne peut se prévaloir du jugement d'autorisation.—4e, 12 juin 1842 (Bedouin), vi, 338.—2e, 4 mars 1853 (Denis), xvii, 118.

83 — Celui qui acquiert sciemment un bien dotal n'a droit, en cas d'éviction, qu'à la répétition du prix payé; il ne peut réclamer de dommages-intérêts.—4e, 13 mars 1843 (de Séguin), vii, 191.

84.—Jugé même que l'acquéreur d'un bien dotal qui n'a point été remplacé, doit être considéré comme un possesseur de mauvaise foi; il doit, par conséquent, la répétition des fruits par lui perçus depuis la demande en séparation de biens formée par la femme, jusqu'au jour du remplacement ou de la reprise de possession du bien dotal aliéné.— 1re, 30 avril 1849 (Pelé), xiii, 163.

85.—... Qu'il peut en être de même de l'acquéreur de biens dotaux vendus à vil prix et avec préjudice notable pour la femme.—4e, 13 mars 1843 (de Séguin), vii, 191.

86.—Lorsque des bois ont été abattus sur les biens dotaux d'une femme sans qu'il y ait eu remploi, ainsi que l'exigeait le contrat de mariage pour la validité de la vente, l'acquéreur doit non-seulement le juste prix de ces arbres, mais encore la plus-value qu'ils auraient eue à la dissolution du mariage, si on les eût laissé subsister.— 2e, 25 juin 1845 (Jubé), ix, 569 — V. infrà, nos 99 et s..

87 —Quand un immeuble dotal a été aliéné sans remplacement, et que la nullité de la vente a été demandée, l'acquéreur n'a pas le droit de retenir la possession de l'immeuble dotal jusqu'à ce qu'il ait été remboursé des sommes valablement payées par lui, à la décharge de la dot, par suite d'une des stipulations de son contrat.— 1re, 29 mars 1841 (Marie), v, 158.—V. infrà, v° Tiers-détenteur.

87 bis.— En admettant qu'une vente de biens dotaux, consentie par une femme moyennant remplacement, conformément à son contrat de mariage, pût être annulé pour vilité de prix, les acquéreurs auraient le droit de retenir l'immeuble jusqu'au remboursement des sommes par eux payées pour réparations nécessaires, impenses et améliorations.—2e, 12 mai 1848 (Lemière), xii, 649.

88.— La nullité de l'aliénation du fonds dotal ne fait pas obstacle à ce que les baux consentis sans fraude par l'acquéreur de bonne foi, ne doivent être maintenus après la dépossession dudit acquéreur.—1re, 7 janv. 1834 (Lecarpentier), xii, 595.

89.—La femme dotale qui s'est réservée par son contrat de mariage le droit de fournir ou de ne pas fournir un remploi pour ses biens aliénés, peut valablement transiger avec l'autorisation de son mari.—2e, 26 juin 1834 (d'Avannes), xii, 634.

90.—La femme mariée sous le régime dotal doit être autorisée par la cour pour toute convention qui a pour but d'éteindre une instance d'appel relative à ses biens dotaux.—1re, 29 août 1843 (Thibaut), vii, 427.

91.—Une transaction sur la nullité de la vente d'un bien dotal ne peut avoir

pour résultat de contraindre les acquéreurs à se libérer de leurs prix, tant que
le débat ne s'est point engagé contradictoirement avec les créanciers de la femme, qui peuvent avoir intérêt à contester
la validité de l'adjudication.— 2e, 31
mars 1848 (Mayet), xii, 36.

92.—Lorsque dans une vente de biens
dotaux autorisée pour faire sortir la
femme de prison, une nullité a été commise, les juges peuvent, pour affranchir
définitivement la femme de la contrainte
par corps, l'autoriser, ainsi que son
mari, à titre de transaction, à céder à
leurs acquéreurs toute action qui pourrait leur appartenir pour attaquer la
vente. Il en est surtout ainsi lorsqu'il
résulte des faits de la cause que les
biens ont été définitivement adjugés à
leur juste valeur, et que la nullité prononcée n'aurait pour résultat que de
grever la femme des frais de l'adjudication annulée, ce qui entraînerait l'aliénation d'une partie de sa dot. On devait
le décider ainsi lors même que, depuis
l'instance, la femme était sortie de prison par suite du décret du gouvernement
provisoire qui suspendait l'exécution de la
contrainte par corps, mais ne libérait
pas définitivement la femme de cette
contrainte qui pouvait être rétablie.—
Id..

93.—Le mari est débiteur envers sa
femme de la valeur de ses biens dotaux
aliénés du jour des aliénations, lors
même qu'il n'en aurait pas encore touché le prix.—1re, 19 janv. 1846 (Godefroy), x, 153.

94.—Quand il a été stipulé dans un
contrat de mariage que l'estimation des
meubles n'en rendrait pas le mari pro-

priétaire, celui-ci, lors de la restitution
de la dot, n'est responsable que des
meubles qui par leur nature n'ont pas
dû dépérir par l'usage, ou de ceux qui
sont détériorés ou perdus par son dol
et sa faute.—1re, 19 mai 1835 (Leblanc),
xii, 601.

95.— La femme ne peut réclamer
qu'en nature, et tels qu'ils existent, les
meubles par elle apportés, et dont elle
a conservé la propriété. Toutefois, s'il
manque quelques-uns de ces meubles,
ce n'est point à la femme de prouver
que son mari en a fait un usage abusif,
c'est, au contraire, au mari, ou à ses représentants, de justifier ou rendre vraisemblable que les meubles de la femme
qui ne se retrouvent plus, ont péri ou
ont disparu par une cause qui ne peut
lui être imputée. — 2e, 11 juin 1834
(Chibourg), xii, 652.

96.— Lorsque des époux sont mariés
sous le régime dotal, la renonciation
qu'ils passent d'exiger sur les biens
expropriés de leur père et beau-père le
capital de la dot mobilière promise par
celui-ci à sa fille, rend le mari responsable envers sa femme de la valeur du
dividende qu'il eût obtenu dans les deniers provenant de la vente des biens
expropriés.—1re, 4 août 1845 (Hervieu-
Duc'os), ix, 596.— V. encore C. cass.,
21 juill. 1848 (Lecesne), x, 602.— Cour
de Rouen, aud. sol., 29 janv. 1847 (Lecesne), xi, 283.

97.—La collocation partielle accordée
pour des capitaux dotaux sujets à remplacement et productifs d'intérêts, doit
s'imputer proportionnellement sur le capital et sur les intérêts.— Le mari ne
peut se faire attribuer la collocation par

préférence sur les intérêts à lui dus, et imputer l'excédant seulement sur le capital. L'on ne peut appliquer, dans ce cas, les règles d'imputation de l'art. 1254 du Code Napoléon.—1re, 13 juill. 1841 Gervais), v, 354.

98.— Le mari doit récompense des airures et semences à raison des récoltes qui existaient sur les immeubles dotaux échus à sa femme pendant la durée du mariage. L'évaluation de ces airures et semences peut avoir lieu par commune renommée.—2e, 11 déc. 1841 (Leblanc), v, 438.

99.—La valeur des abattis de bois faits par le mari sur les immeubles dotaux, ne constitue au profit de la femme qu'une créance ou reprise qui devient exigible seulement au cas de séparation de biens ou de dissolution du mariage.—2e, 16 août 1845 (Léchaudé d'Anisy), ix, 676.

100. — Lorsque l'immeuble propre d'une femme est indivisément pour partie dotal et pour partie paraphernal, les abattis de bois faits par le mari sur l'immeuble, en supposant même que la femme y ait donné son consentement, ne peuvent être considérés comme faits exclusivement aux dépens de la partie paraphernale.—Id.—V. suprà, n° 86.

101.—La clause d'un contrat de mariage portant que, à la dissolution du mariage, les héritiers du mari auraient le droit de rembourser en argent les apports mobiliers de la femme, s'applique également au mari lorsque l'association conjugale est dissoute par une séparation de corps prononcée entre les époux. La femme ne peut, dans ce cas, réclamer comme récompense de ses apports mobiliers les immeubles acquis par son mari, en son nom personnel, pendant la durée du mariage.—2e, 30 mars 1848 (Macé), xii, 166.

102.—L'art. 1449 du Code Napoléon n'est pas applicable à la femme mariée sous le régime dotal, il n'a trait qu'à la femme mariée en communauté, et si, par la force des choses, la femme dotale séparée de biens et qui administre par conséquent sa fortune peut , en commettant des abus, dissiper une partie de ses biens mobiliers, le principe de l'inaliénabilité de la dot mobilière n'en subsiste pas moins.—2e, 18 avril 1833 (Gallard), xii, 589.

103.—La femme mariée sous le régime dotal a le droit, après la séparation de biens, de recevoir sa dot mobilière sans être tenue de donner caution ou de fournir remploi.—2e, 13 août 1842 (Parey), vi, 632.—4e, 18 juill. 1848 (Vincent), xii, 247.—V. infrà, v° Séparation de biens.

104.—Id... Alors même que le mari était tenu de faire emploi, s'il a été formellement stipulé dans le contrat de mariage qu'il pourrait recevoir les capitaux appartenant à sa femme, sans que les tiers eussent à s'immiscer dans l'emploi qu'il devait en faire.—Id..

105.—Jugé encore que la femme mariée sous le régime dotal qui a fait prononcer sa séparation de biens, peut être autorisée par les tribunaux à recevoir les capitaux mobiliers provenant de la liquidation de ses droits et reprises, sans être obligée de fournir un remploi ou une caution, lorsque d'ailleurs son contrat de mariage n'imposait au mari aucune condition pour la réception des capitaux mobiliers appartenant à sa femme.—2ᵉ, 11 juin 1840 (Picot), v, 24.

106.—*Id...* Que la femme mariée sous le régime dotal ne peut, après séparation de biens, être tenue des engagements pris par son mari, avant cette séparation, relativement au mode de remploi de ses biens dotaux.—2e, 13 nov. 1847 (Gardin). xɪ, 539.

107.—Mais on ne peut refuser au mari, surveillant né de la dot lorsqu'elle entre dans les mains de la femme par suite de la séparation de biens, le droit d'exiger qu'il en soit fait autant que possible un emploi propre à en prévenir la dissipation. C'est aux tribunaux qu'il appartient de décider quelles sont les valeurs mobilières qui sont susceptibles d'emploi, et celles qui doivent en être dispensées.—2e, 18 avril 1833 (Gallard), xɪɪ, 589.— V. *suprà*, nᵒˢ 54 *bis*, 57 et 64.

108.—Les revenus des biens dotaux ne sont soumis à l'exécution des obligations contractées par la femme séparée de biens, même avec l'autorisation de son mari, qu'autant que ces obligations ont une cause nécessaire dans l'administration remise par la loi à la femme séparée de biens.—4e, 23 août 1831 (Landier), xɪ, 147.

109.—Jugé cependant que les obligations contractées, après séparation de biens, par la femme mariée sous le régime dotal, peuvent être exécutées sur les fruits et revenus des biens dotaux échus depuis la séparation, sauf toutefois la portion de ces fruits jugée nécessaire pour les charges du mariage et les vrais besoins de la famille.—2e, 18 nov. 1848 (de Fournet), xɪɪ, 377.

110.—De ce qu'il a été décidé que les créanciers pour constructions faites sur l'immeuble dotal ne peuvent, pour obtenir leur paiement, faire vendre ce bien ni l'affermer tant en leur nom qu'au nom de la femme dotale, il n'en résulte pas que si l'immeuble a été loué par la femme, ils ne puissent, comme simples créanciers chirographaires, en saisir-arrêter les revenus, demander qu'il soit formé deux parts desdits revenus, l'une représentant la valeur locative du sol, l'autre la valeur des constructions, et faire appliquer cette seconde part au paiement de leur créance. — 1ʳᵉ, 17 nov. 1846 (Guéret), x, 566.—V. *suprà*, nᵒˢ 65 et s..

111.—112.—Une femme dotale, même séparée de biens, ne doit pas facilement être autorisée à faire des emprunts pour acquitter des dettes contractées avant toute autorisation, pour achats de blé, bestiaux et engrais, ou pour charger ses immeubles dotaux.—1ʳᵉ, 6 juill. 1842 (Vallée), vɪ, 617.—V. *suprà*, nᵒ 24.

113.—La femme mariée sous le régime dotal ne peut disposer de ses biens dotaux par voie d'institution contractuelle, et elle a qualité pour demander elle-même la nullité d'une semblable institution par elle faite.—1ʳᵉ, 28 mars 1843 (Delaunay), xɪɪ, 540.

114 —Si les actions et exceptions résultant de la dotalité sont personnelles à la femme, en ce sens que les parties qui ont contracté avec la femme ne peuvent s'en prévaloir contre elle, ces actions et exceptions peuvent être exercées par les personnes valablement subrogées aux droits de la femme.—4ᵉ, 29 déc. 1847 (Onfroy), xɪɪ, 523.

115.—Le droit de demander la révocation d'une donation de biens dotaux n'appartient qu'à la femme dotale ou à son mari; cette révocation ne saurait être demandée par les donataires.—1re, 25 juin 1849 (Letellier), xiv, 197.

116.—L'action en révocation d'une donation faite par une femme à son mari de ses biens dotaux ou quasi-dotaux est non recevable s'il s'est écoulé plus de dix années depuis le décès de la femme et si ses héritiers étaient majeurs.—1re, 18 juin 1845 (Callard), ix, 489.

DOTATION.—V. Majorat.

DOUAIRE.

Indication alphabétique.

1.—En Normandie, la séparation de biens donnait ouverture à l'exercice du douaire.—1re, 6 juin 1844 (Gaultier), viii, 402.—1re, 19 mai 1845 (Moutier), ix, 416.

2.—Les stipulations de douaire et de survie portées dans les contrats de mariage faits depuis la loi de nivôse an II, mais avant le Code Napoléon, doivent s'interpréter d'après les principes de la Coutume de Normandie.—Il en est ainsi, spécialement, en ce qui concerne les causes donnant ouverture à l'exercice du douaire.— 1re, 19 mai 1845 (Moutier),

ix, 416.

3.— La femme normande, dont le douaire frappait sur des biens confisqués par suite d'émigration, pouvait en réclamer la récompense sur les autres biens de son mari, et cette récompense devait consister dans la jouissance d'un revenu égal au tiers des biens confisqués assujettis au douaire, et estimés au moment de l'ouverture de ce douaire.— 1re, 6 juin 1844 (Gaultier), ix, 416.

4.— Que l'on admette ou non que la confiscation, par suite des lois sur les émigrés, des biens affectés au douaire, entraînât l'extinction soit définitive, soit momentanée du douaire lui-même, il n'en est pas moins certain que le mari pouvait renoncer à se prévaloir contre sa femme des déchéances qui auraient pu résulter soit de la confiscation, soit de toute autre circonstance, et que cette renonciation est opposable à ses légataires.—Id..

5.—Sous l'empire de la Coutume de Normandie, le douaire n'était point imputable sur la quotité disponible. Il en est encore ainsi pour les mariages contractés sous cette coutume et dissous depuis la promulgation du Code Napoléon.—2e, 30 mai 1845 (Mofras), ix, 421.

6.— Contrà, le douaire des femmes mariées sous la Coutume de Normandie constituait une véritable libéralité accordée au moins implicitement par le mari, et, à ce titre, il est imputable sur la quotité disponible.—2e, 16 juin 1847 (Gallet), xi, 407.

7.—Id... Et il en est ainsi lors même qu'il ne résulterait pas d'une stipulation du contrat de mariage.—4e, 26 déc. 1848 (Hauttement), XII, 467.

8.—Le droit de poursuivre la liquidation du douaire d'une femme normande, constituait dans la succession de celle ci une créance parfaitement divisible, et par conséquent susceptible de se prescrire à l'égard de quelques-uns des enfants, tandis qu'elle existerait encore à l'égard des autres.—2e, 9 fév. 1844 (Le Boucher d'Émiéville), VIII, 130.

DOUANES. — *V. Contrebande.—Courtiers-interprètes.—Poids et mesures.—Sel.*

1.—Lorsqu'une saisie est pratiquée sur un bâtiment de mer ponté, et que le déchargement ne peut avoir lieu de suite, les saisissants doivent, à peine de nullité du procès-verbal, apposer les scellés sur les fermants et écoutilles du navire.—Ch. vac., 27 oct. 1842 (Dupuy), IX, 671.

2.—Est nul le procès-verbal en matière de douanes qui a été rédigé en plusieurs contextes, lorsque l'interruption n'a pas été le résultat d'une nécessité légale.—*Id.*.

3.—Il n'est pas toujours et dans tous les cas indispensable de faire au bureau des douanes une description détaillée des marchandises saisies, la description faite sur le navire peut être considérée comme suffisante, si elle est complète.—*Id.*.

4.—La citation pour contravention aux lois des douanes ne doit pas nécessairement accorder vingt-quatre heures pour la comparution devant le juge de paix, cette comparution peut avoir lieu le jour même de la rédaction du procès-verbal.—*Id.*.

5.—Lorsque l'administration des douanes a fait saisir, pour fausse déclaration, un chargement de marchandises tarifées, la nullité du procès-verbal, prononcée par jugement pour vice de forme n'enlève pas à cette administration le droit de prouver la fausseté de la déclaration, afin de réclamer le droit imposé à l'introduction d'après la nature de la marchandise.—*Spécialement*, lorsqu'un chargement de morue a été présenté à la douane comme provenant de pêche française, et que le chargement a été saisi pour fausse déclaration, parce que la morue était de provenance étrangère, la nullité du procès-verbal ne fait pas perdre à la marchandise son caractère d'extranéité, en ce sens que si cette marchandise est reconnue étrangère, la douane peut réclamer le droit imposé à l'introduction de la marchandise étrangère. En cas de doute sur la nature de la marchandise, le juge doit ordonner le prélèvement d'échantillons et renvoyer l'examen de la marchandise devant les experts établis par l'art 19 de la loi du 27 juillet 1822. Un semblable jugement ne viole pas l'autorité de la chose jugée. —Trib. civ. de Caen, 1re, 10 mars 1846 (Dupuy), X, 171.—C., ch. req., rej., 24 août 1846 (Dupuy), X, 418.

DOUBLE ÉCRIT.—*V. Contre-lettre.—Convention.—Donation déguisée. — Preuve par écrit (commencement de).—Vente.*

Indication alphabétique.

Acte s. s. p. 1 et s.	et s..
Acte notarié, 2 et s..	Dépôt, 6 et s..
Cession, 4.	Écriture. 6 et s .
Cohéritiers, 4.	Droits successoraux, 4.
Convention verbale, 6	Exécution, 10 et s.,

1.—Est nul, à l'égard de toutes les parties, l'acte sous seings privés contenant des conventions synallagmatiques qui n'a point été fait en autant d'originaux qu'il y avait de parties ayant un intérêt distinct.—4e, 22 janv. 1845 (Hommey), IX, 213.

2.—Un acte nul comme authentique, parce qu'il a été reçu non par le notaire lui-même, mais par son clerc, est également nul comme acte sous seings privés, si, contenant des conventions synallagmatiques, il n'a pas été rédigé en autant d'originaux qu'il y avait de parties ayant un intérêt distinct.—2e, 5 janv. 1844 (Manchon-Desrivières), VIII, 3.— C., ch. req., rej., 16 avril 1845 (Manchon-Desrivières), IX, 104.

3.—Quel que soit le nombre des parties figurant dans une convention synallagmatique, il suffit de rédiger l'acte en deux doubles, s'il n'y a réellement en présence que deux intérêts contraires.— 1re, 1er déc. 1847 (Tusson), XI, 583.

4.— La cession que font à un tiers deux cohéritiers de leurs droits dans une succession, à charge par le cessionnaire de payer toutes les dettes de ladite succession, ne met en présence que deux intérêts distincts ; elle peut être faite seulement en deux originaux.—2e, 2 mai 1845 (Aubry), IX, 258.

5.— N'est pas nul, faute d'avoir été signé par les deux parties contractantes, ou faute d'avoir été fait double, l'acte par lequel une partie déclare que, attendu des arrangements pris et convenus, elle renonce aux droits qu'elle avait sur la succession de l'autre partie.—1re, 21 janv. 1851 (Lemuey), XV, 51.

6.— Une convention synallagmatique est valable, bien que l'acte sous seings privés qui la contient n'ait pas été fait en double original, si d'ailleurs il est établi que les parties entendaient que l'existence du contrat qu'elles passaient fût indépendante de celle de l'acte qui le constatait.—4e, 13 juin 1842 (Dupré), VI, 421.

7.— La nullité d'un acte sous seings privés contenant des conventions synallagmatiques (d'une transaction, dans l'espèce), résultant de ce qu'il n'a pas été fait en autant d'originaux qu'il y avait de parties ayant un intérêt distinct, est couverte par le dépôt de l'acte dans les mains d'un tiers, lorsque ce dépôt a lieu du consentement des parties.—2e, 11 fév. 1852 (Chenevière), XVII, 110.

8.—Jugé cependant qu'un acte sous seings privés renfermant des conventions synallagmatiques, peut, quoique signé par toutes les parties et déposé entre les mains d'un notaire comme homme privé, être considéré, suivant les circonstances, comme un simple projet, surtout lorsqu'il n'a pas été fait en double original. — Il en est ainsi, lors même que la partie qui se refuse à l'exécution de la convention aurait elle-même soustrait et fait disparaître l'acte sous seings qu'elle qualifie de simple projet. —1re, 23 août 1842 (Corbin-Desmannetaux), VI, 543.—V. infrà, v° Vente.

9.— Il n'est pas nécessaire, à peine de nullité, que chaque double soit signé par toutes les parties, il suffit que le double remis à l'une d'elles soit signé par l'autre, sans que chaque partie soit tenue de signer sur son propre original.—1re, 1er déc. 1847 (Tusson), XI, 583.

10.—Le moyen de nullité résultant de ce qu'un acte sous seings privés n'a pas été fait en autant d'originaux qu'il y avait de parties ayant un intérêt distinct, ne peut plus être invoqué par la partie qui a exécuté cet acte.—2e, 8 janv. 1842 (Leboulanger), VI, 174.

11.—.... Mais l'exécution donnée à cet acte par l'une des parties ne peut le valider à l'égard des autres.—4e, 22 janv. 1845 (Hommey), IX, 213.

DROIT ACQUIS.— V. Faillite.— Renonciation (en gén.).—Usine.—Varech.

DROIT ATTACHÉ A LA PERSONNE.—V. Créancier (en gén.) et les renvois indiqués sous ce mot.

DROIT D'AUNAGE. — V. Bail administratif.

DROIT DE DÉRIVATION. — V. Eau (cours d').

DROIT DE MUTATION.— V. Dépens.—Legs particulier.

DROIT DE RETOUR. — V. Emphythéose.

DROIT DE SUITE.—V. Hypothèque (en gén.).

DROIT DE VISITE.—V. Octroi.

DROIT D'OFFRIR. — V. Hypothèque (en gén.).

DROITS HYPOTHÉCAIRES.— V. Transaction.

DROITS IMMOBILIERS. — V. Cession.—Droits litigieux.

DROITS LITIGIEUX.— V. Cession.— Demande nouvelle.— Requête civile.

Indication alphabétique.

Acte secret, 6.	Garantie, 8.
Cession, 4 et s..	Immeubles, 1 et s..
Cohéritier, 2 et s..	Intervention, 8.
Conclusions subsidiaires, 7.	Qualité, 8.
Copropriétaire, 2 et s..	Retrait, 1 à 7.
Dot, 4 et s..	Signification, 5 et s..
Exception, 2 et s..	Tiers, 5 et s.:
Fin de non-recevoir, 1.	Tiers-détenteur, 4 et s..
	Vente, 4 et s..

1.—La faculté d'exercer le retrait de droits litigieux, aux termes de l'art. 1699 du Code Napoléon, existe aussi bien dans le cas où il s'agit d'un immeuble que dans le cas où le retrait doit porter sur une créance.— 2e, 29 juin 1849 (Commune du Plessis), XIII, 533.

2.—L'exception portée dans le n° 1 de l'art. 1701 du Code Napoléon, ne s'applique pas à l'hypothèse où la cession d'un droit litigieux a été faite par un tiers à un cohéritier ou copropriétaire du droit cédé, mais seulement au cas où cette cession a eu lieu de cohéritier à cohéritier, ou de copropriétaire à copropriétaire.—Id..

3.—L'exception portée dans le n° 3 de ce même article ne peut être invoquée que par le cessionnaire qui est possesseur de l'héritage litigieux tout entier. Elle ne peut l'être par celui qui n'est que copossesseur. Ainsi, quand de deux possesseurs d'un immeuble litigieux, l'un s'est rendu cessionnaire, son copossesseur peut, par voie de retrait, participer au bénéfice de la cession. Le possesseur cessionnaire est réputé avoir agi dans l'intérêt commun.—Id..

4.—On doit considérer, non comme une vente d'immeubles, mais comme une cession de droits litigieux, la vente faite par une femme mariée sous le régime dotal d'un immeuble dotal précédemment aliéné, et dont elle n'avait plus la possession. Il en est ainsi surtout lorsque le tiers acquéreur connaissait l'état des choses.—1re, 24 déc. 1849 (Cassin), xiv, 53.

5.—... Une semblable cession doit être signifiée conformément à l'art. 1690 du Code Napoléon.—Id..

6.— Une cession de droits litigieux n'a d'existence légale et d'effet à l'égard des tiers, que du jour de sa signification, alors surtout qu'antérieurement les parties la tenaient secrète entre elles. Aussi n'y a-t-il cession de droits litigieux, et par conséquent lieu au retrait, que lorsque l'instance est engagée au moment de la signification de la cession.—Id..

7.—Le retrait litigieux ne peut être demandé dans des conclusions subsidiaires.—Id..

8.—La personne qui a cédé, sans garantie, des droits litigieux n'a plus qualité pour figurer dans une instance pendante entre son cessionnaire et les débiteurs ou prétendus tels.—2e, 7 juill. 1848 (Delauraguais de Brancas), xii, 267.

DROIT PERSONNEL.— V. Droit attaché à la personne.

DROITS POLITIQUES.—V. Elections.

DROIT RÉEL.— V. Hypothèque. —Subrogation.

DROIT RÉSOLUTOIRE.—V. Résolution.

DROITS SUCCESSIFS.—V. Cession.— Héritier.— Héritier apparent. —Partage. — Retrait successoral. — Succession.

E

EAU (Cours d').—V. Canal.— Pêche —Servitude,—Usine.

Indication alphabétique.

Cession, 5.	Prise d'eau, 4 et s..
Cohéritier, 4.	Propriété, 5 et s..
Compétence, 3.	Règlement, 3.
Convention privée, 3.	Routoir, 2.
Coutume norm., 8 et s..	Servitude, 5.
Dérivation, 4 et s..	Tiers, 5.
Eaux corrompues, 1 et s..	Titres, 6.
Mode de jouissance, 6.	Travaux apparents, 7
Prescription, 2, 6 et s.	et s..

1.—Le propriétaire en amont n'a pas le droit de transmettre au propriétaire en aval des eaux corrompues par la teinture.—1re, 21 août 1849 (Dolbecq), xiii, 328.

2.—Le droit de laisser couler sur une propriété inférieure des eaux corrompues ne peut résulter de l'établissement d'un routoir remontant à plus de trente années, et du fait d'en avoir fait couler les eaux depuis la même époque sur ce fonds.— 2e, 13 nov. 1841 (Roger), v, 380.

3.— L'autorité judiciaire est compétente pour statuer sur les contestations relatives à l'exécution des conventions formées entre particuliers, pour régler leurs droits réciproques sur un cours d'eau, lorsque ces contestations ne touchent qu'à l'intérêt privé des parties, et que la décision à intervenir ne peut porter aucune atteinte aux règlements de l'administration, ou bien encore lorsqu'il n'existe aucun règlement.—2e, 19 fév. 1848 (Janson), xiv, 31.—V. suprà, v° Dommages-intérêts, n° 3, et infrà, v° Établissements dangereux et Usine.

4.—Le cohéritier qui a le droit de se servir des eaux appartenant à une cohérie pendant un certain nombre de jours, ne peut employer ces eaux à arroser d'autres immeubles que les biens héréditaires.—2°, 8 fév. 1849 (Pacilly), xiii, 60.

5.—Le droit à la dérivation d'une partie d'un cours d'eau peut appartenir à un héritage à titre de propriété et non à titre de servitude, et alors le propriétaire de l'héritage peut en disposer comme il le juge à propos, et même dans l'intérêt d'un tiers.—2e, 5 déc. 1815 (Douchin), x, 675.

6.—L'indication dans des titres anciens du mode de jouissance d'un droit de prise d'eau, doit servir de règle pour l'exercice de cette servitude acquise par prescription, lors même que le débiteur de la servitude, ou ses auteurs, n'auraient pas été partie à ces actes.—1re, 8 mars 1841 (Lefesvre-Quesnellière), v, 232.

7.—L'existence de travaux apparents sur le fonds supérieur, peut servir de base à l'acquisition par prescription d'un droit de servitude de prise d'eau, lors même que les propriétaires du fonds inférieur ne prouveraient pas que ce sont eux qui ont fait ces travaux, s'il résulte des faits et circonstances de la cause que les travaux ont été nécessairement établis dans leur intérêt.—Id..

8.—Sous l'empire de la Coutume de Normandie, un droit de prise d'eau pouvait s'acquérir par prescription, lorsqu'il existait sur le fonds supérieur des travaux apparents pour faciliter l'écoulement des eaux.—Id..

9.—Id... Lorsque du moins ces travaux avaient été faits par les propriétaires du fonds inférieur.—2°, 13 août 1841 (Bonœuil), v, 312.—V. infrà, v° Usine.

EAUX CORROMPUES.—V. Eau (cours d').

EAU-DE-VIE.—V. Boissons.

EAUX MÉNAGÈRES.—V. Copropriété.

EAUX MINÉRALES OU THERMALES.—V. Immeubles par destination.

EAUX PLUVIALES.—V. Barrage.

ÉCHANGE.—V. Femme normande.—Retrait successoral.—Vente.

Pour qualifier un acte, on doit s'arrêter, non à son apparence, à sa forme extérieure, mais à l'intention des contractants. Ainsi, une cession réciproque d'immeubles, quoique contenant en apparence un échange, peut être considérée comme un contrat sui generis auquel ne seront pas applicables les règles de l'échange et notamment la règle tracée par l'art. 1706 du Code Napoléon, prohibitive de la rescision pour cause de lésion. Du moins cette solution doit être adoptée lors qu'il apparaît que les parties ont eu l'intention d'arriver à une égalité sinon parfaite et absolue, du moins aussi rigoureuse que possible.—1e, 16 juin 1852 (Lechevallier-Larguilly), xvi, 229.

ÉCHOUEMENT.—V. Avaries.

ÉCRITS.—V. Colportage.—Crieur public.—Délit de la presse.—Diffamation.

ÉCRITURE.—V. Convention civile ou commerciale. — Double écrit. — Transaction.—Vente.

ÉCROU.—*V. Emprisonnement.*

EDIFICE.—*V. Commune.*

ÉDUCATION (*des enfants*).—*V. Communauté conjugale. — Puissance paternelle.—Tutelle.*

EFFETS DE COMMERCE.—*V. Approbation d'écriture.—Billet à ordre.—Caution.—Endossement.— Garant.—Société en commandite.*

1.—Les effets de commerce sont soumis, comme tous autres actes sous seing privé portant obligation unilatérale, à l'approbation et au *bon pour,* lorsqu'ils ne sont pas écrits de la main du signataire.—4e, 26 mai 1846 (Dupetit-Dulongprey), x, 322.—V. *infrà,* v° *Lettre de change.*

2.—Les cartes délivrées aux éleveurs par l'administration des haras, pour constater la vente d'étalons et indiquant le prix de cette vente, ne sont point des effets de commerce transmissibles de façon à pouvoir constituer un élément d'un compte courant.—4e, 1er mai 1850 (Buret), xiv, 399.

3.—... La quittance anticipée écrite sur ces cartes par le propriétaire qui les remet à un tiers, ne vaut pas de mandat à l'égard de ce tiers, comme l'endossement en blanc apposé sur un effet de commerce.—*Id.*—V. *infrà,* v° *Endossement en blanc.*

4.—L'allégation qu'un effet est simulé en ce sens qu'il suppose faussement une remise d'argent de place en place, ne peut être opposée au tiers porteur, à moins qu'il ne soit démontré qu'il avait connaissance de la simulation et y avait coopéré.—4e, 3 janv. 1847 (Hébert), xii, 10.—4e, 14 fév. 1849 (Germain), xiii, 66.—4e, 20 mars 1850 (Mi-

gnot), xiv, 348.—V. encore 4e, 22 déc. 1846 (Vesque), x, 600.

EFFETS MOBILIERS.—*V. Meubles.*

EFFETS PERDUS —*V. Caution.*

EFFET RÉTROACTIF.—*V. Rétroactivité.*

ÉGLISES ET PRESBYTÈRES. —*V. Commune.—Prescription.—Usage (droits d').*

ÉLARGISSEMENT.—*V. Emprisonnement.*

ÉLECTIONS.—*V. Imprimeur.*

Indication alphabétique.

§ I.—Législation antérieure a 1848.

1.— Le donataire par avancement d'hoirie de l'usufruit de divers immeubles, avait le droit de se faire attribuer les impositions grevant les biens donnés et de se faire par suite inscrire sur les listes électorales, lors même que la donation ne lui avait été faite que postérieurement à la révision annuelle de ces listes.—1re, 15 nov. 1842 (Jacques Lecorps), vi, 604.—1re, 15 nov. 1842 (Prosper Lecorps), *ibid.*.

2.—Une belle-mère pouvait user de la faculté que lui conférait l'art. 8 de la loi du 9 avril 1831 et déléguer ses impositions directes à son gendre, lors même que sa fille était décédée sans postérité.— 4e, 25 sept. 1845 (Lefèvre), ix, 703.—4e, 27 sept: 1845 (Guéret-Morlière), *ibid*..

3.—La disposition de l'art. 7 de la loi du 19 avril 1831 qui ne permettait de compter les contributions foncière, personnelle et mobilière, que lorsque la propriété foncière avait été possédée ou la location faite antérieurement aux premières opérations de la révision annuelle des listes électorales, n'était pas applicable aux constructions nouvellement élevées sur un terrain antérieurement possédé par le propriétaire. Il suffisait dans ce cas que les bâtiments nouvellement construits eussent été occupés avant le 1er octobre.—1re, 8 déc. 1845 (Delorme), x, 34.—1re, 8 déc. 1845 (Richard), *ibid*..

4.—Jugé au contraire qu'on ne pouvait comprendre dans le cens électoral les contributions afférentes à des constructions nouvellement élevées sur un terrain possédé antérieurement par le propriétaire qu'autant que la construction était terminée et la maison susceptible d'être occupée avant les premières opérations de la révision des listes électorales. Il ne suffisait pas que les bâtiments nouvellement construits eussent été occupés avant le 1er octobre.—C, cass., 26 janv. 1847 (Préfet du Calvados), xi, 340.—C., cass., 26 janv. 1847 (Préfet du Calvados), *ibid*..

5.—L'art. 4 de la loi du 19 avril 1831 n'ayant point indiqué le mode spécial suivant lequel les nouvelles constructions devaient être contradictoirement expertisées, l'estimation pouvait être légalement faite par les répartiteurs et le contrôleur des contributions.—1re, 8 déc. 1845 (Bertrand), x, 31.—1re, 8 déc. 1845 (Delorme), x, 44.—1re, 8 déc, 1845 (Richard), *ibid*..

6.—L'impôt des portes et fenêtres devait être compté pour la formation du cens électoral à compter du jour où les bâtiments nouvellement construits étaient en état d'être occupés, lors même que, par suite d'une règle d'administration, cet impôt ne devait être réellement payé qu'à partir du 1er janvier de l'année suivante. —1re, 8 déc. 1845 (Bertrand), x, 31.

7.—Lorsque deux personnes achètent un immeuble en commun, avec déclaration qu'elles entendent acquérir chacune jusqu'à concurrence du prix qui, dans la quittance, sera dit provenir de chacune d'elles, elles sont censées avoir acquis chacune pour moitié, si la quittance n'indique aucune origine de deniers.— Conséquence : chacun des acquéreurs avait, dans ce cas, le droit, pour former son cens électoral, de compter la moitié des impositions grevant l'immeuble acquis.— 2e, 4 juill. 1846 (Poriquet), x, 339.

8.—Un bail sous seings privés enregistré ne donnait pas au fermier le droit de se prévaloir, pour la formation du cens électoral, du tiers des contributions payées par les propriétés qu'il exploitait, il fallait un bail authentique. Il en était ainsi lors même que le bail sous seings n'aurait été que la continuation d'un bail authentique expiré.—1re, 15 déc. 1845 (Huet), x, 67.

9.—... Et pour que le fermier pût se prévaloir de ce droit, il fallait que le bail authentique prouvât lui-même clairement que la location avait une date de neuf années. On ne pouvait suppléer à cette preuve par aucun renseignement en-dehors du bail. — *Spécialement*, un certificat du maire attestant que le fermier jouissait, depuis plus de neuf années, des propriétés affermées, ne pouvait suppléer au silence du bail. — 1re, 2 déc. 1845 (Morin), x, 29

10.—Pour composer son sens électoral, un contribuable ne pouvait se prévaloir d'impositions qui n'étaient pas portées sous son nom, qu'en justifiant par des documents certains qu'il était substitué à celui sous le nom duquel la contribution était inscrite aux rôles. Cette justification ne pouvait résulter de la production de la copie d'un testament olographe émané de la personne dont le nom était porté sur les rôles, lors même que cette copie était signée par le maire de la commune de l'électeur, et par le sous-préfet de l'arrondissement; l'original lui-même devait être produit. — 1re, 21 août 1846 (Huet), x, 425.

11.—Lorsqu'il résultait de circulaires et pièces qu'une société de commerce publiée légalement entre deux personnes seulement, s'était augmentée d'un troisième associé, les impôts payés par la société devaient se diviser par tiers entre les associés, lors même que cette nouvelle société n'aurait point été publiée conformément à l'art. 42 du Code de commerce. — 1re, 26 juill. 1847 (Roulleaux-Glatigny), xi, 431.

12.— Lorsqu'un nouvel associé était entré dans une société de commerce avant la clôture des listes électorales, sa part afférente dans la patente devait être retranchée des impôts payés par ses coassociés, lors même qu'aux termes de l'art. 7 de la loi du 17 avril 1831, la part retranchée ne pouvait servir au nouvel associé pour former son cens électoral. — *Id.*.

13.—Les électeurs départementaux et d'arrondissement pouvaient se faire inscrire pour l'exercice de leurs droits électoraux dans tel canton que bon leur semblait, pourvu qu'ils payassent dans ce canton une somme de contributions qui les mit au nombre des plus imposés. Il en était ainsi lors même qu'ils ne transportaient pas dans ce même lieu leur domicile politique pour l'élection des membres de la chambre des députés. — 1re, 18 mai 1845 (Hervieu), ix, 365.—1re, 18 mai 1845 (Lemoigne), *ibid.*

14. — L'électeur qui, bien qu'ayant changé son domicile réel, avait continué d'être inscrit sur la liste électorale de l'arrondissement où était son ancien domicile, conservait tous ses droits électoraux dans ledit arrondissement; en conséquence, si plus tard il voulait changer de domicile politique, c'était aux greffes du tribunal de cet arrondissement et de celui où il voulait transférer ce domicile que la double déclaration exigée par l'art. 10 de la loi du 19 avril 1831, devait être faite, et non pas au greffe du domicile réel actuel. — 1re, 6 juill. 1846 (de Barville), xi, 389.

15.—La translation du domicile réel opérait de plein droit translation du domicile politique, de telle sorte que si l'électeur qui venait à quitter l'arrondissement où il avait à la fois son domicile réel et son domicile politique, n'avait pas fait les déclarations voulues par l'art. 10 de la loi du 19 avril 1831, pour opérer la séparation des deux domiciles, il ne pouvait plus exercer ses droits électoraux dans l'arrondissement de son ancien domicile, bien qu'il eût été maintenu sur les listes électorales de cet arrondissement.—1re, 19 janv. 1847 (Mareau), xi, 15.

16.—En matière électorale, comme en matière civile, à défaut des déclarations prescrites par l'art. 104 du Code Napoléon pour opérer le changement de domicile, ce changement peut résulter des circonstances dont l'appréciation est abandonnée à la conscience des magistrats. —1re, 21 juill. 1846 (de la Drouardière), x, 427.

17.—On pouvait valablement requérir par un mandataire son inscription sur les listes électorales; le mandat était suffisamment justifié par l'appel que portait le mandant, de l'arrêté du préfet qui rejetait la demande en inscription. — 1re, 18 janv. 1847 (Bureau), xi, 656.

18. — Les électeurs qui réclamaient contre l'inscription sur les listes d'un autre électeur, étaient des tiers auxquels on ne pouvait opposer l'inaccomplissement des formalités de publication prescrites pour les sociétés de commerce.— 1re, 26 juill. 1847 (Roulleaux-Glatigny), xi, 431.

19. — L'exécution de la disposition de l'art. 23 de la loi du 19 avril 1831, portant que les demandes en radiation devaient être inscrites sur un registre ouvert à cet effet au secrétariat général de la préfecture, n'était point prescrite à peine de nullité. Ainsi, il suffisait pour la va-

lidité de la demande que le réclamant eût fait déposer à la préfecture par un mandataire spécial l'original de la signification faite à la personne objet de la réclamation —1re, 30 nov. 1847 (Guilbert-Beaumarais), xi, 595.—1re, 8 déc. 1847 (Guilbert-Beaumarais), ibid..

§ II.—LÉGISLATION POSTÉRIEURE A 1848.

20.—La déclaration des ascendants, maîtres ou patrons, autorisée par les art. 4 et 16 de la loi du 31 mai 1850, n'est plus recevable après la confection des listes électorales.—Commission municipale de Caen (N...). xiv, 439.

21.—Les exceptions établies par les §§ 2 et 3 de la loi du 31 mai 1850, à la règle générale posée dans le § 1er de la même loi, ne sauraient être étendues à d'autres cas que ceux qui y sont formellement spécifiés.—Spécialement, les déclarations de parents collatéraux, pas plus celles d'un oncle que celles d'un parent d'un degré inférieur, ne peuvent suppléer à la déclaration des parents indiqués au § 2.—Justice de paix de Caen (canton ouest), 8 août 1850 (N...), xiv, 470.

22.—Il n'est pas nécessaire (loi du 31 mai 1850), pour qu'un domestique ou un ouvrier soit inscrit sur les listes électorales, qu'il justifie d'un domicile consécutif de trois ans chez le même maître ou patron, il suffit qu'il justifie de son domicile triennal par les déclarations des maîtres ou patrons chez lesquels il a successivement servi ou travaillé.—Commission municipale de Caen (N...), xiv, 443.

23. —... Le maître ou patron qui a un domicile constaté conformément à la loi du 31 mai 1850, peut utilement associer

12

son domestique ou ouvrier à ce domicile, peu importe que ce maître ou patron ne soit pas lui-même électeur, soit à raison de l'insuffisance de la durée de son propre domicile, soit pour toute autre cause, pourvu qu'il ne certifie le fait du domicile de son ouvrier que pour une durée correspondante à celle de son propre domicile légalement constaté.—*Id.*.

24.—Les fonctionnaires publics doivent être inscrits sur les listes électora'es de la commune dans laquelle ils exercent leurs fonctions, quelle que soit la durée de ces fonctions dans cette commune. Ils ne sont pas astreints comme les autres citoyens à justifier d'un domicile de trois ans pour le temps qui a précédé leur entrée en fonctions.— Commission municipale de Caen (N...), xiv, 441.—Justice de paix de Caen (canton ouest), 6 août 1850 (N....), *ibid.*.

25.—Il ne peut être admis, pendant le délai de dix jours fixé par l'art. 7 de la loi du 15 mars 1849, que des réclamations contre des erreurs possibles de la liste, et non de nouvelles constatations de domicile.— Commission municipale de Caen (N...), xiv, 439.

ÉLECTION DE DOMICILE.—*V. Domicile élu.*

ÉMANCIPATION. — *V. Buil (en gén.).*

1.—Lorsqu'un testateur, en instituant un mineur son légataire universel, nomme un exécuteur testamentaire, auquel il donne la saisine et l'administration de ses biens jusqu'à la majorité du légataire, l'effet de cette clause cesse par l'émancipation de ce légataire, qui, à partir de cette émancipation, prend l'administration des biens légués, sauf l'assistance de son curateur pour tous les cas où le concours de ce dernier est exigé par la loi. —1re, 5 avril 1843 (Baussard), vii, 180.

2.—Le droit d'émancipation dérive de la puissance paternelle; les tribunaux ne peuvent en modifier les effets qu'autant que l'exercice de ce droit est de nature à causer un préjudice moral ou matériel aux mineurs.—1re, 9 juill. 1850 (Conard), xiv, 430.

ÉMIGRATION,—ÉMIGRÉ.—*V. Domaine engagé.— Douaire.— Quotité disponible.*

1.—Les créanciers des émigrés qui n'étaient autorisés à saisir l'indemnité accordée à leurs débiteurs que pour le capital de leurs créances, n'en conservaient pas moins le droit de poursuivre sur tous les autres biens le paiement des intérêts légalement conservés, mais ils ne pouvaient, après avoir touché en rente 3 % un capital nominal égal à leurs créances, réclamer sur les autres biens de leurs débiteurs la différence entre le capital nominal et le capital réel.—1re, 6 juin 1844 (Gaultier), viii, 400.—V. encore *infrà*, v° *Quotité disponible.*

2.—Des sœurs qui ont acheté de la nation la part indivise de leur frère dans la succession paternelle, part confisquée pour cause d'émigration, sont facilement réputées avoir voulu ne faire qu'un acte de gestion et avoir acheté non pour elles, mais pour l'émigré. Cette présomption acquiert la certitude d'une preuve lorsque les sœurs adjudicataires ont consenti, depuis que leur frère a été réintégré dans ses droits civils, à remettre les biens en partage sans opposer l'acte d'adjudication.—2e, 11 juill. 1850 (Maillard), xiv, 545.

3.—... La circonstance que, dans l'intervalle de l'adjudication au partage, l'une des sœurs s'est mariée en soumettant ses biens au régime dotal, ne permet pas aux héritiers de celle-ci d'attaquer le partage comme constituant une aliénation, un abandon sans cause au préjudice de la dotalité, parce que ce partage n'est que l'exécution d'une obligation naturelle préexistante au mariage, et qui n'est réputée interdite par aucun régime matrimonial.—*Id* .

4.—L'indemnité accordée aux émigrés ou à leurs représentants par la loi du 25 avril 1825, est purement mobilière. En conséquence, encore bien qu'un mariage ait été contracté avant la promulgation de cette loi, la clause d'ameublissement d'une partie aliquote des biens immeubles de la future, inscrite dans le contrat de mariage, ne pouvait atteindre l'indemnité qui plus tard a été accordée à la femme. Cette indemnité ne tombait donc pas dans la communauté, lorsque, d'après le contrat, les biens meubles restaient propres à chacun des époux.—2e, 18 août 1842 (Hubert), vi, 513.

5.—Jugé, au contraire, que l'indemnité accordée aux émigrés dont les biens ont été vendus révolutionnairement, était due par l'État et était représentative des immeubles confisqués et vendus. —1re, 29 mai 1852 (Varin), xvii, 170.

EMPHYTÉOSE.

L'emphytéose est réputée à perpétuité, quoi qu'elle soit résolue si la postérité du cessionnaire vient à s'éteindre. — On ne peut prétendre que ce droit de

résolution constitue, pour le cédant, un droit de retour éventuel qui a survécu au remboursement de la rente opéré en vertu de la loi du 18 décembre 1790.— Cour de Rouen, 1re, 18 déc. 1849 (Lescuyer), xiii, 536.

EMPLOI.—*V. Conseil judiciaire. — Dot.—Femme normande.—Pension alimentaire.—Remploi.*

EMPRISONNEMENT.—*V. Contrainte par corps.—Contrebande.— Dot.—Faillite.*

1.—Le n° 1 de l'art. 781 du Code de procédure civile n'est point applicable à la recommandation qui est valablement faite dans les limites fixées par l'art. 1037 du même code.—Ch. des vac., 1er sept. 1846 (Lecanu), x, 462.

2.—Il n'est pas nécessaire, à peine de nullité, que le pouvoir de l'huissier ait été enregistré avant la recommandation.—*Id*..

3. — La recommandation et l'écrou d'un débiteur peuvent être constatés par un seul et même procès-verbal.—*Id*..

4.—Un écrou n'est pas nul par cela seul qu'il n'énonce pas la date du jugement en vertu duquel la recommandation a lieu, si d'ailleurs le recommandé n'a pu ignorer, d'après le procès-verbal de recommandation à lui signifié, de quel jugement il s'agissait dans son écrou.—*Id*..

5.—La requête tendant à élargissement ne prend date que par la mention de l'heure insérée dans l'ordonnance du président du tribunal. Par suite, un procès-verbal d'huissier constatant qu'une consignation d'aliments a été offerte avant la rédaction de cette ordonnance, rend non recevable la demande d'élargissement —4e, 26 août 1846 (Mérieult), x, 414.

EMPRUNT.—*V. Prêt.*

EMPRUNT A LA GROSSE.— *V. Contrat à la grosse.*

ENCHÈRES.— *V. Adjudication.*— *Dot.*—*Mineur.*—*Saisie immobilière.*— *Vente publique de meubles.*—.. *d'immeubles.*

ENCHÈRES (entraves aux).

Le fait, par un adjudicataire, d'avoir remis une somme d'argent à un créancier inscrit, pour le faire renoncer à surenchérir, ne constitue pas le délit d'entraves à la liberté des enchères, si cette somme n'a été comptée qu'en déduction de la créance inscrite, et lors même que l'adjudicataire n'aurait pas été obligé à ce paiement. L'art. 412 du Code pénal n'est pas applicable à ce cas. —Ch. corr., 15 juill. 1847 (Taupin), xii, 169.—*Contrà*, C., ch. crim., cass., 18 mars 1848 (Taupin), *ibid.*.

ENCLAVE.—*V. Servitude.*

ENDOSSEMENT. — *V. Aval.*— *Billet à ordre.*— *Commissionnaire.*— *Effets de commerce.* --*Endossement en blanc.*—*Lettre de change.*—*Protêt.*

ENDOSSEMENT EN BLANC ou IRRÉGULIER.—*V. Billet à ordre.* —*Effets de commerce.*— *Lettre de change.*

1.—L'irrégularité résultant du défaut d'énonciation de la valeur fournie dans l'endos d'un connaissement, est réparée et couverte par la preuve du versement de cette valeur en une avance fournie au moment même de l'endossement.—Aud. sol , 23 juill. 1851 (Héritiers Dumesnil), xv, 295.

2.—Le porteur de billets revêtus d'en-

dossements en blanc, doit être admis à la faillite du débiteur pour le montant de ces billets, lors même qu'il ne justifierait pas en avoir fait les fonds avant l'ouverture de la faillite, s'il est d'ailleurs reconnu qu'il était en compte-courant avec le souscripteur et qu'il lui avait précédemment versé des sommes supérieures au montant desdits billets. — 4e, 26 mai 1847 (Varnier), xi, 400.

ENFANT.— *V. Donation par contrat de mariage.*—*Enfant adultérin.* —... *naturel* —... *trouvé.*—*Séparation de corps.*

ENFANT ADULTÉRIN.—*V. État (réclamation d').*—*Scellés.*

ENFANT NATUREL —*V. Donation entre époux.*— *Filiation légitime.* —*Obligation naturelle.*—*Substitution.* —*Succession irrégulière.*

1. — Du moment où une reconnaissance d'enfant naturel est contestée comme émanée d'une personne en état d'insanité d'esprit, il n'y a pas lieu d'accorder une provision à cet enfant sur la succession de l'auteur de cette reconnaissance. — 1re, 17 août 1848 (Duval), xii, 388.

2. — La reconnaissance d'un enfant naturel peut être contestée par les héritiers de celui dont elle émane. Tous les genres de preuve sont admissibles. (Résolu implicitement).—*Id.*.

3 — Les demandeurs en nullité de la reconnaissance d'un enfant naturel peuvent être admis à prouver des faits tendant à établir qu'un autre que l'auteur de la reconnaissance est le père de l'enfant naturel; ce n'est pas là la recherche de paternité proscrite par l'art. 340 du Code Napoléon.— *Id* .

4. — On ne peut, pour faire annuler une reconnaissance d'enfant naturel, s'armer d'une enquête qui a été faite sur une demande en interdiction dirigée contre l'auteur de cette reconnaissance ; il faut procéder par nouvelle enquête, afin de savoir s'il avait ou non capacité pour faire cette reconnaissance au moment où elle a eu lieu. — Il en est surtout ainsi lorsque l'auteur de la reconnaissance est décédé avant l'achèvement des enquêtes et la confection de la contre-enquête. — *Id.* .

5. — La reconnaissance d'un enfant naturel faite par un individu depuis interdit, et à une époque où la cause de l'interdiction était notoire, ne doit pas nécessairement être annulée. — C., ch. req., rej., 12 nov 1844 (Sylas Lenormand), IX, 225.

6. — *Id...* Surtout lorsque l'enfant reconnu a été légitimé par mariage subséquent, et que ce mariage a été déclaré valable. — Aud. sol., 19 janv. 1843 (Sylas Lenormand), VII, 41.

7. — Un enfant naturel reconnu peut être adopté par celui qui l'a reconnu — 1re, 5 déc. 1853 (Cousinard), XVII, 324.

ENFANT TROUVÉ.

Un enfant trouvé cesse d'être sous la tutelle des hospices lorsqu'un arrêté préfectoral le confie aux soins d'une tierce personne. — Aud. sol., 5 juill. 1843 (Lebouc de Laforest), VII, 438.

ENGAGISTES. — *V. Domaine engagé.*

ENQUÊTE. — V. *Preuve testimoniale* et les renvois. — *Témoins en matière civile.*

Indication alphabétique.

1. — Il n'appartient pas aux juges de substituer à un mode légal d'instruction une autre forme de procéder n'offrant pas les mêmes garanties. Par exemple les tribunaux ne peuvent substituer une expertise à une enquête, en autorisant les experts à prendre tous renseignements utiles et nécessaires. — 1re, 5 avril 1853 (Pepin), XVII, 147. — V. *infrà*, vo *Expertise*, no 2.

2. — Lorsqu'une partie est assignée au domicile de son avoué, pour être présente à une enquête, conformément à l'art. 261 du Code de procédure civile, le délai de trois jours doit être augmenté du délai des distances fixé par l'art. 1033 du même code. — Cette augmentation doit même être doublée, puisqu'il y a lieu à voyage ou envoi et retour. — L'enquête faite sans l'observation de ces délais est nulle. — 1re, 24 janv. 1845 (Ernouf), IX, 211.

3. — Lorsque l'avoué d'une partie intervenante dans une instance est décédé depuis le jugement qui a ordonné une enquête, toutes les significations et procédures relatives à l'enquête peuvent être valablement notifiées à personne ou domicile. — 1re, 14 août 1843 (Chonnaux-Dubisson), VII, 509.

4. — Est applicable en matières sommaires et commerciales, comme en matière ordinaire, l'art. 261 du Code de

procédure, d'après lequel les noms, demeure, etc. des témoins, doivent être signifiés à la partie adverse trois jours avant leur audition, à peine de nullité. — 4e, 19 juill. 1847 (Lefèvre,) xi, 368.

5. — L'erreur sur le nom d'un témoin dans la signification ordonnée par l'art. 261 du Code de procédure, entraîne une nullité absolue qui s'oppose à la lecture de la déposition de ce témoin ; cette erreur ne peut être suppléée par le prénom et la qualité du témoin. — 2e, 1er août 1849 (Goupil), xiii, 417.

6. — Il n'est pas nécessaire, à peine de nullité, que le procès-verbal d'enquête constate que les témoins ont déposé sans lire aucun projet écrit. — 2e, 1er mai 1852 (Pinel), xvi, 215.

7. — Les juges ont plein pouvoir pour admettre ou rejeter les demandes en prorogation du délai dans lequel les enquêtes doivent être parachevées. — Lors même donc que les parties se trouveraient dans des circonstances suffisantes pour motiver une prorogation, les juges peuvent la refuser, s'ils pensent que l'audition de nouveaux témoins est sans utilité réelle pour la solution du litige. — 1re, 26 avril 1843 (Commune de Bricqueville-sur-Mer), vii, 252.

8. — Une prorogation d'enquête peut être accordée, pour l'audition de témoins défaillants, à une partie qui n'a pas demandé devant le juge-commissaire leur réassignation, si cette partie a pu craindre d'être empêchée pour le jour où la réassignation aurait pu être ordonnée ; mais, dans ce cas, l'effet de la prorogation d'enquête doit être restreint à l'audition de ces témoins. — 1re, 28 janv. 1846 (Vaussy), x, 107.

9. — Lorsqu'une prorogation a été accordée pour faire entendre un témoin malade, l'audition de ce témoin après le délai de la prorogation est complétement nulle. — 1re, 28 janv. 1845 (Ernouf), ix, 211.

10. — Même en matière sommaire ou commerciale, la partie qui, par sa faute, s'est trouvée déchue du droit de faire l'enquête, ne peut demander une prorogation. — 4e, 19 juillet 1847 (Lefèvre), xi, 368.

11. — L'enquête reçue par le juge-commissaire auquel l'une des parties, dans le but d'empêcher l'audition des témoins, a présenté un exploit d'appel interjeté contre le jugement qui ordonnait cette mesure d'instruction, est nulle, quel que soit le résultat ultérieur de l'appel, et bien qu'il soit intervenu plus tard un arrêt confirmatif. — Vainement, pour valider l'enquête, prétendrait-on que la partie, qui demandait le sursis, n'avait pas justifié de toutes les conditions auxquelles étaient subordonnées la validité et la recevabilité de l'appel ; à la Cour seule appartient d'apprécier, aussi bien en la forme qu'au fond, le mérite de l'appel dont elle est saisie. — 2e, 15 mai 1851 (Blot), xv, 198.

12. — La Cour, en réformant un jugement qui avait refusé d'annuler une enquête, doit renvoyer les parties en première instance, pour faire statuer sur le point de savoir si une nouvelle enquête ne doit point être ordonnée d'office pour résoudre la question du fond. — Id..

13. — La partie qui a procédé à une enquête ordonnée, sur sa demande, par le tribunal de première instance, n'est pas recevable à demander devant la Cour

un supplément d'enquête. — 4e, 3 janv. 1842 (Montigny), vi, 34.

ENREGISTREMENT. — *V. Acte sous seing privé. — Dépens. — Emprisonnement. — Legs particulier. — Vente.*

L'administration de l'enregistrement n'a pas le droit, dans le but de percevoir des droits plus élevés, de voir dans un acte autre chose que ce qu'il exprime. Tant que cet acte n'est point annulé, il ne doit être soumis qu'aux droits fixés pour la classe d'actes à laquelle il appartient. A plus forte raison, lorsque la régie a déjà perçu des droits sur un acte à raison de sa nature apparente, ne peut-elle, sans avoir fait annuler cet acte, réclamer d'autres droits à raison de sa nature supposée. — *Spécialement*, lorsque, par acte entre vifs, un père a fait une donation immobilière à l'un de ses enfants, et que les droits du fisc ont été perçus sur cet acte, l'administration de l'enregistrement ne peut voir dans une transaction qui intervient à cette occasion entre les enfants, après la mort de leur père, une transmission de propriété à titre onéreux, et réclamer des droits en conséquence. — Il en est surtout ainsi si le rapport, en supposant qu'il en fut dû par l'enfant donataire, ne pouvait avoir lieu qu'en numéraire, et non en nature. — Trib. civ. de Caen, 2e, 13 juin 1844 (Dajon), viii, 343.

ENSEIGNE.

1. — Les annonces faites par un marchand ambulant ne peuvent donner ouverture à une action contre ce marchand de la part d'autres commerçants dont il a emprunté l'enseigne, quand il résulte des faits et circonstances de la cause, qu'il faisait de pareilles annonces avant l'ouverture des magasins des plaignants. En tout cas, l'action ne serait recevable que si ces annonces avaient porté préjudice à ces derniers. — 4e, 22 mars 1848 (Collinet-Deschamps), xii, 641.

2. — La cession d'un fonds de commerce (d'un café, dans l'espèce), comprend non seulement tous les meubles et objets de toute nature nécessaires à son exploitation, mais encore l'achalandage et l'enseigne à laquelle se rattache cet achalandage. — *Conséquence :* lorsque la cession a lieu d'une manière absolue et sans condition, l'enseigne appartient exclusivement à l'acquéreur, et lui seul a droit de la prendre. Par suite, lorsque, dans l'acte de cession, le vendeur loue à l'acquéreur le local où est établi le fonds de commerce, avec stipulation que l'acquéreur ne pourra changer la nature de l'établissement, et que, à la fin du bail, le vendeur ne pourra disposer de sa maison, pour le même genre d'exploitation, qu'après lui en avoir offert la préférence, le vendeur peut, à l'expiration du bail, créer dans cette maison un établissement de même nature, mais cet établissement ne peut prendre l'ancienne enseigne qui est devenue la propriété de l'acquéreur du fonds de commerce. Ce dernier peut donc demander la suppression de l'enseigne, mais il ne peut réclamer de dommages-intérêts que s'il justifie qu'un préjudice lui a été causé. — 4e, 13 déc. 1853 (David), xvii, 302.

ENTREPRENEUR. — *V. Action. — Clause pénale. — Commune. — Compétence commerciale. — Dommages-intérêts. — Garant. — Privilége. — Travaux publics.*

1.—L'art. 1793 du Code Napoléon doit recevoir son application dans tous les cas où un entrepreneur s'est chargé de la construction *à forfait* d'un bâtiment *d'après un plan arrêté et convenu* avec le propriétaire du sol, et ce alors même qu'il aurait été stipulé que l'entrepreneur ferait, suivant le prix fixé, les augmentations ordonnées par le propriétaire. Ces augmentations ne pourraient donner lieu à un supplément de prix qu'autant qu'elles auraient été *autorisées par écrit* par le propriétaire.— 1re, 29 mai 1848 (Dumesnil), xii, 449. —V. *suprà*, v° *Architecte*.

2.— Le sous-entrepreneur qui s'est chargé à forfait de la confection des travaux, ne peut être tenu d'opérer ceux non prévus dans le devis, et pour lesquels le soumissionnaire lui-même aurait droit à un supplément de prix.— 4e, 15 juill. 1845 (Lerebourg), x, 534.

3.—L'art. 1792 du Code Napoléon, qui limite à dix ans la responsabilité des architectes et entrepreneurs, lorsque l'édifice construit à prix fait périt par le vice de la construction ou même par le vice du sol, n'est pas applicable lorsque, de mauvaise foi, l'entrepreneur n'a pas accompli les conditions du devis, lorsque, par exemple, il n'a donné à tous les murs enfouis dans terre que le tiers de l'épaisseur qu'ils devaient avoir. Il s'agit dans ce cas d'une action en dommages-intérêts, pour réparation du préjudice occasionné par un quasi-délit, action qui n'est prescriptible que par trente ans.—2e, 1er avril 1848 (Marie), xii, 114.

4.—Un entrepreneur de travaux publics ne peut retenir le dixième du prix dû à ses soustraitants, lorsque les travaux exécutés par ceux-ci ont été définitivement reçus et quoique la réception de ces travaux ait eu lieu avant leur complet achèvement, mais il peut retenir, sur ce qu'il leur doit, une certaine somme à titre de contrainte pour l'achèvement desdits travaux.—4e, 15 juill. 1845 (Lerebourg), x, 534.

ENTREPRENEUR DE TRANSPORT.—*V. Commissionnaire de transport.—Poste aux lettres.—Voiture publ.*

ENTRETIEN DES ENFANTS. —*V. Puissance paternelle.*

ENVOI EN POSSESSION. — *V. Absence.—Compensation.—Dépens.— Donation entre époux.—Fabriques.— Femme normande — Prescription. — Rente foncière.*

ÉPOUX —*V. Conjoint.*

ÉPOUX NORMANDS.— *V. Donation entre époux.— Dot. — Retrait d'indivision.—Viduité (droit de)*

ÉQUIPEMENT MILITAIRE. — *V. Remplacement militaire.*

ERREUR COMMUNE.— *V. Commissaire extraordinaire.— Erreur de droit.—Femme normande.*

ERREUR DE DROIT ou DE FAIT.— *V. Compte.— Obligations.— Ordre.—Ratification.*

1.—L'erreur de droit peut être considérée comme une erreur de bonne foi et ne pas mettre obstacle à ce que le possesseur fasse les fruits siens.—4e, 21 mai 1843 (Lahaye), vii, 444.

2.—S'il est des circonstances où l'on doit appliquer la maxime *error communis facit jus*, c'est surtout lorsque le refus de l'admettre pourrait bouleverser toutes les fortunes d'un pays.—*Spécia-*

lement, la communauté stipulée entre époux en Normandie, dans la croyance que la loi du 17 nivôse an II autorisait ce régime matrimonial, doit être maintenue ainsi que tous les actes qui ont été la suite de l'adoption de ce régime, et notamment la vente des biens de la femme.—Trib. civ. de Pont-Audemer, 28 mai 1847 (Benoist), xv, 153.

ESCALIER COMMUN.—*V. Copropriété.*

ESCOMPTE.—*V. Usure* et les renvois indiqués sous le mot *Banquier.*

ESCROQUERIE.

1.—L'appréciation morale des faits constitutifs de l'escroquerie appartient. aux tribunaux, mais ceux-ci n'en doivent pas moins préciser dans leurs jugements les caractères distinctifs du fait incriminé et constater qu'ils réunissent les conditions élémentaires dont parle l'art. 405 du Code pénal.—Ch. corr., 18 juill. 1850 (C...), xiv, 514.

2.—Le concours de toutes les circonstances indiquées dans l'art. 405 du Code pénal est nécessaire pour constituer le délit d'escroquerie. Il ne suffit pas de s'être fait remettre des fonds, billets ou quittances à l'aide de manœuvres frauduleuses, il faut que ces manœuvres aient eu pour but de persuader l'existence de fausses entreprises, d'un pouvoir ou d'un crédit imaginaire, et que ce soit par l'un de ces moyens que le prévenu ait escroqué ou tenté d'escroquer une partie de la fortune d'autrui. —*Id.*.

3 —Est coupable d'escroquerie l'individu qui, à l'aide de la fausse qualité qu'il se donne d'agent de telle compagnie d'assurance, se fait remettre des fonds et obligations. Peu importe que cet individu soit l'agent d'une autre compagnie et qu'il entende obliger cette compagnie envers les personnes avec lesquelles il contracte. — Ch. corr., 9 juin 1842 (Durand), vi, 331. — Ch. corr., 9 juin 1842 (Gautier), *ibid.*.

ÉTABLISSEMENTS DANGEREUX, INSALUBRES ou INCOMMODES. — *V. Four à chaux.*

1.—Les dispositions du décret du 15 octobre 1810 relatif aux établissements insalubres ne sont applicables qu'au rouissage en grand et non à l'établissement d'un routoir sur une propriété particulière.—2e, 13 nov. 1841 (Roger), v, 380.

2.—Dans l'arrondissement du chef-lieu de département, le préfet est compétent pour statuer sur la demande en autorisation d'établissements de troisième classe, et il est de principe que, dans ce cas, il remplit les fonctions de sous-préfet, et que les réclamations contre sa décision doivent être jugées par le conseil de préfecture.—Conseil de préfecture du Calvados (Bunel), xiv, 433.

3.—Le préjudice causé aux propriétaires voisins par un établissement industriel, classé ou non classé, donne lieu à une action en dommages-intérêts de la compétence des tribunaux civils.— 2e, 20 nov. 1851 (Hayot), xvi, 7.

4.—Un atelier d'étamage et de soudage peut donner lieu à des réclamations judiciaires, mais il faut des inconvénients sérieux pour que la justice ait égard à ces réclamations.—1re, 15 nov. 1845 (Duperron), x, 664.

5.— Lorsque l'autorisation d'établir

une chaudière à vapeur a été refusée par le préfet, mais qu'un pourvoi a été formé contre cette décision devant le Conseil d'État, les tribunaux ne doivent pas surseoir à statuer sur la suppression de cette chaudière jusqu'à ce qu'il ait été prononcé sur le pourvoi. L'autorisation obtenue n'empêcherait pas les tribunaux d'ordonner la suppression de cet établissement, comme lésant des droits particuliers de propriété.—1re, 19 fév. 1849 (Marie), XIII, 63.—V. Anal., vis Barrage. —Compétence civile.— Dommages-intérêts.—Eau (cours d').—Usine.

ÉTABLISSEMENT DE DRESSAGE.—V. Dommages-intérêts.

ÉTABLISSEMENT D'ENFANT. —V. Dot.—Femme normande.

ÉTABLISSEMENTS PUBLICS. —V. Bureau de bienfaisance.—Fabriques.—Hospices.

ÉTABLISSEMENTS RELIGIEUX.—V. Communauté religieuse.

ÉTAMAGE. — V. Établissements dangereux.

ÉTANG.—V. Servitude.—Vol.

ÉTAT.—V. Cession.—Commune.— Domaine engagé.

ÉTAT CIVIL.—ÉTAT (réclamation d').—V. Absent.—Actes de l'état civil. — Compétence commerciale. → Décès.— Désaveu d'enfant. —Enfant naturel.—Filiation légitime.

Indication alphabétique.

<table>
<tr><td>Action, 8.</td><td>5 et s., 8 et s..</td></tr>
<tr><td>Adultère, 5 et s;.</td><td>Indice grave, 2.</td></tr>
<tr><td>Conseil de famille, 1.</td><td>Interdiction. 5.</td></tr>
<tr><td>Déchéance, 5. 7.</td><td>Lettres missives, 6.</td></tr>
<tr><td>Désaveu, 3 et s..</td><td>Mari, 3 et s., 7.</td></tr>
<tr><td>Enfant trouvé, 1.</td><td>Maternité adultérine, 5 et s..</td></tr>
<tr><td>Femme, 6.</td><td></td></tr>
<tr><td>Fin de non-recevoir, 3.</td><td>Ministère public, 8, 9.</td></tr>
<tr><td>Mise en cause, 9.</td><td>mencement de), 6.</td></tr>
<tr><td>Pouvoir discrétionnaire, 5 et s..</td><td>Preuve testim., 2, 5 et s..</td></tr>
<tr><td>Prescription, 3 et s., 7.</td><td>Similitude de noms, 2.</td></tr>
<tr><td>Preuve par écrit (com-</td><td>Tiers, 9.</td></tr>
</table>

1. — En cas de réclamation d'état par un enfant déposé dans un hospice presqu'immédiatement après sa naissance sans indication du nom de son père ou de sa mère, et qui, par suite, n'a pas de famille au moment de la convocation d'un conseil pour la nomination du tuteur qui sera chargé d'intenter l'action en réclamation, le conseil de famille ne pouvant être formé conformément aux règles tracées pour les cas ordinaires, doit être composé de personnes désignées par le juge de paix. — Les membres de la famille dont on prétend que le mineur fait partie ne doivent pas être appelés en cette qualité. — Aud. sol., 5 juillet 1843 (Lebouc de Laforest), VII, 438.

2. — Lorsque l'acte de naissance n'est pas produit et qu'il n'y a ni possession d'état, ni titres de famille, ni papiers domestiques, il faut, pour baser une réclamation d'état, des indices graves et pertinents. — La similitude des noms ne serait pas suffisante. — Aud. sol., 5 juin 1850 (D...), XIV, 373.

3.— Lorsqu'un enfant n'a, pour prouver sa filiation légitime ni acte de naissance, ni possession d'état constante, et qu'il n'établit sa filiation qu'à l'aide d'une preuve testimoniale, conformément à l'article 323 du Code Napoléon, il ne peut, pour repousser la preuve qu'il n'est pas l'enfant du mari de sa mère, invoquer les dispositions du même code, relatives au désaveu de paternité. — Spécialement, l'enfant qui a prouvé par témoins qu'il est bien l'enfant dont une femme mariée est accouchée, et qu'il a été élevé par cette femme comme son enfant, ne peut, pour soutenir qu'il est le fils du mari de cette femme, se prévaloir de ce que le mari interdit ou son tuteur n'ont pas intenté l'action en désaveu dans les délais prescrits par l'art. 316 du Code Napoléon.— Aud. sol.,17 mars 1847 (Parfouru),xi,168.

4. — Aucune déchéance ne peut résulter de l'inobservation des délais fixés par l'art. 316 du Code Napoléon contre le mari défendeur à l'action en réclamation d'état formée par un enfant inscrit sur les registres de l'état civil comme né de père et mère inconnus. — Aud. sol., 24 juin 1846 (Lebouc dit Laforest), x, 310.

5. — Lors même qu'il existe des indices graves qui portent à penser que la maternité réclamée est réelle, les juges ont un pouvoir discrétionnaire pour décider tout d'abord, d'après les circonstances du procès, si les faits articulés conduiraient à la preuve d'une maternité adultérine prohibée par la loi. — Aud. sol., 5 juin 1850 (D...), xiv, 373.

6. — Des lettres écrites par une femme peuvent servir de commencement de preuve par écrit pour l'admission d'une preuve testimoniale tendant à une réclamation d'état. — La femme est non recevable à soutenir que ces lettres établiraient que l'enfant est adultérin, sauf les droits du mari, aux termes de l'art. 325 du Code Napoléon. — Aud. sol., 5 juillet 1843 (Lebouc de Laforest), vi, 438.

7. — Lorsqu'un arrêt a appointé l'enfant demandeur en réclamation d'état à prouver par témoins sa filiation, le mari qui a été appointé, conjointement avec sa femme, à la preuve contraire n'est plus recevable après l'expiration du délai de la contre-enquête, à établir par une preuve testimoniale des faits d'adultère propres à justifier qu'il n'est pas le père du demandeur.— Aud sol., 24 juin 1846 (Lebouc dit Laforest), x, 310.

8. — Le ministère public est sans qualité pour intenter directement et en son nom une action en réclamation d'état.— 1re, 13 juillet 1848 (Evrard), xii, 201.

9. — Les tiers intéressés dans une action en réclamation d'état ne peuvent être valablement mis en cause sur l'action intentée directement par le ministère public, et jugée non recevable. — Id...

ÉTAT DE LIEUX. — V. Usufruit.

ÉTRANGER. — V. Contrat de mariage. — Filiation légitime. — Naturalisation.

1. — Un étranger peut valablement se marier en France s'il ne se trouve dans aucun des cas d'incapacité prévus par les lois françaises. — Peu importe que la loi de son pays le frappe d'incapacité. 2e, 16 mai 1846 (Beker), x, 299.

2. — L'article 1er de la loi du 14 juillet 1819 s'applique aux biens meubles réipostés en France, et qui dépendent de la succession d'un étranger mort sur le sol français, sans y avoir son domicile légal. — Trib. civ. de Caen, 8 janvier 1849 (Rosenthal), xiii, 302.

3. — L'étranger qui habite la France depuis un assez grand nombre d'années, et qui ne justifie pas qu'il a conservé un domicile hors du territoire français, peut être cité devant le tribunal du lieu de sa résidence, par un étranger résidant également en France, et se prévalant d'obligations contractées à son profit

pendant le séjour de son débiteur dans ce pays.—4ᵉ, 25 janv. 1846 (Weathley), x, 83.

4.— Un jugement rendu par un tribunal de commerce français contre un Français résidant en Belgique, devient exécutoire sur les biens que possède ce Français en Belgique, au moyen d'une ordonnance de *pareatis* obtenue du tribunal de commerce du lieu où réside ce Français.—Celui-ci ne doit pas être appelé pour défendre à la demande, et ne peut plus remettre en question devant les tribunaux belges la chose jugée contre lui en France. — Il en serait différemment si le jugement avait été rendu en France contre un citoyen belge. — 4ᵉ, 22 déc. 1847 (Piel), xi, 564.

ÉTUDIANT EN MÉDECINE. — *V. Legs (en gén.).*

ÉVALUATION.— *V. Donat. entre époux.— Dot. — Remploi. — Usufruit.*

ÉVÉNEMENTS POLITIQUES. — *V. Marché à terme.*

ÉVICTION. — *V. Dot.— Garant. — Rente (en gén.). — ... viagère.— Subrogation.— Succession bénéficiaire. — Tiers-détenteur.— Vente.*

Indication alphabétique.

1. — L'acquéreur qui, par suite des énonciations contenues dans son contrat d'acquisition, a pu avoir un juste sujet de craindre une éviction, et qui a refusé de payer son prix, peut être dispensé de tenir compte d'aucuns intérêts, lors même qu'il vient à être établi que ses craintes étaient, en réalité, dénuées de tout fondement. — 1ʳᵉ, 10 juin 1847 (Chauveau), xi, 313.—V. *suprà*, vᵒ *Dot*, nᵒˢ 83 et s., 87 et s., 91.

2. — L'acquéreur d'un immeuble appartenant pour partie à une femme qui déclare s'être mariée sans contrat depuis la promulgation du Code Napoléon, ne peut, sous le prétexte qu'il a un juste sujet de craindre d'être évincé, demander que les époux ses vendeurs lui fournissent la preuve qu'ils sont mariés en communauté. — Il doit payer s'il ne prouve pas qu'il existe un contrat de mariage par lequel ces époux ont adopté un autre régime. — 1ʳᵉ, 7 avril 1845 (Letellier), ix, 297.

3. — Lorsque deux cohéritiers ont vendu un immeuble indivis et promis garantie conjointement, il suffit que l'acquéreur soit exposé à être troublé du chef de l'un d'eux pour qu'il soit fondé à retenir son prix, même à l'égard de l'autre.—4ᵉ, 9 mars 1842 (Lavalley), vi, 177.

4.— L'adjudicataire de biens vendus sur saisie immobilière n'a pas, en cas d'éviction, de recours en garantie contre le créancier qui a poursuivi la vente. — Ce dernier ne peut être considéré ni comme vendeur ni comme garant, et il n'est responsable que de la faute ou de la négligence qu'il a pu commettre dans ses poursuites. — 1ʳᵉ, 28 juin

1847 (Dolleris), XI. 345.

5. — ... Toutefois, le poursuivant mis en cause sur l'action en revendication peut être condamné à une partie des dépens, s'il élève des soutiens jugés mal fondés. — *Id.*.

6. — En cas d'éviction, l'adjudicataire sur expropriation forcée n'a droit qu'à une diminution du prix proportionnelle à la valeur des immeubles revendiqués, mais cette ventilation ne peut se faire qu'à l'ordre et contradictoirement avec tous les créanciers inscrits. — Le poursuivant n'a pas qualité pour défendre seul à cette demande, fût-il le premier créancier inscrit, et dût-il en même temps absorber tout le prix mis en distribution. — *Id.*.

7. — Le garant qui a pris l'obligation d'assurer au cessionnaire d'une rente la paisible possession de cette rente doit, en cas d'éviction, tenir compte des arrérages à partir du moment où le cessionnaire est tenu du paiement de ces arrérages envers le créancier qui l'évince. — 4e, 13 mars 1843 (de Séguin), VII, 191.

8. — La clause par laquelle un vendeur stipule que, en cas d'éviction de la part des anciens propriétaires, l'acquéreur ne pourrait demander aucune indemnité autre que celle que le vendeur obtiendrait lui-même, n'empêche pas l'acquéreur de réclamer contre le vendeur ou ses représentants la répétition du capital par lui versé pour l'amortissement d'une rente faisant partie du prix porté au contrat de vente. — 2e, 19 août 1848 (Onfroy), XII, 253.

9. — Lorsqu'une rente, prix de la vente d'un immeuble, a été cédée par le vendeur à un tiers, l'acquéreur de l'immeuble ne peut, en cas d'éviction, exercer aucun recours contre le cessionnaire, ni à raison des arrérages qu'il a payés avant le trouble, ni pour les frais que le procès contre le revendiquant a occasionnés, ni enfin à raison de toutes autres sommes qu'il a pu payer au vendeur par suite de la vente. — 4e, 25 avril 1842 (Lefèvre), VI, 533.

ÉVOCATION. — *V. Enquête.*

1. — Les juges d'appel ne sont pas tenus d'évoquer le fond, lors même que la cause est en état et qu'il a été conclu à l'évocation. — 4e, 24 juill. 1850 (Ozouf), XIV, 637.

2. — Les trois conditions énoncées dans le § Ier de l'art. 473 du Code de procédure civile, sont essentielles et fondamentales, leur concours est indispensable pour donner ouverture à l'évocation. — *Id.*.

3. — Néanmoins les juges d'appel, en confirmant un jugement interlocutoire, peuvent évoquer le fond quand les parties y consentent. — *Id.*.

EXCEPTION. — *V. Acte administratif.* — *Billet à ordre.* — *Chemin de halage.* — *Commissaire extraordinaire.* — *Commune.* — *Compétence civile* — *... commerciale.* — *Conciliation.* — *Conflit.* — *Degré de juridiction.* — *Demande nouvelle.* — *Dépens.* — *Dot.* — *Exploit.* — *Faillite.* — *Femme normande.* — *Garant.* — *Hypothèque (en gén.).* — *Lettre de change.* — *Litispendance.* — *Travaux publics.* — *Vente.* — V. encore les renvois indiqués sous les mots *Déclinatoire.* — *Fin de non recevoir.* — *Nullité.* — *Vente.*

Indication alphabétique.

1. — Lors même que, aux termes de l'art. 1304 du Code Napoléon, on ne serait plus dans le délai pour proposer une nullité par voie d'action, on peut encore s'en prévaloir par voie d'exception, d'après la maxime *quæ temporalia sunt ad agendum perpetua sunt ad excipiendum.* — 2e, 16 janv. 1846 (Henry), x, 130.

2. — ... Mais cette maxime ne peut être invoquée que par celui qui possède et à l'égard duquel l'acte attaqué est resté sans exécution. Elle est sans application, lorsque celui qui veut s'en servir n'avait point la possession, et avait par conséquent intérêt à faire exécuter cet acte. — 4e, 14 avril 1845 (Fournet), ix, 254.

3. — La partie qui a déclaré renoncer à une fin de non-recevoir ne peut plus la reproduire. — 4e, 23 juin 1845 (Lachet), ix, 439. — V. *infrà.* nos 18 et s..

4. — Les exceptions opposables à une action doivent être présentées avant le jugement définitif, sinon elles sont réputées virtuellement proscrites. — 1re, 7 janv. 1850 (Hamard), xiv, 133.

5. — ... Mais on ne peut déclarer forclose dans son exception la partie qui n'a conclu au fond que subsidiairement et après avoir présenté en premier ordre sa fin de non-recevoir. — 2e, 7 mai 1847 (Massy), xi, 254. — V. *infrà*, nos 17 et 23.

6. — La constitution d'avoué, même faite sans réserves, n'est point un acte qui puisse couvrir la nullité d'un exploit. — 2e, 12 mars 1847 (Commune de Saint-Michel-des-Loups), xi, 97.

7. — Une demande en communication de pièces suffit pour rendre non recevable l'exception tirée de la nullité de l'exploit d'ajournement pour vice de forme. — 4e, 7 mai 1845 (Auvray-Franquetot), ix, 306.

8. — *Id*... Et il en est ainsi spécialement de l'exception tirée de la nullité résultant de ce que les membres d'une société civile ont agi dans l'exploit au nom de cette société non légalement établie, et non pas en leur nom personnel. — C. cass., 27 déc. 1848 (Auvray), xii, 519.

9. — .... De vagues réserves, non suivies d'effet, ne suffiraient pas pour faire rejeter la fin de non-recevoir proposée contre l'exception résultant d'une nullité d'exploit. — 4e, 7 mai 1845 (Auvray-Franquetot), ix, 306. — V. *infrà*, n° 11.

10. — Les nullités d'exploit sont couvertes par une simple communication de pièces. — 2e, 28 août 1847 (Lemazurier), xvi, 127.

11. — .... Mais il en serait autrement si cette communication n'avait été faite que sous toutes réserves de proposer la nullité de l'exploit. — 2e, 12 mars 1847 (Commune de Saint-Michel-des-Loups), xi, 97. — V. *suprà*, n° 9.

12. — Quand une fin de non-recevoir a été repoussée par décision ayant acquis l'autorité de la chose jugée, cette fin de non-recevoir et celles qui dérivent de la même cause, entre les mêmes parties, sont non recevables sur appel. — 2e, 27 avril 1850 (Tostain), xiv, 338.

13. — De ce qu'un premier jugement incompétemment rendu a acquis l'autorité de la chose jugée, il n'en résulte pas que les juges d'appel, saisis valablement de la connaissance d'un second jugement entaché du même vice, soient déchus du droit d'examiner l'exception d'incompétence proposée contre le second jugement. Ils peuvent même, au contraire, réformer les dispositions du premier jugement, reproduites dans le second. — 2e, 10 janv. 1850 (Janson), xiv, 113.

14. — Le défendeur qui, cité en conciliation devant un juge de paix incompétent, déclare ne se présenter que pour obéir à la justice, et proteste de nullité et de fin de non-recevoir contre l'action, se réservant à déduire devant le tribunal compétent tous moyens qu'il avisera bien, peut toujours proposer le moyen d'incompétence devant le tribunal civil. Sa comparution n'élève pas de fin de non-recevoir contre lui. — 2e, 18 mars 1847 (Barbé), xii, 47.

15. — Quand le défendeur à une action intentée relativement à des lettres de change réputées simples promesses ne requiert pas le tribunal de commerce de renvoyer l'affaire devant le tribunal civil et conclut au fond, il est déchu du droit de soutenir devant la Cour que la décision du tribunal est incompétemment rendue. — 4e, 10 déc. 1849 (Hélène), xiii, 519.

16. — Le créancier qui, ayant le choix de poursuivre son débiteur commerçant, soit devant la juridiction civile, soit devant la juridiction commerciale, a, sur le renvoi devant le tribunal de commerce, prononcé par le juge-commissaire à la faillite de ce débiteur, laissé ce tribunal ordonner un interrogatoire et une enquête, a prêté l'interrogatoire et fait entendre ses témoins, est non recevable devant la Cour à demander le renvoi devant la juridiction civile. — 4e, 3 juin 1850 (Laverty), xv, 24.

17. — Une partie n'est pas non recevable, aux termes de l'art. 169 du Code de procédure civile, à faire valoir une exception d'incompétence relative, par cela seul que, dans le même acte de conclusions, elle a proposé cette exception cumulativement avec un moyen de nullité d'exploit. — Mais le surcroît des frais que la présentation prématurée du moyen de nullité a occasionnés peut être mis à sa charge. — 1re, 18 nov. 1845 (Véron), x, 52.

18. — L'incompétence *ratione materiæ* est d'ordre public, et peut être proposée en tout état de cause. — 2e, 20 nov. 1851 (Hayot), xvi, 7.

19. — *Id....* Et même pour la première fois sur appel. — 4e, 27 fév. 1847 (Gost), xi, 89.

20. — *Id....* Alors même que les parties auraient accepté la juridiction

incompétente. — 4e, 8 nov. 1853 (Hervieu), xvii, 295.

21. — L'incompétence des tribunaux civils, en ce qui concerne les matières commerciales n'est pas une incompé-tence *ratione materiæ*. — 1re, 1er mars 1852 (Sénécal), xvi, 91.

22.—Quand un acte est à la fois commercial pour l'une des parties et purement civil pour l'autre, le non-commerçant, qui eût eu le droit de traduire le commerçant devant le tribunal de commerce pour l'exécution de cet acte, peut, s'il est poursuivi lui-même devant ce tribunal, proposer l'incompétence, lors même que, dans l'acte, il aurait consenti à se soumettre à la juridiction consulaire, l'incompétence étant, dans ce cas, d'ordre public. -- 4e, 5 déc. 1848 (Boehler), xii, 287. — V. aussi *suprà*, v° *Compétence commerciale*, n° 29.

23. — L'incompétence *ratione personæ* ne saurait être proposée dans des conclusions subsidiaires, les conclusions principales au fond emportant déchéance du droit de proposer subsidiairement cette incompétence. — 4e, 11 mars 1850 (Loudier), xiv, 325.— V. *suprà*, n° 5.

24. — Lorsqu'il n'y a pas lieu d'ordonner l'exécution provisoire, un tribunal ne peut, en rejetant une exception d'incompétence soulevée devant lui, prononcer le même jour sur le fond de l'affaire. Il doit au moins laisser écouler la huitaine pendant laquelle, aux termes de l'art. 450 du Code de procédure civile, il n'est pas permis de porter appel. — 2e, 6 juill. 1844 (Joret), viii, 456.

25. — ... Mais, du moment où l'exécution provisoire peut être ordonnée, le tribunal peut, en se fondant sur l'ur-gence, ordonner de plaider immédiatement au fond ; il n'est pas nécessaire, pour que les parties doivent obtempérer à cette décision, que la signification en soit faite d'avoué à avoué, puisqu'il s'agit d'un cas où l'analogie permet au juge d'user du pouvoir à lui conféré par l'art. 811 du Code de procédure d'autoriser l'exécution immédiate. — 1re, 27 janv. 1852 (Dutheil), xvi, 65.

26.—*Jugé encore que* les tribunaux devant lesquels un déclinatoire est proposé peuvent néanmoins prononcer par le même jugement sur le fond, s'il est en état d'être jugé, et que les parties demandent qu'il en soit ainsi. — 4e, 26 déc. 1844 (Poriquet), vii, 652.

27.—L'intimé qui conclut à la confirmation du jugement sans faire mention expresse de l'exception résultant d'un acquiescement ne se rend pas non recevable à opposer cette exception, qui, en sa qualité de péremptoire, ne se couvre pas par de simples actes de procédure. — 1re, 16 mars 1853 (Lebarbier), xvii, 153.

EXCUSE.—*V. Poste aux lettres.*

EXÉCUTEUR TESTAMENTAIRE.

1.—L'exécuteur testamentaire a qualité pour intenter directement et en son nom seul une action ayant pour but, non de faire valider le testament ou de faire profiter les véritables légataires, mais seulement de faire décider que le legs s'administrera de la manière indiquée par le testateur. Il n'a pas seulement le droit d'intervenir en cas de contestation. —1re, 29 déc. 1841 (Fossard), v, 480.

2.—Les pouvoirs de l'exécuteur testamentaire et son droit d'action ne sont pas anéantis par l'expiration d'une année.

à partir du décès du testateur. — *Id.*.

EXÉCUTION (des actes ou jugements).—*V. Acquiescement.*—*Acte administratif.*—*Arrêt.*—*Cession.*—*Compétence (en gén.).* – *... civile.* — *... commerciale.*—*Compte.*—*Exception.* —*Exécuteur testamentaire.*—*Expert.* - *Jugement par défaut.*—*Partage.*— *... d'ascendant.*-- *Péremption.*—*Ratification.*.—*Rente (en gén.).*—*Séparation de biens.*—*Vente de marchandises,* etc.·.

Lorsqu'un jugement est infirmé sur un seul chef de manière que toute contestation soit terminée sur ce point, et confirmé sur les autres chefs, la Cour impériale peut renvoyer l'exécution de ce jugement au tribunal qui l'a rendu.— 2e, 16 avril 1853 (Turquetit), xvii, 204.

EXÉCUTION PAR EFFIGIE — *V. Mort civile.*

EXÉCUTION PROVISOIRE. — *V. Compétence commerciale.*—*Exception.*—*Jugement par défaut.*

1.—Lorsqu'une difficulté s'élève sur l'exécution d'une convention en elle-même reconnue, les juges peuvent ordonner l'exécution provisoire de leur décision. — 2e, 12 nov. 1852 (Chenest), xvi, 323.—V. encore *suprà,* v° *Exception,* nos 24 et s..

2.—Dans le cas même où, aux termes de l'art. 135 du Code de procédure civile, il y a lieu à exécution provisoire, il peut, suivant les circonstances, être sursis à cette exécution pendant un temps plus ou moins long.— 1re, 25 août 1847 (Dumesnil), xi, 661..

3 — Les jugements par défaut qui ordonnent l'exécution provisoire, nonobstant opposition, peuvent être cho-

qués d'opposition au chef même où l'exécution a été ordonnée, et, si l'opposition sur ce chef n'a pas été formée en temps utile, ils peuvent être attaqués par voie d'appel avant qu'il soit statué par le tribunal sur le fond de la contestation. Rien ne s'oppose à ce que la Cour prononce sur le chef relatif à l'exécution provisoire, sans être saisie du principal. —4e, 21 déc. 1841 (James), v, 503.

EXÉCUTION VOLONTAIRE.— *V. Exécution* et les renvois indiqués sous ce mot.

EXÉCUTOIRE.—*V. Dépens.*

EXHÉRÉDATION.—*V. Legs,* etc.

EXPÉDITION. — *V. Commune* — *Domaine engagé.*— *Usage (droits d').*

EXHAUSSEMENT DE RUE. — *V. Copropriété.*

EXIGIBILITÉ.—*Donation.*—*Faillite.*—*Rente (en gén.).*—*Terme.*

EXPERT. — EXPERTISE. — *V. Acquiescement.*—*Appel en matière civile.*—*Chose jugée.*—*Communauté conjugale.*— *Contrat judiciaire.* — *Degré de juridiction.*—*Diffamation.*—*Dot.* —*Douanes.*—*Enquête.*—*Jugement interlocutoire.* — *Partage.* — *Rente viagère.* — *Retrait successoral.* — *Testament olographe.*—*Vérification d'écriture.*—*Voitures publiques.*

Indication alphabétique.

1.— L'expertise étant une mesure à laquelle le juge peut recourir d'office, le jugement qui l'ordonne sans qu'elle ait été conclue ne peut être attaqué comme ayant prononcé *ultrà petita.* — 1re, 5 avril 1853 (Pépin), xvii, 147.

2.—Des experts ne peuvent être nommés à l'effet de s'éclairer de toutes les déclarations propres à faire connaître un ancien état de lieux. Ce serait là, en effet, une véritable enquête dépourvue des garanties exigées par la loi.—4e, 5 juin 1844 (Petit-Dulongprey), viii, 328.— V. *suprà,* v° *Enquête.* n° 1.

3.—C'est à la partie qui a provoqué l'expertise à y faire procéder.—2e, 5 nov. 1847 (de Joviac), xii, 533.

4.—Est nul le jugement qui ordonne qu'une expertise aura lieu par *un seul* expert, si les parties qui ont conclu à cette expertise n'ont pas demandé qu'il fût dérogé à la règle d'après laquelle toute expertise doit être faite par trois experts.—4e, 14 déc. 1846 (Toutain), x, 633.

5.—*Id...* Pour le cas où l'expertise est ordonnée d'office par les tribunaux. —1re, 19 fév. 1850 (Fromage), xiv, 208. —4e, 27 avril 1852 (Leroy) xvi, 254.

6.—... Et la présence de l'une des parties à l'opération des experts ne rend pas cette partie non recevable à arguer de la nullité du jugement, si d'ailleurs elle a fait des réserves à cet égard.—4e, 14 déc. 1846 (Toutain), x, 633.

7. — Lorsque le procès-verbal qui constate la prestation de serment des experts et indique le lieu, le jour et l'heure de leur opération a été rédigé en présence des avoués des parties, aucune sommation ne doit être nécessairement adressée aux parties elles-mêmes. — 2e, 26 juin 1847 (Société des Varechs), xi, 419.

8. — Lorsque, en matière de servitude ou d'usage, des experts nommés pour apprécier l'utilité des travaux faits par le propriétaire du fonds ne se bornent pas à constater cette utilité, mais que, de plus, ils déclarent que ces travaux nuisent à la servitude et qu'ils indiquent les moyens de tout concilier, ils n'outrepassent pas leur mandat, et le tribunal peut, sans violer le jugement qui a ordonné l'expertise, adopter les moyens proposés par les experts, et qui n'étaient pas d'ailleurs repoussés par ce jugement. — 2e, 11 mai 1853 (Poriquet), xvii, 179. —V. *infrà,* v° *Jugement interlocutoire.*

6. — Quoiqu'une expertise soit irrégulière en la forme, les tribunaux peuvent y puiser des éléments de décision, si elle leur inspire de la confiance et leur fait suffisamment connaître les faits. — 2e, 26 juin 1847 (Société des Varechs), xi, 419.

EXPLOIT. — *V. Appel en matière civile.—... en matière correctionnelle. — Avoué.— Bois.— Citation.—Consignation. — Douanes. — Exception. — Huissier. — Jugement par défaut.— Péremption. — Saisie immobilière. — Tribunal correctionnel. — Vice rédhibitoire.*

Indication alphabétique.

1. — La copie d'un exploit sert d'original à la partie qui la reçoit. — Les irrégularités de la copie peuvent être opposées par la partie assignée, lors même que l'original serait régulier. — 4e. 25 avril 1843 (Létourmy), v, 253. — 2e, 11 mai 1843 (Tissot), vii, 234.

2. — Les omissions commises dans un exploit n'en entraînent pas la nullité toutes les fois que cet exploit contient des indications qui permettent de réparer ces omissions — 2e, 6 juill. 1841 (Martine), vii, 395.

3. — Jugé encore qu'un exploit d'huissier ne peut être déclaré nul lorsque l'ensemble des actes signifiés dans cet exploit contient tous les renseignements prescrits par la loi pour sa validité — 4e, 17 juill. 1849 (Syndic Jeanne), xiii, 290. — V. suprà, vo Citation.

4. — ... Spécialement, ne peut être déclarée nulle la signification d'un jugement, lors même que l'huissier, dans l'acte qui émane directement de lui, n'a pas suffisamment indiqué la date et la nature du jugement signifié, les prénoms, noms et domiciles, soit des parties à la requête desquelles la signification était faite, soit de celles auxquelles

cette signification était adressée dans la personne de leur avoué (art. 731 et 732 du Code de procédure civile), si, en définitive, l'ensemble des actes signifiés ne pouvait laisser subsister aucun doute sur tous ces points. — Id.. — V. encore infrà, no 17.

5. — Un exploit d'appel n'est pas nul par cela seul que la copie n'indique pas le jour du mois où elle a été remise, si l'appel pouvait valablement être porté pendant tout le mois indiqué, et si d'ailleurs une autre partie en cause a fait connaître, dans des actes signifiés par elle, le jour de la remise de l'exploit. — 1re, 11 juillet 1843 (Harou-Romain), vii, 465.

6. — ... L'erreur de date du jugement appelé dans la copie de l'exploit d'appel ne peut entraîner la nullité de cet exploit lorsque la date véritable ressort clairement des autres énonciations qui y sont contenues. — 1re, 15 fév. 1843 (Mesnil), vii, 155.

7. — ... Un exploit d'appel est valable lors même qu'il n'indique pas exactement la date des jugements attaqués, si, d'après le libellé et les conclusions de l'exploit, l'intimé n'a pu être induit en erreur sur la portée et l'étendue de l'appel. — 4e, 2 juin 1847 (Colein-Dubusq), xi, 288.

8. — ..... L'exploit d'appel signifié au domicile de l'intimé et en parlant à sa personne, n'est pas nul par cela seul qu'il n'indique pas le lieu de ce domicile, si le défendeur désigné par ses prénoms et sa profession ne pouvait ignorer que c'était bien à lui que l'exploit s'adressait. — Il en est surtout ainsi lorsque l'exploit se réfère à un jugement qui

indique positivement le domicile de l'intimé. — 2e, 7 juill. 1843 (Martine), VII, 395. — V. encore *infrà*, n° 17.

9. — .... L'omission d'une lettre dans le nom de l'avoué constitué sur appel n'entraîne pas la nullité de l'exploit, s'il est impossible de ne pas reconnaître quel est l'avoué constitué. — *Spécialement*, l'exploit d'appel dans lequel on constitue Me Day au lieu de Me Davy, par suite de l'omission de la lettre V, n'est pas nul lorsqu'il est évident que Me Davy est le seul avoué auquel puisse s'appliquer la désignation de Me Day. — 4e, 27 juin 1843 (Pezet dit Lesablons), VII, 397.

10. — Un exploit d'appel doit, à peine de nullité, être signifié à personne ou domicile, en autant de copies qu'il y a de parties ayant des intérêts distincts ou séparés. — 4e, 8 fév. 1843 (Robichon-Dumesnil), VII, 96.

11. — ... *Spécialement*, quand deux époux ont, dans une contestation, des intérêts distincts, le mari comme administrateur, la femme comme propriétaire des biens qui font l'objet du litige, il doit leur être remis deux copies distinctes de l'exploit qui leur est signifié. — 4e, 31 déc. 1849 (Lannier), XIII, 465.

12. — Le jugement rendu sur une action en partage des biens d'une femme mariée sous le régime dotal, et auquel le mari et la femme étaient parties, doit être signifié au mari et à la femme par deux copies séparées. — 1re, 13 avril 1842 (Plessis), VI, 167.

13. — L'exploit d'appel est nul s'il n'indique pas la personne à laquelle la copie a été laissée. — 4e, 8 fév. 1843 (Robichon-Dumesnil), VII, 96.

14. — Est nul l'exploit d'appel signifié à deux époux, sans indication de celui auquel il a été remis. — 4e, 31 déc. 1849 (Lannier), XIII, 465. — V. aussi 4e, 25 avril 1843 (Létourmy), VII, 253, et, en ce qui touche la responsabilité des huissiers, relativement à l'omission du *parlant à*, *infrà*, v° *Huissier*.

15. — La mention par l'huissier, dans son exploit, que, *n'ayant trouvé personne au domicile de la partie assignée, il a offert la copie à son voisin qui l'a refusée*, remplit suffisamment le vœu de la loi. — 1re, 21 fév. 1853 (Brisollier), XVII, 81.

16. — Est nul l'exploit qui, dans l'hypothèse prévue par l'art. 68 du Code de procédure civile, a été remis, en l'absence de la partie ou sur le refus de ses voisins, non au maire, mais au procureur impérial. — 2e, 5 janv. 1844 (Administration de l'enregistrement), VIII, 178.

17. — L'exploit d'appel qui ne contient pas la mention du domicile de l'appelant, n'est pas nul si cet appel a été porté peu de temps après la signification du jugement par les intimés au domicile de l'appelant, et si d'ailleurs ce domicile n'a pas été changé. — 2e, 30 mars 1849 (Nicolle), X, 139. — V. *suprà* nos 2 et s..

18. — Les significations adressées au gérant d'un journal sont valablement faites au bureau de rédaction ou de direction, si ce journal n'a pas un bureau de gérance distinct du bureau de rédaction ou de direction. — Cour d'assises de la Manche, 11 déc. 1845 (Moussard), X, 90. — C., ch. crim., rej, 25 avril 1846 (Moussard), X, 419.

19. — Est nul l'exploit d'appel qui, par suite d'une erreur dans l'indication du domicile de l'intimé, a été remis à un voisin de ce faux domicile. Cet exploit ne peut donc interrompre les délais de l'appel. — 1re, 9 avril 1845 (Aupoix), x, 511.

20. — Lorsqu'une partie a quitté son domicile sans laisser aucune indication pour faire connaître sa nouvelle demeure, un exploit d'appel lui est valablement signifié par la voie d'affiches et de dénonciation au procureur impérial, conformément aux dispositions du § 8 de l'art. 69 du Code de procédure civile. — Aud. sol., 28 juin 1843 (Lebouc dit Laforest), vii, 459.

21. — L'officier ministériel qui a un juste sujet de doute sur le point de savoir si le débiteur qu'il poursuit a ou non conservé un domicile en France, peut, sans nullité, se conformer pour les exploits aux dispositions de l'art. 68 du Code de procédure civile, au lieu de suivre celles prescrites par les nos 8 et 9 de l'art 69 du même Code. — 2e, 20 juill. 1850 (Raisin), xiv, 472.

22. — Lorsqu'avant son absence une personne a élu domicile dans un lieu où elle requérait que toutes significations relatives à un procès lui fussent adressées, la signification faite conformément au no 8 de l'art. 69 du Code de procédure, comme à une personne dont le domicile serait inconnu, est nulle. — 2e, 5 janv. 1844 (Administration de l'enregistrement), viii, 178.

23 — Est nul l'exploit d'appel signifié au domicile élu dans la signification du jugement, lorsque cette signification ne contient ni commandement ni menace d'exécution quelconque. — 2e, 25 janv. 1845 (Buisson), ix, 64. — 4e, 19 fév. 1850 (Bénard), xiv, 293.

24. — Id ... Lorsque le domicile a été élu, et l'appel signifié chez l'avoué. — 4e, 10 mai 1848 (Raynel), xii, 172.

25. — L'acte d'appel peut être valablement signifié au domicile élu dans un commandement tendant à saisie-exécution, lors même qu'il s'agirait de l'appel d'un jugement survenu dans la poursuite, et non de l'appel du jugement même pour l'exécution duquel le commandement a été fait. — 2e, 11 mai 1843 (Tissot), vii, 264.

26. — ... Si, lors de la signification du jugement dont est appel intervenu sur les poursuites, l'on a indiqué un autre domicile élu que celui mentionné dans le commandement primitif, l'exploit d'appel est valablement signifié à ce nouveau domicile — Id ..

27. — L'art. 68 du Code de procédure civile qui permet à l'huissier, dans le cas où il ne trouve personne au domicile de la partie, de remettre la copie à un voisin, et, à défaut de celui-ci, au maire de la commune, s'applique aux significations faites au domicile élu comme à celles faites au domicile réel. — 4e, 8 janv. 1845 (Charpentier), ix, 67.

28. — Lorsque l'élection de domicile exigée par l'art. 2148 du Code Napoléon pour la validité d'une inscription hypothécaire a été faite chez le procureur impérial, ce magistrat est considéré comme un simple mandataire de l'inscrivant, et les significations qui lui sont adressées doivent l'être dans les formes ordinaires prescrites par la loi. En conséquence, est nul l'exploit d'appel à lui

remis, mais qui ne contient pas la mention de cette remise et n'est revêtu que d'un simple visa de ce magistrat. — 4e, 23 avril 1843 (Létourmy), VII, 253.

29. — Est nul l'exploit qui, ayant pour but une action en revendication contre un grand nombre de détenteurs, se borne à désigner le corps entier des biens revendiqués, sans indiquer les parties revendiquées contre chacune des parties assignées. — 2e, 12 mars 1847 (Commune de St-Michel-des-Loups), XI, 97.

30. — L'huissier peut écrire lui-même la formule du visa, il suffit que le maire y appose sa signature. — 1re, 21 fév. 1853 (Brisollier), XVII, 81.

31. — Il n'est pas nécessaire que le visa du maire soit accompagné du sceau de la mairie. — Id..

32. — La mention que la copie d'un exploit a été remise à tel conseiller municipal, en l'absence du maire et de l'adjoint, entraîne présomption légale d'absence ou d'empêchement des conseillers qui précèdent dans l'ordre du tableau. — Id..

33. — Id... Alors même que l'exploit contiendrait simplement ces mots : *pour absence.* — 2e, 1er déc. 1849 (Auger), XIV, 111.

EXPROPRIATION FORCÉE. —
V. Bail (en gén.). — *Barrage.* — *Dot.* — *Eviction.* — *Femme normande.* — *Héritier apparent.* — *Rente foncière.* — *Saisie immobilière.* — *Vente.*

EXPROPRIATION POUR CAUSE D'UTILITÉ PUBLIQUE. — *V. Faillite.* — *Travaux publics.*

Indication alphabétique.

1. — La question de savoir si une rivière classée au nombre des rivières navigables par l'ordonnance du 10 juillet 1835 était, avant ladite ordonnance, une propriété privée, est de la compétence de l'autorité judiciaire, encore bien qu'il faille, pour juger cette question, rechercher si la rivière était ou non navigable. — 1re, 17 fév. 1841 (Lemenuet), V, 41.

2. — *Jugé au contraire que* la question de savoir si une rivière classée au nombre des rivières navigables par l'ordonnance du 10 juillet 1835, était ou non navigable avant cette époque, est du ressort de l'autorité administrative, et que c'est là une question préjudicielle sur laquelle les tribunaux judiciaires ne peuvent statuer incidemment à une demande en indemnité formée par les propriétaires voisins de la rivière, soit pour la privation du droit de pêche, soit pour l'établissement des servitudes auxquelles ils seraient assujettis par suite de la déclaration de navigabilité. — Conseil d'État, 23 juin 1841 (Lemenuet), V, 220.

3. — Une cour impériale, en constatant qu'un canal déclaré navigable était une propriété privée, doit renvoyer devant le jury la liquidation de l'indemnité due pour la dépossession résultant de la déclaration de navigabilité. — 2e, 21 janv.

1843 (l'État), vii, 494.

4. — Les dispositions des lois des 7 juillet 1833 et 3 mai 1841, qui déclarent déchus du droit de réclamer une indemnité les individus qui n'auraient pas formé leur demande avant la décision du jury, ne peuvent s'appliquer au cas où c'est par le fait de l'administration elle-même que la réclamation d'un particulier n'a pu être formée, du moins dans toute son étendue. —*Spécialement*, si lors de l'expropriation pour le creusement d'un canal, un bac a été promis pour servir de communication entre les propriétés riveraines, et que l'administration vienne à ne point remplir son engagement, l'exproprié peut réclamer un supplément d'indemnité pour le dommage que lui fait éprouver l'inexécution de cette convention, bien qu'il ne se soit rien fait allouer éventuellement pour ce cas. —2e, 10 août 1844 (Dorceau de Fontette), viii, 502.

5. —C'est le tribunal civil qui seul est compétent pour interpréter un verdict du jury en matière d'expropriation pour cause d'utilité publique; c'est donc à lui de déclarer si le dommage dont se plaint un propriétaire est ou non compris dans l'indemnité qu'il a obtenue du jury.— 1re, 6 avril 1842 (de Fontette), vi, 198.

6. —... N'est pas un obstacle à cette compétence, l'arrêté du préfet et la décision du ministre qui déclarent qu'il n'y a lieu d'accorder à une partie les demandes par elle formées dans le mémoire remis au préfet, aux termes de l'art. 15 de la loi des 28 octobre 5 novembre 1790, comme préalable à l'instance judiciaire. —*Id.*.

7. —... L'arrêté par lequel le préfet déclare qu'il n'y a lieu d'établir un bac pour l'exploitation des propriétés coupées par un nouveau canal n'empêche pas le pétitionnaire de soutenir devant le tribunal civil que le jury ne lui a pas accordé d'indemnité pour le préjudice résultant du défaut de communication, s'il n'était pas établi de bac, et de réclamer, s'il y a lieu, une indemnité supplémentaire d'expropriation. —*Id.*.

8. —... Lorsqu'il y a lieu à supplément d'indemnité, ce supplément, comme l'indemnité elle-même, doit être réglé par un jury spécial. — 2e, 10 août 1844 (Dorceau de Fontette), viii, 502.

EXPROPRIATION VOLONTAIRE. —*V. Vente publique d'immeubles.*

F.

FABRIQUES (culte). —*V. Bureau de bienfaisance.—Usage (droits d').*

1 —La décision ministérielle qui, conformément à l'arrêté du 7 thermidor an XI et à la loi du 5 décembre 1814, envoie une fabrique en possession des droits qui pourraient résulter à son profit d'un ancien titre relatif à des droits d'usage, ne justifie en aucune manière le bien fondé de l'action de la fabrique basée sur ce titre. C'est à l'autorité judiciaire qu'il appartient d'interpréter le sens et l'étendue du titre primitif. — Aud. sol., 30 mars 1843 (Roy); vii, 286.

2. —En supposant que les fabriques aient besoin d'un envoi en possession prononcé par l'autorité administrative pour être investies des biens, rentes ou prestations qui leur sont restitués par

l'arrêté du 7 thermidor an XI, cet envoi en possession doit être considéré seulement comme un mode de régularisation d'un titre d'appropriation dont le principe et le fondement se trouvent dans l'arrêté sus indiqué et celui du 28 frimaire an XII.—*Id*..

3.—... En supposant même que l'envoi en possesion dût être regardé comme une condition du droit, cet envoi en possession devrait avoir un effet rétroactif à la date de l'arrêté du 7 thermidor an XI. La production sur appel de l'arrêté d'envoi en possession ne constitue pas une demande nouvelle, mais seulement un moyen complémentaire qui réagit sur l'action et la justifie. —*Id*.:

4.—*Jugé au contraire que* les fabriques sont, sans qualité pour réclamer, aussi bien contre les particuliers que contre le Domaine, les biens dont la restitution a été ordonnée en leur faveur par l'arrêté du 7 thermidor an XI, tant qu'elles n'ont pas préalablement obtenu l'envoi en possession de ces biens ; et que, lorsqu'elles ont été envoyées en possession dans le courant de l'instance par elles introduites, cet envoi en possession n'a pas d'effet rétroactif au jour de la demande : ici ne s'applique pas l'art. 1179 du Code Napoléon.—C cass., 26 juin 1850 (Roy), xiv, 541.

5.—La prescription d'un droit restitué à une fabrique, aux termes de l'arrêté du 7 thermidor an XI, est interrompue par l'action intentée par la fabrique avant d'avoir obtenu l'envoi en possession de ce droit prononcé plus tard par l'autorité administrative.—Aud. sol., 30 mars 1843 (Roy), vii, 286.— V.

le numéro précédent.

6.—L'État approprié par les lois révolutionnaires des droits d'usage concédés aux anciennes fabriques, peut, lorsqu'il s'est écoulé plus de trente ans depuis la promulgation du Code Napoléon sans que les fabriques aient demandé l'envoi en possession des biens qui leur étaient restitués conformément à l'arrêté du 7 thermidor an XI, renoncer à la prescription au préjudice des tiers détenteurs des biens affectés au service des droits d'usage.—*Id*..

FACTEUR (commerce).—*V. Commis-marchand* et les renvois indiqués sous ce mot.

FACTURES.—*V. Compétence commerciale*.

FAILLITE. — *V. Caution.*— *Cession.*— *Cesssion de biens.*— *Commissionnaire.*— *Communauté conjugale.* —*Compte-courant.*— *Contrainte par corps.*—*Degré de juridiction.*— *Demande nouvelle.*— *Dépôt.*— *Emprisonnement.*— *Exception.*— *Intervention.*— *Lettre de change.*— *Mutation par décès.*— *Notaire.*— *Paiement.*— *Partage.*—*Péremption.*—*Privilége.*— *Société (en gén.).*—*Subrogation.*—*Vente publique de meubles.*

Indication alphabétique.

1. — La faillite d'un commerçant ne peut être déclarée que par le tribunal de commerce de son domicile légal, lors même que ce commerçant a résidé quelque temps dans une autre localité, et que, dans divers actes, il a déclaré y être domicilié. — Ces déclarations, qui pourraient être suffisantes pour rendre compétent le tribunal de cette résidence, si le déclinatoire n'intéressait que les parties qui sont en contestation à l'occasion de ces actes, ne peuvent avoir aucune influence lorsqu'il s'agit d'un jugement déclaratif de faillite. — 4e, 3 janv. 1849 (Jeannin), XIII, 69.

2. — Les tribunaux de commerce connaissent de toutes les contestations qui dérivent ou qui sont la conséquence d'une faillite, sauf les exceptions textuellement prévues par la loi, et du cercle desquelles il n'est pas permis de sortir. — Il en est ainsi surtout lorsque la question qui se présente n'est qu'une exception, une défense à l'action prin-

cipale. — 4e, 24 juill. 1850 (Madulo), XIV, 606. — V. encore supra, vo Compétence commerciale, no 25.

3. — Lors même que la faillite est demanderesse, le défendeur peut être assigné devant le tribunal du domicile du failli. Il y a ici exception à la maxime actor sequitur forum rei, pourvu toutefois que l'action soit née à l'occasion de la faillite, et prenne sa cause dans la faillite même — 4e, 16 août 1842 (Heulard), VI, 593. — V. supra vo Exception, no 16.

4. — Le tribunal de commerce a qualité pour décider si le jugement d'un tribunal civil qui a reconnu un droit à un créancier n'est point frappé d'inefficacité par suite de la fixation de la faillite à une époque antérieure à la reddition de ce jugement. — Id.

5. — Le tribunal de commerce est compétent pour connaître d'une question de privilège soulevée devant lui à l'occasion d'une faillite dont il est saisi. — Id.

6. — Un tribunal civil saisi d'une demande en paiement de loyers et dommages-intérêts pour inexécution de bail ne cesse pas d'être compétent pour accorder la condamnation réclamée par le demandeur, par cela seul que le locataire a été, pendant l'instance, déclaré en faillite. — 4e, 24 mars 1846 (Sehier), X, 199.

7. — Il n'y a pas lieu de déclarer en faillite le commerçant qui n'a été l'objet d'aucunes poursuites, et a obtenu de ses créanciers des délais de paiement qui n'étaient point expirés au moment où la déclaration de faillite a été provoquée. — C'est dans ce cas aux créanciers

qui ont accordé des délais de rembourser les tiers-porteurs auxquels ils ont négocié les obligations souscrites par leur débiteur. — La faillite de l'un de ces créanciers, par suite de laquelle plusieurs tiers-porteurs n'ont pas été remboursés, ne suffit pas pour faire maintenir la faillite du débiteur principal, si, depuis, ces tiers-porteurs ont adhéré à la convention intervenue entre lui et les autres créanciers. — 4e, 10 avril 1848 (Villain), xii, 174.

8. — Tant qu'un commerçant reste à la tête de ses affaires et se livre aux actes de commerce nécessaires à l'exercice de sa profession, il ne peut être déclaré en état de faillite. — 4e, 20 déc. 1848 (Poupion), xii, 471.

9. — ... On ne peut, par suite, reporter l'ouverture de la faillite à une époque antérieure aux protêts faits contre le failli, sous le prétexte qu'il ne serait parvenu à éviter la cessation de ses affaires qu'à l'aide d'emprunts et d'obligations hypothécaires. — Id..

10. — ... La cessation partielle de paiement qui aurait laissé momentanément quelques effets en souffrance, et qui aurait entraîné quelques protêts, ne suffit pas pour faire reporter l'ouverture de la faillite à l'époque de ces protêts, si le débiteur est resté à la tête de ses affaires et a continué son commerce. — Il en serait ainsi lors même que le débiteur ne serait parvenu à faire ses paiements qu'à l'aide d'emprunts. — 4e, 10 mai 1848 (Antelme), xii, 159.

11. — Jugé au contraire que quelques paiements partiels n'empêchent pas qu'un commerçant puisse être déclaré en faillite, si d'ailleurs on trouve dans la position de ce commerçant tous les caractères de l'état de faillite. — 4e, 30 juill. 1844 (Rouelle), viii, 545.

12. — ... Que l'ouverture d'une faillite peut être reportée à une époque où les dettes du négociant failli se trouvaient supérieures à son actif, lorsque des protêts ont eu lieu, et que son crédit n'a été soutenu qu'à l'aide d'emprunts et de renouvellements de billets. — 4e, 3 mai 1848 (Syndics David), xii, 73.

13. — ... Que l'ouverture d'une faillite doit être fixée à la date des premiers protêts non suivis de paiement, lors même que, à l'aide de renouvellements successifs des créances protestées, le failli serait resté plusieurs années à la tête de ses affaires. — Et qu'il en doit être ainsi lors même que le porteur des billets était le seul créancier à l'époque des protêts et jugements, et que la date de toutes les créances composant la masse de la faillite est postérieure à l'inscription des hypothèques résultant de ces mêmes jugements. — 4e, 4 déc. 1843 (Jeanne), vii, 577.

14. — ... Jugé cependant qu'un retard dans certains paiements, par suite d'une contestation judiciaire et des garanties hypothécaires données pour des créances exigibles, ne sont pas des faits suffisants pour constituer la cessation des paiements, lorsque le commerçant a continué ses affaires et a acheté et payé de nombreuses marchandises. — 4e, 8 nov. 1847 (Delacour), xii, 525.

15. — Le syndic a qualité pour demander, contradictoirement avec des créanciers hypothécaires, que l'ouverture de la faillite reste fixée à une époque où les

droits hypothécaires des créanciers qu'il combat n'étaient point encore nés. — 4e, 16 juill. 1844 (Louise), VIII, 489.

16. — Aux termes de l'art. 1er du décret du 22 août 1848, les suspensions et cessations de paiements survenues depuis le 24 février précédent, ne peuvent entraîner la déclaration de faillite avec les effets ordinaires déterminés par le Code de commerce, que dans le cas où le tribunal de commerce refuserait d'homologuer le concordat, ou, en l'homologuant, ne déclarerait pas le débiteur affranchi de la qualification de failli. — Par suite, les effets d'une suspension de paiements dans le cas prévu par ledit décret, doivent rester en suspens jusqu'à ce que le tribunal de commerce ait été appelé à statuer sur le concordat. — 4e, 31 janv. 1849 (Jouvet), XIII, 98.

17. — C'est à partir de la première heure du jour où le jugement déclaratif de faillite d'un négociant est prononcé, et non pas du moment même de la prononciation de ce jugement, que le failli est dessaisi de l'administration de ses biens. — 4e, 16 déc. 1850 (Rubin), XV, 85.

18. — Le failli qui, nonobstant l'exception tirée de son défaut de qualité pour agir, a été admis par le tribunal à prendre, de son chef, des conclusions distinctes et séparées de celles prises par le syndic est par cela même virtuellement autorisé à sister personnellement au procès; en conséquence, il a qualité pour porter l'appel du jugement qui intervient — 2e, 19 mars 1846 (Pannier-Lachaussée), X, 206.

19. — Le jugement déclaratif de faillite détermine irrévocablement les droits respectifs des créanciers; à partir de ce jugement, la masse hypothécaire ne peut s'enrichir aux dépens de la masse chirographaire, et réciproquement. — 2e, 2 janv. 1852 (de Sainte-Marie), XVI, 36.

20. — La masse des créanciers ne peut venir à partage d'une succession échue à leur débiteur failli, qu'en assurant les rapports dont celui-ci est tenu envers ladite succession. — 1re, 11 février 1846 (Payen), X, 532.

21. — L'acte par lequel, depuis le jugement déclaratif de faillite, le père cautionne une créance due par son fils avant la faillite, doit être considéré comme une donation par préciput faite au créancier, et sujette, le cas échéant, à réduction dans l'intérêt de la masse des créanciers du fils. — Id..

22. — Les actes faits entre l'ouverture de la faillite et sa déclaration sont annulables si le contractant avait connaissance de la cessation de paiements du débiteur, et que la masse des créanciers éprouve un préjudice par suite de ces actes. — 4e, 11 janv. 1848 (Piel), XII, 481. — V. suprà, v° Cession, n° 9.

23. — ... Et cette annulation peut être demandée par tous les créanciers de la faillite, que leurs créances soient ou non antérieures à l'acte attaqué. — Id..

24. — Lorsque des paiements ont été faits par le failli avant la déclaration de faillite, mais après l'époque où elle est reportée, la masse seule de la faillite peut en faire prononcer la nullité dans son intérêt, mais cette nullité ne peut être demandée par un tiers, auquel ces paiements auraient occasionné un préjudice personnel. — Spécialement, celui

auquel le failli a extorqué par fraude des billets à ordre avec lesquels il a payé un de ses créanciers, entre l'ouverture de la faillite et le jugement qui la prononce, ne peut réclamer contre le créancier la restitution des billets ou leur valeur, qu'en prouvant que ce créancier a participé à la fraude dont le failli s'est rendu coupable. — Il ne lui suffirait pas d'établir que le créancier avait, au moment du paiement, connaissance de l'état d'insolvabilité du failli. — Ce tiers ne peut même agir au nom et dans l'intérêt de la masse, lorsque le syndic ne réclame pas ou qu'il y a chose jugée contre lui. — Aud. sol., 13 mars 1845 (Lefrançois), IX, 128.

25. — Les juges ont un pouvoir discrétionnaire pour décider si des paiements pour dettes échues après la cessation des paiements et avant le jugement déclaratif de faillite, ont été reçus par le créancier avec connaissance de la cessation de paiements du débiteur. — 4e, 5 déc. 1849 (Donnet), XIII, 456.

26. — ... C'est à celui qui demande le rapport à la masse des paiements ainsi faits de prouver qu'ils ont eu lieu en fraude des droits des créanciers, et que le tiers avait connaissance de l'insolvabilité du failli. — Aud. sol., 13 mars 1845 (Lefrançois), IX, 129. — 4e, 5 déc. 1849 (Donnet), XIII, 456.

27. — Est nulle la vente faite par un failli dans le temps qui s'est écoulé entre la cessation de paiements et le jugement déclaratif de la faillite, lorsque l'acquéreur connaissait la cessation de paiements du vendeur. — 4e, 19 juill. 1842 (Lamy), VI, 606.

28. — Les immeubles donnés à la femme pendant le mariage, comme le prix qui les représente, lorsqu'ils sont aliénés, ne tombant point dans la communauté, le transport de ce prix à un créancier du mari failli, dans les délais prévus par l'art. 448 du Code de commerce, ne constitue pas une transmission de valeurs mobilières au préjudice de la masse. — 4e, 24 juillet 1850 (Madulo), XIV, 606.

29. — Un commerçant ne peut, dans les dix jours qui précèdent sa cessation de paiements, transporter, au préjudice de la masse, expressément ou tacitement et même accessoirement à une opération licite, un droit d'hypothécaire lui appartenant. — 1re, 12 août 1831 (Harang), XV, 263.

30. — L'hypothèque consentie à un créancier, postérieurement à l'époque fixée par le tribunal de commerce pour la cessation des paiements, est nulle de plein droit, aux termes de l'art. 445 du Code de commerce. — 2e, 30 août 1850 (Lucas), XIV, 531.

31. — ... Le créancier muni d'une semblable hypothèque devient simple créancier chirographaire, et ne peut continuer les poursuites en saisie immobilière commencées avant le jugement qui fixe l'ouverture de la faillite. Au syndic seul appartient ce droit. — Id.. — V. infrà, n° 79.

32. — Le créancier hypothécaire qui, dans le cas de faillite du débiteur, se borne à demander son admission pour sa créance, en capital et intérêts, sur le prix des immeubles affectés à sa créance, et qui y est admis pour son capital et deux années d'intérêts avec l'année cou-

rante, n'est pas recevable à se plaindre de ce qu'il n'a pas été admis en outre à concourir aux répartitions dans la masse chirographaire, pour le surplus des intérêts qui lui sont dus.—4e, 14 mai 1844 (Trésor public), x, 592. — C., ch. civ., rej., 15 avril 1846 (Trésor public), *ibid.*.

33.— Un créancier hypothécaire est sans qualité pour exercer le droit accordé à la masse de la faillite par les art. 446 et 447 du Code de commerce de demander la nullité d'un acte de vente consenti par le failli dans l'un des cas prévus par ces articles.—2e, 16 mai 1846 (Jouvet), x, 289.

34.— De ce que, aux termes de l'art. 445 du Code de commerce, les intérêts des créances hypothécaires courus depuis la faillite ne peuvent être réclamés que sur le prix des biens hypothéqués, il ne s'en suit pas que les intérêts puissent, en dehors des limites de l'art. 2151 du Code Napoléon, profiter de l'inscription qui conserve le capital, ou être l'objet d'inscriptions spéciales.—4e, 29 juin 1847 (Syndic Moisson), xi, 358.

35.— Le créancier qui est devenu débiteur par compte-courant de plusieurs traites à lui endossées par le failli, et qui n'ont point été payées à leur échéance qui était antérieure à la faillite, peut opposer à la masse des créanciers la compensation du montant de ces traites contre les autres sommes dont il était lui-même, lors des échéances, débiteur envers le failli. Il en est autrement pour les traites dont l'échéance était postérieure à la faillite; le failli qui ne pouvait plus s'acquitter en argent ne pouvait non plus le faire par compensation.—4e, 15 déc. 1847 (Leguay), xii,

211.—V. encore *suprà*, v° *Compte-courant*, n° 4, et *infrà*, v° *Lettre de change*.

39.—L'art. 450 du Code de commerce qui, dans le cas de faillite, exige qu'il soit sursis pendant trente jours à toute voix d'exécution pour parvenir au paiement des loyers, ne reçoit d'exception qu'au cas où le propriétaire a un droit acquis.—Un jugement par défaut, bien qu'il ordonne l'exécution provisoire, n'est pas constitutif d'un droit définitivement acquis.—4e, 1er déc. 1851 (Rubin), xvi, 19.

37.— Sous l'empire de l'ancien Code de commerce sur les faillites, les agents et syndics avaient qualité pour requérir l'exécution des jugements qui ordonnaient le dépôt du failli dans la maison d'arrêt pour dettes.—L'art. 460 du nouveau Code de commerce n'est point introductif d'un droit nouveau.—4e, 19 mars 1849 (Lefèvre), xiii, 151.

38.—L'état de faillite du débiteur n'empêche pas qu'un créancier ne le poursuive personnellement pour le faire déclarer stellionnaire; mais la contrainte par corps résultant de la condamnation ne peut, depuis la promulgation du nouveau Code de commerce, être exécutée tant que dure l'état de faillite. — 1re, 20 novembre 1850 (Coisel), xiv, 252.

39.— Le décret du 22 août 1848, en parlant de syndics régulièrement nommés, se réfère naturellement au Code de commerce pour le mode de leur nomination, c'est-à-dire qu'ils doivent être nommés par le tribunal de commerce, aux termes de l'art. 462 dudit code, sauf aux créanciers à être ensuite convoqués et consultés par le juge-commissaire sur le maintien définitif de ces syndics. Mais l'inobservation de cette dernière formalité ne peut être présentée devant la Cour comme un moyen de nullité, sauf aux créanciers à se pourvoir devant le juge-commissaire, pour, après leur convocation et leur délibération, obtenir du tribunal de commerce la nomination définitive des syndics. — 4ᵉ, 31 janv. 1849 (Jouvet), xiii, 98.

40. — Le failli ne peut attaquer la délibération par laquelle ses créanciers ont nommé le syndic. — 4ᵉ, 25 avril 1843, (Boullay), vii, 540. — 4ᵉ, 21 août 1844 (Boullay), *ibid.*.

41. — Les syndics représentent la masse, et eux seuls ont, tant activement que passivement, l'exercice des actions de la faillite. — Aud. sol., 16 juill. 1846, (Lallambier), x, 363. — V. *infrà*, vᵒ *Intervention.*

42. — Non-seulement les créanciers n'ont pas le droit d'exercer individuellement les actions de la faillite, mais ils ne peuvent pas même les suivre par voie d'intervention parallèlement avec les syndics. — *Id.*. — V. *infrà*, vᵒ *Intervention.*

43. — Lorsque les créanciers d'un failli interviennent dans un procès soutenu par lui antérieurement à la déclaration de faillite, ils se rendent personnelles les chances favorables ou défavorables de ce procès, et, en cas de perte, ils doivent en supporter les frais comme s'il eût été dans l'origine entrepris par la masse. — 1ʳᵉ, 10 déc. 1839 (Syndic Lejeune), v, 39.

44. — Le syndic d'une faillite n'a qualité pour agir que dans l'intérêt et au nom de la masse que seule il représente,

et non dans l'intérêt individuel de tel ou tel créancier qui a des droits distincts et séparés, tels que priviléges et hypothèques. — 4ᵉ, 16 juill. 1844 (Louise), viii, 489.

45. — Les biens d'un commerçant mis en faillite et condamné depuis par contumace comme banqueroutier frauduleux ne peuvent être mis sous le séquestre au préjudice de la masse des créanciers; c'est aux syndics de la faillite de gérer et d'administrer dans l'intérêt de ces créanciers la fortune de leur débiteur, lors même qu'une ordonnance du président de la Cour d'assises aurait ordonné la mise sous le séquestre des biens du contumax, conformément à l'art. 465 du Code d'instruction criminelle. Si les biens ont été mis sous le séquestre, et que le contumax soit décédé, le séquestre doit être levé et les biens séquestrés remis aux syndics avec le compte des revenus perçus, sans qu'il soit nécessaire d'appeler, soit les héritiers du failli, soit un curateur pour représenter la succession. — 1ʳᵉ, 17 janv. 1849, (Administration des domaines), xiii, 30.

46. — La mise en faillite du locataire n'est pas une cause de résolution du bail, lorsque le syndic de la faillite offre de rétrocéder ce bail à un adjudicataire solvable qui sera chargé de toutes les obligations envers le bailleur pour le passé et pour l'avenir. — 4ᵉ, 25 août 1846 (Legrix), v, 442.

47. — Les créanciers sont représentés par le syndic dans les transactions qu'il fait en se conformant aux prescriptions de l'art. 487 du Code de commerce; en conséquence, ils sont non recevables à

porter l'appel du jugement homologatif d'une telle transaction. soit de leur chef, soit du chef du failli.—Il n'est pas besoin d'appeler le failli au jugement d'homologation, lorsqu'il a consenti et signé la transaction.— 4e, 22 fév. 1853 (Garel), xvii, 138.

47 bis.—Le tribunal de commerce est incompétent pour homologuer une transaction souscrite par le syndic d'une faillite, lorsque précédemment ce tribunal a rendu un jugement sur l'objet de cette transaction.— 4e, 18 mars 1844 (Couturier), viii, 188.

48.— Le syndic d'une faillite n'est point tenu de consulter les créanciers sur les transactions qu'il juge convenable de passer relativement à un procès ou à l'occasion de la vérification des créances. —Id..

49.— Le syndic d'une faillite auquel des honoraires sont alloués répond du non-paiement d'un billet qu'il a égaré, bien qu'il prétende que l'état d'insolvabilité du débiteur rendrait tout recouvrement impossible, si d'ailleurs il ne justifie d'aucunes poursuites faites contre ce débiteur.— 4e, 24 avril 1844 (Chédot), viii, 658.

50.—Le syndic d'une faillite a qualité pour faire de légères remises à l'huissier qui a procédé à la vente des biens du failli.— Id..

51.—Le syndic qui a payé au greffe du tribunal de commerce les sommes allouées par ce tribunal lui-même, ne peut être à cet égard passible d'aucun recours de la part des créanciers.—Id..

52.—Lorsqu'une gratification de tant pour cent a été accordée au syndic sur les recettes qu'il pourrait faire, ce droit doit porter même sur les sommes indiquées à l'avoir de la faillite, mais qui se sont trouvées compensées à due concurrence avec des créances privilégiées dont les débiteurs de ces sommes étaient porteurs sur la faillite.—Id..

53.— La somme allouée à un syndic pour honoraires et débours, par le tribunal devant lequel se font les opérations de la faillite, ne peut que très-difficilement être changée par la Cour impériale, le tribunal ayant été beaucoup plus à même d'apprécier les faits. —Id..

54.—Le créancier d'une faillite qui s'est bénévolement et gratuitement chargé du soin de faire vendre quelques-uns des objets de la faillite, a par cela même pouvoir de payer les honoraires des officiers ministériels qu'il a employés. Dans tous les cas, le syndic qui lui a tenu compte des sommes déboursées par lui à cet effet, n'a commis aucune faute.—Id..

55.—L'inscription prise par les syndics d'une faillite, conformément à l'art. 500 de l'ancien Code de commerce, n'est point constitutive d'une hypothèque, elle n'est qu'un moyen de publication de l'avertissement donné aux tiers de l'état d'interdiction dans lequel la faillite a placé le débiteur relativement à l'administration de ses biens.—2e, 29 fév. 1844 (Mesnil), viii, 92.

56.— La production d'un bilan déposé en Angleterre pour obtenir la cession de biens, dispense les créanciers de représenter leur titre primitif. Dans tous les cas, les déclarations contenues dans ce bilan sont indivisibles.— 2e, 16 janv. 1849 (Larmande), xiii, 112.

57.—Lorsque le jugement du tribunal de commerce portant fixation de l'ouverture d'une faillite a été frappé d'appel, il y a lieu de surseoir à l'admission des créances jusqu'à ce que l'arrêt de la Cour ait fait connaître si, à raison de l'époque où elles ont été contractées, ces créances sont admissibles, et alors les contredits auxquels elles ont donné lieu sont jugés par la Cour.—4e, 10 nov. 1845 (Foucaut), x, 16.

58.—La vérification et le visa ne sont point des actes de pure forme; sans donner au créancier du failli un droit nouveau, ils lui confèrent des droits irrévocables contre la faillite dont il devient créancier.—4e, 7 août 1850 (Hue), xiv, 488.

59.—Lorsqu'une créance résultant de la balance d'un compte-courant a été présentée à une faillite, affirmée, admise et vérifiée par les syndics, visée par le juge-commissaire, et enfin a pris part à la répartition des dividendes, les syndics sont non recevables à contester les éléments constitutifs du compte-courant. —Id..

60.— L'opposition dont parlait l'art. 513 de l'ancien Code de commerce n'était soumise à aucune formalité particulière. Elle pouvait résulter de réserves indiquant l'intention de se présenter ultérieurement comme créancier de la faillite, et exprimées au syndic dans un procès étranger aux créances réclamées plus tard contre cette faillite.—4e, 2 janv. 1844 (Crespin), vii, 686.

61.—La femme du failli, mariée sous le régime dotal, ne peut prendre part aux délibérations relatives au concordat. Il en est ainsi lors même que le failli n'aurait aucun immeuble sur lequel puisse s'exercer l'hypothèque de la femme.—4e, 21 avril 1847 (Lefèvre), xi, 140.

62.— Sous le Code de commerce actuel, comme sous l'ancien, il suffit, pour que la délibération relative au concordat soit remise à huitaine pour tout délai, que la majorité des créanciers présents consente au concordat; la majorité de tous les créanciers vérifiés et affirmés n'est pas nécessaire.— 4e, 2 fév. 1842 (Vaquerel), vi, 244.

63.— Lorsque, au jour fixé pour délibérer sur la formation du concordat, le juge-commissaire, avant toute délibération, renvoie purement et simplement la séance à un autre jour, l'on ne se trouve plus dans le cas de l'art. 509 du Code de commerce qui exige la signature du concordat séance tenante, et qui ne permet de continuer la délibération à huitaine que si le concordat est déjà consenti par la majorité en nombre ou par la majorité des trois quarts en somme. La séance indiquée par le renvoi du juge-commissaire doit alors être considérée comme la première, et le concordat consenti à cette séance est valablement formé.— 4e, 9 juin 1840 (Michel), v, 31.

64.—Lorsqu'un concordat est annulé par le motif qu'un créancier qui ne devait pas y figurer a cependant été admis à la délibération, il y a lieu de faire une nouvelle convocation des créanciers, si, retranchement opéré de celui qui ne devait point prendre part aux délibérations, le concordat avait néanmoins été accordé par la majorité numérique. —4e, 21 avril 1847 (Lefèvre), xi, 140.

65. — Lorsqu'un créancier forme opposition à l'homologation du concordat consenti par la majorité des créanciers, le syndic n'est pas tenu de produire sur l'instance les pièces déposées au greffe du tribunal devant lequel la faillite s'administre. — 4°, 6 mars 1847 (Jean dit Jacques), XI, 82.

66. — Le décret du 22 août 1848 s'applique aussi bien aux arrangements faits avant sa promulgation qu'à ceux qui l'ont été depuis; par suite, l'arrangement amiable intervenu entre un débiteur et un grand nombre de ses créanciers formant plus de la moitié en nombre et représentant plus des trois quarts en somme, met obstacle à la déclaration de faillite. Cette convention n'est pas anéantie par le jugement qui, conformément au décret du 19 mars 1848, accorde au débiteur un délai de trois mois pour se libérer. Elle ne l'est pas davantage par le défaut de dépôt du bilan et de vérification des créances; ces formalités n'étaient indispensables que dans le cas prévu par l'art. 2 du décret du 22 août 1848, et non dans le cas de l'art. 1er de ce décret, qui a pour but de dispenser le débiteur des formalités prescrites par la loi pour arriver à l'homologation définitive du concordat. — 4°, 31 janv. 1849 (Jouvet), XIII, 98.

67. — Lorsque le jugement qui déclare un commerçant en état de faillite n'est point passé à l'état de chose jugée, il n'y a pas nécessité pour l'anéantir de recourir aux formalités de la réhabilitation, et les créanciers peuvent, par une convention particulière, rendre au failli l'administration de ses biens. — 4°, 18 mars 1844 (Couturier), VIII, 188.

68. — Du moment où le jugement qui homologue un concordat a été exécuté, la faillite est terminée et le failli reprend l'entière administration de ses biens, encore bien que les délais d'appel ne soient pas expirés. — 4°, 5 mai 1847 (Legigan), XI, 357.

69. — Le débiteur qui a obtenu un concordat, est contraignable par corps pour le payement des dividendes stipulés dans ce concordat, lors même qu'il a été déclaré excusable par le jugement homologatif. — 4°, 17 janvier 1842 (Taullard-Grandpré), VI, 27.

70. — Ne peut être déclaré excusable le commerçant qui, marié sous le régime dotal, n'a pas donné à son contrat de mariage la publicité voulue par la loi, n'a point tenu de livres, a trompé sur l'étendue de ses dettes et a fait des détournements de meubles. — 4°, 5 avril 1843 (Guelle), VII, 389. — V. suprà, v° Contrainte par corps, n° 2.

71. — Lorsqu'un individu a cessé ses payements, que ses créanciers ont fait entre eux un contrat d'union amiable et ont accepté, au profit de la masse, les engagements pris par leur débiteur, les dommages-intérêts prononcés pour l'inexécution de la convention doivent être exécutés sur la masse des créanciers devenus alors parties dans la convention. — 4°, 22 mai 1849 (Pauwels), XIII, 395. — V. suprà, v° Cession de biens, n°s 4 et 5.

72. — L'union de créanciers qui, en acceptant la cession de biens d'un débiteur, nomme des liquidateurs et les charge d'une opération quelconque, est garante de l'exécution de cette opération, si elle a été accomplie dans les limites du

mandat. — 4e, 17 mars 1846 (Gobin),
x, 227.

73. — ... Les créanciers qui ont donné
mandat à des liquidateurs à l'effet de
terminer une opération commencée avec
leur débiteur, ne peuvent être garants
des résultats de cette opération au-delà
du dividende qu'ils pouvaient espérer
dans l'actif; du moins c'est en ce sens
que, en l'absence de clause contraire formellement exprimée, l'acte de mandat
doit être interprété. — Id..

74. — ... Nulle solidarité n'existe entre les créanciers pour l'exécution d'un
pareil acte. — Id..

75. — Sous l'ancien Code de commerce, il n'était pas nécessaire que le
failli fût appelé à la convocation des
créanciers de l'union, qui avait pour but
de proclamer la liquidation terminée et
de recevoir le compte des syndics. —
4e, 22 déc. 1847 (Piel), xi, 564.

76. — Le codébiteur solidaire qui a
payé la totalité de la dette, ne peut, sauf
justifications contraires, être admis au
passif de la faillite de son codébiteur
que pour la moitié de la créance. — 2e,
23 mars 1847 (Duroy), xi, 200.

76 bis. — Aucun recours ne peut être
ouvert aux faillites des coobligés solidaires les unes contre les autres, à raison de créances déjà admises au profit
de tiers-porteurs; ce serait, en effet,
contrairement à la loi, faire figurer deux
fois la même dette au passif d'une faillite. — 4e, 29 nov. 1842 (Pascal), v),
641.

77. — Les créanciers nantis de gage
sont mis en dehors de la masse, et
n'ont aucune action contre la faillite, à
moins d'insuffisance de leur gage. — '

2e, 2 janv. 1852 (de Sainte-Marie), xvi,
36. — V. infra, v° subrogation.

78. — Le vendeur d'objets mobiliers
non payé n'a pas, en cas de faillite,
d'action en résolution de la vente; le
nouvel art. 550 du Code de commerce,
qui prohibe l'exercice du privilège et de
l'action en revendication établis par l'art.
2102 n° 4 du Code Napoléon, est également applicable à l'action en résolution
autorisée par l'art. 1654 du même code
contre l'acheteur qui ne paie pas. — Le
vendeur ne peut invoquer que les droits
mentionnés dans les art. 576 et 577 du
Code de commerce. — 4e, 3 janv. 1849
(Mouttier), xiii, 104. — V. infra, nos 88
et s..

79. — Le créancier muni d'une hypothèque nulle, comme ayant été souscrite
après l'époque fixée pour la cessation
des payements, doit obtenir en privilège
les frais occasionnés par la saisie immobilière par lui dirigée sur les biens de
son débiteur jusqu'au moment où le jugement qui fixe l'ouverture de la faillite
de ce dernier a été publié. - 2e, 30 août
1850 (Lucas), xiv, 531.

80. — L'art. 551 de l'ancien Code de
commerce, qui exigeait que les apports
mobiliers de la femme fussent constatés
par acte authentique, pour être garantis
par l'hypothèque légale, était inapplicable
à la femme mariée avant la promulgation du Code Napoléon, même en ce qui
concernait le mobilier qui ne lui était échu
que depuis cette promulgation. — Le droit
de faire preuve, même par commune renommée, de la quotité des successions
mobilières, est un droit acquis à la femme
dans le sens de l'art. 557 du Code de
commerce. — 1re, 18 mai 1842 (Chevrel),

vi, 257.

81.— Le syndic d'une faillite ne peut écarter la quittance constatant la réception de la dot de la femme du failli, par le seul motif que cette quittance n'aurait pas acquis date certaine avant la faillite par l'un des moyens énoncés en l'art. 1328 du Code Napoléon ; cette quittance peut seulement être annulée comme frauduleusement antidatée. — 2e, 30 juin 1843 (Crespin), vii, 364.

82. — Le syndic est sans qualité pour faire juger, arrière des créanciers hypothécaires et lorsqu'il n'existe pas actuellement d'immeubles dans l'actif du failli, que la femme de ce dernier n'a point d'hypothèque légale. — Id..

83.—En cas de faillite, la femme mariée sous le régime dotal est propriétaire des immeubles acquis en son nom même avant la séparation de biens, lorsqu'il est justifié que le prix de ces immeuble a été payé par un tiers, pour le compte et dans l'intérêt de la femme.— 2e, 3 fév. 1849 (Nasse), xiii, 47.

84.—La femme dont l'immeuble a été par erreur exproprié pour cause d'utilité publique sous le nom de son mari a droit de répéter contre la faillite de ce dernier le montant intégral de l'indemnité, lorsqu'elle a été touchée par la masse de la faillite elle-même. Dans ce cas, la femme ne doit pas subir le sort commun des créanciers de son mari, elle doit être considérée comme créancière de la faillite même, qui lui doit restitution de tout ce qu'elle a indûment reçu. —C., ch. req , rej., 11 déc. 1848 (Faillite Bourse), xii, 516. — V. suprà, n° 54.

85.—Les créanciers du mari déclaré en faillite n'ont pas le droit de réclamer les impenses faites sur l'immeuble dotal de la femme, quand, en fait, il est constant qu'elles n'ont pas été acquittées avec les deniers du mari, et bien que l'origine des deniers ne soit pas établie par acte authentique. — 2e, 3 fév. 1849 (Nasse), xiii, 47.

86.—La vente judiciaire des immeubles d'un failli, poursuivie à la requête du syndic, ne peut être assimilée à une vente sur expropriation. Par suite, lorsque cette vente n'est pas suivie, dans la quinzaine, de la surenchère autorisée par l'art. 573 du Code de commerce, il y a lieu à notification aux créanciers inscrits qui conservent le droit de surenchérir du dixième, aux termes de l'art. 2185 du Code Napoléon. —Trib. civ. de Caen, 2e, 29 janv. 1845 (Boulet), ix, 21.

87.—Les sommes encaissées le jour où a été prononcé le jugement déclaratif, et même avant la prononciation de ce jugement, par les commis ou préposés d'un banquier déclaré en faillite, peuvent être revendiquées quoique entrées dans sa caisse et confondues avec les autres valeurs.—4e, 16 déc. 1850 (Rubin), xv, 85.

88.—Pour que la revendication n'ait pas lieu en matière de faillite, il ne suffit pas que la marchandise ait été livrée à l'acheteur, il faut de plus qu'elle soit entrée dans ses magasins ; par conséquent, tant qu'elle n'est pas parvenue à destination et qu'elle est encore en route, elle peut être revendiquée.— Spécialement, des tourteaux de colza embarqués par le vendeur sur un navire affrété par lui pour les transporter dans un autre port, ne peuvent être réputés entrés dans le magasin de l'acheteur, lors même qu'ils auraient été pesés en présence des préposés de ce dernier. Le navire n'est dans ce cas réputé magasin de l'acheteur que lorsque, après son arrivée au lieu de destination, on y réalise les marchandises qui composent le chargement. —4e, 10 avril 1848 (Aumont), XII, 56.

89. —En matière de vente de coupe de bois, le parterre de la vente ne peut être considéré comme le magasin de l'acheteur que si, d'après l'usage ou la convention des parties, les bois vendus devaient être exploités sur le parterre; mais il en est autrement lorsque les bois devaient être transportés dans les magasins ou chantiers de l'acheteur, pour y être débités et vendus; dans ce cas, si l'acheteur vient à faire faillite avant l'enlèvement des bois, ils peuvent être revendiqués par le vendeur non payé. —4e, 3 janv. 1849 (Moutier), XIII, 104. —V. *suprà*, n° 77, et *infrà*, v° *Privilége*.

90. —Les jugements déclaratifs de faillite et indicatifs de son ouverture, ne sont attaquables que par la voie de l'opposition, et dans les délais fixés par les art. 580, 581 et 442 du Code de commerce. —4e, 5 fév. 1850 (Tostain), XIV, 211.

91. —L'affiche et l'insertion dans les journaux du jugement qui déclare la faillite et en fixent l'ouverture, équivalent à la signification de ce jugement et font courir les délais d'opposition. —*Id.*.

92. —L'affiche par extrait du jugement déclaratif de la faillite, prescrite par l'art. 442 du Code de commerce, doit, pour faire courir les délais d'op-

position, aux termes de l'art. 580 du même code, être constatée, soit par un procès-verbal, soit par un exploit. Un certificat du greffier serait insuffisant pour prouver légalement que l'extrait a été affiché. —4e, 24 août 1841 (Lemaître), V, 332.

93. —La déchéance du droit d'opposition prononcée par l'art. 580 du Code de commerce contre toute partie intéressée qui n'a point attaqué dans le délai d'un mois le jugement déclaratif de la faillite ou celui qui en fixe l'ouverture, n'est point opposable aux créanciers du failli. Ceux-ci sont recevables à former leur opposition jusqu'à l'expiration du délai pour l'affirmation et la vérification des créances. —4e, 26 juin 1843 (Louise), VII, 467. —4e, 16 juill. 1844 (Louise), VIII, 489.

94. —Les dispositions des art. 580, 581 et 442 du Code de commerce sont applicables à un second jugement qui, sur l'opposition du syndic, réforme le jugement par lequel était fixée provisoirement l'ouverture de la faillite, et en reporte la date au préjudice des créanciers hypothécaires et autres, à une époque antérieure à celle primitivement fixée. —4e, 5 fév. 1850 (Tostain), XIV, 211.

95. —L'art. 582 du Code de commerce n'est applicable qu'aux jugements rendus en matière de faillite; c'est-à-dire à ceux qui concernent la faillite, qui règlent son ouverture, son organisation, son administration. Il ne doit recevoir aucune application pour toutes les autres contestations commerciales ou civiles qui peuvent exister entre une faillite et d'autres parties. —4e, 30 juill.

1844 (Basire), VIII, 472.

96.—Doit être considéré comme rendu en matière de faillite le jugement intervenu sur l'action introduite par le syndic d'une faillite contre des tiers, pour les faire condamner à rapporter à la masse des valeurs qu'ils détiendraient indûment et frauduleusement et qui ne leur auraient été données par le failli qu'en nantissement depuis l'époque de la cessation de ses payements.—4e, 3 mars 1847 (Lefrançois), XI, 117.

97.—Le délai d'appel de tout jugement rendu en matière de faillite, même de celui qui n'est intervenu que sur la requête d'un syndic, ne court que du jour de la signification du jugement. Par conséquent, quelque soit le temps qui se soit écoulé depuis la reddition de ce jugement, il est susceptible d'appel, s'il n'a pas été signifié.— 4e, 12 mars 1845 (Rouelle), IX, 215.

98.—Lorsque la demande d'un créancier tendant à faire fixer la date de la cessation des payements à une époque autre que celle déterminée par le jugement déclaratif de faillite a été formée avant l'expiration des délais, pour la vérification et affirmation des créances, l'appel du jugement qui statue sur cette demande peut être porté après l'expiration de ces délais, si d'ailleurs il l'est en temps utile.—Id.

99.— Dans la computation du délai d'appel en matière de faillite, il n'y a pas lieu à augmentation à raison de la distance qui existe entre le domicile de l'appelant et celui de l'intimé.—4e, 17 déc. 1844 (Alais-Roger), VIII, 580.

100.—Lorsqu'un syndic a qualité pour soumettre une prétention à la justice, il a également qualité pour porter l'appel du jugement qui rejette sa demande.—4e, 16 juill. 1844 (Louise), VIII, 489.

101.—L'art. 598 du nouveau Code de commerce ne doit pas être considéré comme introductif d'un droit nouveau, mais comme interprétatif du droit préexistant; on doit par suite en faire l'application aux concordats consentis sous l'ancien Code de commerce, et annuler, soit sur la demande du failli, soit sur celle des créanciers, les obligations qu'un créancier s'est fait souscrire en dehors du concordat, au préjudice de la masse de la faillite et comme condition de son consentement audit concordat.—4e, 13 déc. 1848 (Liénard), XII, 460.

102.—L'avis que les créanciers sont appelés à émettre sur l'excusabilité du failli constitue une délibération, un vote dans la faillite qui tombe sous le coup de la disposition pénale de l'art. 597 du Code de commerce. En conséquence, le créancier qui a stipulé un avantage particulier en promettant un vote favorable dans la délibération sur l'excusabilité, est passible de la peine édictée par cet article.—Ch. corr., 11 déc. 1851 (X...), XVI, 45.

FAITS DE CHARGE.— V. Privilège.

FAIT DU PRINCE. — V. Force majeure.

FAUSSE CAUSE. — V. Obligations.

FAUTE.— V. Mandat.— Médecin.

FAUX.— V. Faux incident.—Octroi.—Tribunal correctionnel.

FAUX INCIDENT CIVIL.— V. Aveu.—Mandat.— Testament olographe.

1.—La partie qui a signé un acte authentique attestant un fait, peut s'inscrire en faux contre la vérité de ce fait.—2e, 9 mai 1844 (Loupie), VIII, 207.

2.—Les tribunaux ont un pouvoir entièrement discrétionnaire pour admettre ou rejeter, suivant les circonstances de la cause, une demande en inscription de faux. — 4e, 4 juin 1845 (Bidard), IX, 441.

3.— *Jugé encore que* l'inscription de faux ne doit être admise que lorsqu'il existe des indices et des présomptions qui rendent vraisemblables les faits articulés, quoique ces faits soient pertinents. —1re, 20 nov. 1848 (Ohemin), XII, 367.

4.— ... *Que* les faits d'inscription de faux doivent être circonstanciés et vraisemblables, mais que les juges ont un pouvoir discrétionnaire pour les admettre ou les rejeter.—2e, 9 mai 1844 (Loupie), VIII, 207.

5.—*Jugé cependant que* le demandeur en inscription de faux n'est pas tenu, pour faire admettre sa demande, d'indiquer le fait de faux, non plus que les moyens sur lesquels il entend appuyer cette inscription, et que, dans tous les cas, la déclaration que ferait d'audience le demandeur que c'est sur tel point qu'il prétend que le faux existe, suffirait, sans qu'il soit besoin de signification faite à l'avance.— 2e, 18 janv. 1845 (Guillandre), IX, 3.

6.—Les parties peuvent transiger sur la poursuite en faux incident, mais, dans ce cas, la transaction ne peut être exécutée si elle n'a été homologuée en justice après communication au ministère public. Cette transaction, même avant son homologation, fait, sous le rapport des intérêts privés, la loi des parties qui l'ont signée.—1re, 17 mars 1851 (Brunet), XV, 182.

FAUX POIDS.— *V. Poids et mesures.*

FAUX TÉMOIGNAGE.

L'individu accusé d'avoir suborné des témoins peut être condamné, bien que celui qui est accusé d'avoir fait le faux témoignage soit déclaré non coupable, s'il résulte de la déclaration du jury que le faux témoignage a matériellement existé.—Cour d'assises du Calvados, 26 mai 1843 (Valentin), VII, 317.

FEMME. — *V. Acquiescement. — Appel en matière civile.—Approbation d'écriture.—Bail (en gén.).—Commerçant.—Communauté conjugale.—Compétence commerciale.— Conseil judiciaire.— Contrat de mariage.— Demande nouvelle.— Donation (entre vifs).—... entre époux.—Dot.—Droits litigieux.—Émigré.—Éviction.—Faillite.—Femme normande.—Hypothèque légale des femmes.—Intervention.— Legs (en gén.).—Mandat.—Naturalisation.—Ordre.—Papier-monnaie.— Partage.—... d'ascendant.— Prescription.—Purge.—Rapport à succession.—Ratification.—Rente viagère.— Revendication.—Saisie-exécution.— ... immobilière.—Séparation de biens. —... de corps.—Testament (en gén.). —Tiers détenteur.—Tribunal correctionnel.—Vente publique d'immeubles.*

1. — Le Code Napoléon a abrogé le sénatus-consulte Velléien, et conféré aux femmes mariées, à quelque époque que remonte leur mariage, la capacité personnelle de s'obliger.— 2e, 19 fév. 1846, (Villeroy), X, 164. — V. cependant *infrà,*

vᵒ *Femme normande*, nᵒ 1.

2. — La femme qui signe des obligations à raison du commerce de son mari, n'est réputée agir que pour le compte de celui-ci, et n'est nullement tenue desdites obligations. — 4ᵉ, 6 juin 1842 (Buret), vɪ, 235. — V. *supra*, vᵒ *Commerçant*, nᵒ 3.

3. — La femme assignée devant le tribunal de commerce comme garante d'une dette commerciale de son mari, et pour laquelle, en son absence, le mari a déclaré se porter fort, n'est pas suffisamment représentée par celui-ci devant le tribunal de commerce, et par conséquent les condamnations qui interviennent contre elle sont nulles. — 4ᵉ, 17 janv. 1842 (Taullard-Grandpré) vɪ, 27.

FEMME NORMANDE. — V. *Contrat de mariage.* — *Coutume de Normandie.* — *Don mobil.* — *Donation entre époux.* — *Dot.* — *Erreur de droit.* — *Hypothèque légale des femmes.* — *Retrait d'indivision.*

Indication alphabétique.

1. — La promulgation du Code Napoléon n'a apporté aucune modification aux principes qui régissaient la condition des époux normands pour les mariages contractés précédemment. Ainsi la femme mariée sous l'empire de la Coutume de Normandie n'a pas pu, de-puis la promulgation du Code Napoléon, renoncer au bénéfice résultant, en sa faveur, du statut normand, et faire de ses biens dotaux une vente irrévocable et à l'abri de tout recours contre les acquéreurs. — Peu importe qu'elle ait fait cette vente conjointement et solidairement avec son mari; on ne peut voir là, de la part de la femme, un cautionnement valablement donné depuis l'abrogation du sénatus-consulte Velléien. — 2e, 18 février 1847 (Onfroy), xi, 86. — V. cependant *infrà*, nᵒˢ 28, 56 et s., 60 et s., 65 et *suprà*, vᵒ *Femme.* nᵒ 1.

2. — Sous la loi du 17 nivôse an ii, la Coutume de Normandie a continué de régir les pactions matrimoniales sur tous les points où il n'y avait point été dérogé soit par ladite loi, soit par les stipulations des contractants. — 4e, 10 janv. 1842 (Héritiers Binet), vi, 91.

3. — Sous l'empire de la loi du 17 nivôse an ii, la stipulation de communauté devant régir les propres et acquêts des époux, était complétement exclusive du régime normand, et ne permet que l'application des principes de la communauté. — 2e, 11 déc. 1844 (Tissot), viii, 655. — V. *infrà*, nᵒˢ 6 et s..

4. — La disposition d'un contrat de mariage passé en Normandie sous la loi du 17 nivôse an ii, et qui assure à la femme le droit d'exercer la reprise ou la récompense de ses propres sur les biens de son mari en cas d'insuffisance de ceux de la communauté, sans stipuler aucun recours subsidiaire contre les tiers acquéreurs, dénote assez clairement l'intention des parties d'adopter le régime de la communauté comme seule base de leurs conventions matrimonia-

les. — *Id*...

5. — Lorsqu'il a été stipulé, dans le contrat de mariage d'époux mariés sous la Coutume de Normandie, mais depuis la loi du 17 nivôse an II, avec adoption de communauté pour les biens meubles et conquêts immeubles, *qu'il serait* « *loisible à la future et à ses enfants* « *de renoncer à la communauté stipu-* « *lée, et de prélever en exemption de* « *toutes dettes et charges ses apports* « *mobiliers énoncés dans le contrat de* « *mariage, ainsi que tout ce qui lui* « *serait échu par donation, succession* « *ou autrement, quand bien même elle* « *s'y serait personnellement obligée ou* « *y serait condamnée* », cette clause ne frappe pas de totalité les apports mobiliers, et la femme ne peut faire annuler les transports qu'elle aurait faits des créances mentionnées dans ce contrat de mariage. — 1re, 5 déc. 1842 (Fromage), VI, 704.

6. — La loi du 17 nivôse an II n'a pas abrogé les dispositions du statut normand, relatives à l'espèce de communauté que ce statut établissait entre les époux. — 2e, 5 mars 1646 (Tardif), X, 180

7. — Sous l'empire de la loi du 17 nivôse an II, les époux ne pouvaient, lorsqu'ils se mariaient en Normandie, stipuler le régime de la communauté et soustraire ainsi les biens de la femme aux prohibitions résultant de la coutume du pays. — Trib. civil de Pont-Audemer, 28 mai 1847 (Benoist), XV, 153. — *V. supra*, n° 3 et s.

8. — Toutefois, l'action en nullité, intentée par la femme contre les aliénations par elle consenties, doit être re-

poussée par ce motif que, dans les premiers temps qui suivirent la promulgation de la loi du 17 nivôse an II, il était de jurisprudence certaine qu'une pareille stipulation était permise. — *Id*... — V. *supra*, v° *Erreur de droit*, n° 2.

9. — Des époux normands mariés avant la promulgation du Code Napoléon, mais depuis celle de la loi du 17 nivôse an II, ont pu valablement stipuler dans leur contrat de mariage une communauté d'acquêts. — 2e, 13 nov. 1847 (de Béville), XI, 627.

10. — La clause d'un contrat de mariage passé sous l'empire de la loi du 17 nivôse an II, par laquelle les futurs ont stipulé qu'ils seront *uns et communs en biens, acquêts et conquêts immeubles*, n'indique qu'une constitution de société d'acquêts soumise au droit commun, mais n'apporte pour le surplus aucune dérogation au statut dotal normand. — 4e, 10 janv. 1842 (Héritiers Binet), VI, 91.

11. — Lorsque, dans un contrat de mariage passé en l'an II, il avait été stipulé que, en cas de prédécès du mari sans enfants, la femme survivante remporterait ses apports mobiliers et sa part aux meubles, on doit interpréter cette clause en ce sens, que les époux avaient adopté contractuellement le statut normand, d'après lequel les apports de la future tombaient dans la communauté, à défaut de consignation, et appartenaient par suite au mari survivant. — Une semblable convention était valable même depuis la loi du 17 nivôse an II. — 2e, 17 fév. 1649 (Pastey), XIII, 94.

12. — Le père qui verse une certaine

somme à sa fille mariée sous l'empire du statut normand, pour que celle-ci lui conserve une rente viagère, ne peut être réputé avoir fait par là une constitution de biens dotaux, lors même qu'il aurait stipulé que, pour garantie du payement de la rente, la débitrice achèterait des immeubles ou des rentes. — En conséquence, la somme ainsi versée n'est point inaliénable. — 4e, 8 déc. 1846 (Loisel), x, 623.

13. — Les rentes qui appartenaient à la femme normande, lors de son mariage, ont conservé leur caractère immobilier pendant toute la durée de ce mariage. — 2e, 3 déc. 1852 (Martin), xxi, 333.

14. — Lorsque les apports mobiliers de la femme ont été *constitués et remplacés au denier vingt* sur tous les biens du mari, elle se trouve créancière d'une rente qui, par sa nature immobilière, n'est pas comprise dans la donation de tous ses meubles faite par elle à son mari dans son contrat de mariage. — 2e, 15 avril 1848 (Aubrey), xii, 118. — V. *infrà*, n° 30.

15-16. — L'immeuble acquis, constant le mariage, par une femme normande, des deniers à elle donnés par son père, devient pour moitié la propriété exclusive de ladite femme, et ne peut, par conséquent, être réputé acquêt de communauté. — 2e, 30 mai 1845 (Mofras), ix, 421.

17. — Dans un contrat d'acquêt fait sous l'empire de la loi du 17 nivôse an II, la triple circonstance que la femme concourait à l'acte, que les époux étaient déclarés acquéreurs solidaires, et qu'il était dit que le payement était fait par les acquéreurs de leurs deniers

communs, ne suffisait pas pour approprier la femme de l'acquêt, jusqu'à concurrence de moitié. — 1re, 24 déc. 1845 (Godey), x, 84.

18. — La présence de la femme aux acquisitions hors bourgage faites par le mari sous l'empire de la Coutume de Normandie, ne suffisait pas pour conférer à ladite femme sur ces acquêts des droits plus étendus que ceux qui lui étaient attribués par le statut normand. — 2e, 6 avril 1843 (Lehoyteux), vii, 232.

19. — L'expression *nourriture*, employée dans l'art. 541 de la Coutume de Normandie, comprend non-seulement les aliments, mais les vêtements ainsi que les soins nécessaires en cas de maladie ; la dot de la femme normande peut donc être aliénée pour ces divers motifs indistinctement. — 2e, 7 mars 1845 (Barassin), ix, 181. — V. *infrà*, n° 43.

20. — La femme normande peut aliéner ou hypothéquer ses immeubles, avec permission de justice et avis de parents, pour l'établissement de ses enfants. — 2e, 7 mars 1845 (Barassin), ix, 181. — 2e, 30 nov. 1850 (Brisollier), xiv, 610.

21. — *Id.* Mais elle ne peut disposer de ses biens dotaux que pour cause d'établissement de ses enfants ; elle ne peut leur en faire donation entre vifs pour aucune autre cause. — 1re, 15 mai 1844 (de Monlac), viii, 259.

22. — Si par *établissement* on ne doit pas seulement entendre un *établissement par mariage*, il faut au moins un établissement réel, ayant un caractère sérieux et procurant au donataire une position spéciale, fixe et solide. — *Spécialement*, la donation d'immeubles, faite par une mère à ses enfants dans

le seul but de leur procurer une position indépendante, ne peut être considérée comme faite pour cause d'*établissement* dans le sens légal de ce mot. — *Id.*. — V. *infrà*, n° 43.

23. — La vente d'un immeuble dotal, consentie par une femme normande séparée de biens, avec l'autorisation de justice, mais sans avis de parents, est entachée de nullité, cette dernière formalité étant habilitante et substantielle. — 2e, 3 déc. 1852 (Martin), xvi, 333.

24. — *Id*.... Et cet avis est encore sous le Code Nap. une des conditions indispensables pour la validité des aliénations d'un bien dotal normand. — 4e, 12 juin 1842 (Bedouin), vi, 338.

25. — La femme normande qui, aux termes de l'art. 127 des placités, ne peut aliéner ses biens sans autorisation de justice et avis de parents, ne peut se soustraire à cette obligation et vendre, sans remplir ces formalités, des biens à elle légués par un testament qui en prescrit l'aliénation sous une clause pénale. — 4 déc. 1849 (Marie), xiii, 409. — V. *infrà*, v° *testament (en gén.)*.

26. — ... Cependant, il ne résulte pas de cette informalité une nullité absolue; la vente et toutes les opérations postérieures auxquelles se sont livrés les acquéreurs et la venderesse, peuvent être validées par l'accomplissement subséquent des formalités exigées par la loi. — 4 déc. 1849 (Marie), xiii, 409. — 2e, 11 fév. 1855 (Thouroude), *ibid. ad notam.*

27. — L'acquéreur d'un immeuble dotal normand, indûment aliéné, peut échapper à la dépossession de cet immeuble en en payant le juste prix. — 4e, 12 juin 1842 (Bedouin), vi, 338.

28. — La femme normande ne peut rendre inviolable la vente de ses biens dotaux en contractant l'obligation de garantir la vente. Cette garantie ne peut empêcher la femme ni ses héritiers de demander la nullité de cette vente. — C. cass., 27 nov. 1848 (Sebire), xii, 479. — V. cependant *suprà*, n° 1 et s., et v° *Femme*, n° 1.

29. — Les tribunaux peuvent, incidemment à une contestation dont ils sont saisis, homologuer une transaction relative à des biens dotaux normands. — 1re, 30 mai 1842 (Piquot), vi, 663. — 2e, 25 août 1842 (Le Baron), *ibid.*. — V. aussi, 1re, 29 août 1843 (Thibault), vii, 427. — 2e, 9 mars 1848 (Lesieur), xii, 447.

30 — Le remport, à titre onéreux, constituait une véritable créance de la femme sur la succession du mari. — 1re, 6 juin 1844 (Gaultier), viii, 400. — V. *suprà*, n° 14.

31. — Sous l'empire de la Coutume de Normandie, le remport mobilier, stipulé par le mari en faveur de sa femme, n'était jamais réputé être à titre gratuit lorsque la femme avait de son côté stipulé un don mobil d'une valeur au moins égale en faveur de son mari. — *Id.*.

32. — La femme normande a le droit de prélever sur la succession de son mari la valeur de ses biens aliénés pendant le mariage, non d'après le prix porté dans les contrats de vente, mais d'après la véritable valeur de ces biens à l'époque de la dissolution du mariage, sans que l'on doive distinguer entre la femme qui renonce à la succession de son mari et celle qui l'accepte. — 1re, 23 fév. 1843 (Chéradame), vii, 75.

33. — La femme normande ne peut ré-

clamer sur les biens propres du mari le prix de ses biens dotaux aliénés, si l'état de la communauté prouve suffisamment que ce prix a été employé à solder des constructions faites sur les biens dotaux non aliénés Les dépenses faites à ce sujet par le mari peuvent être opposées en compensation, au moins jusqu'à concurrence de l'avantage qui est résulté pour la femme des travaux faits sur ses biens.— 2e, 17 mars 1848 (Bobot), XII, 49. — V. *infrà*, n° 44.

34.—Lorsque les reprises matrimoniales de la femme normande, au recouvrement desquelles est attaché un droit d'envoi en possession des biens du mari, ne doivent absorber qu'une partie de ces biens, dont l'impartageabilité est reconnue, il y a lieu d'ordonner la licitation, pour être les droits des parties exercés sur le prix..—1re, 12 fév. 1849 (Buisson), XIII, 326.

35.—La femme normande n'avait pour ses reprises, à l'occasion de la vente de ses biens dotaux, qu'une simple créance contre son mari, créance dont celui-ci pouvait se libérer en deniers, s'il préférait ce mode de paiement à une délivrance en immeubles.— 2e, 13 nov. 1847 (de Béville), XI, 627.

36.— La veuve normande qui achète des héritiers de son mari les immeubles de celui-ci, et leur en paie le prix, est censée renoncer à se prévaloir par la suite des dispositions de l'art. 121 des placités.—2e, 18 déc. 1841 (Guibout), VI, 30.

37.— Quand une femme normande séparée de biens se fait céder en paiement de ses reprises des immeubles de son mari par une liquidation volontaire,

les créanciers de celui-ci, même ceux dont l'hypothèque est postérieure à l'hypothèque légale de la femme, peuvent porter une surenchère, surtout quand la femme leur a notifié l'acte de cession.— 2e, 8 déc. 1848 (Fleury), XII, 307.

38.— ... Mais la femme normande peut, sur la poursuite en validité de surenchère, et même pour la première fois en appel, demander, aux termes de l'art. 121 des placités, l'envoi en possession, jusqu'à due concurrence, des immeubles qui lui avaient été cédés volontairement. — *Id*..

39.— ... Dans ce cas, la surenchère est annulée, sauf au surenchérisseur, comme aux autres créanciers du mari, à faire saisir directement sur celui-ci les immeubles qui rentrent dans son patrimoine, c'est-à-dire ceux qui excèdent les droits de la femme. — *Id*..

40. — Si la femme normande qui a obtenu l'envoi en possession des biens de son mari ne peut être soumise à une poursuite en expropriation de la part des créanciers de ce dernier, faute par elle d'avoir purgé les biens, conformément aux dispositions des art. 2181 et suiv. du Code Napoléon, cette décision n'est applicable qu'au cas où l'envoi en possession a été prononcé par la justice, les créanciers dûment appelés ; mais les hypothèques des créanciers du mari subsistent sur les biens abandonnés à la femme par le mari pour la remplir de ses droits, lorsque cet abandon a eu lieu de gré à gré.— 1re, 11 août 1833 (Bataille), XII, 313.

41.— Le tiers-détenteur d'immeubles affectés au paiement des reprises d'une femme normande ne peut opposer à la demande des héritiers de cette femme que, au moment de la vente, le mari, débiteur de ces reprises, était depuis longtemps la seul héritier apparent de sa femme, et que, par conséquent, la créance hypothécaire était éteinte par confusion. — 2ᵉ, 15 avril 1848 (Aubey), XII, 118.

42. — Les héritiers de la femme normande n'ont aucun droit aux bagues et joyaux, non constitués en dot, et dont la reprise n'a été stipulée que pour le cas de prédécès du mari. — *Id.*.

43. — La femme normande dont l'immeuble a été aliéné pour fournir des aliments à la famille, aux termes de l'art. 541 de la Coutume de Normandie, a recours sur les biens de son mari pour le montant de la vente, lors même qu'elle était séparée de biens au moment de l'aliénation. — 1ʳᵉ, 16 déc. 1844 (Lainé), VIII, 622.

44. — En Normandie, le mari n'avait droit à une récompense pour les améliorations et constructions qu'il avait faites sur les biens de sa femme, qu'autant que pour cela il avait aliéné des biens à lui propres. — 2ᵉ, 5 mars 1846 (Tardif), X, 180. — V. *supra*, nᵒ 33, et *infrà*, nᵒˢ 86 et 87.

45. — Les héritiers du mari normand ne peuvent réclamer contre la femme ou ses héritiers la répétition des capitaux des rentes passives de la femme remboursées par leur auteur, que s'ils justifient d'une manière précise que le mari a aliéné ses propres, et que le prix a servi à l'amortissement de ces rentes. — *Spécialement*, l'aliénation des propres du mari faites longtemps après le remboursement ne peut suffire pour autoriser le recours sur les biens de la femme, surtout si le mari devait avoir aux mains, lors du remboursement, des capitaux qui lui avaient été apportés en mariage. — 2ᵉ, 18 déc. 1847 (Perrotte), XI, 603.

46. — Au cas d'amortissement volontaire d'une rente appartenant à une femme normande, celle-ci devait obtenir le juste prix, et non pas seulement le capital légal de ladite rente. — 2ᵉ, 21 avril 1858 (Blain), XVII, 235.

47. — Sous le régime de la Coutume de Normandie, les biens dotaux aliénés par le mari ne pouvaient être remplacés qu'en immeubles d'une égale valeur. — 2ᵉ, 28 juin 1847 (Burel), XI, 398.

48. — ... Et peu importe que le remploi ait été opéré sous l'empire du Code Napoléon. — *Id.*.

49. — Une femme normande ne peut être réputée avoir renoncé au droit de réclamer le juste prix de ses immeubles dotaux pour s'en tenir à la rente de fieffe moyennant laquelle ils ont été aliénés, par cela seul que quelques jours après la mort de son mari, et avant qu'elle ait pu faire l'inventaire des biens de la succession, elle a reçu un terme de ladite rente et en a donné quittance sans faire aucune réserve; il en est surtout ainsi lors qu'il apparaît que le fieffataire a usé de surprise envers elle. — 2ᵉ, 25 mars 1847 (Martine), XI, 158.

50. — Le remploi fourni à une femme normande pour ses biens dotaux aliénés, doit être d'une valeur égale à ces biens en principal et en revenu, au moment du remploi. — 4 déc. 1849 (Marie), XIII, 409.

51. — ... Et les frais de ce remploi

sont à la charge de celui qui doit le fournir. — *Id.*.

52. — La femme normande n'a droit, pour les successions collatérales, qu'au remploi des immeubles, eu égard à leur valeur au moment de leur aliénation et non pas au jour du décès du mari. — 2e, 11 mai 1848 (Fortin), XII, 494.

53. — Les rentes et valeurs mobilières provenant à une femme normande d'un partage contenant transaction représentent des droits immobiliers et donnent lieu au recours subsidiaire normand. — 2e, 21 avril 1853 (Blain), XVII, 235.

54. — Le tiers-détenteur des biens dotaux d'une femme normande qui, aux termes des art. 439 et 540 de la Coutume de Normandie, est subsidiairement tenu de restituer à la femme ses biens ou leur valeur, au cas où elle ne pourrait en avoir récompense sur les biens de son mari, n'est pas recevable, sur les poursuites de la femme ou de ses héritiers, à demander la discussion des biens du mari, après avoir fait à la femme des offres réelles de la valeur des biens réclamés, et alors qu'il n'indique pas les biens du mari qu'il y aurait lieu de discuter. — L'exception de discussion doit être présentée avant toute défense au fond. — Aud. sol, 23 janv. 1850 (Leroux), XIV, 182.

55. — Si, par transaction faite avec quelques-uns des acquéreurs de ses propres et des biens de son mari, la femme normande a reçu le montant de ses reprises, elle ne peut inquiéter les autres acquéreurs. — 2e, 9 août 1848 (de Grainville), VII, 549.

56. — La femme normande peut valablement, sous le Code Napoléon, s'obliger solidairement avec son mari à la garantie de la vente de ses biens dotaux, et l'effet de cette obligation est d'enlever à la femme tout recours subsidiaire, s'il lui reste entre les mains des biens d'une valeur égale. — 2e, 19 février, 1846 (Villeroy), X, 164. — V. *suprà*, no 1, et *infrà*, nos 60, et s., 65.

57. — Les héritiers d'une femme normande, bien qu'ils aient accepté la succession de celle-ci purement et simplement, ne sont pas tenus autrement qu'elle ne l'était, elle-même, des obligations par elle contractées. — 2e, 18 fév. 1847 (Onfroy), XI, 86.

58. — ... Ils peuvent, comme l'héritier bénéficiaire, exercer les actions en nullité de vente et opposer toutes exceptions de dotalité qui appartenaient à leur auteur. — 2e, 3 déc. 1852 (Martin), XVI, 333.

59. — ... Ils peuvent intenter l'action en recours subsidiaire. — 2e, 2 juill. 1841 (Chesnel), V, 287.

60. — *Id.* ... Lors même que la femme aurait garanti solidairement avec son mari l'aliénation par elle faite de ses immeubles. — 1re, 26 juin 1846 (Lechantier), X, 379. — V. *suprà*, nos 1, 56 et s.

61. — *Jugé au contraire que* les héritiers d'une femme normande qui s'est obligée solidairement à la garantie de la vente de ses biens dotaux sont tenus de garantir l'acquéreur sur leurs biens personnels, et ne peuvent se prévaloir de ce que la succession ne leur offrirait pas de valeurs suffisantes pour répondre du bien dotal aliéné, l'adition d'hérédité pure et simple étant un quasi-contrat

qui les oblige personnellement et sur leurs propres biens envers les créanciers de la succession. — 2e, 19 février 1846 (Villeroy), x, 164.

62. — *Jugé encore que* l'adition d'hérédité pure et simple constitue un quasi-contrat qui rend l'héritier *personnellement* passible de toutes les obligations valablement contractées par la personne dont il hérite, et que l'exécution peut s'en poursuivre aussi bien sur les immeubles dotaux normands recueillis dans la succession, que sur les autres biens de l'héritier. — 4e, 10 janv. 1842 (Héritiers Binet), vi, 91. — V. *infrà*, nos 79 et s.. — v° *Hypothèque (en général)*, n° 2, et *suprà*, v° *Dot*, n° 28.

63. — .... Mais il en serait autrement si la succession avait été acceptée sous bénéfice d'inventaire seulement. — *Id.*.

64. — L'action en recours subsidiaire accordée à la femme normande ou à ses héritiers dans le cas d'aliénation de ses biens dotaux, ne peut, en aucune manière, être assimilée à une action en nullité et en rescision. — Elle n'est pas soumise à la prescription de dix ans, et n'a pu se perdre depuis la dissolution du mariage que par le laps de quarante ans sous la Coutume, et de trente ans sous le Code Napoléon. — 1re, 26 juin 1846 (Lechartier), x, 379.

65. — .... Il en est ainsi lors même que la femme se serait obligée solidairement avec son mari à la garantie de l'aliénation. — *Id.*.

66. — La prescription de l'action révocatoire de la vente d'un immeuble dotal indûment aliéné, ne court, contre la femme normande, que du jour de la dissolution du mariage, et non du jour de la séparation de biens. — 2e, 3 déc. 1852 (Martin), xvi, 333.

67. — Lorsqu'une femme normande séparée de biens a, avec l'autorisation de son mari, mais sans l'accomplissement des formalités voulues par la loi, vendu ses immeubles dotaux, l'action en nullité qu'elle peut exercer contre cette vente est prescriptible par dix ans à partir du jour où la vente a eu lieu, cette action ne devant pas réfléchir contre le mari. — 1re, 8 nov. 1842 (Raould), vi, 584.

68. — ... L'action en nullité de la vente d'un immeuble appartenant à une femme normande séparée de biens, faite sans permission de justice, se prescrit par dix ans à partir du jour de l'aliénation, toutes les fois que l'action de la femme n'est pas de nature à réfléchir contre le mari. — 1re, 16 déc. 1844 (Lainé), viii, 622.

69. — ... La prescription court pendant le mariage contre l'action en révocation des aliénations de son bien dotal, faites par une femme normande depuis sa séparation de biens, si l'action n'est pas de nature à réfléchir contre le mari. — 2e, 3 juin 1848 (Lefèvre), xii, 511.

70. — ... La prescription est, dans ce cas, celle de dix ans, aux termes de l'art. 1304 du Code Napoléon, si la séparation de biens et les aliénations sont postérieures à la promulgation de ce code. — *Id.*.

71. — *Jugé encore que* l'art. 1304 du Code Napoléon est applicable aux aliénations de ses biens dotaux consentis par une femme normande depuis la promul-

gation du Code Napoléon, et que la prescription décennale commence à courir du jour de la dissolution du mariage, ou même du jour de la séparation de biens. — 2e, 11 juill. 1850 (Maillard), xiv, 545.

72. — L'art. 435 de la Coutume de Normandie, qui limitait à dix ans à partir du jour du décès du donateur l'action en révocation des donations, contenait une règle générale applicable aussi bien aux actions en nullité fondées sur l'indisponibilité des biens qu'aux actions en réduction des donations excédant les libéralités permises par la Coutume. — 1re, 18 juin 1845 (Callard), ix, 489.

73 — ... Par suite, l'action en révocation d'une donation faite par une femme normande à son mari de ses biens dotaux ou quasi-dotaux, n'était pas recevable si, les héritiers étant majeurs, il s'était écoulé plus de dix années depuis le décès de la femme. — Id..

74. — ... Il en serait de même sous le Code Napoléon, aux termes de l'art. 1304. — Id...

75. — Le mari qui siste à la vente d'un bien dotal normand, seulement pour autoriser sa femme, n'est, en aucune manière, responsable [vis-à-vis de l'acquéreur de la validité de l'aliénation. — 1re, 16 déc. 1844 (Lainé), viii, 622.

76. — ... Le mari qui autorise sa femme, séparée de biens, à vendre ses immeubles dotaux normands sans l'accomplissement des formalités voulues par la loi, ne se rend pas, par cela seul, garant de la vente, surtout lorsque le prix a servi à acquitter des créances grévant les biens vendus du chef des auteurs de la femme. — 1re, 8 nov 1842

(Raould), vi, 584.

77. — Les obligations contractées depuis la promulgation du Code Napoléon par une femme normande, avant sa séparation de biens, ne peuvent être exécutées sur les créances échues depuis cette séparation. — 4e, 29 déc. 1847 (Onfroy), xii, 523.

78. — ... Les obligations contractées par une femme normande ne peuvent être exécutées, même après séparation de biens, ni sur sa dot mobilière ou immobilière, ni sur le capital ou le revenu de ses reprises dotales. — 1re, 23 août 1852 (de Cairon), xvi, 273.

79. — Les obligations contractées par une femme mariée sous l'empire du statut normand ne sont pas exécutoires sur ses biens dotaux, même après la dissolution du mariage, soit contre elle, soit contre ses héritiers, lors même qu'ils seraient héritiers purs et simples. — 2e, 14 janv. 1848 (Butel), xii, 473.

80. — Id... Et il en est surtout ainsi lorsque les héritiers étaient mineurs au moment du décès de leur mère, femme normande. Le défaut d'inventaire de la part du mari ne peut être invoqué contre eux par un créancier qui n'articule aucune fraude, et qui pouvait d'ailleurs user des mesures autorisées par la loi pour conserver ses droits. — 2e, 25 mars 1848 (Philippe), xii, 162. — V. suprà, nos 57 et s..

81. — Si, lors de la liquidation des droits d'une femme normande, il lui a été délivré des immeubles du mari en payement de ses reprises tant mobilières qu'immobilières, sans qu'il ait été dit quels biens représentaient les reprises immobilières, il peut y avoir lieu,

sur la demande d'un créancier postérieur au mariage, de faire des lots indicatifs de ce qui est bien dotal normand et de ce qui est de libre disposition , et la Cour peut procéder elle-
même à cette opération. — 2e, 18 août
1842 (de Saint-Pierre), vi, 623.

82. — La femme normande autorisée
de son mari a capacité suffisante pour
procéder au partage des biens qui lui
sont échus. — 2e, 15 juin 1843 (Retout), vii, 329.

83. — Id... La femme normande autorisée de son mari a capacité suffisante pour faire soit un partage des biens
à elle échus, soit même une transaction
à ce relative, pourvu, bien entendu, que
ce soit sans fraude. — 2e, 21 avril 1853
(Blain), xvii, 235.

84. — ... En cas de lésion dans le
partage, la femme doit intenter son action en rescision dans les dix ans à partir du jour du partage, la prescription
n'étant suspendue pendant le mariage
qu'autant que l'action est de nature à
réfléchir contre le mari. — 2e, 15 juin
1843 (Retout), vii, 329. — 2e, 21 avril
1853 (Blain), xvii, 235.

85. — La femme normande ne peut
disposer de ses biens dotaux, tant mobiliers qu'immobiliers, par voie d'institution contractuelle. — Cette institution
est nulle, quoique l'instituante ne l'ait
pas révoquée avant son décès. — 1re, 16
août 1842 (Cusson), vi, 538.

86. — Tous avantages directs ou indirects entre époux, pendant le mariage,
étaient prohibés en Normandie. — 2e, 28
juin 1847 (Burel), xi, 398.

87. — Le droit reconnu à la femme,
sous l'empire de la Coutume de Norman-

die, de conserver, sans indemnité, le
bénéfice des améliorations faites sur ses
biens, lorsqu'elles ne provenaient pas
du prix de la vente des propres du
mari, ne peut être regardé comme un
avantage statutaire aboli par la loi du
17 nivôse de l'an ii. — 1re, 10 février
1841 (Postel), v, 55. — V. suprà nos 33
et 44.

88. — La femme normande avait hypothèque du jour du mariage pour le
recouvrement des valeurs mobilières
qu'elle recueillait par succession en ligne
directe pendant le mariage. — Le Code
Napoléon, loin de lui enlever ce droit,
l'a, au contraire, investie de la préroga-
tive de n'être point tenue de prendre
inscription pour la conservation de cette
hypothèque; la femme normande a
donc, à défaut de toute inscription,
une hypothèque légale qui remonte à
la date de la promulgation du Code
Napoléon, pour les successions qui lui
sont échues même depuis cette promulgation. — 2e, 5 mars 1846 (Tardif), x,
180.

89. — La femme normande séparée
de biens peut renoncer, en faveur des
créanciers de son mari qui ont obtenu
contre celui-ci des condamnations emportant contrainte par corps, à prendre
part, dans un ordre, à la distribution de
deniers qui lui reviendraient en vertu
de son hypothèque légale. — 4e, 22 mars
1847 (Delauney), xi, 201.

90. — Le mari d'une femme normande
n'est tenu personnellement que des
dettes qui sont une charge du mobilier,
c'est-à-dire des arrérages des rentes qui
grèvent les immeubles personnels de la
femme. — 2e, 4 juillet 1850 (Hospices

de Caen), xiv, 548.

91. — En Normandie, la femme avait sur les biens de son mari un droit de deuil qui, d'après l'usage, équivalait à une année du revenu de son douaire. — 1re, 6 juin 1844 (Gaultier), viii, 400.

FÉODALITÉ. — *V. Chemin public.* — *Commune.* — *Pêche.* — *Rente foncière.* — *Usage (droits d').*

FERMAGES. — *V. Communauté conjugale.* — *Demande nouvelle.* — *Payement.*

FERME. — *V. Remploi.*

FERMIER. — *V. Bac.* — *Bail.*

FIEFFE. — *V. Femme normande.* — *Pacte commissoire.* — *Rente foncière.* — *Vente.*

FILIATION LÉGITIME. — *V. Actes de l'état civil.* — *Désaveu d'enfant.* — *Enfant naturel.* — *État (Réclamation d').* — *Scellés.*

1. — L'enfant né depuis l'absence du mari de sa mère ne peut se prétendre issu du mariage, s'il ne prouve pas que le mari existait à la date de la conception. — Il en est ainsi surtout lorsque l'enfant a été inscrit sur les registres de l'état civil comme né d'un père inconnu et a toujours eu la possession d'état d'enfant naturel. — Aud. sol., 29 déc. 1842 (Perrotte), vii, 505. — V. suprà, vis Absence, n° 2, et Décès.

2. — Un enfant doit être présumé né pendant le mariage, s'il a la possession d'état d'enfant légitime, lors même qu'il semblerait probable qu'il est issu du concubinage de ses père et mère avant leur mariage. — Aud. sol., 23 juill. 1846 (Loisel), x, 660.

3. — Est valablement légitimé par mariage subséquent l'enfant reconnu par le père dans son acte de naissance, avec indication de la mère, lorsqu'une possession d'état constante établit que la désignation de la mère a été faite de son consentement. — Il n'est pas nécessaire que ce consentement résulte d'actes écrits. — Aud. sol., 20 déc. 1842 (David), vi, 669.

4. — L'enfant naturel né d'un Anglais et d'une Française, reconnu par sa mère d'abord, et plus tard par son père et traité par celui-ci comme son enfant, suit la nationalité du père et est Anglais. — En conséquence, la loi anglaise, n'admettant pas la légitimation par mariage subséquent, le mariage de ses père et mère naturels, contracté en Angleterre, ne lui confère pas le titre d'enfant légitime. — Aud. sol., 18 fév. 1852 (Manoury), xvi, 62.

5. — Les collatéraux qui ont concouru aux opérations du conseil de famille faites au profit d'un enfant considéré comme légitime, sont recevables à contester ultérieurement sa légitimité, et à prétendre qu'il est enfant naturel. — Aud. sol., 20 déc. 1842 (David), vi, 669.

FILLE NORMANDE. — *V. Coutume de Normandie.* — *Démission de biens.* — *Réserve à succession.*

FILOUTERIE. — *V. Escroquerie.* — *Vol.*

FIN DE NON-RECEVOIR. — *V. Acquiescement.* — *Acte administratif.* — *... de l'état civil.* — *Action.* — *... pétitoire.* — *Adultère.* — *Appel en matière civile.* — *... incident.* — *Arbitrage.* — *... forcé.* — *Assurance terrestre.* — *Avoué.* — *Bail (en gén.).* — *... administratif.* — *Billet à ordre.*

— *Cassation.* — *Cession.* — *Chambre des notaires.* — *Chasse.* — *Chemin public.* — *... vicinal* — *Commissaire extraordinaire.* — *Communauté conjugale.* — *Commune.* — *Compétence civile.* — *... commerciale.* — *Compte.* — *Conciliation.* — *Contrat judiciaire.* — *Cour d'assises.* — *Degré de juridiction.* — *Demande nouvelle.* — *Dépens.* — *Désaveu d'enfant.* — *... d'officier ministériel.* — *Désistement.* — *Diffamation.* — *Dommages-intérêts.* — *Donation entre vifs.* — *Dot.* — *Droits litigieux.* — *Enfant naturel* — *Enquête.* — *Enseigne.* — *État (réclamation d').* — *Exception.* — *Exécuteur testamentaire* — *Faillite.* — *Faux incident civil.* — *Femme normande.* — *Filiation légitime.* — *Folle enchère.* — *Garant.* — *Hypothèque.* — *Institution contractuelle.* — *Interdit.* — *Intervention.* — *Inventaire.* — *Jugement interlocutoire.* — *Lettre de change.* — *Litispendance.* — *Mariage.* — *Mesures conservatoires.* — *Officier de santé.* — *Partage.* — *Péremption.* — *Pillage.* — *Propriété.* — *Rapport à succession.* — *Ratification.* — *Remplacement militaire.* — *Remploi.* — *Rente féodale.* — *Saisie immobilière.* — *Scellés.* — *Séparation de biens* — *... de corps.* — *Servitude.* — *Société civile.* — *Solidarité.* — *Substitution.* — *Succession.* — *Surenchère.* — *Témoins en matière civile.* — *Testament (en gén).* — *... authentique.* — *Tierce opposition.* — *Transaction.* — *Tuteur.* — *Usure* — *Vente.* — *... de marchandises.* — *... publique d'immeubles.* — etc...

FOLIE. — *V. Démence.*

FOLLE ENCHÈRE. — *V. Appel* en matière civile. — *Ordre.* — *Saisie immobilière.* — *Surenchère.*

1. — L'adjudicataire sur folle enchère doit restituer au fol enchérisseur les frais de poursuite et les droits d'enregistrement payés par ce dernier, dans une proportion relative au prix de la seconde adjudication. — 2ᵉ, 20 mars 1852 (de Sainte-Marie), XVI, 318.

2. — ... Mais le montant de cette restitution doit être versé dans les mains des créanciers inscrits, à valoir sur la différence entre le prix de la première adjudication et celui de l'adjudication sur folle enchère dû par le fol enchérisseur. — *Id.* .

3. — Lorsqu'il y a revente sur folle enchère, la mise à prix doit être celle de la surenchère primitivement portée ; on peut en déduire seulement les frais occasionnés par la poursuite en folle enchère. — 2ᵉ, 18 juin 1842 (Chauvin), VI, 364.

4. — Lorsqu'il s'agit d'une contestation en matière de folle enchère, l'arrêt rendu par défaut, lors même qu'il prononce une condamnation à des dommages-intérêts, n'est pas susceptible d'opposition. — 4ᵉ, 16 mai 1843 (Boulay), VII, 318.

FONCTIONNAIRE PUBLIC. — *V. Diffamation.* — *Garde forestier.* — *Élections.* — *Saisie-arrêt.*

FONDATION PIEUSE. — *V. Bureau de bienfaisance* — *Commune.* — *Fabrique.* — *Legs (en général).*

FONDS DE COMMERCE. — *V. Acte de commerce.* — *Donation entre vifs.* — *Enseigne.*

Le négociant ou industriel qui a cédé sa clientelle en s'interdisant d'exercer la même profession dans la même commune, ne peut rien faire, même d'une manière indirecte et détournée, qui contrevienne à cette convention; une contrainte de *tant* par jour peut être prononcée contre lui, tant que, par lui ou par une personne interposée, il exercera dans la commune l'état qu'il s'est interdit.—4e, 27 mai 1844 (Outin), VIII, 673.

FONTAINE.—*V. Commune.*

FORCE MAJEURE.—*V. Bac.—Bail (en gén.).* — *... administratif.—Clause pénale.—Marché à terme.*

FORCE MOTRICE. — *V. Eau (cours d').—Usine.*

FORCLUSION. — *V. Distribution par contribution.—Exception.—Faillite.—Fin de non-recevoir.—Ordre.*

FORÊTS — *V. Bois (en gén.).—Chasse.* — *Garde forestier.* — *Usage (droits d').*

FORTIFICATIONS. — *V. Servitude.*

FOSSÉ.—*V. Bail à ferme —Bois.* — *Propriété.* — *Usage (droits d').* — *Vente.*

FOSSES D'AISANCES.—*V. Servitude.*

FOUDRE. — *V. Assurance terrestre.*

FOUR A CHAUX ou A PLATRE. —*V. Établissements dangereux.*

L'autorité administrative doit, en autorisant l'établissement d'un four à plâtre de troisième classe, c'est-à-dire d'un four qui ne fonctionne pas plus d'un mois par année, imposer au propriétaire de ce four des conditions suffisantes pour préserver les propriétés voisines de la fumée, de tout danger d'incendie et de l'insalubrité résultant de la trituration du plâtre. — Conseil de préfecture du Calvados (Bunel), XIV, 433.

FOURNISSEUR.—FOURNITURES —*V. Travaux publics.*

FOURRAGES.—*V. Bail à ferme.*

FOURRIÈRE (frais de).—*V. Degré de juridiction.*

FRAIS (d'acte ou de procédure). —*V. Arbitrage.—Avaries.—Avoué.— Chasse.—Communauté conjugale.— Compte.—Consignation.— Contrat pignoratif.— Degré de juridiction.—Dépens. — Dommages-intérêts. — Dot.— Faillite. —Femme normande.—Folle enchère.—Garant.—Huissier.—Hypothèque (en gén.).—... légale (en gén.). —... des femmes.—Notaire.—Offres réelles.—Ordre—Payement—Partage d'ascendant.— Remploi.—Rente foncière.— Saisie-gagerie.—... immobilière. — Scellés. — Succession bénéficiaire.—Surenchère.—Taxe en matière civile.—Testament olographe.—Vente. —Vérification d'écriture, etc.*

FRAIS DE VOYAGE.—*V. Dépens.*

FRAIS EN MATIÈRE CRIMINELLE.—*V. Chasse.*

FRANÇAIS.—*V. Étranger.—Filiation légitime.—Naturalisation.*

FRANCS-BORDS.—*V. Canal.*

FRAUDE. — *V. Acte sous seing privé.—Contrat de mariage.—Dol.—Donation entre vifs.—... par contrat de mariage. — Dot. — Faillite. — Femme normande.— Institution contractuelle. —Lettre de change.—Mandat.— Notaire.—Partage.—... d'ascendant.— Remploi.—Rente (en gén.).— Simulation.—Tierce opposition.—Vente, etc..*

FRET ou NOLIS.—*V. Avaries.*

FRUITS. —*V. Antichrèse.* — *Compensation.* —*Dot.* —*Erreur de droit.* —*Héritier apparent.* — *Legs particulier.* —*Papier-monnaie.* — *Partage.* — *Privilège.* —*Quotité disponible.* —*Remploi.* —*Séparation de biens.* —*... des patrimoines.* —*Saisie immobilière.* —*Société d'acquêts.* —*Vente publique de meubles.*

1. —Les fruits perçus de bonne foi ne sont pas sujets à répétition. — 2e, 25 août 1849 (Delalande), XIII, 332.

2. —Le possesseur en vertu d'un arrêté administratif cassé depuis pour cause d'incompétence est réputé possesseur de bonne foi, et fait, par suite, les fruits siens jusqu'à ce que l'arrêté du Conseil portant cassation lui ait été notifié. — 1re, 7 janv. 1846 (de St-Léger), x, 668.

3. —Le tiers détenteur, même lorsqu'il n'a pas payé les intérêts de son prix, peut être réputé possesseur de bonne foi, et, en cette qualité, faire les fruits siens. — 1re, 13 déc. 1852 (Lelaidier), XVII, 13.

4. —En matière de restitution de fruits, les intérêts sont dus du jour de la demande, encore que la quotité n'en soit pas fixée. — 2e, 18 août 1841 (Christophe), v, 316.

5. —..... Toutefois, le débiteur des fruits a droit de faire entrer en compensation les sommes qui lui sont dues par le demandeur en restitution, et les intérêts ne peuvent porter que sur le reliquat du compte qui doit avoir lieu. — *Id.*. —V. *supra*, v° *Compensation*, n° 5.

6. —... Dans ce cas encore, les juges peuvent décider que les intérêts ne courront que du jour de la liquidation, si cette liquidation a été retardée par la faute des demandeurs en restitution, et par leur refus de rendre compte des sommes qu'ils avaient eux-mêmes touchées. —*Id.*.

FUREUR. — *V. Démence.* — *Dommages-intérêts.*

G.

GAGE. — *V. Antichrèse.* — *Contrat pignoratif.* — *Domaine engagé* — *Faillite.* —*Mandat.* —*Subrogation.*

GAINS NUPTIAUX ou DE SURVIE. — *V. Action.* — *Don mobil.* — *Donation entre époux.* —*Douaire.*

GARANT. — GARANTIE. — *V. Avaries.* —*Avoué.* —*Billet à ordre.* —*Caution.* —*Commissionnaire de transport.* — *Commune.* — *Compétence (en gén.).* —*... civile.* —*... commerciale.* — *Degré de juridiction.* — *Demande nouvelle.* — *Dot.* — *Droits litigieux.* — *Éviction.* —*Faillite.* —*Femme.* —*Femme normande.* —*Hypothèque conventionnelle.* — *Intervention.* — *Jugement par défaut.* — *Lettre de change.* — *Offices.* —*Partage.* — *Protêt.* — *Remplacement militaire.* —*Remploi.* —*Subrogation.* — *Succession bénéficiaire.* —*Travaux publics.* — *Tuteur.* — *Usure.* — *Vente.* — *Vente de marchandises.*

Indication alphabétique.

1. — La disposition de l'art. 181 du Code de procédure civile qui oblige le garant à procéder devant le tribunal où la demande principale est pendante, quand la demande en garantie et la demande principale procèdent d'un fait unique, ne comporte aucune exception ; elle s'applique même au cas où le tribunal serait incompétent, à raison de la matière vis-à-vis du garant, par exemple si le tribunal est un tribunal de commerce et le garant un non-commerçant. — 4e, 27 fév. 1847 (Gost), XI, 89.

2. — .... Le tireur d'une lettre de change poursuivi en paiement de cette lettre peut appeler le tiré en garantie devant un tribunal autre que celui du domicile de celui-ci, et ce tribunal est compétent, bien qu'il existe d'ailleurs un compte à régler entre le garant et le garanti, si la question peut se résoudre sans entrer dans l'examen de ce compte. — 4e, 8 juill. 1845 (Bazire), IX, 618. — V. Anal., *suprà* Vis *Avaries*, nos 1 et s.. — *Commissionnaire de transport*, no 1. — *Compétence (en général)*, nos 3 et s.. — ... *civile*, nos 1 et s..

3. — ... Le tireur d'un effet de commerce ne peut approcher en garantie le tiré devant le tribunal où il est lui-même assigné en condamnation par le tiers-porteur, lorsque l'effet n'a point été accepté par le tiré. — 4e, 13 nov. 1844 (Dufourc), VIII, 560.

4. — .... Toutefois l'obligation d'ac-

quitter l'effet à l'échéance, et par suite le droit d'exercer le recours en garantie, pourraient s'induire contre le tiré de l'ensemble des faits et notamment d'une correspondance. — *Id.*.

5. — ... Le tribunal de commerce, devant lequel est appelé comme garant d'effets de commerce un individu non commerçant, lorsque cette garantie ne résulte pas des actes eux-mêmes, n'est pas compétent pour apprécier les faits qui seraient de nature à engager plus ou moins la responsabilité de ce non-commerçant. — 4e, 18 déc. 1849 (Lemonnier), XIII, 506.

6. — ... Jugé même que le non-commerçant qui se porte garant d'une obligation commerciale contractée entre commerçants n'est point passible de la juridiction commerciale. — 2e, 6 juill. 1844 (Joret), VIII, 456. — V. sur tous ces points, *suprà*, Vis *Billet à ordre*, nos 1 et s.; — *Caution*, nos 10 et s.; — *Compétence (en général)*, no 3.; — *Compétence civile*, no 1.

7. — ... Le non-commerçant traduit devant un tribunal civil concurremment avec un commerçant principal obligé, qui, lui, consent à être jugé par ce tribunal, n'est pas recevable à demander le renvoi devant la juridiction commerciale. — *Id.*. — V. Anal., *suprà* Vo *Compétence commerciale*, no 13.

8. — Lorsque par suite de condamnations prononcées contre une personne, une tierce partie se trouve assignée par le demandeur comme lui devant garantie de l'exécution des condamnations qu'il a obtenues, en raison du mandat qu'elle avait donné au condamné ; c'est le tribunal qui a connu de l'action principale qui

est compétent pour connaître de cette nouvelle action, et il doit examiner la question préjudicielle de savoir s'il y a eu ou non mandat, encore bien que l'existence de ce mandat soit présentée en même temps comme fondement de l'action principale et comme exception à la demande en garantie.—4e, 17 mars 1846 (Gouin), x, 222.

9 —Le garant qui a été mis en cause en première instance par le garanti, ne peut plus proposer contre la demande en garantie qui serait plus tard formée contre lui l'exception de non valable défense, lors même qu'il n'aurait pas été de nouveau approché sur appel.—2e, 21 mai 1841 (Lefour), v, 222.

10. — ... Par suite de la décision ci-dessus, le garant a droit d'attaquer par la voie de la tierce opposition l'arrêt qui a statué hors de sa présence sur l'appel du garanti.— Id. .— V. infrà Vo Jugement par défaut.

11.—On ne peut mettre un garant en cause que tant que les choses sont entières ; si, par la faute du garanti, un jugement a acquis contre lui l'autorité de la chose jugée, il n'est plus recevable à réclamer de garantie. — 4e, 31 déc. 1849 (Lannier), xiii, 465.

12—... Le garant qui n'a pas figuré en première instance ne peut être valablement traduit devant la Cour, pour qu'il soit conclu directement contre lui.—1re, 4 mai 1842 (Jeanne), vi, 307.—1re, 30 avril 1849 (Pelé), xiii, 163.— V. infrà, Vo Mise en cause.

13. — Id... Et l'on ne peut demander contre lui qu'une déclaration d'arrêt commun.— 2e, 18 mai 1848 (Delaporte), xii, 150.—1re, 13 juin 1848 (Monot), xii, 173.

14.—... On peut néanmoins mettre un garant en cause sur appel, pour qu'il ne puisse, lors de l'action en garantie, opposer l'exception de non valable défense, mais alors les frais du garant restent à la charge de la partie qui l'a appelé au procès. — 1re, 4 mai 1842 (Jeanne), vi, 307.

15.—... L'acquéreur qui veut conserver son recours en garantie, en cas d'éviction, contre son vendeur, n'a besoin que de faire connaître à celui-ci le procès qu'il soutient, relativement à la propriété de la chose vendue, le vendeur est alors libre d'intervenir ou non à sa volonté, mais s'il est forcément mis en cause, les frais de cet errement peuvent être mis à la charge de l'acquéreur.— 2e, 18 juin 1847 (Parfait-Prudhomme), xi, 404.— V. encore infrà, vo Intervention.

16.—Jugé aussi que le garant ne doit pas être mis en cause pour la première fois sur appel ; il doit seulement être mis en demeure d'intervenir s'il avise que bien soit, par une dénonciation que lui fait le garanti. Cette dénonciation suffit pour empêcher le garant d'opposer l'exception de non valable défense.— 2e, 2 juill. 1847 (Esnos), xi. 571.

17. — Le garant qui intervient sur l'appel qui lui est dénoncé doit supporter les dépens par lui faits.—4e, 8 janv. 1845 (Charpentier), ix, 67.

18. — L'acquéreur assigné en délaissement ne peut, lorsque la demande principale formée contre lui est rejetée, obtenir condamnation contre son vendeur des dépens de l'instance.—1re, 3 janv. 1853 (Hue d'Hérondelle), xvii, 53,

19.—Aux termes de l'art. 1630 du Code Napoléon, l'acheteur n'a le droit d'obtenir le remboursement des frais faits, tant sur la demande en garantie que sur la demande originaire, que dans le cas d'éviction réalisée. Il ne peut obtenir contre son garant la condamnation des frais faits à l'occasion d'un trouble qui n'a pas été suivi d'éviction. — 2e, 1er avril 1841 (Bertrand-Fontaine), v, 260.—V. en ce qui touche la garantie en cas d'éviction, *suprà*, v° *Éviction*, et *infrà*, v° *Vente*.

20.—L'abandon de propriétés considérables fait par un frère à ses frères, moyennant une rente viagère d'une faible valeur, est un acte de libéralité qui ne saurait entraîner au profit du donataire aucune garantie de la part du donateur. — 1re, 7 janv. 1850 (Hamard), xiv, 133.

GARANTIE DES FONCTIONNAIRES PUBLICS.— V. *Diffamation.—Garde forestier.*

GARDE-CHASSE.—V. *Garde forestier.*

GARDE FORESTIER.

Lorsqu'un garde forestier commet un délit dans le triage confié à sa surveillance, la Cour impériale est compétente pour statuer directement sur ce délit, sans avoir besoin d'attendre l'autorisation de l'administration, lors du moins qu'il s'agit d'un délit relatif seulement aux fonctions d'officier de police judiciaire, par exemple, d'un délit de chasse, mais il en serait autrement s'il s'agissait d'un fait relatif aux fonctions confiées au délinquant comme agent de l'administration forestière. — 1re, (Porcher), xiii, 323.— 1re, 16 mai 1849 (Verdrie), *ibid.*.

GARDE NATIONALE MOBILE.

La connaissance des crimes et délits commis par les gardes nationaux mobiles, créés par les décrets des 25 et 26 février 1848, appartient exclusivement à la juridiction militaire.—Ch. corr., 3 janv. 1850 (Garnier), xiv, 565.

GARDIEN JUDICIAIRE.

Celui qui de son plein gré se charge de la garde de récoltes saisies, est responsable du préjudice que le peu de soin par lui apporté à la conservation desdites récoltes cause aux créanciers. —4e, 2 juin 1845 (Gautier), ix, 435.

GENS DE SERVICE et DE TRAVAIL. —V. *Domestique.— Louage de services.*

GEOLIER.—V. *Emprisonnement.*

GESTION D'AFFAIRES. — V. *Émigré.—Rétention (droit de).*

GOEMON.—V. *Varech.*

GRAVURES et DESSINS. — V. *Diffamation.*

GREFFE. — GREFFIER. — V. *Jugement (en gén.).—Offices.—Vente publique de meubles.*

GROSSE (prêt à la).—V. *Contrat à la grosse.*

GROSSES et EXPÉDITIONS.— V. *Commune.—Domaine engagé.—Titres.*

GROSSES RÉPARATIONS.—V. *Degré de juridiction.— Dot.— Usine.*

GROSSESSE. — V. *Promesse de mariage.*

H

HABITATION (droit d').—*V. Hypothèque (en général).*

Le droit d'usage, et spécialement le droit d'habitation, est un droit immobilier; en conséquence, pour que l'acte qui concède ce droit puisse être opposé aux tiers, il faut qu'il ait été transcrit.— 4e, 19 mai 1853 (Huvet), xvii, 262.— V. *suprà*, vo *Donation entre vifs*, no 11.

HALAGE (servitude de).—*V. Chemin de halage.*

HALLES et MARCHÉS.

1.—La loi des 15-28 mars 1790 qui donne droit aux communes de contraindre le propriétaire d'un bâtiment servant de halle, de le leur vendre ou louer est générale, elle est applicable quelle que soit la manière dont les halles ont été possédées par le propriétaire, et quoiqu'il en ait toujours joui sans que l'autorité municipale ait réglementé l'étalage des marchandises exposées en vente ou ait imposé une taxe sur ces marchandises.—C., cass , 25 mars 1844 (Commune de Bellou), viii, 395.

2.—Le droit accordé aux communes par l'art. 19 de la loi des 15-28 mars 1790 est purement facultatif.—Par suite, ce droit n'est pas susceptible de se perdre par le non usage pendant trente ans à partir de la loi de 1790, à moins qu'un acte évidemment contraire à son exercice n'ait été la base ou le point de départ de cette prescription. — *Id..*

HAMEAU.—*V. Commune.*

HARAS.—*V. Effets de commerce.*

HAUTE FUTAIE.—*V. Vente publique de meubles.*

HERBAGER.—*V. Commerçant.*

HÉRÉDITÉ.—*V. Vente.*

HÉRITIER. — COHÉRITIER.—

V.Absence.—Appel en matière civile.— Avoué. — Chose jugée. — Communauté conjugale.—Compte.—Décès. — Donation entre vifs. — Dot. — Douaire.— Droits litigieux.—Eau (cours d').— Émigré.—Enfant naturel. — Faillite. —Femme normande.—Héritier apparent —Hypothèque (en général).—... judiciaire.— Lettre missive.—Offices. —Prescription.—Preuve testimoniale. —Quotité disponible.—Ratification.— Rente (en général). — ... viagère.— Retrait successoral.—Saisie immobilière.—Scellés.—Séparation de corps. —Serment décisoire.—Substitution.— Succession.—... bénéficiaire. — Testament olographe.—Titre exécutoire.— Usufruit.—Vente —Vérification d'écriture.—etc..

HÉRITIER APPARENT. — *V. Femme normande.*

1.—L'héritier apparent de bonne foi n'a droit qu'aux fruits et intérêts qu'il a réellement perçus; il ne peut rien prétendre aux intérêts qui sont restés entre les mains des débiteurs soit de rentes, soit de capitaux quelconques ; le véritable héritier seul peut réclamer et toucher ces intérêts.—2e, 26 fév. 1847 (Debon), xi, 104.

2.—L'art. 138 du Code Napoléon n'est pas opposable au cohéritier revendiquant une succession contre son cohéritier qui s'en était mis en possession comme seul héritier apparent.—2e, 15 avril 1848 (Aubey), xii, 118.

3.—L'héritier apparent de bonne foi a droit au remboursement des sommes qu'il a payées pour l'augmentation et l'amélioration des biens dont il est évincé, lors même que ce serait avec le produit de ces immeubles qu'il aurait fait les travaux.—2e, 26 fév. 1847 (Debon), xi, 104.

4.—Lorsque, sur la poursuite du créancier personnel d'un héritier apparent, l'un des biens de l'hérédité a été exproprié, l'adjudicataire est en droit d'exiger que les créanciers qui demandent à être colloqués sur le prix de l'adjudication lui fournissent caution pour le cas où l'héritier véritable viendrait à reparaitre.—4e, 15 fév. 1842 (Morin-Angot), vi, 470.

HÉRITIER BÉNÉFICIAIRE.—

V. Demande nouvelle.—Prescription. —Succession bénéficiaire.

HÉRITIER INSTITUÉ.— V. Institution contractuelle.—... d'héritier.— Légataire.

HOMOLOGATION. — V. Acquiescement. — Chose jugée. — Faillite — Faux incident civil.—Femme normande.—Partage.—Transaction.

HONORAIRES. — V. Avocat. — Avoué.—Faillite.—Mandat.—Notaire. —Payement.

HOSPICES.—V. Bureau de bienfaisance.—Enfant trouvé.—Prescription. — Registres et papiers domestiques.

HOTEL. — HOTELLIER. — V. Acte de commerce.—Juge de paix.— Restaurant.

HUISSIER.—V. Avoué.—Citation. —Compétence civile.—Diffamation.— Emprisonnement — Exploit. — Novation.—Offices.—Privilége.—Subrogation.— Surenchère.— Vente publique de meubles.

Indication alphabétique.

Agence d'affaires, 8.	Exploit d'appel, 5.
Amende, 1.	Fin de non-recev., 6.
Appel, 5 et s..	Garantie, 2 et s..
Chambre des avoués, 7.	Intervention, 7.
Communauté des huissiers, 7.	Modèle, 3 et s..
	Nullité, 2 et s..
Compétence, 5.	Omission, 2 et s..
Contrainte par corps, 8.	Parlant à, 2.
Copies de pièces, 7.	Remise d'exploit, 1.
Décret de 1813, 1.	Remplacement militaire, 8.
Dépens, 6.	
Dommages-intérêts, 2 et s..	Responsabilité, 2 et s..
	Suspension, 1.
Exploit, 1 et s..	Syndic, 7.

1.—L'art. 45 du décret du 14 juin 1813, en vertu duquel tout huissier qui ne remet pas lui-même à personne ou domicile l'exploit qu'il a été chargé de signifier, doit être condamné à une suspension de trois mois et à une amende de 200 fr. à 2,000 fr., s'applique même au cas où il s'agit de la simple remise d'une copie de l'exploit au fonctionnaire chargé de viser l'original.—Ch. corr, 16 déc. 1841 (H...), vi, 229.—C., Ch. crim., rej., 19 février 1842 (H...), ibid.

2 —L'huissier qui a omis dans son exploit une formalité usuelle, par exemple la mention du parlant à, est responsable du préjudice que la nullité qui en est résultée a occasionné.—4e, 23 avril 1843 (Létourmy), vii, 253.—V. suprà, Vo Exploit.

3.—L'huissier n'est pas responsable de la nullité d'un acte qu'il a rédigé sur un modèle donné par la partie ou par son mandataire.—2e, 6 mai 1852 (Bureau), xvi, 190.

4.—L'huissier qui dans la signification qu'il a faite d'un exploit s'est conformé aux instructions que lui a données son client, ne peut être responsable des erreurs que contient cet exploit, lors surtout que, par suite de l'expiration prochaine des délais pour agir, le temps lui a manqué pour prendre d'autres renseignements.—Ire, 9 avril 1845 (Aupoix), X, 511.

5.—C'est la Cour, et non le Tribunal de première instance, qui est compétente pour connaître de la demande en dommages-intérêts formée contre l'huissier, à raison du préjudice que cause à l'appelant la nullité de l'exploit d'appel.—4e, 8 février 1843 (Robichon-Dumesnil), VII, 96.

6.—..... Et aucuns dommages-intérêts ne doivent être accordés si la Cour reconnaît, par l'examen de l'affaire soumise au premier juge, que l'appel était mal fondé. Dans ce cas, l'huissier doit seulement supporter les frais de l'exploit annulé et de l'action en garantie dirigée contre lui.—Id..

7.—La communauté des huissiers, représentée par son syndic, est sans qualité pour demander l'annulation d'une délibération de la chambre des avoués, relative au droit de faire les copies de pièces et d'en percevoir les émoluments ; mais elle peut intervenir dans un procès que soutient l'un de ses membres contre un avoué pour le protéger de sa présence et l'aider de ses conseils.—2e, 31 mai 1851 (Guérin), XV, 161.

8.—Un huissier qui est l'agent habituel d'une maison de remplacement militaire, est contraignable par corps à raison des obligations qu'il contracte en cette qualité.—4e, 29 nov. 1847 (Blanchet), XI, 519

HYPOTHÈQUE (en général).—V. Antichrèse.—Cassation. — Caution.— Cession.—Chose jugée.—Communauté conjugale.—Conservateur des hypothèques. — Consignation. — Crédit.—Demande nouvelle.—Donation entre vifs. —Dot—Faillite.— Femme normande. —Hypothèque conventionnelle.—... judiciaire.—... légale.—Inscription hypothécaire.—Legs (en général).—Lettre de change.— Licitation.— Mesures conservatoires.— Notaire — Ordre.— Partage.—... d'ascendant.—Prescription —Privilége.—Purge.— Rente viagère.—Rétention (droit de).—Stellionat.—Subrogation. — Tiers détenteur. —Vente.

Indication alphabétique.

Action, 8 et s..	Héritier, 2.
Action en déclaration, 5 et s..	Main-levée, 8 et s..,
Adition d'hérédité, 2.	Notification, 6, 7.
Ayant-cause, 11.	Ordre, 6.
Carrières, 3.	Prescription, 4 et s..
Caution, 9.	Promesse d'abstention,
Cessionnaire, 11.	10, 11.
Déclaration d'hypothè	Renonciation partielle,
que, 5 et s..	8 et s..
Dépens, 5.	Renonciation in favo
Droit de préférence, 4.	rem, 10, 11.
Droit de suite, 4, 8 et s..	Sous-sol, 3.
Exception, 8 et s..	Subrogation, 8 et s..
Extinction, 4 et s..	Succession, 2.
Fin de non-recevoir, 8	Surenchère, 7.
et s..	Tiers-détenteur, 8 et s..
Frais, 5.	Transformation, 6, 7.
Habitation (droit d'), 1.	Usage (droits d'), 1.

1.—Les droits d'usage et d'habitation ne sont pas susceptibles d'hypothèques. —2e, 21 janv. 1853 (David), XVII, 97. —4e, 19 mai 1853 (Huvet), XVII, 262.

2.—Le quasi-contrat d'adition d'hérédité qui oblige au payement de la dette l'héritier de celui dont les biens présents et à venir étaient affectés hypothécairement à ce payement n'emporte pas de soi-même hypothèque sur les biens de l'héritier. — Tribunal civil de Caen, 10 février 1849 (Lechevalier), XIII, 493.

3.—L'hypothèque frappe le sous-sol aussi bien que la superficie.—2e, 28 août 1852 (Luard), XVI, 300.

4.—L'extinction du droit de suite entraîne l'extinction du droit de préférence. — 1re, 26 avril 1852 (Vatard), XVI, 167.

5.—Le créancier hypothécaire qui, par suite d'une transmission de propriété, a sujet de craindre que l'on invoque contre lui l'art. 2180 du Code Napoléon, a droit d'exiger une déclaration d'hypothèque, et les frais qu'elle entraîne sont à la charge du débiteur. —4e, 23 mars 1847 (Delamare), XI, 164.

5 bis.—... Pour que l'action en déclaration d'hypothèque soit valablement intentée et interrompe la prescription, il n'est pas absolument nécessaire qu'elle soit dirigée contre le véritable propriétaire de l'immeuble grevé. Il suffit qu'elle soit introduite contre celui que les circonstances extérieures semblent désigner comme ayant la possession à titre de propriétaire.—2e, 25 mai 1844 (Picquot), VIII, 385.

6.—La notification faite par l'acquéreur d'un immeuble aux créanciers inscrits transforme leur droit réel hypothécaire en un droit au payement de la somme indiquée au bordereau, jusqu'à épuisement du prix.—2e, 1er août 1850 (Bonaventure), XIV, 496.

7.—... La survenance d'une suren-chère ne change rien à cet état de choses, ni au rang des créanciers entre eux; elle substitue un acquéreur à un autre et, ajoute un supplément au prix primitif. — Id. .

8.—Le créancier dont l'hypothèque s'étendait sur plusieurs immeubles et qui ne s'est pas présenté à l'état d'ordre ouvert sur son débiteur pour la distribution du prix de vente de l'un de ces immeubles, ne conserve pas moins son droit d'action pour la totalité de sa créance sur le surplus desdits immeubles, lors même qu'ils se trouvent entre les mains de tiers-détenteurs.—2e, 13 mars 1847 (Grivel), XI, 165.

9.—Jugé au contraire que le créancier hypothécaire qui, ayant plusieurs immeubles affectés à sa créance, donne main-levée de l'hypothèque qui grève quelques-uns de ces immeubles, ne peut exercer une action hypothécaire contre le tiers-détenteur des autres immeubles, puisqu'il s'est mis dans l'impossibilité de subroger ce tiers-détenteur dans l'intégralité de ses droits et actions contre les détenteurs des immeubles qu'il a dégrevés de l'hypothèque, et que à ce cas est applicable l'art. 2037 du Code Napoléon, aux termes duquel la caution est déchargée lorsque, par le fait du créancier, elle ne peut plus être subrogée aux droits, hypothèques et priviléges qui existaient primitivement.—2e, 3 mars 1853 (Segretain), XVII, 125.

10.—Le créancier hypothécaire qui consent que son inscription soit primée par une inscription postérieure, est présumé ne se dessaisir ni de sa créance, ni de la garantie qui l'accompagne, mais promettre seulement son abstention et l'inertie de son droit hypothécaire — 4e, 9 fév. 1853 (Harang), XVII, 164.

11.—... Et cette promesse d'abstention est opposable à l'ayant-cause à titre singulier du renonçant, et par conséquent à son cessionnaire —*Id.*.—V. *infrà*, Vis *Hypothèque conventionnelle*, no 2; —... *légale des femmes*, nos 14 et s.; —*Subrogation*.

HYPOTHÈQUE CONVENTIONNELLE.—*Hypothèque (en général).—Legs (en général).*

Indication alphabétique.

1.—L'hypothèque stipulée par un individu, en son nom propre, n'est pas caduque par cela seul que cet individu n'était pas personnellement créancier.— Un tiers peut réclamer le bénéfice de cette hypothèque s'il prouve que c'est dans son intérêt qu'elle a été stipulée et l'inscription requise.—4e, 9 mars 1841 (Salles-Lamberdière), v, 119.

2.—Le débiteur qui a hypothéqué à son créancier un immeuble qui ne lui appartenait pas, mais sur lequel il avait seulement lui-même une hypothèque pour garantie d'une créance personnelle, ne peut demander collocation sur le prix de cet immeuble au préjudice du créancier auquel il a consenti l'hypothèque.— 4e, 1er février 1848 (Rivière), XII, 441. —V. *suprà*, Vo *Hypothèque (en général)*, nos 10 et s.;—*infrà*, Vis *Hypothèque légale des femmes*, nos 14 et s.;— *Subrogation*.

3.—L'hypothèque consentie par le mari sur les acquêts de la communauté ne frappe, le partage de cette communauté une fois opéré, que la portion desdits acquêts qui fait partie du lot attribué au mari.—2e, 30 janv. 1847 (Marais), XI, 65.—V. *infrà*, n° 10.

4.—Celui qui ne possède actuellement aucun immeuble, ne peut hypothéquer ses biens à venir. L'hypothèque par lui consentie est nulle et de nul effet.— 4e, 4 avril 1842 (Marmion), VI, 242.

5.—L'hypothèque ne garantit que la somme pour laquelle elle a été positivement concédée par l'acte constitutif; on ne peut l'étendre à des accessoires qui n'y ont pas été indiqués. —4e, 26 juin 1843 (Lecoq), VII, 413.

6.—Les divers porteurs de billets représentant le montant d'un crédit ouvert doivent supporter entre eux, au centime le franc, la perte résultant de l'insuffisance des deniers qui se découvre lors de la réalisation de l'hypothèque attachée à l'ouverture du crédit, sans qu'une raison de préférence puisse se déduire des dates de l'acceptation des billets par le crédité, ou de celles de leur négociation par le créditeur.—4e, 18 février 1852 (Hareng), XVI, 147.

6.—L'hypothèque stipulée pour sûreté d'un crédit ouvert peut s'étendre aux créances antérieures à l'ouverture du crédit, lorsque ces créances sont constatées par des billets renouvelés depuis ladite ouverture.—4ᵉ, 24 mai 1842 (Rocher), VI, 274.—V. *suprà*, Vᵒ *crédit*, nᵒ 2.

8. — Le créancier dont l'hypothèque est contestée comme lui ayant été consentie par une personne sans droits légitimes sur les immeubles hypothéqués, doit, lorsqu'il a été légalement averti du débat qui s'élève à ce sujet entre son débiteur et les parties intéressées, intervenir dans le procès pour défendre ses droits; autrement il est réputé s'en rapporter entièrement à son débiteur, et se rend non-recevable à attaquer les décisions qui interviennent contre celui-ci. — 4ᵉ, 3 juin 1844 (Lavollay), VIII, 327. — V. anal. *suprà*, vᵉ *Garant*.

9. — Lorsque les circonstances font présumer que le créancier auquel une hypothèque a été consentie sur un immeuble, ne pouvoit ignorer que le droit de propriété du débiteur sur cet immeuble n'étoit que conditionnel, et que le débiteur n'a déclaré contracter que suivant l'étendue de ses droits, il n'y a lieu à aucuns dommages-intérêts, lorsque la condition vient à défaillir. — 2ᵉ, 30 janv. 1847 (Marais). XI, 65.

10. — ... *Spécialement,* le mari qui pendant le mariage a conféré une hypothèque sur un acquêt de communauté, ne doit aucune garantie au créancier, si le résultat du partage ne lui attribue pas la totalité de cet immeuble, mais ne lui en confère que la moitié. — *Id.,* —V. *suprà*, nᵒ 3.

HYPOTHÈQUE JUDICIAIRE.
— *V. Hypothèque (en général).*

Lorsque l'héritier du débiteur d'une rente demande la nullité de l'acte constitutif de cette rente, le jugement qui rejette cette demande *formá negandi*, et condamne seulement l'héritier au payement des arrérages échus n'emporte pas hypothèque judiciaire sur ses biens personnels pour le capital de la rente. — Trib. civil de Caen, 10 fév. 1849 (Lechevalier), XIII, 493.

HYPOTHÈQUE LÉGALE (EN GÉNÉRAL).
— *V. Communauté conjugale.* — *Conservateur des hypothèques.* — *Demande nouvelle.—Dot. — Faillite.* — *Femme normande. — Hypothèque (en général). — ... légale des femmes. —... des mineurs.—Legs (en général).* — *Ordre. — Purge. — Remploi. — Vente.*

1. — L'hypothèque légale s'étend bien aux frais utiles pour obtenir le recouvrement de la créance, mais non à ceux que le créancier a faits mal à propos pour se faire allouer plus qu'il ne lui était dû. — 4ᵉ, 31 janv. 1844 (Lerouge), VIII, 181.

2. — L'art. 2151 du Code Napoléon n'est pas applicable aux intérêts des créances hypothécaires dispensées d'inscription. — 1ʳᵉ, 23 nov. 1842 (Caillemér), VI, 577.—2ᵉ, 25 juillet 1846 (Aubé), X, 386.

3. — Un acquéreur ne peut être admis à critiquer le certificat de radiation d'une hypothèque légale à lui rapporté par son vendeur, lorsque d'ailleurs cette hypothèque n'a été inscrite, pour la première fois, qu'après l'expiration des délais de la purge opérée par le vendeur,

conformément aux art. 2193 et suiv. du Code Napoléon. — 4e, 27 janvier 1847 (Harel), xi, 18.

HYPOTHÈQUE LÉGALE DES FEMMES. — *V. Hypothèque (en général), et les renvois. — Hypothèque légale (en général), et les renvois.*

Indication alphabétique.

1. — Les créanciers auxquels le mari a, pendant le mariage, consenti des hypothèques sur les conquêts de la communauté, même sans le concours de sa femme, doivent être colloqués sur ces conquêts par préférence aux reprises de celle-ci, lorsqu'elle accepte la communauté. Ils ne sont pas obligés d'attendre la liquidation des droits de la femme, puisqu'elle n'a pas d'hypothèque légale sur lesdits conquêts. — 2e, 12 mai 1849 (Adam) xiii, 378.

2. — L'hypothèque légale de la femme prend son rang sur les biens du mari, en ce qui touche ses propres aliénés, du jour de la vente, et non du jour du mariage, et, en ce qui touche les bois abattus sur les biens dotaux a elle échus par succession pendant le mariage, du jour de l'ouverture de la succession. — 2e, 21 mars 1834 (Decoufley), xii, 610. — V. *infrà*, n° 4.

3. — L'hypothèque de la femme séparée de biens sur les immeubles de son mari remonte au jour du mariage pour les frais de séparation et pour les reprises qu'elle a à exercer en vertu de son contrat de mariage.—4e, 26 février 1850 (Clouët), xiv, 323.

4. — Son hypothèque légale, pour les biens qui lui sont échus pendant le mariage par succession, ne prend rang que du jour où ces biens sont entrés dans ses mains. *Id.*.

5. — La femme qui en adoptant le régime dotal s'est réservé la faculté d'aliéner ses biens dotaux avec l'autorisation de son mari et sans condition de remploi, n'a, comme la femme commune en biens, d'hypothèque pour le prix de ses immeubles dotaux aliénés, qu'à partir du jour de la vente, et non du jour du mariage. — 1re, 7 juillet 1851 (Caraboeuf), xv, 211.

6. — L'art. 2151 du Code Napoléon n'est pas applicable à l'hypothèque légale des femmes mariées; cette hypothèque,

outre le capital, conserve non pas seulement deux années et la courante des arrérages ou intérêts qui leur sont dus, mais bien la totalité de ces arrérages ou intérêts. — 2e, 25 juillet 1846 (Aubé), x, 386.

7. — *Id...* Et il en est de même pour les frais. — 1re, 23 novembre 1842 (Caillemer), vi, 577.

8. — Les hypothèques légales, inscrites sous la loi du 11 brumaire an VII, frappent seulement les biens que le mari possédait à l'époque de l'inscription. — 1re, 12 janvier 1847 (Desrotours), xi, 24.

9. — L'immeuble grevé de l'hypothèque légale d'une femme dont le mariage s'est dissous avant la promulgation du Code Napoléon n'est pas affranchi de cette hypothèque faute de renouvellement décennal de l'inscription, tant que le tiers détenteur n'a pas fait transcrire son contrat d'acquisition. — 2e, 25 mai 1844 (Picquot), viii, 385.

10. — Les amis de la femme ne sont pas admis, comme ceux du mineur, à requérir l'inscription de l'hypothèque légale, lors surtout que cette inscription est sollicitée dans un intérêt étranger à la femme. — 4e, 18 novembre 1851 (Pitard), xvi, 55.

11. — ... Et les conclusions et observations faites par le ministère public lors du jugement qui statue sur la demande en nullité d'une telle inscription ne suffisent pas pour la valider. — Le ministère public peut seulement prendre une nouvelle inscription dans les formes voulues par la loi. — *Id.*.

12. — Lorsque les biens dotaux de la femme ont été aliénés à charge de remploi, les tribunaux peuvent refuser au mari de dégrever de l'hypothèque légale de la femme les biens faisant partie de la société d'acquêts et par lui offerts en remploi, lors surtout que sa position pécuniaire n'offre pas à la femme toutes les garanties auxquelles elle a droit. — 2 mai 1849 (Lamotte), xiii, 363.

13. — La demande en main levée de l'hypothèque légale d'une femme, avec offre de lui rembourser les causes de cette hypothèque, est valablement intentée par le tiers détenteur devant le tribunal de la situation de l'immeuble hypothéqué, encore bien que ce tribunal ne soit pas celui du lieu où s'est ouverte la succession bénéficiaire du mari. — 1re, 27 avril 1853 (de Dauvet), xvii, 176. — V., en ce qui touche l'appel, *infrà*, v° *Inscription hypothécaire.*

14. — La femme dotale qui, en se constituant en dot tous ses biens présents et à venir, s'est réservée la faculté de les aliéner, peut valablement subroger à son hypothèque légale. — 1re, 18 nov. 1851 (Lamarche) xv, 300. — V. *suprà*, v° *Dot*, n° 12.

15. — La femme commune qui vend un immeuble conjointement avec son mari et promet toute garantie à l'acquéreur renonce par là à l'hypothèque légale qu'elle avait sur cet immeuble. — 2e, 17 mai 1838 (Dubosq), xvi, 166.

16. — L'obligation contractée par une femme commune, solidairement avec son mari et avec affectation hypothécaire de la part de ce dernier, emporte de plein droit renonciation par la femme à son hypothèque légale en faveur des créanciers, lors même qu'elle n'a pas pris part à la constitution d'hypothèque. — 1re, 3 mai 1852 (Denis), xvi, 161.

17. — La renonciation à son hypothè-que légale par une femme commune en biens qui s'oblige conjointement et soli-dairement avec son mari dans l'acte de vente d'un conquêt de communauté est une renonciation absolue, extinctive du droit hypothécaire. Cette renonciation profite et peut être opposée non-seule-ment par les acquéreurs, mais encore par tout tiers intéressé. — 1re, 26 avril 1852 (Vatard), XVI, 167.

18. — La femme dotale qui, par suite de fausses déclarations constituant un quasi-délit et insérées dans une obliga-tion pour cause de prêt souscrite soli-dairement avec son mari, a été condam-née à des dommages et intérêts déclarés exécutoires sur ses biens dotaux, a cédé virtuellement au prêteur, et ce, par l'acte même d'obligation, les droits d'hy-pothèque attachés à ses reprises dotales; son hypothèque légale est donc sans effet à l'égard du prêteur. — Consé-quences : 1° le prêteur doit, dans ce cas, être colloqué à l'ordre ouvert sur le prix des biens du mari, en son nom per-sonnel, au lieu et place de la femme dotale, et ce à la date de l'hypothèque légale de cette dernière; 2° La femme ne peut, postérieurement à l'acte de prêt, transporter à des tiers, au préju-dice du prêteur, des droits qui ne lui appartiennent plus ; 3° L'avoué de la femme qui a poursuivi sa séparation de biens postérieurement à l'acte de prêt et qui a obtenu distraction des dépens ne peut être colloqué par préférence au prêteur ni au même rang que lui. — Trib. civil de Caen, 21 déc. 1852 (de Gonneville), XVII, 143. — V. encore en ce qui touche les subrogations et renon-ciations *in favorem, suprà*, Vis *Dot*, n° 12. — *Hypothèque (en général)*, nos 10, 11; et *infrà*, v° *Subrogation*.

HYPOTHÈQUE LÉGALE DES MINEURS. — V. *Hypothèque (en gé-néral)*. — ... *légale (en général)*. — ... *des femmes*, et les renvois indiqués sous ces mots.

L'hypothèque légale résultant d'une tutelle doit être restreinte lorsque l'im-meuble dégrevé doit être vendu pour le prix servir à acquitter une dette garan-tie par une hypothèque préférable à celle de la tutelle. — 2e, 26 août 1848 (De-vaux), XI, 572.

HYPOTHÈQUE SPÉCIALE. — V. *Hypothèque (en général)*. — ... *con-ventionnelle*.

I.

IMBÉCILLITÉ. — V. *Démence*.

IMMEUBLE — V. *Acquiescement.* — *Cession.* — *Communauté conjugale.* — *Contrat de mariage.* — *Donation entre vifs.* — ... *déguisée.* — ... *entre époux.* — *Dot.* — *Droits litigieux.* — *Échange.* — *Émigré.* — *Faillite* — *Femme normande.* — *Immeuble par destination.* — *Immo-bilisation.* — *Impenses.* — *Indisponibi-lité.* — *Jugement interlocutoire.* — *Mi-neur.* — *Novation.* — *Partage.* — ... *d'as-cendant.* — *Privilége* — *Rente (en géné-ral).* — ... *foncière.* — *Saisie immo-bilière.* — *Séparation de biens.* — *Su-brogation.* — *Testament (en général).* — *Transcription.* — *Tuteur.* — *Vente.* — ... *publique d'immeubles.* — etc..

IMMEUBLE DOTAL. — V. *Im-meuble*.

IMMEUBLE PAR DESTINATION.

1.—L'art. 524 du Code Napoléon qui indique quels biens sont immeubles par destination n'est qu'énonciatif et non point limitatif.—2e, 5 mai 1843 (Ségouin), VII, 341.

2.—Une volière est immeuble si elle est scellée au fonds.—2e, 22 août 1845 (Chedeville), X, 7.

3.—Sont considérés comme immeubles par destination, dans le sens de l'art. 524 du Code Napoléon, les meubles qui garnissent un établissement de bains et qui doivent servir exclusivement aux personnes qui viennent prendre des bains dans cet établissement.—2e, 5 mai 1843 (Ségouin), VII, 341.

4.—... Toutefois on ne doit comprendre dans cette classe que les meubles qui ne peuvent avoir d'autre destination que l'exploitation des eaux. On ne peut y faire entrer ceux qui ont plutôt un but d'agrément qu'un but d'utilité réelle.—*Id.*.

5. — *Jugé encore que* ne sont immeubles par destination, aux termes de l'art. 524 du Code Napoléon, que ceux des objets mobiliers qui ont été placés par le propriétaire sur son fonds, comme étant absolument indispensables et affectés directement au service et à l'exploitation de ce fonds.—C., Cass., 18 nov. 1845 (Ségouin), X, 124.

6.—... *Spécialement* les meubles qui garnissent une hôtellerie annexée à l'exploitation d'une source d'eau thermale, n'étant point affectés directement ni essentiellement au service de la source, ne peuvent être considérés comme immeubles par destination, ni échapper par suite à une saisie-exécution.—*Id.*.

IMMOBILISATION. — *V. Donation entre époux.—Dot.—Privilége.— Saisie immobilière.*

IMPATIENCE.—*V. Obligations.*

IMPENSES ET **AMELIORATIONS.**—*V. Faillite,* et les renvois indiqués sous le mot *Améliorations.*

IMPOTS.—**IMPOSITIONS.**—*V. Bail (en général).—Boissons.—Contributions indirectes. — Demande nouvelle.—Douanes.— Enregistrement.— Marché à terme.—Octroi.—Sel.*

IMPRESCRIPTIBILITÉ.—*V. Bois.—Domaine de l'État.—Prescription.*

IMPRIMÉS.—*V. Crieur public.—Diffamation.—Imprimeur.*

IMPRIMEUR.—**IMPRIMERIE.**—*V. Délits de la presse. — Librairie.*

Indication alphabétique.

1.—L'ordonnance du 24 octobre 1814 qui, dans son art. 2, oblige chaque imprimeur à inscrire sur un registre coté et paraphé par le maire de sa résidence, le titre littéral de tous les ouvrages qu'il se propose d'imprimer, le nombre de feuilles, de volumes et d'exemplaires et le format de l'édition n'est sur ce point qu'un simple réglement d'administration publique, et l'infraction à ses dispositions ne peut être frappée d'aucune des peines prononcées par le titre 2 de la loi du 21 octobre 1814, sur la police de la presse. — Tribunal correctionnel de Caen, 27 mars 1841 (Lesaulnier), v, 421.

2. — L'imprimeur est *seul* et personnellement obligé à faire le dépôt ordonné par la loi du 21 octobre 1814.—Ch. corr., 29 nov. 1849 (L...) xiv, 47. — V. encore, ch. corr., 13 août 1851 (Poisson), xv, 273.

3.—Ne peuvent être considérés comme *ouvrages de ville* ou *bilboquets*, et comme tels dispensés de la déclaration et du dépôt, en vertu de l'instruction du directeur général de la librairie du 10 août 1810, le règlement ou les statuts d'une société de secours mutuels.— Ch. corr., 13 août 1851 (Poisson), xv, 273.

4. — ... Ni des lettres relatives à l'établissement d'une cordonnerie sociétaire. — Ch. corr., 20 août 1851 (M...), xv, 273.

5. — ... Ni un placard pour les élections.— Ch. corr., 29 nov. 1849 (L...), xiv, 47.

6.—La contravention résultant de ce qu'un imprimé a été livré sans indication du nom et de la demeure de l'imprimeur est consommée au moment même où des exemplaires défectueux sortent de l'imprimerie.— Ch. corr., 20 août 1851 (M...), xv, 273.

7.—... Et il y a contravention même lorsque les imprimés sur lesquels ne se trouvent pas le nom et la demeure de l'imprimeur sont de simples *ouvrages de ville* ou *bilboquets*.— Id..—V. infrà, n°° 10 et 11.

8.—Les art. 11 et 41 du décret du 5 février 1810, en supposant qu'ils aient encore conservé quelque force, ne pourraient donner lieu qu'à l'application d'une amende de simple police. — La confiscation prononcée par ce décret a été abolie par l'art. 18 de la loi du 21 octobre 1814.— Tribunal corr. de Caen, 27 mars 1841 (Lesaulnier), v, 421.

9. — Le principe du non-cumul des peines (art. 365 du Code d'instruction criminelle) est inapplicable aux infractions à la loi du 21 octobre 1814 relative à la police de l'imprimerie. — Ch. corr., 13 août 1851 (Poisson), xv, 273.—Ch. corr., 20 août 1851 (M...), *ibid.*.

10.—L'art. 463 du Code pénal sur la modération des peines au cas de circonstances atténuantes n'est pas applicable aux contraventions en matière d'imprimerie.—Ch. corr., 29 nov. 1849 (L...), xiv, 47.—Ch. corr., 13 août 1851 (Poisson), xv, 273.—Ch. corr., 20 août 1851 (M...), xv, 273.

11. — Le défaut de déclaration et de dépôt de la part de l'imprimeur étant plutôt une contravention spéciale qu'un délit est punissable par le seul fait de son existence matérielle, et la bonne foi du contrevenant ne peut autoriser les juges à appliquer l'art. 463 du Code pénal.—4e, 29 nov. 1849 (L...), xiv, 47.

IMPUTATION DE PAYEMENT. —V. *Caution*.—*Dot*.—*Payement*.

INALIÉNABILITÉ. — V. les renvois indiqués sous le mot *Immeuble*.

INCARCÉRATION. — V. *Emprisonnement*.

INCENDIE. — V. *Assurance mutuelle*.—... *terrestre*.—*Cession*.

1.—Pour que le locataire soit déchargé de la responsabilité de l'incendie, il faut qu'il fasse la preuve d'une *impossibilité absolue* de faute de sa part.—4e,

1ᵉ mars 1850 (Cochin) xiv, 259.

2 — Si le locataire a connu le vice de construction d'un four ou d'une cheminée pouvant donner naissance à l'incendie, il est en faute s'il y a allumé du feu avant que ce vice eût disparu — 4ᵉ, 19 déc. 1843 (Quesnée), viii, 564.

3 — Le locataire qui s'est fait assurer peut avoir droit à une indemnité de la part de la compagnie d'assurance bien qu'il ait été condamné vis-à-vis du propriétaire, comme n'ayant apporté aucunes des preuves voulues par l'art. 1733 du Code Napoléon. — 4ᵉ, 26 nov. 1844 (Compagnie du Phénix), viii, 636.

INCESSIBILITÉ. — *V. Contumace.* — *Communauté conjugale.* — *Contrat de mariage.* — *Donation entre vifs.* — *Dot.* — *Femme normande.* — *Hypothèque légale des femmes.* — *Novation.* — *Ordre.* — *Partage d'ascendant.* — *Pension alimentaire.* — *Testament (en général).*

INCIDENT. — *V. Appel en matière civile.* — *... en matière correctionnelle.* — *... incident.* — *Conciliation.* — *Degré de juridiction.* — *Demande nouvelle.* — *Désistement.* — *Distribution par contribution.* — *Exception.* — *Folle-enchère.* — *Saisie immobilière.* — *Surenchère.* — *Vente publique d'immeubles.*

INCOMMUNAUTÉ. — *V. Invention.* — *Scellés.*

INCOMPÉTENCE. — *V. Appel en matière civile.* — *Billet à ordre.* — *Caution.* — *Conflit* — *Degré de juridiction.* — *Demande nouvelle.* — *Exception.* — *Garant.* — *Intervention.* — *V. En outre les diverses espèces de Compétence.*

INCONSTITUTIONALITÉ. — *V. Boulangerie.* — *Sel.*

INDEMNITÉ. — *V. Bail adminis-*

tratif. — *Barrage.* — *Chemin communal.* — *Demande nouvelle.* — *Dommages-intérêts.* — *Émigré.* — *Expropriation pour utilité publique.* — *Faillite.* — etc..

INDICATION DE PAYEMENT. — *.V. Ordre* et les renvois indiqués sous le mot *Délégation.*

INDISPONIBILITÉ. — *V. Incessibilité.*

INDIVIS. — INDIVISION. — *V. Chasse.* — *Copropriété.* — *Cour commune.* — *Remploi.* — *Retrait d'indivision.* — *Saisie immobilière.* — *Société (en général).* — *Vente.*

Lorsque deux personnes achètent un immeuble en commun avec déclaration qu'elles entendent acquérir chacune jusqu'à concurrence du prix qui dans la quittance sera dit provenir de chacune d'elles, elles sont censées avoir acquis chacune pour moitié, si la quittance n'indique aucune origine de deniers. — 2ᵉ, 4 juillet 1846 (Poriquet), x, 339.

INDIVISIBILITÉ. — *V. Appel en matière civile.* — *... incident.* — *Aveu.* — *Chose jugée.* — *Commissionnaire* — *Compétence (en général).* — *Compte courant.* — *Contrat judiciaire.* — *Degré de juridiction.* — *Dépens.* — *Douaire* — *Hypothèque (en général).* — *Interrogatoire sur faits et articles.* — *Legs (en général).* — *Mandat.* — *Péremption.* — *Preuve par écrit (commencement de).* — *Remploi.* — *Rente (en général).* — *Séparation des patrimoines.* — *Tiers détenteur.* — *Transaction.* — *Vente.*

INDUCTIONS. — *V. Acquiescement.* — *Don mutuel.* — *Renonciation (en général).* — *V.* aussi les renvois indiqués sous le mot *Présomptions.*

INDUSTRIE. — *V. Liberté du com-*

merce.

INGRATITUDE. — *V. Donation entre époux.* — *Testament (en général).*

INJURES. —*V. Diffamation.*

Les injures tenues publiquement devant les tribunaux après la clôture des plaidoiries et lorsqu'un jugement ordonnant le serment vient d'être rendu, ne rentrent point dans les dispositions de l'art. 23 de la loi du 17 mai 1819. — Elles peuvent toujours donner lieu à une action devant les tribunaux correctionnels en réparation du préjudice causé. —Ch. corr., 8 juin 1848 (Dupont), XII, 420.

INSAISISSABILITÉ. —*V. Incessibilité.*

INNAVIGABILITÉ. —*V. Avaries.* —*Capitaine.*

INONDATION. —*V. Usine.*

INSAISISSABILITÉ. —*V. Saisie-exécution,* et les renvois indiqués sous le mot *Incessibilité.*

INSANITÉ D'ESPRIT. —*V. Conseil judiciaire.* — *Dommages-intérêts.* —*Don manuel.* —*Enfant naturel.* — *Interdiction.* —*Ratification.* — *Responsabilité.* —*Séparation de corps.* —*Testament (en général).* —*Vente.* —etc..

INSCRIPTION DE FAUX. — *V. Aveu.* —*Faux incident civil.* —*Mandat.* — *Octroi.* — *Testament olographe.* — *Tribunal correctionnel.*

INSCRIPTION HYPOTHÉCAIRE. — *V. Caution.* — *Cession.* — *Consignation.* — *Degré de juridiction.* — *Demande nouvelle.* — *Faillite.* — *Femme normande.* —*Hypothèque légale (en général).* —*... des femmes.* — *Jugement préparatoire.* —*Ordre.* —*Purge.* —

Rente viagère. —*Séparation des patrimoines.* —*Vente.*

Indication alphabétique.

1.—L'erreur dans les prénoms du débiteur n'entraîne pas la nullité de l'inscription, lorsque d'ailleurs le débiteur y est désigné d'une manière suffisante.— 4e, 20 déc. 1841 (Veuve Brugère), v, 483.

2. — ... Mais l'erreur dans la désignation du débiteur, et spécialement l'addition d'un prénom qu'il ne porte pas, entraîne la nullité de l'inscription au profit des créanciers postérieurs, lorsque cette erreur a été de nature à les tromper.—2e, 26 juin 1852 (Dubois), XVI, 236.

3.—*Id*... Et peu importe que cette erreur provienne des déclarations inexactes du débiteur insérées dans le titre constitutif de la créance; c'était à l'inscrivant de faire les vérifications nécessaires, et les créanciers dont l'inscription est postérieure ne peuvent être passibles de sa négligence à cet égard.—2e, 21 fév. 1846 (Denis), x, 161.

4. —... Il en est surtout ainsi lorsqu'il se rencontre aussi des inexactitudes dans la désignation des biens hypothéqués, et qu'il apparaît par diverses circonstances que l'intention du débiteur était d'induire en erreur sur sa situation hypothécaire les personnes qui contracteraient avec lui. — Id...

5.—Les inscriptions sur les rentes doivent, à peine de nullité, être prises dans l'arrondissement où sont domiciliés les débiteurs, et non dans l'arrondissement du domicile des créanciers.—4e, 1er juill. 1846 (Lecoq), x, 387.

6. — Jugé implicitement que l'indication d'un domicile élu dans l'arrondissement du bureau est une formalité substantielle dont l'omission entraîne la nullité de l'inscription.—1re,12 nov. 1850 (Leblanc), xiv, 602.—V. infrà, n° 10.

7 —Tout bordereau d'inscription doit, à peine de nullité, indiquer la nature du titre et l'époque de l'exigibilité de la créance. — 2e, 6 mars 1851 (Lepelletier), xv, 114.

8.—L'inscription prise en renouvellement tient lieu et place de l'inscription renouvelée, et doit, par conséquent, contenir les indications exigées par la loi dans l'intérêt des tiers pour la validité de l'inscription première et notamment indiquer les changements survenus dans la nature du titre et dans l'époque de l'exigibilité.—Id..

9.—... Spécialement, est nul le renouvellement d'une inscription requise en vertu d'un jugement qui autorisait l'emploi de mesures conservatoires, lors-

que l'inscription nouvelle est prise dans les mêmes termes que la première et n'énonce pas le jugement définitif intervenu depuis, et l'époque d'exigibilité fixée par ce jugement.—Id..

10.—... Mais n'est pas nulle pour défaut d'élection de domicile l'inscription hypothécaire dénuée de cette formalité, lorsqu'elle est prise en renouvellement d'une inscription dont la validité n'est pas contestée. Il suffit de rappeler dans l'inscription en renouvellement les principales énonciations de l'inscription renouvelée.—1re, 12 nov. 1850 (Leblanc), xiv, 602.

11.—L'effet d'une inscription hypothécaire prise par suite d'un jugement autorisant l'emploi de mesures conservatoires dure 10 ans, encore bien que le jugement définitif ait été obtenu avant l'expiration de ce délai. (Résolu implicitement).—2e, 6 mars 1851 (Lepelletier), xv, 114.

12.—Lorsqu'entre l'inscription d'une hypothèque et son renouvellement, il s'est écoulé plus de 10 années, et que dans l'intervalle l'immeuble hypothéqué a été transmis à un tiers acquéreur qui a fait transcrire son contrat d'acquisition, l'immeuble se trouve définitivement affranchi de l'hypothèque.—2e, 13 mars 1847 (Grivel), xi, 165.—1re, 3 janv. 1853 (Hue d'Hérondelle), xvii, 53.

13 —La notification par l'acquéreur d'un immeuble et l'offre de payer aux créanciers donnent effet aux inscriptions alors existantes et dispensent de tout renouvellement postérieur.—2e, 1er août 1850 (Bonaventure), xiv, 496.

14 —L'acquéreur d'un immeuble poursuivi par un créancier du vendeur en

payement d'une créance hypothécaire ou en délaissement de l'immeuble a qualité pour attaquer comme irrégulière et nulle l'inscription prise en garantie de cette créance.—2e, 6 mars 1851 (Lepelletier), xv, 114.

15.—L'inscription seule fait foi au respect du tiers détenteur; on ne peut lui opposer les clauses insérées dans l'acte constitutif de l'hypothèque, si l'inscription ne les fait pas connaître. —2e, 23 juillet 1841 (Cottun), v, 321.

16.—... *Spécialement*, la clause d'un acte de constitution de rente viagère qui n'accorde au débiteur le droit de remboursement que du consentement du créancier ne peut être opposée au tiers détenteur, si l'inscription indique seulement que la rente viagère peut être remboursée par un capital indiqué.— Dans ce cas, le tiers acquéreur a le droit, en remboursant ce capital ou en le consignant, d'obtenir main-levée de l'hypothèque, il ne peut être forcé de consigner tout son prix à la charge de l'inscription.—*Id.*. V. *suprà*, vo *Consignation*, no 3 et *infrà*, vo *Rente viagère*.

17.—Le jugement qui, sur une demande en main-levée d'inscription, dirigée par l'acquéreur d'un immeuble, ordonne que le prix de vente sera versé entre les mains du créancier inscrit ne rentre pas dans la classe des jugements auxquels s'applique l'art. 763 du Code de procédure; l'appel en est recevable dans les délais fixés pour les jugements ordinaires, et tant que les conditions exigées pour conférer à ceux-ci l'autorité de la chose jugée n'ont pas été remplies.

—2e 13 mai 1842 (Lolivier), vi, 311.— V. En ce qui touche la compétence, *suprà*, vo *Hypothèque légale des femmes*.

INSENSÉ.—*V. Insanité d'esprit.*

INSTANCE. — *V. Péremption.* — *Reprise d'instance.*

INSTITUTEUR COMMUNAL ou PRIMAIRE.

1.—Le pouvoir disciplinaire des comités d'arrondissement ne s'étend que sur les instituteurs communaux. Le pouvoir disciplinaire sur les mêmes individus en qualité d'instituteurs *privés* appartient à la juridiction civile dans tous ses degrés hiérarchiques.—1re, 6 août 1850 (S..), xiv, 503.

2.—... La répression de certains faits exercée par le comité d'arrondissement contre l'instituteur communal n'enlève pas aux tribunaux la connaissance de ces mêmes faits, contre le même individu en tant qu'instituteur privé. La maxime *non bis in idem* n'est pas dans ce cas applicable.—*Id.*.

INSTITUTEUR PRIVÉ — *V. Instituteur communal.*

INSTITUTION CONTRACTUELLE.—*V. Demande nouvelle — Donation par contrat de mariage.— Dot.—Fem. norm..— Retrait success..*

Indication alphabétique.

1.—La clause d'un contrat de mariage par laquelle un père *s'engage à ne faire aucun avantage à l'un de ses enfants au préjudice de l'autre, les réservant à des droits égaux dans la succession,* équivaut à une institution contractuelle pour moitié de la succession du père au profit de l'enfant donataire.—1re, 10 déc. 1850 (de Montrond), xiv, 631.

2.—La clause d'un contrat de mariage par laquelle les parents de l'un des époux consentent l'exécution sur leurs biens de la donation faite par leur enfant à son conjoint constitue une institution contractuelle au profit de ce dernier.—2e, 30 nov. 1850 (Brisollier), xiv, 610.

3.—Lorsqu'un père, intervenant au contrat de mariage de sa fille, déclare vouloir que, si elle décède avant lui, le futur ait les mêmes droits à prétendre sur sa succession que si sadite fille lui avait survécu, il n'institue pas contractuellement le futur époux son héritier, mais il lui confère sur les biens de sa succession une simple créance qui peut faire l'objet d'un pacte licite entre le gendre et le beau-père, après le décès de la femme. —1re, 21 janv. 1851 (Lemuey), xv, 51. —*V. suprà,* v° *Donation par contrat de mariage.*

4.—La renonciation à une institution contractuelle, pour s'en tenir à un testament moins avantageux, peut résulter des circonstances, mais la preuve de cette renonciation doit être faite par ceux qui attaquent l'institution.— 2e, 25 août 1849 (Delalande), xiii, 332.

5.— Un acte qui présente à la fois le caractère d'acte à titre onéreux et celui d'acte à titre gratuit est réductible, comme portant atteinte à une institution contractuelle.—2e, 30 janv. 1852 (Raoùlt), xvi, 78.

6. — L'instituant contractuellement peut valablement disposer par voie de cautionnement, un pareil acte étant à titre onéreux.—1re, 16 mars 1853 (Lebarrier), xvii, 153.

7.—En cas d'institution contractuelle en usufruit, les aliénations de la nue-propriété faite à titre onéreux par l'instituant, avec réserve d'usufruit au profit de l'institué, ne préjudicient pas à ce dernier et les dettes doivent d'abord être supportées par le bien non aliéné et par celui qui l'a été à titre gratuit, comme si les aliénations à titre onéreux n'avaient pas eu lieu. — 1re, 24 août 1847 (Jourdan), xi, 562.

8.—Le propriétaire qui a fait une institution contractuelle ne conserve pas moins une certaine latitude pour fixer le prix des baux des biens donnés ; cette fixation rentre dans son droit de libre administration, droit qui ne peut être entravé que dans le cas où il semblerait résulter du bail le désir évident de faire un avantage au locataire, au préjudice de l'institué contractuellement.—1re, 4 juin 1849 (Pelfresne), xiii, 237.

9.—La femme donataire en usufruit, par contrat de mariage, de tous les immeubles de son mari, est recevable à attaquer un bail consenti par celui-ci, comme fait à vil prix et en fraude des avantages irrévocables qui lui avaient été assurés par ledit contrat, encore bien qu'elle ait reçu, un mois environ après la mort de son mari, un terme de fermages.—*Id*..

INSTITUTION D'HÉRITIER.—

V. Donation entre époux.—... *par contrat de mariage.*—*Institution contractuelle.*—*Legs (en général).*—*... universel.*—*Substitution.*—*Testament.*

INSTRUCTION CRIMINELLE.

—*V. Procédure criminelle.*

INSTRUCTION PAR ÉCRIT —

V. Appel en matière civile.

INSTRUCTION PUBLIQUE.—

V. Instituteur communal.

INTERDICTION —INTERDIT.

V. Conseil de famille.—*Conseil judiciaire.* — *Contrat de mariage.* — *Démence.*— *Enfant naturel.* — *État (réclamation d').*— *Vente.*

Indication alphabétique.

Actes, 9 et s..	Idiotisme, 10
Appel, 6 et s..	Imbécillité, 10.
Capacité, 10 et s..	Interprète, 7.
Collatéraux, 11.	Interrogatoire, 6, 7.
Conjoint, 2, 5.	Intervention, 5, 12.
Conseil de famille, 1 et s..	Jugement préparatoire, 6, 7.
Délibération, 3, 4.	Mariage, 10.
Femme 2, 5, 12.	Nullité, 1 à 4, 9, 11.
Frère, 8.	Séparation de biens, 12.
Fin de non-recevoir, 5 à 12.	Sourd-muet, 7.

1. — En matière d'interdiction, le juge de paix peut, pour composer le conseil de famille, appeler soit dans la ligne paternelle soit dans la ligne maternelle le parent qui est germain dans les deux lignes. — Aud. sol., 22 juin 1843 (Lesouhaitier), vii, 417.

2.—La femme de celui dont l'interdiction est provoquée, ne doit pas nécessairement être appelée au conseil de famille lorsque ce n'est pas elle qui a provoqué la poursuite.—*Id*..

3.—Les membres d'un conseil de famille convoqués pour donner leur avis sur l'état mental d'une personne dont l'interdiction est demandée ne sont tenus de rendre compte que du résultat de leurs connaissances personnelles, et, dès-là qu'ils déclarent n'en point avoir, l'on ne peut exiger d'eux de manifester leur opinion. — Aud. sol.; 20 juill. 1842 (Veuve David), vi, 404.

4.— ...*Spécialement*, n'est pas nulle la délibération d'un conseil de famille lors de laquelle le juge de paix a déclaré que, ne connaissant pas la personne qu'on voulait interdire, il ne pouvait émettre aucune opinion sur son état physique et moral.—*Id*..

5. --Une femme a qualité pour intervenir dans une instance en interdiction dirigée contre son mari. — Aud. sol., 4 janv. 1843 (Lesouhaitier), vii, 190.

6.—Le jugement qui, en matière d'interdiction, ordonne l'interrogatoire du défendeur, n'est pas un simple jugement préparatoire; il peut donc être attaqué par la voie d'appel avant le jugement définitif. —Aud. sol., 4 août 1841 (de Jackson), v, 304.

7.— ...Il en est surtout ainsi lorsqu'il s'agit d'un jugement qui statue sur le mode d'interrogatoire d'un sourd-muet et décide que cet interrogatoire sera prêté par écrit, sans l'aide ni l'assistance d'un interprète.—*Id*..

8. — Un frère qui n'est pas membre du conseil de famille et qui n'est pas partie au jugement qui prononce l'interdiction de sa sœur n'est pas recevable

à porter l'appel de ce jugement — 1ʳᵉ, 23 janv. 1850 (Rémond), XIV, 140.

9.—Les actes passés par une personne peuvent être annulés après sa mort, lorsque son interdiction a été provoquée pendant sa vie. — 2ᵉ, 18 avril 1833 (Delanoë), XIV, 598. — V. aussi, *suprà*, vᵒ *Démence*, nᵒ 1, et *infrà*, vᵒ *Vente*.

10.—Une personne interdite pour cause d'imbécillité et d'idiotisme peut valablement contracter mariage, si elle a des intervalles lucides.—Aud. sol., 19 janv. 1843 (Sylas-Lenormand), VII, 41.—C., ch. req., rej., 12 nov. 1844 (Sylas-Lenormand), IX, 225.— V. *infrà*, vᵒ *Mariage*.

11.—... Dans tous les cas, les collatéraux de l'interdit ne sont pas recevables à proposer la nullité du mariage contracté depuis l'interdiction. — Ils ne peuvent agir que dans les cas formellement prévus par l'art. 184 du Code Napoléon.—*Id.*.

12.—Celui qui a provoqué l'interdiction de son parent, mais qui n'est pas son créancier et qui n'a pas été nommé administrateur provisoire de sa personne et de ses biens, est sans qualité pour intervenir sur l'action en séparation de biens formée par la femme de celui dont l'interdiction avait été provoquée, et n'a pas été poursuivie;—il ne peut ni contester la séparation, ni réclamer un sursis pour mettre à fin la demande en interdiction.—1ʳᵉ, 26 fév. 1849 (Docagne), XIII, 172.

INTÉRÊT (pour agir). — V. *Action* et les renvois.

INTÉRÊTS (en général).—V. *Compensation*. — *Compte-courant*. —

Degré de juridiction.—*Demande nouvelle.* — *Dommages-intérêts.* — *Donation entre vifs.*—*Émigré.*—*Éviction.*—*Faillite.*—*Fruits.*—*Héritier apparent.*—*Hypothèque légale* (en général).—... *des femmes.* — *Intérêts judiciaires.*—*Legs particulier.*—..... *universel.*—*Mandat.* — *Notaire.*—*Ordre.*—*Partage.*—... *d'ascendant.*—*Prescription.*—*Prêt.* — *Quotité disponible.*—*Remploi.*—*Rente viagère.*—*Société civile.*—... *commerciale.*—*Solidarité*—*Tiers détenteur.*—*Usure.*—*Vente.*

1.—En matière commerciale, il y a exception au principe d'après lequel on ne peut capitaliser les intérêts de moins d'une année. Ainsi des correspondants en compte-courant peuvent valablement capitaliser respectivement à chaque arrêté de compte leurs intérêts respectifs (dans l'espèce, tous les trois mois).—4ᵉ, 8 juill. 1850 (Sionis-Bérenger), XIV, 446.

2.—Deux contractants peuvent valablement convenir d'une différence, de 1 % sur les intérêts à percevoir, pourvu que, en définitive, l'intérêt ne dépasse pas le taux légal. — 4ᵉ, 21 mars 1849 (Bobot), XIII, 401.

INTÉRÊTS DES INTÉRÊTS.— V. *Intérêts*.

INTÉRÊTS JUDICIAIRES ou MORATOIRES. — V. *Intérêts* (en général).

1. — Dans le cas d'un prêt d'argent moyennant un intérêt inférieur au taux déterminé par la loi, l'intérêt moratoire au taux légal ne court que par une demande en justice, et non par un simple commandement de payer non suivi de poursuites.—4ᵉ, 14 mai 1844 (Trésor

public), x, 592.—C., ch. civ., rej., 15 avril 1846 (Trésor public), *ibid*..

2.— Le montant des condamnations prononcées contre un commerçant en faveur d'un autre commerçant, relativement à des opérations de commerce, produit des intérêts à 6 °/₀ et non à 5.—4e, 29 janv. 1844 (Morin), viii, 186.

3.—La prescription d'intérêts moratoires ne peut courir tant que les parties sont en instance.—*Id*..

INTERPOSITION DE PERSONNES.—*V. Personne interposée.*

INTERPRÉTATION D'ACTES, DE JUGEMENTS ou D'ARRÊTS. —*V. Appel en matière civile.—Arrêt.* —*Assurance mutuelle.— Avancement d'hoirie.— Bail (en général).—. administratif.— Canal.— Caution.— Chasse.—Échange.—Jugement.—Percepteur*, etc..

INTERPRÉTATION LÉGISLATIVE.—*V. Loi.*

INTERPRÈTE.— *V. Courtier-interprète.*

INTERROGATOIRE SUR FAITS ET ARTICLES.—*V. Aveu.—Contrat judiciaire. — Diffamation.— Exception.— Preuve par écrit (commencement de).*

Indication alphabétique.

<table>
<tr><td>Action, 2.</td><td>re, 9.</td></tr>
<tr><td>Appel, 8, 9.</td><td>Mise en cause, 4.</td></tr>
<tr><td>Chose jugée, 1.</td><td>Opposition, 7.</td></tr>
<tr><td>Degré de juridiction, 8, 9.</td><td>Preuve, 5.</td></tr>
<tr><td>Désaveu, 2.</td><td>Preuve par écrit (commencement de), 6.</td></tr>
<tr><td>Faits injurieux, 6.</td><td>Preuve testimoniale, 5, 6.</td></tr>
<tr><td>Fin de non-recevoir, 1 et s..</td><td>Réconciliation, 3.</td></tr>
<tr><td>Indivisibilité, 5.</td><td>Refus, 6.</td></tr>
<tr><td>Jugement, 7 et s..</td><td>Séparation de corps, 3.</td></tr>
<tr><td>Jugement interlocutoi-</td><td>Tiers, 4.</td></tr>
</table>

1.—Un interrogatoire sur faits et articles ne peut être ordonné lors que ce mode d'instruction a pour but de combattre, même indirectement, l'autorité de la chose jugée.— 2e, 12 juill. 1851 (Longuet), xv, 240.—2e, 2 août 1851 (Longuet), *ibid*..

2.—La partie qui a introduit une action en justice, ne peut être interrogée sur le point de savoir si elle ne désapprouve pas cette action qui aurait été intentée à son insu, lorsqu'il résulte des pièces du procès qu'elle a constitué un mandataire afin de poursuivre et surveiller ladite action, et que, de plus, au cours de l'instance, des significations lui ont été faites personnellement sans qu'elle ait intenté l'action en désaveu.— 4e, 11 mai 1852 (Alban-Roussel), xvi, 138.

3.—L'époux défendeur en séparation de corps peut faire interroger le demandeur sur l'existence de faits de réconciliation.—2e, 23 août 1850 (L....), xv, 21.

4.— Les juges ne peuvent ordonner l'interrogatoire sur faits et articles d'une personne qui n'est point partie au procès.— 2e, 12 nov. 1852 (Chenest), xvi, 323.—V. aussi *infrà*, v° *Mise en cause.*

5.— Lorsque dans un interrogatoire sur faits et articles, l'interrogé passe sur un fait une déclaration contenant plusieurs parties corrélatives, et qu'il n'existe d'ailleurs aucunes preuves relatives à ce fait, la déclaration n'est pas susceptible d'être divisée, il faut la prendre ou la rejeter pour le tout.—4e, 25 avril 1842 (Flambart), vi, 221.—V. *suprà*, v° *Aveu*, n°s 3 et s., et *infrà*, v° *Preuve par écrit (commencement de).*

6.—Le refus de prêter interrogatoire,

lorsque les faits articulés sont injurieux pour la personne interrogée, n'est pas un indice suffisant pour faire admettre la preuve testimoniale.— Aud. sol., 5 juin 1850 (L... D...), xiv, 373.

7.—Le jugement qui ordonne un interrogatoire sur faits et articles est susceptible d'opposition.—4e, 11 mai 1852 (Alban-Roussel), xvi, 138.

8.—*Id*... Et le jugement qui statue sur l'opposition est susceptible d'appel.—*Id*..

9.—*Jugé encore que*, en général, le jugement qui ordonne un interrogatoire a le caractère d'une décision interlocutoire susceptible d'appel avant le jugement définitif.—2e, 23 août 1850 (L...), xv, 21.

INTERVENTION. — *V. Commune.— Compétence commerciale.—Contumace.—Degré de juridiction.—Exécuteur testamentaire. — Faillite. — Garant.—Huissier.—Hypothèque conventionnelle.—Interdit.—Mandat.— Offices. — Ordre — Surenchère. — Tierce opposition.*

Indication alphabétique.

1.—Lorsqu'un acte signé par plusieurs personnes est attaqué par un tiers, tous les signataires de cet acte ont droit de sister au procès, lors même que les poursuites ne sont dirigées que contre l'un des signataires, qui, d'après une clause de l'acte même, doit supporter seul tous les frais des contestations auxquelles ledit acte peut donner lieu. Cette solution ne doit toutefois être admise que si l'intervention desdits signataires ne cause aucune aggravation de frais au demandeur.—Trib. civ. de Caen, 2e ch., 13 juin 1844 (Dajon), viii, 343.

2.—Est non recevable à intervenir dans une instance pendante devant une cour impériale et relative à la validité d'un acte de propriété, celui qui, n'ayant pas été partie au procès en première instance, se prétend propriétaire de l'objet en litige, en vertu d'un acte antérieur en date à celui qui est attaqué.— 1re, 23 mai 1842 (Veuve Bernouis), vi, 565.

3.—Une requête d'intervention n'est point nécessaire au garant qui veut devenir partie au procès. Il lui suffit de s'adjoindre au garanti dans l'exploit d'ajournement donné au tiers qu'ils ont à combattre en commun. — 2e, 20 janv. 1844 (Lecacheux), viii, 63.

4. — L'acquéreur d'un immeuble a droit, en cas de saisie immobilière, d'intervenir dans l'instance qui tend à faire tomber les poursuites en expropriation. —4e, 22 mai 1843 (Legendre), vii, 442.

5.—Après la publication du cahier des charges, l'intervention de créanciers tendant à faire déclarer les nullités antérieures à la saisie doit être rejetée comme tardive, aux termes de l'art. 728

du Code de procédure civile. — 4e, 24 avril 1843 (Benoît-Dupont), vii, 345. — V. *infrà*, v° *Saisie immobilière.*

6. — La femme qui a des droits à exercer sur la succession de son mari, peut intervenir sur appel dans l'instance où s'agite la question de savoir si tels ou tels biens font ou non partie de cette succession. — 4e, 14 avril 1845 (Fournet), ix, 254.

7. — La femme commune peut intervenir aux procès dirigés ou soutenus par son mari, comme chef et administrateur de la communauté, lorsqu'elle a lieu de craindre la fraude ou la collusion. — 2e, 18 mars 1853 (Lelogeais), xvii, 158.

8. — Une commune peut intervenir dans un procès existant entre une commune limitrophe et un propriétaire, relativement à l'existence d'un chemin public à travers une avenue particulière, s'il résulte des circonstances de la cause qu'elle peut avoir intérêt à l'existence de ce chemin. — Il en est ainsi lors même que la partie du chemin en litige est tout entière en dehors du territoire de la commune intervenante, et qu'aucun arrêté du préfet ne l'a déclarée *vicinale.*— 1re, 21 mars 1843 (Lepigeon de Vierville), vii, 336.

9. — Le syndic nommé par l'union des créanciers a qualité pour intervenir dans une instance en révocation d'une donation engagée entre le donataire et les héritiers du débiteur. Les créanciers peuvent eux-mêmes intervenir pour ratifier en tant que de besoin la procédure suivie par leur représentant. — 2e, 14 mai 1847 (Godefroy), xi, 369. — V. *suprà*, vo *Faillite*, n° 41.

10. — Les créanciers d'un failli con-cordataire ne peuvent intervenir pour la première fois sur un appel dans un procès existant entre leur débiteur et un autre créancier, pour y former des demandes de leur chef personnel; ils ne peuvent figurer dans l'instance que pour veiller à la conservation de leurs droits, sauf à eux, s'ils le jugent convenable, à faire cause commune avec leur débiteur et à appuyer ses conclusions. — 4e, 13 déc. 1848(Liénard), xii,460.—V., *suprà*, v° *Faillite*, n° 42 et 43.

11.—La partie qui intervient dans une instance, et saisit le tribunal d'une question qui n'est pas de sa compétence, et fait juger cette question par ce tribunal, doit être condamnée aux dépens de première instance faits depuis son intervention; mais les frais de l'intervention elle-même doivent être réservés pour y être statué en même temps que sur le fond.—4e, 8 nov. 1853 (Hervieu), xvii, 295.

12.—Un tiers qui peut avoir des droits sur un objet litigieux entre deux parties peut être sommé de déclarer s'il entend ou non faire valoir lesdits droits, et forcé d'intervenir dans la cause pour que la décision qui sera rendue lui soit commune.—2e, 11 déc. 1845 (Sébire-Lavasserie), x, 60.

INTERVENTION FORCÉE. — V. *Intervention.—Mise en cause.*

INVENTAIRE.—V. *Absent.—Communauté conjugale.— Rapport à succession.— Scellés.— Succession bénéficiaire.—Usufruit — ... légal des père et mère*

Indication alphabétique.

Acte d'incommunauté, | Avantage indirect, 1 et
6. | s..

1.—Celui qui se marie sous le régime dotal avec une femme ayant des enfants d'un premier mariage, n'est point tenu de faire inventaire du mobilier appartenant à cette femme. — 2e, 23 juin 1841 (Corbin-Desmanneteaux), VII, 110.

2.—Si les enfants du premier lit veulent, à défaut d'inventaire, attaquer l'estimation donnée au mobilier de leur mère dans son contrat de mariage, sous le prétexte que cette estimation dissimule un avantage au profit du second mari, ils ne peuvent établir la consistance du mobilier que par la preuve testimoniale, et non par la commune renommée. — Ce dernier mode de preuve ne peut être admis hors des cas prévus par les art. 1415, 1442 et 1504 du Code Napoléon.—Id..

3. — Dans les mariages en secondes noces, et lors même que les époux se sont donnés réciproquement tout leur mobilier, le survivant doit, en cas d'existence d'enfants issus du premier mariage, faire faire inventaire, afin de vérifier si les limites dans lesquelles les avantages peuvent avoir lieu, n'ont pas été dépassées. Si cette formalité n'a pas été remplie, les enfants peuvent constater la consistance du mobilier par commune renommée. — 2e, 6 mai 1842 (Perrée), VI, 319.

4.—Le compte de mandat rendu par l'un des héritiers à son père dont on inventorie la succession doit être compris dans l'inventaire, encore bien que cette pièce soit un double de ce compte appartenant au fils.—2e, 20 déc. 1849 (Enault) XIV, 188.

5.—Le compte de mandat rendu par l'héritier à une personne autre que le défunt, quoique le nom de celui-ci s'y trouve relaté, ne doit pas être inventorié, quand surtout cet acte ne peut apporter aucune modification à la fortune du défunt.—Id..

6. — Lorsqu'un acte d'incommunauté intervenu entre un père et ceux de ses enfants qui habitaient la même maison que lui est représenté, l'inventaire ne peut, sur la demande des autres enfants du père décédé, comprendre que les objets indiqués dans l'acte d'incommunauté comme appartenant à l'auteur commun et placés dans les appartements qu'il occupait en particulier.—2e, 8 mai 1847 (Jouanne), XI, 608.

7.—... Dans le cas où une recherche est ordonnée dans les autres êtres de la maison pour trouver les papiers qui pourraient dépendre de la succession, cette recherche doit être faite par le juge de paix seul, hors la présence de l'héritier et du notaire. — 2e, 19 août 1847 (Jouanne), XI, 608.

8.—Le titre apparent et la possession d'état d'enfant légitime donnent à celui qui en jouit, et jusqu'au retrait de cette qualité, le droit d'assister à l'inventaire des meubles dépendant de la succession de ses auteurs.—1re, 16 janv. 1851 (M..), xv, 41.

9.—.... Il en est de même de l'enfant adultérin, puisqu'il peut être créancier d'aliments.—*Id..*

10. — Les frais d'inventaire, lorsqu'ils n'ont pas été faits dans un esprit de vexation de la part des héritiers légitimes, restent à la charge du légataire universel. — 2e, 3 juin 1847 (Poullain-Lacroix), xi, 455.

IRRIGATION.—*V. Eau (cours d').* —*Prescription.*

J.

JARDIN.—*V. Servitude.*

JEU ET PARI. — *V. Marché à terme.*

JONCTION. — *V. Degré de juridiction. — Exception. — Jugement (en général).—... Interlocutoire.—Ordre.*

JOUR (servitude de). — *V. Copropriété.— Servitude.*

JOUR FÉRIÉ.—*V. Appel en matière civile.—Depens.—Surenchère.*

JOURNALISTE. — *V. Commerçant.*

JOURNAUX ет ÉCRITS PÉRIODIQUES. — *V. Colportage. — Crieur public. — Délits de la presse. — Diffamation —Exploit.*

JUGE.— *V. Abstention de juge.*

JUGE-COMMISSAIRE. — *V. Faillite.—Ordre. — etc..*

JUGE DE PAIX. — *V. Conciliation. — Interdiction. — Inventaire.— etc..*

Un juge de paix est incompétent pour statuer sur la demande en payement de dépenses d'auberge, lorsque cette demande a un caractère commercial par suite de la qualité du défendeur qui est marchand.—4e, 25 mars 1846 (Duboulay), x, 197.

JUGE D'INSTRUCTION. — *V. Contrebande.*

Lorsque le juge d'instruction, sur les réquisitions du ministère public, a fait acte de ses fonctions, il a le droit de saisir la chambre du conseil.—Ch. des mises en accusation, 8 sept. 1849 (D...), xiv, 51.

JUGEMENTS et ARRÊTS (en général).— *V. Abstention de juge.— Appel en matière civile.— .. commerciale.— Commissaire extraordinaire. — Communauté conjugale.— Commune.— Contrat judiciaire.— Créancier (en gén.).— Escroquerie.— Étranger. — Exécution des actes.— Expert.— Faillite.—Femme.—Greffier.—Jugement définitif.—... interlocutoire.—... par défaut.— ... provisoire.—Nullité. —Péremption.—Ratification.—Surenchère.— etc..*

Indication alphabétique.

Cassation, 1 et s..	Interprétation, 8, 9.
Date, 6.	Jonction, 7.
Décès, 5.	Mandat, 9.
Erreur, 6.	Nullité, 1 à 7.
Fin de non-recev., 3, 5 et s..	Récusation, 2, 3.
	Reproche, 7.
Greffier, 1 et s..	Serment, 4.
Héritiers, 5.	Témoin, 1 et s., 7.

1.—Le greffier qui a déposé comme témoin dans une enquête ordonnée par le juge de paix auquel il est attaché peut ensuite valablement assister ce juge lors du jugement définitif.—C., ch. req., rej., 21 mars 1843 (Burard), vii, 315.

2.—... Il ne peut donc dans une pareille hypothèse, y avoir lieu à récusation du greffier.—*Id.*.

3.—... Dans tous les cas, il suffit que la récusation n'ait pas été proposée pour que le jugement ne puisse être déclaré nul.—*Id.*:

4—Il suffit, pour qu'un jugement ou un arrêt soit valablement rendu, qu'il soit constaté par les magistrats auxquels la nullité est demandée, que le commis-greffier qui a tenu la plume a prêté le serment voulu par la loi.—*Id.*.

5.—Il n'y a pas lieu de déclarer nul, en vertu de l'art. 344 du Code de procédure civile, le jugement prononcé à une époque postérieure à la mort de l'une des parties, lors que toutes les autres parties qui étaient les seuls héritiers et représentants du défunt ont conclu à ce jugement, et ont pris ainsi la qualité d'héritiers de la partie décédée.—2e, 9 nov. 1850 (Gateclou), xiv, 604.

6.—L'énonciation d'une fausse date insérée dans un jugement par suite d'une erreur évidente d'écriture et facile à rectifier au moyen des autres énonciations du jugement et des circonstances de la cause ne peut entraîner la nullité de ce jugement. — 4e, 20 janv. 1815 (Leboucher), ix, 123.

7. — Le jugement qui admet des reproches dirigés contre plusieurs témoins peut, si la cause est en état, statuer en même temps au fond, sans qu'il en résulte aucune violation des droits de la défense, l'admission des reproches ayant pour effet d'écarter des éléments de preuve acquis au débat les dépositions des témoins reprochés.—C., ch., req., rej., 19 déc. 1849 (Deschandeliers), xiv,

536.

8.—Les diverses dispositions d'un jugement doivent être comprises de façon à ce qu'elles concordent entre elles.—1re, 24 juin 1850 (Brisollier) xiv, 413.

9. — On entend difficilement un jugement en ce sens qu'il dispenserait le mandataire des obligations qui lui ont été imposées par l'acte constitutif de son mandat, et *spécialement* de l'obligation de placer ou consigner les deniers qu'il reçoit pour le compte de ses mandants. —4e, 16 fév. 1842 (Le Couturier), vi, 82.

JUGEMENT COMMUN. — *V. Garant.* — *Intervention*. — *Jugement par défaut.*

JUGEMENT DÉFINITIF. — *V. Chose jugée* —*Jugement interlocutoire.* —...*par défaut.*—*Reprise d'instance.*

1.—Un jugement qui statue sur toutes les prétentions des parties en cause est un jugement définitif qui termine l'instance.— 1e, 24 juin 1850 (Brisollier), xiv, 413.

2.— On ne peut invoquer le bénéfice de l'art. 454 du Code de procédure civile, et, par suite, appeler, après l'expiration du délai fixé par l'art. 443 du même code, d'un jugement renfermant une décision formelle, définitive et complète, sous prétexte que ce même jugement renferme des dispositions simplement préparatoires ou interlocutoires, lorsque ces dispositions ont dû être l'objet d'une instruction sur laquelle le même tribunal a dû statuer.—1re, 25 mai 1849 (Turmel), xiii, 370.—V. *supra*, v° *Chose jugée*, n° 5.

3.—... Cette solution doit être admise, lors même que le jugement attaqué ne s'est pas expliqué sur un point

17

de fait qui rentre dans le mode d'exécution de ce jugement, et qui ne change rien au principe admis à cet égard par le tribunal.—*Id*..

JUGEMENT D'EXÉCUTION.—*V. Degré de juridiction — Reprise d'instance.*

JUGEMENT HOMOLOGATIF. —*V. Homologation.*

JUGEMENT INTERLOCUTOI-RE ou PRÉPARATOIRE.—*V. Chose jugée.—Évocation.— Interdit.—Interrogatoire sur faits et articles.—Jugement définitif.—Péremption.*

Indication alphabétique.

Acquiescement,.9.	Expertise, 1.
Appel, 1 à 12.	Fin de non-recev.. 4 et
Clôture des débats, 7.	s., 9 et s..
Comparution nouvelle, 7.	Immeuble dotal, 1..
	Indemnité, 1.
Compte, 2, 10.	Instruction, 3.
Conclusions, 2.	Instruction nouvelle, 7.
Condamnation, 2, 3.	Jonction, 4
Défaut profit-joint, 5.	Jugement définitif, 3,
Dégradations, 1.	6.
Délai, 12.	Mise hors de cause, 6.
Dépens, 3.	Réassigné, 5.
Dot, 1.	Renvoi, 3, 6.
Enquête, 8, 9.	Réserves, 10 et s..
Exécution, 9 et s..	Signification, 12.

1.—Sont interlocutoires, et dès lors susceptibles d'appel avant le jugement définitif..... Le jugement qui ordonne une expertise pour reconnaître et évaluer les indemnités qui peuvent être dues à une femme pour dégradations commises par son mari sur ses immeubles dotaux.—1re, 5 avril 1853 (Pepin), XVII, 147.

2.—... Le jugement qui ordonne un compte entre les parties, lorsque l'une d'elles se refuse à cet errement et demande immédiatement condamnation contre son adversaire.—4e, 24 juill. 1850 (Ozouf), XIV, 637.

3.—... Le jugement qui, en renvoyant instruire sur l'objet principal du litige, condamne une partie aux dépens, —1re, 6 janv. 1845 (Ceffray), IX, 47.

4.—Constituent, au contraire, des juments purement préparatoires et dont, par conséquent, l'appel ne peut être porté avant le jugement définitif.... Le jugement qui statue sur une demande en jonction d'instances.—2e, 21 janv. 1842 (Chauvet), VI, 476.

5.—... Le jugement qui statue sur le point de savoir s'il y a lieu au réassigné de l'une des parties défaillantes, en joignant le défaut au fond.— 4e, 29 déc. 1847 (de Dauvet), XII, 231.

6.—*Jugé encore que* le jugement qui renvoie une partie hors de cause et ajourne la décision entre les autres parties n'est que préparatoire en ce qui concerne ces derniers, et que l'appel n'en peut être interjeté que contre la partie mise hors de cause et à l'égard de laquelle il est définitif.— 4e, 10 août 1847 (Claude), XI, 505.

7.— Le jugement qui déclare les débats terminés et ordonne cependant la comparution des parties, est un simple jugement préparatoire, susceptible d'être rapporté, s'il appert qu'une nouvelle instruction soit nécessaire.—4e, 21 juin 1847 (Pouettre), XI, 402.

8.— ... Un jugement interlocutoire qui, du consentement des parties, ordonne une enquête, ne lie pas les juges qui l'ont rendu ; ils peuvent, lors du jugement définitif, n'avoir aucun égard au résultat de cette enquête.— 2e, 13 déc.

1850 (Auvray), xiv, 649. — V. *suprà*, v°
Contrat judiciaire.

9. — ... De même, sur l'appel du jugement définitif, les juges d'appel peuvent déclarer constants des faits contraires à ceux préjugés par le jugement interlocutoire, mais l'appel d'un tel jugement est non recevable, lorsque les parties y ont acquiescé et l'ont exécuté. — *Id.*. — V. *infrà*, n°ˢ 10 et 11, et *suprà*, v° *Acquiescement,* n°ˢ 14 et s..

10. — Doit être maintenu sur appel le jugement interlocutoire qui ordonne un compte, lorsque, devant la Cour, l'appelant a discuté ce compte sans protestations ni réserves. — 4ᵉ, 24 juill. 1850 (Ozouf), xiv, 637.

11. — L'exécution d'un jugement interlocutoire, faite sous réserve de porter appel de ce jugement, ne met point obstacle à cet appel. — 4ᵉ, 30 mars 1846 (Toutain), x, 281. — V., *suprà*, n° 9.

12. — L'appel d'un jugement interlocutoire peut être porté avant le jugement définitif quelque temps qui se soit écoulé depuis la signification qui en a été faite, les délais ne commençant à courir que du jour de la signification du jugement définitif. — *Id.*.

JUGEMENTS ou ARRÊTS PAR DÉFAUT. — V. *Acquiescement.* — *Contrainte par corps.* — *Contrat judiciaire.* — *Délit de la presse.* — *Exécution provisoire.* — *Faillite.* — *Folle enchère.* — *Jugement interlocutoire.* — *Reprise d'instance.* — *Saisie immobilière.*

Indication alphabétique.

1. — Les contestations survenues entre plusieurs parties par suite d'un jugement définitif donnent lieu à une nouvelle instance, et non à une reprise d'instance sur les derniers errements, quelle que soit la qualification qui lui soit donnée. Par suite, l'opposition à un jugement par défaut intervenu dans cette seconde instance est recevable, encore qu'il soit intervenu un jugement par défaut profit-joint dans la première. — 1ʳᵉ, 24 juin 1850 (Brisollier), xiv, 413.

2. — Lorsque l'avoué d'une partie a cessé de postuler, l'arrêt qui prononce défaut profit-joint contre cette partie ne produit aucun effet, s'il n'y a pas eu reprise d'instance et constitution de nouvel avoué. Un second arrêt par défaut ne serait donc pas définitif et pourrait encore être frappé d'opposition. — 2ᵉ, 27 mai 1842 (Malassis), vi, 321.

3.—Il n'y a pas lieu de prononcer défaut profit-joint lorsque, sur une demande dirigée contre une ou plusieurs parties qui ont constitué avoué, l'une ou plusieurs d'entre elles ont appelé en cause des garants, et que ces garants font défaut. Cette solution doit être admise, surtout lorsque la mise en cause n'a pas été dénoncée au demandeur, et que l'instance principale est en état de recevoir jugement — 4e, 2 août 1840 (Lechevalier), v, 289.

4.—Il n'y a pas lieu d'appliquer l'art. 153 du Code de procédure lorsqu'aucune condamnation n'est demandée contre une partie jointe au procès qui ne se présente pas, et que ceux qui pourraient craindre une action en garantie du chef du défaillant demandent qu'il soit statué au fond dans l'état de la cause.— 2e, 21 fév. 1850 (Devillereau), xiv, 295.

5.—Lorsqu'une partie a assigné en reprise d'instance les héritiers de sa partie adverse, que, aucun de ces héritiers n'ayant constitué avoué, elle a obtenu, dans les termes de l'art. 349 du Code de procédure civile, un arrêt par défaut qui déclare l'instance reprise, et que quelques-uns de ces héritiers seulement constituent avoué avant l'arrêt sur le fond, il n'y a pas lieu à la réassignation des défaillants, ni à l'application de l'art. 153 du Code de procédure civile.—Aud. sol., 15 janv. 1841 (Leconte), xv, 13.

6.—Lorsqu'une partie contre laquelle a été obtenu un jugement par défaut se rend opposante à ce jugement, et que toutes les parties assignées ne comparaissent pas sur l'instance d'opposition, il y a lieu de rendre un jugement de défaut profit-joint et d'ordonner la réassignation des défaillants.—2e, 30 juin 1853 (Lenoir), xvii, 252.

7.—Lorsque, en vertu d'un arrêt par défaut profit-joint, la réassignation des défaillants a eu lieu, et que l'une des parties qui avait originairement constitué avoué décède, ses héritiers, en reprenant volontairement l'instance, ne sont pas tenus de réassigner celles des parties qui, défaillantes lors de l'arrêt de jonction, n'ont pas encore constitué avoué, il n'y a pas lieu, dans ce cas, à l'application de l'art. 153 du Code de procédure civile.— 1re, 27 août 1850 (Blaisot), xv, 14.

8.—Lorsque, après un jugement ou arrêt de défaut profit-joint contre un des défendeurs faute de constitution d'avoué, le demandeur vient à décéder, ses héritiers doivent assigner le défaillant non en déclaration de reprise d'instance, mais pour voir adjuger contre lui, ainsi que contre les autres parties en cause, les conclusions au principal.— 1re, 1er juin 1853 (Deschevaux-Dumesnil), xvii, 223.

9.—Le jugement ou l'arrêt qui statue sur le défaut d'un profit-joint, n'est susceptible d'opposition de la part d'aucune des parties, même de celles qui, ayant déjà comparu lors du jugement ou de l'arrêt de jonction, font défaut pour la première fois lors du second jugement ou arrêt.— 4e, 8 mai 1848 (Bordel-Bénard), xii, 433.

10.—N'est point recevable l'opposition contre l'arrêt qui déboute d'une opposition formée contre un précédent arrêt, et peu importe à cet égard que l'arrêt choqué d'opposition émane de la cour devant laquelle est portée l'opposition ou qu'il ait été rendu par une autre cour.— Aud. sol., 28 nov. 1832 (Beslay), xv, 31. — Aud. sol., 5 fév. 1851 (Leroux), *ibid.*.

11.—L'opposition formée par le garant appelé en cause au jugement qui, en prononçant défaut contre lui, statue contradictoirement entre le demandeur et le défendeur originaires remet en question ce qui a été jugé entre ceux-ci, et empêche entre toutes les parties l'exécution ultérieure du jugement frappé d'opposition.—4e, 3 fév. 1852 (Desprez), xvi, 97.

12.—*Jugé encore que* l'opposition formée par le garant appelé en cause au jugement qui prononce défaut contre lui et lui est déclaré commun est valable même au respect de la partie non garantie.—1re, 27 août 1851 (Legrix de la Fontelaye), xv, 310.

13.—... Le jugement par défaut et celui rendu sur l'opposition peuvent être en même temps frappés d'appel. — *Id.*.

14.—La signification à *personne ou domicile* d'un jugement par défaut, afin de faire courir les délais de l'appel, n'est pas une exécution de ce jugement dans le sens de l'art. 147 du Code de procédure civile. — 2e, 30 avril 1853 (Margueritte), xvii, 184.

15.—La signification d'un jugement par défaut à *personne ou domicile*, nécessaire pour procéder à l'exécution, ne doit pas contenir, à peine de nullité, la mention de la signification à avoué, l'omission de cette formalité ne peut entraîner qu'une amende contre l'officier ministériel, la peine de nullité n'étant attachée qu'à la première disposition de l'art. 147 du Code de procédure civile. —*Id.*.

16.—Il ne peut être formé opposition à un jugement par défaut lorsque ce jugement a été exécuté par un procès-verbal de carence dressé au domicile de la partie défaillante.—4e, 23 mai 1849 (Binet), xiii, 448.

17.—... Un tel jugement est suffisamment préservé de la péremption par un procès-verbal de carence fait au domicile d'origine du débiteur, quoiqu'il résulte des circonstances que celui-ci n'a pu être informé de cette tentative d'exécution, s'il est d'ailleurs démontré que le créancier ignorait la véritable résidence du débiteur. — 4e, 24 janv. 1844 (Martainville), viii, 35.

18.— Un jugement par défaut faute de constitution d'avoué, qui ordonne une enquête, n'est plus susceptible d'opposition, lorsqu'il a été signifié au domicile de la partie défaillante et qu'à ce même domicile ont été signifiés l'intimation pour assister à l'audition des témoins et le procès-verbal de l'enquête faite en l'absence du défaillant.—1re, 30 août 1843 (Ségouin), vii, 405.

19.—L'opposition à un jugement d'un tribunal de commerce rendu par défaut contre une partie qui a comparu par un fondé de pouvoir ou en personne doit, à peine de nullité, être formée dans la huitaine de sa signification.—4e, 5 mai 1852 (Julien), xvi, 247.

20.—Un jugement par défaut faute de comparaître, rendu par un tribunal de commerce, est valablement signifié au domicile élu dans une lettre de change qui sert de fondement à la condamnation. —

4e, 24 janv. 1844 (Martainville), viii, 35.

21. — Un tel jugement est d'ailleurs valablement signifié au domicile réel par un huissier commis non par le tribunal de commerce duquel il émane, mais par le président du tribunal civil de la résidence du débiteur.—*Id.*.

22.—Le délai d'appel, lorsqu'il s'agit d'un jugement par défaut faute de plaider, court de plein droit du jour où l'opposition n'est plus recevable, c'est-à-dire de l'expiration de la huitaine à compter du jour de la signification à avoué. — Peu importe que le jugement ait ou n'ait pas été signifié à personne ou domicile.—2e, 30 avril 1853 (Margueritte), xvii, 184.

23 —L'acte d'exécution qui rend non recevable l'opposition à un jugement par défaut ne met point obstacle à l'appel de ce jugement, mais cet acte sert de point de départ au délai de trois mois dans lequel l'appel doit être interjeté — 4e, 12 avril 1842 (Rier), vi, 212.

24.—Lorsque après un jugement par défaut intervient un débouté d'opposition, il suffit de porter l'appel du jugement de débouté, lors même qu'au moment où cet appel est porté le premier jugement par défaut a été signifié à domicile depuis plus de trois mois.—4e, 13 mai 1846 (Compagnie l'*Agricole*), xi, 182

25.—Un jugement par défaut, bien qu'il ordonne l'exécution provisoire, n'est pas constitutif d'un droit définitivement acquis.—4e, 1er déc. 1851 (Rubin), xvi, 19.—V. *suprà*, V° *Exécution provisoire*.

JUGEMENT POSSESSOIRE. —

V. Pétitoire.—Propriété.

JUGEMENT PRÉPARATOIRE. —V. *Jugement interlocutoire.*

JUGEMENT PROVISOIRE.—V. *Mesures conservatoires.—Provision.*

La partie qui, en première instance, a déclaré s'en rapporter à justice sur les mesures conservatoires sollicitées est recevable à appeler du jugement provisoire qui accorde le droit de prendre inscription sur tous ses biens présents et à venir, et à soutenir devant la Cour, à titre de moyen de défense, que certains biens désignés dans l'inscription, devaient être mis en dehors, parce qu'ils n'étaient pas susceptibles d'hypothèque.—1re, 26 août 1850 (Letouzé), xv, 59.—1re, 17 fév. 1851 Letouzé), *ibid*..

JUGEMENT SUR REQUÊTE. —V. *Dot.*

JUGEMENT VOLONTAIRE. — *V Acquiescement.—Appel en matière civile.—Contrat judiciaire —Degré de juridiction.*

JUMEAUX.

La preuve testimoniale peut être ordonnée à l'effet d'établir lequel de deux jumeaux est l'aîné.—2e, 17 août 1843 (Laquesne), vii, 452.

JURIDICTION. — V. les diverses espèces de *Compétence* et les renvois.

JURIDICTION DISCIPLINAIRE.—V. les renvois indiqués sous le mot *Discipline*

JURISPRUDENCE. — V. *Erreur de droit.*

JURY. — V. *Expropriation pour utilité publique.*

JUSTICE DE PAIX.—V. *Juge de paix.* — *Jugement* (en général).

JUSTIFICATION TARDIVE. —

V. *Appel en matière civile.— Chasse.*
Dépens.

L.

LABOUREUR.— *V. Acte de commerce.— Approbation d'écriture.*

LAIS et RELAIS.— *V. Rivages de la mer.*

LARCIN.— *V. Vol.*

LÉGATAIRE. — *V.* les diverses espèces de *Legs.*

LÉGITIMATION. — *V. Enfant naturel.— Filiation légitime.*

LÉGITIME. — *V. Donation entre époux.— Quotité disponible. - Réserve.*

LÉGITIMITÉ. — *V. Absence.— État (réclamation d')— Filiation légitime.*

LEGS. — **LÉGATAIRE** (EN GÉNÉRAL).—*V. Aveu.— Bureau de bienfaisance.— Chose jugée.— Communauté religieuse.— Contumace.— Degré de juridiction.— Donation déguisée.—... entre époux.— Douaire.— Exécuteur testamentaire— Legs à titre universel. —... particulier.— ... pie.— ... universel.— Mutation par décès.— Partage d'ascendant.— Pension alimentaire.— Prescription.— Quotité disponible.— Rapport à succession.— Saisie immobilière.— Substitution.— Testament olographe.— Usufruit.*

Indication alphabétique.

1. — Le legs même fait par personnes interposées n'est pas nul s'il eût pu être fait directement à la personne à l'égard de laquelle la loi suppose l'interposition. —2e, 13 nov. 1847 (de Ville-d'Avray). XI, 478.

2. — Même solution en ce qui touche le legs fait par un époux à l'enfant de son conjoint issu d'un premier mariage, si ce legs n'excède pas la quotité disponible que le testateur eût pu donner directement à son conjoint. L'art. 1097 du Code Napoléon n'est pas alors applicable. — 1re, 6 janv. 1845 (Ceffray), IX, 47. — C., ch. req., rej. 7 fév. 1849 (de Ville-d'Avray), XII. 08.

3. — *Jugé encore que* le legs fait à l'enfant issu d'un premier mariage de la seconde femme d'un donateur n'est pas réputé fait à une personne interposée, lorsque ce legs est conçu dans des termes tels que, en aucun cas, il ne puisse profiter à une autre personne qu'au légataire lui-même. — 2e, 13 nov. 1847 (de Ville-d'Avray), XI, 478. — V. encore, en ce qui touche la nullité résultant de l'interposition de personne, *suprà*, v° *Donation déguisée*, nᵒˢ 8 et s., 11 et s.. V. aussi *suprà*, v° *Donation entre époux*, n° 22.

4. — L'article 909 du Code Napoléon n'est pas limitatif; il s'applique à toute personne qui obtient des libéralités par suite de l'influence que lui donne sur les malades le traitement médical qu'elle exerce envers eux pendant leur dernière maladie. — 1ʳᵉ, 10 août 1841 (Mariette), V, 309.

5. — Pour qu'un legs soit fait *par préciput et hors part*, ou *avec dispense de rapport*, il n'est pas nécessaire que le testateur ait employé des expressions spéciales et sacramentelles; toutefois, sa volonté ne peut s'induire de présomptions plus ou moins graves extérieures au testament; — il faut que la preuve de l'intention du testateur ressorte d'une manière claire et non équivoque du texte même de l'acte. — 1ʳᵉ, 21 mai 1844 (Dupont), VIII, 250. — V. encore, en ce qui concerne les clauses de préciput, *suprà*, v° *Donation déguisée*, et *infrà*, v° *Rapport à succession*.

6. — Au cas d'institution d'un légataire universel, la déclaration du testateur qu'il fait *hors part* les legs destinés à ses héritiers naturels indique plutôt une prévision pour le cas de caducité du legs universel que la volonté de laisser dans la succession quelque chose à partager entre les héritiers du sang. — 1ʳᵉ, 22 avril 1850 (Sauval), XIV, 317.

7. — Le legs de la créance d'une somme déterminée que le testateur s'était engagé à prêter n'a d'effet que si le prêt a été réalisé et seulement pour la valeur réellement prêtée. — 2e, 16 fév. 1850 (Moreau), XIV, 228.

8. — Une disposition ainsi conçue : *Je lègue à..... mon neveu, la totalité de mes immeubles, à charge d'abandonner, du jour où il en aura la jouissance, à..... sa sœur, la totalité des immeubles de leurs père et mère, en toute propriété*, ne constitue ni un pacte sur succession future, ni un legs de la chose d'autrui. — 1ʳᵉ, 10 nov. 1852 (Colette), XVII, 30.

9. — Le legs d'une somme prêtée à un tiers au nom du testateur n'est pas nul comme legs de la chose d'autrui, lors même qu'il est constant que ce prêt a été fait avec des deniers appartenant à la femme du testateur, ce dernier étant seul propriétaire de la créance sauf le droit de la femme ou de ses héritiers de se faire payer comme créanciers sur la somme léguée s'il n'existe pas dans la succession d'autres biens suffisants pour acquitter les dettes. — 1ʳᵉ, 6 juin 1844 (Gaultier). VIII, 400.

10. — Lorsqu'un testateur a légué la chose d'autrui, en insérant une clause pénale pour le cas où ses dispositions seraient attaquées, le testament est-il nul pour le tout, et l'héritier peut-il, sans encourir la clause pénale, en faire prononcer la nullité ? — *Cette question, non*

résolue par la Cour, par suite des consentements respectifs des parties, est traitée dans de savantes consultations de MM. Demolombe et Delisle, publiées dans la Jurisprudence de la Cour de Caen, tome vii, page 657.

11. — Le mot *meubles*, bien qu'il ne soit pas employé seul, mais qu'il soit au contraire précédé du mot *tous* et suivi d'une autre désignation, peut cependant, suivant les circonstances, être pris dans le sens restreint de l'art. 533 du Code Napoléon. — 2e, 28 mars 1846 (Leguerney), x, 208.

12. — ... *Spécialement*, le testateur qui a légué *par préciput et hors part* à l'un de ses héritiers *tous ses meubles et effets* n'est point censé avoir voulu comprendre dans sa libéralité l'argent comptant et les créances de sa succession.— *Id.*.

13. — Le legs d'une maison, *avec tous les meubles et effets mobiliers qui s'y trouveraient lors du décès*, sans en rien excepter ni réserver, ne comprend point les créances actives, les fermages et les rentes dont les titres seraient déposés dans cette maison. — 1re, 17 nov. 1847 (Auzerais), xi, 463. — 1re, 14 déc. 1847 (d'Avrilly), *ibid.*.

14. — *Jugé cependant que* le legs d'un objet mobilier (d'une armoire dans l'espèce) et de tout ce qui s'y trouvera déposé au jour du décès du testateur comprend les créances dont les titres sont, à cette époque, dans l'objet légué. — 1re, 3 déc. 1851 (Loslier), xvi, 23.

15. — Sont réputées valeurs mobilières les *sommes léguées* à la femme séparée de biens, lors même que ces sommes lui sont versées sur le prix de la vente d'immeubles dépendant de la succession. — 2e, 3 janv. 1850 (Morin), xiv, 146.

16. — Un legs de *capitaux provenant d'un immeuble du testateur* peut être interprété en ce sens que le légataire est en droit de réclamer ces capitaux bien qu'ils aient été reçus et placés par le testateur; mais, pour cela, le légataire doit justifier de l'origine des deniers placés. — 1re, 12 août 1846 (Ledanois), x, 670.

17. — L'obligation imposée au légataire universel d'acquitter les dettes de telle personne n'est pas éteinte par la caducité du legs, en ce sens que le payement de ces dettes demeure à la charge de la succession du testateur. — 1re, 18 janv. 1853 (Duhays), xvii, 105.

18. — Celui en faveur duquel le testateur a grevé sa succession du payement de telles et telles dettes, a qualité pour réclamer le bénéfice de cette disposition. — *Id.*.

19. — Lorsqu'un testateur a ordonné qu'un capital serait employé pour constituer une rente viagère et alimentaire sur la tête de son légataire, ce dernier ne peut réclamer contre la succession que les intérêts à cinq pour cent de ce capital, tant que la constitution viagère n'a point eu lieu, sauf recours contre l'exécuteur testamentaire, s'il y a eu négligence de la part de ce dernier. — 1re, 28 juin 1842 (Guirard), vi, 507.

20. — Les prescriptions acquises depuis l'ouverture de la succession profitent à l'héritier et non aux légataires. — 1re, 6 juin 1844 (Gaultier), viii, 400.

21. — Le légataire auquel le testament impose l'obligation de faire dire à per-

pétuité, chaque semaine et dans une église désignée, une messe basse pour le repos de l'âme du testateur et de sa famille ne peut être forcé de faire dans l'église désignée une fondation à perpétuité pour assurer l'exécution du legs, il suffit qu'il prenne l'obligation de justifier chaque année de l'accomplissement de cette charge. — 2e, 12 mars 1841 (Levatois), v, 205.

22.—Lorsqu'il y a un légataire universel, c'est à lui que les créanciers de la succession doivent s'adresser, et non au légataire particulier. Après le délai de trois années ils n'auraient même plus de recours contre celui-ci. — 2e, 8 avril 1842 (Depierre), vi, 217.

23.—Il y a indivisibilité entre les dispositions d'un testament qui concernent une même personne, c'est-à-dire qu'elle ne peut déclarer s'en tenir à l'une et répudier l'autre. — 1re, 18 janv. 1853 (Tanneguy-Leveneur), xvii, 105.

24.—L'hypothèque privilégiée accordée par les art. 1017 et 2111 au légataire n'est pas une hypothèque conventionnelle, mais une hypothèque légale aux risques et périls de ce dernier. En conséquence, le légataire qui, par sa négligence, encourt la déchéance de son droit hypothécaire, ne peut exercer aucun recours, soit contre l'héritier, soit contre le légataire universel, ni lui demander de nouvelles garanties et sûretés.—1re, 18 nov. 1851 (Pastey), xv, 302.

LEGS A TITRE UNIVERSEL.—
V. Legs (en gén.).—... universel.— Testament (en gén.).

1.—Le legs de l'usufruit d'une quote-part de biens meubles ou immeubles est un legs à titre universel; le légataire doit donc contribuer au payement des dettes de la succession. — 4e, 19 juill. 1853 (Pichard), xvii, 270.

2.—... Si le légataire renonce, après avoir joui pendant un certain temps, il doit contribuer aux dettes proportionnellement au temps pendant lequel il a profité de son usufruit avant sa renonciation.—Id..

3.— L'art. 1038 du Code Napoléon, d'après lequel un legs est révoqué par la vente de l'objet légué, encore que la vente soit nulle et que l'objet soit rentré dans la main du testateur, n'est applicable qu'au legs particulier. Le legs à titre universel s'étend à tous les biens qui se trouvent dans la succession au moment du décès du testateur, et même aux actions en nullité qui compétaient à celui-ci. — 2e, 25 juin 1845 (Jubé), ix, 569.

LEGS CONJOINT.—V. Usufruit.

LEGS LIBÉRATOIRE.—V. Legs (en gén.).

LEGS PARTICULIER.—V. Legs (en gén.). — ... universel. — Partage d'ascendant.—Pension alimentaire.

Indication alphabétique.

1.— La caducité d'un legs universel, par suite du prédécès du légataire, n'entraine pas celle des legs particuliers dont il était grévé, lorsqu'ils ont une existence propre et indépendante de la disposition universelle.—1re, 18 janv. 1853 (Tanneguy-Leveneur), xvii, 105.

2. — Lorsqu'un testateur a légué une rente aux pauvres d'une commune, sans rien statuer sur les arrérages, il n'y a pas lieu de faire une exception au principe posé dans l'art. 1014 du Code Napoléon, d'après lequel les intérêts ou fruits de la chose léguée ne sont dus que du jour de la demande. On ne se trouve dans aucun des cas d'exception prévus par l'art. 1015 du même code.—4e, 15 mai 1843 (Desétables), vii, 347.

3. — Le légataire qui n'a point formé de demande en délivrance de son legs ne doit pas moins profiter des fruits s'il est resté en possession de l'objet légué depuis le décès du testateur, et s'il résulte des faits et circonstances de la cause qu'il y a eu délivrance tacite du legs par ses cohéritiers. — 1re, 10 juin 1845 (Sosson), ix, 431.

4. — Le légataire particulier d'un objet qui ne se trouve point en nature dans la succession ne doit jamais payer le droit de mutation que d'après la nature de l'objet légué et nullement d'après la nature des valeurs employées à acquérir cet objet.—1re, 18 mars 1846 (Pauvres de Sourdeval-les-Bois), x, 227.

5. — ... Spécialement, les rentes sur l'État étant dispensées de tout droit de mutation, les héritiers qui ont été forcés d'acheter une rente de cette nature parce qu'il ne s'en trouvait pas dans la succession ne peuvent répéter contre le légataire les droits de mutation payés par eux pour les valeurs de la succession qui ont servi à l'acquisition de la rente.—Id..

6. — La renonciation à un legs, faite par le légataire particulier, à titre de transaction et comme condition essentielle de la délivrance immédiate d'autres legs, doit être considérée comme un acte translatif à titre onéreux, et non comme un acte simplement déclaratif de la propriété de ce legs au profit du légataire universel.—Trib. civ. de Caen, 2e ch., 27 mai 1849 (de Saint-Pol), xiv, 59.

7. — ... L'administration de l'enregistrement doit percevoir pour cet acte un droit proportionnel de mutation à titre onéreux sur le montant du legs auquel le légataire particulier a renoncé.—Id..

8. — ... Les droits perçus sur d'autres bases doivent être restitués.—Id..

LEGS PIE. — V. Bureau de bienfaisance. — Communauté religieuse. — Legs (en général). — ... particulier.

LEGS UNIVERSEL. — V. Institution contractuelle. — Inventaire. — Legs (en gén.). — ... à titre universel — ... particulier. — Scellés. — Testament (en gén.). — Usufruit.

1. — La clause par laquelle un testateur, pour faciliter la délivrance de ses legs, institue un légataire universel renferme une véritable institution de légataire universel avec toutes ses conséquences et non un simple mandat pour délivrer les legs particuliers.—1re, 22 avril 1850 (Sauvalle), xiv, 317.

2. — L'existence simultanée dans un testament d'un legs particulier et d'un legs universel au profit d'une même personne n'a rien de contraire à la loi et n'implique aucune atténuation du legs universel.—Id..

3.—Mais le legs universel en usufruit révoque le legs des mêmes biens en toute propriété fait antérieurement à la même personne.—1re, 31 juill. 1850 (Villeroy), XIV, 458.

4.—*Jugé encore que* le legs universel de la pleine propriété des biens du testateur est révoqué par la donation en usufruit seulement d'une partie de ces mêmes biens, faite dans un contrat de mariage intervenu postérieurement entre le testateur et la légataire, lors surtout que le testateur stipule, dans ce contrat, que, en cas de prédécès, sa veuve donataire gardera viduité. — Trib. civ. de Caen, 1re ch., 10 avril 1850 (Villeroy), XIV, 458.

5.—Les intérêts d'une somme versée par l'un des légataires universels pour le compte de la succession ne courent que du jour de la demande, et non du jour du versement.—2e, 16 fév. 1850 (Moreau), XIV, 228.

6.—Lorsqu'une contestation s'élève sur la validité d'un legs universel, les sommes trouvées au suppôt de la succession peuvent être versées chez un banquier pour y produire des intérêts jusqu'à ce que les droits des parties soient reconnus. — 2e, 16 nov. 1844 (Boscher), VIII, 650.

LÉSION (rescision pour cause de). — V. *Femme normande.* — *Mineur.* — *Partage.* — .....*d'ascendant.* — *Rémété.*

LETTRE DE CHANGE. — V. *Autorisation de femme mariée.*—*Conseil judiciaire.*—*Demande nouvelle.*—*Effets de commerce.*—*Endossement en blanc.*— *Exception.*— *Garant.*— *Jugement par défaut.*

Indication alphabétique.

Abus de blanc-seing, 19.
Acceptation, 2 et s..
Acceptation de complaisance, 5 et s..
Action, 3.
Approbation d'écriture, 1.
Aveu, 16.
Billet à ordre, 17.
Bonne foi, 22 et s..
Cassation, 6.
Cession, 13 et s..
Compte, 4, 18.
Contrainte par corps, 18, 20, 24.
Correspondance, 3, 8.
Crédit ouvert, 17.
Déchéance, 16.
Effets de complaisance, 5 et s..
Endossement, 14 et s..
Endossement en blanc ou irrégulier, 13 et s..
Endosseur, 3.
Exceptions, 13, 24.
Faillite, 8, 10, 17.
Fausse cause, 22.
Garant, 13 et s., 18.
Hypothèque, 17.
Jugement provisoire, 18.
Lettre missive, 3, 8.
Mandat, 13.
Obligation, 16.
Payement, 14 et s..
Payement partiel, 24.
Place, 20 et s..
Porteur, 9 et s..
Présomption, 8, 24.
Preuve testimoniale, 8, 16, 24.
Provision, 5 et s..
Reconnaissance, 16.
Recours, 14 et s .
Refus d'acceptation, 12.
Registres, 8.
Simple promesse, 22 et s..
Simulation, 19 et s..
Subrogation, 14 et s..
Supposition de lieu, 22 et s..
Tiers-porteur, 3, 13 et s., 19 et s..
Valeur, 19.

1. — La lettre de change n'est point soumise, comme les simples billets, à la formalité du *bon* ou approuvé.—4e, 19 déc. 1842 (Lecarpentier), VII, 608.— V. *supra*, vo *Effets de commerce*, no 1.

2. — L'acceptation d'une lettre de change doit être écrite et signée sur la lettre même.—4e, 5 mars 1849 (Rochat), XIII, 124.

3.—... Dans tous les cas, en supposant que l'acceptation pût être donnée par acte séparé, il faudrait au moins qu'elle fût actuelle, formelle, absolue et au profit de ceux qui en réclament l'effet. Une simple lettre missive adressée d'avance à un correspondant et contenant promesse de faire honneur ou bon accueil à telle ou telle lettre de change qu'il tirerait ultérieurement ne pourrait suffire pour autoriser une action directe de la part du tiers porteur ou des endosseurs de la lettre de change, à l'effet d'obtenir toutes les suites d'une acceptation proprement dite. — *Id.*.

4. — *Jugé toutefois que* l'acceptation d'une lettre de change peut résulter des faits, et *spécialement*, de ce que le tiré, dans un compte qu'il a présenté au confectionnaire, a porté à son crédit le montant de la lettre de change tirée sur lui. — 4e, 8 juill. 1845 (Bazire), ix, 618.

5. — L'accepteur d'une lettre de change peut opposer à celui à l'ordre duquel elle a été tirée que c'était dans l'intérêt du commerce de ce dernier et pour aider son crédit au moyen de l'escompte que l'effet a été négocié et que c'était lui, par suite, et non le tireur, qui devait faire la provision. — C., ch. req., rej., 21 mars 1842 (Syndic Moisson), vi, 272.

6. — ... L'arrêt qui, trouvant la preuve de semblables conventions dans les livres, registres et correspondances des parties, en tire la conséquence que l'accepteur est créancier du bénéficiaire apparent de la lettre de change pour le montant de cet effet ne viole aucune loi, et échappe, par suite, à la censure de la Cour de cassation. — *Id.*.

7. — L'accepteur d'une lettre de change peut être admis à prouver que son acceptation n'a eu lieu que par complaisance, dans l'intérêt des bénéficiaires, et sans qu'il lui ait été fourni aucunes valeurs. — 4e, 19 mai 1841 (Dauge), v, 376.

8. — ... Et cette preuve peut se faire, soit par témoins, soit par présomptions, elle peut être puisée dans les registres et la correspondance des bénéficiaires tombés en faillite. — *Id.*.

9. — Il y a provision acquise pour le porteur lorsque, à l'échéance de la lettre de change, même en l'absence d'affectation spéciale, le tiré est détenteur de valeurs quelconques appartenant au tireur. — 1re, 27 déc. 1852 (Harang), xvii, 16.

10. — La provision qui existe entre les mains du tiré est tellement acquise au porteur dès le moment de la transmission de la lettre de change que, si le tireur vient à faire faillite même avant l'échéance de la lettre, la provision n'en reste pas moins la propriété du porteur, par préférence aux créanciers de la faillite. — *Id.*.

11. — Ni le tireur ni le tiré ne peuvent, après la négociation d'une lettre de change opérée à une époque où il y avait provision, changer la destination de cette provision. — 4e, 15 juin 1846 (Laporte), x, 403.

12. — .... Il en est ainsi lors même que le tiré a refusé son acceptation, si d'ailleurs il y avait provision entre ses mains. — *Id.*.

13. — Le porteur d'un endossement en blanc n'est réputé mandataire de l'endosseur que lorsqu'il tient directement de lui la lettre de change revêtue de cet endos, mais, lorsqu'elle lui a été transmise par un tiers qui, lui, était le mandataire du tireur, il est approprié de l'effet et peut en exiger le montant des débiteurs. — 4e, 11 mai 1847 (Nicolle), xi, 317.

14. — Celui qui transmet à un tiers, par un endossement régulier, la lettre de

change qu'il n'a reçue que par un endossement irrégulier, devient envers ce tiers garant du payement à l'échéance. Mais, lorsqu'il a payé, il peut agir à son tour contre l'accepteur, comme subrogé aux droits du porteur, en vertu du § 3 de l'art. 1251 du Code Napoléon. — 4ᵉ, 15 février 1848 (Riant), xii, 578.

15. — *Jugé encore que* celui qui, saisi d'une lettre de change par un endossement irrégulier, a lui-même transmis cette lettre par un endossement régulier est subrogé légalement aux droits du tiers-porteur contre l'accepteur, s'il est forcé d'en rembourser le montant après protêt, et ne peut être repoussé par les exceptions qui seraient opposables à son cédant. — 4ᵉ, 14 juill. 1845 (Moulin), ix, 546.

16. — L'endosseur d'une lettre de change qui n'a pas exercé son recours contre les endosseurs précédents dans les délais déterminés par la loi peut être admis à prouver par témoins que, après l'expiration de ces délais, les endosseurs antérieurs ont reconnu ou avoué leur dette. — 4ᵉ, 3 mai 1843 (Delarue), vii, 249.

17. — L'hypothèque donnée en garantie du payement de lettres de change ou billets à ordre souscrits *valeur suivant crédit ouvert* est transmise comme accessoire de la créance par le fait seul de l'endossement. — Les tiers-porteurs, même au cas de faillite du tireur, peuvent réclamer collocation par préférence, sans être obligés de subir le concours des autres créanciers. — 2ᵉ, 21 août 1852 (Rubin); xvii, 16. — 1ʳᵉ, 27 déc. 1852 (Harang), *ibid.*

18. — Les tribunaux peuvent ordonner qu'il sera fait un compte entre le tireur et le tiré, et décider que, jusqu'à ce que ce compte soit apuré, le tireur sera obligé par corps de garantir le tiré de toutes poursuites qui seraient dirigées par le tiers-porteur. — 4ᵉ, 22 déc. 1846 (Vesque), x, 600.

19. — Le souscripteur d'une lettre de change où on aurait laissé originairement un blanc pour y inscrire le montant de la lettre ne peut opposer au tiers-porteur qu'il y aurait eu abus de confiance par exagération de la somme inscrite. — 4ᵉ, 19 déc. 1842 (Lecarpentier), vii, 608.

20. — Quoiqu'une lettre de change soit tirée d'un lieu sur un autre, le tiers-porteur de cette lettre ne peut faire prononcer la contrainte par corps, si les deux lieux ne sont pas des places de commerce, et sont d'ailleurs tellement rapprochés qu'on ne puisse supposer aucun motif d'une remise d'argent de place en place. — 4ᵉ, 5 janv. 1848 (Morin), xii, 431.

21. — ... Sont, à cet égard, considérés comme *places* les chefs-lieux de canton où se tiennent des foires. — 2ᵉ, 25 juin 1847 (Bonvoisin), xi, 391.

22. — La nullité fondée sur l'illégalité de la cause et la supposition de lieu ou de personne ne peut être opposée au tiers-porteur d'une lettre de change, s'il n'est prouvé que ce tiers-porteur connaissait les vices dont elle est entachée, ou qu'il a participé à la simulation. — 4ᵉ, 14 fév. 1849 (Germain), xiii, 66. — 4ᵉ, 20 mars 1850 (Mignot), xiv, 348. — V. encore *suprà*, vᵒ *Effets de commerce*, nᵒ 4.

23. — *Jugé de même que* bien qu'une

lettre de change doive être réputée simple promesse entre le tireur et le tiré, elle doit conserver toute sa valeur et ses effets au profit du tiers-porteur qui a ignoré la simulation. — 4e, 22 déc. 1846 (Vesque), x, 600.

24. — ... Mais, dans ce cas, le tiré est admis à prouver par tous moyens que, depuis le protêt, le tiré a remboursé le tiers-porteur; et ce dernier, s'il a été désintéressé pour partie, ne doit obtenir condamnation par corps que pour ce qui n'a pas été remboursé. — Id..

LETTRE MISSIVE. — V. Caution. — Convention. — Désaveu d'officier ministériel — Don mutuel. — État (réclamation d'). — Lettre de change. — Poste aux lettres. — Prescription. — Preuve (en général) — Testament olographe.

Les lettres missives ne deviennent pas toujours, et dans tous les cas, la propriété tellement absolue de celui qui les reçoit que leur auteur ne puisse les revendiquer dans les mains des héritiers du destinataire. — Les tribunaux ont un pouvoir discrétionnaire pour apprécier les circonstances et régler les droits respectifs des parties. — 2e, 7 août 1845 (Lucas-Desaulnais), ix, 667.

LIBÉRALITÉ. — V. Communauté religieuse. — Garant. — Remplacement militaire. — Et les diverses espèces de Donations, Legs et Testaments.

LIBÉRATION. — V. Compensation. — Legs (en général). — Ordre. — Payement.

LIBERTÉ DE LA DÉFENSE. — V. Diffamation. — Jugement (en général). — Tribunal correctionnel.

LIBERTÉ DE LA PRESSE. —

V. Délits de la presse. — Diffamation. — Imprimeur. — Libraire.

LIBERTÉ DU COMMERCE ET DE L'INDUSTRIE. — V. Boulangerie. — Enseigne. — Fonds de commerce.

1. — L'arrêté d'un maire qui confère à certaines personnes désignées l'exercice exclusif d'une profession (celle de vidangeur) est illégal et non obligatoire, comme établissant un véritable monopole de l'industrie. — 1re, 6 juin 1843 (Miquelard), vii, 240.

2. — Lorsqu'un contrat passé entre une ville et un particulier pour l'exercice exclusif d'une industrie vient à être résilié par suite de décisions judiciaires qui ont déclaré illégal et non obligatoire le règlement municipal qui avait pour objet d'interdire le libre exercice de cette industrie. cette résiliation ne peut donner lieu à aucuns dommages-intérêts au profit de celui qui avait contracté avec la ville sous la foi des réglements municipaux privés plus tard de leur force obligatoire. — Id..

LIBERTÉ INDIVIDUELLE. — V. Contrebande. — Emprisonnement. — Liberté provisoire. — Louage de services.

LIBERTÉ PROVISOIRE.

1. — Le cautionnement fourni par un prévenu, afin d'obtenir sa liberté provisoire, répond non-seulement de l'acquit des frais de poursuites, mais encore de l'exécution de la condamnation prononcée. — Trib. civ. de Caen, 1re ch., 25 nov. 1850 (Lelièvre), xiv, 625.

2. — Mais, pour que le cautionnement soit acquis au Domaine, il est indispensable qu'il soit justifié d'un acte portant, de la part du ministère public, réqui-

sition au prévenu ou au condamné, soit de se représenter, soit de se constituer prisonnier. — *Id..*

3. — ... L'obligation, pour le condamné, de se représenter pour l'exécution de la condamnation, se prescrit comme la condamnation elle-même. — *Id..*

LIBRAIRE. — LIBRAIRIE. — *V. Colportage.— Crieur public. — Imprimeur.*

1. — Les libraires brevetés peuvent se prévaloir du défaut de brevet d'un libraire qui leur fait concurrence pour conclure contre lui des dommages-intérêts— Trib. civ. de Pont-l'Évêque, 9 août 1849 (Grelley), xiv, 518.

2. — Les libraires, c'est-à-dire les individus ayant un établissement de *librairie ouvert au public*, sont seuls assujettis à la nécessité du brevet.— 1re, 16 juill 1850 (Grelley), xiv, 518.

3. — Les contraventions aux dispositions qui réglementent la police de la librairie n'étant pas considérées comme délits de presse ne peuvent donner lieu à l'application de la prescription édictée par l'art. 29 de la loi du 26 mai 1819; la prescription telle que l'organise le Code d'instruction criminelle est donc seule applicable. — Ch. corr., 13 août 1851 (Poisson), xv, 273.— Ch. corr., 20 août 1851 (M...), xv, 273.

LICITATION.—*V. Acquiescement. —Appel.—... en matière civile. — Dot. — Partage. — Remploi. — Rente foncière. — Saisie immobilière.— Tiers détenteur.—Transcription.—Tuteur.*

1. — Le jugement qui ordonne une vente par licitation moyennant un mode et une mise à prix déterminés, ne fait pas obstacle à ce que l'une des parties demande ultérieurement qu'il soit procédé à un lotissement en nature, si, faute d'adjudicataires, le jugement n'a pu s'exécuter dans les conditions qu'il prescrivait —2e, 24 avril 1845 (Lechaudey-d'Anisy), ix, 152.

2.—L'acte par lequel des cohéritiers cèdent à l'un d'entre eux le seul immeuble indivis de la succession doit produire tous les effets d'un partage ou d'une licitation, lors même qu'il serait qualifié de vente. Par suite, aux termes de l'art. 883 du Code Napoléon, l'immeuble se trouve dans les mains de l'héritier acquéreur libre de toutes hypothèques du chef de ses cohéritiers. —1re, 31 janv. 1848 (Evette), xii, 458.

3.—La vente que des héritiers font à un étranger, par divers contrats successifs, des droits que chacun d'eux possède dans une succession ne peut être considérée comme une licitation dans le sens de l'art. 883 du Code Napoléon et par suite affranchir les biens vendus des inscriptions procédant du chef des héritiers vendeurs. —4e, 9 mars 1842 (Lavalley), vi, 177.

4.—Lorsqu'un cohéritier a acquis la part indivise de l'un de ses cohéritiers dans la succession, et que ensuite la succession totale est licitée, les hypothèques qui frappaient la partie indivise primitivement acquise sont éteintes lors même que ce serait l'acquéreur de cette part qui serait déclaré acquéreur sur licitation. — 4e, 17 nov. 1841 (Pelcot), v, 511.

5.—Lorsque les créanciers personnels de l'un des époux ont pris des inscriptions hypothécaires sur les biens faisant partie de la communauté et que ces biens sont ensuite licités, les inscriptions ont effet sur la portion qui revient dans le prix de la licitation à l'époux débiteur.—4e, 7 juin 1848 (Leboucher), xii, 295.

LIEUX D'AISANCES. — *V. Mitoyenneté.—Servitude.*

LIEU PUBLIC. — *V. Cris séditieux.—Diffamation.—Injures.*

LIQUIDATEUR.— *V. Faillite.*

LIQUIDATION.—*V. Chose jugée. — Communauté conjugale. — Compétence commerciale.—Créancier (en général). —Degré de juridiction. —Demande nouvelle. — Dot.—Faillite. — Femme normande.— Fruits. — Hypothèque légale des femmes.—Notaire.— Quotité disponible.—Société commerciale.—Vente.*

1.—Quand la minorité d'un cohéritier a forcé ses cohéritiers à procéder judiciairement dans l'origine, rien ne s'oppose à ce que, sa majorité arrivée, ils terminent amiablement la liquidation de leurs droits.—2e, 9 nov. 1850 (Gateclou), xiv, 604.

2.—... Spécialement, il n'y a pas lieu, dans ce cas, de recourir à l'autorité judiciaire pour désigner un notaire en remplacement de celui qui dans l'origine avait été nommé par elle, et qui depuis a cessé ses fonctions.—Id..

LITISPENDANCE. — *V. Règlement de juges.*

1.—L'exception de litispendance peut être proposée même après des défenses au fond.—4e, 12 janv. 1848 (Ernault), xii, 3.

2.—En cas de litispendance, le renvoi de la cause au tribunal précédemment saisi est facultatif; les magistrats peuvent, à raison des circonstances, refuser de le prononcer.—Id..

LIVRAISON. — *V. Compétence commerciale.—Rétention (droit de).— Revendication.—Vente de marchandises.*

LIVRES DE COMMERCE.

1.—Les livres d'un commerçant font foi en sa faveur des énonciations qui y sont contenues, et cela jusqu'à ce que le contraire soit établi. — 4e, 22 mars 1847 (Jobert), xi, 92.

2 —Jugé cependant que ces énonciations peuvent bien établir une présomption en faveur du commerçant, mais quelles sont insuffisantes pour lui conférer un titre par elles seules. — 2e, 14 mai 1847 (Godefroy), xi, 369.

LOCATAIRE.— *V. Action.— Bail (en général).—... à ferme.—Incendie.*

LOCATION. — *V. Acte de commerce. — Bail (en général). — ... à ferme. — Institution contractuelle — Usufruit.*

LOGEUR.— *V. les renvois indiqués sous le mot Aubergiste.*

LOI.— *V. Absence.— Coutume de Normandie.—Vaine pâture.*

1.— Les lois d'ordre public et de police générale saisissent, dès le jour de leur promulgation, les faits qu'elles ont pour but de régler et les droits dont elles veulent régulariser l'exercice, quelle qu'ait pu être, à cet égard, la teneur des lois antérieures.—1re, 30 janv. 1851 (Demons de Montchaton), xv, 117.

2.— Les lois pénales ne sont jamais susceptibles d'une interprétation extensive. — Ch. corr., 18 avril 1850

(Croix), XIV, 349.

LOI PÉNALE.—V. *Loi.*

LOIS ROMAINES.—*V. Femme.*
—... *normande.*

LOTS.— *V. Licitation.— Partage.*
—... *d'ascendant.*

LOUAGE.—V. *Achalandage.—Acte
de commerce.—Bail (en général).—...
à ferme.— Halle.— Incendie.— Usufruit.— Vente.*

LOUAGE DE SERVICES.—*V.
Commerçant.— Commis marchand.—
Privilége.*

L'art. 1780 du Code Napoléon qui
défend d'enchaîner sa liberté et d'engager ses services à perpétuité n'est pas
applicable au cas où le promettant peut,
à chaque instant et sans être exposé à
aucuns dommages-intérêts, renoncer à
son engagement. Il en est surtout ainsi
de l'obligation prise par une personne
jeune de servir une personne âgée jusqu'à la mort de cette dernière.— 2e, 30
janv. 1852 (Raoult), XVI, 78.

**LOUAGE D'OUVRAGE ou D'IN-
DUSTRIE.**— *V. Architecte.— Commis marchand.—Commissionnaire de
transport.—Entrepreneur.— Travaux
publics.—Voitures publiques.*

LOYERS.—*V. Bail (en général).
— ... à ferme.— Degré de juridiction.
— Dot.— Faillite.— Privilége.*

M.

MACHINES. — *V. Privilége. —
Usine.*

MAGISTRAT.—*V. Abstention de
juge.— Commissaires extraordinaires.
—etc.*.

MAINLEVÉE. — *V. Cassation.—*

*Consignation.—Degré de juridiction.—
Hypothèque. — Inscription hypothécaire.—Vente.*

MAIRE.— *V. Bureau de bienfaisance.—Compétence civile.—Diffamation.— Exploit.—Prise à partie.*

MAISON.— *V. Copropriété.—Legs
(en général).*

MAISON D'ARRÊT.—*V. Emprisonnement.*

MAITRE DE POSTE.— *V. Commerçant.*

1.— Le titre de maître de poste ne
peut être réputé compris dans la cession de l'auberge où sont logés les chevaux qui font le service de la poste.—
2e, 1er déc. 1843 (Lepetit), VII, 609.

2.—... Une preuve testimoniale tendant à établir que cette cession était
dans l'intention des parties serait inadmissible.—*Id.*.

3.—Le droit de 25 centimes par poste
et par cheval, que doit payer tout entrepreneur de voitures publiques et de
messageries au maître de poste dont il
n'emploie pas les chevaux, est dû proportionnellement à la distance parcourue
sur la ligne postale, bien que cette distance soit moindre d'une poste, par
exemple de 2 kilomètres.— C. cass., 26
août 1846 (Maheu), XI, 118.—Ch. corr.,
28 janv. 1847 (Maheu). *ibid*.

4.—Le droit de 25 centimes par cheval et par poste, auquel sont soumis
envers les maîtres de poste les entrepreneurs qui ne relaient pas et qui ne se
servent pas des chevaux de la poste, est
dû toutes les fois que deux voitures se
versent *réciproquement* leurs voyageurs,
et que l'une d'elles part moins de six
heures après l'arrivée de l'autre.— C.,

ch. crim., cass. (Janvier), xiv, 73.—Ch. corr., 13 déc. 1849 (Janvier), *ibid.*.

5.—... Les maîtres de poste ne peuvent, dans ce cas, être assujettis à la preuve d'un concert frauduleux entre les entrepreneurs.—*Id.*.

6.—... L'obligation de payer le droit de 25 centimes ne cesse qu'autant que le versement est le résultat d'un cas fortuit, dont la preuve est à la charge des entrepreneurs.—*Id.*:

7.—... Les entrepreneurs de voitures publiques suspendues, ne relayant pas et marchant à petite journée, c'est-à-dire parcourant moins de 43 kilomètres en 24 heures, ne sont tenus envers les maîtres de poste de l'indemnité de 25 centimes par cheval et par poste, aux termes de l'art. 5 du décret du 6 juillet 1806, dans le cas de versement des voyageurs d'une voiture dans une autre, qu'autant que ce versement est habituel, réciproque, et n'est pas un fait facultatif de la part des voyageurs.—4e, 22 janv. 1852 (Toutain), xvi, 33.

MAJORAT. — *V. Quotité disponible.*

1.—Le donataire par préciput et hors part de biens qui sont constitués en majorat à son profit peut non-seulement retenir ces biens jusqu'à concurrence de la quotité disponible, mais encore, comme appelé à prendre une part dans la réserve légale, les conserver en plus outre jusqu'à concurrence de cette part.—1re, 21 juin 1843 (Leveneur), vii, 349.

2.—La constitution d'un majorat est une disposition à titre particulier. Par suite, le bénéficiaire ne doit contribuer au payement des dettes de la succession de l'instituant que pour la part qui lui revient comme réservataire, et nullement pour la valeur des biens qu'il recueille simplement à titre de majorat par préciput, lesquels doivent, bien entendu, être réduits à la quotité disponible.—*Id.*.

3.—... Pour calculer la quotité disponible, on doit retrancher de la masse active toutes les dettes de la succession, et n'imputer sur la valeur du majorat qu'une quote-part de l'actif net.—*Id.*.

MANDAT.—MANDATAIRE.—
V. Action en justice.—Autorisation de femme mariée.— Communauté conjugale. —... religieuse. — Compétence commerciale.—Compromis.—Conciliation.— Contre-lettre.— Contumace.—Désaveu d'officier ministériel.—Dommages-intérêts.—Donation entre vifs. — Effets de commerce. — Emprisonnement.—Faillite.—Femme.—Garant. —Hypothèque conventionnelle.— Institution contractuelle. — Inventaire.— Jugement (en gén.).—Lettre de change. —Payement.— Prescription.—Preuve testimoniale. — Quotité disponible. — Ratification.—Remplacement militaire. —Remploi.— Rente (en gén.).—Saisie-arrêt.— Solidarité.— Tiers détenteur. —Transaction.—Tuteur.—Vente.—... de marchandises—...publique de meubles.

Indication alphabétique.

1.—Est spéciale, dans le sens des art. 1987 et 1988 du Code Napoléon, la procuration par laquelle le mandant donne au mandataire le pouvoir de vendre ou échanger certains immeubles déterminés, bien que le prix et les conditions de la vente ne soient pas indiqués.— 2e, 19 déc. 1846 (Legenvre), x, 580.

2.—... Une telle procuration peut être donnée par une femme à son mari, et les aliénations faites par celui-ci en vertu d'un tel mandat sont valables et irrévocables.—*Id.*.

3.—Le mandataire chargé de vendre des immeubles jusqu'à concurrence d'un certain prix, sauf à lui à profiter de l'excédant, s'il y en a, ne doit cependant pas, en s'écartant des termes du mandat, faire des affaires à lui personnelles, dût le mandant toucher le montant des prix fixés.—1re, 4 juill. 1848 (Roger), xii, 584.

4.—.... *Spécialement*, le mandant n'est pas tenu d'admettre comme valable toute disposition d'une portée quelconque, consentie par son mandataire, quand il résulte des actes intervenus entre le mandataire et les tiers qu'il n'y a pas eu de vente sérieuse, mais une simple constitution de gage pour l'affaire personnelle du mandataire.—*Id.*.

5.—Des difficultés survenues entre le mandant et le mandataire, l'obligation prise par ce dernier de rendre son compte, et la demande par lui faite d'une somme pour les honoraires de sa gestion, ne sont pas des motifs suffisants pour faire annuler les ventes consenties postérieurement par le mandataire dans les limites de son mandat.—Il faut une révocation expresse et régulière.—Le mandant n'a droit, dans ce cas, qu'à des dommages-intérêts contre le mandataire pour le préjudice qui lui a été causé par la vilité du prix des ventes.—4e, 8 déc. 1847 (Hébert), xi, 653.—V. *infrà*, nos 18, 19.

6.—La femme d'un commerçant, bien que, de fait, elle signe pour son mari, n'a pas pouvoir suffisant pour disposer d'un brevet d'invention servant de base au commerce de celui-ci.—2e, 22 juill. 1842 (Guersant), vi, 599.

7.—Lorsque le mandant n'a d'autre moyen de fixer le chiffre des recettes opérées pour son compte que la propre déclaration du mandataire, il ne peut exiger que celui-ci lui apporte des preuves rigoureuses des dépenses qu'il prétend avoir faites en exécution de son mandat. La déclaration du mandataire ne peut, dans ce cas, être scindée et divisée contre lui. — 2e, 20 mars 1847

(Thoyon), xi, 155.

8. — Le mandataire qui emploie à son profit les deniers qu'il reçoit pour son mandant, au lieu de les verser à la caisse des consignations, comme le lui imposait son mandat, est tenu des intérêts desdits deniers, non au taux admis pour la caisse des consignations, mais au taux de 5 °/.. — 4e, 16 fév. 1842 (Le Couturier), vi, 82.

9. — ... Et cette solution doit être admise, lors même que le mandataire n'a pas été mis en demeure d'opérer la consignation. — A fortiori, en est-il ainsi lorsqu'une mise en demeure formelle a été signifiée. — Id..

10. — Une saisie-arrêt faite entre les mains du mandataire du débiteur et suivie d'une sommation de consigner adressée à ce même mandataire par le créancier seul, arrière du débiteur, ne peut mettre le mandataire en demeure, dans le sens de l'art 1996 du Code Napoléon, de manière à le rendre passible de l'intérêt des sommes que, nonobstant la sommation de consigner, il conserve entre ses mains. — 1re, 25 fév. 1846 (Bachelier Dagès), x, 656.

11. — ... Une solution contraire ne peut être admise que lorsqu'il est prouvé que le mandataire a employé à son usage personnel les sommes dont il est reliquataire. — Id..

12. — Le mandataire salarié est responsable des fautes et même des négligences qu'il peut commettre. — 4e, 24 avril 1844 (Chédot), viii, 658. — V. suprà, vo Faillite, no 49.

13. — Le mandataire qui s'est chargé de faire transporter des marchandises par eau, est responsable de la perte de ces marchandises, arrivée par le mauvais état du navire qu'il a choisi. — 4e, 11 déc. 1844 (Alexandre), viii, 652.

14. — La négligence du mandataire, sans pouvoir préjudicier au mandant, ne saurait donner à celui-ci plus de droits contre le mandataire qu'il n'en aurait eu contre le débiteur principal. — 2e, 9 fév. 1850 (Duval), xiv, 285.

15. — Le créancier qui, lors du payement partiel à lui fait par une caution solidaire, s'est réservé la priorité pour le surplus de sa créance, et poursuit ensuite le recouvrement intégral de cette créance, sauf à tenir compte à la caution des sommes dépassant ce qui lui reste dû, est responsable, comme mandataire, de sa négligence, et s'oblige nécessairement à tenir compte à la caution des sommes qu'il touchera, dans la proportion de leurs droits respectifs. — Id..

16. — Lorsqu'il est articulé qu'une acquisition faite par un tiers était dans l'intérêt d'une commune et sur son mandat verbal, la commune peut établir par voie de faux incident que les clauses établissant la preuve de ce fait ont été supprimées dans l'acte authentique de vente. — 1re, 26 juill. 1842 (Commune de Bricqueville), vi, 640.

17. — L'action tendant à faire annuler une convention formée par un mandataire, agissant en cette qualité, doit être dirigée contre le mandant et devant le tribunal du domicile de celui-ci, et nullement contre le mandataire. Dans tous les cas, l'approchement ou l'intervention du mandant ne peut être contestée. — 4e, 4 janv. 1842 (Lelandais), vi, 78.

18. — Le mandat cesse quand son but est accompli. — 2e, 28 fév. 1850 (Du-

mont), xiv, 280.—V. *infrà*, v° *Transaction*.

19.—Le mandataire peut agir au nom du mandant, quelqu'ancienne que soit la procuration, pourvu qu'elle n'ait pas été révoquée.—2e, 9 déc. 1845 (Barbey), x, 57.—V. *suprà*, n° 5.

MANUFACTURE. — *V. Copropriété. — Établissements dangereux. — Usine.*

MARAIS.—*V. Commune.*

MARAUDAGE.—*V. Bois.*

MARCHAND.—MARCHANDISES.—*V. Acte de commerce.—Commerçant. — Commissionnaire.—... de transport. — Douanes. — Enseigne. — Vente.—.... de marchandises —.... publique de meubles.*

MARCHANDE PUBLIQUE.—*V. Commerçant. — Contrainte par corps. —Femme.—Mandat.—Séparation de corps.*

MARCHANDISES NEUVES — *V. Vente publique de meubles.*

MARCHANDISES PROHIBÉES.—*V. Douanes.*

MARCHÉS.—*V. Bail administratif.—Halles et marchés.*

MARCHÉ ADMINISTRATIF ou DE FOURNITURES. — *V. Bac. — Bail administratif.—Entrepreneur.— Travaux publics.*

MARCHÉ A FORFAIT.—*V. Entrepreneur.*

MARCHÉ A TERME ou A LIVRER.

1.—La vente à livrer pure et simple implique, de la part du vendeur, un pacte aléatoire. En conséquence. le prix dû par l'acheteur ne peut varier, quels que soient les événements qui surviennent entre l'époque de la vente et le moment de la délivrance.— 2e, 8 juill. 1852 (Debail), xvi, 264.

2.—... L'établissement d'un impôt, postérieurement à la convention, sur la marchandise vendue ne saurait être considéré comme un événement de force majeure qui dégagerait le vendeur des obligations qu'il a contractées envers l'acheteur.—*Id..*

MARE.—*V. Pressoir.— Servitude.*

MARI.—*V Acquiescement.—Autorisation de femme mariée.— Communauté conjugale. — Dépens. — Dot.— Papier-monnaie. — Rapport à succession. — Remploi. — Rente viagère. — Saisie immobilière. — Séparation de biens.— Usufruit.—etc..*

MARIAGE.—*V. Actes de l'état civil.—Communauté conjugale. — Conseil judiciaire.—Étranger.—Interdiction.— Naturalisation.— Vérification d'écriture.*

Indication alphabétique.

1.—Les mariages contractés en pays étrangers, suivant les usages de ces pays, mais sans publications préalables et sans le consentement officiel des parents, ne sont pas frappés d'une nullité absolue lorsque du reste la publicité du mariage repousse toute idée de fraude et de clandestinité. L'absence de *publication* ne constitue pas une nullité absolue ; la *publicité*, au contraire, est une formalité essentielle pour la validité du mariage.—1re, 22 mai 1850 (Lebailly), xiv, 383.

2.—L'opposition des père et mère au mariage de leurs enfants majeurs de vingt-cinq ans, bien qu'elle puisse être faite sans déduire de motifs, ne doit pas être accueillie par les tribunaux, si elle n'est pas fondée sur un empêchement légal au mariage projeté. — Les juges n'ont point un pouvoir discrétionnaire pour apprécier les causes de l'opposition.—1re, 23 mai 1841 (Veuve de la Geneste), vi, 236.

3.—Les dispositions impératives de la première partie de l'art. 135 du Code de procédure civile ne sont pas applicables en matière d'opposition formée par des parents au mariage de leurs enfants. —1re, 10 mai 1843 (de Château-Thierry), vii, 275.

4.—.... Ainsi, les juges ne doivent pas nécessairement ordonner l'exécution provisoire d'un jugement qui dit à tort l'opposition d'un père au mariage de sa fille, lors-même qu'un précédent jugement confirmé sur appel aurait déjà rejeté une première opposition.—*Id.*.

5.—...Et en supposant même que l'exécution provisoire pût être ordonnée en matière d'opposition à mariage, ce serait une faculté dont les juges pourraient user ou ne pas user suivant les circonstances —*Id.*.

6.—Lorsque l'opposition à un mariage est fondée sur la demande en dation d'un conseil judiciaire, les tribunaux peuvent ordonner qu'il sera sursis à ce mariage et à la rédaction de tout contrat de mariage pendant un délai suffisant pour faire statuer sur cette demande. —1re, 23 mai 1841 (Veuve de la Geneste), vi, 236.—V. *suprà*, V° *Interdiction*.

7.—Est recevable l'opposition formée par les enfants au mariage de leur père, dont ils demandent l'interdiction.—Trib. civil de Caen, 7 août 1849 (Valette), xiii, 442. — V. *suprà*, V° *Interdiction*.

8.—Les parents dont on aurait dû demander le consentement pour contracter mariage ont seuls qualité pour en demander la nullité. Ce droit ne passe point à leurs héritiers.—1re, 22 mai 1850 (Lebailly), xiv, 383.

MARIAGE AVENANT.—*V. Coutume de Normandie*.

MARINE.—MARINS.—*V. Avaries. — Capitaine. — Compétence. — Pêche*.

MARONAGE. — *V. Usage (droit d')*.

MATÉRIAUX. — *V. Octroi.* — etc..

MATERNITÉ.— *V. État (Réclamation d')*.

MATIÈRE COMMERCIALE.— *V.Compétence commerciale.—Enquête. —Tribunal de commerce.—etc.*.

MATIÈRE CORRECTIONNELLE.—*V. Tribunal correctionnel*.

MATIÈRE SOMMAIRE —*V. Enquête.—Taxe*.

MÉDECIN ou CHIRURGIEN.— *V. Legs (en général).—Officier de santé*.

1.— Les médecins et gens de l'art sont responsables des accidents que, dans le traitement d'un malade et en dehors de la question médicale, ils ont occasionnés par faute, négligence ou imprudence. En conséquence, la preuve tendant à établir cette faute ou cette imprudence doit être accueillie. — 4e, 5 juin 1844 (Bougy), VIII, 323.

2.—Le médecin qui, par la négligence qu'il a mise dans les soins qu'il donnait à un malade a laissé le mal s'aggraver, peut être déclaré passible de dommages-intérêts; toutefois, si le malade n'est pas de son côté, exempt de reproches, l'indemnité due par le médecin peut être réduite à la simple privation de ses honoraires et à la compensation des dépens de l'instance.—2e, 13 janv. 1847 (Bougy), XI, 17.

MÉDICAMENTS.—*V. Officier de santé.*

MÉMOIRE. — *V. Conflit. — Diffamation.*

MENACE.—*V. Obligation.*

MER.—*V. Rivages de la mer.*

MESSAGERIES. — *V. Commissionnaire de transports. — Voitures publiques.*

MESSES.—*V. Legs (en général).*

MESURE. — MESURAGE. — *V. Bail administratif.—Commune.—Poids et mesures.*

MESURES CONSERVATOIRES. —*V. Inscription hypothécaire.—Jugement provisoire. — Saisie-arrêt.— Séparation de corps.*

MÉTIERS.—*V. Privilège.*

MEUBLES. — *V. Donation (entre vifs).—... déguisée.—.. entre époux. —Dot.— Émigré. — Faillite.— Femme normande.— Immeubles par destination.— Legs (en général). — Privilège. —Rente (en général).—... foncière.— Revendication.—Saisie revendication.*

—Séparation de biens.—...de corps.— Testament (en général).—Vente.—... publique de meubles.

1. — La règle *en fait de meubles possession vaut titre* ne reçoit pas d'exception dans le cas où le meuble est passé entre des mains tierces par suite d'un *abus de confiance* de la part de celui à qui il avait été remis.— 4e, 9 mars 1846 (Chapsal), X, 184.

2.—La simple possession d'une somme d'argent dans son appartement ne suffit pas pour en conférer la propriété aux termes de l'art. 2279 du Code Napoléon.—4e, 12 fév. 1844 (Lefrère), IX, 89.

3.—Une volière est meuble si elle est seulement posée sur le fonds sans y être adhérente, elle est immeuble si elle y est scellée.—2e, 22 août 1845 (Chedeville), X, 7.

MEUNIER.—*V. Commerçant.*

MILITAIRE.—*V. Absent.—Garde nationale mobile. — Prescription. — Protêt.*

MINES.—*V. Carrière.*

MINEUR. — MINORITÉ. — *V. Appel en matière civile.—Bail (en général).—Conseil de famille.—Contrelettre. — Coutume de Normandie. — Donation (entre vifs). — Émancipation. —Femme normande.—Hypothèque légale des mineurs. — Liquidation. — Partage.— Prescription.— Puissance paternelle.—Ratification.—Retrait successoral.—Revendication.—Succession bénéficiaire.—Transaction. — Tuteur. —Vente publique d'immeubles.*

L'art. 1305 du Code Napoléon, qui admet l'action en rescision pour cause de lésion, n'est applicable qu'aux actes faits par le mineur lui-même et non à ceux légalement faits par le tuteur. — 4e, 19 nov. 1844 (Jacquelin-Lamenardière), viii, 645.

MINEUR ÉMANCIPÉ. — *V. Bail (en général).* — *Conseil de famille.* — *Émancipation.*

MINISTÈRE PUBLIC. — *V. Adultère.* — *Bois.* — *Chasse.* — *État (réclamation d').* — *Exploit.* — *Faux incident civil.* — *Hypothèque légale des femmes.* — *Prise à partie.* — etc..

MISE EN CAUSE. — *V. Avaries.* — *Créancier (en général).* — *État (réclamation d').* — *Éviction.* — *Garant.* — *Intervention.* — *Mandat.* — *Saisie immobilière.* — *Servitude.* — *Travaux publics.*

1. — Lorsque la présence d'une partie qui n'a point été mise en cause en première instance peut cependant être nécessaire pour que la solution du procès soit entière et définitive, la Cour saisie de l'appel peut, en infirmant le jugement comme précipitamment rendu, renvoyer toutes les parties débattre leurs droits devant un tribunal du premier degré de juridiction. — 2e, 6 fév. 1847 (Labbé), xi, 79.

2. — De ce qu'un tiers pourrait se rendre tiers-opposant à un arrêt, ce n'est point un motif pour surseoir à statuer, sauf cependant à accorder à la partie qui le réclame le délai nécessaire pour mettre ce tiers en cause. — 2e, 2 juin 1843 (Veuve Delabigne), vii, 542.

3. — On ne peut appeler une partie en cause dans l'unique but de la faire interroger sur faits et articles. — 4e, 27 mars 1843 (Etienne), vii, 621. — V. *suprà*, V° *Interrogatoire sur faits et articles*, n° 4.

4. — Un tiers peut être mis en cause dans le but unique de fournir des renseignements qui sont à sa connaissance comme ayant eu la confiance de l'auteur de l'une des parties litigeantes. — 2e, 6 mars 1847 (de Forcy), xi, 96.

5. — Un tiers ne peut être mis en cause pour la première fois sur appel. — 2e, 12 nov. 1852 (Chenest), xvi, 323. — V. cependant, *suprà*, v° *Garant*, n°s 12 et s..

MISE EN DEMEURE. — *V. Mandataire.*

MISE EN JUGEMENT. — *V. Juge d'instruction.*

MISE EN JUGEMENT DES FONCTIONNAIRES PUBLICS. — *V. Diffamation.* — *Garde forestier.*

MISE EN LIBERTÉ. — *V. Contrebande.*

MISE HORS DE CAUSE — *V. Jugement interlocutoire.* — *Péremption.*

MITOYENNETÉ. — *V. Aveu.* — *Bois.* — *Copropriété.*

Indication alphabétique.

Acquisition, 5 et s..	Présomptions, 1 et s.,
Bâtiments, 2.	
Cour commune, 3.	Propriété, 1 et s..
Dommage, 4, 7.	Reconstruction, 4.
Enfoncement, 6.	Réduction d'épaisseur, 10.
Exhaussement, 4, 8.	
Indemnité, 4.	Réparations, 1, 2.
Interprétation, 2, 8.	Servitude non apparente, 7.
Lieux d'aisances, 7.	
Mur, 1 et s..	Surélévation, 4, 8.
Ouvrages, 6.	Vétusté, 4.
Partage, 5.	Travaux, 1, 9.
Prescription, 9.	Usine, 10.

1. — Le fait d'avoir fait récrépir le mur qui sépare sa propriété de celle du voisin ne peut être considéré comme

un acte faisant présumer la mitoyenneté de ce mur. — 2e, 20 juin 1845 (Quesnel), x, 550.

2. — La présomption de mitoyenneté établie par la loi pour un mur formant séparation entre bâtiments ne peut être détruite que par un titre formel, lors même que, par suite d'un acte intervenu entre les deux voisins, les réparations du mur seraient mises à la charge de l'un d'eux. — 1re, 7 août 1848 (Bertrand), xii, 229.

3. — Les murs qui séparent une cour commune de jardins ou cours appartenant exclusivement aux copartageants sont réputés mitoyens s'il n'existe aucune clause dans l'acte de partage, aucun signe qui en attribue la propriété exclusive aux divers copartageants.—1re, 26 déc. 1843 (Mériel), vii, 647.

4. — Si un mur mitoyen n'est, par son état de vétusté, susceptible de recevoir qu'une surélévation en brique et que, cependant, l'un des copropriétaires veuille lui en faire supporter une en pierre, il peut faire reconstruire en entier le mur à ses frais, mais en indemnisant son copropriétaire de tous les dommages quelconques qui peuvent résulter pour lui des travaux de démolition et de reconstruction. — 2e, 28 juin 1844 (Huet), viii, 601.

5. — Celui qui veut acquérir la mitoyenneté d'un mur est obligé de l'acheter dans toute son épaisseur et dans toute la profondeur de ses fondations.— 2e, 22 mars 1850 (Paysant-Decouture), xiv, 476.

6. — Le copropriétaire d'un mur mitoyen, en acquérant la mitoyenneté de la surélévation faite sur ce mur, peut contraindre le propriétaire de cette surélévation à se conformer aux dispositions de l'art. 662 du Code Napoléon. — 2e, 17 mars 1849 (Lemansois-Duprey), xiii, 142.

7. — Lorsque l'acquisition de la mitoyenneté d'un mur a été faite sans que rien révélât l'existence de latrines placées le long de ce mur, c'est au propriétaire du mur rendu mitoyen de faire à ses frais toutes les constructions nécessaires pour mettre son voisin à l'abri du dommage que ce voisinage peut occasionner. — 4e, 15 nov. 1848 (Madeline), xii, 300.

8. — La clause, par laquelle un vendeur se réserve le droit de surélever un mur devenu mitoyen par le fait de la vente, n'interdit pas à l'acquéreur la faculté d'exhausser lui-même ce mur: il faut à cet égard une interdiction précise et formelle. — La réserve sus-indiquée doit être entendue en ce sens, que le vendeur a voulu seulement se dispenser de payer une indemnité dans le cas où il ferait exécuter des travaux d'exhaussement. — 1re, 28 mai 1851 (Ledieu), xv, 235.

9. — Les travaux d'intérieur faits par le voisin, soit dans la partie mitoyenne du mur, soit dans la surélévation, ne peuvent servir de base à la prescription. — 2e, 17 mars 1849 (Lemansois-Dupré), xiii, 142.

10. — Le massif de maçonnerie mitoyen entre deux usines, et servant à appuyer les roues desdites usines, peut, sur la demande de l'un des propriétaires, être réduit, afin de procurer plus de largeur au noc de l'une de ces usines, pourvu qu'il soit constaté par experts

que l'autre propriétaire pourra, s'il le juge convenable, et quand il le voudra, opérer de son côté une semblable réduction sans que la destination du massif en souffre. — 2°, 23 mai 1845 (Duval-Lecomte), IX, 417.

MOELLON. — V. *Octroi.*

MOISSONNEUR. — V. *Privilége.*

MONNAIES. — V. *Papier-monnaie.*

MONOPOLE — V. *Liberté du commerce.*

MORT-BOIS. — V. *Usage (droits d').*

MORT CIVILE.

1. — Sous les Codes criminels du 16 septembre 1791 et du 3 brumaire an IV, la condamnation à mort par contumace emportait mort civile. — 1re, 20 déc. 1842 (David), VI, 669. — C., ch. req., rej., 2 avril 1844 (David), VIII, 235.

2. — ... La mort civile était encourue du jour de l'exécution par effigie, et non pas seulement à l'expiration des vingt années après lesquelles la condamnation devenait irrévocable. — *Id.*.

3. — ... Par suite, la succession du condamné est dévolue à ceux qui étaient ses héritiers légitimes au jour où cette exécution a eu lieu. — *Id.*.

4. — ... L'exécution par effigie était alors suffisamment constatée par un procès-verbal dressé et signé par un huissier. — Il n'était pas nécessaire, à peine de nullité, que cette exécution fût constatée par un procès-verbal mis au pied du jugement, et signé par le greffier. — *Id.*.

MOTIFS DE JUGEMENT ou **D'ARRÊT.** — V. *Contrat judiciaire.*

MOULIN. — V. *Bail (en général).*
— *Canal.* — *Expropriation pour utilité publique.* — *Usine.*

MOYEN NOUVEAU. — V. *Appel en matière civile.* — *Demande nouvelle.* — *Saisie immobilière.* — *Surenchère.*

MUR. — V. *Copropriété.* — *Coutume de Normandie.* — *Mitoyenneté.* — *Murs de ville.* — *Propriété.* — *Servitude.* — *Vente.*

MURS DE VILLE. — V. *Servitude.*

MUTATION. — V. *Dépens.*

MUTATION PAR DÉCÈS. — V. *Legs particulier.*

1. — Le droit de mutation après décès est une charge de la succession, qui doit être acquittée avant les créances chirographaires. — 2e, 11 fév. 1842 (Loisel), VI, 62.

2. — ... L'héritier bénéficiaire est donc en droit d'employer au payement de ces droits les deniers trouvés dans la succession. — *Id.*.

3. — ... Toutefois, le légataire, ou héritier institué en usufruit, a droit de se faire indemniser, sur la nue-propriété des biens de la succession, de la diminution que son usufruit éprouve par suite du payement desdits droits. — *Id.*.

4. — Lorsque l'héritier de la nue-propriété de biens immeubles décède avant l'extinction de l'usufruit légué à un tiers, le droit de mutation auquel ce décès donne ouverture ne doit être liquidé que sur la valeur de la nue-propriété, c'est-à-dire sur un capital formé de dix fois le revenu des immeubles. — Trib. civil de Caen, 2e ch., 7 mai 1846 (Lumière), X, 255.

5. — Un fils héritier de sa mère ne peut, en renonçant, du chef de cette

dernière, à l'usufruit qui lui avait été, en cas de survie, assuré par son mari dans son contrat de mariage, se soustraire à l'acquit des droits de mutation dus par sa mère pour la transmission de cet usufruit. — 2ᵉ, 9 janv. 1846 (Lefèvre), xɪ, 306.

6. — Lorsqu'un père décède laissant deux enfants, et que l'un d'eux meurt lui-même sans avoir accepté ni répudié la succession de son père, l'enfant survivant, héritier de son frère, peut valablement renoncer, du chef de ce dernier, à la part lui revenant dans la succession de l'auteur commun. — Dans ce cas, l'enfant survivant qui profite seul, par voie d'accroissement, de la part qui deva't revenir à son cohéritier, ne doit acquitter que les droits de mutation en ligne directe sur toute la succession du père ; il ne doit aucuns droits de mutation en ligne collatérale pour la moitié des biens de la succession paternelle qu'il aurait pu retrouver dans la succession de son frère, s'il n'avait pas renoncé, du chef de ce dernier, à la succession de l'auteur commun. — Trib. civil de Caen, 2ᵉ ch., 17 juin 1847 (Bernard de Saint-Quentin), xɪ, 295. — C., ch. civ., rej., 2 mai 1849 (Bernard de Saint-Quentin), xɪɪɪ, 221.

7. — L'administration a. pour le recouvrement des droits de mutation par décès, un privilége sur les valeurs de la succession d'un failli. — 1re, 1ᵉʳ avril 1846 (Lefrançois), xɪɪ, 618.

N.

NANTISSEMENT. — V. Antichrèse. — Commissionnaire. — Contrat pignoratif. — Domaine engagé. — Faillite. — Mandat. — Subrogation. — Tierce opposition.

NATIONALITÉ. — V. Filiation légitime. — Naturalisation.

NATURALISATION.

La femme française perdait sa nationalité en épousant un anglais, bien que, avant le statut de la reine Victoria, du 6 août 1844, elle ne fut pas associée à la nationalité de son mari. — 1re, 2 juillet 1849 (Rosenthal, xɪɪɪ. 302.

NAUFRAGE. — NAUFRAGÉS. — V. Absent.

NAVIGABILITÉ. — V. Expropriation pour utilité publique.

NAVIGATION. — V. Chemin de halage.

NAVIRE. — V. Avaries. — Bac. — Cabotage. — Capitaine. — Compétence civile. — Contrat à la grosse. — Privilége. — Saisie-exécution.

NÉGLIGENCE. — V. Faillite. — Mandat. — Médecin.

NÉGOCIANT. — V. Commerçant.

NEGOTIORUM GESTOR. — V. Constructions. — Mandat. — Obligations.

NEIGE. — V. Chasse.

NOBLESSE. — V. Actes de l'état civil.

NOMS — V. Actes de l'état civil.

NON BIS IN IDEM. — V. Instituteur communal.

NORMANDIE. — V. Coutume de Normandie, et les renvois indiqués sous ce mot.

NOTAIRE. — V. Absent. — Acte notarié. — Dot. — Offices. — Offres réelles. — Poids et mesures. — Privilége. — Saisie immobilière. — Scellés.

— *Vente publique de meubles.* —
... d'immeubles.

Indication alphabétique.

1. — Un notaire qui se livre habituellement à des actes de commerce, peut être déclaré en état de faillite. — 4e, 24 mars 1852 (Huet), xvi, 159.

2. — Lorsqu'un notaire est en instance contre la Chambre de discipline, il n'est pas obligé de prendre l'avis de cette Chambre avant d'intenter une demande contre elle. — 1re, 19 juin 1843 (Daufresne), viii, 369.

3. — Un notaire qui reçoit en même temps un acte de vente d'un terrain et une contre-lettre qui annule cet acte, et cela dans le but d'augmenter fictivement la valeur de ce terrain, se rend complice de la fraude des comparants, et peut être puni disciplinairement. — 1re, 13 novembre 1843 (L...), xiii, 334.

4. — Le notaire liquidateur d'une succession, constitué dépositaire des pièces à ce relatives, ne peut s'en dessaisir avant la fin de l'opération, hors la présence et sans le consentement de tous les intéressés ou l'ordre de la justice. En tout cas, ce n'est jamais contre le notaire que la demande en communication ou remise desdites pièces doit être dirigée, mais contre les parties intéressées à consentir ou refuser la communication ou la remise. — 4e, 26 février 1852 (Lemonnier), xvi, 239.

5. — Le jugement qui a nommé un notaire pour procéder au partage et à la liquidation d'une succession ne peut s'entendre en ce sens, qu'il aurait conféré au notaire le pouvoir de composer les lots des immeubles. — Le notaire ne pourrait tenir ce pouvoir que de la convention de toutes les parties intéressées ; mais on ne peut trouver la preuve de cette convention dans un procès-verbal dressé par le notaire, lorsque ce procès-verbal n'est pas revêtu de la signature de tous les copartageants. — 2e, 21 juillet 1843 (Crestey), vii, 436.

6. — Un notaire ne peut, pour le remboursement de ses frais d'actes, réclamer le rang hypothécaire concédé aux créances que les actes ont eu pour but de constater, lors même qu'ils ont été mis dans l'acte à la charge du débiteur. — Les frais d'acte ne peuvent être considérés comme des accessoires nécessaires de la créance principale. — 4e, 20 décembre 1841 (Brugère), v, 493.

7. — Les sommes dues aux notaires pour honoraires et déboursés ne portent pas intérêt de plein droit à partir du jour où les actes ont été passés et les déboursés effectués, mais seulement du jour de la demande judiciaire. — 4e, 31 déc. 1851 (Cohu), xvi, 76.

8. — Un notaire ne trouve pas dans la représentation de ses minutes un

titre parfait et irrésistible de créance pour les avances qu'il prétend avoir faites. Les juges peuvent lui déférer le serment supplétoire sur le fait du payement de ces avances. — 4e, 10 mars 1852 (Sorel), XVI, 216.

9.—Le notaire qui néglige de s'informer de l'âge des témoins qui l'assistent lors de la confection d'un testament et qui, par suite, y admet un mineur, est responsable des conséquences que cette faute peut entraîner.—4e, 31 mai 1842 (Badion), VI, 269.

10.—... Toutefois, si le légataire lui-même n'est pas exempt de reproches, si, par exemple, c'est lui qui a présenté le témoin, si, d'un autre côté, connaissant la cause de nullité dont le testament était infacié, il a négligé de la faire disparaître, la responsabilité du notaire ne peut être aussi étendue, et il est juste de faire retomber le préjudice par moitié tant sur lui que sur le légataire.—Id..

11.—Le notaire, chargé de recouvrer les fonds provenant d'une vente qu'il fait, doit exiger caution des personnes dont la solvabilité n'est pas notoire, et faire en temps utile les poursuites nécessaires, s'il veut éviter toute responsabilité.—4e, 19 juill. 1853 (Pichard), XVII, 270.

12.— Quand un notaire a conservé entre ses mains les sommes provenant d'une vente par lui faite, sans qu'aucun acte constate si elles lui ont été laissées par le vendeur à titre de dépôt ou à titre de prêt, la contrainte par corps peut être prononcée contre lui par le jugement ou l'arrêt qui le condamne à verser les fonds à celui auquel ils appartiennent.—Id..

NOTIFICATION.— V. Signification.

NOURRITURE.—V. Communauté conjugale et les renvois indiqués sous le mot Aliments.

NOVATION.—V. Contrat à la grosse.—Notaire.—Rente féodale.

1.—Lorsque le prix d'une vente de marchandises a été réglé en billets, ce réglement n'entraîne pas novation si les billets indiquent qu'ils ont pour cause cette vente, et si la quittance donnée par acte séparé porte que le prix n'a été payé qu'au moyen desdits billets.—4e, 3 janv. 1849 (Moutier), XIII, 104.

2.—L'individu qui accepte les billets échus dont il est débiteur pour prix de nouveaux qu'il souscrit, contracte une dette nouvelle et est libéré de l'ancienne. —4e, 24 mai 1842 (Rocher), VI, 273.

3.—Jugé, au contraire, que le renouvellement de billets échus n'emporte pas novation et que la créance résultant du titre renouvelé continue d'être entourée des garanties et sûretés primitivement stipulées.—2e, 21 août 1852 (Rubin), XVII, 16.

4.—Lorsque le créancier d'une rente viagère incessible et insaisissable a donné quittance des arrérages qui lui sont dus, mais a laissé le montant desdits arrérages entre les mains du débiteur, pour qu'ils y produisent eux-mêmes des intérêts, il s'opère une véritable novation par suite de laquelle la nouvelle créance ne participe en rien au bénéfice de l'inaliénabilité dont jouissait la première.—4e, 16 juin 1842 (Riquier de La Bonnevalière), VI. 344.

5.—Il y a novation dans la créance lorsque les deniers dus par un huissier pour recouvrements faits en sa qualité d'officier ministériel lui sont laissés à titre de prêt. La contrainte par corps qui était un accessoire de la première créance ne s'attache pas à la seconde.— 4e, 6 fév. 1843 (Mallet), VII, 114.

6.— En supposant que la novation dont parle l'art. 879 du Code Napoléon soit d'une autre nature que celles qui sont régies par les art. 1271 et suivants du même code, cette novation ne peut exister que lorsque le créancier du défunt a exprimé d'une manière non équivoque la volonté d'accepter l'héritier pour débiteur personnel.— 4e, 30 mai 1849 (Buhour), XIII, 450.

NUE-PROPRIÉTÉ.—*V. Donation déguisée.—... entre époux.— Legs à titre universel.—Mutation par décès. —Prescription.—Quotité disponible.*

NULLITÉ.—*V. Acte notarié.—Antichrèse.—Appel en matière civile.— Approbation d'écriture.—Arbitrage.— Arbitre (tiers).—Assurance mutuelle. —Audience solennelle.—Autorisation de femme mariée.—Bail (en gén.).— Bois.—Caution.—Cession.—Chose jugée. — Citation.— Colportage.— Commune.—Compte.—Conseil de famille. —... judiciaire.—Contrat de mariage. —... synallagmatique.—Contributions indirectes. — Convention. — Créancier (en gén.).—Degré de juridiction.—Demande nouvelle.—Démence.—Domaine de l'État.—Donation (entre vifs).—... déguisée.—... entre époux.—Dot.— Douanes.— Double écrit.— Emprisonnement.—Enquête.—Exception.—Expert.—Exploit.—Faillite.—Femme.— ... normande.—Greffier.—Huissier. — Inscription hypothécaire. —Juge-*

ment.—Lettre de change.—Louage de services.— Mandat.— Mariage.— Notaire. — Obligation.—... naturelle.— Offices.—Offres réelles.—Partage.— ... d'ascendant. — . . d'opinions. — Péremption.—Plainte.— Prescription. —Promesse de mariage.—Ratification. —Remploi.— Rente viagère.— Saisie-exécution.—... immobilière.—... revendication.— Séparation de biens.— ... des patrimoines.—Société (en gén.). —... anonyme.—... commerciale.— Subrogation.— Substitution. — Surenchère.—Testament (en gén.).—... authentique.—... olographe.—Transaction.— Tribunal correctionnel.— Tuteur.—Vente.—... publique d'immeubles.—Vice rédhibitoire.—etc..

O.

OBLIGATIONS (en général). — *V. Autorisation de femme mariée. — Caution. — Clause pénale. — Contrat synallagmatique. — Convention. — Créance. — Démence. — Dot. — Faillite. — Femme. — ... normande. — Hypothèque légale des femmes.— Interdit.— Liberté du commerce.—Offres. — Partage d'ascendant.— Payement. — Percepteur. — Preuve par écrit (commencement de). — Remplacement militaire. — Revendication. — Stipulation pour autrui. — Succession bénéficiaire. —Terme. — Vente.*

Indication alphabétique.

Acte récognitif, 3.	Cause licite, 5, 6 et s..
Adultère, 7.	
Bonne foi, 9.	Consentement, 1, 2.
Cause, 5 et s..	Dol, 4.
Cause fausse, 6.	Erreur, 3 et s..

1. — Le consentement donné par impatience ne peut être réputé libre et engendrer une obligation. — 4e, 13 nov. 1843 (Leblanc), vii, 604.

2. — La simple menace d'intenter contre une personne des poursuites criminelles, auxquelles elle se serait exposée, ne constitue pas une violence dans le sens des art. 1109 et suiv. du Code Napoléon. — 4e, 12 février 1844 (Lefrère), ix, 89.

3 — Lorsque la reconnaissance d'une dette peut s'expliquer, soit par un motif de conscience, soit par la crainte de s'engager dans une contestation mal fondée, elle ne peut plus être contestée sous prétexte d'extinction ignorée au moment de l'acte récognitif. — Ainsi, la reconnaissance d'une dette éteinte avec du papier-monnaie, ou acquittée entre les mains d'un mandataire dont les pouvoirs étaient contestables, ne peut, par la suite, être attaquée comme n'étant que le résultat de l'erreur. — 2e, 10 août 1843 (Gérard de Rayneval), vii, 479. — 1re, 10 mars 1852 (Lechevrel), xvi, 113.

4. — On se montre très-difficile à annuler, comme fruit de l'erreur ou du dol, les obligations contractées pour un parent, et notamment pour un beau-fils, dans le but d'empêcher la ruine de celui-ci, et, par suite, de sauver l'honneur de la famille. — 2e, 8 janvier 1842 (Leboulanger), vi, 174. — V. *suprà*, vo *Dol* et *infrà*, vo *Simulation*.

5. — Une obligation est valable, quoique la cause n'y soit pas exprimée. — 1re, 7 fév. 1851 (Sératzky), xv, 43.

6. — Id... Une obligation énonçant une fausse cause, si elle a une cause réelle, est licite. — 2e, 7 mars 1850 (Jeanne), xiv, 341. — 2e, 9 avril 1853 (Villette), xvii, 197. — V. *infrà*, vo *Obligation naturelle*.

7. — L'obligation souscrite au profit d'un mari pour réparation de l'outrage résultant de ce qu'il a trouvé, dans son domicile, pendant la nuit, un tiers seul avec sa femme a une cause parfaitement licite. — 2e, 9 avril 1853 (Villette), xvii, 197.

8. — L'acte par lequel une partie déclare que, *attendu des arrangements pris et convenus*, elle renonce aux droits qu'elle avait sur la succession de l'autre partie, n'est pas nul comme contenant une obligation sans cause, encore bien que les héritiers de la partie au profit de laquelle il a été souscrit ne puissent même indiquer quel aurait été le prix de la renonciation. — 1re, 21 janv. 1851 (Lemuey), xv, 51.

9. — Le marché constituant une obligation de faire, dont la durée n'a pas été limitée par la convention des parties, peut prendre fin par la volonté de l'une d'elles, pourvu que la notification de cette volonté soit faite de bonne foi, et non à contre-temps. — 4e, 5 février 1845 (Daguet), ix, 61.

10. — La remise d'une dette est valablement acceptée par un *negotiorum gestor*, dès là que le débiteur accepte ce qui a été fait en son nom. — 1re, 10 juin 1845 (Louvel de Monceaux),

x, 538.

OBLIGATION A ORDRE. — *V.*
Billet à ordre. — Endossement. — Lettre de change.

OBLIGATION NATURELLE.

1.—Une obligation naturelle peut être la cause d'un engagement obligatoire.— 2e, 7 mars 1850 (Jeanne), xiv, 341.

2.—*Id...* Et il y a cause suffisante d'obligation, lorsque le souscripteur a été déterminé par le désir de satisfaire aux lois de l'honneur et de l'humanité, par exemple, si une femme a conçu et mis au monde un enfant pendant qu'elle était à son service, et qu'il se soit considéré, quoique n'étant pas le père de l'enfant, comme étant en faute à l'égard de la mère, soit par défaut de surveillance, soit par de mauvais exemples reçus chez lui, soit enfin de toute autre manière. —*Id..*

3.—*Id...* L'intention du souscripteur de réparer le tort que sa conduite a causé au bénéficiaire est une cause suffisante d'obligation, encore qu'il soit articulé par le débiteur que la seule cause possible résulterait d'une présomption de paternité dont la preuve est repoussée par l'art. 304 du Code Napoléon. — 1re, 7 fév. 1851 (Sératzky), xv, 43.

4.—*Id...* Dans le cas d'une rente créée au profit d'une femme et de son enfant naturel, il n'est pas nécessaire pour la validité de l'obligation envers ce dernier qu'il y ait de la part du souscripteur obligation envers lui ; il suffit que l'obligation existe en faveur de la mère, qui peut valablement convertir en une rente viagère sur sa tête et sur celle de son enfant, et même en une rente perpétuelle, le montant arbitré entre elle et le souscripteur de l'indemnité que celui-ci reconnaît lui devoir. —2e, 7 mars 1850 (Jeanne), xiv, 341.

5.—*Id...* Des services rendus sont une cause naturelle suffisante pour valider une obligation, lors même qu'ils n'auraient pu donner ouverture à une action civile pour en obtenir la récompense. — 1re, 19 mai 1841 (Hélie), v, 306.

6.—.... Une semblable obligation, souscrite par une personne libre de disposer de toute sa fortune, ne peut être considérée comme un avantage déguisé, ni, par conséquent, assujettie pour sa validité aux formes des donations entre vifs. —*Id..*

OCCUPATION DE TERRAINS.
—*V. Acte administratif.*

OCTROI. — *V. Contributions indirectes.*

Indication alphabétique.

Appel, 9.	Matériaux, 2, 3.
Bière, 1.	Moellon, 2, 3.
Bizets, 2, 3.	Périmètre, 4, 5.
Chemin de fer, 2, 3.	Prescription, 8, 9.
Contrainte, 7.	Procès-verbaux, 6.
Contravention, 8, 9.	Répétition, 1.
Droit de visite, 4, 5.	Ville de Caen, 7.
Droits réunis, 9.	Visite, 4, 5.
Exportation, 1.	Voitures particulières,
Inscription de faux, 6.	5.

1. — Les droits d'octroi sont dus sur la totalité de la bière fabriquée dans l'intérieur de la ville lorsque les fabricants ne sont ni abonnés, ni entrepositaires. — Ils ne peuvent obtenir la répétition d'aucun des droits perçus pour la quantité de bière qu'ils auraient exportée. —Trib., civil de Caen, 1re ch., 11 février 1846 (Boissée), x 139.

2. — Lorsqu'un réglement d'octroi frappe d'un droit les matériaux tels que moellons et bizets, extraits ou introduits dans le périmètre, ce droit n'est dû que lorsque ces moellons ou bizets ont été entrés dans un but d'art ou de maçonnerie; il ne peut frapper ces objets lorsqu'ils ont été transportés à l'état brut et sans triage de la montagne où ils ont été extraits, dans une vallée qu'ils sont destinés à combler. — Ch. corr., 19 déc. 1845 (Ville de Rouen), x, 74.

3.—... *Spécialement*, les entrepreneurs d'un chemin de fer, obligés de fabriquer des tunnels à travers des rochers et montagnes, ne sont assujétis au payement d'aucuns droits pour l'extraction qu'ils peuvent faire des matières brutes contenant du moellon ou bizet, lorsqu'ils les transportent en cet état, et sans en tirer nul profit, dans une vallée placée dans le périmètre de l'octroi. — *Id.*.

4. — Les employés de l'octroi peuvent exercer le droit de visite, non-seulement à l'entrée des villes, mais encore aux environs et dans un certain rayon du bureau. — Ch. corr., 24 nov. 1851 (Lacroix-Lemaître), xv, 305.

5. — Les voitures particulières suspendues sont soumises aux mêmes visites que les voitures publiques.—*Id.*.

6. — La législation sur les octrois ne contenant aucunes dispositions spéciales quant aux formes à suivre pour les inscriptions contre les procès-verbaux des préposés, on ne doit pas recourir par analogie aux dispositions des art. 40 et 41 du décret du 1er germinal an 13, ou de l'art. 179, §. 4 du Code forestier, mais au droit commun, c'est-à-dire au Code de procédure civile.—Ch. corr., 10 mai 1849 (Octroi de Caen), xiii, 175.

7. — Les contraintes en matière d'octroi ne doivent pas toujours et nécessairement être décernées par la régie des contributions indirectes aux termes de l'art. 91 de l'ordonnance du 9 décembre 1814. — *Spécialement*, dans la ville de Caen où l'octroi a une administration spéciale et particulière, les contraintes sont valablement décernées par le receveur de l'octroi avec le visa du maire, et rendues exécutoires par le juge de paix, conformément d'ailleurs à l'art. 92 du réglement de l'octroi de Caen, approuvé par ordonnance royale du 21 décembre 1831. — Trib. civil de Caen, 1re Ch., 11 février 1846 (Boissée), x, 139.

8.—La prescription des actions en matière d'octroi n'a lieu que par trois années, lorsque l'infraction au réglement de l'octroi entraine une amende de plus de 15 fr..—Ch. corr., 10 mai 1849 (Octroi de Caen), xiii, 175.

9. — Le délai pour porter l'appel des jugements rendus en matière de contraventions d'octroi et de droits réunis est de huitaine à partir de la signification. — Ch. corr., 24 nov. 1851 (Lacroix-Lemaître), xv, 305.

OFFENSE. — *V. Diffamation. — Injures.*

OFFICES.—*V. Donation entre vifs. — Officier ministériel.—Privilége.*

Indication alphabétique.

1. — Le traité par lequel une personne achète une charge d'huissier sous le nom d'un tiers qui s'oblige à la gérer provisoirement et à la rendre à une autre personne désignée, dans un temps convenu, est frappé de nullité comme contraire à l'ordre public. — 1re, 20 mars 1849 (Bunel), XIII, 202.

2. — Si le prix d'un office n'a pas été déterminé avant l'investiture du titulaire, il ne peut l'être postérieurement. — 1re, 22 mars 1851 (Gohier), XV, 116. — V. suprà, Vo Donation (entre vifs), no 9 et s. et infrà, Vo Rapport à succession.

3. — Le traité secret qui a pour objet d'augmenter le prix véritable de la vente ou cession d'une office est frappé d'une nullité absolue comme contraire à l'ordre public. — Aud. sol., 12 fév. 1849 (Chedeville), IX, 29. — 4e, 29 avril 1840 (Fortin), X, 279.

4. — ... Cette nullité est telle que les traités secrets ne peuvent engendrer aucune obligation même naturelle, et que les payements volontairement effectués par l'acquéreur d'un office sur le supplément de prix stipulé sont sujets à répétition. — Id.. — V. infrà, no 10.

5. — Est passible de dommages-intérêts envers son cédant ou ses ayants-cause celui qui, ayant acheté un office

ministériel, n'a pu obtenir l'investiture pour faits à lui personnels, et a, par suite, causé la dépréciation de l'office. — 1re, 29 juillet 1850 (Gouillard-Lavallée), XV, 28.

6. — Un précédent titulaire d'un office ministériel, non payé, peut intervenir dans une instance en dommages-intérêts intentée par son cessionnaire à un tiers acquéreur pour dépréciation de l'office, et se faire adjuger directement, mais en déduction de son prix, les dommages-intérêts alloués, ces dommages-intérêts représentant réellement l'office. — Id..

7. — L'officier ministériel destitué n'a aucun droit sur l'indemnité que le gouvernement fixe pour représenter la valeur de l'office, et au payement de laquelle il soumet le nouvel institué. Le titulaire destitué ne peut donc, après la signification de l'ordonnance de destitution, transporter cette indemnité au préjudice de ses créanciers. — Trib. civil de Caen, 7 déc. 1846 (Chédot), X, 575.

8. — ... Cette indemnité appartient aux créanciers antérieurs à la destitution, par préférence aux créanciers postérieurs. — Id..

9 — Le vendeur d'un office, non payé, a privilège non-seulement sur le prix de revente de l'office, mais aussi sur l'indemnité que, en cas de destitution, le gouvernement fixe pour représenter la valeur de l'office et au payement de laquelle il soumet le nouvel institué. — Trib. civil de Caen, 16 juill. 1846 (Placquevent), X, 577.

10. — Le vendeur d'un office qui a subrogé un tiers dans son privilège de vendeur sur le prix de l'office ne doit pas à ce subrogé la garantie du privi-

lége, lorsque l'acte, en vertu duquel il est dû, est clandestin et illicite. — 1re, 13 fév. 1850 (Veuve Allard-Grandmaison), xiv, 265. — V. *suprà*, nos 3 et 4.

11. — Lorsque, en cédant son titre, un avoué s'est réservé les ordres qu'il aurait ouverts ou pour lesquels il postulait comme avoué, il a droit à tous les ordres dans lesquels il a fait un acte, lors même que le juge-commissaire n'aurait pas encore rendu son ordonnance d'ouverture d'ordre au moment de la cession. — 2e, 16 déc 1846 (Lefèvre), x, 607.

OFFICIER DE SANTÉ. — *V. Médecin.*

1. — La contravention à l'art. 29 de la loi du 19 ventôse an XI, qui défend aux officiers de santé de s'établir dans un département autre que celui où ils ont été reçus, ne peut être poursuivie par un simple particulier s'il ne justifie d'un préjudice éprouvé par la faute du contrevenant. — 2e, 7 janv. 1843 (Veuve Vic), vii, 158.

2. — Un officier de santé peut se prévaloir de son titre en dehors du département où il a été reçu sans encourir les peines prononcées contre l'usurpation de ce titre. — 4e, 25 mai 1853 (Rosey), xvii, 207.

3. — L'officier de santé qui, contrairement à l'art. 29 de la loi du 19 ventôse an XI, exerce sa profession dans un département autre que celui où il a été examiné et reçu par le jury n'est passible d'aucune peine, l'infraction à cet article n'étant sanctionnée par aucune pénalité écrite dans la loi. — A ce cas n'est applicable ni l'art. 35 de la loi du 19 ventôse an IX, qui n'atteint que ceux qui exercent la médecine sans diplôme et sans être inscrits sur les listes dont il est parlé dans les art. 25, 26 et 34, ni l'art. 471, § 15 du Code pénal, lequel ne sert de sanction qu'aux réglements administratifs et municipaux, et non aux lois prohibitives qui doivent elles-mêmes contenir leur sanction. — *Id.*.

4. — ... En tout cas, en supposant que ce dernier article puisse servir de sanction à l'art. 29 de la loi du 19 ventôse an XI, une autorisation obtenue de l'autorité administrative elle-même, fait nécessairement obstacle à son application. — *Id.*.

5. — Les officiers de santé ne peuvent fournir de médicaments à leurs malades que s'il n'existe pas de pharmacien ayant officine ouverte dans les bourgs, villages ou communes habités par ces officiers. — *Id.*.

OFFICIER MINISTÉRIEL. — *V. Avoué. — Cession. — Commissaire-priseur — Désaveu d'officier ministériel. — Greffier. — Huissier. — Notaire. — Offices. — Privilége.*

L'officier ministériel, poursuivi en responsabilité pour un fait relatif à l'exercice de ses fonctions, n'est justiciable que du Tribunal près duquel il exerce. — Peu importe qu'il exerce devant une Cour impériale et que la partie demanderesse prétende avoir à mettre en cause d'autres parties non justiciables de cette Cour. — 4e, 19 déc. 1849 (Claude), xiv, 65.

OFFRES. — *V. Désaveu d'officier ministériel.*

1. — Toute proposition, tant qu'elle n'a pas été acceptée, ne peut être considérée comme un aveu, et peut être rétrac-

tée. — 2e, 16 fév. 1842 (Commune de Sourdeval), VI, 473.

2. — *Jugé même que*, tant que des offres n'ont pas été acceptées, elles peuvent être rétractées sur appel. — 2e, 10 août 1843 (Zill-des-Ylles), VII, 460.

3. — Les offres faites sous certaines conditions non acceptées tombent de plein droit, lors même qu'un jugement aurait accordé acte des offres à l'égard de plusieurs des parties en cause et qu'appel de ce jugement n'aurait point été porté contre elles, si d'autres parties ont porté un appel qui rende inexécutables les conditions apposées à ces offres — 1re, 12 janv. 1848 (Héritiers Jourdan), XII, 202.

OFFRES RÉELLES. — *V. Consignation.* — *Pacte commissoire.* — *Réméré.* — *Rente (en gén.).* — *Saisie immobilière.*

1. — Tant que la délégation d'une créance n'a point été signifiée au débiteur, celui-ci est en droit d'intimer son créancier pour recevoir le montant de ladite créance. Mais si, entre le jour de l'intimation et le jour désigné pour le versement des deniers, les délégataires font connaître leurs droits, c'est à eux que les offres doivent être faites avec indication du jour où elles seront réalisées. — L'omission de cette dernière condition, entraîne la nullité des offres et de la consignation — 2e, 21 janv. 1847 (Lechartier) XI, 80.

2. — Les formalités prescrites par l'art. 68 du Code de procédure, notamment celle du visa sur l'original, sont obligatoires pour le notaire qui signifie un procès-verbal d'offres réelles. — 1re, 7 juin 1852 (Aubert), XVI, 243.

3. — Les offres réelles préalables à la consignation ne doivent pas être précédées d'une sommation au créancier d'être présent à cette consignation, lors même que les offres doivent être faites à un lieu autre que celui du domicile réel de ce créancier, et qu'il n'y a pas de jour fixé pour le payement. — 1re, 6 mars 1848 (Chéron), XII, 14.

4. — Est considérée comme non avenue une exhibition de deniers faite par un débiteur, si elle n'est pas suivie de consignation et si d'ailleurs elle ne comprend pas le montant intégral des frais faits par le créancier pour arriver au recouvrement de sa créance. — 4e, 20 janv. 1845 (Leboucher), IX, 123.

OMISSION. — *V. Compte-courant.*

OPPOSITION. — *V. Arbitrage.* — *Cession.* — *Contrainte par corps.* — *Délits de la presse.* — *Dépens.* — *Faillite.* — *Folle enchère.* — *Interrogatoire sur faits et articles.* — *Jugement par défaut.* — *Ordre.* — *Péremption.* — *Privilège.* — *Reprise d'instance.* — *Saisie immobilière.* — *Taxe en matière civile.* — *Vente publique d'immeubles.*

ORDONNANCE DE CHAMBRE DU CONSEIL — *V. Tribunal correctionnel*

ORDONNANCE D'EXEQUATUR et DE PAREATIS. — *V. Arbitrage.* — *Degré de juridiction* — *Étranger.*

ORDONNANCE ROYALE. — *V. Boulangerie.*

1. — Les ordonnances des rois de France contenant des dispositions pénales devaient, pour obtenir force de loi, être enregistrées par les Parlements. — Ch. corr., 10 avril 1845 (Leroux), IX, 200.

2.—...L'enregistrement d'une ordonnance maritime au greffe d'une amirauté ne pouvait suppléer à l'enregistrement par le Parlement.—*Id..*

3.—...Une ordonnance simplement modificative d'une autre ordonnance précédemment enregistrée, et qui se bornait à réduire la pénalité, n'avait pas besoin d'enregistrement pour devenir obligatoire.—*Id..*

4.—...L'enregistrement d'une ordonnance par les Parlements peut, à défaut de preuve directe, être établie par présomptions.—*Id..*

ORDONNANCE SUR RÉFÉRÉ.

—*V. Distribution par contribution.— Référé.*

ORDRE.—*V. Appel en matière civile.—Autorisation de femme mariée. —Communauté conjugale.—Conservateur des hypothèques.—Consignation. —Créancier (en général).—Degré de juridiction.—Distribution par contribution.— Donation (entre vifs).—Éviction.— Femme normande. — Héritier apparent.—Hypothèque (en général). —... légale des femmes.—Lettre de change.— Notaire.— Prescription.— Purge.—Rente foncière.—... viagère. —Saisie immobilière.—Subrogation.— Substitution.*

Indication alphabétique.

1. — Le créancier qui a produit à un ordre et a acquiescé à l'arrêté provisoire qui rejetait sa collocation n'est pas déchu du droit de réclamer collocation à ce même ordre pour une créance étrangère à celle que présentait sa première demande, sauf à payer les frais occasionnés par sa production tardive.—4e, 27 nov. 1844 (Ménard de Couvrigny), VIII, 574.

2. — Une demande en collocation, bien que, par suite des règles spéciales à la procédure d'ordre, elle ne soit pas signifiée au débiteur, peut être considérée comme une demande judiciaire susceptible de faire courir les intérêts. —4e, 11 mars 1845 (Tardif), IX, 98.—V. *infrà*, n° 5.

3. — Le créancier hypothécaire inscrit pour un capital produisant intérêts ne peut jamais être colloqué que pour deux années d'intérêts et l'année courante, lors même qu'il n'existerait aucun autre créancier hypothécaire et que pour le surplus des intérêts il ne se trouverait en opposition qu'avec des créanciers chirographaires. —4e, 14 mai 1844 (Trésor public), X, 592. — C., ch. civ., rej., 15 avril 1846 (Trésor public), *ibid.*.—4e, 29 juin 1847 (Berrurier, syndic Moisson), XI, 358.

4. — Le créancier dont le titre hypothécaire ne contient pas de stipulation d'intérêts ne peut invoquer l'art. 2151 du Code Napoléon.—4e, 11 mars 1845 (Tardif), IX, 98.

5.—...Toutefois, si l'immeuble hypothéqué a été exproprié il doit obtenir au rang du principal les intérêts courus depuis sa demande en collocation, parce que, l'ordre n'étant que déclaratif, il est réputé approprié du jour de l'adjudication du capital dont il est colloqué et des intérêts par lui produits jusqu'à concurrence de ceux qui lui sont dus.—*Id.*.— V. *supra*, n° 3.

6 — Le créancier d'une rente viagère, auquel l'acquéreur d'un immeuble grevé de l'hypothèque attachée à cette rente a fait notifier son contrat et a adressé sommation de produire, ne peut pas être

écarté de l'ordre, quelle que soit d'ailleurs l'étendue de ses garanties sur d'autres immeubles.—4e, 27 nov. 1844 (Ménard de Couvrigny), VIII, 574.

7.. — Lorsqu'un débiteur rend sa libération vraisemblable envers quelques-uns de ses créanciers et que ceux-ci (ou leur mandataire) mis en demeure d'établir le contraire, ne l'ont pas fait, les créanciers postérieurs en ordre d'hypothèque, mais dont la créance est certaine, ont droit à l'emport des deniers, sauf à rapporter s'il y a lieu.—4e, 22 mars 1847 (Delauney), XI, 201.

8. — Le créancier contestant n'est pas tenu d'énoncer dans son contredit tous les moyens qu'il entend faire valoir.— 4e, 4 déc. 1851 (Breust-Gachetière), XVI, 68.

9. — Le jugement qui rejette une demande en collocation profite à tous les créanciers, aussi bien à ceux qui n'ont point élevé de contredit qu'à ceux qui ont contesté, et le bénéfice de ce jugement ne peut leur être enlevé sur appel arrière d'eux.—4e, 16 avril 1845 (Jourdain), IX, 227.

10. —... Le contredit fait par un des créanciers doit profiter à tous les autres et même à ceux qui n'ont point interjeté appel : En conséquence ces derniers, qu'ils soient hypothécaires ou chirographaires, peuvent, même après l'expiration des délais, profiter de l'appel interjeté par un autre créancier en formant adjonction à ses conclusions. — 4e, 11 mars 1845 (Tardif), IX, 98.—1re, 17 juill. 1851 (Carabœuf), XV, 211.

11.—... Et cette adjonction doit avoir son effet lors même que, par des conclusions subsidiaires, l'intimé aurait obéi donner toute satisfaction aux intérêts de l'appelant, dans le cas où le jugement serait réformé. (*Résolu implicitement*). — 1re, 7 juill. 1851 (Carabœuf), xv, 211.

12. — Le créancier, qui a réclamé collocation à une certaine date et qui l'a obtenue par le réglement provisoire, est recevable, dans les délais pour contredire, à demander une modification à cette collocation.—*Id.*.

13. —... Mais est-il recevable, après l'expiration de ces délais, à élargir la portée de sa demande en rectification de sa propre production, en dehors des limites de son intérêt individuel ?—*Résolu implicitement dans le sens de l'affirmative.*—*Id.*.

14. — La femme qui dans les délais légaux a, par un contredit à l'ordonnance provisoire d'ordre sur les biens de son mari, demandé que ses créances mobilières, aussi bien que ses créances sur son mari, soient colloquées avant ses reprises immobilières pour le prix de ses propres aliénés et qu'aucuns deniers ne soient affectés à cette dernière reprise qu'autant que toutes ses autres créances seraient soldées, doit être présumée avoir voulu être colloquée pour le prix de ses immeubles aliénés non pas à la date de son mariage, mais bien à celle de l'aliénation, surtout lorsque, à raison de l'insuffisance des deniers à distribuer, son intérêt lui prescrivait ce dernier mode de collocation.—*Id.*.

15. —... Doit être considéré comme commentaire d'un contredit, et non comme un nouveau contredit, et par conséquent n'est pas soumis aux délais prescrits par les art. 755 et 756 du Code

de procédure civile, l'écrit destiné à expliquer et développer le contredit formé dans les délais et à en déterminer irrévocablement le sens et la portée.—*Id.*.

16. — Lorsque, conformément au droit qui lui est conféré par l'art. 760 du Code de procédure, un créancier a personnellement élevé des contestations à un état d'ordre, non-seulement toutes les significations doivent lui être adressées comme étant partie en cause, mais encore les délais prescrits par la loi doivent être observés à son égard.—4e, 5 juin 1844 (Petit-Dulongprey), viii, 328.

17. — De ce qu'un créancier a, en vertu de l'art. 755 du Code de procédure, élevé un contredit sur le procès-verbal du juge-commissaire, il ne s'ensuit pas que, si, après le renvoi à l'audience pour être statué sur les contredits, il garde le silence, l'avoué du dernier créancier colloqué n'ait pas, aux termes de l'art. 760, qualité pour le représenter aussi bien que les créanciers qui n'ont fait aucun contredit individuel.—4e, 6 août 1845 (Jourdain), ix, 620.

18. — Le seul fait d'avoir occupé en première instance pour l'une des parties adverses n'empêche pas que l'avoué du dernier créancier colloqué ne soit le mandataire de tous les créanciers postérieurs en ordre d'hypothèque aux collocations contestées, sauf à avoir tel égard que de raison à cette circonstance dans l'appréciation de la fraude qui serait reprochée à cet avoué.—4e, 16 avril 1845 (Jourdain), ix, 227.

19. — La disposition exceptionnelle de l'art. 763 du Code de procédure qui réduit à 10 jours les délais d'appel à partir de la signification du jugement faite à

avoué doit être restreinte aux jugements rendus sur l'ordre proprement dit, c'est-à-dire aux décisions ayant pour objet de terminer les difficultés relatives à l'admission des créanciers, à la fixation de leur rang de collocation, à la délivrance des bordereaux et en un mot à tout ce qui peut entraver la conclusion définitive de l'ordre et sa clôture; elle ne peut s'étendre aux difficultés étrangères à l'ordre et qu'on y aurait incidemment rattachées.—2e, 21 août 1846 (Legenvre), x, 444.

20 —L'action par laquelle une femme mariée sous le régime dotal, loin de demander la nullité de l'adjudication de ses immeubles dotaux qui a eu lieu en bloc, sur saisie immobilière, avec d'autres immeubles appartenant à son mari, élève seulement la prétention d'être colloquée à l'ordre pour une somme égale à la valeur de ses immeubles dotaux et de se faire attribuer une portion du prix jusqu'à concurrence de cette somme, constitue, non pas un incident sur saisie immobilière, mais une contestation sur l'ordre ouvert.—Dès lors l'appel du jugement qui a statué en premier ressort sur cette contestation n'a pas besoin d'être déclaré au greffe ; il suffit, pour qu'il soit valable, qu'il ait été interjeté dans les dix jours de la signification du jugement à avoué.—4e, 17 juin 1851 (Desnos), xv, 193.

21. — Lorsque, en matière d'ordre, il a été statué par des jugements distincts sur les contredits, si un créancier porte par un seul exploit l'appel de plusieurs de ces jugements, et que des créanciers déchus du droit d'appel de leur chef interviennent pour donner adjonction à la demande en réformation du dernier jugement rendu, l'intimé n'est pas fondé à réclamer la disjonction des appels, sous le prétexte que le résultat de la décision à intervenir sur le premier jugement pourrait enlever à l'appelant tout intérêt, en ce qui concerne les autres jugements. — 4e, 5 mars 1845 (Tardif), IX, 98.

22. — Le réglement définitif d'ordre arrêté par le juge-commissaire n'est pas un véritable jugement; il ne peut être attaqué par la voie de l'appel. — 4e, 5 août 1844 (Lecoq), VIII, 475.

23. — Les créanciers qui prétendent que l'avoué qui les a représentés sur l'appel où il était intimé pour eux a agi de concert avec leurs adversaires, peuvent attaquer l'arrêt par la voie de la tierce opposition, ils doivent ou du moins ils peuvent ne pas se borner à poursuivre l'exécution du jugement infirmé.—4e, 16 avril 1845 (Jourdain), IX, 227.

24. — La clôture d'un ordre ouvert pour la distribution d'un prix de vente rend définitives les collocations qui y ont été faites, et a toute l'autorité de la chose jugée soit sur la légitimité des créances colloquées, soit sur le rang assigné à ces créances, aussi bien contre la partie saisie que contre les créanciers.— 4e, 28 nov. 1843 (Briaut), VII, 498.—C., ch. civ., rej., 9 déc. 1846 (Briant), XI, 102.

25.—... Spécialement, la partie saisie qui a laissé clore l'ordre sans contester la légitimité d'une créance, ne peut ultérieurement exercer, contre le créancier qui a touché le montant de son bordereau, l'action en répétition de l'indu, en soutenant, soit que le créancier a été colloqué d'une somme qui ne lui était pae due, soit que la dette n'était garantie par aucune affectation hypothécaire.—*Id.*.

26.—L'adjudicataire qui paie en vertu d'une ordonnance de clôture d'ordre peut, s'il se trouve contraint d'acquitter une créance hypothécaire non comprise par erreur dans l'état d'ordre, et d'un rang préférable aux créanciers colloqués, répéter contre ces derniers le montant de la créance omise.—1re, 16 août 1842 (Lecieux), vi, 437.

27. —... Il en est ainsi lors même que l'adjudicataire, en remboursant avec subrogation le créancier hypothécaire omis, aurait dégagé l'immeuble de tout droit hypothécaire, se serait mis par là dans l'impossibilité de subroger lui-même les créanciers colloqués dans tous les droits du créancier omis et les aurait empêchés, par suite, de faire fixer, par une nouvelle adjudication, le prix des immeubles affectés à leur créance. — *Id.*.

28. — Quand un créancier à hypothèque générale a obtenu une collocation définitive dans un ordre, il peut abandonner le bénéfice de cette collocation pour produire à un autre ordre. — La collocation, même définitive, n'est qu'une indication de payement.—4e, 10 janv. 1844 (Letourmy), vii, 688.

29. — La femme qui a été colloquée sur les biens de son mari, avec ajournement cependant à la mort de celui-ci pour recevoir le montant de son bordereau de collocation, n'a plus d'action hypothécaire ; son inscription a produit son effet, et l'adjudicataire est en sécurité—4e, 25 janv. 1847 (Cadou-Taillefer), xi, 67.

30. — Les bordereaux de collocation délivrés contre le premier adjudicataire sont exécutoires contre l'adjudicataire par suite de folle enchère, et l'acquéreur qui a acquitté ces bordereaux est valablement libéré.—4e, 22 mars 1849 (Noël), xiii, 322.

31. — La collocation emporte attribution de deniers en faveur des créanciers colloqués qui, dès ce moment, deviennent créanciers directs des adjudicataires.—En conséquence, l'action résultant de cette créance n'est prescriptible que par trente ans à partir du jour où elle est devenue exigible ; et ce lors même que l'action personnelle contre le débiteur saisi serait prescrite.—1re, 15 mars 1852 (Lefandais), xvi, 102.

32. — Les débiteurs du prix d'un immeuble peuvent se refuser à acquitter les bordereaux de collocation délivrés contre eux jusqu'à ce que toutes les inscriptions qui grèvent l'immeuble soient radiées ou qu'on leur en rapporte main levée. — 4e, 6 août 1849 (Leroy), xiii, 358.

33. — L'acquéreur auquel son contrat interdisait de purger l'hypothèque garantissant une rente viagère est tenu d'indemniser le créancier dernier emportant deniers de toutes les conséquences de la production faite à l'ordre par le créancier de la rente.—4e, 27 nov. 1844 (Menard de Couvrigny), viii, 573.

34. — Le créancier dernier emportant deniers à un ordre ne peut être subrogé aux droits d'un créancier payé préférablement à lui par l'effet d'une hypothèque générale ; cette subrogation appartient au vendeur de l'immeuble, dont le prix est mis en distribution.—*Id.*.

35. —... Toutefois il peut être décidé que, en recevant le payement de son bordereau de collocation, le créancier à hypothèque générale remettra ses titres, non à l'acquéreur qui acquittera le montant du bordereau, mais au vendeur de de l'immenble, et seulement en présence du créancier dernier emportant deniers. —*Id..*

36. — Lorsqu'une adjudication sur saisie immobilière a été passée à une époque où la jurisprudence décidait que les poursuites en saisie immobilière purgeaient l'hypothèque légale de la femme du saisi, l'adjudicataire poursuivi par la femme, sous l'empire de la nouvelle jurisprudence qui n'admet pas ce mode de purge, a son recours contre les créanciers qui avaient été utilement colloqués à l'ordre ouvert sur son prix.—2e, 25 août 1848 (Desroches), xii, 324.—V. *infrà*, v° *Purge.*

37. — Le sous-ordre peut être tenu en même temps que l'ordre, sans qu'il soit besoin d'attendre la clôture ce celui-ci.—1re, 23 août 1852 (de Cairon), xvi, 273.

38. — Une demande en collocation en sous-ordre, quoique formée sans inscription, équivaut à l'opposition exigée par l'art. 778 du Code de procédure civile pour être admis à la distribution de la collocation accordée au débiteur. — 4e, 20 déc. 1841 (Veuve Brugère), v, 493.

39. — Une demande en sous-ordre ne frappe d'indisponibilité la créance colloquée que jusqu'à concurrence des causes de la demande ; la cession de l'excédant est valable à l'égard des créanciers dont la demande est postérieure au transport. —1re, 23 août 1852 (de Cairon), xvi, 273.

40. — Le créancier qui, dans un état d'ordre, a été colloqué en sous-ordre du chef de son débiteur colloqué lui-même à l'ordre, et qui a retiré, sans réserves, ses contredits en présence des obéissances même conditionnelles passées par ce débiteur ne peut plus former, à cet égard, opposition à l'arrêté définitif d'ordre, et doit être déclaré forclos.—4e, 21 juin 1853 (Fagot), xvii, 310.

41. — Ce créancier ne pourrait non plus soutenir que c'est par la négligence de son débiteur qu'il n'a pas été colloqué de tout ce qui lui est dû, et demander, sur appel, à être colloqué par préférence à ce même débiteur.—*Id*.

ORDRE PUBLIC.—*V. Appel*—... *en matière civile.— Arbitrage.—Billet à ordre. — Commune. — Contrat de mariage.—Exception.—Loi.—Offices.* —etc.—*V.* aussi les diverses espèces de *Compétence.*

ORGANISATION JUDICIAIRE. —*V. Tribunal de commerce.*—etc..

OUTRAGE. — *V. Diffamation.— Injures.*

OUVRIER.—*V. Commis-marchand.* —*Compétence commerciale.— Domestique. — Louage d'ouvrage. —... de services.—Privilége.—Prud'hommes. —Travaux publics.*

P.

PACAGE.—*V. Pâture.*

PACTE COMMISSOIRE.

Les droits du créancier résultant de l'inexécution du contrat par le débiteur sont régis par la loi sous l'empire de laquelle a été contractée l'obligation. Par suite, lorsque, dans un contrat de fieffe passé sous l'ancienne législation, il a été stipulé que, à défaut de payement de la rente pendant un certain temps, le créancier aurait le droit de rentrer en possession des biens fieffés, le débiteur ne peut, par des offres, empêcher la résolution du contrat, si la condition prévue se réalise sous le Code Napoléon.—1re, 14 janv. 1851 (Londe), xv, 8.

PACTE DE FAMILLE.—.. **SUR SUCCESSION FUTURE.**—*V. Double écrit.*—*Institution contractuelle.*—*Legs (en général).* — *Partage d'ascendant.*—*Succession future.*

PAIEMENT.—*V. Payement.*

PAPIERS.—*V. Scéllés.*

PAPIERS DOMESTIQUES. — *V. Livres de commerce.*—*Registres et papiers domestiques.*

PAPIER-MONNAIE.

Le mari qui a reçu en papier-monnaie le remboursement de rentes appartenant à sa femme ne doit restituer que la valeur dépréciée. Il en est ainsi lors même que le remboursement n'a pas de date certaine dans le sens de l'art. 1328 du Code Napoléon; la date du remboursement peut être déterminée d'après les présomptions de la cause.— 1re, 23 oct. 1847 (Roquier), xi, 557.

PARAPHERNAUX. — *V. Dot.*— *Remploi.* — *Séparation de biens.*

Le mari qui, sans mandat, et néanmoins sans opposition de sa femme, a joui des biens paraphernaux de celle-ci, n'est comptable, à la dissolution du mariage, envers les enfants du premier lit, que des fruits existants, et non de ceux consommés antérieurement. Cette jouissance ne peut être considérée comme un avantage indirect obtenu par le mari, contrairement aux art. 1098 et 1099 du Code Napoléon.— 2e, 23 juin 1841 (Corbin des Manneteaux), vii, 110. —C., ch. req., rej., 19 déc 1842 (Corbin des Manneteaux), *ibid.*.

PARCOURS. — *V.* les renvois indiqués sous le mot *Pâture.*

PARENT.—**PARENTÉ.**— *V. Alliance.*

PARI.—*V. Marché à terme.*

PARLEMENT. — *V. Commune.*— Domaine engagé. — Titres. — Usage (droits d').

PARTAGE.— *V. Appel en matière civile.*—*Arbitrage.*—*Canal.*—*Communauté conjugale.*—*Demande nouvelle.* — *Émigré.* — *Faillite.* — *Femme normande.* — *Hypothèque conventionnelle.* — *Indivision.* — *Licitation.* — *Mitoyenneté.*—*Notaire.*—*Partage d'ascendant.* —*Pressoir.*—*Rapport à succession.*— *Rente féodale.* — *Saisie immobilière.*— *Servitude.*—*Substitution.* — *Testament (en gén.).*—*Transaction.*

Indication alphabétique.

1. — Nulle loi ne s'oppose à ce que plusieurs successions dévolues aux mêmes héritiers soient réunies à l'effet de composer une seule masse à partager. Il en est ainsi lors même que, étant échues à des mineurs, ces successions ont été acceptées sous bénéfice d'inventaire. — 2e, 6 nov. 1846 (Vérel), x, 641.

2. — Au cas d'indivision d'immeubles entre mari et femme, il y a lieu, avant tout partage, au prélèvement de la plus-value résultant d'impenses et améliorations au profit de l'époux par lequel elles ont été faites. — 2e, 27 janv. 1853 (Pantin), xvii, 76.

3. — Lors même que les tribunaux, usant de la faculté qui leur est accordé par l'art. 970 du Code de procédure, dispensent les parties d'une expertise préalable, les lots n'en doivent pas moins être composés par un expert désigné par le juge-commissaire, aux termes de l'art. 978 du même code, s'il existe des mineurs intéressés dans le partage. — 1re, 30 janv. 1843 (Héritiers Bourdet), vii, 511. — Trib. civ. de Caen, 1re ch., 29 avril 1844 (Bilheux), viii, 308.

4. — Lorsque les biens sont situés dans des arrondissements différents, il convient, pour en opérer le partage, que les experts, chargés de les estimer dans les divers arrondissements, aient entre eux une conférence pour se concerter sur les bases de leurs opérations respectives. — 2e, 5 août 1847 (de Joviac), xi, 472.

5. — Les tribunaux peuvent, lorsque les copartageants ont des droits inégaux, ordonner que le partage d'immeubles indivis s'opèrera par lots d'attribution. — Il n'y aurait lieu de procéder à la licitation que si les lots d'attribution ne pouvaient être formés sans perte. — 2e, 13 nov. 1845 (Postel), x, 3. — 2e, 20 août 1847 (Giffard), xi, 427.

6. — Dans les partages de subdivision, comme dans les partages entre souches, les copartageants peuvent exiger l'exécution de l'art. 826 du Code Napoléon, sauf les exceptions établies par les articles suivants. — 2e, 24 août 1849 (Mauger), xiii, 486.

7. — Lorsqu'il existe des dettes grevant la succession, celles déterminées par l'art. 872 du Code Napoléon sont les seules pour l'acquittement desquelles une partie des immeubles peut être vendue. — Id..

8. — Lorsque, pour partager plusieurs successions dévolues aux mêmes héritiers, on compose une seule masse à partager, il n'y a point lieu de rechercher de quelles successions proviennent telles ou telles dettes. On peut affecter à

leur payement certains immeubles sans s'occuper du point de savoir à quelle succession ils appartiennent. — 2e, 6 nov. 1846 (Vérel), x, 641

9. — Le partage d'une succession fait avec une femme mariée sous le régime dotal ne peut être attaqué par celle-ci sous le prétexte qu'il n'a pas été fait en justice, si d'ailleurs il a eu lieu sans fraude à la dotalité et dans des circonstances qui le rendraient inattaquable de la part de toutes autres personnes. — 2e, 3 avril 1841 (Lécluse), v, 499. — 2e, 13 nov. 1847 (baron de Béville); xi, 627.

10. — La femme dotale n'est pas fondée à se prévaloir de cette qualité pour rejeter un acte rectificatif d'un partage amiable fait sous forme de transaction non homologuée par justice, si elle ne rend au moins vraisemblable que l'acte primitif et l'acte transactionnel ont eu pour objet et pour résultat de faire fraude à la dotalité. — 1re, 9 avril 1850 (Letourneur), xv, 136.

11. — La reconnaissance passée par la femme, pendant la durée de la puissance maritale, d'une transaction apportant des modifications à un partage, et déchargeant le mari de sa responsabilité relativement à ce partage, ne saurait suppléer la représentation de cet acte. — 2e, 21 mars 1834 (Decoufley), xii, 610.

12. — Les créanciers d'un copartageant qui n'ont pas formé opposition au partage ne peuvent en demander la nullité comme fait en fraude de leurs droits ; mais ils ont l'action en rescision s'il y a lieu. — 1re, 25 mai 1849 (Turmel), xiii, 370.

13. — *Jugé au contraire, implicitement, que* ces créanciers peuvent attaquer le partage pour cause de fraude, même lorsqu'ils ne se sont pas opposés à ce qu'il y fût procédé hors de leur présence. — 4e, 15 janv. 1850 (Louchet, xiv, 246.

14. — Le créancier d'un copartageant, qui n'intervient pas au partage pour la conservation de ses droits, est astreint, plus que personne, lorsque plus tard il vient alléguer la fraude, à apporter des preuves certaines de cette fraude. — 4e, 15 janv. 1850 (Louchet), xiv, 246

15. — Le créancier de l'héritier est recevable à demander la rescision d'un partage contenant une lésion de plus du quart au préjudice de son débiteur ; et il n'est pas nécessaire, pour qu'il soit admis à former cette demande, qu'il justifie d'un chiffre de créance liquide et rendu exécutoire, il suffit que le principe de la créance soit certain et reconnu. — 2e, 13 nov. 1846 (Héritiers Lecrosnier), x, 467.

16. — Lorsqu'une action en rescision pour cause de lésion est dirigée contre un partage, les tribunaux ne sont pas tenus d'ordonner l'expertise sollicitée, lorsqu'ils trouvent dans la cause des éléments suffisants de décision. — 4e, 15 janv. 1850 (Louchet), xiv, 246. — 2e, 9 août 1850 (Dubois du Bais), xiv, 527.

17. — Si les art. 887 et 1079 du Code Napoléon ne permettent d'attaquer un partage pour cause de lésion qu'autant que cette lésion est de plus du quart, ce n'est pas parce que la loi présume, si l'on articule une lésion moindre, qu'il n'y a réellement aucune inégalité, mais parce qu'elle a pensé qu'alors l'intérêt n'est pas assez considérable pour remettre en question un partage consom-

mé.—1re, 10 déc. 1850 (de Montrond), xiv, 631.

18.—Des cohéritiers qui ont le droit de faire annuler pour le tout un acte de partage qui leur préjudicie, peuvent se borner à demander individuellement, à chacun de leurs cohéritiers, la part qui devait leur revenir, et ceux-ci ne peuvent repousser cette demande sous prétexte qu'un partage général leur conviendrait mieux.—1re, 7 janv. 1850 (Hamard), xiv, 133.

19.—Est non recevable l'action en rescision pour cause de lésion introduite contre un acte de partage effectué conformément aux bases posées dans le testament du père commun, quand d'ailleurs la réserve légale n'est pas atteinte.—2e, 9 août 1850 (Dubois du Bais), xiv, 527.

20.—L'art. 1338 du Code Napoléon est applicable à un acte de partage, aussi bien qu'à tout autre contrat. Par suite, le cohéritier qui a exécuté volontairement un partage, en aliénant successivement les divers biens compris dans son lot, est présumé avoir ratifié cet acte, et il ne peut plus intenter l'action en rescision pour cause de lésion.—1re, 24 mai 1843 (Brunet), vii, 368 — 2e, 8 janv. 1848 (Beaumont), xii, 489.

21.—L'annulation d'un partage n'empêche pas qu'il ait produit tous ses effets, quant à la perception des fruits et au réglement des jouissances, pendant tout le temps qu'il a été respecté. —2e, 5 déc. 1849 (Veuve Duval), xiii, 469.

22.—Quand une femme a fait un partage que depuis elle a fait annuler, les intérêts lui sont dus, non à partir de sa séparation de biens, mais à partir de la demande.—Id..

23.—Le jugement qui homologue un partage judiciaire n'a d'autre effet que de donner à ce partage la force qu'aurait eu un partage volontaire entre personnes capables de contracter ; il ne met point obstacle à ce que des biens qui auraient été indûment compris dans le partage en soient distraits par les véritables propriétaires. Il n'est donc nullement nécessaire pour ceux-ci de se pourvoir par voie de tierce opposition.—2e, 23 nov. 1844 (Durand), viii, 603.

24.—Lorsque, dans un partage, on a indiqué à la fois la contenance et les abornements d'une partie d'une pièce attribuée à l'un des copartageants, et que le surplus de la pièce est donné à un autre, on doit s'en tenir à la contenance et restreindre les abornements, s'ils donnent une mesure plus grande que celle indiquée.—2e, 29 mars 1849 (Graffey), xiii, 153.

25.—Lorsqu'une partie s'est obligée, dans un acte de partage, à communiquer à son cohéritier, sur son récépissé et à toute réquisition, certains titres dont elle est restée saisie, elle ne peut subordonner l'exécution de cette obligation à la justification de l'intérêt que peut avoir le cohéritier à la représentation de ces titres.—4e, 3 fév. 1852 (Desprez), xvi, 97.

26.—L'art. 883 du Code Napoléon est absolu, il s'applique aux conjoints des cohéritiers comme aux cohéritiers eux-mêmes.—2e, 3 janv. 1850 (Marin), xiv, 146.

27.—Si les créanciers personnels de

l'un des époux ont pris des inscriptions hypothécaires dans l'intervalle de la dissolution de la communauté au partage, elles ont effet sur tous les immeubles échus à cet époux.—4e, 7 juin 1848 (Leboucher). xii, 295.

28.— La disposition de l'art. 886 du Code Napoléon n'est pas applicable aux rentes créées par l'acte de partage, à titre de soultes ou retours de lots. La garantie de la solvabilité du cohéritier chargé d'une telle rente peut donc être exercée même après les cinq ans qui suivent le partage.— 1re, 10 fév. 1850 (Monnoye), xvi, 144.

29.—... Mais les cohéritiers ou co-partageants ne sont tenus, même hypothécairement, sur les immeubles de la succession, que jusqu'à concurrence de leur part et portion virile.—Id..

30.— Lorsque, par suite de partage entre cohéritiers, il a été fait à l'un d'eux, qui l'a acceptée sans réserves, délégation d'une créance exigible sur un débiteur alors solvable de la succession, il n'y a pas lieu à la garantie édictée par l'art. 884 du Code Napoléon, dans le cas de faillite de ce débiteur, lors surtout que, en fait, l'héritier, devenu seul créancier, ne peut attribuer qu'à sa négligence la perte qu'il éprouve, et lorsqu'il aurait pu facilement, dans le délai qui s'est écoulé depuis la délégation jusqu'au jour de la faillite, opérer le recouvrement de la créance. Au surplus, les magistrats apprécient si le principe posé par l'art. 1276 est ou non préférable aux moyens de fait basés sur l'art. 884. —4e, 13 août 1850 (Hébert), xiv, 492.

31.— L'action en partage d'une succession mobilière indivise entre deux enfants mineurs et leur mère, à la fois tutrice et légataire d'une partie des biens de son mari, ne se prescrit pas par dix ans à partir de la majorité des enfants mineurs. Cette action dure trente ans. —2e, 24 déc. 1841 (Boulard), v, 525.

PARTAGE ADMINISTRATIF.
— V. Commune.

PARTAGE D'ASCENDANT. —
V. Acte sous seing privé. — Démission de biens. — Rapport à succession. — Rente viagère. — Substitution. — Usine.

Indication alphabétique.

Abattis de bois, 23.	Fin de non-recevoir, 3,
Acceptation, 30.	12, 15, 21 et s., 30.
Acte à titre onéreux, 4	Fraude, 8.
et s..	Héritiers, 1.
Action en nullité, 1 et	Hypothèque, 35.
s., 9 et s., 24 et s.,	Immeubles, 13 et s..
33 et s..	Imputation, 26 et s..
Action en rescision, 20	Intérêts, 22.
et s., 36.	Irrévocabilité, 17.
Apport en mariage, 23,	Legs, 26 et s..
Bois, 23.	Legs particulier, 20.
Capital, 13 et s., 22.	Lésion, 20 et s..
Charges, 4 et s..	Lots, 13 et s., 24 et s..
Clause licite, 19.	Meubles, 13 et s..
Clause pénale, 19.	Nullité, 1 et s., 9 et s.,
Collatéraux, 1.	24 et s..
Communauté conjuga-	Obligations, 6, 16.
le, 5.	Préciput, 10 et s., 18,
Complément, 25, 30.	25 et s..
Conditions, 4 et s..	Prescription, 33 et s.
Contrat de mariage, 13,	Promesse d'égalité, 17.
23.	Quotité disponible, 10
Date certaine, 7.	et s., 19, 24 et s..
Dépens, 36.	Ratification, 21 et s..
Dettes, 4 et s..	Rectification, 16 et s.
Donation, 4 et s., 16 et	Réduction, 25.
s., 21 et s..	Remploi, 13.
Dot, 2, 3, 13.	Renonciation, 30.
Égalité, 16 et s..	Renonciation à succes-
Exécution, 22 et s..	sion, 10.
Femme, 23.	Rente viagère, 5.
Femme dotale, 2, 3.	Rescision, 20 et s..

1. — Les dispositions du Code Napoléon qui autorisent les ascendants à faire entre leurs descendants le partage anticipé de leurs biens ne sont pas restrictives aux seuls ascendants, et toute personne peut opérer ce partage entre ses héritiers, quels qu'ils soient. — 2ᵉ, 2 déc. 1847 (Soynard), xi, 542.

2. — Une femme mariée sous le régime dotal peut distribuer par acte entre vifs, conformément à l'art. 1075 du Code Napoléon, entre ses enfants de deux lits, ses immeubles propres, dont la majeure partie est indivise entre elle et les enfants du premier lit, et est d'ailleurs grevée de leur hypothèque légale, si cet acte peut être considéré comme le seul moyen avantageux pour la famille de faire cesser l'indivision et d'acquitter la dette tutélaire. — 1ʳᵉ, 11 mars 1850 (Lenoir), xiv, 270.

3. — ... Elle n'est pas recevable à demander la nullité de ce pacte de famille, comme portant atteinte à l'inaliénabilité de la dot. — Id..

4. — Quand un père a déclaré faire le partage de sa fortune entre ses enfants à titre de donation, on ne suppose pas facilement que l'acte soit à titre onéreux, quelles que soient d'ailleurs les charges imposées aux copartageants. — 1ʳᵉ, 21 avril 1841 (Desrues), v, 128.

5. — Doit être réputé partage et non donation tout acte par lequel un père abandonne à ses enfants, à charge par eux d'acquitter certaines dettes et de lui servir une rente viagère, les biens provenant de la communauté ayant existé entre lui et leur mère, lorsqu'il n'est intervenu antérieurement aucun acte de partage. — 1ʳᵉ, 25 mai 1849 (Turmel), xiii, 370.

6. — L'acte de donation par lequel un père fait le partage de tous ses immeubles entre ses enfants a pour effet de rendre lesdits enfants personnellement passibles de toutes les obligations dont leur père était tenu. — 4ᵉ, 13 juin 1842 (Legrand), vi, 348.

7. — Les enfants donataires par suite d'un partage d'ascendant, ne peuvent être tenus de payer les dettes de l'ascendant lorsqu'elles n'ont pas date certaine avant la donation et sa transcription. — 1ʳᵉ, 19 janv. 1849 (Charpentier), xiii, 15.

8. — ... Il ne pourrait en être autrement que s'il était clairement établi que la donation contenant partage n'était qu'un acte frauduleux fait pour faciliter au père le moyen de se soustraire au payement de ses dettes. — Id..

9. — Un partage d'ascendant est nul pour le tout en cas de survenance d'enfants : la totalité des biens donnés rentre dans la succession. — 1ʳᵉ, 10 mai 1852 (Chauvin), xvi, 181.

10. — ... En conséquence, les copartagés ne peuvent, en renonçant à l'hérédité, conserver les objets donnés jusqu'à concurrence chacun de sa part dans la quotité disponible et dans la réserve. — Id..

11. — Id. ... Et si un legs par préciput et hors part a été fait au dernier enfant, ce legs, ainsi que la part héréditaire de cet enfant, doit se calculer sur

20

la masse de tous les biens, aussi bien ceux précédemment donnés que ceux dont l'ascendant ne s'est jamais dépouillé. — 2e, 4 fév. 1843 (Marie), vii, 149.

12. — La nullité résultant de la survenance d'enfants est une nullité relative ; elle n'est proposable que par les ayants-droit, qui seuls peuvent en profiter. — 1re, 10 mai 1852 (Chauvin), xvi, 181.

13. — Lorsque, dans un partage d'ascendant, le donateur attribue à l'un de ses enfants une part plus forte dans les immeubles, et le charge de payer à son cohéritier une somme d'argent, l'héritier auquel cette somme est attribuée est censé n'avoir hérité dans la succession que d'une valeur mobilière. — Par suite, si cet héritier est une femme dotale séparée de biens, elle peut toucher cette somme sans remploi. — 1re, 5 nov. 1845 (Dubourg), x, 19.

14. — Les art. 826 et 832 du Code Napoléon, qui exigent que tous les lots soient composés, autant que possible, de biens de même nature, s'appliquent aux partages d'ascendants, aussi bien qu'aux partages faits par les cohéritiers eux-mêmes. En conséquence l'ascendant qui fait, entre ses descendants, la distribution de ses biens, en vertu de l'art. 1075, doit, si les immeubles peuvent être commodément partagés, en faire entrer une part dans chacun des lots. — 2e, 27 mai 1843 (Lemarchand), vii, 211. — 2e, 15 déc. 1849 (Lahaye), xiii, 477.

15. — Lorsque, dans un partage entre vifs, un des enfants a accepté un lot en argent, il n'est plus recevable à demander la nullité du partage, sous prétexte que les immeubles étaient partageables et qu'il devait en entrer une portion dans son lot. — 2e, 27 mai 1843 (Lemarchand), vii, 211. — V. infrà, n° 22.

16. — Le père de famille qui reconnaît qu'il existe dans le partage une inégalité quelconque entre ses enfants, fût-elle moindre du quart, peut, par des actes postérieurs, obligation ou testament, rétablir l'égalité en disposant des biens restés libres en ses mains. — 1re, 10 déc. 1850 (de Montrond), xiv, 631.

17. — La donation-partage d'une partie de ses biens à ses enfants par le père qui a réservé l'un d'eux à la moitié de sa succession est irrévocable, en ce sens que le père ne peut disposer en aucune façon des biens compris dans le partage ; mais cette donation-partage ne met aucun obstacle à ce que le père de famille dispose des biens dont il a conservé la pleine propriété, pourvu que, en définitive, l'égalité promise soit respectée. — Id..

18. — Dans un partage testamentaire, une clause ainsi conçue : « s'il se trouve « un des lots qui soit regardé pour être « plus fort en valeur que l'autre, je veux « qu'il n'y soit rien dérogé et que cha- « que lot reste au profit ou à la perte de « celui à qui il est attribué » contient legs par préciput et hors part au profit de l'enfant auquel le lot le plus fort est attribué. — 1re, 4 mars 1846 (Fosse), x, 147.

19. — Est valable la clause par laquelle, dans un partage testamentaire, un père, après avoir fait entre ses enfants des lots qu'il répute égaux, déclare léguer la quotité disponible à ceux de ces enfants dont les lots seraient attaqués, — 1re, 31 janv. 1848 (Lemaître), xii, 23. — V. infrà, nos 26 et s..

20.—L'action en rescision pour cause de lésion d'un partage testamentaire ne peut porter que sur la masse des biens qui ont fait l'objet du partage, sans qu'on puisse comprendre dans cette masse les biens légués à titre particulier.—*Id*..

21.—L'action en rescision d'un partage cumulativement fait par deux ascendants cesse d'être recevable par l'effet d'une ratification intervenue après le décès de l'un d'eux. Il n'est pas nécessaire que le décès des deux ascendants ait précédé la ratification.—C., ch. req , rej., 18 août 1847 (Lefranc), xii, 196

22. — L'enfant auquel est attribué, dans le partage entre vifs des biens de son père, un lot en argent, et qui a reçu pendant la vie du père les intérêts de son lot, est recevable à attaquer le partage pour cause de lésion de plus du quart.—La réception des intérêts n'est pas un acte d'exécution qui entraîne la ratification du partage.—2e, 27 mai 1843 (Lemarchand), vii, 211.—V. *suprà*, n° 15.

23.—On ne doit pas considérer comme des faits d'exécution excluant l'action en rescision pour cause de lésion, l'apport fait par une femme dans son contrat de mariage du lot à elle attribué par un partage testamentaire et quelques abattis de bois faits par son mari sur les immeubles compris dans ce lot.—1re, 31 janv. 1848 (Lemaître), xii, 23.

24.—Indépendamment de l'action en rescision pour lésion admise dans deux cas par l'art. 1079 du Code Napoléon, les partages d'ascendants peuvent en outre être attaqués par les copartageants, pour atteinte à leur réserve légale — 1re, 22 mai 1844 (Morel), viii, 335.— 2e,

26 juin 1846 (Chevallier), x. 344.

25.—*Id*... lors même que le réclamant ne peut arguer de lésion le lot à lui attribué.—Dans ce cas, le partage d'ascendants n'est ni nul, ni rescindable, mais le lot de l'héritier dont la réserve a été atteinte doit être complété au moyen d'une réduction opérée aux dépens de celui qui excède la réserve et la quotité disponible cumulées.—1re, 31 janv. 1848 (Lemaître), xii, 23.

26.—Lorsqu'un ascendant, après avoir partagé par acte entre vifs entre ses enfants tous ses immeubles et rentes, lègue à l'un d'eux tout son mobilier, moins les rentes, par préciput et hors part, ce legs doit recevoir son exécution s'il n'excède pas la quotité disponible. — Les biens donnés entre vifs doivent s'imputer sur la réserve. — 1re, 23 mars 1847 (Léchevallier), xi, 193.

27.—*Jugé encore que* les biens compris dans un partage d'ascendant entre vifs s'imputent d'abord sur la réserve des enfants.—2e, 18 mai 1842 (Lecerf), vi, 628.

28. —..Mais il en est différemment si le partage a été fait avec clause de préciput, clause à laquelle on ne suppose pas facilement qu'il ait été dérogé par une clause subséquente par laquelle l'ascendant se réserve le droit de disposer de ses autres biens.—2e, 19 août 1842 (Angot), vi, 628.

29.—*Jugé encore que* les biens donnés par un père à ses enfants, avec la clause de préciput et hors part, doivent s'imputer sur la quotité disponible et non sur la réserve.—Par suite, les legs ultérieurement faits par le donateur doivent être réputés sans effet, lors même que le donateur s'était réservé par l'acte de donation la libre disposition de tous ses autres biens.—C , ch. req., rej., 27 nov. 1843 (Bailleul), VIII, 200.

30. — Lors même que des héritiers auraient annoncé aussi formellement que possible la volonté de garder les lots qui leur ont été départis par le père commun dans son testament, il n'en résulterait pas qu'ils eussent renoncé à exiger le supplément auquel ils auraient droit en sus de ces mêmes lots pour compléter la réserve légale.—1re, 31 janv. 1848 (Lemaitre), XII, 23.

31.—Pour savoir si le réservataire a ou non ce qui lui revient, et pour calculer la quotité disponible et la réserve, il faut réunir en une seule masse les biens existant au décès du donateur et ceux qui formaient l'objet du partage d'ascendant.—2e, 26 juin 1846 (Chevallier), X, 344. — 1re, 23 mars 1847 (Lechevallier), XI, 193.

32.—Id .. et l'évaluation de ces biens doit ensuite se faire d'après leur état à l'époque des donations et d'après leur valeur au temps du décès du donateur. —1re, 22 mai 1844 (Morel), VIII, 335.

33.—La prescription de l'art. 1304, opposable à un cohéritier en tant qu'il représente son père, ne lui est pas opposable lorsqu'il demande de son propre chef la nullité d'un partage portant atteinte à sa réserve légale.—2e, 15 déc. 1849 (Lahaye), XIII, 477.

34.—... La prescription contre cette action ne commence à courir que du jour du décès de l'ascendant.—2e, 26 juin 1846 (Chevallier), X, 344.

35. — Les enfants ne peuvent, pour libérer les immeubles à eux donnés des hypothèques qui les grèvent du chef de leur père, invoquer la prescription de 10 et 20 ans établie en faveur du détenteur à titre particulier.—4e, 13 juin 1842 (Legrand), VI, 348.

36.—L'art. 131 du Code de procédure civile, qui dispose que les dépens pourront être compensés entre frères et sœurs ou alliés au même degré, ne peut recevoir d'application à l'égard de l'enfant qui a attaqué le partage fait par l'ascendant. — 1re, 4 mars 1846 (Fosse), X, 147.

PARTAGE D'OPINIONS.

Lorsqu'un arrêt de partage a été rendu, la chambre appelée à vider ce partage doit se composer des conseillers qui avaient siégé lors du premier arrêt et des conseillers nouvellement appelés, conformément à l'art. 468 du Code de procédure civile. Il en est ainsi lors même que, depuis l'arrêt de partage, la composition de la chambre aurait été changée par suite du roulement ordonné par l'art. 15 du décret du 6 juillet 1810. — 1re, 16 janv. 1843 (Leveneur), VII, 156.

PARTIE CIVILE.—*V. Action civile. — Appel en matière correctionnelle.—Délits de la presse.*

PASSAGE.—*V. Chemin public.— Compromis. — Copropriété.— Servitude.*

PASSAVANT. — *V. Contributions indirectes.*

PATERNITÉ. — *V. Enfant naturel.—État (réclamation d').— Filiation légitime.—Obligation naturelle.*

PATURAGE et PACAGE. — *V. Délit forestier. — Demande nouvelle. —Prescription.—Servitude. — Usage* (droits d'). — Vaine pâture.

PAUVRES. — V. Bureau de bienfaisance.

PAYEMENT. — V. Communauté conjugale. — Compensation. — Dot. — Faillite. — Héritier apparent. — Ordre. — Preuve testimoniale. — Saisie-arrêt. — Solidarité. — Succession bénéficiaire. — Tiers détenteur. — Vente.

Indication alphabétique.

1. — L'acquéreur qui, du consentement de son vendeur, verse aux mains d'un créancier de ce vendeur une partie de son prix, ne paie pas la dette de ce dernier, mais se libère lui-même de sa propre dette. — 4e, 4 déc. 1849 (Moulin), XIII, 460.

2. — Un acquéreur d'immeubles peut, à l'aide d'un commencement de preuve par écrit, se faire admettre à prouver par témoins ou par présomptions : 1° qu'il a payé son prix dans les mains d'un tiers ; et 2° que ce tiers était le mandataire verbal du vendeur et avait, par suite, qualité pour recevoir le prix de la vente. — 4e, 8 août 1848 (de Canisy), XII, 250.

3. — La saisine d'un billet par un tiers prouve bien que le montant de ce billet a été soldé aux mains du créancier, mais elle ne prouve pas par elle seule que le payement a été effectué par le tiers détenteur ; elle n'élève en faveur de celui-ci qu'une simple présomption qui peut être combattue et renversée par des présomptions contraires. — 2e, 30 mars 1844 (Daragon), VIII, 297.

4. — La règle consacrée par l'art. 1256 du Code Napoléon est applicable, non pas seulement entre deux dettes, mais entre deux portions d'une même dette. — 1re, 16 juill. 1851 (Dubois), XV, 268.

5. — La quittance délivrée par un propriétaire à son fermier, pour une année spéciale de ses fermages, ne peut faire preuve du payement des années échues avant sa date, et, si les quittances postérieures ne sont délivrées qu'à valoir, elles sont imputables tout aussi bien sur les fermages antérieurs à la quittance spéciale d'une année, que sur les fermages courus depuis, c'est-à-dire qu'elles doivent être imputées sur toutes les années de la location. — 4e, 27 sept. 1847 (Hardel), XII, 524.

6. — L'imputation des sommes payées en exécution d'un jugement qui prononce la validité d'une saisie-arrêt doit se faire sur la créance frappée par la saisie-arrêt, sans pouvoir s'étendre à des accessoires qui n'y sont pas énoncés. — 4e, 26 juin 1843 (Lecocq), VII, 413.

7. — Lorsqu'un payement sans imputation a été fait par un acquéreur à son vendeur, il doit servir à éteindre les frais d'actes et honoraires, lors même que le vendeur n'a pas encore payé le notaire qui en a fait l'avance et auquel ils sont dus. — Id..

8. — Le créancier qui a reçu de la main de son débiteur ce qui lui était légalement dû, ne peut être exposé à répétition, quelle que soit l'origine des

deniers, ces deniers n'eussent-'ls pas appartenu à son débiteur.—4e, 19 nov. 1844 (Jacquelin-Lamenardière), VIII, 645.

9.—Les art. 1235 et 1377 du Code Napoléon sont applicables tout aussi bien aux matières commerciales qu'aux matières purement civiles. Par suite, celui qui paie par erreur un billet à ordre qu'il ne devait à aucun titre, a le droit de répéter cette somme contre l'endosseur auquel le payement a profité, lorsqu'il est démontré que le sous-cripteur et les endosseurs antérieurs étaient insolvables ou en état de faillite à l'époque où le protêt aurait dû être fait.—4e, 13 déc. 1848 (Delaporte), XII, 465.

10.—....Dans ce dernier cas, le deman-deur n'est obligé de tenir compte à l'en-dosseur que des dividendes qu'il pourra toucher dans les faillites des endos-seurs antérieurs.—Id..

PAYEUR.—V. Cession.

PAYS ÉTRANGER. — V. Étran-ger.—Mariage.

PÊCHE. — V. Barrage. — Expro-priation pour utilité publique.—Vol.

Indication alphabétique.

1. — Les droits exclusifs de pêche consentis en vertu d'actes antérieurs à 1566, dans les rivières navigables et flottables, ont été abolis par les lois de la Révolution, comme constituant des droits féodaux. — 1re, 30 janv. 1851 (Demons de Montchalon), xv, 117.

2. — .... Cette abolition donne tout au plus à ceux qui les possédaient droit à une indemnité.— Id..

3. — La convention intervenue entre deux seigneurs riverains d'un cours d'eau non navigable ni flottable, relativement au droit de pêche, et par laquelle l'un a renoncé à la pêche au profit de l'autre, et s'est même grevé d'une servitude pour l'exercice du droit de pêche en s'obligeant à lever les palles de son moulin, n'a pas été anéantie par l'ef-fet des lois abolitives de la féodalité, qui ont enlevé aux seigneurs le droit exclusif de pêche pour le donner aux riverains, les lois nouvelles qui ont attribué le droit de pêche *aux rive-rains* d'un cours d'eau n'ayant fait que consacrer un droit primitif, d'origine bien antérieure à celui que les seigneurs pouvaient exercer, *comme seigneurs*, dans la *mouvance de leur fief.* — 1re, 13 février 1844 (de Gilbert d'Haleine), VIII, 78.

4.—Le droit de pêche dans un canal creusé de main d'homme pour l'utilité d'un domaine, et dont la réparation et l'entretien sont à la charge de tous les propriétaires de ce domaine, appartient en commun à tous les propriétaires qui contribuent à l'entretien du canal. — 1re, 25 juillet 1848 (Lebey), XII, 232.

5.—On ne peut prescrire le droit de pêche dans un canal que par l'établisse-ment de travaux permanents destinés à l'usage d'une pêche exclusive. Tous autres actes de pêche ne constituent que des faits de tolérance qui ne peuvent servir à l'acquisition d'une servitude de pêche discontinue et apparente de sa nature. — *Id.*.

6. — Le capitaine d'un navire n'a point qualité pour disposer, sans le concours de l'équipage, du produit d'une pêche. — 4e, 13 nov. 1843 (Leblanc), VII, 604.

7. — L'ordonnance du 13 mai 1818, en renvoyant par son art. 11 à l'art. 6 de l'ordonnance du 31 octobre 1744, pour les peines à infliger aux cas de contravention aux dispositions qu'elle contient, n'a pas abrogé les lois antérieures, et notamment la déclaration du 20 décembre 1729. — En conséquence, les peines édictées par l'art. 6 de cette déclaration sont applicables aux contraventions prévues par l'ordonnance du 13 mai 1818. L'ordonnance du 31 octobre 1744 n'ayant pas été enregistrée au Parlement ne peut recevoir d'application en Normandie.—Ch. corr., 15 janv. 1852 (Exmelin), XVI, 86.

8. — L'arrêt du Conseil du 24 mars 1687, qui punit de 500 fr. d'amende et de la confiscation le fait d'avoir acheté en mer du poisson de pêche étrangère, n'a jamais eu force de loi en Normandie, faute d'avoir été enregistré au Parlement. Cet arrêt n'est pas au nombre des lois et statuts maintenus par le décret des 8-12 décembre 1790, et par l'article 484 du Code pénal. — Ch. corr., 3 fév. 1842 (Letellier), VI, 20. — C., ch. crim., 28 mai 1842 (Letellier), VI, 571.

PEINE. — *V. Degré de juridiction. — Délits de la presse.—Emprisonnement. — Faillite. — Huissier. — Loi. — Mort civile. — Poids et mesures.— Prescription.—Sel.—etc.*,

1.—En cas de conviction de plusieurs délits, la peine la plus forte doit seule être appliquée. — Ch. corr., 13 août 1851 (Y...), XV, 244.

2.— *Id...* Mais il y a exception à ce principe dans le cas où l'un des délits est prévu par une loi spéciale, telle que la loi sur l'usure. — 4e, 14 août 1851 (A..), XV, 252.

3.— Le principe de non cumul des peines écrit dans l'art. 365 du Code d'instruction criminelle est inapplicable aux infractions qui existent par le seul fait de leur perpétration, sans excuse de bonne foi de la part de leurs auteurs. — Ch. corr., 13 août 1851 (Poisson), XV, 273. — Ch. corr., 29 août 1851 (M....), *ibid.*.

4. — ... *Spécialement,* ce principe est inapplicable aux infractions à la loi du 21 octobre 1814 sur la police de l'imprimerie. — *Id.*.—V. *suprà*, v° *Imprimeur.*

PEINE DE MORT. — *V. Mort civile.*

PEINE DISCIPLINAIRE. — *V. Avoué. — Notaire.*

PENSION ALIMENTAIRE. — *V. Action (en justice). — Demande nouvelle.—Rente (en général).*

1.—Lorsque, dans un contrat de mariage, le père de l'un des futurs s'est engagé à loger et nourrir les époux ou à leur payer une pension de..., les époux ont le droit de prélever sur la succession du père le montant de la pension pour toutes les années où il n'ont point habité chez lui.—2e, 16 déc. 1846 (Lefèvre), X, 607.

2.—Le legs d'une rente alimentaire ne doit point être acquitté par préférence à d'autres legs, s'il n'y a clause expresse à cet égard dans le testament. —1re, 6 janv. 1843 (Ceffray), ix, 47.

3.—Il ne serait pas permis de renoncer, même en justice, au droit de préférence qui appartiendrait au legs d'une pension incessible et insaisissable.—Id..

4.—Lorsque, par testament, une pension incessible et insaisissable a été léguée, le capital de cette pension peut être valablement placé en rentes sur l'État.— 2e, 20 juill. 1843 (Jantrel), vii, 451.

PENSIONS et TRAITEMENTS.
—V. Société d'acquêts.

PERCEPTEUR.—V. Commune.— Saisie-arrêt.

Les tribunaux civils, compétents pour connaître des questions de privilége sur le cautionnement des percepteurs entre les communes et les tiers, ne sont pas tenus de surseoir au jugement jusqu'à ce que ces tiers aient fait statuer sur le recours qu'ils entendent former contre les décisions administratives qui ont déterminé le débet du receveur envers la commune. Ils peuvent prononcer sur l'existence du privilége, en réservant aux tiers leur recours contre les actes administratifs.—C., ch. civ., rej., 5 déc. 1843 (Lefebvre-Banville), vii, 15.

PÈRE.—V. Responsabilité.—etc..

PÉREMPTION. — V. Inscription hypothécaire. — Jugement par défaut.

Indication alphabétique.

1.—Une demande en péremption doit être jugée suivant l'état où est la cause au moment où la demande a été formée. — 4e, 5 août 1850 (Le Grain), xiv, 490.

2.—La demande en péremption d'instance, quand il y a avoué en cause, ne peut être valablement formée par exploit signifié à partie, elle doit absolument l'être par requête d'avoué à avoué. —1re, 22 nov. 1852 (Breby-Saint-Croix), xvii, 9.

3.— La demande en péremption contre les héritiers d'une partie décédée peut être valablement formée par exploit à personne ou domicile, lors même que le décès de la partie n'a pas été notifié. Il n'est pas nécessaire, à peine de nullité, qu'elle soit formée par requête d'avoué à avoué. — 4e, 16 avril 1849 (Leroux), xiii, 131.

4.—Lorsque, dans une instance intéressant une faillite, l'avoué représentant l'union des créanciers a cessé d'occuper, c'est à la personne des créanciers unis que la demande en péremption d'instance doit être signifiée. — 4ᵉ, 30 avril 1844 (Destrais), VIII, 247.

5. — En matière de péremption, comme en matière de prescription, le bénéfice du terme n'est acquis qu'après l'expiration du dernier jour de ce terme. — 4ᵉ, 5 août 1850 (Le Grain), XIV, 490.

6. — Le décès du mari sistant au procès seulement pour autoriser sa femme, qui, par ce décès, devient libre et a qualité pour procéder seule, ne donne pas lieu à l'augmentation de six mois dont parle l'art. 397 du Code de procédure civile relativement à la péremption. — 2ᵉ, 11 janv. 1850 (Veuve Ernoult), XIV, 202.

7. — Après une première demande prématurée en péremption, interrompue par acte de procédure, la péremption s'acquiert par l'expiration d'un nouveau délai de trois années sans poursuites ; la première demande ne saurait constituer une fin de non-recevoir contre la seconde. — 4ᵉ, 5 août 1850 (Le Grain), XIV, 490.

8. — La contestation relative au point de savoir si un procès est éteint par une transaction, ne fait pas obstacle à ce que l'instance, après le vide de la contestation, ne soit déclarée périmée. — 1ʳᵉ, 21 janv. 1846 (Giroux), X, 667.

9. — Un traité, même irrégulier, intervenu sur procès entre deux communes, est interruptif de la péremption de l'instance. Il en est ainsi surtout lorsqu'il a été suivi d'exécution. — 2ᵉ, 14 avril 1842 (Commune de Vindefontaine), VI, 536. — C., ch. req., rej., 6 fév. 1844 (Commune de Vindefontaine), VIII, 290.

10. — La péremption n'est pas interrompue par un concordat intervenu entre les parties litigantes, lorsque ce concordat n'a pas reçu d'exécution, mais a été déclaré nul, et lors surtout que les obligations y stipulées ne formaient aucun obstacle à la continuation de l'instance. — 4ᵉ, 25 août 1852 (Mirey), XVII, 167.

11. — Un acte de procédure (dans l'espèce, une communication de pièces) interrompt valablement la péremption, encore bien qu'il soit fait le lendemain de l'expiration du délai et malgré la demande prématurée en péremption qui doit être jugée suivant l'état où est la cause au moment où la demande a été formée. — 4ᵉ, 5 août 1850 (Le Grain), XIV, 490.

12. — Le fait purement négatif d'être resté en possession de pièces communiquées ne peut être considéré comme un acte de poursuite, ni comme un acte qui mettait les parties dans l'impossibilité d'agir. — 2ᵉ, 11 janv. 1850 (Veuve Ernoult), XIV, 202.

13. — L'appel de la cause à la conférence n'est pas un acte de procédure interruptif de la péremption. — 4ᵉ, 6 déc. 1852 (Dumont), XVII, 24.

14. — La radiation de la cause du rôle prononcée sur la demande des parties, avec déclaration que l'affaire doit être regardée comme terminée, interrompt la péremption, mais ne l'empêche pas de courir à l'avenir. — 4ᵉ, 4 mars 1850 (Pastey), XVII, 24.

15. — La consignation de l'amende pour la demande en péremption, faite par l'avoué des intimés, n'élève pas au profit des appelants une fin de non-recevoir contre cette demande. — 2ᵉ, 11 janv. 1850

(Veuve Ernoult), xiv, 202.

16.—La sommation faite au débiteur de se trouver présent à la délivrance d'une seconde grosse du jugement par défaut prononcé contre lui n'est pas un acte d'exécution qui mette obstacle à la péremption prononcée par l'art. 156 du Code de procédure civile.— 2e, 2 mai 1846 (Lefrançois), x, 261.

17.—... Peu importe à cet égard que le débiteur, en faisant opposition à cette délivrance, ait manifesté qu'il avait pleine connaissance du jugement qui le condamnait.—Id..—V., sur la péremption des jugements par défaut, suprà, vo Jugement par défaut, nos 14 et s., et infrà, nos 21 et 22.

18.—Le jugement qui statue sur une question préjudicielle et ordonne non-seulement la mise en cause de tiers dont la présence est utile, mais encore certains errements qui doivent mettre les parties à même de connaître leurs droits au fond, ne rend pas non recevable la demande en prescription de l'instance. Par suite, l'exécution d'un tel jugement ne peut davantage engendrer de déchéance.— 2e, 9 fév. 1844 (Le Boucher d'Emiéville), viii, 130.

19.—Une instance n'est point de sa nature chose indivisible, lorsque son objet est susceptible de division. Elle peut donc être prescrite à l'égard de l'une des parties, sans l'être à l'égard des autres.—Id..

20.—Lorsqu'une des parties assignées a été congédiée du procès, la péremption peut être demandée par les autres, encore bien que le jugement qui prononce la mise hors de cause n'ait pas acquis l'autorité de la chose jugée.—

1re, 18 avril 1853 (Lejoly de Sénoville), xvii, 19?.

21.—L'interruption apportée à la péremption vis-à-vis de l'un des débiteurs n'est pas opposable aux autres, si la solidarité n'existe entre eux qu'en vertu du jugement et non en vertu d'actes en dehors de ce jugement.—2e, 2 mai 1846 (Lefrançois), x, 261.

22.—Lorsqu'un jugement par défaut, faute d'avoir constitué avoué, a été rendu contre plusieurs débiteurs solidaires, l'exécution dans les six mois, à l'égard de l'un d'eux, empêche la péremption à l'égard des autres. Toutefois, ceux contre lesquels le jugement n'a pas été exécuté peuvent y former opposition dans les délais prescrits par les art. 158 et 159 du Code de procédure.— 4e, 14 mai 1849 (Lepaulmier), xiii, 211.

23.— Lorsque sur une action en reprise d'instance, une partie a déclaré se réserver à toutes exceptions et notamment à opposer la prescription, on ne peut faire sortir une déchéance du droit de faire valoir ce moyen d'un jugement qui statue sur la question préjudicielle de savoir si telle partie est encore existante et si l'instance peut être reprise contre elle.—2e, 9 fév. 1844 (Le Boucher d'Emiéville), viii, 130.

PERSONNE INTERPOSÉE. — V. Donation déguisée. — Fonds de commerce.— Legs (en général).

PESAGE (droit de).— V. Bail administratif.

PÉTITION D'HÉRÉDITÉ. — V. Partage.— Succession.

PÉTITOIRE. — V. Action pétitoire.— Propriété. — Servitude.

On peut, sur le pétitoire, invoquer les

enquêtes qui ont eu lieu sur l'action possessoire.— 1re, 27 janv. 1842 (Letourneur), vi, 495.

PHARMACIEN. — *V. Acte de commerce.— Officier de santé.*

PIÈCES. — *V. Communication de pièces. — Requête civile.*

PIÈCES COMMUNES.— *V. Partage.*

PIÈCES DE COMPARAISON.— *V. Vérification d'écriture.*

PIÈCES NOUVELLES.— *V. Appel en matière civile. — Demande nouvelle.*

PIGEONS. — *V. Chasse.*

PILLAGE.

1. — La loi du 10 vendémiaire an iv est encore en vigueur. — Trib. civil de Lisieux, 19 janv. 1850 (Commune de Saint-Désir-de-Lisieux), xiv, 172.

2. — Dans le cas où une commune est responsable du pillage commis par ses habitants, d'après les termes de la loi du 10 vendémiaire an iv, si le ministère public s'abstient et ne poursuit pas la procédure exceptionnelle organisée par cette loi, la partie lésée peut agir elle-même. — 2e, 19 janv. 1850 (Commune de Saint-Désir-de-Lisieux), xiv, 172.

3. — ... Dans ce cas, on suit les règles de la procédure ordinaire, tant sous le rapport de la forme que sous le rapport de la compétence. — *Id..*

4. — Lorsque les rassemblements ont été formés d'individus appartenant à plusieurs communes, toutes sont responsables. La partie lésée peut agir pour le tout contre la commune sur laquelle la dévastation s'est accomplie, sauf le recours de celle-ci contre les autres.— Trib. civil de Lisieux, 19 janv. 1850

(Commune de Saint-Désir-de-Lisieux), xiv, 172.

5. — La part contributive de chaque commune se règle suivant la participation de ses habitants au pillage. S'il n'est pas possible d'établir cette participation, les dévastations et les dommages doivent être supportés par les diverses communes, dans la proportion du principal des quatre contributions qu'elles paient. — 2e, 19 janv 1850 (Commune de Saint-Désir-de-Lisieux), xiv, 172.

6. — Une commune, sur le territoire de laquelle des délits ont été commis, ne peut se soustraire à la responsabilité imposée par la loi du 10 vendémiaire an iv, qu'à la condition de prouver : 1° que les rassemblements étaient formés d'individus ne lui appartenant pas ; 2° que toutes les mesures ont été prises pour prévenir ces rassemblements. — Trib. civ. de Lisieux, 19 janv. 1850 (Commune de Saint-Désir-de-Lisieux), xiv, 172.

PLACARD.—*V. Imprimeur.*

PLACES DE COMMERCE.— *V. Lettre de change.*

PLAIDOIRIE — *V.* les renvois indiqués sous le mot *Liberté de la défense.*

PLAINTE.—PLAIGNANT.— *V. Diffamation.*

Le plaignant doit, à peine de nullité, articuler et qualifier dans sa plainte les faits diffamatoires à raison desquels la poursuite est intentée.— Ch. corr., 12 mars 1851 (X...), xv, 129.

PLANTATIONS.—*V. Chemin public.—... vicinal.— Dot.— Servitude.*

PLUS-VALUE —*V. Dot.—Partage.*

POIDS ET MESURES.

1. — L'art. 423 du Code pénal n'est point applicable au fabriquant de sel qui n'a fait usage de faux poids que pour tromper les préposés des douanes sur la véritable quantité de sel qu'il a fabriqué.—Ch. corr., 24 avril 1845 (Godefroy), IX, 344.

2. — Un notaire qui s'est servi dans ses actes des dénominations de *trois quarts* d'hectolitre, *trois huitièmes* d'hectolitre, est passible d'amende. — Trib. de Lisieux, 23 déc. 1842 (Hélie), VII, 238.

POLICE. — *V. Loi.* — *Réglement de police.*

POLICE CORRECTIONNELLE. — *V. Tribunal correctionnel.*

POLICE MUNICIPALE. — *V. Liberté du commerce.*

POLICE RURALE. — *V. Bois.* — *Délit forestier.* — *Usage (droits d').*

POLLICITATION. — *V. Offres.*

PORT D'ARMES. — *V. Chasse.*

PORTE. — *V. Copropriété.* — *Propriété.*

PORTE-FORT. — *V. Action (en gén.).* — *Femme mariée.* — *Stipulation pour autrui.* — *Tuteur.*

POSSESSION. — *V. Action civile.* — ... *pétitoire.* — *Commune.* — *Compensation.* — *Meubles.* — *Payement.* — *Pétitoire.* — *Prescription.* — *Servitude*

POSSESSION ANNALE. — *V. Action pétitoire.* — *Propriété.*

POSSESSION D'ÉTAT. — *V. État (réclamation d').* — *Filiation légitime.* — *Scellés.*

POSSESSION IMMÉMORIALE. — *V. Possession.*

POSTE AUX CHEVAUX. — *V. Maître de poste,* — *Voitures publiques.*

POSTE AUX LETTRES.

1. — L'action intentée par un particulier contre l'administration des postes pour se faire indemniser de la perte de valeurs qui auraient été enlevées, suivant lui, d'une lettre à son adresse, est de la compétence de l'autorité administrative, à l'exclusion de l'autorité judiciaire. — Tribunal des conflits, 5 mai 1850 (Manoury), XIV, 556.

2. — Les lettres et papiers saisis sur un domestique, lors même qu'ils sont uniquement relatifs au service personnel du maître, ne sont exceptés de la prohibition contenue dans l'art. 1 de l'arrêté du 27 prairial an IX qu'autant qu'ils sont ouverts et non cachetés. — Tout domestique trouvé porteur d'une semblable lettre cachetée est donc passible de l'amende prononcée par ledit arrêté. — Trib. corr. de Caen, 31 oct. 1846 (Aumont), X, 484.

3. — Les lettres et papiers uniquement relatifs au service personnel des entrepreneurs de voitures publiques ne sont exceptés de la prohibition contenue dans l'art. 1er de l'arrêté du 27 prairial an IX, qu'autant qu'ils sont ouverts et non cachetés. — Tout entrepreneur ou conducteur de voiture qui est trouvé porteur d'une lettre cachetée est donc passible de l'amende prononcée par l'arrêté du 27 prairial an IX, que cette lettre soit ou non uniquement relative à son service personnel. — Trib. corr. de Caen. 19 oct. 1846 (Aumont), X, 484.

4. — Est punissable des peines portées par le décret du 27 prairial an IX le fait de transporter une lettre, même non cachetée et contenue dans un paquet. — Ch. corr., 5 déc. 1844 (Courtin), IX, 357.

5.—... Peu importe que la lettre soit adressée à un commerçant pour lui demander des marchandises que le voiturier devra rapporter, s'il se trouve aussi dans cette lettre des passages étrangers au service personnel du voiturier.—*Id*..

6.—En matière de transport de lettres, la bonne foi ne peut être admise comme excuse.—*Id*..

POT DE VIN.—*V. Vente.*

POURSUITES CRIMINELLES. —*V. Adultère.—Diffamation.*—etc..

POURVOI EN CASSATION. — *V. Cassation.*

POUVOIR.—*V. Mandat.*

POUVOIR DISCIPLINAIRE.— *V. Avoué.— Chambre des notaires.— Instituteur communal.—Notaire.*

POUVOIR JUDICIAIRE. — *V. Acte administratif.*—Et les diverses espèces de *Compétence.*

POUVOIR MUNICIPAL. — *V. Maire.—Réglement de police.*

PRÉCIPUT.—*V. Communauté conjugale.—Don manuel.— Donation déguisée — Faillite.— Legs (en gén.).— Majorat. — Partage d'ascendant.— Quotité disponible. — Rapport à succession.*

PRÉFÉRENCE. — *V. Hypothèque (en gén.).—Offices.—Ordre.—Pension alimentaire.—Privilége.*—etc..

PRÉFET.—PRÉFECTURE. — *V. Acte administratif. — Commune. — Compétence civile.—Conseil de préfecture. — Établissements dangereux.—Poste aux lettres.*—etc..

PRÉJUDICE. — *V. Compétence civile.—Copropriété.—Désaveu d'officier ministériel. — Enseigne. — Obligation naturelle.*—etc..

PRÉLÉVEMENT. — *V. Communauté conjugale. — Deuil. — Dot. — Femme normande. — Partage.—Pension alimentaire.— Société (en gén.). —... d'acquêts.—Substitution.*

PRÉNOMS.—*V. Actes de l'état civil.—Exploit.*

PRESBYTÈRES. — *V. Commune.*

PRESCRIPTION. — *V. Action civile.—Avoué.— Billet à ordre.—Bois. —Cession.—Chemin communal.—...; public —Citation.—Colportage.—Commune.—Compte.—Domaine de l'État. —... engagé.—Donation entre époux. —Dot.— Douaire.— Eau (cours d').—Élections.—Entrepreneur.—Fabrique. —Femme normande.—Halle.—Hypothèque (en gén.).—Intérêts judiciaires. —Legs (en gén.). — Liberté provisoire. — Librairie.— Mitoyenneté.—Nullité. — Octroi.— Ordre. — Partage.—... d'ascendant.—Pêche.—Péremption.— Protêt.—Remploi.—Rente (en gén.).— ... foncière.— Servitude.— Testament (en gén.).—Tuteur.—Usage (droits d'). — Usine.— Usure. — Varech. — Vice rédhibitoire.*

1.—Lorsque la prescription même de cinq ans n'est pas proposée, les juges ne peuvent la prononcer d'office.— 4e, 29 janv. 1844 (Morin), VIII, 186.

2.—Les terrains qui se trouvent entre les piliers ou contreforts des murs extérieurs d'une église sont une dépendance de l'église, mais ils sont prescriptibles. —1re, 11 déc. 1848 (Hospices d'Orbec), XII, 289.

3.—Les légataires qui, pendant plusieurs années, ont gardé le silence sur l'existence du testament, ne peuvent invoquer la prescription contre les actions de l'héritier bénéficiaire qui était en même temps créancier de la succession, d'après la maxime : *quæ temporalia sunt ad agendum, ad excipiendum perpetua*.—1re, 6 juin 1844 (Gaultier), VIII, 401.

4.— Des dépôts mobiles de bois ne sont pas suffisants pour caractériser une jouissance *animo domini*, si le terrain sur lequel ils ont eu lieu était vague et n'avait été laissé que pour servir aux réparations et à la surveillance d'un bâtiment voisin, d'une église, par exemple. —1re, 15 nov. 1841 (Fabrique de St.-Étienne de Caen), V, 370.

5.—On n'admet pas facilement que la propriété d'une cour ait été acquise par prescription en faveur des bordiers. Les faits de jouissance sont facilement considérés comme actes de tolérance.—1re, 31 déc. 1845 (Duval), X, 658.

6.— Le fait d'avoir envoyé des bestiaux paître l'herbe excrue sur des terrains d'alluvion peut ne pas être considéré comme constituant la possession nécessaire à l'effet d'effacer par la prescription le titre que les propriétaires riverains trouvent dans les dispositions de la loi.—2e, 21 mai 1847 (Canteleu), XI, 280.

7.—Pour repousser la prescription, il

suffit au défendeur de prouver qu'il a possédé depuis moins de trente ans avant l'action, sans s'occuper du temps intermédiaire qui se serait écoulé entre la date de son titre et les faits par lui cotés. — 4ᵉ, 13 fév. 1844 (de Gilbert d'Haleine), viii, 78.

8. — La prescription n'étant fondée que sur la présomption de l'extinction de la dette, cette présomption cesse, et par suite la prescription est interrompue dès que le débiteur reconnaît, même indirectement, l'existence de la dette. — 2ᵉ, 4 juill. 1850 (Hospices de Caen), xiv, 548.

9. — ... La preuve de cette reconnaissance peut être puisée dans des actes émanés du débiteur par le créancier même étranger à ces actes, ou dans des significations et communications produites dans une instance dans laquelle il n'était pas partie. — Id..

10. — L'assignation donnée devant un juge incompétent est interruptive de la prescription, lors même que le demandeur se serait depuis désisté de son action, s'il indique que le désistement a pour cause l'incompétence du tribunal. — Aud. sol., 8 fév. 1843 (de Broyes), vii, 116.

11. — Le commandement fait à l'ancien tuteur d'un débiteur n'est point interruptif de la prescription contre celui-ci. — 2ᵉ, 9 déc. 1845 (Barbey), x, 57.

12. — On ne peut considérer comme interruptive de prescription une lettre écrite par le propriétaire d'une forêt à celui qui se prétend usager, et par laquelle il se borne à lui demander la justification de ses droits. — Aud. sol.,

8 fév. 1843 (de Broyes), vii, 116.

13. — La mention faite sur ses registres, par le receveur d'un hospice, de payements des arrérages d'une rente due à cet hospice, doit être considérée comme établissant suffisamment l'existence de ces payements, et interrompt, par suite, la prescription de la rente. — 4ᵉ, 9 nov. 1853 (hospices de Caen), xvii, 314.

14. — Les lois des 6 juillet 1791 et 20 août 1792, qui ont suspendu la prescription des droits *corporels* et *incorporels* pendant cinq ans, ne sont applicables qu'aux rentes et autres redevances de même nature; elles ne peuvent s'entendre à la propriété des immeubles. — 2ᵉ, 21 mai 1841 (Lefour), v, 222.

15. — La loi du 6 brumaire an V n'a point suspendu la prescription en faveur des militaires en activité de service, elle leur a seulement accordé un délai prorogé par la loi du 21 décembre 1814 pour se faire relever des prescriptions et déchéances que leur absence eût pu leur faire encourir. — Le militaire qui n'a pas invoqué le bénéfice de cette loi dans les délais de faveur qui lui étaient accordés, est passible de l'exception de prescription. — 2ᵉ, 1ᵉʳ déc. 1845 (Barbey), x. 57.

16. — La prescription de cinq ans, relative aux intérêts de sommes dues, ne saurait être opposée aux créanciers qui, par suite de l'ouverture d'un ordre sur le prix principal, étaient dans l'impossibilité de toucher ce prix. — 4ᵉ, 6 août 1849 (Leroy), xiii, 358.

17. — La prescription des actions de la femme est suspendue, même après séparation de biens, lorsque l'action est de

nature à réfléchir contre le mari. — 1re, 23 nov. 1842 (Caillemer), vi, 577. — V. *suprà*, v° *Femme normande*, n°s 64 et s., 84 et *infrà*, n° 20.

18.—La faculté d'irrigation résultant de titres privés est prescrite par le non usage pendant trente ans.—1re, 2 mars 1853 (Duthell), xvii, 151.

19.—Le jugement d'envoi en possession, en faveur d'un légitimaire ou de son représentant, pour lui tenir lieu de tiers-coutumier, d'un des biens se trouvant dans la succession du père à titre d'acquêt, fournit un titre suffisant pour engendrer la prescription de dix ans avec bonne foi. — 2e, 15 juin 1844 (L'État), viii, 360.

20.—La prescription de 10 et 20 ans avec titre et bonne foi peut courir contre une femme mariée relativement à ses biens de libre disposition, lors même que le titre émanerait du mari. —4e, 25 janv. 1847 (Cadou-Taillefer), xi, 67. — V. *suprà*, n° 17.

21. — Lorsqu'un débiteur donne procuration à un tiers pour veiller à ses intérêts, et que ce tiers abuse du mandat en ce sens que, non-seulement il ne s'oppose pas à la saisie réelle des immeubles du mandant, mais que de plus il laisse insérer au cahier des charges des clauses de non garantie et de non restitution de prix, par suite desquelles l'adjudication est faite au-dessous de la véritable valeur des biens, la vente faite au profit d'un prête-nom du mandataire est néanmoins inattaquable après dix ans, sauf au mandant à réclamer des dommages-intérêts contre son mandataire.—1re, 27 déc. 1847 (Lair), xii, 537.

22. — La prescription de dix ans est applicable à la nullité de forme, résultant de ce que dans un contrat de mariage la demeure d'un des témoins instrumentaires n'a pas été indiquée.—1re, 15 fév. 1848 (Cécile), xii, 107.

22—... Et cette prescription est acquise au profit de celui qui, donataire pour le cas de survie d'une partie de la fortune de sa femme, est resté, pendant un intervalle de plus de dix ans depuis le décès de celle-ci, en paisible possession des valeurs dépendant de sa succession, lorsque d'ailleurs il est prouvé en fait que les héritiers de la femme ont eu pleine connaissance du contrat de mariage et ont été mis à portée d'en apprécier la validité plus de dix ans avant leur demande en nullité.—*Id.*.

23.—La prescription de l'art. 1304 du Code Napoléon est inapplicable aux nullités de jugement lorsque surtout elles résultent de l'inobservation de formalités établies dans l'intérêt des tiers. —2e, 16 janv. 1846 (Henry), x, 133.—V. *suprà*, v° *Exception*.

24.—La prescription de dix ans, établie par l'art. 1304 du Code Napoléon contre l'action en nullité ou rescision des conventions est opposable aux communes comme aux particuliers. — 2e, 4 mars 1848 (Guérin), xii, 69.

25.—... *Spécialement*, l'action contre la vente d'un bien communal, consentie au nom d'une commune, par le maire, assisté de plusieurs conseillers municipaux, sans l'accomplissement des formalités exigées pour ces sortes d'aliénations, doit être formée dans les dix ans sous peine de déchéance, surtout lorsque la vente a été suivie d'une possession effective de la part de l'acquéreur.—*Id.*

26.—La prescription de dix ans établie par l'art 1304 du Code Napoléon est opposable à celui qui, plus de dix ans après sa majorité, veut revenir sur une renonciation faite en son nom par son tuteur à une succession qui lui était échue.—2e, 10 mars 1842 (Scelles), VI, 574.

27.—La prescription de dix ans ne s'applique point à l'action en nullité d'un testament.—1re, 13 mars 1850 (Colas), XIV, 260.—V. *infrà*, v° *Testament* (*en gén.*).

28.—La prescription de l'art. 1304 ne concerne que les parties qui ont figuré dans l'acte; elle n'est pas opposable aux tiers étrangers à cet acte.—*Id.*.

29. — La prescription décennale de l'action en nullité de la vente d'un immeuble, fondée soit sur la dotalité, soit sur le défaut d'autorisation spéciale du mari, ne court, au profit des acquéreurs, que du jour de la dissolution du mariage, et non du jour de la séparation de biens.—1re, 27 janv. 1851 (Souchet), XV, 79.

30.—Les intérêts des reprises matrimoniales se prescrivent par cinq ans.—1re, 23 oct. 1847 (Rocquier), XI, 557.

31. — *Jugé encore que* les arrérages de rentes ou intérêts des capitaux dus à une veuve par la succession de son mari sont soumis à la prescription de 5 ans.—2e, 12 déc. 1844 (Deshayes), VIII, 638.

32. — La prescription de cinq ans est opposable à l'héritier de la femme normande qui réclame contre la succession vacante du mari les arrérages des apports mobiliers constitués en rente. — 2e, 15 avril 1848 (Aubey), XII, 118.

33.—... Le tiers détenteur des immeubles affectés au payement de ladite rente peut opposer cette prescription lors-même que le curateur à la succession vacante ne l'opposerait pas.—*Id.*.

34.—La prescription de cinq ans n'est pas applicable de cohéritier à cohéritier pour les intérêts des sommes soumises au rapport. — 1re, 2 avril 1845 (Veuve Dornois), IX, 112.

35. — La caution qui, en cette qualité, a payé des arrérages de rentes dont était tenu le débiteur principal ne peut être soumise à la prescription de l'art. 2277. —C'est la prescription ordinaire qui seule lui est applicable. — 4e, 10 nov. 1845 (Foucaut), X, 16.

36. — La prescription quinquennale n'est pas opposable au codébiteur qui, ayant acquitté la totalité des arrérages, réclame de son codébiteur le remboursement de la portion à la charge de ce dernier.—1re, 16 mars 1853 (Lebarbier), XVII, 153.

37.—Lorsque, dans un acte, 5 années d'intérêts ont été reconnues légitimement dues, ces 5 années d'intérêts ne sont plus soumises à la prescription quinquennale, elles ne pourraient être atteintes que par la prescription ordinaire.—4e, 3 fév. 1847 (Gresselin), XI, 59.

38.—L'acte par lequel le créancier, en recevant le capital de sa créance, se réserve à faire liquider les intérêts qui pourraient lui être dus, tandis que le débiteur consent hypothèque sur ses immeubles pour la garantie et le payement des intérêts ainsi restés à liquider, laisse intacts les droits et exceptions des parties. On ne peut notamment y voir de la part du débiteur une renonciation à opposer

21

la prescription pour les annuités qui remontent à plus de cinq ans.—*Id.*.

39.—En Normandie, la prescription quadragénaire n'avait pas lieu entre cohéritiers, même pour les répétitions de fruits ou de capitaux de rente que l'un d'eux avait touchés seul.— 2ᵉ, 18 août 1841 (Veuve Christophe), v, 346.

40.—Sous l'empire de la Coutume de Normandie, la propriété des biens transmis par une donation nulle en la forme pouvait se prescrire par une possession paisible de quarante années.—2ᵉ, 21 mai 1841 (Lefour), v, 222.

41.—... Et la prescription commençait à courir même pendant la vie du donateur, qui avait le droit d'en demander la nullité.—*Id.*.

42.—Sous la Coutume de Normandie, la minorité ne suspendait pas le cours de la prescription.—1ʳᵉ, 10 déc. 1849 (Paynel), xiv, 103.

43.—La prescription commencée sous l'empire de la Coutume de Normandie, qui n'admettait pas la suspension pour cause de pupillarité, ne peut être suspendue pendant son prolongement sous le Code Napoléon si elle rencontre quelque mineur dans son cours.—2ᵉ, 21 mai 1841 (Lefour), v, 222.

44.—L'amende prononcée pour délit d'habitude d'usure est une peine correctionnelle prescriptible par cinq ans ; mais pour que la prescription puisse être invoquée, il ne faut pas que le débiteur, par des entraves continuelles, ait mis l'administration des Domaines dans l'impossibilité de continuer les poursuites qu'elle a dirigées contre lui. — 1ʳᵉ, 8 juill. 1852 (Administration de l'Enregistrement), xvi, 257.

PRÉSOMPTIONS.—*V. Approbation d'écriture.—Bail (en gén.).—... verbal. — Caution.— Chemin communal.—... public.— Communauté conjugale.—Compromis.—Compte courant.—Contrat pignoratif.—Dot.—Donation déguisée.—Dot.— Émigré — État (réclamation d').—Faux incident civil.—Filiation légitime.— Legs (en gén.).— Lettre de change — Livres de commerce.— Mitoyenneté. — Papier-monnaie.—Payement.—Remplacement militaire.—Renonciation (en gén.).—Testament (en gén.). — ... olographe. — Usage (droits d').*

Des présomptions, quelque puissantes qu'elles soient, ne peuvent cependant par elles seules détruire la foi due à des actes positifs.—2ᵉ, 3 juin 1847 (Poullain-Lacroix), xi, 455.

PRÉSOMPTION LÉGALE.— *V. Bois.— Commune.— Partage.— Propriété.—Servitude.—etc.*.

PRESSE.—*V. Crieur public.—Diffamation.—Imprimeur.—Libraire.*

PRESSOIR.

1.—Le droit de copropriété d'un pressoir n'emporte pas le droit de puiser de l'eau pour les besoins du pressurage à une mare qui existe dans la cour dont dépend le pressoir. — La mare n'est pas l'accessoire du pressoir.—1ʳᵉ, 13 nov. 1843 (Mabon), vii, 469.

2.—Lorsque, dans un acte de partage, après avoir attribué à l'un des lots le grenier existant sur le pressoir, avec la jouissance du pressoir hors des temps de la pilaison, on a stipulé que chaque lot « aura la *droiture de pressurer* ses « fruits au pressoir commun, laquelle « droiture consiste en la tierce partie

« dudit pressoir, c'est-à-dire de trois
« semaines une, etc..., en contribuant
« aux réparations et entretien des usten-
« siles du dedans dudit pressoir, etc.., »
c'est un droit de copropriété et non de
servitude qui se trouve établi.—En conséquence, les copartageants peuvent
pressurer au pressoir commun, pendant le
temps qui leur est accordé, tous fruits
qu'il leur platt et non pas seulement ceux
provenant du fonds partagé.—2e, 13 nov.
1841 (Veuve Mutrel), v, 393.

3.—Id... Du cas où il a été stipulé
« que le bâtiment du pressoir appar-
« tiendra au second lot, et qu'il sera
« mitoyen au temps des pilaisons, pour
« chacun une semaine alternativement;
« que le bâtiment sera entretenu par le
« second lot, et les ustensiles entrete-
« nus en commun. »—1re, 6 janv. 1841
(Laurent), v, 70.

4. — ... Chaque copartageant peut
donc céder son droit à des tiers, soit
accessoirement à la cession d'héritages
provenant du partage, soit principalement et sans aucune vente de fonds de
la cohérie.—Id..

5.—Lorsque, dans un acte de partage,
après avoir attribué à l'un des lots un
pressoir, il est stipulé que « les deux
autres lots auront droit au pressoir pour
y brasser leurs cidres pendant trois jours
de suite, en contribuant pour chacun un
tiers à l'entretien de la mécanique, »
c'est un droit de servitude et non un
droit de propriété qui se trouve établi.
—En conséquence, ce droit ne peut être
détaché du fonds en faveur duquel il a
été créé pour être vendu séparément.—
2e, 26 nov. 1842 (Guibout), xvii, 1.

6.—Quand, par transaction sur procès entre copartageants, il a été stipulé
que l'un d'eux « aurait la droiture pour
lui et les siens au pressoir de l'autre,
en payant le tiers des frais qu'il faut ou
faudra faire pour la réparation dudit pressoir, en ce qui est du dedans, » cette
stipulation ne donne qu'un droit de servitude de pressurage, et non un droit
de copropriété du pressoir.—Par suite,
le créancier de la servitude ne peut
pressurer au pressoir que les fruits provenant des biens primitivement partagés,
et en n'occupant le pressoir que pendant
un tiers du temps du pressurage.—1re,
23 janv. 1849 (Humbert de Molard), xiii,
9.

7.—Dans le cas où une pièce de terre
est vendue sur expropriation forcée, avec
les droits et servitudes y attachés, l'adjudicataire ne peut réclamer un droit
de pressurage appartenant à l'exproprié,
non à titre de servitude, mais à titre de
copropriété, lors même qu'il ne resterait
aucun immeuble à l'exproprié.—2e, 25
fév. 1841 (Thiron), v, 114.

PRÊT.—V. *Acte de commerce.—
Autorisation de femme mariée.—Communauté conjugale.— Compétence civile.— Conseil judiciaire.— Contrat à
la grosse.—Crédit.—Dot.—Hypothèque
légale des femmes.—Intérêts judiciaires.— Legs (en gén.).— Novation.—
Séparation de biens.—Société en commandite.—Usure.*

1.—L'acte par lequel un mari cède à
un tiers une créance due par sa femme
à la communauté conjugale, et l'acte
subséquent par lequel la femme consent
à convertir cette créance en une rente,
ne constituent réellement qu'un prêt
fait aux époux.—2e, 8 août 1844 (Veuve

de R...), VIII, 460.

2.—Lorsqu'une vente de marchandises ne contient en réalité qu'un prêt déguisé, la créance représentant le prix de cette vente ne peut produire que des intérêts à 5 %.—1re, 12 janv. 1848 (Héritiers Jourdan), XII, 202.

PRÊT A LA GROSSE.— V. Contrat à la grosse.

PRÊTE-NOM.—V. Cession.—Fonds de commerce. — Hypothèque conventionnelle.— Offices.— Prescription.—Rétention (droit de).—Vente.

PREUVE (en général).— V. Aveu. —Bac.— Commerçant.— Commissionnaire — Convention. — Désaveu d'enfant.—Emprisonnement.—État (réclamation d').--Faillite.—Livres de commerce.— Ordre.— Partage.— Preuve par écrit.—... (commencement de).—... par commune renommée.—... testimoniale.— Protêt.—Registres et papiers domestiques. — Simulation. — Transaction.—Vente.—etc..

1.— Les déclarations d'une partie, sans former un titre contre ses adversaires, peuvent fournir aux juges des éléments de preuve, quand elles sont corroborées par des actes émanant de ceux contre lesquels la demande est formée.— 1re, 13 fév. 1850 (Veuve Allard-Grandmaison), XIV, 265.

2.— Les lettres d'une sœur à un frère peuvent être invoquées en justice par un tiers, lorsqu'elles ont eu pour but d'engager le frère à aider la sœur dans l'accomplissement d'un acte mauvais et nuisible aux intérêts du tiers qui les produit en justice. Ce n'est pas là une violation du secret des lettres ; le tiers, aux mains duquel de pareilles lettres sont loyalement parvenues, a incontestablement le droit de s'en servir.— 1re, 19 avril 1852 (Nigault), XVI, 131.

PREUVE PAR COMMUNE RENOMMÉE.— V. Faillite.—Inventaire. —Preuve testimoniale.

PREUVE PAR ÉCRIT (commencement de).— V. Aveu.— Caution.— État (réclamation d'). — Preuve testimoniale.— Rente (en gén.).— Reprises matrimoniales.—Usage (droits d').—etc.

1.—Le commandement, fait à la requête d'un créancier, et par lequel un certain nombre d'annuités sont réclamées, peut servir de commencement de preuve par écrit, à l'effet d'établir par témoins que le débiteur ne doit pas un nombre d'annuités plus considérable que celui fixé dans cet exploit; peu importe que le débiteur ait ensuite accepté une quittance de laquelle il résulterait que sa dette aurait une date plus ancienne.— 4e, 13 mai 1844 (Guilbert), VIII, 257.

2.—L'acte sous seing privé, synallagmatique, nul ou non valable pour n'avoir pas été fait double, peut servir de commencement de preuve par écrit.— Trib. civ. de Valognes, 2 juin 1841 (Dufort), V, 249.

3.—Un interrogatoire sur faits et articles peut constituer un commencement de preuve par écrit.—1re, 18 mars 1844 (Auvray), VIII, 206.—V. suprà, vo Interrogatoire sur faits et articles, no 6.

4.—Un acte, quoique non représenté, peut être invoqué comme commencement de preuve par écrit, contre celui qui en reconnaît l'existence et avoue l'avoir signé.—C., ch. req., rej., 19 déc. 1849 (Deschandeliers), XIV, 536.

5. — ... L'aveu ne portant, en pareil cas, que sur la signature de l'acte, l'admission d'un tel acte comme commencement de preuve de faits qui y sont étrangers et que dénie l'auteur de cet aveu ne contrevient pas à la règle de l'indivisibilité de l'aveu. Ainsi, la convention par laquelle des enfants arrêtent entre eux que, à raison de l'affaiblissement des facultés de leur père, ils administreront ses biens peut servir de commencement de preuve de faits de captation, à l'aide desquels l'un de ces enfants aurait obtenu de l'auteur commun la souscription d'une obligation, quoique cette convention ne soit établie que par l'aveu, fait par l'enfant auquel on l'oppose, qu'il y a figuré et l'a signée. — *Id .* .

PREUVE TESTIMONIALE. — *V, Acquiescement. — Acte de commerce. — ... de l'état civil. — ... sous seing privé. — Appel en matière civile. — Approbation d'écriture. — Architecte. — Assurance terrestre. — Aveu. — Bail (en gén.). — ... administratif. — ... verbal. — Bois. — Capitaine. — Caution. — Chasse. — Chose jugée. — Commerçant. — Commissionnaire. — Communauté conjugale. — Compétence commerciale. — Compromis. — Contrat judiciaire. — ... pignoratif. — Contributions indirectes. — Cour d'assises. — Degré de juridiction. — Diffamation. — Donation déguisée. — Don manuel. — Dot. — Enfant naturel. — Enquête. — État (réclamation d'). — Exception. — Expert. — Interrogatoire sur faits et articles. — Inventaire. — Jugement interlocutoire. — ... par défaut. — Jumeaux — Lettre de change. — Médecin. — Payement. — Pétitoire. — Preuve par écrit (commencement de). —*

Rente (en gén.). — Saisie immobilière. — ... revendication. — Séparation de biens — ... de corps. — Servitude. — Solidarité. — Témoins en matière civile. — Testament (en gén.). — ... olographe. — Transaction. — Vente. — Vérification d'écriture. — Usage (droits d').

1. — La preuve testimoniale ne doit être ordonnée, même par les tribunaux de commerce, que lorsque les faits articulés ne sont pas démentis par des actes et des faits constants. — 4e, 19 avril 1842 (Létot), VI, 222.

2. — Est inadmissible, comme contraire aux dispositions de l'art. 1341 du Code Napoléon, la preuve testimoniale tendant à établir un fait qui se trouve contredit par les clauses d'un cahier de charges. — 4e, 6 juill. 1846 (Lenormand), X, 392.

3. — La preuve testimoniale n'est point admissible pour établir la remise d'une somme supérieure à 150 fr., qu'un mandant aurait fait à son mandataire sans en tirer un reçu. — 2e, 20 mars 1847 (Thoyon), XI, 155.

4. — Quand on réclame diverses sommes supérieures à 150 fr., pour mois de pension et avances, il ne suffit pas d'apporter un commencement de preuve par écrit de quelques-unes d'entre elles pour pouvoir être autorisé à faire une preuve testimoniale relativement à toutes; la preuve testimoniale n'est admissible que pour celles auxquelles se rattache le commencement de preuve par écrit. — 4e, 10 déc. 1849 (L comte), XIII, 531.

5. — Lorsqu'un inventaire a été dressé, les héritiers du défunt ne peuvent être admis à prouver, par commune renommée, que la veuve a commis des

sonstractions, s'ils ne demandent en même temps à prouver par témoins des faits positifs; mais ces deux modes de preuve peuvent être admis concurremment. — 1re, 20 avril 1842(Chonnaux-Dubisson), vi, 665.

6.—Les anciens colons de St.-Domingue peuvent, pour réclamer leur part proportionnelle dans l'indemnité accordée par la loi du 30 avril 1836, établir leurs droits de propriété à l'aide d'une preuve testimoniale et de présomptions. —1re, 20 mai 1846 (Pichot de Trémais), x, 305.

PRÉVENU.—*V. Cour d'assises.— Tribunal correctionnel.*

PRISE A PARTIE.

Un tribunal de première instance n'est pas compétent pour statuer sur une demande en dommages-intérêts formée contre un maire remplissant les fonctions d'officier du ministère public, à raison de faits qui se sont passés dans l'exercice de ces fonctions. Le demandeur doit procéder par la voie de prise à partie. — Trib. civ. de Caen, 1re ch., 12 juin 1849 (Duchemin). xiii, 245.

PRISON.—*V. Emprisonnement.*

PRIVILÉGE.—*V. Achalandage.— Avoué.—Bail à ferme.—Commissionnaire.— Commune.— Consignation.— Contrat à la grosse.—Demande nouvelle.— Distribution par contribution. — Faillite.— Hypothèque. — Mutation par décès.—Notaire.—Offices.—Percepteur.—Purge.—Remplacement militaire.— Rente foncière.— Saisie immobilière.— Séparation de biens.—... des patrimoines.—Spectacles publics.— Théâtre.—Vente.*

Indication alphabétique.

1.—Le privilége des domestiques attachés à la culture d'une ferme, pour le payement de leurs gages, est compris dans le 4e § du n° 1 de l'art. 2102 du Code Napoléon, et, par conséquent, est préférable à celui du propriétaire.— Trib. civ. de Caen, 2e ch., 14 août 1850 (Piel), xiv, 500.

2.—... Mais au respect du propriétaire, ce privilége n'existe que pour les gages courus pendant le temps présumé nécessaire pour obtenir les produits qui constituent son gage (dans l'espèce, une année).—*Id.*.

3.—Quand le fermier fait valoir des terres appartenant à divers propriétaires, la créance des domestiques ne doit être prélevée sur le prix des récoltes excrues sur chaque propriété que proportionnellement à l'étendue des travaux faits sur cette propriété.—*Id*..

4.—Le privilége des moisonneurs pour le payement de leurs salaires ne peut s'exercer que sur le prix des récoltes auxquelles ils ont travaillé.—*Id*..

5.—Le privilége pour loyers et fermages n'est pas subordonné au droit de saisir-gager, et il continue de subsister au profit de l'ancien propriétaire. Lorsque, au moment de la distribution du prix des objets affectés à ce privilége, des fermages sont dus tout à la fois au propriétaire ancien et au propriétaire nouveau, ils doivent se partager le gage commun au marc le franc de leurs créances.—1re, 2 juin 1851 (Blutel), xv, 205.

6.— ... Mais cette concurrence ne s'exerce que sur le mobilier garnissant la ferme. Les récoltes et les fruits de l'année courante sont affectés par préférence au payement des fermages de cette année.—*Id*..

7.—On ne doit pas facilement admettre qu'un vendeur originaire ait renoncé au privilége foncier.—1re, 24 août 1847 (Hamon), xi, 528.

8.— ... *Spécialement*, cette renonciation ne peut résulter de ce que le vendeur aurait converti en une rente le prix de la vente, de ce qu'il aurait été présent à la revente de l'immeuble et de ce qu'il se serait présenté à l'ordre ouvert sur le prix, mais avec réserve de son droit de résolution.—*Id*..

9.—Lorsque l'adjudicataire d'un immeuble revend cet immeuble et charge son acquéreur de payer sur son prix un réliquat dû au vendeur primitif, ce dernier peut, même après la surenchère sur la revente et sa transcription, se présenter à l'ordre pour y être colloqué en privilége de ce qui lui reste dû sur son prix, et ce lors même qu'il aurait laissé périmer son inscription et qu'il n'aurait point notifié au greffe du tribunal où se poursuivait la surenchère la demande en résolution par lui formée contre l'adjudicataire primitif.—4e, 2 mai 1848 (Guillot), xii, 131.

10.—Le vendeur d'objets mobiliers non payés, tels que machines et métiers, conserve son privilége à l'encontre des créanciers chirographaires, tant qu'ils sont en la possession de l'acheteur, nonobstant l'immobilisation de ces objets. —C., ch. civ., rej., 24 mai 1842 (Syndics Trolley), vi, 435.

11.— ... Il en est ainsi lors même que ces objets auraient été vendus plus de dix jours avant la faillite de l'acheteur, ouverte sous l'empire de l'ancien Code de commerce.— *Id*..— V. *suprà*, vo *Faillite*, nos 78; 87 et s..

12.—Le décret du 26 pluviôse an II, qui règle les droits des créanciers des entrepreneurs de travaux publics, sur les fonds dus par l'État, n'a pas été abrogé par le Code Napoléon. Par suite, les fournisseurs de matériaux ont un privilége qui doit s'exercer préférablement à toutes oppositions faites par des créanciers personnels et à toutes cessions, même celles postérieures à la réception des travaux. —4e, 24 mai 1852 (Gilbert), xvi, 222.

13.—Les faits de charge donnant lieu à un privilége sur le cautionnement des officiers ministériels doivent s'entendre seulement des faits rentrant dans l'exercice légal et obligé de leur ministère.— 4e, 12 déc. 1849 (Dallongeville), xiii, 497.

14.—,.. *Spécialement*, le prix d'insertions et de placards ne donne point lieu, au profit de l'imprimeur, à un privilége sur le cautionnement de l'avoué. —*Id.*.

15. — ... *Spécialement encore*, les protêts et les significations faites par des huissiers pour le compte d'un avoué, en sa qualité d'agréé au tribunal de commerce, ne donnent pas lieu au privilége en faveur des huissiers ; on ne peut dire qu'ils ont traité avec cet officier ministériel *ex nescessitate officii.*—*Id.*.

16.—Si les créances privilégiées sur un navire, aux termes de l'art. 191 du Code de commerce, n'ont pas été justifiées dans les formes déterminées par l'art. 192 du même code, elles ne peuvent conférer aucun droit de privilége. Nul autre mode de constatation ne peut remplacer celui prescrit par la loi. Ainsi le jugement qui, rendu contre un capitaine, le condamne à payer le montant de fournitures, ne peut conférer aux fournisseurs aucun privilége pour le recouvrement de leur créance.— 4e, 28 fév. 1844 (Lecordier), VIII, 174.

PROCÉDURE CRIMINELLE.— *V. Cour d'assises.*

Les tribunaux n'ont pas le droit d'ordonner la communication d'une procédure criminelle, qui, bien qu'instruite contre un tiers, peut avoir de l'influence sur la décision qu'ils ont à prononcer, mais ils peuvent autoriser les parties à s'adresser au procureur général, pour obtenir de lui cette communication et mettre cette procédure au procès — 4e, 30 juill. 1845 (David), x, 541.

PROCÈS-VERBAL. — *V Bois. — Contributions indirectes.— Douanes.— Emprisonnement. — Expert.—Octroi.*

PROCÈS-VERBAL DE CARENCE.— *V. Jugement par défaut.*

PROCURATION.— *V. Mandat.*

PRODIGUE. — *V. Conseil judiciaire.*

PROFIT-JOINT. — *V. Jugement par défaut.*

PROJET. — *V. Double écrit. — Vente.*

PROMENADE. — *V. Servitude.*

PROMESSE D'ÉGALITÉ. — *V. Institution contractuelle. — Partage d'ascendant.*

PROMESSE DE GARDER SUCCESSION. — *V. Coutume de Normandie.—Réserve à succession.*

PROMESSE DE MARIAGE.

1. — Toute promesse de mariage, avec ou sans clause pénale, est nulle, comme portant atteinte à la liberté illimitée qui doit exister dans les mariages. — 1re, 6 mars 1850.(Maurouard), XIV, 572.— 1re, 24 avril 1850 (Demortreux), *ibid.*.— 2e, 6 juin 1850 (Burée), *ibid.*.

2. — La nullité de l'obligation contenant promesse de mariage entraîne la nullité de la clause pénale.— 1re, 6 mars 1850 (Maurouard), XIV, 572.

3 — L'inexécution d'une promesse de mariage ne peut donner lieu à des dommages-intérêts qu'autant qu'elle a causé un préjudice matériel ou moral.— 1re, 6 mars 1850 (Maurouard), XIV, 572. — 1re, 24 avril 1850 (Demortreux), *ibid.*. — 2e, 6 juin 1850 (Burée), *ibid.*.

4. — Le préjudice donnant lieu à des dommages-intérêts peut résulter de la grossesse de la fille, lorsqu'il est établi, soit par les circonstances, soit par l'aveu de celui qui avait fait la promesse, que cette grossesse est son ouvrage. — Ce

n'est pas là admettre la recherche de la paternité interdite par l'art. 340 du Code Napoléon.—2ᵉ, 6 juin 1850 (Burée), xɪv, 572. — *Contrà*, 1ʳᵉ, 6 mars 1850 (Maurouard), *ibid.*. — 1ʳᵉ, 24 avril 1850 (Demortreux), *ibid.*.

5.— L'impossibilité pour le futur délaissé de se procurer un autre établissement ou d'exercer un état est une cause de dommages-intérêts. — 2ᵉ, 6 juin 1850 (Burée), xɪv, 572.

PROMULGATION. — *V. Loi.*

PROPRES.— *V. Communauté conjugale.— Coutume de Paris.— Dot.— Femme normande.— Offices.— Société d'acquêts.— Usufruit.*

PROPRIÉTAIRE APPARENT. — *V. Héritier apparent.— Hypothèque (en général).*

PROPRIÉTAIRE TRÉFONCIER.— *V. Servitude.— Usage (droits d').*

PROPRIÉTÉ.— PROPRIÉTAIRE.— *V. Acte administratif.—Action pétitoire.— Approbation d'écriture.— Barrage.— Bois.— Canal.— Chemin communal. — ... public.— Commerçant.— Commune.— Compétence civile. — Constructions.— Copropriété.—Domaine engagé.— Eau (cours d').— Faillite.— Meubles.— Murs de ville.— Pétitoire. — Prescription.— Pressoir. — Privilége.— Servitude.— Substitution.—Usage (droits d').—Usine.—etc.*

1. — Le propriétaire d'un mur qui touche immédiatement à la propriété voisine ne peut être empeché d'ouvrir une porte dans ce mur, mais les tribunaux peuvent apporter des conditions à l'exercice de ce droit. — 2ᵉ, 20 déc. 1844 (Lecointe), ɪx, 93.

2. — La présomption légale résultant de jugements rendus au possessoire est efficace contre des signes apparents de propriété, tels que le rejet de terre d'un fossé.—2ᵉ, 25 mai 1850 (Rogère-Préban), xɪv, 369.

3. — Celui qui, après avoir reconnu la propriété d'un droit à son adversaire, se présente en vertu du droit d'un tiers qui lui a été cédé depuis, est recevable à contester cette propriété. — 2ᵉ, 22 mars 1850 (Paysant-Decoulure), xɪv, 476. — V. *suprà*, vᵒ *Aveu*.

PROPRIÉTÉ COMMUNALE. — *V. Commune.*

PROPRIÉTÉ DOMANIALE. — *V. Bois.— Commune.— Conseil d'état. — Contumace — Domaine engagé.— Rente féodale.*

PROPRIÉTÉ INDUSTRIELLE. — *V. Mandat.*

PROROGATION DE JURIDICTION (ou DE POUVOIRS). — *V. Compromis.— Demande nouvelle.— V. aussi les diverses espèces de Compétence.*

PROTÊT. — *V. Degré de juridiction.— Faillite.— Privilége.— Société en commandite.*

1.— Le protêt d'un billet à ordre souscrit par un militaire et payable au régiment, doit être fait non pas au lieu où se trouvait le régiment au moment de la souscription, mais au lieu où il se trouve au jour de l'échéance.— Trib. de commerce de Caen, 27 juill. 1850 (Dizay), xɪv, 571.

2. — La preuve de la dispense de protester peut résulter de l'énonciation d'une garantie simple jusqu'à une époque déterminée, donnée sur l'effet par le

cédant. — *Id*..

3. — La déchéance d'un droit, par le laps du délai à la durée duquel en est circonscrit l'exercice, est une véritable prescription, et, comme telle, soumise aux règles des prescriptions. — *Spécialement*, les dispositions de l'art. 2246 du Code Napoléon, sont applicables à la déchéance prononcée par l'art. 168 du Code de commerce. — Par suite, le porteur d'un billet à ordre qui, dans la quinzaine du protêt, assigne devant un tribunal incompétent conserve son recours contre les endosseurs, bien que l'assignation devant le tribunal compétent ne soit donnée qu'après l'expiration de la quinzaine. La première assignation a été interruptive de la déchéance prononcée par l'art. 168 du Code de commerce. — 4e, 1er février 1842 (Delomosne), vi, 68.

4. — Lorsque le premier endosseur d'un billet à ordre s'est refusé à faire connaître l'individualité du signataire de ce billet, il ne peut se plaindre de ce que le retour n'a pas eu lieu dans les délais. — 4e, 29 janv. 1844 (Morin), viii, 185.

PROVISION. — *V. Exécution provisoire.*

PROVISION (en matière de lettres de change). — *V. Lettre de change.*

PROVISION ALIMENTAIRE. — *V. Aliments.* — *Appel en matière civile.* — *Enfant naturel.* — *Séparation de biens.*

PRUD'HOMMES.

Le conseil de prud'hommes est incompétent pour connaître des difficultés qui s'élèvent à l'occasion d'une convention passée, il est vrai, entre un fabricant et son ouvrier, mais qui, n'étant faite que pour le cas où l'ouvrier deviendrait lui-même fabricant, ne pouvait donner naissance à procès qu'à une époque où il n'existerait plus aucun rapport de subordination entre eux. — Le tribunal de commerce seul est compétent. — 4e, 28 juin 1842 (Royer), vi, 432.

PUISSANCE MARITALE. — *V. Autorisation de femme mariée.* — *Séparation de biens.* — *... de corps.*

Les tribunaux ont un pouvoir discrétionnaire pour ordonner l'emploi de tous les moyens qui leur paraissent les plus propres à forcer la femme à réintégrer le domicile conjugal. — *Spécialement*, ils peuvent autoriser le mari à saisir-arrêter tous les revenus de sa femme, même séparée de biens, ainsi qu'à retenir les capitaux dont il est débiteur envers elle. Ils peuvent décider encore que tous les revenus dotaux et les intérêts des capitaux retenus seront définitivement acquis au mari à titre de dommages-intérêts, pendant tout le temps que la femme restera éloignée du domicile conjugal. — 1re, 14 août 1848 (Briand), xii, 379.

PUISSANCE PATERNELLE. — *V. Communauté conjugale.* — *Émancipation.* — *Séparation de corps.* — *Usufruit légal.*

Lorsque le revenu des biens des enfants est insuffisant pour subvenir à leur entretien et éducation, les parents, bien qu'ils aient perdu l'usufruit légal, doivent y suppléer *de suo* sans pouvoir prendre sur les capitaux desdits enfants, ou exiger de ceux-ci aucune répétition. A plus forte raison ne peuvent-ils entamer ces capitaux sans avoir préalablement obtenu l'autorisation du conseil de famille. — 2e, 29 mars 1844 (Coppin), VIII, 231.

PURGE. — *V. Femme normande.* — *Hypothèque légale des femmes.* — *Ordre.* — *Saisie immobilière.* — *Transcription.*

Indication alphabétique.

Affiche, 3, 10.	Ordre, 6.
Certificat, 9.	Précédents propriétai-
Cession, 5.	res, 3.
Créanciers, 6, 8, 9.	Procès-verbal de dépôt,
Date, 3.	10.
Délai, 2, 4.	Rectification, 10.
Doutes, 10.	Revente, 1.
Femme, 1, 4 et s..	Signification, 3, 9.
Hypothèques incon-	Signification au procu-
nues, 10.	reur impérial, 10.
Hypothèque légale, 1, 4	Sommation de payer ou
et s..	délaisser, 2.
Insertion, 10.	Sous-sol, 8.
Irrégularité, 10.	Stipulations, 7.
Jugément, 9.	Subrogation, 5.
Mari, 4.	Tiers, 10.
Notification, 3 et s..	

1. — L'acquéreur qui a revendu ne peut plus purger. — Il ne peut même plus remplir les formalités prescrites par l'art. 2194 du Code Napoléon, pour purger l'hypothèque non inscrite de la femme, qui, malgré la purge ainsi faite, pourrait toujours inscrire son hypothèque. — 4e, 20 avril 1841 (Burnel), V, 110.

2. — La sommation de payer ou délaisser, faite par l'un des créanciers inscrits sur un immeuble, à l'acquéreur de cet immeuble, fait courir au profit de tous les autres le délai imparti par l'art. 2183 du Code Napoléon. — 2e, 1er déc. 1849 (Veuve Auger), XIV, 111.

3. — Pour opérer la purge des hypothèques qui grèvent un immeuble du chef des précédents propriétaires, il n'est pas nécessaire de désigner dans les affiches et significations ces propriétaires, autres que le vendeur, ni d'indiquer la date des différentes transmissions de propriété qui sont intervenues avant le contrat que l'on veut purger. — 2e, 24 déc. 1842 (Loisel), VII, 19.

4. — La notification du contrat d'acquisition, par l'acquéreur qui veut purger les hypothèques légales, est valablement faite au domicile de la femme, *en parlant à son mari;* il n'est pas nécessaire que la notification soit faite à la personne même de la femme. — A défaut d'inscription dans le délai de deux mois, à partir de cette notification, l'hypothèque légale de la femme est purgée. — 4e, 31 mai 1847 (Evette). XI, 293.

5. — L'accomplissement des formalités nécessaires pour la purge des hypothèques légales opère la libération de l'immeuble, lors même que l'hypothèque aurait été précédemment cédée par la femme à un tiers, si celui-ci n'a pas eu le soin d'inscrire de son chef. — 4e, 15 juill. 1846 (Lecoq), X, 387.

6. — La femme dont l'hypothèque légale a été purgée, conformément à l'art. 2194 du Code Napoléon, ne peut plus se présenter à l'ordre et y réclamer collocation à la date de son hypothèque. La purge éteint l'hypothèque aussi bien à l'égard des créanciers qu'à l'égard de l'acquéreur. — 1re, 21 déc. 1841 (Godard), V, 507.

7. — Les stipulations consenties par l'acquéreur, relativement à la purge de

l'hypothèque légale de la femme du vendeur, doivent être respectées, si, en remplissant les formalités nécessaires pour arriver à cette purge, l'acquéreur a déclaré que le prix serait payé de la manière portée au contrat.—2e, 11 fév. 1843 (Baillet), vII, 64. — V. *suprà,* v° *Ordre,* nos 33, 36.

8.—L'acquéreur du sous-sol doit notifier aux créanciers inscrits.—2e, 28 août 1852 (Luard), xvI, 300.

9.—Le créancier, dont l'inscription ne figure pas sur le certificat délivré par le conservateur des hypothèques, ne peut se plaindre de ce que le jugement rendu sur des contestations relatives à des droits hypothécaires grevant l'immeuble ne lui a pas été signifié.—2e, 18 juin 1847 (Parfait-Prudhomme), xI, 404.

10.—Au cas de purge d'hypothèques inconnues, ce n'est pas le procès-verbal de dépôt qui est spécialement destiné à avertir les tiers, mais bien l'affiche de l'extrait du contrat dans l'auditoire du tribunal, la signification au procureur impérial et l'insertion au journal. Les incertitudes ou irrégularités que présenterait le procès-verbal pourraient donc être levées et rectifiées par ces actes. — 2e, 24 déc. 1842 (Loisel), vII, 19.

QUALITÉ (pour procéder). — *V. Action. — Chambre des notaires. — Chemin public.— Chose jugée — Compétence commerciale.—Compte.—Créancier (en gén.).—Donation (entre vifs). —Dot.—Droits litigieux.— Exécuteur testamentaire.—Fabriques.— Faillite. —Huissier.—Inscription hypothécaire. —Remploi.—Transaction.—etc..*

Q.

QUASI - CONTRAT. — QUASI-DÉLIT. — *V. Adition d'hérédité.— Dot. — Entrepreneur. — Hypothèque légale des femmes.*

QUESTION D'ÉTAT. — *V. Compétence commerciale.—Désaveu d'enfant.—État.—Filiation légitime.*

QUESTION PRÉJUDICIELLE. —*V. Acte administratif.— Action civile.—Compétence civile.—Expropriation pour utilité publique. — Rivages de la mer.*

QUITTANCE.—*V. Effets de commerce.—Payement.*

QUOTITÉ DISPONIBLE. — *V. Don manuel.— Donation déguisée.— ... entre époux.—... par contrat de mariage. — Douaire. — Inventaire.— Legs (en gén.).— Majorat.— Partage d'ascendant. — Rapport à succession.*

Indication alphabétique.

Avancement d'hoirie, 1, 2.	Indemnité, 4 et s.. Intention, 1.
Capital dotal, 2.	Intérêts, 2.
Contrat de mariage, 12.	Légataire, 1, 4 et s., 8. Loi de l'an VIII, 10.
Créances irrecouvrables, 7.	Nue-propriété, 9. Préciput, 1 et s..
Créances prescrites, 8.	Rapport, 1 et s., 10 et
Dettes, 3.	s..
Donataire, 1.	Rapport fictif, 1.
Donation, 1 et s., 9 et s..	Renonciation à succession, 11.
Donation par contrat de mariage, 12.	Rente viagère, 3. Réserve légale, 1 et s.,
Dot, 2.	10 et s..
Émigré, 4 et s.	Usufruit, 9.

1.—Si, en principe général, les donataires ou légataires ont droit d'exiger le rapport fictif à la masse des biens précédemment donnés en avancement d'hoirie, afin de calculer le montant de la quotité disponible, ce principe fléchit lorsqu'il résulte des circonstances que ce mode de computation n'a pas été dans la volonté du donateur.—*Spécialement*, lorsqu'un testateur a légué le cinquième des biens qu'il laisserait au jour de son décès, ce cinquième ne doit point se calculer sur la masse totale des biens de la succession, y compris ceux donnés entre vifs, mais bien sur ceux qui se trouvent entre les mains du testateur au jour de sa mort.— 2e, 4 fév. 1843 (Marie), VII, 149.—V. *suprà*, v° *Avancement d'hoirie*.

2.— Les intérêts échus et non payés des capitaux dotaux sujets à rapport sont une dette de la succession; ils ne sont point imputables sur la quotité disponible. Il en est ainsi surtout lorsque rien ne fait supposer que ces intérêts soient réclamés seulement pour faire fraude à la loi sur la réserve légale ou que la donation en avancement d'hoirie fût supérieure à ce dont pouvait disposer le donataire eu égard à sa fortune.— 1re, 15 janv. 1847 (Prévost), XI, 31.

3.—Pour calculer la quotité disponible, on doit comprendre dans le passif le capital des rentes viagères grevant la succession, estimé d'après sa valeur au moment où la succession s'est ouverte. —1re, 21 juin 1843 (Leveneur), VII, 349.

4.— L'indemnité, telle qu'elle a été liquidée en vertu de la loi du 27 avril 1825, doit être réunie à la masse active de la succession de l'émigré, décédé avant cette loi, pour fixer au profit des légataires la quotité disponible.—1re, 6 juin 1844 (Gaultier), VIII, 400.

5.— ... On ne doit pas seulement faire entrer dans la masse l'estimation du droit à l'indemnité, d'après la valeur qu'il pouvait avoir au jour de l'ouverture de la succession.—*Id.*.

6.—... Toutefois, c'est le capital réel des rentes 3 °/₀ accordées par l'État, et non le capital nominal qui doit entrer dans la masse.—*Id.*.

7.—Les principes ci-dessus énoncés relativement à l'indemnité des émigrés, sont applicables aux créances qui pouvaient être regardées comme douteuses ou même irrecouvrables lors de l'ouverture de la succession, si elles ont été payées avant toute liquidation.—*Id.*.

8.—A l'égard des légataires, les créances prescrites doivent être déduites de la masse active pour calculer la réserve et la quotité disponible.—*Id.*.

9.— La donation en usufruit d'une portion de la succession correspondant à la quotité disponible, ne met point obstacle à ce que la nue-propriété de cette portion, ou une somme équivalente, soit donnée à un autre.—2e, 29 juin 1844 (Lemaitre), VIII, 496.

10.— Les donations faites sous l'empire de la loi du 4 germinal an VIII, lorsqu'elles n'ont point été qualifiées de préciput et hors part, s'imputent sur la réserve légale des biens du donateur, s'il est décédé sous l'empire du Code Napoléon.—2e, 5 août 1847 (de Joviac), XI, 472.

11.—L'enfant donataire qui renonce à la succession du donateur peut retenir le don à lui fait jusqu'à concurrence de sa part dans la réserve et de la quotité disponible.—2e, 18 août 1843 (Tirel), VII, 476.

12. — La clause d'un contrat de mariage portant que les deniers donnés ne seront rapportables qu'à la succession du dernier mourant des père et mère, signifie que l'époux survivant prend la donation à sa charge exclusive, de telle sorte que les libéralités de toute la quotité disponible faites par le prémourant, ne peuvent mettre obstacle à l'exécution de cette clause. — 2e, 31 déc. 1852 (Pernelle), XVII, 61. — 1re, 1er juin 1853 (Pagny), XVII. 230.

R.

RACHAT. — V. *Commune.* — *Réméré.* — *Rente* (en gén.). — *Usage* (droits d'). — *Usufruit.*

RAISON COMMERCIALE. — V. *Enseigne.*

RAPPORT A SUCCESSION. — V. *Don manuel.* — *Donation déguisée.* — *Enregistrement.* — *Faillite.* — *Legs* (en gén.). — *Majorat.* — *Partage d'ascendant.* — *Quotité disponible.* — *Remplacement militaire.*

Indication alphabétique.

1. — Les libéralités faites de la main à la main, par une mère à son fils, indiquent l'intention de dispenser le donataire du rapport. — 2e, 29 déc. 1849 (Blot), XIV, 92.

2. — La dispense de rapport d'une donation faite à un héritier présomptif n'est soumise à aucune formule sacramentelle ; elle peut résulter de l'ensemble des termes et des dispositions de l'acte. Cette dispense résulte notamment de ce que la donation est faite dans un acte de partage anticipé entre tous les héritiers présomptifs. — 2e, 2 déc. 1847 (Soynard), XI, 542. — V. *suprà*, vo *Partage d'ascendant.*

3. — Le testament par lequel un père lègue à l'un de ses enfants *tout ce dont la loi lui permet de disposer*, sans exprimer de dispense de rapport, doit s'entendre en ce sens, qu'il puisse recevoir une exécution, c'est-à-dire qu'il y a dispense de rapport dès là que, cessant cette interprétation, le père ne donnerait rien à son enfant. — 1re, 16 déc. 1850 (Syndics Godefroy), 15, 1.

4. — Le défaut d'inventaire d'une succession et le partage de cette succession ne sont pas une présomption, une fin de non-recevoir suffisante pour faire repousser une demande de rapport à la succession des valeurs dont l'un des héritiers peut avoir profité au préjudice de ses cohéritiers. — 2e, 27 avril 1850 (Tostain), XIV, 333.

5. — Les petits enfants qui ne viennent à la succession de leur aïeul que par représentation de leur père décédé, sont tenus, lors même qu'ils n'ont accepté la succession de ce dernier que sous bénéfice d'inventaire, de rapporter non-seulement les dons faits à leur père,

mais encore le montant intégral des sommes par lui dues à la succession de l'aïeul. Ils ne peuvent se libérer du rapport de ces sommes en abandonnant les valeurs qui existent dans la succession bénéficiaire. — 1re, 2 mai 1842 (Lefèvre), VI, 314.

6. — Les héritiers d'un défunt sont fondés à faire rentrer à la masse les sommes dont l'un de leurs cohéritiers s'est emparé au préjudice de l'auteur commun, lors même que les valeurs ainsi soustraites n'auraient pas appartenu en propre audit auteur, et que celui-ci, ne les ayant touchées que comme mandataire, aurait été tenu d'en rendre compte. — 1re, 17 janv. 1846 (Veuve Raisin), X, 128.

7. — Les enfants ne peuvent demander compte à leur frère, comme d'un élément héréditaire, de la valeur d'un office dans lequel il a succédé au père commun, s'il n'y a pas eu de convention à cet égard soumise à l'agrément du pouvoir exécutif. — 1re, 22 mars 1851 (Gohier), XV, 116.

8. — Lorsque des époux mariés sous le régime dotal ont renoncé à exiger sur les biens expropriés de leur père et beau-père le capital de la dot mobilière promise à la femme, le mari est responsable envers cette dernière de la valeur du dividende qu'il eût obtenu dans les deniers provenant de la vente des biens expropriés, et l'action de la femme, à cet égard, est sujette à rapport, comme l'eût été la dot elle-même. — 1re, 4 août 1845 (Lecesne), IX, 596.

9. — Jugé au contraire que, lorsqu'une femme mariée sous le régime dotal renonce, avec l'autorisation de son mari, à exiger, sur le prix des biens de son père expropriés, la dot mobilière que celui-ci lui avait constituée, elle n'est pas tenue, après la mort de son père, de rapporter à la succession l'action en garantie qu'elle a contre son mari, à raison de l'aliénation de sa dot. — C., cass., 21 juill. 1846 (Lecesne), X, 602. — Cour de Rouen, aud. sol., 29 janv. 1847 (Lecesne), XI, 283.

10. — Le mari légataire du mobilier de son épouse, doit le rapport à la succession de son beau-père des sommes que sadite épouse a reçues en avancement d'hoirie par contrat de mariage. — Il en est du moins ainsi lorsque les circonstances de la cause font présumer que le mari lui-même a entendu en faire sa dette personnelle. — 2e, 6 mai 1843 (Deshayes de Belleau), VII, 261.

11. — C'est la chose même reçue du défunt, et non le bien que le donataire a pu acquérir avec elle, qui doit être rapportée à la succession. — 2e, 29 juin 1844 (Lemaitre), VIII, 496.

12. Dans le cas où un héritier a reçu des immeubles en avancement d'hoirie, et qu'il les a aliénés volontairement avant l'ouverture de la succession du donateur, le prix de ces immeubles, calculé suivant le mode déterminé par les articles 860 et 861 du Code Napoléon, ne doit pas remplacer, dans la masse de la succession, l'immeuble donné, de manière que le donataire doive tenir compte de l'intérêt légal de ce prix, à compter du jour de l'ouverture de la succession. — Dans ce cas, le donataire ne doit tenir compte que du revenu annuel des immeubles aliénés, ou du revenu des prélèvements qui seraient faits en

faveur de ses cohéritiers.— 2e, 23 déc. 1848 (Beauquet), XII, 412.

13.— La demande formée devant le notaire liquidateur, lors du partage d'une succession, doit être considérée comme demande judiciaire, et fait, par suite, courir les intérêts des fruits ou des intérêts sujets à rapport.— Id..

RAPPORT D'EXPERTS. — V. Diffamation. — Expertise.

RATIFICATION.— V. Acquiescement. — Action. — Appel en matière civile.— Arbitre (tiers-).— Autorisation de femme mariée.— Bail (en général). —Compte.— Désaveu d'officier ministériel. — Obligation. — Partage. — .... d'ascendant.— Renonciation (en général). — Société anonyme. — Stipulation pour autrui. — Surenchère. — Testament (en général). — Usure.

1.—La femme qui, devenue majeure, se présente à la faillite de son mari et vote au concordat pour le prix d'un bien irrégulièrement aliéné pendant sa minorité se rend non-recevable à demander la nullité de la vente : il y a là ratification. — 1re, 8 déc. 1852 (Delahaye), XVII, 83.

2. — Lorsqu'un tiers a plaidé au nom et pour le compte d'une personne sans en avoir reçu mandat, celle-ci peut, par une ratification postérieure, s'attribuer le bénéfice du jugement. — 2e, 18 avril 1833 (Delanoe), XIV, 597. — V. supra, vo Action, no 2.

3. — L'exécution, pendant plusieurs années, d'un acte de vente attaqué comme entaché de dol est une ratification tacite, et élève une fin de non-recevoir contre la demande en nullité de cet acte. — 1re, 2 déc. 1846 (Burot), X, 679.

4. — Une ratification tacite, qui n'est que le fruit de l'ignorance où se trouve une partie du droit qu'elle a de faire prononcer la nullité d'un acte, ne peut élever une fin de non-recevoir contre l'action en nullité que plus tard cette partie intente, lorsqu'elle est mieux instruite de l'étendue de ses droits.— 2e, 3 mars 1843 (Veuve Varin), VII, 167.

5. — ... Une telle ratification serait, dans tous les cas, impuissante pour faire revivre une donation révoquée de plein droit par la survenance d'un enfant au donateur. — Id..

6. — La ratification d'un acte fait par un mandataire au-delà des termes de son mandat ne peut résulter de l'exécution donnée à l'acte par le mandataire lui-même ; il faut prouver que le mandant a eu connaissance de l'exécution. — Dans ce dernier cas, les héritiers du mandant ne peuvent demander à prouver que leur auteur était dans l'impossibilité de ratifier, puisque, par suite d'une paralysie, il ne jouissait plus de ses facultés intellectuelles. Cette preuve est inadmissible, aux termes de l'article 504 du Code Napoléon. — 1re, 27 janv. 1846 (Billeux), X, 134.

RATURE. — V. Testament olographe.

RÉASSIGNATION.— V. Jugement par défaut.

RECEL.— **RECÉLÉ**. — V. Désaveu d'enfant.

RECEVEUR DE DENIERS PUBLICS.— V. Percepteur.

RECEVEUR DES HOSPICES. — V. Registres et papiers domestiques.

RECHERCHE DE PATERNITÉ.

— *V. Enfant naturel.* — *Obligation naturelle.* — *Promesse de mariage.*

RÉCIDIVE.

Est en état de récidive la femme qui, ayant déjà été précédemment condamnée *par un tribunal civil* à un emprisonnement de plus d'une année pour délit d'adultère, se trouve de nouveau convaincue du même délit. — 4e, 13 janv. 1842 (Godefroy), VI, 14.

RÉCOLTES.—*V. Gardien.*— *Privilége.*—*Récoltes en vert.*—*Vente publique de meubles.*

RÉCOLTES EN VERT.

1.—Le décret du 6 messidor an III, expliqué par celui du 23 du même mois, n'a été abrogé, ni expressément, ni tacitement, par aucune loi, et est encore en pleine vigueur.—1re, 11 mai 1846 (Oriot), X, 481.

2.—*Id...* Mais, en prohibant la vente de grains en vert et sur pied, la loi n'a voulu défendre que l'accaparement des grains par voie de spéculation sur la détresse des cultivateurs ; elle ne peut s'appliquer à des ventes faites pour de justes motifs, dont l'appréciation est laissée à la sagesse des tribunaux. De semblables ventes sont opposables aux créanciers du vendeur.—*Id..*

3.— *Id...* Les lois prohibitives de la vente de récoltes en vert ne sont pas applicables au cas où cette transmission n'est que la conséquence d'une rétrocession de jouissance d'immeubles.—1re, 3 juin 1850 (Jaliet), XIV, 406.

4.— La vente de tous fruits pendants par branches et par racines, autres que les grains, est toujours licite.— 1re, 11 mai 1846 (Oriot), X, 481.

RECOMMANDATION.—*V. Em-prisonnement.*

RÉCOMPENSE.—*V. Communauté conjugale.* — *Coutume de Paris.* — *Dot.* — *Femme normande.* — *Séparation de biens* —*Société d'acquêts.*

RÉCONCILIATION.—*V. Interrogatoire sur faits et articles.*

RECONNAISSANCE. — *V. Obligation.*—*Ratification.*—*Rente (en général).*—*... féodale.*

RECONNAISSANCE D'ÉCRITURE.—*V. Acte sous seing privé.*

RECONNAISSANCE D'ENFANT. —*V. Enfant naturel.*

RECONVENTION.—*V. Demande reconventionnelle.*

RÉCUSATION.—*V. Abstention de juge.*— *Arbitrage.*— *Greffier.*— *Jugement.*

La récusation dirigée contre un arbitre doit être faite au greffe du tribunal de commerce qui l'a investi de cette qualité. La récusation est réputée connue de lui sans qu'il soit nécessaire de la lui notifier.—4e, 8 juill. 1846 (de La Marche de Mainneville), X, 513.

REDDITION DE COMPTE.—*V. Action civile.*—*Communauté religieuse.* —*Mandat.*

REDEVANCE. — *V. Usage (droit d').*

RÉDUCTION.—*V. Donation.*—*.. déguisée.*—*... entre époux.*—*Faillite.* —*Institution contractuelle.*—*Partage.* —*... d'ascendant.* — *Quotité disponible.*—*etc..*

RÉFÉRÉ. — *V. Absent.*— *Distribution par contribution.*

1.—Il n'est pas nécessaire qu'une ordonnance de référé soit signifiée à avoué, avant d'être exécutée.—2e, 8 fév. 1849

22

(de Rigny). xiv, 192.

2.—Une ordonnance de référé dût-elle être considérée comme un véritable jugement régi par l'art. 147 du Code de procédure civile, la signification à avoué en devient indifférente, lorsque l'exécution est requise, non contre une partie qui a figuré à cette ordonnance, mais contre un tiers, qui n'a à s'occuper que de la signification à domicile, laquelle suffit seule pour faire courir le délai d'appel.—*Id*..

3.—Le tiers contre lequel est poursuivie l'exécution d'une ordonnance de référé, et auquel ont été représentés, 1° le certificat de l'avoué de la partie poursuivante contenant la date de la signification de l'ordonnance faite au domicile de la partie condamnée; 2° l'attestation du greffier constatant qu'il n'existe contre l'ordonnance ni opposition, ni appel, ne peut exiger qu'on lui remette en outre l'exploit par lequel la signification à domicile a été effectuée.—*Id*..

RÉGIE. — *V Bois.—Contributions indirectes. — Douanes. — Enregistrement.—Octroi.—Travaux publics.*

RÉGIME DOTAL.—*V. Dot.*

REGISTRES ET PAPIERS DOMESTIQUES.—*V. Livres de commerce.*

Les registres du receveur d'un hospice, qui n'a aucun intérêt direct et personnel dans les biens dont la gestion lui est confiée, ne peuvent être considérés comme des registres et papiers domestiques qui ne sont point un titre pour celui qui les a écrits.—1re, 9 nov. 1853 (Hospices de Caen), xvii, 314.— .*suprà*, v° *Prescription*.

RÈGLEMENT ou ARRÊTÉ ADMINISTRATIF.—*V. Acte adminis-*

tratif.— Compétence civile.— Règlement de police.

RÈGLEMENT DE COMPTE. — *V. Usure*

RÈGLEMENT D'EAU.—*V. Usine.*

RÈGLEMENT DE JUGES.—*V. Abstention de juge.—Litispendance.*

Lorsque deux Cours impériales égales en pouvoir se trouvent saisies d'appels de jugements rendus par des tribunaux de leurs ressorts respectifs qui statuent l'un et l'autre sur une contestation qui devait être décidée par les mêmes moyens et de la même manière, sous peine de contrariété de jugements, il y a lieu de recourir à un règlement de juges.—4e, 14 avril 1847 (Ducoudré), xi, 642.

RÈGLEMENT DE POLICE ou MUNICIPAL.—*V. Boulanger.—Liberté du commerce.*

Les règlements de police ne sont obligatoires qu'autant qu'ils ont été pris dans les limites légales du pouvoir conféré à l'autorité administrative de laquelle ils émanent, et les tribunaux appelés à les sanctionner par l'application d'une peine ont essentiellement le droit d'examiner si ces règlements ne dépassent pas les attributions de cette autorité, ou ne sont point contraires à une loi existante.—Trib. corr. de Caen, 12 mars 1841 (Langlois), v, 74. — Trib. corr. de Caen, 20 mars 1841 (Laloë), *ibid*.. — Trib. corr. de Caen, 27 mars 1841 (Loloë), *ibid*..

RÉHABILITATION. — *V. Faillite.*

RELACHE FORCÉE.—*V. Capitaine.*

RELOCATION.—*V. Bail (en général).*

REMBOURSEMENT.—*V. Payement.—Rente (en gén.).—... foncière. —*etc..

•**RÉMÉRÉ.—RACHAT.**—*V. Contrat pignoratif.*

1.— Sous l'empire de la Coutume de Normandie, le délai de réméré ou retrait conventionnel était fatal et non comminatoire.— Après son expiration, le bien vendu ne pouvait rentrer dans les mains du vendeur que par un nouveau contrat de vente. — 1re, 14 déc. 1841 (de Lomenie), v, 450.

2.—En supposant que l'action en rescision pour lésion de plus des sept douzièmes appartienne au vendeur d'un droit de réméré, il faudrait apprécier, pour rechercher la lésion, les chances de perte résultant de la brièveté du délai qui restait à courir pour l'exercice du réméré, des inscriptions hypothécaires qui existaient sur les immeubles, et de l'insolvabilité du vendeur, enfin le discrédit où étaient tombés les immeubles. —2e, 25 juill. 1846 (Dutertre), x, 408.

3.—La renonciation à un droit de réméré peut être tacite.—1re, 7 juin 1852 (Aubert), xvi, 243.

4.—Un vendeur à réméré ne peut être déclaré déchu du bénéfice de ce droit, parce que dans ses offres il aurait offert une somme un peu moindre que celle réellement due, si cette différence est minime et ne porte que sur la quotité des frais et loyaux coûts de l'acte à réméré.—2e, 4 mai 1848 (Miquelard), xii, 493.

REMISE DE LA DETTE. — *V. Créance.—Obligation.—Vente.*

REMISE DE PIÈCES.—*V. Degré de juridiction.*

REMISE DE PLACE EN PLACE.— *V. Acte de commerce.— Lettre de change.*

REMPLACEMENT.— *V. Remploi.*

REMPLACEMENT MILITAIRE.—*V. Dot.*

Indication alphabétique.

1.—Est commercial et peut être établi par présomptions l'engagement d'assurer un conscrit contre les chances du recrutement pris par un individu qui se livre habituellement à ce genre d'opérations.—1e, 19 nov. 1845 (Manoury), x, 53.—V. *suprà*, vo *Huissier*, n° 8.

2.—La chance d'être exposé au remplacement est une cause suffisante pour faire acquérir la prime promise pour l'obligation de remplacer.—2e, 30 mai 1846 (Turpin), x, 269.

3.—Celui qui s'est engagé à garantir un conscrit contre les chances du recrutement doit mettre le remplacé à l'abri de tout ordre de départ qui lui est notifié par l'État, sauf à soutenir, au nom et comme mandataire du remplacé, que l'obligation est éteinte.—4e, 29 nov. 1847 (Blanchet), xi, 519.

4. — L'obligation de faire remplacer, prise par une compagnie d'assurance contre les chances du recrutement, ne s'étend pas au cas où le jeune soldat fait seulement partie de la réserve.—2e, 30 mai 1846 (Turpin), x, 269.

5.—Celui qui a manqué à l'engagement qu'il avait pris de faire remplacer un conscrit à l'armée doit être condamné à des dommages-intérêts, lesquels peuvent comprendre le prix du remplaçant avec lequel le conscrit a traité, les frais de voyage et une indemnité pour le temps de séjour à l'armée.— 4e, 15 juill. 1843 (Housset), vii, 474.

6.—Le mandataire d'une maison de remplacement militaire doit être considéré comme chargé par son mandat de faire les démarches nécessaires pour l'exécution des traités de remplacement qu'il souscrit en sa simple qualité de mandataire; et la réception des traités l'oblige lui-même envers les assurés, comme mandataire de ceux-ci. Il doit, sous peine de devenir responsable personnellement de l'inexécution des engagements pris au nom de la maison, suivre, dans les remplacements qu'il fait opérer, l'ordre de la date des traités.— 4e, 6 mai 1845 (Moulinet), ix, 623.

7. — La résolution, faute d'exécution du remplacement, est demandée tardivement lorsque le temps du service est passé et que le jeune soldat a obtenu son congé définitif.— 2e, 30 mai 1846 (Turpin), x, 269.

8.—Le décret du Gouvernement pro-visoire du 31 mars 1848 n'apportant dans la législation sur le remplacement et sur le recrutement aucune modification essentielle n'a rien changé aux obligations réciproques des assureurs et des assurés.—4e, 25 juin 1849 (Boehler), xiii, 522.

9.—... Toutefois, les résiliations de traités d'assurance militaire consenties à la suite des décrets sur le recrutement rendus par le Gouvernement provisoire, les 31 mars et 1er avril 1848, ne peuvent être annulées comme dénuées d'une juste cause; elles doivent être maintenues dans tous leurs effets.— 1re, 30 nov. 1852 (Boehler), xvi, 321.

10.—... Mais la proposition de résiliation du contrat d'assurance faite par l'assureur aux assurés, dans des circulaires adressées à tous les assurés, ne pouvait être acceptée individuellement par l'un d'eux qu'à la condition qu'elle serait acceptée par tous les autres, lors surtout que cette acceptation individuelle avait lieu quand le tirage était effectué. — 4e, 25 juin 1849 (Boehler), xiii, 522.

11.—Est régulière et valable la convention par laquelle une personne, et notamment un proche parent, stipule que, moyennant un prix arrêté, un conscrit sera assuré contre les chances du recrutement.—4e, 19 nov. 1845 (Manoury), x, 53.

12.—L'enfant majeur, pour lequel ses père et mère ont souscrit une obligation de remplacement au service militaire, n'est pas tenu personnellement au payement du prix stipulé, lors même qu'il a signé l'acte administratif de remplacement, s'il n'a pas figuré au contrat et si le remplacement paraît avoir été effectué dans l'intérêt de ses père et mère, plutôt que dans son intérêt propre. En cette matière et jusqu'à preuve contraire, l'obligation des père et mère est présumée constituer une libéralité. — 2e, 20 déc. 1851 (Delaunay), XVI, 28. — V. infrà, nos 15 et s..

13. — Le remplaçant au service militaire, qui a traité avec le père du remplacé, n'a pas d'action contre celui-ci, il ne peut agir que contre le père. — 4e, 14 déc. 1841 (Blot), VI, 195.

14. — De même, lorsque le remplacé a traité avec une compagnie d'assurance, le remplaçant n'a pas d'action directe contre lui pour les sommes qui lui sont dues par la compagnie. Il n'a pas non plus de privilége sur les sommes que peut devoir le remplacé à cette compagnie. — Id..

15. — On ne présume pas facilement que des parents, en achetant un remplaçant militaire à leur fils, entendent se réserver le droit de répéter les sommes qu'ils ont versées pour cet objet. Il ne peut y avoir lieu qu'à un rapport à succession de la part du fils. — 4e, 18 janv. 1842 (Le Picard de Formigny), VI, 191.

16. — ... Le prix du remplacement militaire du fils, payé par le mari des deniers de la communauté, est rapportable pour moitié à la succession de celui-ci, et pour moitié à la succession de la mère, au cas d'acceptation par cette dernière de la communauté. — 2e, 31 déc. 1852 (Pernelle), XVII, 61.

17. — ... Les frais faits par le père pour donner à son fils les moyens de s'exempter du service militaire en entrant dans les charrois militaires ne sont pas considérés comme frais d'équipement, et doivent être rapportés à la succession. — 2e, 5 déc. 1849 (Veuve Duval), XIII, 469.

18. — ... Il en est de même de l'uniforme et du cheval donnés à un fils pour qu'il puisse choisir son corps et entrer dans la cavalerie. — Id..

19. — .. L'enfant exempté du service militaire, moyennant une rente viagère amortie par son père, ne doit rapporter que les sommes payées pour le remboursement et les arrérages acquittés antérieurement. Il ne peut être tenu de continuer à la succession le service de la rente viagère, pendant la vie de celui sur la tête duquel elle avait été constituée. — Id..

20. — Jugé cependant que les sommes payées par un père pour le remplacement de son fils au service militaire, peuvent, suivant les circonstances, être considérées comme l'accessoire de l'éducation de ce fils, et, comme telles, n'être pas sujettes à rapport, lorsque, d'ailleurs, ces sommes jointes aux autres frais d'éducation n'excèdent pas les facultés du père. — 1re, 2 mai 1842 (Lefèvre), VI, 314.

REMPLOI. — V. Contrat de mariage. — Degré de juridiction. — Dot. — Faillite. — Femme normande. — Hypothèque légale des femmes. - Offices. — Ordre. — Partage d'ascendant. — Saisie immobilière. — Séparation de biens. — Société d'acquêts. — Vente.

Indication alphabétique.

1.—Quand une femme s'est réservée dans son contrat de mariage le droit de fournir ou de ne pas fournir un remploi pour ses biens aliénés, ses débiteurs ne sont pas fondés à exiger d'elle ce remploi.—2ᵉ, 26 juin 1834 (d'Avannes), XII, 634.

2.—La femme mariée sous le régime de la communauté peut, après la séparation de corps, recevoir le prix d'un de ses propres aliénés avant la séparation, sans être tenue à aucun remplacement.— 1ʳᵉ, 20 août 1846 (Lainé), X, 543.

3.—Lorsqu'un père a donné ses biens à sa fille et que l'acte de donation est nul, la vente faite conjointement et solidairement par le donateur et par sa fille, mariée sous le régime dotal, ne peut être annulée comme vente de biens dotaux inaliénables.— 1ʳᵉ, 21 janv. 1841 (Vardon), V, 203.

4.—... Toutefois, si le prix de cette vente a été employé à acquérir des biens immeubles pour servir de remploi à la femme, ces immeubles, représentant la part de la femme dans les biens de son père, ne peuvent être valablement aliénés par elle sans remplacement.—*Id.*.

5.—Le mari ne peut à la fois fournir et accepter lui-même le remplacement du fonds dotal, lors même que sa femme lui a donné mandat suffisant pour aliéner.— 2ᵉ, 19 déc. 1846 (Legenvre), X, 580.

6.—Il n'est point nécessaire que les immeubles donnés en remplacement soient absolument de même nature que les immeubles vendus, mais ils ne doivent pas non plus présenter de trop grands désavantages pour la femme.— 2e, 9 déc. 1843 (Bouffard), VII, 616.— V. *suprà*, vis *Contrat de mariage* et *Dot.*

7.—Lorsque dans un contrat de mariage il a été stipulé que les immeubles dotaux de la femme ne pourraient être aliénés qu'en les remplaçant par d'autres immeubles d'*égale valeur*, une usine peut valablement être offerte en remplacement d'une ferme, si les juges reconnaissent en fait que l'opération est avantageuse pour la femme, en prenant même en considération les variations du commerce et la nécessité du remplacement de l'hydraulique après un certain nombre d'années.—2e, 4 juill. 1846 (Renouf), X, 371.

8 —La femme mariée sous le régime dotal peut fournir en rentes sur l'État le remplacement du prix de l'aliénation même volontaire d'un immeuble, si le prix à remplacer est minime, s'il y a eu avantage dans les suites de l'aliénation, et si, d'ailleurs, le contrat de mariage exige seulement un bon et valable remplacement.—1re, 29 août 1843 (Thibaut), VII, 427.

9.—Les actions de la Banque de France immobilisées peuvent servir de remplacement d'immeubles dotaux dont le contrat de mariage permettait l'aliénation, moyennant un remploi sur les biens personnels du mari, ou en acquisitions de biens de même valeur.—1re, 27 mai 1851 (Leronillé), XV, 190.

10.—Le prix provenant de la licitation d'un immeuble dotal appartenant par indivis à une femme mariée sous le régime dotal peut être employé autre-

ment qu'en immeubles et de la manière que les tribunaux trouvent la plus avantageuse, pourvu que cet emploi offre sécurité. — 1re, 30 août 1848 (Labbey De La Roque), XII, 385.

11.—*Id... Spécialement*, ce remploi peut être fait en acquisition de rentes sur l'État.— 2e, 2 déc. 1847 (Gardin), XI, 539.

12.—... Mais il ne peut avoir lieu en prêts sur particuliers. — 1re, 30 août 1848 (Labbey De La Roque), XII, 385.

13 — Lorsque l'aliénation du fonds dotal a été permise par le contrat de mariage moyennant bon et valable remploi, une constitution de rente viagère sur la tête des deux époux, alors âgés et sans postérité, peut être considérée comme un bon remplacement.— 1re, 17 juin 1845 (Bonpain), X 510.

14. — Lorsqu'il a été stipulé dans un contrat de mariage, par lequel deux époux ont adopté le régime dotal, que pour recevoir les objets mobiliers appartenant, ou qui appartiendraient, par la suite, à la future, le mari serait tenu *d'en faire le remplacement* en acquisition d'immeubles au nom de son épouse, ou *de fournir bonne et valable caution*, cette clause est opposable aux *tiers;* ceux-ci ne peuvent donc se libérer valablement qu'en exigeant l'accomplissement de la stipulation, lors même qu'ils ne seraient pas débiteurs directs de la femme, et qu'ils n'auraient contracté qu'avec ses auteurs libres de leurs droits.— 1re, 23 nov. 1842 (Caillemer), VI, 577.— V. *suprà*, vis *Communauté conjugale.*—*Contrat de mariage.*— *Dot.*

65.—Lorsqu'il a été stipulé, dans un contrat de mariage, que les immeubles dotaux de la future ne pourront être liénés « que sous un bon et valable remplacement accepté par elle, et qui lui restera également dotal, » ce remplacement ne peut consister qu'en immeubles, et nullement en une affectation hypothécaire. — 1re, 30 avril 1849 (Pelé), XIII, 163.

16. — Lorsque des époux mariés sous le régime dotal ont stipulé que les immeubles de la femme seraient aliénables moyennant un remplacement en immeubles, ou une garantie hypothécaire sur les immeubles du mari ou d'un tiers, l'acquéreur de l'immeuble dotal ne peut exiger un remplacement en immeubles si les époux préfèrent lui donner une garantie hypothécaire. — Mais il faut que la garantie hypothécaire soit telle que le tiers acquéreur soit délivré de toute crainte d'éviction ou de répétition de prix. — 1re, 10 nov. 1852 (Guillemette), XVII, 33.

17. — L'immeuble donné par le mari à sa femme en payement des créances paraphernales de celle-ci, peut être, par autorité de justice, constitué dotal jusqu'à concurrence du montant de créances dotales dues par un tiers, et celui-ci ne peut contester un tel remploi, qui lui offre toute sécurité. — 2e, 14 janv. 1847 (Beauguillot), XI, 37.

18. — Une femme dotale qui possède des biens paraphernaux ne peut valablement offrir, en remplacement de ses biens dotaux aliénés, ses biens paraphernaux qu'elle propose de transporter dans la masse de ses biens dotaux. — Une semblable translation, en la supposant possible, ne mettrait pas l'acquéreur à l'abri de recherches hypothécaires. — 1re, 6 mars 1848 (Chéron), XII, 14.

19. — L'extinction d'une charge grevant le bien paraphernal que le mari aurait effectuée au moyen du prix des bois abattus sur le fonds dotal ne constituerait pas un remplacement au profit de la femme, en l'absence d'un acte exprès justifiant que le remplacement a été opéré par le mari, et accepté par la femme. — 2e, 16 août 1845 (Léchaudé-d'Anisy), IX, 677.

20. — La somme que doit une femme mariée sous le régime dotal à son frère, pour la part de celui-ci dans la réserve légale, est une dette qui affecte les biens dotaux. En conséquence, l'acquéreur de l'un desdits biens est valablement libéré envers la femme en versant son prix entre les mains du frère, et cela, bien qu'il soit stipulé dans le contrat de mariage que les biens dotaux ne pourront être aliénés que moyennant remploi en immeubles. — 2e, 7 janv. 1843 (Bayeux), VII, 147. — V. encore, 2e, 19 juin 1852 (Duclos), XVI, 232, et suprà, v° Dot.

21. — L'acquéreur d'un immeuble dotal aliénable sous condition de remploi peut être forcé de verser son prix aux mains d'un créancier de la venderesse dont la créance a été, par décision ayant force de chose jugée, déclarée payable sur la dot. — Le payement ainsi fait est l'équivalent d'un bon et valable remplacement en immeubles, rentrant dans les dispositions de l'art. 1558 du Code Napoléon. — 4e, 2 fév. 1851 (Delan), XVI, 60.

22. — L'immeuble acquis par une femme, en remploi d'un de ses propres dotaux aliéné, doit être libre de toutes

charges, autrement l'acquéreur du fonds dotal ne peut être tenu de verser son prix.— 4e, 8 janv. 1843 (Deshayes), IX, 176.

23. — Pour que le bien vendu par le mari à sa femme puisse servir de remploi, il faut qu'il soit purgé de l'hypothèque légale. — 2e, 11 juillet 1840 (Hussenot), XII, 559.

24. — Lorsque l'immeuble acquis par une femme, en remplacement d'un de ses propres dotaux, se trouve libéré de toute charge et à l'abri de toute revendication par la prescription des inscriptions dont il était grevé, ainsi que par le laps de temps qui s'est écoulé depuis qu'il est en la possession de la femme, celle-ci, n'ayant plus à redouter une éviction, peut offrir définitivement cet immeuble comme remploi aux acquéreurs de ses biens dotaux. — 4e, 8 janv. 1845 (Deshayes), IX, 176.

25. — La déclaration passée par la femme seule qui s'est rendue adjudicataire d'immeubles vendus par son mari, que les immeubles par elle acquis lui serviront de remplacement de ses biens dotaux aliénés et désignés dans l'acte, ne peut constituer une dation en payement d'immeubles faite par le mari à la femme. — 1re, 19 janv. 1846 (Godefroy), X, 153.

26. — Lorsque, dans un contrat de mariage portant adoption du régime dotal, il a été stipulé que les rentes dotales de la femme ne pourraient être aliénées que moyennant remplacement, cette clause ne peut s'appliquer au remboursement que le créancier est toujours en droit d'effectuer. — 2e, 13 août 1842 (Parey), VI, 632.

27. — Id... En pareil cas, le conservateur des hypothèques, sur le vu de la quittance constatant le rachat des rentes, doit rayer l'inscription requise au nom de la femme. — 4e, 4 mai 1842 (Michel), VI, 505.

28. — Le remploi déclaré valable par un jugement passé en force de chose jugée, ne peut être attaqué par la femme dotale. — Vainement soutiendrait-elle que ce jugement a été rendu par défaut, et que c'est par suite d'un concert avec sa partie adverse qu'elle a laissé expirer les délais de l'opposition et de l'appel. — 2e, 12 juillet et 2 août 1851 (Longuet), XV, 240.

29. — Lorsqu'une femme, conformément à son contrat de mariage, a aliéné ses immeubles sous condition de remploi, mais à un prix inférieur à la valeur réelle de ces immeubles, cette aliénation n'est pas nulle, mais l'acquéreur doit compléter le prix véritable, et la femme ne peut recevoir le supplément de prix qu'en fournissant le remplacement auquel l'oblige son contrat de mariage, et, faute par elle de ce faire dans le délai prescrit, les acquéreurs peuvent le fournir eux-mêmes; mais en attendant ils doivent payer les intérêts des sommes dues.—2e, 12 mai 1848 (Lemière), XII, 649.—V. suprà, vo Dot.

30. — Lorsque il a été stipulé, dans un contrat de mariage, que la femme aurait un remploi légal sur les conquêts de la communauté pour leur valeur intrinsèque, jusqu'à concurrence de ses apports, lesquels conquêts seraient considérés comme ses propres du jour de leur acquisition, le mari qui, au moment des diverses acquisitions par lui

faites, ne les fait pas agréer par sa femme à titre de remploi peut valablement le faire plus tard, pourvu, bien entendu, que les créances de la femme soient sérieuses et légitimes.—1re, 27 juill. 1853 (Chappé), xvii, 278..

31. — Lorsqu'un contrat de mariage porte que l'aliénation des biens dotaux est autorisée, pourvu qu'ils soient aussitôt remplacés, il ne s'ensuit pas nécessairement que la simultanéité du remploi forme une condition du droit d'aliéner qui puisse entraîner la nullité des aliénations consenties sans emploi immédiat. — 2e, 16 mai 1846 (Jouvet), x, 289.

32.—Lorsqu'aucun délai n'a été fixé pour effectuer le remploi, l'acquéreur peut ne le fournir que lorsque la femme est en droit de le demander.—2e, 9 déc. 1843 (Bouffard), vii, 616.

33.—Id... Et ce remploi peut valablement être effectué après la séparation de biens.—1re, 4 juill. 1842 (Morand), vi, 395.—V. infrà. no 46.

34.—Jugé encore que, lorsque le contrat n'a fixé aucun délai fatal dans lequel le remplacement doit avoir lieu, ce remplacement peut-être fait même après la dissolution du mariage; il suffit qu'il le soit avant que le mari ou les acquéreurs aient été mis en demeure, et aient laissé passer les délais qui leur auraient été impartis pour le présenter.—2e, 31 janv. 1834 (Auger), xii, 606.

35.—Id .. que lorsque, dans un contrat de mariage, aucun délai n'a été imparti pour opérer le remploi des biens dotaux aliénés, les acquéreurs peuvent, même après la dissolution du mariage, arrêter l'action révocatoire dirigée contre eux en fournissant à leurs frais le remploi exigé.—Un délai doit leur être imparti à cet effet par le tribunal.—2e, 21 fév. 1845 (Provost), ix, 154.

36 —L'estimation des immeubles à donner en remplacement doit se faire suivant leur valeur à l'époque des aliénations, et non pas seulement à la date de la demande en remploi.—1re, 28 mai 1845 (Coutances), ix, 450.

37.—Jugé au contraire que c'est suivant leur valeur au jour de la demande en remploi que les immeubles donnés en remplacement doivent être estimés. —2e, 9 déc. 1843 (Bouffard), vii, 616.

38. — Jugé encore que ce n'est pas suivant la valeur courante des immeubles au temps de là vente du fonds dotal que l'acquéreur est tenu de fournir le remploi, qu'il lui suffit de le fournir en immeubles suivant la valeur de ces sortes de biens au moment où se fait le remploi.—2e, 31 janv. 1834 (Auger), xii, 606.

39.—Lorsque, dans un contrat de mariage portant adoption du régime dotal, l'aliénabilité des immeubles dotaux a été stipulée moyennant remploi, le défaut de remploi de la part du mari n'entraîne pas la révocation des ventes; il ne peut invalider que le payement du prix. — 2e, 19 déc. 1846 (Legenvre), x, 580.

40. — Lorsque l'aliénation du fonds dotal n'est permise que moyennant remploi, il ne suffit pas à l'acquéreur, s'il veut conserver son acquisition, d'en offrir le prix, il doit fournir le remplacement exigé.—2e, 31 janv. 1834 (Auger), xii, 606.

41.—Jugé au contraire que, lorsque

des époux ont adopté le régime de la communauté en déclarant néanmoins que les immeubles.de la femme ne pourraient être aliénés que moyennant remploi, la vente desdits immeubles, est annulable et que une action en revendication peut être dirigée contre les acquéreurs tant que le remploi n'est point fait. —2e, 21 fév. 1845 (Provost), IX, 154.

42.—L'acquéreur d'un bien dotal qui pouvait être vendu sous la condition d'un remplacement demeure garant de l'inutilité ou de l'insuffisance du remploi, bien que ce remploi ait été, pendant le mariage, accepté par la femme autorisée de son mari —2e, 3 déc. 1846 (Fayel), x, 504.

43. — La clause portant que l'acquéreur d'un bien dotal ne sera pas responsable de l'insuffisance du remploi ne l'affranchit pas de la responsabilité au cas d'absence totale dudit remploi.— 1re, 12 mai 1851 (Férey), XVI, 153.

44.—L'acquéreur d'un bien dotal peut, à défaut d'un remploi irrévocable, refuser de verser le prix de son acquisition. — 2e, 11 juillet 1840 (Hussenot), XII, 559.

45.—La nullité résultant de l'irrégularité du remploi est une nullité relative établie uniquement dans l'intérêt de la femme et qu'elle seule peut invoquer — 1re, 19 mai 1835 (Leblanc), XII, 601.

46.—La femme dotale à laquelle son mari n'a pas fourni un remploi en immeubles peut, même avant sa séparation de biens, réclamer l'exécution de cette condition qui est réputée apposée à la vente par elle consentie, parce qu'elle n'a pu vendre que conformément à ses conventions matrimoniales.—2e, 2 août 1851 (Rioult de Neuville), XV, 255.—V. suprà, n° 33.

47.—Lorsque le remplacement consiste en une part indivise dans un immeuble, le fait par la femme devenue veuve d'avoir poursuivi la licitation et l'adjudication de cet immeuble, n'entraîne pas de sa part renonciation au droit d'exercer l'action révocatoire contre l'acquéreur, dans le cas où le prix, absorbé en majeure partie par les frais, est insuffisant pour la remplir de sa dot aliénée. —2e, 3 déc. 1846 (Fayel), x, 504.

48.—La clause d'un contrat de mariage portant que « les biens acquis des capi- « taux justifiés provenir de l'un ou de « l'autre estoc seront propres à l'estoc « de celui des époux de qui ils seront « provenus, » ne déroge en rien au mode déterminé par le Code Napoléon pour la constatation du remploi.—4e, 14 juill. 1841 (Le Berrurier), v, 522.

49 —... Par suite, l'immeuble que le mari a acheté en son nom personnel, mais sans déclaration qu'il le payait de ses deniers pour lui servir de remploi de ses propres aliénés, tombe dans la communauté d'acquêts stipulée dans le contrat des époux, lors même que le mari justifierait avoir aliéné lors du payement des biens de son estoc.—Id..

50. — La déclaration faite par une femme dotale, en acceptant le remplacement que son mari lui offre sur ses biens, que lesdits biens sont plus que suffisants pour lui servir de remplacement, ne réduit pas son droit à une simple affectation hypothécaire, lorsque d'ailleurs on trouve dans l'acte tous les caractères d'une vente, et lors surtout que le contrat de mariage ne permettait

l'aliénation du bien dotal que moyennant remploi.—2e, 24 avril 1852 (Pantin), xvi, 169.

51. — Une affectation hypothécaire donnée par le mari, et acceptée par la femme pour garantie du prix de ses immeubles aliénés, ne peut constituer un véritable remploi qui autorise la femme à revendiquer plus tard les biens ainsi affectés lorsque l'acte contenant cette affectation ne dit pas formellement que vente de ces biens est consentie à la femme et lors surtout qu'ils sont d'une valeur de beaucoup supérieure aux sommes à remplacer.—1re, 4 janv. 1851 (Lafilard), xv, 83.

52. — Lorsque l'acte par lequel un remploi est consenti en faveur de la femme et accepté par elle porte que ce remploi n'a lieu que jusqu'à due concurrence, la femme n'est appropriée des immeubles qui en font l'objet qu'autant que leur valeur, au moment où le remploi a été effectué, n'excédait pas le montant de ses créances.—1re, 27 juill. 1853 (Chappé), xvii, 278.

53. — Lorsqu'un immeuble acquis en majeure partie de deniers dotaux et comme remploi est impartageable, on peut, au lieu de recourir à une licitation, l'attribuer en entier à la femme, sauf restitution des deniers fournis par le mari.—1re, 19 mai 1835 (Leblanc), xii, 601.

54. — La femme, à laquelle est fourni un remplacement en immeuble plus considérable que celui qui lui est dû, ne peut être tenue de recevoir l'excédant en payement de ce qui lui est également dû pour répétition de fruits. Le retranchement doit être fait de cet excédant si

elle l'exige, et, si elle consent à le garder, ce n'est point à 5 pour cent que doivent être évalués les revenus de cette portion d'immeuble, mais bien au revenu réel dudit immeuble.—2e, 21 nov. 1844 (Bouffaré), viii, 633.

55. — La femme dotale peut être autorisée à prendre les frais d'acquisition du remplacement sur le capital à remplacer.—1re, 29 août 1843 (Thibault), vii, 427. — V. suprà, v° Dot.

56. — Id... Lorsqu'une femme dotale vend les biens à elle échus par succession pour payer les dettes de cette succession, les frais de vente perçus par les notaires et avoués, et les frais de la notification faite par les acquéreurs, doivent être pris sur le capital des biens vendus, la vente n'étant pas purement volontaire, mais nécessaire.—2e, 19 juin 1852 (Duclos), xvi, 232.

57. —... Il en est de même des frais de remplacement du prix restant dû, les dettes une fois payées.—Id..

58. — Jugé cependant que les frais des contrats de remplacement de l'immeuble dotal ne peuvent être payés sur le prix de cet immeuble. — Les acquéreurs de la femme ne sont pas de plein droit tenus d'effectuer ce payement. — 1re, 27 août 1851 (Legrix de la Fontelaye), xv, 310. — V. suprà, v° Dot.

59. — Id... que le remplacement à fournir par l'acquéreur doit être absolument de la valeur de l'immeuble aliéné, sans pouvoir en déduire les frais d'acte et d'enregistrement auxquels donne lieu le remploi. — 2e, 31 janv. 1834 (Auger), xii, 606.

60. — Id... que les frais faits pour parvenir au remploi ne doivent pas être

à la charge de la femme, qui doit trouver dans le remploi la valeur intégrale de ses propres aliénés. — 2e, 11 juin 1834 (Chibourg) xii, 652.

61. — *Id... que*, lorsque la faculté de vendre les biens dotaux moyennant remploi a été stipulée dans un contrat de mariage portant adoption du régime dotal, les frais de remploi sont à la charge du mari, la femme devant retrouver sa dot intacte. — 4e, 7 juillet 1845 (Tostain), ix, 615.

62 —La venderesse d'un immeuble dotal aliénable sous condition de remploi doit supporter les dépens de l'instance, lors même qu'elle fait condamner l'acquéreur à verser son prix aux mains d'un de ses créanciers dont la créance a été, par décision ayant force de chose jugée, déclarée exécutoire sur la dot, le refus de payer étant très légitime de la part de l'acquéreur. — 4e, 2 fév. 1851 (Delan), xvi, 60.

63. — Lorsqu'il y a contestation sur l'admissibilité d'un remploi en actions de la Banque de France immobilisées, pour des immeubles dotaux dont le contrat de mariage permettait l'aliénation moyennant un remploi sur les biens personnels du mari, ou en acquisitions de biens de même valeur, les dépens peuvent être mis à la charge des vendeurs du bien dotal, bien qu'ils gagnent leur procès. — 1re, 27 mai 1851 (Lerouillé), xv, 190.

64. — Tant que les acquéreurs n'ont pas fourni de remploi pour les immeubles de la femme par eux acquis, les frais occasionnés par les poursuites dirigées contre eux pour obtenir ce remploi sont à leur charge. — 2e, 21 fév. 1845 (Provost), ix, 154.

65. — Le mari est responsable de toutes les conséquences du défaut de payement de l'immeuble acquis par la femme en remplacement de ses propres aliénés, lorsque le prix des aliénations a donné une somme suffisante pour le payement. La femme n'a pas seulement action contre l'acquéreur de ses immeubles. — 1re, 29 août 1843 (Thibaut), vii, 427.

66. — L'art. 1450 du Code Napoléon, qui déclare le mari garant du défaut d'emploi ou de remploi du prix de l'immeuble que la femme a aliéné avec son concours ou son consentement, après séparation de biens, est applicable au cas de vente de biens paraphernaux par une femme mariée sous le régime dotal. — 4e, 15 juin 1851 (Magdeleine), xvi, 95.

67. — L'obligation de fournir un remplacement, prise par le mari et par la femme en vendant un immeuble de celle-ci, est une obligation indivisible à l'accomplissement de laquelle chacun des époux peut être condamné pour le tout. — 1re, 23 mars 1846 (Beauguillot), x, 318.

68. — La stipulation faite par l'acquéreur d'un bien dotal que, pour toucher le prix de vente, il lui serait fourni un remplacement d'une valeur supérieure à ce prix, n'a rien d'illicite et de contraire aux lois; elle doit recevoir son exécution. — *Spécialement*, l'acquéreur d'un immeuble dotal, moyennant 15,000 fr., a pu valablement stipuler un remplacement de 25,000 fr.. — 1re, 8 mars 1848 (Jourdain), xii, 88.

RENONCIATION (en général). — *V. Appel en matière civile.* — *... incident.* — *Assurance terrestre.* — *Créance.*

—*Don mutuel.*—*Donation.*—... *déguisée.* — *Dot.* — *Exception.* — *Femme normande* — *Hypothèque (en général).* — ... *légale des femmes.* — *Institution contractuelle.* — *Legs (en général).* — ... *à titre universel.* — ... *particulier.* — *Mutation par décès.* — *Obligation.* — *Partage d'ascendant.* — *Prescription.* — *Privilége.* — *Rapport à succession.* — *Réméré.* — *Rente féodale.* — *Saisie immobilière.* — *Tierce opposition.*

1. — La renonciation à un droit acquis ne peut s'induire de simples inductions. Les intéressés ne peuvent surtout la faire résulter soit d'une lettre missive, soit de toutes autres écritures émanées de l'ayant-droit, mais qui ne s'adressent point à eux. — 2ᵉ, 16 déc. 1842 (Ulrich), VII, 3.

2. — La renonciation à un droit certain ne se présume pas ; elle ne peut résulter que d'une déclaration formelle ou d'une ratification tacite. Le silence d'une partie, quelque temps qu'il eût duré, ne saurait constituer une ratification tacite. — 1ʳᵉ, 13 mars 1850 (Colas), XIV, 260.

RENONCIATION A SUCCESSION. — *V. Compétence commerciale.* — *Créance.* — *Double écrit.* — *Obligations.* — *Partage d'ascendant.* — *Quotité disponible.* — *Rapport à succession.*

Lorsqu'un père décède laissant deux enfants, et que l'un d'eux meurt lui-même sans avoir accepté ni répudié la succession de son père, l'enfant survivant, héritier de son frère, peut valablement renoncer, du chef de ce dernier, à la part lui revenant dans la succession de l'auteur commun, et profiter néanmoins de cette part par voie d'accroissement.

— Trib. civ. de Caen, 2ᵉ ch., 17 juin 1817 (De Saint-Quentin), XI, 295.

RENTE (en général). — *V. Contumace* — *Degré, de juridiction.* — *Demande nouvelle.* — *Dot.* — *Émigré.* — *Emphytéose.* — *Éviction.* — *Femme normande.* — *Héritier apparent.* — *Hypothèque judiciaire.* — *Inscription hypothécaire.* — *Obligation naturelle.* — *Papier-monnaie.* — *Partage.* — *Prescription.* — *Prêt* — *Remploi.* — *Rente féodale.* — ... *foncière.* — ... *viagère.* — *Solidarité.* — *Stipulation pour autrui.* — *Tiers détenteur.* — *Usufruit.* — *Usure.* — *Vente.*

Indication alphabétique.

1.—Encore bien que, dans le dernier état de la jurisprudence, il soit admis que les rentes ont dû être réputées meubles d'après les lois de brumaire et frimaire an VII, on admet facilement que, depuis ces lois mais avant le Code, les parties ont considéré dans leurs conventions les rentes comme immeubles.— 1re, 6 déc. 1847 (Leménager), xi, 590.

2.—Le cessionnaire à titre particulier d'une rente qui n'appartenait pas au cédant ne peut être tenu que des arrérages échus depuis l'époque de la cession à lui faite. Il en est ainsi lors même que, en contractant, il n'aurait pas ignoré les chances d'éviction qu'il courait.— 2e, 5 juill. 1845 (Lecocq-Desarcus), ix, 563.

3.—Une rente constituée par des enfants à leur mère, pour prix de l'abandon de ses droits dans la succession de son mari, a un caractère alimentaire qui s'oppose à ce que la dette puisse être exécutée partiellement. —4e, 30 mai 1849 (Veuve Buhour), xiii, 450.

4 —Quand la prescription d'une rente a commencé sous la Coutume de Normandie, elle est régie, quant aux causes de suspension, par cette Coutume et non par le Code Napoléon.— 1re, 10 déc. 1849 (Painel), xiv, 103.

5.— ... La prescription est réputée avoir commencé sous la Coutume de Normandie, quand un prorata de rente est échu avant la promulgation du Code Napoléon, bien qu'aucune annuité d'arrérages ne fût exigible avant ce code.— Id..

6.—... Sous l'empire de la Coutume de Normandie, la prescription d'une rente était interrompue par le service des ar-

rérages, et ce service pouvait être prouvé même sans commencement de preuve par écrit.—Cette interruption était opposable aux tiers.—Id..

7-8.—Depuis la loi du 11 brumaire an VII, qui a mobilisé les rentes, elles sont devenues prescriptibles par trente ans. —Id..

9. — ... Mais lorsque la prescription d'une rente a commencé sous les lois anciennes, elle ne peut s'accomplir, sous le Code Napoléon, que par un laps de quarante années.— 2e, 27 avril 1837 (Martine), ix, 306.—4e, 7 mai 1845 (Auvray-Francquetot), ibid..

10.—Sous l'empire du Code Napoléon, l'on peut, à l'aide d'un commencement de preuve par écrit, prouver par témoins que la prescription d'une rente a été interrompue par le service des arrérages.— 2e, 30 juill. 1841 (Delalande), v, 324.

11.—Le titre constitutif d'une rente peut servir de commencement de preuve par écrit des faits interruptifs de prescription, et notamment du service des arrérages.—2e, 30 juill. 1841 (Gondouin), v, 324.—Contrà, C. cass., 19 nov. 1845 (Gondouin), x, 126.

12.—La clause insérée dans un acte de vente, portant que l'acquéreur payera en sus de son prix des rentes indiquées seulement par leur quotité, et ce à perte ou profit, est interruptive de la prescription au profit des créanciers de ces rentes, quoique leurs noms ne soient pas mêmes indiqués dans l'acte et qu'ils n'y fussent pas parties.—2e, 3 fév. 1848 (Degourgue), xii, 484.

12.—L'acte de vente de biens grevés d'une rente, consenti par les débiteurs et chargeant les acquéreurs de payer la partie de la rente afférente auxdits biens, constitue au profit des créanciers même restés étrangers à l'acte, une reconnaissance interruptive à leur respect de la prescription.—1re, 19 mars 1850 (Painel), xiv, 282.

14.—*Id*... L'obligation de servir une rente, contractée par l'acquéreur d'un fonds grevé de cette rente, sauf à s'en affranchir, s'il en avait le droit, à ses risques et périls, constitue une reconnaissance de la rente interruptive de la prescription. — C., ch. req., rej., 2 août 1849 (Degourgue), xiii, 446.

15.—... Et les créanciers de la rente doivent être colloqués sur le prix des immeubles grevés, par préférence aux créanciers hypothécaires inscrits antérieurement à la reconnaissance de la rente.—2e, 3 fév. 1848 (Degourgue), xii, 484.— 1re, 19 mars 1850 (Painel), xiv, 282.

16.—La signification de titres exécutoires contre le défunt et le commandement tendant à exécution sont valablement faits à l'usufruitier de biens grevés d'une rente et chargé par suite d'en acquitter les arrérages; il n'est pas nécessaire de les adresser à l'héritier nu-propriétaire. Cette signification à l'usufruitier avec commandement est interruptive de prescription.— 2e, 30 mars 1848 (Philippe), xii, 162.

17.—Les poursuites exercées contre le délégataire du débiteur d'une rente qui s'est porté fort pour ce délégataire interrompent valablement la prescription à l'égard de ce débiteur.— 2e, 4 juill. 1850 (Hospices de Caen), xiv, 548.

18.— Pour être opposables aux cré-anciers hypothécaires, les actes interruptifs de prescription doivent avoir date certaine avant l'acquisition de l'hypothèque.—1re, 10 déc. 1849 (Painel), xiv, 103.

19.—La reconnaissance d'une rente, passée depuis l'expiration des trente ans à partir du dernier titre, ne peut être opposée aux créanciers hypothécaires antérieurs à cette reconnaissance, lors même que ces créanciers ne demandent pas à prouver que le titre nouvel est le résultat d'une fraude et masque une véritable renonciation à prescription; l'art. 2225 du Code Napoléon n'est pas une application des art. 1166 et 1167 du même code.—*Id*..

20.— Les créanciers d'une rente qui demandent le rachat, faute de payement des arrérages, aux termes de l'art. 1912 du Code Napoléon, n'ont droit à ce rachat que si, dans les commandements par eux signifiés, ils ont justifié positivement de l'étendue de leurs droits sur la portion de rente qu'ils réclament; des offres réelles des arrérages faites dans un délai moral après cette justification doivent faire repousser la demande en rachat.—1re, 22 juin 1847 (Butot), xi, 648.

21.—La loi des 18-29 décembre 1790 (titre 3, art. 2), qui fixe le taux du rachat des rentes en nature, s'applique non-seulement aux rentes anciennes et antérieures à sa promulgation, mais encore à toutes les rentes en nature, quelle que soit l'époque de leur création, pour lesquelles les parties n'ont point fixé de capital. Ainsi, toute rente en nature, exempte d'impôts, doit, pour son rachat, être capitalisée au denier vingt-sept et demi.—1re, 20 mars 1848 (Lefèvre), xii, 20.—V. *infrà*, v° *Rente foncière*.

22.— Lorsqu'une rente est due par plusieurs débiteurs solidaires solvables, la déconfiture de l'un ou de plusieurs d'entre eux ne donne pas lieu au remboursement, lors même que cette déconfiture serait postérieure au titre.— 1re, 16 mars 1842 (Corbin-Desmannetaux), vi, 478.

23.—Le cohéritier qui, sans mandat, a reçu en assignats le capital d'une rente due à la succession, ne peut se libérer en remboursant ce capital au cours des assignats d'alors; il doit compte du capital de la rente pour sa valeur en numéraire métallique.— 2e, 18 août 1841 (Veuve Christophe), v, 346.

24.—... Il doit surtout en être ainsi lorsque le remboursement n'a eu lieu que peu de temps avant la loi qui a suspendu le cours forcé des assignats, et lorsque le cohéritier réclame lui-même en argent de ses cohéritiers une répétition de fruits perçus à une époque où ils auraient pu être acquittés en assignats. — *Id.*.

25.—Quand, par suite d'un partage, deux des lots ont été chargés de servir, chacun pour partie, une rente exigible en totalité d'un seul des copartageants en vertu de la solidarité dont étaient tenus en Normandie les héritiers du débiteur, l'extinction d'une partie de la rente totale, autrement que par acquit ou remboursement procédant du fait de l'un des débiteurs, doit profiter à chacun d'eux dans la proportion de sa part dans la dette.— 1re, 28 nov. 1849 (Bastard), xiii, 482.

RENTE FÉODALE.

1.— Les rentes seigneuriales, créées même pour concession de fonds, ont été abolies par la loi de 1793.— 2e, 18 mai 1848 (Delaporte), xii, 150.

2.—Ne peut être supprimée comme féodale, la rente constituée, non en vertu d'un engagement fait par l'État, mais par suite d'une concession faite par un engageant, lorsque le concessionnaire n'a pas cessé de détenir les immeubles sur lesquels repose cette rente et d'en percevoir les revenus. — 2e, 27 avril 1839 (Martine), ix, 306. — 4e, 7 mai 1845 (Auvray-Francquetot), *ibid.*.

3.— Il n'en est pas des rentes de sous-concession comme de celles créées par le contrat d'engagement : celles-ci ont été éteintes et confondues dans le nouveau prix du contrat intervenu, aux termes de la loi du 14 ventôse an VII, entre l'État et le soumissionnaire; les premières, au contraire, doivent être acquittées suivant le contrat par le sous-engageant.—*Id.*.

4.—Le payement d'une rente féodale postérieurement aux lois abolitives de la féodalité n'emporte point renonciation de la part du débiteur à invoquer ultérieurement le bénéfice de ces lois. Toutefois, celui qui a fait ce payement ne peut répéter les arrérages acquittés. —2e, 18 mai 1848 (Delaporte), xii, 150.

5.—... La mention de l'existence de la rente dans les partages faits par les héritiers du débiteur postérieurement à la loi de 1793 ne suffit pas pour faire revivre la rente féodale; il faudrait, pour qu'il en fût ainsi, une reconnaissance renfermant une convention nouvelle et emportant novation.—*Id.*.

6. — Un préfet n'est point compétent pour déclarer une rente éteinte comme

23

entachée de féodalité, ou pour tout autre
motif; c'est là une question qui ne peut
être résolue que par l'autorité judiciaire.
— 2e, 27 avril 1839 (Martine), IX, 306.
— 4e, 7 mai 1845 (Auvray-Francquetot),
ibid..

RENTE FONCIÈRE — *V Communauté conjugale.* — *Dépens.* — *Dot.*
— *Éviction.* — *Pacte commissoire.* —
Rente (en gén.). — *Saisie immobilière.*

Indication alphabétique.

1. — Les rentes foncières anciennes
ont été mobilisées par les lois des 11
brumaire et 22 frimaire an VII. — Par
suite, à partir de ces lois, les rentes
foncières qui, comme immeubles, ne se
prescrivaient en Normandie que par
quarante années sont devenues, comme
meubles, prescriptibles par trente ans.
— C., cass., 27 déc. 1848 (Auvray), XII,
519.

2. — ... Mais ces lois n'ont pas eu d'effet
rétroactif. Les rentes ne sont donc devenues prescriptibles par trente années
qu'à partir du 11 brumaire an VII, et
la prescription qui a antérieurement
couru est régie par la législation ancienne. — C., ch. req., rej., 2 août 1849
(Quillet), XIII, 446.

3. — *Jugé encore que* lorsque la prescription d'une rente a commencé sous
les lois anciennes, elle ne peut s'accomplir, sous le Code Napoléon, que par
un laps de quarante années. — 4e, 7 mai
1845 (Auvray), IX, 306.

4. — Sous l'empire de la Coutume de
Normandie, la rente constituée par un
copartageant au profit de son copartageant, pour prix d'une licitation, était
considérée comme foncière de sa nature,
et le créancier pouvait, en cas de non
payement ou de diminution des sûretés
promises par le contrat, demander la
résolution du partage. — 4e, 29 déc. 1845
(Levasseur dit Lacoudrais), X, 86.

5. — Le créancier d'une rente de fieffe
ne peut exiger, le remboursement du
capital de la rente, par cela seul que le
débiteur a aliéné quelques-uns des biens
fieffés sans charger les acquéreurs du
service de la rente, s'il reste encore
dans les mains du débiteur ou de ses
représentants des biens plus que suffisants pour garantir le service de ladite
rente. — 1re, 21 fév. 1844 (Lefèvre), VIII,
89.

6. — Le créancier foncier qui, sur l'expropriation des biens de son débiteur, a
reçu de l'adjudicataire le montant de
plusieurs annuités d'intérêts qui lui
étaient dues, ainsi que les frais et dépens, doit rapporter ce qu'il a reçu, si,
à l'état d'ordre, il demande l'envoi en
possession des biens fieffés. — 4e, 14
août 1844 (Thomas), VIII, 524.

7. — Le vendeur d'une rente foncière
peut faire prononcer contre l'acquéreur
de cette rente, qui ne paye pas son prix,
la résolution de la vente, et demander,
par suite, non-seulement à redevenir

propriétaire de la rente, mais même à être envoyé en possession des biens pour prix desquels elle avait été originairement créée, et dont l'acquéreur s'est fait lui-même envoyer en possession, à défaut de payement des arrérages par les débiteurs.—2ᵉ, 12 août 1853 (Bétourné), XVII, 317. *V. infrà*, vᵒ *Vente*.

8.—Si des constructions et améliorations ont été faites sur un immeuble grevé d'une rente foncière, le créancier de cette rente ne peut, à défaut de payement des arrérages, se faire envoyer en possession de l'immeuble, qu'à charge de tenir compte au détenteur de la plus-value résultant des travaux exécutés.— *Id.*.

9.— Les constructions et augmentations faites par le fieffataire sur l'immeuble fieffé ne peuvent être réclamées par lui en cas de renvoi en possession, qu'autant que leur valeur, réunie à celle du fonds, excéderait le droit du créancier.—1ʳᵉ, 9 nov. 1853 (Hospices de Caen), XVII, 314.

10.—A quel taux doit se rembourser, sous le Code Napoléon, une rente en argent, stipulée exempte, créée pour cause de fieffe et sans évaluation de capital postérieurement à la loi du 18 décembre 1790 et antérieurement à celle du 3 septembre 1807?— Le remboursement doit avoir lieu au denier 22.—1ʳᵉ, 17 mars 1847 (Héritiers Barbeu), XI, 45.

RENTE SUR L'ÉTAT.—*V. Dot.* —*Pension alimentaire.*—*Remploi.*

RENTE VIAGÈRE.— *V. Cession.* —*Communauté conjugale.*— *Donation entre vifs.*—... *entre époux.*—*Femme normande.*—*Garant.*—*Legs (en gén.).* —*Novation.*— *Obligation naturelle.*— *Ordre.*—*Quotité disponible.*—*Remplacement militaire.* — *Remploi.*— *Rente (en gén.).*—*Surenchère.*—*Vente.*

Indication alphabétique.

1.—Une constitution de rente viagère constatée par un acte sous seing privé dont la date est antérieure au délai indiqué par l'art. 1975 du Code Napoléon n'est pas nulle, bien que le créditrentier soit décédé dans les vingt jours de l'acte notarié *confirmatif*.—2ᵉ, 14 mars 1850 (Renouf), XIV, 254.

2.—Le mari de la donataire de biens grevés d'une rente viagère, qui perçoit les fruits de ces biens, est débiteur, pendant toute la durée de cette perception, des arrérages de la rente.—1ʳᵉ, 25 juin 1849 (Letellier), XIV, 197.

3.—L'estimation du capital des rentes viagères doit avoir lieu par experts, et ces experts doivent fixer le montant de ce capital, d'après l'âge des crédi-rentiers et les autres circonstances de fait. —1re, 21 juin 1843 (Leveneur), vi, 349.

4.—Les enfants, débiteurs envers leurs parents donateurs d'une rente viagère créée par suite d'un partage entre vifs des biens donnés, ne sont pas fondés à exiger, en vertu de l'art. 1653 du Code Napoléon, une caution de leurs parents pour la perception des arrérages de la rente, quand même la donation pourrait dans la suite être révoquée pour cause de dotalité, et cela lors surtout que les revenus des biens donnés sont supérieurs aux arrérages de cette rente.— 1re, 25 juin 1849 (Letellier), xiv, 197.

5.—L'acte par lequel le débiteur d'une rente viagère déclare que, en cas de sinistre, le crédi-rentier sera approprié sur le prix d'assurance de l'immeuble hypothéqué d'une somme suffisante pour assurer le service de ladite rente constitue une cession conditionnelle ou délégation.—2e, 7 nov. 1850 (Mouchet), xvi, 106.

5 bis.—... La clause par laquelle celui qui se constitue débiteur d'une rente viagère délègue, pour le cas d'incendie des immeubles hypothéqués, *avec promesse de garantir, fournir et faire valoir*, toutes sommes nécessaires pour payer les arrérages échus *et assurer le service de la rente*, constitue une véritable cession conditionnelle au profit du crédi-rentier.— 2e, 7 nov. 1850 (Mouchel), xiv, 643.

6.—La clause par laquelle les parties ont stipulé, dans un contrat de rente viagère, que, au décès du créancier, *cette rente serait éteinte et amortie en ca-*

pital, arrérages et prorata, sans aucune réserve, doit être entendue en ce sens que la mort du créancier vaut de quittance absolue pour le débiteur. Par suite, les représentants du crédi-rentier ne peuvent pas plus réclamer les arrérages exigibles que le prorata couru à l'époque du décès de leur auteur.—1re, 3 juin 1851 (Lefèvre), xv, 229.

7.—La femme qui, par son contrat de mariage, a stipulé que, en cas d'absence de son mari pour cause de service ou autrement, elle aurait droit à une rente viagère d'une somme déterminée, peut exiger le payement de cette rente si son mari vient à l'abandonner pour une cause quelconque.— 4e, 17 mai 1847 (Veuve Grasset), xi, 326.

8.—Le créancier d'une rente viagère qui, en inscrivant son hypothèque, n'a indiqué que le capital versé pour prix de la constitution, sans donner à sa créance une autre évaluation, peut demander, à l'état d'ordre ouvert pour la distribution des deniers provenant des biens vendus de son débiteur, l'emploi d'un capital *suffisant* pour assurer le service de la rente viagère, ce capital dût-il être *supérieur* à celui indiqué dans l'inscription. L'indication du capital de la rente viagère faite dans l'inscription ne limite pas le droit hypothécaire du créancier sur les immeubles du débiteur à la valeur de ce capital, quand, d'ailleurs, les tiers sont avertis que l'inscription est prise pour garantie d'une rente viagère. Cette indication du capital doit être considérée comme surabondante. — 2e, 21 janv. 1851 (Martin), xv, 87.

9.—On peut valablement stipuler dans

un contrat de constitution de rente viagère, que, à défaut de payement des
arrérages, le contrat sera résolu et que
le capital retournera au créancier.—2e,
16 déc. 1843 (d'Aligre), vii, 632.

9 *bis*.—... La résolution peut même
être stipulée pour avoir lieu de plein
droit, par le seul fait de la mise en demeure du débiteur, sans qu'il soit besoin
de demande judiciaire, et, dans ce cas,
les tribunaux ne peuvent accorder aucuns délais au débiteur.—*Id*..

10.— L'art. 1976 du Code Napoléon
permettant de constituer une rente viagère au taux qu'il plaît aux contractants
de fixer, une pareille rente constituée
moyennant un intérêt de 6 % ne peut
être annulée pour vilité de prix.— 1re,
22 fév. 1853 (Salomon), xvii, 112.

11.— La résolution d'un contrat de
rente viagère n'oblige le créancier à
aucune répétition des intérêts qu'il a
reçus, quelqu'exorbitants que fussent ces
intérêts. Il a droit de les toucher au taux
convenu, jusqu'au moment de la demande en résolution, et à 5 % à partir
de cette époque jusqu'au remboursement.—2e, 16 déc. 1843 (d'Aligre), vii,
632.

12.—Lorsqu'il existe un juste sujet de
trouble, du chef du crédi-rentier, pour
le débiteur d'une rente viagère, dans la
jouissance des immeubles grevés de la
rente, les juges font une juste application de l'art. 1653 du Code Napoléon,
en autorisant le débiteur à conserver par
devers lui une somme suffisante pour
faire face au payement éventuel de la
dette du créancier.—4e, 10 déc. 1849
(Lecomte), xiii, 531.

13.—La clause par laquelle le crédi-

rentier, dans l'acte de constitution de
rente viagère, en stipule la réversibilité
sur la tête d'une personne qu'il pourra
désigner ultérieurement est nulle et de
nul effet.—Une telle convention n'a pas
un objet certain, suffisamment déterminé.—1re, 16 mars 1852 (Lucas), xvi, 121.

14.—Lorsque, dans un acte de constitution de rente viagère, le stipulant fait
insérer une clause de réversibilité au
profit d'un tiers, la validité de cette libéralité n'est pas soumise à la condition
de l'acceptation d- la part de ce tiers,
pendant la vie du stipulant; cette acceptation peut donc avoir lieu après le décès
de ce dernier.— Trib. civ. de Caen, 18
mars 1853 (Denaye), xvii, 325.

15.—... Le droit de révoquer une
semblable donation est personnel au donateur; ses héritiers ne peuvent donc
l'exercer.— *Conséquence* : l'acceptation
faite par le donataire, même après le
décès du donateur, rend irrévocable la
donation, lors même que cette acceptation serait postérieure à la révocation
faite par les héritiers du donateur.—*Id*..

16.—On doit comprendre dans le
passif d'une succession la valeur en capital des rentes viagères éteintes depuis
l'ouverture de la succession, et non pas
seulement les arrérages payés jusqu'au
décès des crédi-rentiers.— 1re, 21 juin
1843 (Leveneur), vii, 349.

17.— Le crédi-rentier viager ne peut
exiger le bannissement d'un capital pour
le service de sa rente, lorsqu'un créancier
hypothécaire du débiteur de ladite rente
s'oppose à ce bannissement et consent à
se charger envers le crédi-rentier du
service de la rente en lui fournissant une
garantie hypothécaire suffisante pour

assurer ledit service.—Trib. civ. de Caen, 1re Ch., 21 déc. 1852 (de Gonneville), xvii, 143.

RENVOI D'UN TRIBUNAL A UN AUTRE.—*V. Abstention de juges. —Degré de juridiction.—Exception.—Fin de non-recevoir.—Litispendance. —Mise en cause.—Réglement de juges. —Reprise d'instance.*—V. Aussi les diverses espèces de *Compétence.*

RENVOI EN POSSESSION.—*V. Compensation.—Donation entre vifs. —Pacte commissoire.—Rente foncière. —Stipulation pour autrui.—Vente.*— etc..

RÉPARATION.—*V. Bail (en général). — Dot. — Mitoyenneté. — Usufruit.*—etc..

RÉPÉTITION. — *V. Autorisation de femme mariée.—Communauté conjugale.—Compensation. — Éviction.— Faillite.—Octroi.—Offices.—Ordre.— Payement.—Partage. — Remplacement militaire.—Remploi.—Rente (en général).—... viagère.—Solidarité.—Usure.*

REPRÉSENTATION. — *V. Rapport à succession.*

REPRISE D'APPORT FRANC ET QUITTE.—*V. Communauté conjugale.— Contrat de mariage.—Dot.— Femme normande.*

REPRISE D'INSTANCE.—*V. Jugement par défaut.*

1. — Le décès du mari d'une partie, sistant au procès seulement pour autoriser sa femme qui, par ce décès, devient libre et a qualité pour procéder seule, ne donne pas lieu à une reprise d'instance.—2e, 11 janv. 1850 (Veuve Ernoult), xiv, 202.

2.—Les contestations survenues entre plusieurs parties par suite d'un jugement définitif donnent lieu à une nouvelle instance et non à une reprise d'instance sur les derniers errements, quelle que soit la qualification qui soit donnée à cette instance. — Par suite, l'opposition à un jugement par défaut, intervenu dans cette seconde instance, est recevable, encore qu'il soit intervenu un jugement par défaut profit-joint dans la précédente.— 1re, 24 juin 1850 (Brisollier), xiv, 413.

3.—Lorsqu'un arrêt a été cassé par la Cour de cassation, et que les parties ont été renvoyées devant une autre Cour, il n'y a pas lieu à reprise d'instance, mais seulement à continuation de l'instance sur les errements immédiatement antérieurs aux arrêts cassés par la Cour suprême.—Aud. sol., 5 fév. 1851 (Leroux), xv, 31.

REPRISES MATRIMONIALES. —*V. Autorisation de femme mariée.— Communauté conjugale.—Degré de juridiction.—Demande nouvelle.—Dot. —Femme normande.—Hypothèque légale des femmes.—Papier-monnaie — Rapport à succession.—Vente.*

REPROCHES.—*V. Témoins en matière civile.*

REQUÊTE CIVILE.—*V. Appel en matière civile.—Cassation.*

1. — La requête civile, fondée sur le dol personnel de la partie adverse ou sur la rétention de pièces, n'est admissible que lorsque les manœuvres frauduleuses ou les pièces retenues étaient de nature à influer directement sur la solution du litige.— 2e, 27 mars 1841 (Commune de Graignes), v, 179.

2. —... *Spécialement,* la rétention par une partie du traité par lequel elle

a cédé ses droits à un tiers ne peut donner ouverture à requête civile contre l'arrêt qui n'a statué que sur les droits de propriété des parties, sans s'occuper en aucune manière d'une question de retrait de droits litigieux.—Le seul fait de la dissimulation de ce traité ne peut d'ailleurs être considéré comme un dol personnel dans le sens du n° 1er de l'art. 480 du Code de procédure civile. —Id..

RESCISION. — V. Demande nouvelle.—Échange.—Femme normande. — Mineur. — Partage. — ... d'ascendant.—Prescription.—Réméré.—Transaction.—Vente.

RÉSERVE (succession.—donation). —V. Avancement d'hoirie. — Donation déguisée.—Dot.—Faillite.—Legs (en général).—Majorat.—Partage.— .. d'ascendant.—Quotité disponible.— Remplacement militaire.

RÉSERVES (procédure).—V. Cassation. — Degré de juridiction.— Demande nouvelle.—Diffamation.

Lorsque des réserves ont été faites dans des conclusions prises lors du jugement dont est appel, elles sont censées subsister, quoique dans l'exploit d'appel et dans les conclusions prises devant la Cour elles n'aient pas été renouvelées.— 1re, 10 fév. 1851 (Fournet), xv, 107.

RÉSERVE A SUCCESSION.—V. Quotité disponible.

La réserve à succession stipulée dans le contrat de mariage des filles en Normandie n'était qu'une simple réserve à partage, qui ne dessaisissait par les père et mère et leur laissait au contraire la pleine disposition de leurs biens.—Elle plaçait seulement les filles au même rang que les fils, sans leur attribuer plus de droits que ces derniers, et sans produire aucun des effets de la promesse de garder succession.—1re, 10 juin 1845 (Sosson), ix, 431.

RÉSERVE D'USUFRUIT. — V. Donation (entre vifs). — ... déguisée.

RÉSILIATION.—RÉSOLUTION. —V. Bail (en gén.)—... administratif. —Créance.—Degré de juridiction.— Dommages-intérêts.—Donation (entre vifs).—Emphytéose.— Faillite.—Marché à terme.—Remplacement militaire.—Rente foncière.—... viagère.— Saisie immobilière.—Stipulation pour autrui.—Travaux publics.—Vente.—... de marchandises.

RESPONSABILITÉ. — V. Action civile.—Avoué.— Caisse d'épargne.— Capitaine. — Cession. — Commissionnaire de transport.—Conservateur des hypothèques. — Dépens. — Dépôt. — Dommages-intérêts.—Dot.—Entrepreneur.—Faillite.—Femme normande.— Gardien.—Huissier.—Incendie.—Legs (en gén.).— Mandat.— Médecin.— Notaire.—Officier ministériel.—Pillage. —Rapport à succession.— Remplacement militaire.—Remploi.—Rente (en gén.).—Revendication.—Saisie-arrêt. —Simulation.—Tuteur.

1.—Le propriétaire qui laisse placer à sa voiture un cheval dont il connaît la méchanceté doit être déclaré responsable des accidents occasionnés par ce cheval, surtout lorsqu'il a donné à son préposé des ordres qui devaient nécessairement le forcer à abandonner momentanément sa voiture et à la laisser sans conducteur.—4e, 21 avril 1841 (Tostain), v, 191.

2.—Le domestique qui quitte momentanément la voiture qu'il est chargé de
conduire peut être déclaré personnellement responsable du préjudice occasionné par un cheval dont il connaissait
la méchanceté, s'il a placé imprudem-
ment ce cheval en tête de l'attelage.—Il
en est ainsi lors même que ce domestique
est dans la nécessité de délaisser pendant quelques instants la voiture par
suite de commissions ordonnées par son
maître, et qu'il charge un tiers de veiller
sur ses chevaux, pendant son absence.
—*Id.*.

3.—Les père et mère d'un insensé majeur qui demeure avec eux sont civilement
responsables du dommage causé par les
crimes ou délits commis par leur fils,
lorsque le fait a été la suite d'une imprudence ou d'une négligence de leur
part.—2ᵉ, 2 déc. 1853 (Arragon), xvii,
304.

RESTAURANT.

L'ouverture d'un restaurant ou auberge n'est pas soumise à l'autorisation
préalable de l'autorité administrative
aux termes de l'art. 1ᵉʳ du décret du
29 décembre 1851, cet article est limi-
tativement applicable aux cafés, caba-
rets ou autres débits de boissons.—Ch.
corr., 21 avril 1853 (Billot), xvii, 229.

RESTITUTION.—*V. Dot.*—*Femme normande.*—*Fabrique.*—*Payement.*
—*Usure.*

RÉTENTION (droit de).—*V. Antichrèse.*—*Bail à ferme.*—*Contrat pignoratif.*—*Dot.*—*Entrepreneur.*—*Héritier apparent.*—*Rente foncière.*—...
viagère.—*Requête civile.*

1.—Le droit de rétention ne peut plus
être exercé lorsque la livraison a été
faite.—En matière de vente de coupes
de bois, la livraison doit être réputée
faite lorsque l'acheteur a fait couper les
arbres par ses préposés et a fait transporter les bois sur le bord de la route
pour en faciliter l'enlèvement. — 4ᵉ, 3
janv. 1849 (Moutier), xiii, 104.

2.—Celui qui, en apparence, se rend
adjudicataire, quoique, en réalité, il ne
soit que le prête-nom du saisi, ne peut
retenir les immeubles adjugés jusqu'à ce
que le saisi l'ait remboursé des sommes
par lui payées aux créanciers.—Il n'a
qu'une action de gestion d'affaires contre
le saisi, sans droit foncier ni hypothèque.
—2ᵉ, 12 nov. 1842 (Veuve Malassis), vii,
566.

3.—L'individu qui a exécuté la disposition d'un jugement qui le condamnait à
faire le délaissement d'un immeuble
qu'il détenait n'est plus recevable à demander que, avant de prendre possession
de cet immeuble, le revendiquant acquitte les sommes dont il est débiteur à
raison de l'action. — 4ᵉ, 21 juin 1842
(Deschevaux), vi, 427.

RETOUR (droit de) —*V. Emphytéose.*

RÉTRACTATION.—*V. Offres.*

RÉTRACTATION D'ARRÊT.—
V. Cassation.

RETRAIT CONVENTIONNEL.
—*V. Réméré.*

RETRAIT D'INDIVISION.

Le retrait d'indivision, autorisé anciennement par la loi, § 4, *ff.*, *de jure
dotium,* et aujourd'hui par l'art. 1408
du Code Napoléon, n'était pas admis
sous l'empire de la Coutume de Normandie.—Ce retrait ne peut être exercé

sous l'empire du Code Napoléon même à l'égard d'une acquisition faite par le mari normand depuis ce Code. — C., cass., 22 mars 1841 (de Réméon), v, 148.

RETRAIT LITIGIEUX. — *V. Droits litigieux.*

RETRAIT SUCCESSORAL. — *V. Cession.*

1.—Sous l'empire de la Coutume de Normandie, les cohéritiers des diverses lignes ou estocs étaient tous cohéritiers entre eux ; ils pouvaient tous par suite exercer le retrait successoral des droits successifs d'une autre ligne ou d'un autre estoc.—2ᵉ, 22 juill. 1848 (Liégard), XII, 193.

2.—En Normandie, quand un retrait avait été exercé par un aïeul au nom de ses petits enfants mineurs, la répudiation de ce retrait par les mineurs devenus majeurs n'en produisait pas l'anéantissement, mais le laissait pour le compte de l'aïeul qui l'avait exercé.—1ʳᵉ, 14 déc. 1841 (de Lomenie), v, 450.

3. — Le retrait successoral ne peut être exercé au cas de vente de droits certains et déterminés.—Doit être considérée comme telle la vente d'un quart indivis à prendre dans un immeuble déterminé.—1ʳᵉ, 8 janv. 1845 (Veuve Leroy), IX, 87.

4.—Le retrait successoral peut être demandé jusqu'au partage et même après qu'une expertise a été ordonnée contradictoirement avec l'acquéreur des droits successifs pour fixer la valeur des biens indivis.—2ᵉ, 22 juill. 1848 (Liégard), XII, 193.

5.—Le retrait successoral peut être exercé encore bien que la cession ait été faite au moyen d'un échange.—Il a lieu pour la totalité de ce qui a été cédé, lors même que, outre une part indivise, l'acte de cession contient des objets déterminés.—2ᵉ, 19 mars 1842 (Folliot), VI, 490.

6.—L'héritier contractuel, même pour partie, peut, comme l'héritier du sang, exercer le retrait successoral contre le cessionnaire étranger.—*Id*..

RETRAITE. — *V. Communauté conjugale.—Percepteur.*

RÉTROACTIVITÉ.—*V. Barrage. —Bureau de bienfaisance.—Coutume de Normandie.—Degré de juridiction. — Donation (entre vifs). — .... entre époux.—Fabrique.—Partage.— Séparation de patrimoines.—etc..*

RÉUNION POLITIQUE. — *... PUBLIQUE.—V. Cris séditieux.*

Des réunions non publiques composées d'un assez grand nombre de personnes et ayant un but politique, formées sans la permission de l'autorité municipale, constituent le délit prévu et puni par le décret du 28 juillet 1848 sur les clubs, que ces réunions présentent ou non des caractère de permanence et de périodicité. — Cour d'assises du Calvados, 17 août 1850 (Hébert), XIV, 593.

REVENDICATION.—*V. Acquiescement.—Appel en matière civile.— Commissionnaire.— Commune.— Compétence civile.— ... commerciale.—Degré de juridiction.—Domaine engagé. —Éviction.—Exploit.— Faillite.— Héritier apparent.—Lettres missives.— Partage.—Rétention (droit de).—Saisie-exécution. — ... immobilière. —.., revendication.*

1.—La femme séparée de biens ne peut revendiquer contre les tiers les meubles qu'elle a apportés en dot à son mari, si le détail de ces meubles n'est pas contenu dans son contrat de mariage.—2e, 13 mars 1851 (Lance), xv, 138.

2.—Lorsque le mari est dans un état d'insolvabilité notoire, la femme étant dans la nécessité de subvenir seule aux besoins du ménage a qualité pour revendiquer les linges et hardes de son enfant mineur, indûment saisis sur son mari.—Id..

3.—Ne peuvent être revendiqués les objets placés dans le magasin d'un intermédiaire pour le compte du destinataire, quand ce dernier a donné l'ordre de vendre pour son compte.—4e, 22 janv. 1850 (Moulin), xiv, 209.—V. suprà, vo Commissionnaire, nos 1 et s..

4.—Dans le cas d'une revendication d'obligations et d'objets saisis, le revendiquant doit s'adresser aux saisissants et non au saisi qui, à partir de la saisie, cesse d'être responsable des obligations et objets saisis et des causes qui en auraient amené la perte.—1re, 18 fév. 1850 (Blanchet), xiv, 199.

REVENUS. —V. Degré de juridiction.—Donation (entre vifs).—Dot. —Séparation de biens.

RÉVERSIBILITÉ. —V. Rente viagère.

RÉVOCATION — V. Acquiescement.—Action révocatoire.—Domaine engagé.—Donation (entre vifs). —... entre époux.—... par contrat de mariage.—Dot.—Femme normande.—Intervention —Legs universel.—Mandat. —Ratification.—Séparation de corps.

—Stipulation pour autrui.—Testament (en général).—... olographe.—etc..

RIVAGES DE LA MER.

1.—C'est à l'autorité judiciaire, devant laquelle se débat la question de savoir si un terrain en litige entre l'État et un particulier est une alluvion fluviale ou un relais maritime, qu'il appartient de déterminer les limites qui séparent la mer des rivières affluentes.—1re, 5 juill. 1841 (Latour), v, 292. — 1re, 30 août 1841 (Latour), v, 312. — 1re, 30 août 1841 (Danglade), v, 342.

2.—Contrà... C'est là une question préjudicielle sur laquelle les tribunaux judiciaires ne peuvent statuer incidemment à la question de savoir si un terrain en litige entre l'État et un particulier est une alluvion fluviale ou un relais maritime.—Conseil d'État, 18 mars 1842 (Latour), vi, 138.—Conseil d'état, 18 mars 1842 (Danglade), ibid..

RIVIÈRES NAVIGABLES OU FLOTTABLES. —V. Chemin de halage.

RIVIÈRES NON NAVIGABLES NI FLOTTABLES. — V. Autorisation administrative.—Barrage.—Compétence civile.—Eau (cours d').—Usine.

ROUISSAGE. — V. Établissement dangereux.

ROULAGE. — V. Entrepreneur de transport.

ROUTES. —V. Chemin communal. —... de halage.—... public.

S

SAINT-DOMINGUE. — V. Preuve testimoniale.

SAISIE-ARRÊT. — *V. Cession.* — *Degré de juridiction.* — *Dot.* — *Mondat.* — *Payement.* — *Puissance maritale* — *Subrogation.*

Indication alphabétique.

1. — Le droit de saisir-arrêter les sommes dues à son débiteur n'est point un droit exclusivement attaché à la personne. En conséquence, le créancier d'un créancier peut exercer une saisie-arrêt sur les sommes dues aux débiteur de ce dernier. — 4e, 27 mai 1845 (Veuve Amiard), IX, 381.

2. — La saisie-arrêt ne peut avoir lieu que pour une créance actuelle, certaine et liquide. — Ch. vac., 27 sept. 1847 (Lebourg), XI, 437.

3. — ... Une saisie-arrêt faite pour des sommes non actuellement exigibles doit être déclarée nulle, lors même que depuis l'instance quelques-unes des créances seraient venues à échéance. — *Id.*.

4. — *Jugé de même que* une saisie-arrêt ne peut être maintenue si la cré-ance pour laquelle elle est exercée n'est point certaine, par exemple, si elle n'a pour but que d'assurer l'exécution des condamnations qui pourraient être prononcées par suite d'une action intentée. — 4e, 4 mai 1847 (Boullin), XI, 135.

5. — ... Il en est ainsi lors même que la saisie-arrêt a été dirigée en vertu d'une ordonnance du Président, portant évaluation du chiffre pour lequel elle est autorisée — *Id.*.

6. — Une saisie-arrêt peut être faite et maintenue à titre de mesure conservatoire, dans l'intérêt d'un mandant, sur un capital appartenant au mandataire dont la gestion n'a point encore été apurée, quoique ce mandataire ait présenté son compte et qu'il offre de payer la somme dont il se reconnaît reliquataire. — 2e, 20 août 1847 (Pain), XI, 555.

7. — Les payements faits par le tiers saisi, au préjudice d'une saisie-arrêt ou d'un transport, ne rendent pas ce tiers-saisi débiteur personnel du saisissant qui reste soumis à l'accomplissement de toutes les formalités nécessaires pour la conservation de sa créance, d'après sa nature. — 4e, 18 mai 1842 (Leguay), VI, 377. — C., ch. civ., rej., 8 nov. 1847 (Leguay), XIII, 141.

8. — ... *Spécialement*, le comptable public qui a fait des payements au préjudice d'une saisie-arrêt est dégagé de toute responsabilité, si le saisissant n'a pas renouvelé sa saisie dans les délais impartis par l'art. 14 de la loi du 9 juillet 1836. — Le saisissant ne peut soutenir que, créancier direct du comptable par suite des payements faits avant cette loi, il n'était pas soumis au renouvelle-

ment.—*Id.*.—V. *suprà*, v° *Ce sion*, n°ˢ 11 et s..

9.— Le tiers saisi peut payer valablement ce qui excède les causes de la saisie.—1ʳᵉ, 17 fév. 1846 (Notte), x, 249.

10.— ... S'il survient de nouvelles saisies-arrêts ou oppositions après ce payement, mais avant que les premiers saisissants soient définitivement appropriés des sommes saisies-arrêtées jusqu'à concurrence de leurs créances, les premiers saisissants doivent obtenir dans la somme restée aux mains du tiers saisi toute la part que la distribution par contribution leur aurait attribuée dans la somme entière originairement saisie-arrêtée, les nouveaux opposants ne peuvent se partager entre eux que le surplus des sommes restant après ce prélèvement.—*Id.*.

11.—... Par suite, un acquéreur ne peut se refuser à payer son prix sous le prétexte d'une saisie-arrêt conduite dans ses mains; il paie valablement en consignant seulement le montant des saisies-arrêts faites avant le payement.—*Id.*.

12.—... Il ne peut, dans tous les cas, se refuser au payement si le débiteur saisi consent l'appropriation des créanciers saisissants, lors même que cette appropriation ne serait consentie que sous la condition suspensive qu'il serait jugé que les saisissants sont réellement créanciers des sommes réclamées. — *Id.*.

13.—Les saisies-arrêts pratiquées sur les cautionnements des fonctionnaires publics sont assujetties aux règles édictées par le titre 7 du livre 5 du Code de procédure civile, notamment aux formalités de la dénonciation et de la demande

en validité, et ce, encore bien que, à raison d'une précédente opposition, il y ait eu dénonciation et assignation en validité.—Les lois spéciales sur la matière n'ont d'application que vis-à-vis du Trésor.— 1ʳᵉ, 17 nov. 1852 (Dansos), xvi, 330.

SAISIE-BRANDON. — *V. Gardien.—Vente publique de meubles.*

SAISIE CONSERVATOIRE.—*V. Compétence commerciale.— Mesures conservatoires.—Saisie-arrêt.*

SAISIE DES RENTES ET PENSIONS.—*V. Pension.—Rente.*

SAISIE-EXÉCUTION. — *V. Degré de juridiction.— Gardien.— Immeubles par destination.— Revendication.*

1. — En l'absence du saisi, le commissaire de police peut remplacer le juge de paix pour assister à la saisie.—D'ailleurs le défaut de présence de ces fonctionnaires n'entraîne pas la nullité de la saisie.— 2ᵉ, 20 juillet 1850 (Veuve Raisin), xiv, 472.

2. — La saisie et la vente du coucher et des livres du débiteur peuvent lui donner une action en revendication ou en dommages-intérêts contre le saisissant, mais ne peuvent entraîner la nullité de la saisie. — *Id.*.

3. — La femme qui détourne, seule et sans le concours de son mari, des objets mobiliers saisis appartenant à ce dernier ne commet pas le délit de vol, et n'encourt pas les peines de l'art. 401 du Code pénal. Elle peut, dans ce cas, invoquer le bénéfice de l'art. 380 du même Code.—Ch. corr., 6 janv. 1842 (Fanet), vi, 121.— *Contrà*, C., ch. crim., cass., (Fanet), *ibid.*.

SAISIE-GAGERIE. — *V. Reven-dication.*

1.—La saisie-gagerie ne peut avoir lieu que pour une créance actuelle, certaine et liquide. — Ch. vac., 25 sept. 1847 (Lebourg), XI, 437. — V. *suprà*, v° *Saisie-arrêt*, nos 2 et s..

2.— Le bailleur, dont l'appartement est garni de meubles suffisants pour le garantir des loyers qui lui seront dus pour toute la durée de son bail, n'est pas fondé, avant l'expiration du bail, à saisir et faire vendre sur la place publique les meubles de son locataire absent; en agissant ainsi, il se rend passible de tous dommages-intérêts envers le locataire. — 2e, 20 juillet 1850 (Veuve Raisin), XIV, 472.

3.—... Dans tous les cas, le bailleur doit se conformer aux dispositions de l'art. 622 du Code de procédure, et arrêter la vente au moment où son chiffre a atteint le montant de la dette.— *Id*..

4. — Le sous-locataire qui obéit payer ses loyers ne doit pas supporter les frais de la saisie-gagerie conduite sur ses meubles à la requête du propriétaire, par suite du défaut de payement des loyers dus par le locataire principal.— 1re, 25 avril 1843 (Busly), VII, 508.

SAISIE IMMOBILIÈRE. — *V. Acquiescement. — Appel en matière civile. — Degré de juridiction. — Éviction. — Exploit. — Faillite. — Folle enchère. — Héritier apparent.—Insaisissabilité. — Intervention.—Prescription. — Rente foncière. — Rétention (droit de). — Vente. —Vente publique d'immeubles.*

Indication alphabétique.

Absence de titre. — V. Titre.
Acquêts, 28, 50.
Action en nullité, 40 et s..— V. Nullité.
Action principale, 54.
Action résolutoire, 46.
Adjudicataire, 20, 65 et s..
Adjudication, 33, 39, 52 et s., 65 et s., 70
Adjudication préparatoire, 25, 26, 51, 60, 70.
Ajournement, 33.
Aléa, 20.
Ancien code, 8, 70.
Appel, 5 et s., 22, 42 à 57.
Arrêt par défaut, 56, 57.
Cahier des charges, 17 et s., 35 et s., 54, 63, 68, 69,
Caution, 21.
Cessation de poursuites, 7.
Cession, 8.
Clause aléatoire, 20.
Commandement, 1 et s..17.
Communauté conjugale, 50.
Compensation, 40.
Conclusions, 9.
Conversion, 21, 43.
Créanciers chirographaires, 8, 38.
Créanciers de précédents propriétaires, 15.
Créanciers hypothécaires, 7 et s., 19, 38 et s..
Créancier poursuivant, 58, 60 et s..—V. Subrogation.
Débouté d'opposition, 3.

Défaut de titre. — V. titre.
Défaut profit-joint, 16, 57.
Délai, 24, 59.
Délai d'appel, 5 et s., 43, 54.
Délai de grâce, 62.
Délai d'opposition, 3, 4.
Délai de payement, 21.
Délégation, 8.
Demande en distraction, 23 et s., 31 et s..
Demande en nullité, 25 et s..— V. Nullité.
Dépens, 58.
Dépôt du cahier des charges, 17 et s..
Distraction, 25 à 34, 68.
Donation par contrat de mariage, 65 et s..
Dot, 12 et s., 24, 28 et s., 55, 65 et s..
Douaire, 20.
Droit de préférence, 58.
Époux, 65 et s..
Exploit d'appel, 44 et s., 55.
Faillite, 50.
Femme, 12 et s., 20, 24, 28 et s..
Fin de non-recevoir, 12 et s., 22 et s., 29 et s., 34 et s., 40 et s., 59 et s..
Folle enchère, 64.
Frais, 58.
Fruits, 8 et s..
Héritier, 1, 20.
Hypothèque, 50.
Hypothèque légale, 50.
Hypothèque partielle, 39.
Immobilisation, 8 et s..
Inaliénabilité. — V. Dot.
Incident, 5 et s., 23 et

1. — Lorsqu'un commandement préparatoire à saisie immobilière est fait à la requête d'un héritier ou d'un légataire universel, il n'est point nécessaire, à peine de nullité, que la justification de la qualité d'héritier ou de légataire soit signifiée avec le commandement ; il suffit de signifier copie du titre en vertu duquel on agit, sauf à justifier plus tard de sa qualité, si le débiteur l'exige. — 4e, 16 mars 1842 (Le Metais), VI, 137.

2. — Il n'est pas nécessaire que le commandement tendant à saisie immobilière contienne copie du titre primordial ; il suffit de donner copie du titre nouvel. Il n'est pas nécessaire non plus que, avec le commandement, copie soit donnée de la procuration en vertu de laquelle a été consenti l'obligation dont l'exécution est poursuivie.— 4e, 24 nov. 1852 (Corbière), XVII, 85.

3. — Les poursuites en expropriation peuvent être faites en vertu d'un jugement de débouté d'opposition dont la copie se trouve dans le commandement. — 4e, 14 déc. 1842 (Le Gallois), VII, 18.

4. — L'art. 2215 du Code Napoléon, qui décide que la poursuite en expropriation forcée ne peut s'exercer en vertu de jugements par défaut pendant le délai de l'opposition, a été modifié par l'article 159 du Code de procédure, en ce sens, qu'il ne s'applique plus qu'aux jugements par défaut faute de conclure, et nullement aux jugements par défaut, faute de comparaître. — 4e, 14 mai 1849 (Lepaulmier), XIII, 210.

5. — L'instance engagée sur l'opposition au commandement tendant à saisie immobilière, constitue un incident sur saisie, lors même que l'opposition est faite antérieurement à la saisie. En conséquence le délai d'appel est de dix jours seulement à compter de la signification à avoué, aux termes de l'article

731 du Code de procédure civile. —
4e, 1er mars 1852 (Anquetil), xvi, 157.

6. — *Contrà*... L'opposition à commandement tendant à saisie immobilière ne constitue pas un incident sur saisie ; l'appel du jugement qui a statué sur cette opposition peut donc être interjeté hors des délais et sans les formes prescrites par les art. 731 et 732 du Code de procédure civile.—Ch. vac., 13 sept. 1852 (Raisin), xvii, 55.—4e, 7 déc. 1852 (Bochin), *ibid*..— 1re, 3 janv. 1843 (Hue d'Hérondelle), *ibid*..

7. — Lorsque la notification des placards a été faite aux créanciers inscrits et enregistrée conformément aux art. 695 et 696 du code de procédure civile, la cessation des poursuites ne peut être ordonnée sans le consentement de tous les créanciers, sous le prétexte que le jugement en vertu duquel les poursuites ont eu lieu a été rapporté.—4e, 22 mai 1843 (Legenvre), vii, 442.

8. — Les fruits naturels et industriels d'un immeuble saisi dont le saisi est resté en possession jusqu'à la vente, comme séquestre judiciaire en vertu de l'art. 688 de l'ancien Code de procédure et de l'art. 681 du code révisé, ne sont pas immobilisés de plein droit au profit des créanciers hypothécaires, si ces derniers n'ont pas fait procéder à la vente des récoltes ou à la bannie des biens, mais ont, au contraire, laissé le saisi user des fruits, soit par voie directe, soit par délégation à ses créanciers chirographaires.— 4e, 26 fév. 1849 (Syndic Petit-Dulongprey), xiii, 77.

9. —De simples conclusions signifiées par les créanciers hypothécaires suffisent pour immobiliser les fruits à partir du jour de la signification.—*Id*..

10. —Pour remplir la prescription de l'art. 676 de la nouvelle loi sur la saisie immobilière, qui veut que, si la saisie comprend des biens situés dans plusieurs communes, le *visa* soit donné *successivement* par chacun des maires à la suite de la partie du procès-verbal relative aux biens situés dans sa commune, il n'est point nécessaire que l'huissier fasse viser le procès-verbal relatif aux biens saisis dans une commune avant de continuer la saisie dans une autre commune ; il suffit que chaque maire appose, avant l'enregistrement, son *visa* à la suite de la partie du procès-verbal où sont décrits les biens situés dans sa commune. — 4e, 11 janv. 1842 (Delalande), vi, 3.

11. — Les procès-verbaux de saisie immobilière n'ont pas besoin d'être visés par les maires des communes de la situation des biens à chaque séance de saisie, il suffit d'un seul *visa* apposé avant l'enregistrement.—4e, 20 juin 1849 (Claude), xiii, 405.

12. —Lorsque rien ne révèle aux tiers les droits de propriété de la femme du saisi, celle-ci ne peut demander la nullité de la poursuite, sous le prétexte que le saisissant aurait dû préalablement faire procéder au partage de ses droits indivis dans l'immeuble. — 2e, 20 août 1847 (Giffard), xi, 427.

13 — Lorsqu'un immeuble, appartenant par indivis à une femme mariée sous le régime dotal, a été affecté à la garantie d'une créance, le créancier non payé a le droit, lorsque cet immeuble est, par suite de succession, devenu en entier la propriété de la femme, d'en

faire ordonner le partage ou la licitation, afin de connaître d'une manière certaine si quelque partie de cet immeuble peut être valablement expropriée.— 4e, 12 janv. 1842 (Guérin), vi, 11.

14.—L'art. 715 du Code de procédure civile, qui prononce la peine de nullité pour l'inobservation des formalités qui sont imposées, comprend au nombre de ces formalité l'exécution des dispositions de l'art. 696.—2e, 31 mars 1848 (Mayet), xiii, 36.

15.—La notification des poursuites en expropriation, exigée par les art. 692 et 717 du Code de procédure, doit, à peine de nullité, être faite non-seulement aux créanciers inscrits de l'exproprié, mais même aux créanciers inscrits du précédent propriétaire, lorsqu'ils sont connus.—4e, 14 nov. 1849 (Barbotte), xiv, 43.

16.—L'art. 153 du Code de procédure civile n'est pas applicable en matière de saisie immobilière. Ainsi, lorsque de plusieurs parties l'une fait défaut et l'autre comparaît, il n'y a pas lieu de joindre le profit du défaut.—4e, 2 août 1840 (Le Chevalier), v, 289.—V. infrà, no 57.

17.—Faute par le saisissant d'avoir déposé le cahier des charges au greffe dans les vingt jours qui ont suivi la transcription, la saisie se trouve nulle pour le tout, y compris le commandement qui l'a précédée. Le saisissant ne peut être autorisé, dans ce cas, à reprendre la poursuite à partir de la dénonciation ou même seulement à partir du procès-verbal de saisie.—4e, 23 juill. 1844 (Veuve Letréguily), viii, 568.

18.—La demande en subrogation ir-régulièrement formée ne dispense pas le créancier saisissant de déposer le cahier des charges au greffe dans le délai imparti par l'art. 690 du Code de procédure civile.—Id..

19.—Après l'expiration des délais fixés par l'art. 694 du Code de procédure civile, il ne peut être fait aucun changement au cahier des charges, et les changements qui seraient autorisés même par un jugement ne seraient pas opposables aux créanciers hypothécaires qui n'auraient pas été parties à ce jugement.—1re, 10 déc. 1849 (Painel), xiv, 103.

20.—La clause d'un cahier des charges portant que l'adjudicataire sera tenu d'entendre à la liquidation du douaire « de la femme du saisi et du tiers « coutumier dû aux enfants, pour tout « et autant que les biens mis en vente « pourraient y être sujets, » ne peut être considérée comme une clause aléatoire faisant profiter l'adjudicataire de de la décision de la jurisprudence qui a reconnu que le tiers coutumier avait été aboli par la loi du 17 nivôse de l'an II. — Les biens qui ont composé le lot à douaire de la femme n'appartiennent pas à l'adjudicataire; ils peuvent être réclamés par les enfants du saisi, non à la vérité à titre de tiers coutumier, mais comme faisant partie de la succession de leur père.—1re, 14 août 1841 (Liégard), v, 295.

21.—Lorsqu'une saisie immobilière a été convertie en vente volontaire, le défaut d'opposition de la part d'un créancier à une clause du cahier des charges accordant aux adjudicataires un délai pour le payement du prix n'entraîne ni novation, ni renonciation au droit de poursuivre immédiatement la caution.— 1re, 26 fév. 1851 (Joly). xvi. 217.

22.—La disposition de l'art. 746 du Code de procédure civile, qui prohibe l'opposition et l'appel contre le jugement qui décide, contrairement à la demande des parties intéressées, que l'adjudication des immeubles saisis aura lieu devant le tribunal et non devant un notaire, est absolue et s'applique au cas où la demande est rejetée, comme au cas où elle est admise. On oppose vainement que l'art. 746 du Code de procédure civile doit être interprété en ce sens que la prohibition portée par le dernier paragraphe de cet article ne s'applique qu'au cas où la demande est admise.— Ch. vac., 22 sept. 1849 (Jouanne), xiii. 356.— V. *infrà*, v° *Vente publique d'immeubles*, n° 4.

23.—La demande en distraction autorisée par l'art. 725 du Code de procédure civile ne peut être formée par la partie saisie. — Cette dernière ne peut faire tomber les poursuites sur tout ou partie des immeubles saisis que par la demande en nullité de la saisie, aux termes des art. 728 et 729 du même code.— 4e, 14 mai 1849 (Richomme), xiii, 198.

24.—... *Spécialement*, la femme dont les biens dotaux ont été compris dans une saisie dirigée contre elle et son mari ne peut former contre le poursuivant et contre elle-même une demande en distraction de ses biens dotaux ; elle ne peut que demander la nullité des poursuites, parce que le poursuivant était sans droit pour saisir les biens dotaux.—Cette demande en nullité doit

être formée dans les délais prescrits par les art. 728 et 729 du Code de procédure civile.—*Id.*.

25.—Après l'adjudication préparatoire, la partie saisie ne peut être admise à prétendre que les immeubles saisis ne sont point affectés à la créance.—2e, 18 déc. 1841 (Guibout), vi, 30.

26.— ... A plus forte raison ne peut-elle former une demande en distraction lorsqu'un jugement sur les incidents de la saisie a été rendu.—*Id.*.

27.—La résolution d'un contrat constitutif de rente foncière et le partage nécessaire pour distinguer le droit indivis réclamé dans les immeubles saisis sont valablement poursuivis par voie de demande en distraction, incidemment à une saisie immobilière.—4e, 29 déc. 1845 (Levasseur dit Lacoudrais), x, 86.

28.—La femme, dont les biens présents et à venir ont été déclarés inaliénables par contrat de mariage, ne peut faire distraire d'une saisie les acquêts faits pendant le mariage avec les produits, soit de ses économies, soit d'une industrie séparée.—1re, 3 mars 1846 (Dosseville), x, 185.

29.—Une femme dotale partie à une saisie immobilière ne peut procéder par voie de demande en distraction ; cette voie n'est ouverte qu'aux tiers étrangers au procès. — Elle peut seulement opposer au créancier poursuivant les moyens de nullité tirés de l'art. 728 du Code de procédure, en se conformant toutefois aux formalités et aux délais dont l'observation est prescrite à peine de déchéance. — 1re, 9 déc. 1850 (Bindel), xiv, 627.

30.—La femme qui a reçu en remplacement de ses propres aliénés dès immeubles de son mari déjà grevés de l'hypothèque des créanciers de ce dernier ne peut s'opposer à l'action en expropriation dirigée par lesdits créanciers, sauf à elle à faire valoir à l'état d'ordre ses droits de préférence sur le prix, s'il y a lieu. — 2e, 22 fév. 1845 (de Boisdelfre), IX, 172.

31. — La disposition de l'art. 725 du Code de procédure civile, qui décide que la demande en distraction sera formée contre le créancier premier inscrit aussi bien que contre le saisissant et la partie saisie, n'est pas prescrite à peine de nullité. — 4e, 19 mai 1853 (Huvet), XVI, 262.

32. — La demande en distraction de biens compris dans une saisie, doit, à peine de nullité, contenir l'énonciation des titres justificatifs; une preuve testi-u.oniale serait insuffisante, et par conséquent inadmissible, pour opérer cette justification. — 1re, 4 mars 1846 (Dosseville), X, 185.

33. — Le premier créancier inscrit n'a pas mandat suffisant de la part des autres créanciers pour transiger sur une demande en distraction et changer les conditions de l'adjudication. — 4e, 27 juin 1842 (Jardin), VI, 407.

34. — De ce que, sur une demande en distraction, le premier créancier saisissant n'a pas été ajourné, il ne s'ensuit pas que l'action soit nulle; seulement, il y a lieu de réparer cette omission. — 4e, 23 juin 1845 (Lachet), IX, 437.

35. — La fin de non-recevoir édictée par l'art. 728 du Code de procédure ne s'applique qu'aux moyens de nullité existants lors de la publication du cahier des charges, et non à ceux qui résultent d'actes postérieurs. — 4e, 25 août 1852 (Gardin), XVI, 327. — V. supra, vo Intervention.

36. — La partie saisie n'est pas recevable à proposer un moyen de nullité qu'elle n'a pas notifié par acte d'avoué à avoué trois jours au plus tard avant la publication du cahier des charges, encore bien qu'elle ait dans ce délai consigné son soutien sur la minute du cahier des charges déposée au greffe. — 4e, 15 janv. 1847 (Mégard), XI, 38.

37. — La fin de non-recevoir qui repousse les moyens de nullité en la forme et au fond contre la procédure qui précède la publication du cahier des charges, lorsqu'ils ont été proposés moins de trois jours avant cette publication, n'est pas d'ordre public; le saisissant peut y renoncer, et il est réputé l'avoir fait quand il a accepté le débat au fond. — 2e, 18 déc. 1851 (Blot), XVI, 50.

38. — Le créancier qui ne poursuit l'expropriation des biens de son débiteur qu'en vertu d'un partage qui, par suite, est annulé est passible de tous les frais que ses poursuites ont occasionnés. — 2e, 25 juill. 1846 (Jacquelin-Laménardière), X, 397.

39. — Un créancier avec affectation hypothécaire sur une partie déterminée d'un immeuble saisi en totalité par un autre créancier peut, lorsque la saisie lui est devenue commune, se prévaloir de tous les vices qui infectent, soit la poursuite, soit l'adjudication. — 1re, 9 fév. 1853 (Voisvenel), XVII, 93.

40. — Il n'est point nécessaire, pour la régularité de poursuites en expropria-

tion, de signifier au débiteur tous les jugements rendus dans l'affaire et qui statuent seulement sur des actions en nullité de forme ou en compensation, il suffit de lui signifier le jugement qui prononce son expropriation. — 4e, 20 janv. 1845 (Leboucher), IX, 123.

41.— En matière de saisie immobilière, on ne peut opposer d'autres moyens de nullité que ceux invoqués dans l'opposition.—4e, 25 août 1852 (Gardin), XVI, 327.

42.— Le jugement qui, sur une demande en subrogation de poursuites à laquelle le saisi répond par une demande en nullité de la saisie immobilière pour défaut de créance, prononce cette subrogation, n'est pas susceptible d'appel; à ce cas est applicable l'art. 730 du Code de procédure civile.— 4e, 15 nov. 1852 (Guesne), XVII, 10.

43.—La disposition de l'art. 731 du Code de procédure civile, qui veut que l'appel de tout jugement rendu en matière de saisie immobilière soit, à peine de nullité, porté dans les dix jours de la signification à avoué, s'applique même au jugement qui a statué sur la question d'extinction par suite de payement de l'obligation en vertu de laquelle la saisie est dirigée.— 4e, 5 janv. 1847 (Yvetot), XI, 14.

44.—La poursuite dirigée contre un tiers détenteur, aux termes de l'art. 2169 du Code de procédure, est une expropriation, une véritable saisie immobilière à laquelle sont applicables les dispositions du Code de procédure écrites au titre des Incidents sur saisie immobilière, et notamment la disposition de l'art. 732 relative aux formes d'appel.

—2e, 6 mai 1852 (Bureau), XVI, 190.

45.—Lorsqu'une saisie immobilière a été convertie en vente sur publications judiciaires, l'art. 733 du Code de procédure civile n'en reste pas moins applicable. Ainsi le revendiquant doit notifier son appel au domicile des avoués, et cet appel doit énoncer les griefs, le tout à peine de nullité.—2e, 9 fév. 1850 (Quesnel), XIV, 380.

46.—... Néanmoins, lorsque la saisie a été convertie, le droit résolutoire fondé sur le défaut de payement du prix des anciennes aliénations ne se trouve pas purgé.—Id..

47.—La partie saisie ne peut, pour la première fois, être appelée dans l'instance d'appel; elle doit être renvoyée hors de cause, sauf à elle à faire valoir devant qui de droit les moyens de nullité qui pourraient résulter à son profit de cette inobservation des formalités prescrites par la loi.— Aud. sol., 24 août 1847 (Thompson), XIII, 248.

48.— En matière de saisie immobilière, on ne peut sur appel opposer un moyen de nullité qu'on n'a pas fait valoir en première instance.—4e, 27 sept. 1851 (Loyer), XV, 290.

49.— La partie saisie ne peut sur appel proposer, pour faire confirmer le jugement qui lui a donné gain de cause, des moyens autres que ceux présentés en première instance; l'art. 732 s'applique au saisi intimé comme au saisi appelant.—2e, 18 déc. 1851 (Blot), XVI, 50.

50.—....Spécialement, le saisi qui a soutenu en première instance que la saisie était nulle parce que le créancier avait renoncé à son hypothèque, et qui a été débouté de cette prétention, ne peut sur appel soutenir que la saisie est nulle, parce que le mari de la créancière était en faillite et que, par suite, celle-ci n'avait pas d'hypothèque sur l'immeuble vendu par son mari et qui était un acquêt de la communauté. C'est là un moyen nouveau qui ne peut être proposé pour la première fois sur appel. —4ᵉ, 12 nov. 1847 (Tillard), xɪ, 553.

51. — .... *Spécialement encore*, la demande en nullité des poursuites, même fondée sur ce que l'expropriation est faite sans titre, ne peut être proposée sur appel, si elle n'a été présentée en première instance, ni avant l'adjudication préparatoire.—4ᵉ, 22 mai 1843 (Legenvre), vɪɪ, 442.

52. — ....De même, le débiteur exproprié ne peut, après l'adjudication définitive, et notamment sur appel, prétendre que le titre en vertu duquel les poursuites ont été dirigées (spécialement un mémoire taxé par un juge) portait des sommes qui n'étaient point dues, et qu'il s'était libéré de celles dont il était réellement débiteur.—4ᵉ, 24 janv. 1842 (Bardel), vɪ, 48.

52 *bis*.—...Il en est de même du moyen de nullité tiré de ce qu'un jugement qui constatait le montant de la dette n'aurait point été signifié à avoué.—*Id*.

52 *ter*.—...Il en est de même encore du moyen de nullité tiré de ce que les biens expropriés auraient été vendus et adjugés en bloc, contrairement à une clause formelle du cahier des charges. Ces différentes nullités devaient être proposées avant l'adjudication définitive. —*Id*..

53.—Les art. 728 et 732 du Code de

procédure civile, qui ne permettent pas de présenter sur appel d'autres moyens que ceux présentés en première instance, s'appliquent même aux moyens tirés de l'inaliénabilité de l'immeuble saisi.— 4ᵉ, 10 juill. 1843 (Zill-des-Illes), vɪɪ, 390.

54.—Lorsque, dans le cours d'une expropriation forcée, il survient une action principale, telle qu'une demande en renvoi en possession, de la part d'un tiers, le jugement qui statue sur cette action doit être signifié à personne ou domicile, la simple signification à avoué ne ferait pas courir les délais d'appel.— 4ᵉ, 28 déc. 1846 (Leroquais), x, 636.

55.—Est nul, en matière de saisie immobilière, l'exploit d'appel qui n'a pas été notifié au greffier du tribunal civil. —4ᵉ, 10 juin 1846 (Duteil), x, 378.

56.— Les arrêts par défaut rendus en matière de saisie immobilière, ne sont pas susceptibles d'opposition, lors même qu'il s'agit d'une question de nullité de poursuite intentée par le saisi.—4ᵉ, 21 juill. 1847 (Veuve Buot), xɪ, 532.

57.—En cas d'appel d'un jugement rendu sur un incident à saisie immobilière, si l'une des parties intimées se présente et que l'autre fasse défaut faute de constitution d'avoué, il y a lieu de statuer définitivement, et non de réserver le profit du défaut pour y faire droit après réassignation de la partie défaillante.— 4ᵉ, 24 déc. 1845 (Levasseur dit Lacoudrais), x, 86.—V. *suprà*, n° 16.

58. — Le créancier poursuivant n'a pouvoir de créer en faveur de tiers aucun droit de préférence au préjudice des créanciers. — 4ᵉ, 14 août 1844 (Tho-

mas), VIII, 524.

59. — La partie saisie est recevable à choquer de tierce opposition le jugement rendu hors sa présence et qui subroge un créancier dernier saisissant dans l'effet de poursuites en saisie immobilière abandonnées par un saisissant antérieur. — Un pareil jugement doit être rapporté sur la tierce opposition de la partie saisie comme nul et non avenu, surtout lorsqu'il a accordé au saisissant une prorogation des délais impartis par la loi à peine de nullité. — 4e, **23 juillet 1844** (Veuve Letréguily), VIII, 568.

60. — Lorsque, jusques après l'adjudication préparatoire, un créancier a régulièrement poursuivi son débiteur sans qu'aucune contestation se soit élevée sur sa qualité, les autres créanciers peuvent se faire subroger à ses poursuites, dans un moment où sa qualité de créancier lui est contestée. — 4e, 11 nov. 1844 (Cotton), VIII, 645.

61. — Le créancier premier poursuivant, qui n'a été que partiellement rempli de ce qui lui est dû par les autres créanciers, doit conserver la continuation des poursuites. — *Id.*.

62. — L'art. 1244 du Code Napoléon est inapplicable en matière de saisie immobilière; les juges doivent se conformer aux règles spéciales, c'est-à-dire aux articles 695 et 703 du Code de procédure. — 4e, 7 mars 1849 (Fontaine), XIII, 353.

63. — Le sursis à la vente d'une partie des objets saisis, formé en dedans des trois jours fixés par l'art. 694 du Code de procédure sur le cahier des charges par le poursuivant, n'est pas un changement, dire ou observation prohibés par l'arti-cle 694 du même code. — 1re, 10 fév. 1851 (Fournet), XV, 107.

64. — Si, après une adjudication sur saisie immobilière, une surenchère du sixième a été reçue et que le surenchérisseur demeuré adjudicataire soit poursuivi par voie de folle enchère, l'adjudication qui intervient sur la poursuite de folle enchère n'est pas susceptible d'une nouvelle surenchère. — 4e, 27 août 1845 (Lenormand), IX, 642. — V. *infrà*, v° *Surenchère*.

65. — Le mari administrateur et usufruitier de l'immeuble dotal ne peut, au cas d'expropriation de cet immeuble par le crédi-rentier d'une rente viagère, s'en rendre adjudicataire; il est réputé partie saisie. — 1re, 9 fév. 1853 (Voisvenel), XVII, 93.

66. — ... Il en est de même de l'époux survivant, usufruitier en vertu d'une donation par contrat de mariage. — *Id.*.

67. — L'adjudication définitive, opérée au mépris d'offres passées par le débiteur saisi de désintéresser le créancier, est frappée d'une nullité radicale. — 4e, 19 mai 1847 (Vallée-Fleurière), XI, 637.

68. — L'adjudication comprend tous les immeubles qui ont été indiqués dans la désignation portée au cahier des charges et dont la distraction n'a pas été ordonnée, encore bien qu'il y ait eu omission d'un immeuble dans le placard imprimé après le jugement de distraction, et que ce placard ait été annexé à l'adjudication. — 1re, 25 mai 1846 (Quesnée), X, 282.

69. — Une adjudication n'est pas nulle par cela seul qu'on n'a pas inséré au cahier des charges un jugement incidemment rendu dans l'instance, quand, du reste, le jugement qui fixe l'adjudication y a été inséré. — 4e, 20 juin 1849 (Claude), XIII, 405.

70. — La fin de non-recevoir prononcée par les art. 733 et 735 de l'ancien Code de procédure n'était pas applicable lorsqu'il s'agissait, non d'annuler une adjudication, mais d'en apprécier le caractère et d'en déterminer les effets. — 4e, 27 juin 1842 (Jardin), VI, 407.

SAISIE-REVENDICATION — *V. Revendication.*

1. — L'inobservation de la formalité indiquée par l'art. 829 du Code de procédure qui, au cas de refus de portes, prescrit à l'huissier d'en référer au juge n'entraîne pas la nullité de la saisie-revendication. Elle peut seulement donner lieu contre l'officier ministériel à l'amende édictée par l'art. 1030 du même code. — 1re, 18 mai 1852 (Fauvel), XVI, 178.

2. — Le propriétaire a le droit d'user du droit de revendication que lui confère l'art. 2102 du Code Napoléon sur les meubles qui garnissaient sa ferme, lors même que lesdits meubles n'appartenaient pas au fermier, mais avaient été placés dans la ferme par un tiers à l'insu du propriétaire. — 4e, 16 déc. 1846 (Percy), X, 637.

3. — ... Ce droit peut être exercé aussi bien à l'égard du sous-locataire que du locataire lui-même. — *Id..*

4. — Lorsque le locateur d'immeubles ruraux fait saisir-revendiquer des meubles déplacés de la ferme, le défendeur à la revendication peut être admis à prouver par témoins que l'enlèvement des meubles a eu lieu à la connaissance et du consentement du propriétaire. — 2e, 23 avril 1847 (Leguesnier), XI, 190.

SAISINE. — *V. Saisie-arrêt.* — etc..

SALINES. — *V. Sel.*

SCEAU. — *V. Exploit.*

SCELLÉS. — *V. Douanes.*

Indication alphabétique.

1. — Un héritier ne peut faire apposer les scellés que sur les meubles dont le défunt était en possession, et non sur ceux répostés il est vrai dans la même maison, mais appartenant à d'autres personnes. Il en est ainsi surtout lorsqu'un acte d'incommunauté a été dressé. — 4e, 12 mai 1845 (Lechartier), IX, 389. — 4e, 18 juin 1845 (Brucosté-Prémesnil), *ibid.*

2. — *Id...* Et l'inventaire ne peut comprendre que les objets indiqués dans l'acte d'incommunauté comme appartenant à l'auteur du requérant et placés dans les appartements qu'il occupait en particulier. — Dans le cas où une recherche est ordonnée dans les autres êtres de la maison pour trouver les papiers qui peuvent dépendre de la succession, cette recherche doit être faite par le juge de

paix seul, hors la présence de l'héritier et du notaire.—2e, 8 mai 1847 Jouanne), xi, 603.—2e, 19 août 1847 (Jouanne), *ibid.*.

3. — Les créanciers personnels d'un héritier n'ont pas qualité pour requérir l'apposition des scellés sur les titres et effets d'une succession échue à leur débiteur. — 4e, 12 mai 1845 (Lechartier), ix, 389.

4.—Les frais de scellés et d'inventaire, lorsqu'ils n'ont pas été faits dans un esprit de vexation de la part de héritiers légitimes, restent à la charge du légataire universel.—2e, 3 juin 1847 (Poulain-Lacroix), xi, 455.

5. — Lorsqu'il existe un légataire universel dont le titre n'est pas contesté, on ne doit appeler à la levée des scellés apposés lors du décès du testateur que l'héritier réservataire; il n'y a pas lieu de faire représenter par un notaire les héritiers collatéraux du défunt non présents sur les lieux.— 4e, 10 fév. 1847 (Delançé), xii, 209.

6.—... L'allégation que le défunt aurait contracté un mariage à l'étranger ne suffit pas pour nécessiter dans les mêmes circonstances la nomination d'un notaire pour représenter sa veuve à la levée des scellés. — *Id.*.

7. — Le titre apparent et la possession d'état d'enfant légitime donnent à celui qui en jouit, et jusqu'au retrait de cette qualité, le droit de requérir la mainlevée des scellés apposés sur les meubles de ses auteurs, et d'assister à l'inventaire. — 1re, 16 janv. 1851 (Mannoury), xv, 41.

8.—... L'enfant adultérin lui-même est recevable à former cette demande, comme pouvant être créancier d'aliments. — *Id.*.

9. — ... Le mari d'une femme à laquelle on conteste sa qualité d'enfant légitime, et qui a pu être abusé par des manœuvres frauduleuses sur l'état civil de sa femme, est en droit de demander des dommages-intérêts, et, à ce titre, il y a lieu d'admettre sa demande d'assister à la levée des scellés. — *Id.*.

SECONDES HERBES.— *V. Servitudes.*

SECONDES NOCES. — *V. Action.* — *Communauté conjugale.* — *Donation entre époux.* — *Inventaire.*

SECRET. — *V. Lettres missives.*

SECTION DE COMMUNE. — *V. Commune.*

SEL. — *V. Poids et mesures.*

1. — La déclaration du roi sur le sel (24 mai 1768), n'ayant point été enregistrée au Parlement de Normandie, n'était ni obligatoire ni appliquée dans le ressort de ce parlement. — Ch. corr., 24 avril 1843 (Godefroy), ix, 344.

2. — L'ordonnance du 18 juin 1819 qui contient un réglement pour la fabrication du sel doit être considérée comme inconstitutionnelle, en tant qu'elle qualifie certains faits, crimes ou délits, et leur attache une pénalité quelconque. — *Id.*.

SÉNATUS - CONSULTE VELLÉIEN. — *V. Femme.* — ... *normande.*

SENTE.— *V. Servitudes.*

SENTENCE ARBITRALE.— *V. Arbitrage.*—... *forcé.* — *Arbitre (tiers-).* — *Degré de juridiction.*

SENTIER. — *V. Chemin communal.*—... *public.*—*Servitudes.*

SÉPARATION DE BIENS. — *V.*

Antichrèse. — Autorisation de femme mariée.—Chose jugée.— Communauté conjugale. — Dot.— Douaire. — Faillite. — Femme normande. — Hypothèque légale des femmes.— Interdit. — Legs (en général). — Partage. — Prescription. — Puissance maritale.— Remploi.—Revendication.—Séparation de corps.—Tierce opposition.—Vente.

Indication alphabétique.

1.—La séparation de biens doit être prononcée, lors même que les dettes pour lesquelles le mari est poursuivi sont minimes et que quelques-unes ont pour cause l'administration des biens de la femme, si, de la position du mari, il résulte la crainte pour la femme de ne pouvoir recouvrer une partie de sa dot, ou de voir les fruits de ses biens dotaux détournés de leur destination, qui est de fournir des aliments à la famille. — 2e, 9 décembre 1848 (Yvonnet), XII, 350.

2. — Est non-recevable, la demande en séparation de biens fondée sur le motif que une somme énoncée au contrat de mariage comme ayant été apportée par le mari n'existait pas entre ses mains, quand, en réalité, cette énonciation du contrat ne constituait qu'un apport fictif, et que cette circonstance était alors connue de la femme. — 1re, 10 juin 1850 (Chorin), XIV, 543.

3. — Les formes de publicité prescrites par les art. 1445 du Code Napoléon et 872 du Code de procédure, pour les jugements de séparation de biens, doivent être accomplies dans la quinzaine du jugement; autrement, toute exécution serait irrégulière, et, par suite, le jugement lui-même deviendrait caduc. — 2e, 16 janv. 1846 (Henry), X, 130.—V. *infrà,* nos 25 et s..

4.—Lorsqu'il n'y a pas de tribunal de commerce dans le lieu même qu'habite le mari, il n'est pas nécessaire que l'affiche de l'extrait du jugement de séparation de biens soit faite dans la principale salle de la maison commune du domicile du mari, s'il y a un tribunal de commerce dans l'arrondissement de ce domicile, et que l'affiche ait eu lieu dans l'auditoire de ce tribunal. — 4e, 2 déc. 1851 (Liot), xvi, 25.

5. — Quand un jugement de séparation de biens liquide en partie les reprises de la femme et ordonne une enquête pour fixer le montant du surplus de ces reprises, la requête présentée dans la quinzaine du jugement pour obtenir la fixation du jour de l'ouverture de l'enquête est un commencement d'exécution suffisant, lors surtout que le jugement a été signifié dans cette même quinzaine, et que les formalités de publicité voulues par l'art. 1445 du Code Napoléon et les art. 865 et suivants du Code de procédure ont été remplies. — 1re, 3 mars 1851 (Hue), xv, 127.

6-7. — Un intervalle de trois ans et demi dans les poursuites qui ont suivi le jugement de séparation de biens pour faire liquider les reprises de la femme peut, selon les circonstances, n'être pas considéré comme une *interruption de poursuites* dans le sens de l'art. 1444 du Code Napoléon. — 4e, 2 déc. 1851 (Liot), xvi, 25.

8. — L'obligation d'exécuter le jugement de séparation de biens n'est imposée que lorsqu'il existe des biens sur lesquels l'exécution puisse avoir lieu. — 1re, 6 juin 1844 (Gaultier), viii, 400.

9. — ... *Spécialement*, l'acte par lequel le mari reconnaît qu'il n'a aucuns biens et réserve sa femme à l'exercice de tous ses droits et reprises sur ceux qu'il pourra recouvrer par la suite satisfait aux exigences de l'article 1444 du Code Napoléon. — *Id.*.

10. — ... Il en est ainsi surtout lorsque rien n'établit que, depuis, le mari ait

disposé, à la connaissance de sa femme, de valeurs dont elle aurait pu s'emparer, et qu'elle ait ainsi volontairement et frauduleusement négligé de donner à sa séparation de biens toute l'exécution qu'elle pouvait recevoir. — *Id* .

11. — La femme qui a obtenu sa séparation de biens a droit aux fruits de ses immeubles donnés par son mari en antichrèse, et ce du jour de sa demande en séparation, si le détenteur a connu cette demande et les poursuites que faisait la femme pour la faire admettre. — 2e, 11 juillet 1844 (Lepelletier), viii, 542.

12. — La femme séparée de biens peut être autorisée à payer elle-même et sans recourir à l'intermédiaire de son mari les frais d'éducation de ses enfants. — 1re, 8 avril 1851 (Dupont-d'Aisy), xv, 123.

13. — La femme séparée de biens peut toucher, sans conditions et sans autorisation de son mari, les valeurs mobilières qui lui sont attribuées par un partage. — 2e, 3 janv. 1850 (Morin), xiv, 146. — V. *supra*, vo *Dot*, nos 101 et s..

14. — *Id*... compromettre, lorsque le compromis ne constitue qu'un acte de sage administration. — 2e, 28 août 1845 (Pellecat), ix, 663.

15. — *Id*... faire des emprunts pour des actes d'administration de ses biens, par exemple, pour charger un herbage. — 4e, 6 mars 1844 (Catherine), viii, 167.

16. — ... Mais s'il n'est pas prouvé que l'emprunt a eu pour cause un acte d'administration, l'obligation est nulle. — *Id*.. — V. *supra*, vo *Dot*, no 111.

17. — Le prix des immeubles d'une succession est une valeur immobilière

pour la réception de laquelle la femme a besoin de l'autorisation de son mari. — 2°, 3 janv. 1850 (Morin), xiv, 146.

18. — La provision demandée par la femme pour faire face aux frais d'instance en séparation de biens est assimilée à une créance alimentaire qui doit être prise en privilége sur les biens du mari. — Ce principe dérive des art. 212 et 213 du Code Napoléon. et doit toujours être appliqué à moins que la femme n'ait des paraphernaux dont elle ait conservé la jouissance exclusive. — Trib. civ. de Caen, 1re ch., 8 août 1849 (Agnès), xiv, 38.

19. — Lorsqu'il y a séparation de biens entre époux, le mari ne peut être tenu des faits d'administration concernant la fortune de sa femme, ni garant des dettes contractées par celle-ci à cette occasion. — De même les emprunts contractés par la femme sont, sauf preuve contraire, réputés faits dans son intérêt personnel, et, si le mari les a acquittés après la dissolution du mariage, il lui en est dû récompense. Toutefois, les dettes minimes contractées pour les besoins communs du ménage peuvent être mises à la charge du mari. — 2e, 25 juin 1845 (Jubé), ix, 569. — V. suprà, vo Communauté conjugale, nos 10 et s..

20. — La femme séparée de biens peut, en vertu de son droit d'administration, empêcher son mari de fixer le domicile conjugal dans un des immeubles à elle propres. — 1re, 8 avril 1851 (Dupont-d'Aisy), xv, 123.

21. — La femme séparée de biens, qui tient, soit un commerce distinct de celui de son mari, soit des immeubles à ferme, est réputée propriétaire des meubles qui garnissent la maison qu'elle habite ou la ferme qu'elle fait valoir. — 4e, 4 déc. 1844 (Brunon), viii, 598.

22. — La femme séparée de biens est présumée propriétaire de tous les objets mobiliers trouvés à son domicile, tels que chevaux et charrettes, lors même que les charrettes porteraient une plaque au nom du mari, et que ce serait ce dernier qui aurait acheté et payé les chevaux — Le mari, lors même, qu'il se livrerait seul à l'exploitation, ne doit être considéré que comme le préposé de sa femme. — 4e, 15 janv. 1849 (Guilbert), xiii, 74.

23. — ... Les billets souscrits par le mari ne pourraient donner lieu à des poursuites contre la femme ou à des saisies sur son mobilier, qu'autant qu'il serait établi qu'ils l'ont été dans l'intérêt de la femme et pour une cause relative à son exploitation. — Id..

24. — Une femme est non-recevable à demander la nullité du jugement qui la déclare femme séparée de biens, contre les tiers avec lesquels elle a contracté en cette qualité. — 4e, 23 août 1831 (Landier), xi, 147.

25. — Les causes de nullité résultant de l'inaccomplissement des formalités prescrites par les art. 872 du Code de procédure civile et 1444 du Code Napoléon sont susceptibles de se couvrir par la renonciation à s'en prévaloir et par l'exécution. — 1re, 6 juin 1844 (Gaultier), viii, 400.

26. — ... Spécialement, ces nullités ne peuvent être invoquées par les légataires du mari, qui, dans plusieurs actes, a reconnu à sa femme la qualité de femme séparée de biens. — Id..

27. — La disposition de l'art. 873 du Code de procédure qui impartit aux créanciers le délai d'un an pour former tierce opposition au jugement de séparation de biens ne s'applique pas au cas où, sans attaquer le jugement en lui-même et son mérite intrinsèque, les créanciers en opposent la caducité pour inobservation des formalités prescrites par la loi. — 2e, 16 janv. 1846 (Henry), x, 130.

28. — La femme mariée sous le régime de la séparation de biens, mais avec stipulation que ses biens ne pourront être aliénés que moyennant remploi immédiat en biens de même nature et qualité, peut cependant valablement affecter une partie des revenus de ses immeubles à une obligation contractée par son mari. — 2e, 7 janv. 1847 (Domin), xi, 3.

29. — Lorsque des époux contractuellement séparés de biens ont acheté un immeuble conjointement et sans détermination de la part jusqu'à concurrence de laquelle chacun d'eux a contribué dans le prix, l'acquêt et le payement doivent être réputés faits pour moitié par chacun des époux. — Il en est surtout ainsi lorsqu'il est certain en fait que la dot de la femme lui fournissait des ressources suffisantes pour faire face au payement de sa part dans l'immeuble acheté en commun. — 1re, 14 mars 1848 (Harang), xii, 51..

SÉPARATION DE CORPS. — V. *Acquiescement.* — *Adultère.* — *Appel en matière civile.* — *Communauté conjugale.* — *Désistement.* — *Donation entre époux.* — *Dot.* — *Interrogatoire sur faits et articles.* — *Remploi.* — *Séparation de biens.*

Indication alphabétique.

1. — La séparation de corps peut être prononcée tant contre le mari que contre la femme sur leurs demandes respectives. — 2e, 28 juin 1848 (Vaussy), xii, 504.

2. — La demande en séparation de corps formée réconventionnellement par le mari, pour cause d'adultère de la femme, peut être accueillie sans nouvelle enquête, encore bien que cette demande n'ait été élevée qu'après la signification de l'enquête faite sur l'action de la femme demanderesse en séparation de corps pour sévices et injures, et qu'elle n'ait d'autre fondement que cette enquête. — 1re, 2 juin 1847 (Delaplanche), xi, 219.

3. — La réconciliation survenue entre les époux depuis l'appel porté par l'un d'eux du jugement qui avait prononcé la séparation de corps éteint l'action et

anéantit l'instance de la même manière que pourrait le faire un désistement. — Il n'y a d'autre moyen pour l'époux qui veut la séparation que d'intenter une nouvelle demande à cet effet. — 2e, 29 fév. 1844 (Suriray), viii, 166.

4. — L'acquiescement à un jugement qui prononce la séparation de corps est nul. — En conséquence, l'époux qui a volontairement exécuté le jugement est recevable à en interjeter appel. — 1re, 28 mars 1849 (Bossard), xiii, 156.

5. — En matière de séparation de corps, les juges ne pourraient autoriser la partie défenderesse à faire une contre-enquête après l'expiration des délais légaux qu'autant qu'elle articulerait et rendrait vraisemblables des faits de nature à détruire ceux allégués par le demandeur. — 1re, 30 août 1843 (Séguin), vii, 405.

6. — Pendant l'instance en séparation de corps, le mari doit être maintenu en jouissance des appartements qui servaient à la résidence habituelle des époux. — 1re, 9 juin 1846 (Pichet), x, 320.

7. — ... Et il demeure gardien, sans caution, du mobilier appartenant à lui et à sa femme. — Id..

8. — La femme qui demande sa séparation de corps a-t-elle le droit de saisir-arrêter, à titre de mesures conservatoires, les sommes dues par des tiers à la communauté existant entre elle et son mari? Résolution négative au moins pour toute la partie nécessaire au mari, pour continuer l'administration de la fortune des époux, administration qui ne peut lui être enlevée par une demande en séparation de corps, lorsque rien ne dé-

montre qu'il se soit rendu coupable de fraude, de dissipation ou de prodigalité. — 1re, 29 mai 1849 (Picard), xiii, 195.

9. — Pendant une instance en séparation de corps, les juges peuvent décider que la garde de l'enfant appartiendra provisoirement à la mère. — 1re, 7 fév. 1848 (Lebocey), xii, 593.

10. — Après la séparation de corps prononcée, non-seulement le mari doit être condamné à contribuer à la pension de l'enfant commun suivant ses ressources actuelles, mais il peut même être condamné immédiatement à servir cette pension sur un taux plus élevé, dans le cas où un événement prévu, par exemple, l'ouverture d'une succession à son profit, se réaliserait, sauf à être réservé à l'action en réduction, s'il y a lieu. — 1re, 18 juillet 1843 (Angoville), vii, 385.

11. — La femme demanderesse en séparation de corps peut être autorisée par justice à continuer, malgré la défense de son mari, un commerce exercé par sa mère, dont la succession vient de s'ouvrir. — 1re, 9 juin 1846 (Pichet), x, 320.

12. — Lorsque, après la prononciation de la séparation de corps, il s'élève entre les époux de graves difficultés pour la liquidation en justice de leurs droits respectifs, il y a lieu d'admettre celle qui est faite amiablement entre les parties, lors surtout que les époux ne sont pas mariés sous le régime dotal. — 2e, 7 janv. 1847 (Harel), xi, 55.

SÉPARATION DE DETTES. — V. Communauté conjugale.

SÉPARATION DE PATRIMOINES. — V. Novation.

Indication alphabétique.

1. — La séparation des patrimoines résulte de plein droit de l'acceptation sous bénéfice d'inventaire. — 4e, 26 fév. 1849 (Faillite Petit-Dulongprey), XIII, 77.

2. — La séparation des patrimoines ne peut être demandée que contre les créanciers de l'héritier et jamais contre l'héritier lui-même. — 2e, 13 mars 1852 (Onfroy), XVI, 109.

3. — La séparation des patrimoines rend impossible l'exécution de toute délégation faite par l'héritier bénéficiaire sur les fruits à venir. — 4e, 26 fév. 1849 (Faillite Petit-Dulongprey), XIII, 77.

4. — La demande en séparation des patrimoines a effet rétroactif sur tous les fruits échus même avant la demande, tant qu'il n'y a pas eu confusion de fait dans le patrimoine de l'héritier. — Id..

5. — ... Il n'y a pas confusion par ce seul fait que celui auquel ces fruits auraient été délégués aurait forcé, par une sommation, les débiteurs des fermages à les consigner. — Id..

6. — ... Mais il y a confusion si le délégataire a perçu les fermages comme mandataire d'une faillite et a consigné ce qu'il a reçu pour en faire plus tard la distribution aux créanciers de cette faillite, bien que les fermages soient encore consignés à l'époque de la réclamation des créanciers qui ont formé la demande en séparation des patrimoines. — Id..

7. — Le privilége de la séparation des patrimoines frappe indivisément chacune des portions du prix produit par la licitation des immeubles de la succession, quels que soient les droits particuliers de chacun des héritiers sur ce prix. — 4e, 30 mai 1849 (Veuve Buhour), XIII, 450.

8. — Pour qu'un créancier puisse se prévaloir de la séparation des patrimoines, il faut que l'inscription en fasse mention et qu'elle soit prise sur chacun des immeubles de la succession. — 2e, 29 fév. 1844 (Mesnil), VIII, 92.

9. — Le privilége de la séparation des patrimoines, indépendamment de toute inscription, peut être exercé sur le prix des immeubles de la succession, tant que ce prix est encore dû par les acquéreurs. — 4e, 30 mai 1849 (Veuve Buhour), XIII, 450.

10. — Le privilége de la séparation des patrimoines acquis avant la loi du 11 brumaire de l'an VII n'a été soumis ni par cette loi ni par le Code Napoléon à la formalité de l'inscription. — 1re, 2 juin 1840 (Claude), V, 63.

11. — Sous l'empire de la Coutume de Normandie, les poursuites dirigées par la fille normande contre son frère pour obtenir la liquidation de sa légitime

n'opérait point novation à son droit sur la succession de son père, et ne la rendait point non-recevable à former la demande en séparation des patrimoines.— *Id..*

12.— ... Il en était de même des inscriptions hypothécaires requises sur les biens du frère. — *Id..*

13. — ... L'on n'admettait pas en Normandie la prescription de cinq ans, établie par le droit romain en matière de séparation des patrimoines. — L'action était toujours recevable tant que les immeubles étaient dans la main de l'héritier. — *Id..*

SÉQUESTRE. — *V. Contumace.— Faillite.*

SERMENT. — *V. Expert.*

SERMENT DÉCISOIRE.

1.—Les juges ne doivent avoir égard à la délation de serment par une partie à l'autre qu'autant que les faits contenus dans le délatif du serment se rapportent d'une manière précise à un engagement ou à une promesse formelle, et non pas quand ils ne tendent qu'à faire connaître l'intention présumée d'une partie, sa pensée intime relativement aux conséquences d'un acte. — 1re, 4 juillet 1848 (Roger), XII, 584.

2.— Le serment déféré à l'héritier sur le point de savoir s'il n'a pas connaissance personnelle que son auteur devait une certaine somme au moment de son décès doit être admis comme *litis-décisoire*. — 2e, 19 mai 1843 (Tranchevent), VII, 207.

3. — N'est pas *litis-décisoire* le serment déféré au fils devenu héritier de son père, sur le point de savoir si, dans les pourparlers préparatoires d'un acte

auquel le fils assistait seul, il n'aurait point été arrêté de stipulations contraires à celles que l'acte signé par le père a définitivement formulées.— 1re, 23 mars 1846 (Beauguillot), X, 318.

4.—Les tribunaux ne sont pas obligés d'ordonner le serment décisoire déféré par l'une des parties à l'autre ; ils peuvent rejeter ou admettre ce serment, suivant les circonstances. — 1re, 19 janvier 1842 (Quesnel), VI, 186.

5.—... Il doit surtout en être ainsi lorsque, par suite d'une présomption d'absence, la partie à laquelle le serment est déféré est dans l'impossibilité de l'accepter ou de le refuser. — Les juges ne sont pas tenus, dans ce cas, de ne prononcer qu'une condamnation provisoire sous caution jusqu'à l'expiration des délais prescrits par l'art. 129 du Code Napoléon, en réservant le serment si l'absent venait à reparaître ; ils peuvent de suite prononcer une condamnation définitive. — *Id..*

6. — La délation de serment faite au demandeur ne peut avoir pour résultat de faire obtenir à celui-ci au-delà de sa demande. — 2e, 17 fév. 1844 (Formage), VIII, 171.

7. — On ne peut considérer comme prêté le serment déféré à une partie qui vient à décéder avant cette prestation. — Il en est ainsi lors même que cette partie aurait acquiescé au jugement qui ordonne le serment, surtout si aucune formalité n'a été remplie pour parvenir à la prestation de ce serment. — 1re, 20 janv. 1846 (Dubois), X, 202.

SERMENT SUPPLÉTOIRE. — *V. Notaire.*

SERVICE DE LA GUERRE. —

V. Travaux publics.

SERVITUDES. — *V. Acte administratif. — Bail (en général). — Canal. — Chemin public. — ... vicinal. — Commune. — Compromis. — Copropriété. — Coutume de Normandie. — Eau (cours d'). — Expert. — Expropriation pour utilité publique. — Mitoyenneté. — Pêche. — Prescription. — Pressoir. — Transaction. — Usine. — Vaine pâture. — Vente, etc..*

Indication alphabétique.

1. — Les contrats doivent toujours s'interpréter en faveur de la libération des héritages. — 2e, 26 avril 1849 (Yver), XIII, 216.

2. — L'établissement d'une servitude par titre peut avoir lieu implicitement aussi bien qu'explicitement. — 2e, 27 avril 1849 (Veuve Hébert), XIII, 159.

3. — Sous l'ancienne législation, comme sous la législation actuelle, il n'était pas nécessaire, pour obtenir une servitude contestée, de rapporter le titre constitutif, il suffisait de représenter un acte quelconque, dans lequel le propriétaire du fonds asservi reconnaissait que son héritage était sujet à la servitude. — Il n'était pas non plus nécessaire d'avoir été partie dans cet acte pour pouvoir en profiter, parce que la loi n'exigeait pas que la reconnaissance fût contradictoire avec celui auquel la servitude était due. — 1re, 13 juillet 1835 (Commune de Caen), XIII, 552.

4. — Il y a servitude par destination du père de famille, lorsque le même individu, ayant réuni momentanément deux héritages en sa possession, a changé la disposition des eaux qui arrosaient ces héritages, de telle sorte que, lorsque lesdits héritages viennent à être divisés, l'ancien état de choses ne peut revivre. Quelque préjudice que puisse en éprouver l'un des propriétaires, c'est l'aménagement du père de famille qui doit subsister. — 2e, 5 avril 1843 (Fontanie), VII, 332.

5. — Lorsque le propriétaire de divers héritages dispose de l'un d'eux, il suffit, pour qu'une servitude continue d'exister, soit en faveur du fonds aliéné, soit sur ce fonds, qu'il y ait entre les deux héritages, au moment de la vente, des signes apparents de servitude; il n'est pas nécessaire que l'état des lieux constitue une servitude à la fois continue et apparente. — 1re, 21 nov. 1843 (Castel), VIII, 120.

6. — ... Ce principe reçoit son application dans le cas où les deux héritages sont expropriés et vendus séparément à deux adjudicataires différents. — Id..

7. — L'existence d'une porte donnant sur une portion de propriété vendue ne suffit pas pour conférer un droit de servitude au vendeur qui s'est réservé l'autre partie de la propriété, si d'ailleurs l'acte de vente est muet à cet égard. — 2e, 20 fév. 1845 (Denis), IX, 82.

8. — Pour conserver les servitudes de vue et de passage à titre de destination du père de famille, il faut prouver que l'état duquel résulte la servitude remonte à l'époque où les deux fonds étaient dans la même main; il ne suffit pas d'établir que cet état dure depuis plus de trente ans. — 1re, 23 janv. 1843 (Tardif de Petiville), VII, 89.

9. — La destination du père de famille, relativement à l'établissement d'une servitude de passage, peut s'induire de la disposition des lieux, du long exercice de la servitude et des actes postérieurs consentis par les lotageants. — 2e, 7 déc. 1849 (Than), XIII, 421.

10. — L'art. 609 de la Coutume de Normandie, qui, dans le cas de destination du père de famille, fait exception à la maxime *nulle servitude sans titre* consacrée par l'art. 607 de la même Cou-

tume, ne peut être invoqué que lorsqu'il *existe une construction durable et apparente, établie sur le fonds asservi, telle qu'une fenêtre, un aqueduc.*—1re, 25 nov. 1841 (Ballière), v, 401.

11. — La servitude du tour d'échelle étant une servitude discontinue, ne peut. s'établir que par titre. — 2e, 27 avril 1844 (Gaffet), viii, 239.

12.— La législation tant ancienne que nouvelle n'ayant pas déterminé l'espace de terrain nécessaire pour l'exercice du tour d'échelle, c'est aujourd'hui une question de fait que des arbitres doivent juger.— *Id.*.

13. — Le propriétaire riverain d'une voie ne peut être déclaré non-recevable dans une action tendant à faire juger contre la commune qu'il a droit de passage à titre privé par cette voie, sous prétexte que la commune, ne réclamant ladite voie que comme chemin communal et, en conséquence, ne lui en contestant point l'usage, il est sans intérêt à rien demander au-delà.— 2e, 20 janv. 1844 (Lecacheux), viii, 63.

14. — La confection d'un pont dont l'un des côtés s'appuie sur le terrain que l'on prétend asservi, ainsi que l'entretien de ce pont, suffit pour faire acquérir par prescription un droit de passage sur ledit terrain. — 2e, 26 fév. 1842 (Veuve Vautier), vi, 611.

15. — Le changement de l'assignation d'un passage peut résulter de la possession ; il n'est pas nécessaire qu'il soit établi par titres. — 2e, 27 août 1842 (Aze), vi, 599.

16. — Sous l'empire de la Coutume de Normandie, l'on ne pouvait acquérir un droit de passage par prescription, même quand il y avait enclave et que le passage se révélait par des signes extérieurs. — 1re, 23 janv. 1843 (Tardif de Petiville), vii, 89.

17.—Sous l'empire de la Coutume de Normandie, le passage, en cas d'enclave, n'était accordé que moyennant une retribution annuelle, il n'était réputé que temporaire et conditionnel, et ne pouvait s'acquérir par prescription. — Par suite, le passage cessait du jour où par une cause quelconque la propriété n'était plus enclavée.—1re, 1er décembre 1845 (L'État), x, 37.

18.—Mais, sous l'empire du Code Napoléon, la servitude de passage peut se prescrire en cas d'enclave, et ce n'est pas seulement l'indemnité qu'on prescrit, mais encore l'assiette de la servitude et le mode de son exercice.—1re, 1er décembre 1845 (L'État), x, 37. — 1re, 17 août 1848 (Pelletier), xii, 598.

19.—... Et cette servitude s'acquiert d'une manière absolue, et, lorsqu'elle est acquise, le propriétaire du fonds enclavé peut en continuer l'exercice lors même que le passage cesse d'être nécessaire. — Ainsi le propriétaire du fonds servant ne peut prétendre que la servitude s'est éteinte parce que le fonds enclavé aurait été réuni à un autre fonds aboutissant à la voie publique.— C., ch. req., rej., 19 janv. 1848 (L'État), xi, 671.

20.—*Id*... Dans tous les cas, et en supposant que le propriétaire du fonds servant pût faire cesser le passage à titre d'enclave, lorsqu'il n'est plus nécessaire, ce ne serait qu'à la condition de restituer l'indemnité, même lorsque l'établissement de la servitude n'est justifié que par la prescription. — 1re, 1er

25

déc. 1845 (L'État), x, 37.

21.—Même en cas d'enclave, lorsqu'il est démontré que les faits de passage ont eu lieu avec permission, ces faits sont insuffisants pour établir l'existence d'une servitude.—1re, 17 juin 1847 (Delamare), IX, 660.

22.—L'inaliénabilité d'une forêt domaniale ne peut empêcher l'établissement sur cette forêt d'une servitude de passage à titre d'enclave. Dans ce cas, comme dans tous les autres, cette servitude peut s'acquérir par prescription. —1re, 1er déc. 1845 (L'État), x, 37.—C., ch. req., rej., 19 janv. 1847 (L'État), xi, 671.

23.—Lorsqu'il y a enclave par suite du partage de biens provenant d'un auteur commun, on doit, autant que possible, assujétir au droit de passage les biens ainsi partagés de préférence à ceux qui sont étrangers au partage, ces derniers fussent-ils des bruyères.— 4e, 4 janv. 1845 (Canteloup), x, 686.

24.—Lorsque, par un acte de partage, un droit de passage a été stipulé sur un lot en faveur des autres lots, ce passage peut s'exercer pour l'accession de bâtiments construits depuis le partage, comme pour ceux qui existaient à cette époque.—Les propriétaires des fonds dominants peuvent même user de la servitude pour l'introduction dans leurs bâtiments de récoltes excrues sur des fonds étrangers à la cohérie.—2e, 27 août 1842 (Aze), vi, 599.

25.—Id... Mais on ne peut user du passage au profit de terrains étrangers annexés au fonds dominant. — 2e, 11 déc. 1831 (Mauduit), xvii, 28.

26.—Lorsque, par des lots, un jardin entouré de murs et qui n'avait qu'un seul accès a été partagé en quatre parts égales, sans qu'il ait été fait aucune stipulation sur la manière dont chaque lotageant accéderait à son lot, on doit décider qu'il a été entendu que chaque part continuerait à s'accéder par la porte et les allées qui existaient lors du partage. — 2e, 25 janv. 1849 (Yvonnet), xiii, 9.

27. — Lorsque deux immeubles dont l'un s'exploitait par dessus l'autre viennent à être partagés et se trouvent dans des lots différents, bien que l'acte de partage ne s'explique pas sur le passage, l'exploitation continue de se faire comme avant le partage, si c'est là le moyen unique, vu l'enclave, d'exploiter l'immeuble et il n'y a lieu dans ce cas à aucune indemnité.—2e, 27 avril 1849 (Veuve Hébert), xiii, 159.

28.—Sous l'empire de la coutume de Normandie, il existait des chemins qui sans être publics n'étaient cependant point de simples passages à titre de servitude et n'avaient pas besoin d'être constitués par titres. — Ces chemins étaient connus sous le nom de *Sentes pour le Voisiné*. — 1re, 1er déc. 1845 (L'État), x, 37.

29. — ... Le fait d'enclave, joint à l'usage du chemin, ne suffit pas pour caractériser *une sente pour le voisiné*, il faut de plus que le chemin ait une assiette fixe, qu'il soit délimité dans toute son étendue, et qu'en général il paraisse établi sur un terrain laissé en commun par les voisins qui en conservent le copropriété.—Id..

30.—... On ne peut considérer comme une *sente de voisiné*, dont parle l'art. 83 de la Coutume de Normandie, une allée couverte dans l'une de ses extrémités par des bâtiments et portant encore en cet endroit les traces d'une porte, puis se confondant avec une cour et se terminant par un mur et une porte.—2e, 6 mars 1847 (Lepoivre), XI, 100.

31.— ... Mais un terrain vague servant au passage pour l'accession de plusieurs propriétés peut être considéré comme *sente de voisiné*, lors surtout qu'il a été indiqué comme tel dans un contrat, que des bornes y placées semblent avoir eu pour objet de fixer l'étendue du passage, et que les terrains voisins sont plus élevés et fermés par des haies.—2e, 28 nov. 1846 (Ledesmé), X, 632.

32.—Lorsqu'un passage est réclamé à tous usages parce que le terrain sur lequel on veut l'exercer serait une sente ou chemin public, on doit appeler en cause la commune ou se conformer aux dispositions de la loi du 18 juillet 1837.—1re, 16 fév. 1842 (Maine), VII, 575.

33.—... Il en est ainsi lors même que celui qui allègue la publicité de la sente aurait été maintenu au possessoire dans l'exercice du droit de passage, et qu'il serait seulement défendeur au pétitoire.—*Id.*.

34.—La largeur d'une sente de pied, dont la destination est de conduire à une fontaine publique, peut être fixée à un mètre trente-trois centimètres. — 2e, 28 août 1846 (Commune de St.-Evroult de Montfort), X, 422.

35.—On ne peut considérer comme faubourg quelques maisons isolées et sans continuité, et situées en-dehors des murs de la ville, lors même qu'elles se trouvent sur le territoire de ladite ville et dans les limites de son octroi. — Le

propriétaire d'un immeuble situé dans de telles conditions, ne peut donc contraindre son voisin à contribuer à la clôture qu'il veut faire de cet immeuble.— Trib. civ., de Caen, 2e, ch., 10 juin 1847 (Frilay), XI, 342.

36.—Le propriétaire d'une fosse d'aisance qui n'est point construite conformément aux règlements ne peut être admis à substituer aux travaux prescrits par lesdits règlements un mode incomplet de désinfection tel que, par exemple, une tinette de bois. — 2e, 17 mai 1847 (Veuve Lefèvre), XI, 309.

37.—Le droit aux secondes herbes ne constitue pas une copropriété, un domaine partiaire, prescriptible par 10 ans, aux termes de l'art. 2265 du Code Napoléon, mais bien une simple servitude prescriptible par trente ans. —1re, 29 juill. 1851 (de Fontette), XV, 260.

38.—Le droit de secondes herbes est une simple servitude et non un droit de copropriété.—1re, 3 août 1852 (Veuve Levesque), XVI, 250.

39.—Le propriétaire d'un fonds grevé d'une servitude de secondes herbes ne peut faire sur ce fonds aucunes plantations tendant à amoindrir, à diminuer l'exercice de la servitude.—*Id.*.

40.—Le droit de pacage des secondes herbes d'un pré qui, en général, constitue dans la main d'une commune un droit de vaine pâture, devient cependant une véritable servitude, un véritable droit d'usage, lorsqu'il est fondé sur un titre ou sur le payement d'une redevance.— 1re, 13 juill. 1835 (Commune de Caen), XIII, 552.

41.—Le droit aux secondes herbes, qui appartient aux communes de Caen, Louvigny et Venoix, sur les diverses p rtions de la prairie qui existe entre ces communes, est un droit de servitude. — 2e, 17 janv. 1851 (Blin-Baron), xv, 121.

42.—Le propriétaire tréfoncier, dont le fonds est grevé d'une servitude, peut faire sur ce fonds tous les travaux utiles sans toutefois pouvoir rien pratiquer qui tende à diminuer l'usage du droit dont il est grevé, ou à le rendre plus incommode. Notamment, s'il creuse des rigoles qui empêchent le parcours, on peut le contraindre à créer des ponts ou passages, mais seulement dans les parties du bois qui doivent être livrées au pâturage, et au fur et à mesure qu'elles doivent y être livrées. — 2e, 11 mai 1853 (Poriquet), xvii, 179.

43.— Les habitants d'une commune, village ou hameau, n'ont droit à la servitude résultant de l'art. 643 du Code Napoléon qu'autant qu'il y a *absolue nécessité*. — 2e, 30 avril 1836 (Commune de St.-Manvieux), xiv, 588.

44.—... L'art. 543 s'applique-t-il aux mares, puits, étangs ou réservoirs d'eaux pluviales? *(Non résolu explicitement)*. —*Id*..

45.— Le propriétaire d'un fonds servant ne peut valablement offrir, comme remplacement d'un droit de puisage à une fontaine située sur un terrain clos, un semblable droit à une fontaine placée le long d'un chemin dont elle n'est séparée par aucune clôture. —4e, 26 mai 1845 (Jean), x, 685.

46.— La convention par laquelle deux propriétaires stipulent un droit de promenade réciproque sur les fonds l'un de l'autre, tant qu'ils seront détenteurs desdits fonds, est parfaitement licite.

Elle ne constitue pas une indivision qui ne pourrait être stipulée d'après l'art. 815 du Code Napoléon pour plus de 5 années.— 4e, 10 déc. 1851 (de St.-Pierre), xvi, 12.

47.— Le droit de promenade concédé à un individu personnellement doit être limité dans les termes précis de la stipulation, et il n'implique pas pour le concessionnaire la faculté de se promener à cheval ou en voiture.—*Id*..

48.—Sous l'empire de la Coutume de Normandie, un propriétaire pouvait ouvrir des jours, vues droites ou fenêtres d'aspect sur sa propriété, pourvu qu'il existât une distance quelconque entre ces jours et la propriété voisine. — 4e, 22 déc. 1851 (Deschamps), xvi, 31.

49.—*Id*... Et ce droit subsiste sous le Code Napoléon pour les fenêtres qui existaient avant sa promulgation.—2e, 27 nov. 1846 (Naguet de St.-Georges), x, 618.

50.— *Id*... Mais, si la distance est moindre que celle indiquée par le Code Napoléon, le propriétaire des fenêtres ne peut plus, depuis la promulgation de ce code, y faire aucun changement.— Il ne peut notamment enlever les barreaux qui garnissaient les fenêtres.—1re, 13 fév. 1846 (Ballière), x, 499.

51.—... De son côté, le propriétaire du fonds servant pouvait faire sur la ligne séparative des héritages toutes constructions qu'il lui convenait, quelque diminution de jouissance qu'il en résultât pour le propriétaire des jours. Cette règle est encore applicable aux jours et fenêtres ouverts et pratiqués antérieurement au Code Napoléon, et le droit qui en résulte n'a pu être atteint par aucune prescription. —4e, 22 déc. 1851 (Deschamps), xvi, 31.

52.—Le droit de conserver des jours ou fenêtres, aux termes de l'art. 694 du Code Napoléon, ne peut empêcher le voisin d'élever sur le fonds asservi une construction sans observer les distances prescrites par les art. 678 et 679 du même code. Le propriétaire voisin peut construire sans observer aucune distance, lorsque le titre constitutif indique que telle a été l'intention des parties.— 4e, 4 nov. 1841 (Le Bruman), v, 366.

53.—Lorsqu'un droit de jour a été stipulé en faveur d'une maison, il n'est pas permis de conserver sur le fonds servant, même à la distance légale, des plantations qui fassent obstacle à l'exercice de ce droit.—2e, 20 fév. 1845 (Denis), IX, 82.

54.—La clause qui autorise à augmenter les croisées et vues ne donne pas le droit d'en augmenter le nombre. —1re, 15 mars 1847 (Guérin), XI, 658.

55.—Celui qui est devenu propriétaire d'un mur faisant partie d'anciennes fortifications acquiert par la destination du père de famille une servitude de vue sur les terrains dépendant de la propriété. — 2e, 22 mars 1850 (Paysant-Decouture), XIV, 476.

56.— Le propriétaire de bâtiments donnant sur un passage commun peut ouvrir des fenêtres immédiatement sur ce passage. La distance prescrite par l'art. 678 du Code Napoléon ne s'applique qu'aux fonds appartenant privativement à autrui, et non pas aux cours et passages communs.—1re, 24 août 1842 (Fabrique de l'église St.-Sauveur de Caen), VI, 453.

57.—Lorsque le sol de deux propriétés voisines est d'inégale hauteur, le fait, par le propriétaire du fonds supérieur, d'avoir laissé en dehors de son mur de clôture un terrain formant terrasse, et d'avoir entouré ce terrain d'une haie taillée chaque année à la hauteur d'un mètre, ne constitue pas l'existence d'ouvrages extérieurs suffisants pour faire acquérir sur le fonds inférieur une servitude de vue et de prospect.—1re, 21 fév. 1842 (Morin-Angot), VI, 116.

58.—... De même, l'ouverture pratiquée dans le mur de clôture et servant d'accès sur le terrain laissé à l'extérieur ne peut servir de base à l'acquisition de cette servitude, lors même que ce terrain n'aurait pas une largeur de 19 décimètres.—Id..

59.—... Il en serait autrement si le terrain avait été entouré d'un mur en pierre construit à hauteur d'appui.— Id...

60.—L'on ne peut être admis à prouver par témoins que, dans une maison démolie, il existait des jours directs situés à moins de 2 mètres de la propriété voisine. L'on pouvait et l'on devait se procurer une preuve écrite de l'existence des jours, en faisant dresser un état avant de procéder à la démolition.—2e, 26 mai 1841 (Boessée), v, 161.

61. — *Jugé au contraire que* lorsqu'un propriétaire a fait abattre une maison, sans faire constater les jours qui étaient ouverts sur les propriétés voisines, il peut soutenir, contre le voisin qui demande la suppression des jours qu'il a fait ouvrir dans sa nouvelle construction, qu'il n'a fait que rétablir l'ancien état des lieux, et, en cas de méconnaissance, il peut être admis à prouver par témoins et par présomptions l'exis-

fence des anciens jours. Il en est surtout ainsi lorsqu'un acte ancien, passé entre les auteurs des parties rend vraisemblable l'existence des jours et cet acte peut servir de commencement de preuve par écrit, aux termes de l'art. 1347 du Code Napoléon. — 2e, 16 déc. 1848 (Chédrue), XII, 355.

62.—La servitude *altius non tollendi* ne peut s'établir par la destination du père de famille, elle ne peut même s'établir par induction ; elle doit résulter d'une convention formelle. — 2e, 26 mai 1841 (Boessée), V, 161.

63.—Lorsqu'une servitude *altius non tollendi* n'a été établie que dans le but de procurer le droit d'ouvrir des fenêtres sur une propriété, elle cesse d'exister lorsque le droit d'avoir des vues est éteint par prescription. — *Id.*.

64.—L'exécution d'une constitution de servitude *altius non tollendi* peut être ordonnée, encore bien qu'il ait été dérogé, dans certaines limites, par le fait d'anciennes constructions respectives. — 2e, 17 fév. 1843 (Auvray de Coursanne), VII, 555.

65.—Les dispositions des art. 671 et 672 du Code Napoléon, relatives à la plantation des arbres et haies, ne sont impératives que pour les lieux où il n'existe ni règlements spéciaux, ni usages contraires. — En Normandie, c'est l'arrêt du parlement de cette province, du 17 août 1751, qui sert de règlement sur la matière ; tous arbres et haies plantés à une moindre distance que celle prescrite par ce règlement doivent être supprimés. — 1re, 24 août 1835 (Lenourichel), XI, 146.

66.—... Quant au mode de suppression des arbres non plantés à distance, ils peuvent être coupés au niveau du sol et convertis en taillis, s'ils sont à la distance prescrite pour les grandes haies, mais, quand ils sont à une distance moindre, leur souche doit être arrachée. — *Id.*.

67.—Lorsque des arbres plantés à une distance du voisin moindre que celle fixée par les lois ou règlements viennent à être abattus, le propriétaire ne peut se prévaloir du droit qu'il avait acquis par prescription de les conserver, pour en élever d'autres à la même place ; son droit est tombé avec l'arbre, et il doit, pour sa nouvelle plantation, observer les distances prescrites par la loi. — 1re, 22 juill. 1845 (de Parfouru), IX, 646.

68.—... Il n'y a pas de distinction à faire à cet égard entre une avenue et quelques arbres isolés : — *Id.*.

69.—Les dispositions du règlement de 1751 sur les plantations et clôtures entre héritages voisins sont tout-à-fait sans application aux clôtures et plantations qu'un propriétaire a pu faire sur les terres à lui appartenant et dont il fait des ventes à diverses personnes ; celles-ci sont tenues de supporter l'état des lieux tel qu'il existe au moment de la vente. — 1re, 30 déc. 1846 (Fauvel), X, 678.

70.—La prescription des servitudes établies en Normandie, avant le Code Napoléon, s'est accomplie par le laps de trente ans à compter du 10 février 1804, date de la promulgation de l'art. 690 au titre des servitudes, et non pas seulement à partir du 25 mars 1804, date de la promulgation de l'art. 2281, au titre de la prescription.— 1re, 3 janv. 1849 (Sellier), xiii, 25.

71.—Lorsque, même sous la Coutume de Normandie, un fonds grevé d'une servitude apparente ou non apparente a été acquis par prescription, la servitude subsiste telle qu'elle a toujours été exercée, bien qu'elle ne soit appuyée sur aucun titre.— 2e, 17 mai 1847 (Veuve Lefèvre), xi, 309.

72.— L'art. 2265 du Code Napoléon n'est pas applicable aux servitudes.— 1re, 29 juill. 1851 (de Fontette), xv, 260.

73.—La libération d'une servitude ne peut s'acquérir par la prescription de dix ou vingt ans avec titre et bonne foi.— 2e, 19 mai 1841 (Le Couturier), v, 254.

74.—L'action intentée au pétitoire, en suppression d'une servitude, par un détenteur à titre précaire n'a pu interrompre la prescription au profit des véritables propriétaires intervenus dans l'instance postérieurement à l'acquisition de la prescription par le délai de trente années.— 1re, 11 fév. 1845 (Bobot), ix, 110.—V. infrà, no 84.

75.—Une servitude de passage n'est pas éteinte par prescription, par cela seul que le mode d'exercice de cette servitude a subi des modifications et que le passage s'effectue par une autre voie que celle convenue entre les parties. —2e, 15 mars 1848 (Lebel), xii, 570.

76.—Lorsqu'il a été stipulé dans un contrat de vente que l'acquéreur aurait le droit de construire sur une allée appartenant au vendeur, en laissant une hauteur de 2 m. 65 cent., il peut toujours user de ce droit, lors même qu'il aurait laissé écouler plus de trente années. La prescription ne commencerait à courir contre l'acquéreur que du jour où les représentants du vendeur auraient fait sur le dessus de l'allée des actes de possession contraires à son droit.— 2e, 19 mai 1841 (Le Couturier), v, 254.

77.—La faculté réservée dans un acte de partage à l'un des copartageants d'ouvrir des jours sur la propriété d'un autre lot est prescrite s'il n'en a pas été fait usage pendant trente ans sous l'empire du Code Napoléon. Cette prescription court sans qu'il soit besoin que le propriétaire du fonds servant ait fait un acte contraire au titre.— 2e, 26 mai 1841 (Boessée), v, 161.

78.— Le droit de faire supporter le poids de ses terres par le mur appartenant au propriétaire du fonds voisin ne peut s'acquérir par prescription, si, au moment de la construction du mur, les terrains étaient de niveau, et si leur inégalité n'est venue que d'apports successifs de terres que le propriétaire du mur a pu ignorer.— 2e, 3 juill. 1847 (Veuve Doré), xi, 644.

79.—Lorsqu'une servitude, telle que celle de vanage et de battage, a été établie en faveur d'un héritage, l'exercice du droit, quant aux grains excrus sur une ou plusieurs des pièces qui en dépendent, interrompt la prescription et conserve la servitude à l'égard des autres fonds faisant partie dudit héritage.— 2e, 4 déc. 1851 (Savarre), xvi, 53.

80.—L'acte par lequel un propriétaire reconnaît n'avoir aucun droit de vue, ni de passage, sur la propriété voisine, et s'oblige à supprimer, à toute réquisition, les servitudes de ce genre qu'il y exerce, ne peut être atteint par la prescription.

—1ᵉ, 23 janv. 1843 (Tardif de Petiville), vii, 89.

81.— Le propriétaire qui a intenté action à son voisin pour faire décider qu'il avait le droit d'appuyer une construction sur un mur qu'il soutenait être mitoyen peut, dans le cours de l'instance, réclamer ce même droit à titre de servitude, sans que l'on puisse lui opposer la prescription, si la première demande a été intentée avant l'expiration des trente années.—2ᵉ, 19 mai 1841 (Le Couturier), v, 254.

82.— La présomption légale de la liberté des héritages suffit au demandeur au pétitoire pour repousser toute espèce de servitude, lors même que le défendeur aurait été au possessoire maintenu en jouissance de la servitude contestée.— Cette présomption ne peut céder qu'à un acte écrit ou à une possession trentenaire en cas d'enclave.— 2ᵉ, 19 août 1843 (Gauthier), vii, 422.

83.— Le consentement par le propriétaire d'un fonds, au profit duquel une servitude est établie, à la restriction de cette servitude peut résulter du défaut d'opposition de sa part à la construction d'ouvrages qui restreignent la servitude, quand ces ouvrages sont élevés publiquement et de bonne foi, et avec un caractère de solidité et de perpétuité.— 2ᵉ, 15 déc. 1850. (Auvray), xiv, 646.

84.— Le détenteur d'un immeuble à titre précaire n'a pas qualité pour intenter au pétitoire une action en suppression d'une servitude établie sur les biens qu'il détient.— 1ʳᵉ, 11 fév. 1845 (Bobot), ix, 110.—V. suprà, n° 74.

SERVITUDES MILITAIRES.— V. Vente.

SÉVICES.— V. Séparation de corps.

SIGNATURE.— V. Acte notarié. —... sous seing privé.— Contrat de mariage.— Double écrit. — Faillite.— Lettre de change.

SIGNIFICATION ou NOTIFICATION.— V. Acquiescement.—Appel en matière civile.—Cour d'assises. — Délits de la presse.— Enquête.— Faillite.— Hypothèque (en gén.). — Inscription hypothécaire. — Jugement par défaut. — Prescription. — Saisie immobilière. — Titre exécutoire. — Tuteur.—etc..

SIGNIFICATION D'AVOUÉ A AVOUÉ.— V. Référé.— Signification.

SIMPLE PROMESSE.— V. Billet à ordre.—Lettre de change.

SIMULATION. — V. Cession.— Donation déguisée.—Dol.— Dot.—Effets de commerce.—Lettre de change. —Subrogation.

Pour pouvoir rendre les tiers qui ont traité à titre onéreux passibles des suites d'une simulation, comme ayant agi en pleine connaissance de cause, il faut des preuves bien plus claires, bien plus positives que celles qui suffisent à la justice pour découvrir l'existence de cette simulation et la faire retomber sur ceux qui avaient intérêt à la pratiquer. — 2ᵉ, 1ᵉʳ août 1844 (Geffroy), viii, 476.

SOCIÉTÉ en général (civile ou commerciale).— V. Arbitrage forcé.— Assurance mutuelle.— Contrat judiciaire. — Dommages-intérêts.—Donation (entre vifs).— Société anonyme.— ...civile.—...commerciale.—...d'acquêts. — ... en commandite.— ... en nom collectif.

Indication alphabétique.

1. — Toute action contre une société doit être portée devant le tribunal du lieu où elle est établie, lors même que cette société n'aurait qu'une *existence de fait*, et que l'action aurait pour but d'en faire prononcer la nullité. — 4e, 4 janv. 1842 (Lelandais), VI, 78. — 1re, 23 janv. 1844 (Compagnie *l'Agricole*), VIII, 66.

2. — *Id*... Lors même que, d'après les statuts, chaque sociétaire aurait fait élection de domicile, à son choix, dans l'une des villes qu'embrasse la société. — 4e, 26 déc. 1844 (Poriquet), VII, 652.

3. — .. La demande en nullité d'un traité fait avec le mandataire d'une société doit être formée contre cette société et devant le tribunal du lieu où elle est établie, et non pas contre le mandataire et devant le tribunal du domicile de celui-ci. — 4e, 4 janv. 1842 (Lelandais), VI, 78.

4. — Les contestations qui s'élèvent entre une société représentée par son directeur et l'un de ses agents doivent être portées devant le tribunal du lieu où cette société a son siège, encore bien que, par une disposition particulière, cette société ait, dans une autre ville, une succursale où les assurés sont autorisés à faire leurs versements, et où les agents peuvent recevoir leur traitement. — 2e, 30 avril 1847 (Compagnie *La Normandie*), XI, 279.

5. — Lorsque le conseil général d'une société, qui, d'après les statuts, peut apporter à ces statuts tels changements qu'il juge utiles, étend les opérations de la société, cette extension ne change ni la nature ni les conditions essentielles de la société, et n'entraîne pas la nullité des adhésions. Par conséquent, les associés antérieurs à cette extension ne peuvent prétendre qu'ils ne doivent que la cotisation calculée sur le risque auquel ils se sont exposés par leur adhésion aux statuts primitifs. — 4e, 9 juillet 1849 (Busnel), XIII, 336.

6. — Bien que l'acte de société ait déterminé le montant de la mise des sociétaires, et qu'il n'ait pas dit qu'ils pourraient être tenus au-delà de cette mise à une contribution annuelle quelconque pour les frais d'entretien, il est raisonnable de supposer qu'il y a obliga-

tion pour eux de supporter les dépenses nécessaires pour la conservation de la chose mise en société, en tant que ces dépenses ne dépassent pas les limites qu'ils ont dû naturellement prévoir ; il en est surtout ainsi quand les sociétaires, en vendant ou en abandonnant leurs actions, peuvent se dérober à toutes charges pour l'avenir. — 2e, 14 janv. 1851 (Perrier), xv, 200.

7.—Lorsqu'il a été stipulé que la mort de l'un des actionnaires ne mettrait pas fin à l'association, il est raisonnable d'interpréter à *fortiori* cette stipulation, en ce sens que la faillite de l'un des associés n'a pas plus d'effet que son décès.— *Id.*.—*V. infrà*, v^{is} *Société civile*, nos 1 et s..—... *commerciale*, no 6.

8.— Des associés ne peuvent jamais se prévaloir de la violation de leurs engagements et de leurs propres faits pour obtenir la dissolution de la société.—*Id.*.

9. — Lorsque les sociétaires ne sont engagés que pour un certain nombre d'années, après lequel ils sont libres de se retirer, la société doit avoir le même droit, et peut, à l'expiration du temps convenu, rejeter de son sein tel ou tel sociétaire que bon lui semble.—4e, 26 déc. 1844 (Poriquet), vii, 653.

10.— Lorsque la mise d'un associé se compose tout à la fois d'un travail à fournir et d'une somme d'argent à verser à son coassocié, il n'est pas incompatible avec l'existence du contrat de société de considérer que le capital versé doit, dans tous les cas, être restitué, et que le sociétaire n'a voulu exposer aux chances de l'opération sociale que les intérêts de son argent et son travail. — 1re, 12 mai 1846 (Lavenas), x, 212.

11.— Lorsqu'il a été stipulé que l'une des parties prélèverait chaque année une somme déterminée sur le *produit net* de l'association, on doit, pour déterminer ce produit, retrancher les pertes résultant des faillites que, chaque année, la société a pu avoir à supporter, mais sans que les pertes éprouvées dans une année puissent être reportées sur l'année suivante. — 2e, 6 août 1846 (Levard), x, 433.

12. — Le créancier d'un sociétaire dont la créance remonte à une époque antérieure à la constitution de la société n'a aucune action contre l'actif social ni contre les autres associés, encore bien que son titre soit souscrit sous la raison sociale et pendant l'existence de la société. — Trib. de commerce de Caen, 9 oct. 1850 (Veuve Roustel), xiv, 591.

13. — ... Il en est ainsi lors même que les marchandises fournies par ce créancier existent encore en nature dans l'actif social. — *Id.*.

14.— Le défaut de transcription et d'affiche d'un acte de société, entraîne la nullité de la société, mais pour l'avenir seulement ; la société *de fait* qui a existé jusqu'à la demande en nullité doit être liquidée d'après les bases de l'acte social, par des arbitres qui seuls ont qualité pour interpréter et appliquer cet acte.—4e, 10 juillet 1850 (Désétables), xiv, 512.—*V.* v^{is} *Arbitrage forcé.* — *Société commerciale*, nos 8 et s..

15. — Une société peut être formée dans un but purement voluptuaire, et, accessoirement à sa formation, l'indivision de l'immeuble social peut être stipulée pour toute la durée de l'association, fût-elle de cent ans ; à ce cas ne

s'applique pas l'art. 815 du Code Napoléon.—2e,14 janv. 1851 (Perrier), xv, 200.

16. — Lorsque la propriété d'un jardin d'agrément a été mise, pour une durée de cent années, dans une société par actions transmissibles. avec droit de préemption au profit des associés, ceux des sociétaires qui jugent trop onéreuses les obligations qui leur sont imposées n'ont d'autre ressource, pour s'en décharger, que de trouver un cessionnaire, ou, s'ils n'en trouvent pas, d'abandonner leurs actions. — *Id.*.

SOCIÉTÉ ANONYME. — *V. Société (en général)*.

1. — Une société d'assurance qui se qualifie par l'objet de son entreprise (l'*Agricole*), et dont les opérations portent pour signature *un tel directeur*, et non *un tel et C*ie, est une véritable société anonyme, nulle à défaut d'autorisation du gouvernement. — 4e, 12 mai 1846 (Compagnie l'*Agricole*), xi, 181.

2. — … Les directeurs d'une pareille entreprise, bien que se qualifiant d'associés en nom collectif, ne sont que les gérants d'une société anonyme, et les assurés, quoiqu'ils soient qualifiés d'associés en commandite, ne font en aucune façon partie de la société. — *Id.*.

3. — … Le vice qui entache une semblable société ne peut être réparé par une autorisation du pouvoir exécutif obtenue postérieurement et sur des statuts autres que ceux qui existaient au moment du contrat dont la nullité est demandée. — *Id.*.

4. — Les engagements pris par des assurés envers une société anonyme dépourvue d'autorisation sont nuls de plein droit, et la nullité, une fois prononcée, dispense les assurés de payer aucune prime échue ou à échoir. — *Id.*.

5. — Bien qu'un acte de société anonyme n'ait point été revêtu des formalités légales, il n'en constitue pas moins, s'il a donné lieu à des opérations, une association de fait qui exige la reddition d'un compte entre les parties. — 4e, 7 août 1844 (Bedouin), viii, 534. — *V. supra*, v° *Arbitrage forcé*.

6. — La nullité qui frappe une société anonyme pour défaut d'autorisation et de publication ne peut avoir d'effet que du jour où elle est demandée; elle rend aux associés leur liberté pour l'avenir, mais elle ne met pas obstacle à ce que, pour les faits accomplis, l'acte de société soit respecté; c'est cet acte qui doit servir de règle pour le partage et la liquidation. — *Id.*.

7. — Les actionnaires qui, sans avoir souscrit l'acte de société, l'ont cependant tacitement ratifié en n'y formant aucune opposition sont réputés sociétaires. — *Id.*.

SOCIÉTÉ CIVILE. — *V. Assurance mutuelle.* — *Communauté religieuse.* — *Société (en général).*

1. — La société finit par la mort naturelle de l'un des associés. — 4e, 27 janv. 1852 (Debrix), xvi, 219.

2. — S'il a été stipulé que, en cas de mort de l'un des associés, la société continuerait entre les associés survivants, l'héritier du décédé n'a droit qu'au partage de la société, eu égard à sa situation lors du décès, et ne participe aux bénéfices ultérieurs qu'autant qu'ils sont une suite nécessaire de ce qui s'est fait avant la mort de l'associé auquel il succède. — *Id.*. — *V. supra*, v° *Société (en gén.)*, n° 7.

3. — Lorsque des associés n'ont entendu contracter que des engagements civils, les sommes dont l'un peut être redevable envers l'autre ne sont susceptibles de produire des intérêts qu'à 5 $_o^{p}$, et non à 6. — 2e, 6 août 1846 (Levard), x, 433.

4. — Une association formée entre les usagers d'une forêt peut valablement agir par son directeur ou syndic, sans qu'il soit besoin d'énoncer dans l'exploit les noms et qualités de chacun des usagers, si cette association avait été reconnue légalement sous l'empire des anciennes lois et si l'obligation d'un syndicat lui avait été imposée. — 1re, 21 fév. 1843 (Doisnel), vii, 129.

SOCIÉTÉ COMMERCIALE. — *V. Arbitrage forcé. — Assurance mutuelle. — Société (en général). — ... anonyme. —... en nom collectif.*

Indication alphabétique.

1. — Les actionnaires d'une entreprise commerciale, lors même qu'ils ne s'immiscent pas dans la gestion de la société, doivent être soumis à la juridiction commerciale pour les difficultés qui s'élèvent entre eux à raison de la société. — 1re, 18 nov. 1845 (Véron), x, 51.

2. — ... *Spécialement*, c'est à la juridiction commerciale qu'il appartient de prononcer la résolution du contrat pour inexécution de la part des actionnaires des clauses de l'acte de société, et de décider s'il y a lieu de faire procéder à la revente sur folle enchère de leurs actions, conformément aux clauses des statuts. Il n'y aurait compétence des tribunaux civils que s'il s'élevait des difficultés sur les poursuites dirigées contre les actionnaires pour le payement de la différence entre la valeur nominale de leurs actions et le prix que la société en aurait obtenu. — *Id.*.

3. — C'est devant le tribunal de commerce, et non devant des arbitres, que doit être portée la demande en nullité de l'acte constitutif d'une société commerciale. — 4e, 31 déc. 1844 (Picard-Neveu), viii. 610.

4. — Lorsque l'un des associés en contestation avec ses coassociés méconnaît devant les arbitres l'existence de la société, le tribunal de commerce est seul compétent pour statuer sur cette exception. — 4e, 10 juill. 1850 (Désétables), xiv, 512.

5. — Bien qu'un compte ait été arrêté entre des associés, s'il n'y a pas eu liquidation entière et définitive de la société, les contestations auxquelles cette liquidation peut donner lieu doivent être portées devant des arbitres. — 4e, 30 mai 1842 (Chedeville), vi, 376.

6. — La mort de l'un des associés n'en-

traîne point par elle-même la dissolution d'une société, lorsque cette société a été créée par des cohéritiers, dans le but de continuer le commerce de leur auteur.—4ᵉ, 8 mars 1842 (Mélidor Moisson), VI, 141.—V. *suprà*, vᵢˢ *Société (en gén.)*, n° 7. — ... *civile*, nᵒˢ 1 et s..

7 — L'associé qui, dans l'intérêt de l'exploitation d'une usine appartenant à son coassocié, a fait, du consentement de celui-ci, des travaux à cette usine doit être considéré comme mandataire ou *negotiorum gestor* du propriétaire, et, à ce titre, il a droit non-seulement à la répétition intégrale des sommes par lui avancées, mais aux intérêts desdites sommes, lesquels doivent être prélevés sur les bénéfices pour le temps qu'a duré la société, et être à la charge exclusive du propriétaire à partir du jour de la dissolution de la société. Peu importe que le propriétaire fût de son côté créancier d'autres sommes sur son coassocié, si ces sommes n'étaient pas de nature à produire des intérêts, il ne peut, quant à ce point, établir de compensation.— 2ᵉ, 6 août 1846 (Levard), x, 433.

8.— Bien qu'une société commerciale n'ait été ni constatée par écrit, ni publiée, elle n'en produit pas moins une communauté de fait dont les obligations peuvent être mises à exécution sur les biens de chaque associé.— 4ᵉ, 3 mars 1842 (Mélidor Moisson), VI, 141.— V. *suprà*, vᵒ *Société (en gén.)*, n° 14.

9.— La nullité d'un acte de société résultant du défaut de publication rétroagit au jour de la demande; mais les opérations antérieures à cette époque doivent être soumises à des arbitres, qui régleront les droits des parties d'après les bases qu'elles avaient arrêtées.—4ᵉ, 31 déc. 1844 (Picard-Neveu), VIII, 610. —V. *suprà*, vᵒ *Société (en gén.)*, n° 14.

10.—En l'absence d'un acte qui fasse connaître au public la retraite de l'un des membres d'une société commerciale, cette retraite ne se présume pas facilement. On ne pourrait, *spécialement*, la faire résulter de ce que l'associé qui prétend s'être retiré aurait quitté le domicile commun et aurait contracté une autre société, ni de ce que, à ce moment, un état constatant la situation active et passive de la société aurait été dressé.—4ᵉ, 8 mars 1842 (Mélidor Moisson), VI, 141.

SOCIÉTÉ D'ACQUÊTS.—*V. Communauté conjugale. — Dot. — Femme normande.— Remploi.— Saisie immobilière.— Usufruit légal des père et mère.—Vente.*

Indication alphabétique.

1.—Lors même que le nom d'une femme mariée figure dans un acte d'acquisition, s'il est constant que l'acquêt a été fait pour une société dont le mari fait partie, la femme n'y peut rien réclamer, encore bien que, par suite d'un abandon à lui fait par ses coassociés, le mari soit devenu seul propriétaire dudit immeuble. — 4e, 25 janv. 1847 (Cadou-Taillefer), xi, 67.

2.—La clause d'un contrat de mariage, constitutif du régime dotal avec société d'acquêts, portant que « les biens acquis des capitaux *justifiés* provenir de « l'un ou l'autre estoc seront propres « à l'estoc de celui des époux de qui ils « seront provenus, » ne déroge en rien au mode de constater le remploi déterminé par le Code Napoléon.—Par suite, l'immeuble que le mari a acheté en son nom personnel, mais sans déclaration qu'il le payait de ses deniers, pour lui servir de remploi de ses propres aliénés, tombe dans la communauté d'acquêts stipulée dans le contrat des époux, lors même que le mari justifierait avoir aliéné, lors du payement, des biens de son estoc.—4e, 14 juill. 1841 (Le Berrurier), v, 522.— V. encore *suprà*, vo *Communauté conjugale,* nos 4 et s..

3.—La pension de retraite accordée à un ancien fonctionnaire public tombe bien dans la communauté d'acquêts, tant que cette communauté existe, mais la femme ou ses héritiers n'ont aucun droit sur les annuités qui sont payées à ce fonctionnaire après la dissolution de la communauté.— 2e, 27 juin 1845 (M...), ix, 555.

4.— *Jugé encore que* la femme ne peut, lors de la dissolution de la société d'acquêts, réclamer aucune indemnité à cause des retenues subies pendant le mariage, en faveur de la caisse des retraites, par le traitement de son mari.— *Id..*

5.—Les impenses et améliorations faites sur ses propres par un époux qui, marié sous le régime dotal avec société d'acquêts, a fait un apport de deniers constaté par le contrat de mariage, sont réputées, jusqu'à preuve contraire, faites des deniers apportés, et non des deniers tirés de la caisse sociale. En conséquence, aucune récompense n'est due à la société d'acquêts.— 2e, 16 janv. 1852 (Vattier), xvi, 71.

6.— Lorsque des époux mariés sous le régime dotal ont néanmoins stipulé une société d'acquêts, les prélèvements de la femme s'exercent conformément à l'art. 1471 du Code Napoléon, relatif au partage de la communauté ; de sorte que la femme est fondée à se faire délivrer en nature des biens de la communauté pour se remplir de ses reprises dotales, et que son mari n'a le droit, ni de la contraindre à en recevoir le montant en deniers qu'il fournirait, ni de provoquer la vente des immeubles de la communauté pour opérer le payement desdites reprises.— 2e, 27 juin 1845 (M...), ix, 555.

7.—... Les récompenses dues par le mari à la communauté font également partie de l'actif soumis aux prélèvements de la femme.—*Id..*

8.— Dans le cas où deux époux sont mariés sous le régime dotal, et ont stipulé entre eux une société d'acquêts réduite aux immeubles acquis pendant le mariage, le passif de la succession du mari doit être supporté par la communauté d'acquêts, encore que ce passif se compose, outre les dettes immobilières de la communauté, de dettes mobilières du mari; il n'y a pas lieu de distinguer entre ces deux sortes de dettes.—1re, 21 janv. 1850 (Jourdan), xiv, 154.

9.—*Id...* Dans le cas de stipulation par le contrat de mariage d'époux mariés sous le régime dotal d'une communauté d'acquêts réduite aux immeubles et aux rentes, toutes les dettes contractées par le mari pendant le mariage doivent être imputées sur les immeubles et rentes de la communauté d'acquêts.—Peu importe qu'il s'agisse de dettes ayant pour cause des fermages ou de toute autre dette.—2e, 12 nov. 1853 (Bulot), xvii, 308.

10.—*Jugé encore que,* lorsque la communauté a été réduite aux acquêts immeubles, les dettes du mari doivent être supportées proportionnellement par lesdits acquêts et par les meubles du mari dont il n'a pas été dressé état. — 1re, 31 mai 1828 (Brison), xii, 543.

11.—*Id... que,* dans de semblables circonstances, le mari est propriétaire exclusif de toutes les valeurs mobilières, quelles qu'elles soient, existant à la dissolution de la société d'acquêts.—Peu importe que ces valeurs proviennent des économies faites sur les revenus ou des fruits produits par les biens de la femme.—A ce cas ne s'applique pas l'art 1499 du Code Napoléon relatif à une communauté de meubles et d'immeubles. — 1re, 21 janv. 1850 (Jourdan), xiv, 154.—2e, 12 nov. 1853 (Bulot), xvii, 308.

12.—*Id... que,* dans les mêmes circonstances, le mari ne doit pas rapport à la société d'acquêts du capital représentant, soit le remboursement de rentes grevant ses biens personnels, soit les constructions faites sur ces mêmes biens, soit le prix d'un acquêt immobilier revendu avant la dissolution du mariage. —2e, 13 nov. 1846 (Héritiers Lecrosnier) x, 467.

13.—Tant que les enfants n'ont pas accepté ou répudié la société d'acquêts ayant existé entre leur père et leur mère prédécédés, le père conserve l'administration des biens dépendant de ladite société, et peut, par conséquent, valablement les donner à ferme.—Un tel bail, lorsqu'il a acquis date certaine avant la vente de l'immeuble loué, est opposable à l'acquéreur.—1re, 15 nov. 1853 (Lechevallier), xvii, 297.

SOCIÉTÉ EN COMMANDITE.

V. Société (en gén.). — ... commerciale.

1.—Le contrat de société en commandite n'est pas un contrat purement consensuel. Pour qu'une société de cette nature ait une existence légale, il ne suffit pas qu'il ait été dressé un acte de société et qu'il en ait été fait publication; le contrat ne devient certain et définitif, et la société n'est régulièrement constituée que par la mise de fonds et l'accession de quelques commanditaires.— 2e, 17 juin 1852 (Hédouin), xvi, 207.

2.— ... Les actionnaires d'une société en commandite peuvent toutefois autoriser le commencement des opérations avant la réalisation complète du capital social.—*Id.*.

3.— ... En thèse générale, les actionnaires d'une société en commandite ne sont pas censés subordonner l'existence de la société et les pouvoirs du gérant à l'émission de toutes les actions créées par les statuts sociaux.—4ᵉ, 12 déc. 1843 (Corset), vii, 568.

4.—L'extrait d'un acte de société en commandite doit, à peine de nullité, indiquer l'époque à laquelle la société doit commencer. — 2ᵉ, 17 juin 1852 (Hédouin), xvi, 207.

5.—L'indication du montant des valeurs fournies ou à fournir exigée par l'art. 43 du Code de commerce dans l'extrait de l'acte de société, doit s'entendre des valeurs réalisées, des actions dont le prix est déjà dans la caisse sociale, ou au moins des actions souscrites, et non pas du capital social, c'est-à-dire des actions appelées et possibles. En conséquence, on peut demander la nullité de la société dont l'extrait de publication n'indique que le capital social.—Id..

6.—La clause des statuts sociaux qui interdit au gérant de créer aucun effet de commerce et lui enjoint de faire au comptant toutes les affaires sociales, doit être entendue en ce sens qu'elle s'oppose principalement à l'émission d'aucun papier de circulation qui engagerait la signature sociale dans des emprunts.—4ᵉ, 12 déc. 1843 (Corset), vii, 568.

7.—... Mais les effets à terme souscrits par le gérant au profit des fournisseurs de la société ne sont que des actes d'administration justifiés par sa qualité. Toutes les conséquences légales du protêt de ces effets doivent demeurer à la charge de la société.—Id..

SOCIÉTÉ EN NOM COLLECTIF.
— V. Société (en gén.).—... commerciale.

Une société formée pour se livrer, pendant trois, six ou neuf années, au transport des voyageurs et messageries entre deux villes désignées ne peut être considérée comme une société en participation; c'est une société en nom collectif pour laquelle on doit accomplir les formalités prescrites par l'art. 42 du Code de commerce.—4ᵉ, 13 janv. 1841 (Petit), v, 34.

SOCIÉTÉ EN PARTICIPATION.
—V. Société en nom collectif.

SOLIDARITÉ.— V. Appel en matière civile.—Avoué.—Caution.—Commissionnaire de transport.—Conciliation.—Contrat de mariage.—Degré de juridiction.—Dépens.—Dot.—Faillite. —Femme normande.— Hypothèque légale des femmes.—Mandat.—Péremption.—Rente (en gén.).—Usure.

Indication alphabétique.

1.—On peut aussi bien prouver par témoins, à l'aide d'un commencement de preuve par écrit, la solidarité entre plusieurs débiteurs d'une obligation, que l'existence de l'obligation elle-même.— 2ᵉ, 10 fév. 1849 (Veuve Désoheaux), xiii, 137.

2. — L'augmentation d'une rente consentie par l'un des débiteurs solidaires de la rente dans l'intérêt de ses codébiteurs constitue un titre opposable à tous les codébiteurs de cette rente lorsqu'ils en ont depuis acquitté les arrérages. — 2e, 4 juill. 1850 (Hospices de Caen), xiv, 548.

3 — L'intention qu'un débiteur solidaire a pu avoir de faire une libéralité à son codébiteur en se chargeant seul de l'acquittement de toute la dette, et la manifestation qu'il lui aurait même faite de cette intention ne peuvent le lier si d'ailleurs il n'a pris aucun engagement positif. Le payement qu'il aurait fait de toute la dette lui ouvrirait donc une action en répétition. — 2e, 21 nov. 1846 (Pegoix), x, 621.

4. — Lorsque le jugement portant condamnation solidaire contre deux débiteurs avec recours de l'un de ces débiteurs contre l'autre est passé en force de chose jugée à l'égard du créancier, il l'est également à l'égard du débiteur auquel une condamnation récursoire a été accordée, et ce nonobstant l'appel porté contre lui — 4e, 18 nov. 1845 (Petel), x, 28.

5. — Le débiteur solidaire assigné en payement des sommes avancées par son codébiteur peut demander qu'avant toute condamnation ce codébiteur soit tenu de lui rendre compte du mandat qui lui avait été donné pour agir dans l'intérêt commun. — 1re, 29 nov. 1842 (Paviot), vi, 651.

6. — ... Dans ce cas, le jugement qui ordonne la reddition du compte du mandat ne doit pas, à peine de nullité, contenir les formalités prescrites par les art. 530 et 534 du Code de procédure

civile relativement à la nomination d'un juge-commissaire et à l'affirmation du compte. — Id..

7. — Le débiteur solidaire a droit du jour du payement aux intérêts des sommes qu'il a avancées pour son codébiteur. — 4e, 15 janv. 1845 (Duhomme), ix, 109.

8. — Le codébiteur solidaire qui, par suite de la solidarité, paie le capital de diverses rentes et les arrérages échus a droit non-seulement au remboursement des sommes par lui déboursées et aux arrérages échus depuis le remboursement, mais encore aux intérêts de ces arrérages. — Il a de plus droit, à partir de la demande judiciaire, aux intérêts des intérêts produits par les arrérages. — 1re, 4 juill. 1842 (Thiboult du Grais), vi, 701.

SOMMATION. — *V. Consignation. — Purge.*

SOULTE DE PARTAGE. — *V. Dot. — Partage. — ... d'ascendant. — Remploi.*

SOURCE. — *V. Eau. — Servitude.*

SOURD-MUET. — *V. Interdit.*

SOUS-LOCATION. — *V. Récoltes en vert. — Saisie-gagerie.*

SOUS-ORDRE — *V. Ordre.*

SOUS-SOL. — *V. Hypothèque (en gén.).*

SOUS-TRAITANT. — *V. Travaux publics.*

SOUSTRACTION. — *V. Chose jugée. — Preuve testimoniale. — Saisie-exécution. — Substitutions. — Testament olographe. — Vol.*

SPECTACLES PUBLICS. — *V. Café chantant. — Théâtres.*

Les décrets, ordonnances et règle-

26

ments qui, antérieurement à la Constitution de 1848, avaient attribué à l'autorité municipale le droit d'autoriser ou de défendre les spectacles publics, ainsi que celui de les soumettre au payement d'une rétribution envers les directeurs privilégiés, ont conservé toute leur force même depuis la promulgation de cette constitution. (*Résolu implicitement*).— Trib. de commerce de Caen, 27 oct. 1849 (Pescheux), XIII, 566.

STATUTS. — *V. Coutume de Normandie* et les renvois.

STATUT ANGLAIS.—*V. Contrat de mariage.—Naturalisation.*

STELLIONAT.—*V. Demande nouvelle.—Faillite.*

1.—L'exagération dans la contenance des biens hypothéqués lorsqu'elle est considérable, l'erreur dans le chiffre des créances hypothécaires même lorsqu'elles ont été déclarées en bloc et sans désignation spéciale, peuvent suffire pour constituer le stellionat.—1re,20 mars 1850 (Coisel), XIV, 252.

2.—Se rend coupable de stellionat le mari qui vend seul, et comme s'ils lui appartenaient, les biens dotaux de sa femme.—2e, 4 mars 1843 (Brulay), VII 164.

3.—*Id*… s'il vend un de ses immeubles propres en ne déclarant qu'une partie des apports de sa femme de telle sorte que l'acquéreur soit par la suite évincé. — 1re, 10 fév. 1847 (de Banville), XI, 638.

STIPULATION LICITE.—*V.* Les renvois indiqués sous le mot *Clause licite*.

STIPULATION POUR AUTRUI. *V. Action (en général). — Femme.—*

Hypothèque conventionnelle. — Remplacement militaire.—Tuteur.

1.—Le contrat passé au profit de deux personnes dont l'une est absente devient parfait et irrévocable, si la partie absente accepte avant toute rtéractation des parties contractantes.—2e, 12 juill. 1844 (Boisne), VIII, 544.

2.—La vente consentie par le propriétaire d'un immeuble à deux personnes conjointement et solidairement, mais dont l'une d'elles seulement est présente et reçoit seule un double de l'acte, devient irrévocable si, avant toute rétraction de la part du vendeur, le tiers déclare accepter et demande à régulariser l'acte.—2e, 12 juill. 1844 (Boisne), VIII, 672.

3.—La stipulation au profit d'autrui est valable lorsqu'elle est la condition d'une stipulation que l'on fait pour soi-même. Celui qui a fait cette stipulation ne peut plus la révoquer, si le tiers a déclaré vouloir en profiter.—2e, 8 nov. 1851 (Duquesnoy), XV, 316.

4—Pour s'approprier la stipulation faite par un tiers (art. 1121 du Code Napoléon), il n'est pas besoin d'une déclaration formelle de vouloir profiter de cette stipulation, il suffit d'en avoir profité.—2e, 27 avril 1839 (Martine), IX, 306. — 4e, 7 mai 1845 (Auvray-Francquetot), *ibid.*.

5.—Le fils qui, en achetant un immeuble, a déclaré que cette acquisition lui était commune avec sa mère et s'est porté fort de l'acceptation de celle-ci, devient propriétaire exclusif et incommutable de cet immeuble, si sa mère meurt sans avoir ratifié le contrat fait en son nom et avant que le fils ait rétracté ses engagements. — 1re, 22 juill. 1847 (Bureau de bienfaisance de Céton), XI, 513.

6.—On ne peut considérer comme stipulation pour un tiers et dont celui-ci puisse réclamer l'exécution, aux termes de l'art. 1121 du Code Napoléon, une clause d'un acte, profitable il est vrai à ce tiers si elle se réalisait, mais qui n'a été insérée que dans l'intérêt exclusif des parties contractantes.—1re, 16 nov. 1847 (Ville d'Honfleur), XI, 536.

7.—Lorsqu'un vendeur stipule que, en diminution du prix de la vente, les acquéreurs seront chargés de servir une rente, le bénéficiaire est approprié de la partie du prix correspondante à son droit, avec faculté d'envoi en possession à défaut de payement.—2e, 25 avril 1850 (Aumouette), XVI, 108.

SUBORNATION. — *V. Faux témoignage.*

SUBROGATION.— *V. Dot.—Hypothèque conventionnelle. —... légale des femmes.—Lettre de change.—Mandat.—Offices.—Ordre.—Purge.—Saisie immobilière. —Vente.*

Indication alphabétique.

1.—Une créance subrogatoire simulée est nulle ainsi que tous ses effets.—1re, 13 fév. 1850 (Veuve Allard-Grandmaison), XIV, 265.

2.—La subrogation étant une exception au droit commun ne peut avoir lieu que par l'accomplissement rigoureux des conditions imposées par le Code Napoléon.—Une subrogation irrégulière ne peut avoir aucun effet.—4e, 4 déc. 1849 (Moulin), XIII, 460.

3.— Les syndics qui désintéressent un créancier à la fois gagiste et hypothécaire, avec le prix de l'objet engagé, ne peuvent invoquer la subrogation consentie par celui-ci dans son droit hypothécaire.—2e, 2 janv. 1852 (de Ste-Marie), XVI, 36.

4.—On ne peut, par suite de subrogation, se faire colloquer dans un état d'ordre au rang d'un créancier qu'autant que l'on est muni d'un acte authentique constatant le prêt, et d'une quittance également authentique constatant l'origine et l'emploi des deniers prêtés.—4e, 18 janv. 1847 (Chédeville), XI, 61.

5 —Lorsqu'un créancier à hypothèque spéciale a contredit la collocation d'un créancier à hypothèque générale qui le prime, en soutenant que ce créancier devait produire et se faire colloquer dans un

autre ordre ouvert pour la distribution du prix d'un autre immeuble, et qu'il a succombé dans cette prétention, il est encore recevable à se faire subroger aux droits de ce créancier à hypothèque générale, en lui payant le montant de sa collocation ; il ne peut être repoussé par l'exception de chose jugée.—4e, 10 janv. 1844 (Letourmy), VII, 688.

6.—Quand deux créanciers à hypothèque spéciale sur deux immeubles différents dont le prix est en distribution dans deux ordres distincts demandent chacun de leur côté à être subrogés aux droits d'un créancier à hypothèque générale qui les prime, la préférence est due au créancier dont l'hypothèque spéciale est la première inscrite. — Vainement le créancier postérieur par son inscription aurait il obtenu le premier une subrogation aux droits du créancier à hypothèque générale ; une pareille subrogation ne peut être opposée au créancier premier inscrit et le priver de la faculté qui lui est accordée par l'art. 1251 n° 1er du Code Napoléon.—Id..

7.—En cas de concours pour subrogation entre un créancier hypothécaire et un tiers détenteur, la préférence appartient à celui dont le droit réel sur l'immeuble est le premier en date.—2e, 3 mars 1853 (Ségretain), XVII, 125.

8.—Le créancier qui cède une créance hypothécaire, avec garantie de la solvabilité présente et future du débiteur cédé, n'est pas non-recevable à exercer sur l'immeuble hypothéqué le droit de préférence résultant d'une hypothèque antérieure dont il est resté saisi, et cela bien que sa collocation détruise au préjudice de son cessionnaire la solvabilité

dont il s'est fait garant.—Le cessionnaire n'a contre son cédant qu'un recours purement personnel qui lui permet de réclamer une collocation en sous-ordre concurremment avec les autres créanciers de ce dernier.—Vainement le cessionnaire prétendrait-il que son cédant doit être réputé l'avoir subrogé tacitement dans son hypothèque préférable, la question de subrogation étant une question d'intention subordonnée aux faits.—1re, 12 août 1851 (Harang), XV, 263.—4e, 18 fév. 1852 (Harang), XVI, 147.—V. suprà, v° Hypothèque (en général), nos 8 et s..

9.—Lorsqu'un droit réel plane d'une manière générale sur divers immeubles placés dans différentes mains, et que la dette a été payée avec subrogation par l'un des détenteurs, on doit décider, à défaut de texte précis, que tous les détenteurs des immeubles soumis au droit réel subiront l'exercice du droit grevant par généralité les fonds qu'ils possèdent, dans la proportion de la part dont eux ou leur auteur étaient tenus personnellement dans la dette.—1re, 12 mars 1849 (Mansallier), XIII, 185.

10.—La subrogation légale au profit de l'acquéreur n'existe qu'autant que le payement a été effectué entre les mains des créanciers inscrits.—Le simple engagement de payer ne peut produire subrogation.—4e, 8 juin 1847 (Lelasseur), XI, 318.

11.—Lorsque la subrogation aux droits de leur auteur a existé au profit des acquéreurs évincés, avant l'instance terminée par un arrêt acquiescé et une transaction, il n'y a pas lieu de revenir contre cet arrêt et cette transaction en vertu des

art. 1351 et 2051 du Code Napoléon.—
2ᵉ, 25 fév. 1850 (Devillereau), xiv, 297.

12.—L'huissier qui, ayant promis garantie du recouvrement des prix dus par
des adjudicataires, désintéresse le vendeur est subrogé de plein droit dans les
créances appartenant à ce dernier.—En
conséquence, les saisies-arrêts conduites
aux mains des adjudicataires postérieurement au payement fait par l'huissier
doivent être déclarées nulles et de nul
effet.—4ᵉ, 2 juin 1852 (Bazire), xvi, 241.

13.—La subrogation au profit de celui
qui, étant tenu avec d'autres ou pour
d'autres, paie la dette n'a lieu qu'autant
qu'il s'agit d'une obligation commune,
identique, d'une dette ayant le même
objet, la même cause et le même lien.
—2ᵉ, 26 juin 1852 (Dubois), xvi, 236.

14.—... Par suite, le conservateur des
hypothèques qui, déclaré responsable de
l'omission d'une inscription, paie le
créancier omis n'est pas subrogé de plein
droit dans les hypothèques appartenant
à ce créancier.—Id..

SUBROGÉ-TUTEUR.—V. Aquies-
cement. — Appel en matière civile. —
Tuteur —Vente publique d'immeubles.

SUBSTITUTIONS.—V. Testament
(en gén.).

Indication alphabétique.

1.—Contient une substitution prohibée l'institution faite au profit d'un légataire avec condition que les biens
légués retourneront à un deuxième légataire si le premier décède sans postérité.— 1ʳᵉ, 23 mai 1743 (Veuve Hervieu de Villard), vii, 358.

2.—Id... Toutefois, la nullité de cette
institution n'empêche pas le légataire de
profiter de la succession du testateur si,
par un testament antérieur, il avait été
institué son héritier pur et simple.—On
ne peut voir dans le dernier testament
contenant substitution la révocation des
testaments antérieurs qui, sauf la substitution, renfermaient les mêmes dispositions.—2ᵉ, 7 janv 1848 (Cardet), xii,
176.—V. infrà, nᵒˢ 6 et s..

3.— Ne contiennent une substitution
prohibée .... ni la disposition par laquelle un testateur institue un légataire
universel avec clause de laisser après sa
mort tel immeuble à ses héritiers. On
doit considérer cette disposition comme
renfermant un legs d'usufruit au légataire, et de la nue-propriété aux héritiers.—1ʳᵉ, 26 avril 1851 (Lesage), xvi,
188.

4.—... ni la clause d'un testament
portant que, si le légataire vend ou
hypothèque les immeubles donnés, ils
sont légués à une autre personne.— 4ᵉ,
7 juin 1843 (Chauvet), vii, 462.

5.—... ni le legs d'un capital dont
le légataire touche les intérêts, et dont
le payement en principal reste soumis à
une condition suspensive (dans l'espèce,
le mariage du légataire), avec clause de
retour aux héritiers naturels dans le
cas où la condition imposée ne se réaliserait pas. On ne saurait reconnaître

dans ce legs la charge de conserver et de rendre constitutive des substitutions prohibées.—1re, 8 juill. 1850 (Carabeuf), xiv, 432.

6.—... ni la clause d'un testament portant que, en cas de mort d'un premier légataire sans enfants, l'objet légué retournerait à un deuxième légataire; il n'y a là qu'une substitution vulgaire. Par suite, en cas de mort du premier légataire après le décès du testateur, l'immeuble légué ne passe pas au légataire indiqué en deuxième ordre, mais aux héritiers du premier légataire.— 2e, 26 janv. 1833 (Marie), viii, 364.— 1re, 2 juill. 1844 (Salles), viii, 364.—2e, 26 mars 1848 (Debaupte), xii, 128.—V. *suprà,* nos 1 et s..

7.—... ni la clause par laquelle un testateur dispose au profit de sa légataire d'une somme d'argent pour lui servir de dot, mais dont ses père et mère auront la *jouissance* jusqu'au jour de son mariage, et dont ils deviendraient propriétaires si elle mourait avant eux; il n'y a point là, en effet, charge absolue de conserver et de rendre. — 1re, 7 juin 1848 (Coste), xii, 147,

8.—La substitution faite au profit des enfants naturels du grevé est nulle.— Les art. 1048 et suiv. du Code Napoléon, de même que la loi du 17 mai 1826, ne la permettent qu'au profit des enfants légitimes.—2e, 2 déc. 1847 (Soynard), xi, 542.

9.—Le legs fait à plusieurs légataires d'un mobilier, pour en jouir et disposer, avec stipulation que le legs vertirait au profit du survivant des légataires, n'est pas nul pour le tout aux termes du § 2 de l'art. 896 du Code Napoléon.

L'institution reste valable et la disposition en faveur de l'appelé doit seule être annulée.— 2e, 6 nov. 1847 (Ledangéreux), xii, 365.

10.—La disposition contenant substitution prohibée relativement à quelques-uns des appelés, et substitution permise relativement aux autres, doit être annulée pour le tout; ainsi en est-il de la disposition faite avec charge de conserver et de rendre tant aux enfants naturels qu'aux enfants légitimes du grevé.— 2e, 2 déc. 1847 (Soynard), xi, 542.

11.—La nullité qui atteint l'une des clauses d'un acte, à cause de la substitution dont cette clause est entachée, ne peut s'étendre aux autres dispositions du même acte, lorsqu'elles en sont parfaitement distinctes et séparées.—*Id.*.

12.—La nullité d'une disposition entachée de substitution prohibée fait rentrer les biens qui en sont l'objet dans la succession *ab intestat* du disposant, et les héritiers qui ont reçu leur part dans cette succession, par suite d'un partage anticipé, ne peuvent y prétendre aucun droit.—*Id.*.

SUCCESSION (en général). — *V. Absent.—Cession.- Communauté conjugale.—Commune.—Compétence commerciale.—Coutume de Normandie.— Degré de juridiction.—Demande nouvelle.—Deuil.—Donation déguisée.— Dot.—Double écrit.—Enfant naturel. —Étranger.—Faillite.—Femme normande.—Héritier apparent.—Hypothèque légale des femmes.—Intervention.—Legs à titre universel.—Mort civile.—Mutation par décès.—Notaire. —Obligations.—Partage.—...d'ascendant.—Pension alimentaire.—Preuve* *testimoniale. — Quotité disponible. — Remplacement militaire.— Renonciation à succession.— Rente viagère.— Reprises matrimoniales.—Retrait successoral.— Saisie immobilière.—Scellés.— Séparation de corps.— ... de patrimoines. — Société d'acquêts. — Substitutions.—Succession bénéficiaire. —... future.—... irrégulière.— Titre exécutoire.—Tuteur.*

1.—La connaissance que l'un des héritiers aurait eue des soustractions commises par son cohéritier ne met point obstacle à ce que plus tard il élève une demande à cet égard.— 2e, 5 juin 1815 (Crespin), ix, 467.

2.—L'héritier qui établit que son cohéritier a commis des soustractions dans la succession a droit à un prélevement d'égale valeur, de sorte que, si ce prélèvement joint au montant de la part qu'il doit prendre en sa qualité d'héritier absorbe la succession, il n'y a lieu à aucune composition de lots.— 2e, 25 juill. 1846 (Jacquelin-Laménardière), x, 397.

3.— Le créancier d'une succession n'est pas obligé d'appeler les autres créanciers de cette succession; si ceux-ci ne se présentent pas, il doit obtenir l'emport de ce qui lui est dû.— 4e, 29 janv. 1844 (Lemaître-Longchamps), viii, 184.— V. *infrà*, v° *Succession bénéficiaire*, n° 14.

4 —Le cohéritier qui détient depuis longtemps le titre d'une créance héréditaire sans réclamation de la part de son cohéritier justifie suffisamment son droit à la totalité de la créance, lorsque surtout il s'agit d'une créance pour frais de notariat réclamée par le fils qui a succédé aux fonctions de son père.— 4e, 31 déc. 1851 (Cohu), xvi, 76.

5.—En Normandie, la solidarité passive qui existait entre les cohéritiers relativement aux charges de la succession n'avait pas lieu pour les droits actifs dont l'exercice appartenait à chacun pour sa part et portion virile. L'action intentée par l'un des héritiers était donc sans effet à l'égard des autres.— 2e, 9 fév. 1844 (Le Boucher d'Émiéville), viii, 130.

SUCCESSION BÉNÉFICIAIRE.
—*V. Demande nouvelle.—Femme normande.—Jugements et arrêts.—Mutation par décès.— Quotité disponible. —Séparation de patrimoines.*

Indication alphabétique.

Acceptation pure et simple, 1 et s..	Formalités, 4 et s..
Actes d'administration, 3 et s..	Frais, 15 et s..
Action, 13.	Fraude, 4 et s..
Adjudicataire, 17.	Héritier pur et simple, 1 et s..
Administration, 3 et s..	Immeubles, 1. 12, 16.
Affiche, 4.	Inventaire, 10, 15.
Arbres, 12.	Jugement, 15.
Cahier des charges, 17.	Liquidation, 15.
Cession, 7, 13.	Loyaux coûts, 17.
Chose jugée, 13.	Meubles, 4 et s.
Communauté d'acquêts, 2.	Mineur, 10, 11, 13.
Confusion, 11.	Mise en cause, 14.
Créanciers, 14.	Part héréditaire, 7.
Créancier apparent, 8.	Partage, 9.
Curateur, 13.	Payements, 5, 8.
Déchéance, 3 et s..	Prescription, 13.
Dépens, 16.	Publicité, 4 et s..
Dépenses, 15.	Qualité, 1 et s..
Dettes hypothécaires, 12.	Remboursement, 17.
Dette personnelle, 12.	Renonciation, 2.
Distribution, 14.	Rente sur l'État, 5.
Dommages-intérêts,17.	Répétition, 17.
Donataire, 11.	Reprises, 11.
Éviction, 17.	Requête, 2.
	Retour légal, 11.
	Société d'acquêts, 2.
	Successions réunies, 9.

Tenue de maison, 15. | Tuteur, 13, 16.
Tierce opposition, 13. | Vente, 1, 4 et s., 12,
Transport, 7. | 16.

1.—Le successible qui, avant d'avoir accepté la succession sous bénéfice d'inventaire conformément à l'art. 593 du Code Napoléon, vend des immeubles de la succession et prend dans l'acte de vente la qualité d'héritier est de plein droit héritier pur et simple, sans pouvoir en aucune manière argumenter des circonstances de la vente pour prouver qu'il n'avait pas l'intention d'accepter la succession purement et simplement.—1re, 4 mars 1841 (Veuve Samson), v, 92.

2.—L'acceptation pure et simple d'une succession peut s'induire : 1° de la qualité d'héritier prise dans une requête adressée à un tribunal ; 2° de la renonciation faite par l'héritier à la communauté d'acquêts qui a existé entre son père et sa mère.—4e, 10 janv. 1842 (Héritiers Binet), vi, 91.

3.— L'acceptation d'une succession, lors surtout que cette succession est onéreuse, ne peut s'induire de quelques actes d'administration de peu d'importance.— 2e, 18 août 1843 (Tirel), vii, 476.

4.— L'héritier bénéficiaire qui a fait vendre les meubles de la succession par le ministère d'un notaire n'est pas déchu du bénéfice de sa qualité par cela seul qu'il ne justifie pas d'un procès-verbal d'apposition d'affiches (art. 619 du Code de procédure civile), s'il résulte des circonstances que la vente a eu une publicité suffisante, et qu'on ne peut imputer à l'héritier bénéficiaire ni dol, ni fraude.—1re, 8 juill. 1844 (Héritiers

Champin), viii, 354.—C., ch. req., rej., 6 janv. 1845 (Héritiers Champin), ix, 236.

5. —La vente faite par l'héritier bénéficiaire, sans formalités de justice, d'une rente sur l'État ne le fait pas déchoir du bénéfice d'inventaire si elle a lieu sans fraude, au cours du jour, et pour payer des créanciers de la succession.— 1re, 13 juin 1842 (Fouques), vi, 359.

6.—La vente par un héritier bénéficiaire de quelques effets mobiliers dépendant de la succession, sans l'accomplissement des formalités judiciaires prescrites par la loi, n'entraîne pas nécessairement la déchéance du bénéfice d'inventaire.— Il en est ainsi lorsque l'héritier bénéficiaire avait été nommé administrateur par jugement, et que la vente faite sans fraude a été avantageuse pour la succession.— 2e, 11 mai 1848 (Fortin), xii, 494.

7.—L'héritier bénéficiaire qui transporte à l'un de ses cohéritiers sa part indivise dans une créance due à la succession ne se rend pas par cela seul héritier pur et simple.—1re, 13 juin 1842 (Fouques), vi, 359.

8.—L'héritier bénéficiaire qui paie un créancier apparent ne devient pas héritier pur et simple, lors même qu'il viendrait à être démontré que réellement il n'y avait pas de créance. — Id..

9.— La réunion de plusieurs successions dévolues aux mêmes héritiers à l'effet de composer une seule masse à partager n'entraîne point déchéance de l'acceptation bénéficiaire pour la convertir en acceptation pure et simple.—2e, 6 nov. 1846 (Vérel), x, 641.

10.—Les mineurs sont de plein droit héritiers bénéficiaires, lors même qu'il n'a pas été fait d'inventaire et qu'il n'a été passé en leur nom aucune acceptation sous bénéfice d'inventaire, et ils ne peuvent, par leur fait, devenir héritiers purs et simples. — 2e, 13 mars 1852 (Onfroy), xvi, 109.

11.—... Par suite, les créances qu'un mineur, comme donataire des droits et reprises de son aïeule, portait sur la succession de son grand père dont il était héritier bénéficiaire ne sont point éteints par confusion, et l'aïeule donatrice a le droit de les reprendre à titre de retour légal.—1re, 23 fév. 1843 (Chéradame), vii, 75.

12.—Lorsqu'il existe des dettes hypothécaires sur les immeubles que des héritiers bénéficiaires demandent l'autorisation de vendre, les tribunaux ne peuvent autoriser la vente des arbres existant sur ces immeubles séparément du fonds.—2e, 11 nov. 1847 (Lefranc), xii, 527.

13.—L'action intentée contre une succession bénéficiaire pour une créance, dont l'héritier bénéficiaire est vendeur en tout ou en partie doit être dirigée contre un curateur à la succession bénéficiaire. — La condamnation obtenue contre l'héritier bénéficiaire est nulle pour le tout, et non pas seulement pour la part de la créance par lui cédée.—Peu importe que l'héritier cédant eût été poursuivi, non-seulement dans son intérêt personnel, mais encore comme tuteur de ses frères mineurs également héritiers bénéficiaires.—Les tiers auxquels on oppose une semblable décision peu-

vent toujours l'attaquer par voie de tierce opposition, lors même qu'il se serait écoulé plus de dix ans depuis la date du jugement.—1re, 9 mai 1843 (Lerendu), vii, 269,

14.—Les héritiers bénéficiaires ne sont point tenus d'appeler les créanciers à la distribution des deniers de la succession. —4e, 20 fév. 1843 (Desvaux), vii, 154.— V. suprà, vo Succession, no 3.

15.—Les sommes employées pour la tenue de la maison d'un défunt pendant la durée de l'inventaire et des opérations préliminaires à la liquidation doivent être considérées comme faites dans l'intérêt commun, et être supportées par la succession.—2e, 7 août 1845 (Veuve Lucas-Desaulnais), ix, 667.

16.—Bien que l'héritier bénéficiaire, ou le tuteur, ait succombé dans les contestations qu'il a élevées, il ne peut être personnellement passible des frais du procès, s'il n'a point agi de mauvaise foi.—2e, 23 nov. 1842 (Veuve Mioque), vi, 655.

17.—Lorsque le cahier des charges de la vente d'immeubles dépendant d'une succession bénéficiaire fait connaître les causes d'éviction résultant de ce que le prix d'acquisition n'a pas été payé, la succession bénéficiaire ne peut être condamnée à des dommages-intérêts, et doit seulement rembourser à l'adjudicataire dépossédé les frais et loyaux coûts de l'adjudication.—1re, 24 août 1847 (Hamon), xi, 528.

SUCCESSION COLLATÉRALE. —V. Mutation par décès.—Renonciation à succession.

SUCCESSION FUTURE. V. Double écrit.—Testament (en gén.).

1.—On ne peut considérer comme pacte sur une succession future l'acte par lequel une personne dispose sous une forme quelconque, et à quelques conditions que ce soit, de tous ses biens présents et même à venir en faveur d'une personne qui déclare accepter la disposition.—1re, 10 juin 1847 (Roulland), xi, 263.

2.—Il n'y a point pacte sur succession future dans la déclaration passée par un frère que le trousseau de sa sœur, estimé à une somme de.... dans le contrat de mariage de celle ci, ne vaut en réalité qu'une somme bien inférieure dont il détermine le chiffre; en conséquence, il ne peut, lorsque la succession du père commun vient à s'ouvrir, exiger de sa sœur le rapport d'une valeur supérieure à celle qu'il a lui même fixée. —1re, 4 août 1845 (Hervieu-Duclos), ix, 596.

SUCCESSION IRRÉGULIÈRE.

Les père et mère d'un enfant naturel n'ont aucun droit à la succession des enfants légitimes de ce dernier. — 1re, 9 juin 1847 (Lebailly-Meslier), xi, 209. — C., ch. req., rej., 5 mars 1849 (Lebailly-Meslier), xiii, 210.

SUCCESSION VACANTE. — V. Absent.

SUGGESTION et CAPTATION.
—V. Testament (en gén.).

SUPPRESSION DE MÉMOIRE.
—V. Diffamation.

SURCHARGE.—V. Acte sous seing privé.

SURENCHÈRE.—V. Enchère (entrave aux).— Faillite. — Femme normande.—Folle enchère.—Hypothèque (en général). — Saisie immobilière. — Vente.

Indication alphabétique.

1.—La surenchère est admissible après adjudication sur folle enchère. — 2e, 28 août 1852 (Luard), xvi, 300.

2.—Contrà... Lors même qu'aucune surenchère n'a été portée sur la première adjudication.—Trib. civ. de Caen, 23 mars 1849 (Hamel), xiii, 231.—V. su-

prà, v° *Saisie immobilière*, n° 64.

3.—La bannie d'un capital pour le service d'une rente viagère n'est pas susceptible de surenchère.—Trib. civ. de Caen, 1re ch., 6 janv. 1845 (Leboucher), IX, 19

4.—La surenchère du dixième ne peut être portée avant la notification du contrat par le tiers acquéreur. —Trib. civ. de Caen, 2e, 3 juin 1853 (James), XVII, 199.

5. — La disposition de l'art. 711 du Code de procédure portant prohibition de surenchère de la part de personnes notoirement insolvables n'est pas applicable à la surenchère sur aliénation volontaire, cette surenchère devant, aux termes des art. 2185 du Code Napoléon et 832 du Code de procédure, être toujours accompagnée d'une caution.—1re, 26 mai 1852 (de Caumont La Force), XVI, 193.

6.—Pour avoir le droit de porter une surenchère, il ne suffit pas d'avoir une inscription sur l'immeuble, il faut que cette inscription soit valable, et le tiers acquéreur n'est point déchu du droit de demander la nullité de cette inscription par cela seul qu'il a notifié son contrat au créancier dont il entend maintenant contester le droit. — 2e, 29 fév. 1844 (Mesnil), VIII, 92.

7.—Pour surenchérir, une femme mariée doit avoir une autorisation spéciale de son mari. — Le pouvoir donné à la femme de faire en son nom des acquisitions d'immeubles, licitations et enchères, ne peut tenir lieu de l'autorisation spéciale exigée par la loi.—4e, 9 janv. 1849 (Etienne), XIII, 37.

8.—Lorsque le mari et la femme ont figuré conjointement dans une licitation de biens appartenant à cette dernière le concours du mari peut bien habiliter la femme à se rendre adjudicataire sur la licitation, mais ne lui donne pas le droit de porter, sans une nouvelle autorisation, une surenchère sur les immeubles licités. —*Id.*.

9.—La nullité résultant de ce que la femme a porté une surenchère sans autorisation spéciale de son mari est une nullité toute relative qui ne peut être invoquée que par la femme et le mari ou leurs héritiers.—*Id.*.

10.—... Cette nullité serait d'ailleurs couverte par la ratification donnée par le mari, même après l'expiration des délais dans lesquels la surenchère devait être formée. Cette ratification efface complètement le vice relatif résultant du défaut d'autorisation.— *Id.*.

11.—La surenchère doit être signifiée, à peine de nullité, au domicile de l'avoué constitué dans la notification faite aux créanciers inscrits. —Elle ne peut l'être valablement au domicile réel. —Trib. civil de Caen, 1re ch., 30 déc. 1844 (James), VIII, 587.

12.—L'huissier qui doit faire les notifications et réquisitions prescrites par les art. 2183 et 2185 du Code Napoléon doit être commis par le président du tribunal de première instance de l'arrondissement où elles ont lieu, et ce à peine de nullité de la surenchère. Cette nullité n'est pas couverte par la comparution sur la signification irrégulièrement adressée, si la nullité a été cotée dans la constitution d'avoué.—1re, 26 mai 1852 (de Caumont La Force), XVI, 193.

13.—La nullité de la signification de l'acte de surenchère faite au vendeur est proposable par l'acquéreur.—*Id.*.

14.— L'adjudicataire n'a pas qualité

pour se prévaloir de la nullité d'une surenchère portée par un juge du tribunal où la vente a eu lieu. — 1re, 4 janv. 1848 (Pannier), xii, 46.

15. — Lorsqu'une vente par adjudication est faite en l'étude d'un notaire commis à cet effet par un jugement, l'art. 709 du Code de procédure civile relatif au délai de la notification de la surenchère à l'adjudicataire n'est pas applicable, et la surenchère dénoncée après l'expiration du délai de trois jours imparti par cet article n'est pas nulle. — Trib. civil de Caen, 17 janv. 1850 (Lemoisson), xiv, 118.

16. — Le délai de trois jours, imparti par l'art. 709 de la loi du 2 juin 1841 pour faire la dénonciation de la surenchère, commence à courir du jour même de la surenchère, et non pas seulement à partir de l'expiration de la huitaine accordée par l'art. 708 de la même loi pour surenchérir. — 4e, 12 janv. 1842 (Lemoine), vi, 9.

17. — Lorsque le jour fatal pour faire la dénonciation de la surenchère est un jour férié, il n'y a pas lieu de proroger le délai au lendemain. — Id..

18. — En cas de surenchère sur une vente d'immeubles saisis, la nouvelle adjudication doit avoir lieu à la première audience après l'expiration de la quinzaine qui suit la dénonciation de la surenchère. Elle ne peut avoir lieu à un jour ultérieur fixé par le tribunal lors de cette première audience. — 2e, 9 juin 1843 (Ozenne), vii, 278.

19. — En cas d'aliénation volontaire d'un immeuble grevé d'hypothèques, le créancier surenchérisseur doit accepter l'acte d'aliénation tel qu'il est comme cahier de charges, il n'en peut faire supprimer ou modifier aucune clause. — 2e, 7 mai 1847 (Massy), xi, 254.

20. — Lorsque la notification du prix d'une adjudication, ainsi que de la surenchère qui est intervenue, a été faite aux créanciers inscrits, il n'est plus possible, sous quelque prétexte que ce soit, de rien changer à ce prix arrière desdits créanciers; c'est lui qui doit servir de base à la vente définitive. — 4e, 27 juin 1842 (Jardin), vi, 407. — V. suprà, v° Saisie immobilière.

21. — Le même cautionnement peut être affecté à plusieurs surenchères portant sur le même immeuble, l'une d'elles seulement devant en définitive tenir état. — 1re, 26 mai 1852 (de Caumont La Force), xvi, 193.

22. — Le surenchérisseur qui a présenté une caution insuffisante est recevable à la compléter jusqu'au jugement qui statue sur la réception de cette caution, et, en cas d'appel, jusqu'au moment où l'arrêt intervient. — Id..

23. — L'élection de domicile par la caution dans le ressort de la cour impériale où elle doit être donnée équivaut à un domicile réel. — Id..

24. — Les exceptions ou déchéances encourues par le créancier surenchérisseur sont opposables à tous les autres créanciers qui n'interviennent pas dans l'instance et sont par suite réputés s'en rapporter au surenchérisseur pour la direction de la procédure. — 2e, 28 août 1847 (Lemazurier), xvi, 127.

25. — Lorsque, par suite de surenchères, plusieurs adjudications successives ont été faites, l'adjudicataire qui en définitive demeure propriétaire de

l'immeuble doit rembourser, en sus de son prix, tous les frais des diverses surenchères ainsi que les loyaux coûts, de telle sorte que l'adjudicataire évincé se trouve complétement indemne. — 4e, 24 nov. 1845 (Vauquelin), x, 14. — V., *suprà*, v° *Saisie immobilière*.

26. — L'appel du jugement qui a déclaré nulle une surenchère doit, à peine de nullité, être porté au domicile de l'avoué constitué en première instance, notifié en même temps au greffier du tribunal civil, et visé par lui. L'appel n'est valablement porté au domicile de la partie que lorsqu'il n'y a pas d'avoué en cause. — 4e, 15 déc. 1847 (Creveuil), xı, 650.

27. — Un jugement qui, en prononçant défaut contre le défendeur, faute de constitution d'avoué, valide une surenchère portée sur aliénation volontaire, n'est pas nul par cela seul qu'il a été rendu un jour qui n'était pas affecté par le tribunal à l'appel de ces sortes d'affaires, si c'était précisément ce jour là qu'expirait le délai de la comparution. — 4e, 10 fév. 1847 (Bodé), xı, 94.

28. — L'acquéreur contre lequel un jugement par défaut faute de constitution d'avoué a validé une surenchère ne peut porter contre ce jugement un appel efficace, puisqu'il n'est pas recevable à présenter devant la Cour d'autres moyens que ceux qu'il a fait valoir devant le premier juge — *Id*..

29. — ... Il en est de même de l'acquéreur surenchéri qui, lors du jugement de première instance validant la surenchère, a déclaré s'en rapporter à justice. — 4e, 3 déc. 1851 (Denis-Lachapelle), xvı, 82.

30. — Le moyen déduit du défaut de transfert des rentes déposées à la Caisse des consignations est un moyen nouveau qui ne peut être proposé pour la première fois en appel, bien que, en première instance, on ait demandé la nullité de la surenchère pour insuffisance de cautionnement. — 1re, 26 mai 1852 (de Caumont La Force), xvı, 193.

31. — ...: Il en est de même du moyen déduit de l'irrégularité de la consignation. — *Id*..

32. — *Id*... Du moyen tiré de ce que les récépissés n'ont pas été déposés au greffe. — *Id*..

33. — En admettant que l'art. 7 de la loi du 2 juin 1841, sur les ventes judiciaires de biens immeubles, ait réduit de deux jours à un jour l'augmentation du délai à raison des distances en matière de surenchère, ce serait là un moyen nouveau non proposable pour la première fois en appel, bien que, devant les premiers juges, la nullité de la surenchère ait été demandée pour cause de tardiveté. — *Id*..

34. — Lorsqu'une partie intervient dans une instance en surenchère pour faire insérer dans le cahier des charges une clause portant que l'adjudicataire sera tenu de payer entre ses mains les frais et loyaux coûts du contrat de vente surenchéri dont elle a fait l'avance, le jugement qui intervient statue sur un incident de l'instance en surenchère; il ne peut, par suite, être choqué d'appel que dans les dix jours de sa signification, et l'exploit d'appel doit être signifié au domicile de l'avoué. — Il en est ainsi surtout lorsqu'aucune disjonction n'a été demandée, et que la cause a été enga-

gée, poursuivie et jugée comme un véritable incident de la surenchère. — 4°, 17 juillet 1849 (Syndic Jeanne), XIII, 290.

SURSIS. — *V. Action civile. — Compensation.— Compétence civile.— ... commerciale.— Délai. — Demande nouvelle. — Exécution provisoire — Faillite.— Mise en cause. — Saisie immobilière. — Surenchère. — Vente publique de meubles.— etc..*

SURVIE. — *V. Action. — Don mobil. — Donation entre époux. — Douaire.*

SURVENANCE D'ENFANT. — *V. Donation (entre vifs). — ... entre époux. — Partage d'ascendant. — Ratification. — Testament (en général).*

SYNDIC. — *V. Demande nouvelle. — Faillite. — Intervention. — Subrogation. — Transaction.*

T

TACITE RÉCONDUCTION — *V. Bail (en général).*

TAILLIS — V. *Servitudes.*

TARIF. — *V. Avocat.— Avoué. — Dépens.— Taxe en matière civile.*

TAXE EN MATIÈRE CIVILE. —*V. Avocat.—Avoué.—Dépens.*

Indication alphabétique.

1. — Les avoués ne peuvent, en matière sommaire, réclamer aucun émolument pour correspondance et port de pièces ; ils ne peuvent demander que leurs débours effectifs. — C., cass., 19 janv. 1842 (Rachinel), VI, 350.

2. — En matière sommaire, il doit être alloué à l'avoué qui lève un jugement contradictoire et le signifie à avoué, indépendamment du droit accordé par l'art. 67 du tarif pour le dressé des qualités et la signification du jugement, un droit particulier pour les copies à signifier des copies de ce jugement, selon la règle prescrite, en matière ordinaire, par les art. 88 et 89 du tarif. — C , cass., 1er mars 1841 (Deschamps), V, 83. —C., cass., 19 janv. 1842 (Rachinel), VI, 350.

3. — Le droit accordé à l'avoué par l'art. 91 du tarif pour *donner et prendre communication des pièces* n'est point double, c'est-à-dire que, pour *donner* et *prendre* communication, il ne doit être alloué qu'un seul droit à chaque avoué.— 4e, 24 avril 1844 (Chédot), VIII, 658.

4. — L'art. 86 du tarif n'est point applicable lorsque nul avocat ne s'est présenté, qu'il n'y a point eu plaidoirie, et que l'on s'en est simplement rapporté à justice ; il n'est alors dû qu'un simple droit d'assistance.— *Id..*

5. — Le droit fixe de 25 fr. accordé par l'art. 10 du tarif du 10 octobre 1841 est dû à chacun des avoués colicitants. — Trib. civ. de Caen, 1re ch., 5 déc. 1842 (Foucher), VI, 555.

6.—... Le droit de vacation à l'adjudication, fixé par l'art 11 du même tarif à 13 fr. 50 c. par lot, n'est pas dû à chaque avoué colicitant.— *Id.*.

7.—Le droit de 10 centimes par article n'est pas dû aux avoués pour écriture des mémoires de frais en matière de ventes judiciaires.— *Id.*.

8.—Lorsque nul avocat ne s'est présenté, qu'il n'y a point eu de plaidoirie, et que l'on s'en est simplement rapporté à justice, il n'est dû aucun droit à l'huissier de service.— 4e, 24 avril 1844 (Chédot), VIII, 658.

9. — Les frais d'expertise taxés et liquidés par le jugement dont est appel sont réputés l'avoir été régulièrement ; la réduction doit être poursuivie par voie d'opposition, et la Cour n'a pas à statuer à cet égard.— 4e, 22 mai 1849 (Pauwels), XIII, 395.

TÉMOINS EN MATIÈRE CIVILE.—*V. Diffamation.—Enquête.— Faux témoignage.—Injures. — Preuve testimoniale.*

Indication alphabétique.

1. — Lorsqu'un reproche proposé contre un témoin par l'une des parties est basé sur une des causes énumérées dans l'art. 283 du Code de procédure, il y a obligation pour les juges, si le reproche est justifié, d'écarter la déposition du témoin.— Il ne leur est pas permis d'admettre ou de rejeter le reproche suivant les circonstances. — 4e, 28 avril 1845 (Lemercier), IX, 383. — 2e, 7 nov. 1846 (Desbleds), X, 548.—Aud. sol., 11 mars 1847 (Deschandeliers), XI, 129.— 2e, 9 mars 1848 (Brion), XII, 34. — 1re, 9 fév. 1851 (Suriray), XV, 30.

2. — Lorsque le reproche élevé contre un témoin ne repose pas sur un texte de loi qui interdise son audition, il appartient aux tribunaux d'apprécier les circonstances de nature à faire suspecter le désintéressement de son témoignage et douter de sa sincérité ; par suite, ils peuvent ordonner que la déposition ne sera lue que sauf à y avoir tel égard que de raison. — 1re, 21 août 1844 (Lecoq), VIII, 612.

3.—L'art. 283 du Code de procédure, relatif aux reproches qui peuvent être proposés contre les témoins, est limitatif. — 2e, 1er août 1849 (Goupil), XIII, 417.

3 *bis.*— *Id*... *Spécialement*, un témoin condamné en police correctionnelle pour un fait établissant son improbité, ne peut être reproché si la condamnation n'a pas eu lieu pour cause de vol. Sa déposition doit être maintenue, sauf aux juges à y avoir tel égard que de raison.— 2e, 28 juin 1848 (Vaussy), XII, 504.

4.—Lorsque des reproches proposés devant le juge-commissaire n'ont pas été reproduits dans les conclusions de la partie et que le tribunal a statué au fond, ces reproches ne peuvent plus être présentés sur l'appel du jugement intervenu.—1re, 21 août 1844 (Lecoq), VIII, 642.

5. — La qualité d'avocat de la partie qui invoque le témoignage n'est point une cause suffisante de reproche, seulement la justice doit avoir à cette déposition tel égard que de raison. — 1re, 8 août 1844 (Commune de Bricqueville), VIII, 487.

6. — Il suffit qu'un témoin soit reprochable à cause de sa parenté avec l'une des parties pour qu'aucune autre partie procédant sur l'instance ne puisse le faire entendre, si le reproche est coté. — Aud. sol., 11 mars 1847 (Deschandeliers), XI, 129.

7. — Un maire n'est que mandataire dans les procès qui intéressent sa commune, il ne peut être considéré comme partie; par suite, ses parents ou alliés ne sont pas reprochables comme témoins. — 2e, 7 nov. 1846 (Desbleds), X, 548.

8. — La qualité de conseiller municipal d'une commune et le fait d'avoir émis un avis en conseil sur l'objet en litige ne sont point une cause suffisante de reproche, seulement les tribunaux doivent avoir à cette déposition tel égard que de raison.— 1re, 8 août 1844 (Commune de Bricqueville), VIII, 487.

9. — Le secrétaire de la mairie ne saurait être considéré comme serviteur ou domestique de la commune; sa déposition ne doit pas être écartée, sauf à n'y avoir que tel égard que de raison.— 2e, 7 nov. 1846 (Desbleds), X, 548.

10. — Un instituteur qui ne reçoit aucun traitement de la commune où il habite ne peut être reproché dans une affaire qui intéresse cette commune.— 1re, 8 août 1844 (Commune de Bricqueville), VIII, 487.

11. — Les témoins tels que les sous-officiers de gendarmerie et les juges de paix, qui, dans l'exercice de leurs fonctions, ont dressé des procès-verbaux sur des faits relatifs au procès, ne sont point assimilés aux témoins qui ont donné des certificats; ils ne peuvent donc être récusés. Il en est autrement d'un médecin dont la déposition tombe sous l'application de l'art. 283 du Code de procédure. — 2e, 1er août 1849 (Goupil), XIII, 417.

12. — Le fait, de la part d'un notaire, d'avoir reçu un acte attaqué par la voie de faux ne met point obstacle à ce que ce notaire puisse déposer comme témoin dans l'instance. — 1re, 8 août 1844 (Commune de Bricqueville), VIII, 487.

13. — Le témoin chargé de la surveillance des propriétés d'une des parties, et qui reçoit d'elle un traitement annuel, doit être assimilé à un domestique à gages, et est par suite valablement reproché. — 2e, 1er août 1849 (Goupil), XIII, 417.

14. — Le témoin qui a bu et mangé avec la partie, mais qui a payé sa dépense personnelle, ne peut être reproché pour cette cause. — 4e, 6 mars 1844 (Cressin), VIII, 203.

15. — N'est pas admissible le reproche dirigé contre une déposition et fondé sur ce que la partie a été en procès avec le témoin, quand cette contestation a reçu, antérieurement à l'instance, une solution définitive. — 1re, 9 fév. 1851 (Suriray), XV, 30.

TÉMOINS EN MATIÈRE CRIMINELLE. — V. Cour d'assises. — Faux témoignage. — Tribunal correctionnel.

TÉMOINS INSTRUMENTAIRES. — V. Notaire.

TENTATIVE.—*V. Vol.*

TERME.—*V. Déconfiture. — Vente publique de meubles.*

1. — L'art. 1188 du Code Napoléon, qui déclare déchu du bénéfice du terme le débiteur qui a fait *faillite*, s'applique également au cas de déconfiture.—4ᵉ, 23 mai 1842 (Bazin), vi, 267.

2.—Le créancier à terme peut requérir contre son débiteur la déchéance du terme, lorsqu'une partie quelconque des biens qui lui étaient hypothéqués a été vendue, et ce encore bien que l'acquéreur n'ait pas purgé.— 2ᵉ, 20 février 1852 (Leffollet), xvii, 109.

TERRES VAINES ET VAGUES. —*V. Commune.—Domaine engagé. — Servitudes.—Usage (droits d').*

TESTAMENT (ᴇɴ ɢᴇ́ɴᴇ́ʀᴀʟ).— *V. Aveu. — Bureau de bienfaisance. — Chose jugée — Demande nouvelle.— Donation (entre vifs).—Émancipation. —Exécuteur testamentaire.— Femme normande.—Institution contractuelle. —Legs (en gén.).—... à titre universel.—... particulier.—... universel. — Partage.—... d'ascendant.—Prescription.— Quotité disponible.—Rapport à succession.—Scellés.— Substitutions.—Tuteur.*

Indication alphabétique.

1.—Pour pouvoir tester, il faut être sain d'esprit. Le simple affaiblissement de l'intelligence ne suffit pas pour invalider un testament. — 2ᵉ, 24 mai 1850 (Veuve Létot), xiv, 426.

2.—La suggestion et la captation ne sont pas une cause de nullité, si elle n'ont pas un caractère de dol ou de fraude qui ait pour résultat de tromper la volonté du testateur.—*Id..*

3. — Lorsque, dans l'ignorance d'un testament contenant une clause pénale, l'héritier légitime a attaqué des testaments antérieurs, il n'a encouru aucune peine par le seul fait de son action, s'il y a complètement renoncé depuis la production du dernier testament.—1ʳᵉ, 23 mai 1843 (Veuve Hervieu de Villard), vii, 358.

3 *bis*.—... L'héritier légitime n'encourt pas davantage l'application des clauses pénales contenues dans un testament, en attaquant les dispositions testamentaires de son auteur qui contiennent des clauses contraires à la loi, et spécialement des substitutions prohibées.—*Id..*

4.—Est nulle, à la fois comme legs de la chose d'autrui et comme stipulation sur une succession future, la clause d'un testament par laquelle un mari, en léguant tous ses biens à sa femme,

27

stipule que , à la mort de celle-ci , tous les biens qu'elle laissera seront partagés par moitié entre ses héritiers personnels et ceux du testateur. — Toutefois, cette clause n'entraîne pas la nullité du testament ; elle doit seulement être réputée non écrite, lors même que la femme aurait, le même jour, fait au profit de son mari un testament contenant des conditions corrélatives et réciproques pour le cas où il survivrait.— Aud. sol., 12 janv. 1843 (Héritiers Sebire), vii, 33.

5. Le testateur peut apposer à sa libéralité, lors même qu'il dispose d'immeubles (en tant bien entendu que ces immeubles sont disponibles, c'est-à-dire non soumis à un droit de réserve); la condition qu'ils seront insaisissables; et cette insaisissabilité est opposable d'une manière absolue aux créanciers du légataire antérieurs à l'ouverture du legs. — 1re, 17 fév. 1851 (Lelouzé), xv, 59.—V.suprà, vo Donation (entre vifs), n° 24.

5 bis.—... Un testateur ne peut par une clause expresse rendre dotaux et inaliénables les biens qu'il lègue à une femme mariée sous le régime de la communauté et qui peut aliéner ses immeubles présents et à venir avec la seule autorisation de son mari.—4e, 18 déc. 1849 (Leguet), xiii, 500. — V. Femme normande, nos 25 et s..

6.—Un testament peut s'interpréter par des circonstances en dehors de l'acte, mais qui manifestent l'intention du testateur.—2e, 13 nov. 1847 (Baron de Béville), xi, 627.

7.—... On ne peut admettre la preuve testimoniale en matière de testament pour savoir si l'intention du testateur a été de faire une disposition pure et simple, ou une disposition conditionnelle, surtout lorsqu'il n'existe dans le testament aucun germe, aucune vraisemblance de la condition. — 4e, 8 déc. 1840 (Quesnel), v, 11.—V. infrà, n° 12.

8.—... On ne doit, pour interpréter un testament, recourir aux testaments antérieurs, qu'autant que ce testament ne renferme pas en lui-même des éléments suffisants d'interprétation.—1re, 31 juill. 1850 (Veuve Villeroy), xiv, 458.

8 bis.—... En cas de doute sur l'interprétation d'un testament, ce doute doit s'interpréter en faveur des héritiers naturels.—Id..

9.—Il appartient aux tribunaux de déterminer, d'après les circonstances et les diverses énonciations d'un testament, quelle extension doit recevoir le mot meuble employé par un testateur. — Par application de cette règle, il a été décidé que le legs fait par un oncle à ses neveux de tous ses meubles, partout où il s'en trouvera après sa mort, embrasse la généralité de tous les biens meubles.—2e, 16 avril 1842 (Suriray), vi, 503.

10.—Des présomptions ne peuvent suffire pour établir l'existence d'un testament révocatoire d'un testament antérieur.— 2e, 3 juin 1847 (Poullain-Lacroix), xi, 455.

11. — Bien qu'un testateur n'ait pas formellement déclaré dans son dernier testament qu'il révoquait ceux qu'il avait faits antérieurement, cette révocation peut résulter des circonstances qui ont accompagné la confection du testament, des dispositions qui y sont comprises, et notamment du legs de la quotité disponible tout entière, quotité dont il avait déjà disposé en partie dans les précédents

testaments.—2ᵉ, 25 janv. 1850 (Duhamel), xiv, 158.

12.—Il n'est pas permis aux juges de rechercher en dehors des termes d'un testament, et surtout dans la preuve testimoniale, les conditions apposées par le testateur à ses dispositions ; la preuve du changement de volonté ne peut résulter que d'un testament postérieur ou d'un acte authentique. —1ʳᵉ, 5 mars 1851 (Villey), xv, 95.—V. *suprà*, nᵒˢ 6, 7.

13.— On ne peut supposer qu'un testament est dû à l'erreur où se trouvait le testateur sur la possibilité d'avoir des enfants, puisque ce serait, en fait, admettre la naissance d'un enfant comme cause de révocation.—*Id*.—*V. infrà*, nᵒ 22.

13 *bis*. — La révocation pure et simple d'un second testament qui lui-même en avait révoqué un premier ne fait pas revivre le premier testament, lorsque le testateur n'a en aucune manière manifesté dans l'acte révocatoire son intention à cet égard. — Dans tous les cas, l'arrêt qui le décide ainsi ne peut tomber sous la censure de la Cour de cassation.—2ᵉ, 24 avril 1841 (Fournerie), v, 274.—C., ch, req., rej., 27 fév. 1843 (Fournerie), vii, 237.

14.—Le testament contenant legs à titre universel au profit d'un individu n'est pas réputé révoquer un legs à titre universel fait au même individu par un testament précédent.—2ʳ, 25 août 1842 (Cardon), vi, 576.

15 —Lorsqu'un testament, par lequel le testateur faisait le partage entre ses héritiers de tous ses biens meubles et immeubles, a été révoqué par un second testament qui ne règle que le partage des immeubles, le mobilier appartient à la succession *ab intestat* et doit être partagé d'après les dispositions de la loi.— 2ᵉ, 2 déc. 1847 (Soynard), xi, 542.

16. — La clause d'un contrat de mariage, par laquelle les époux se donnent mutuellement, en cas de survie, tous leurs biens meubles et immeubles ne révoque pas tacitement et de plein droit les testaments antérieurement faits par les époux à des tiers.— La révocation n'est que conditionnelle ; elle est subordonnée à la survie ou au prédécès du testateur.—2ᵉ, 25 nov. 1847 (Etasse), xi, 625.

17-18. — L'acte de vente nul, pour vice de forme, a néanmoins pour effet de révoquer tacitement un testament antérieur, lors même que la vente de la chose léguée est faite au profit du légataire.— 2ᵉ, 5 janv. 1844 (Manchon-Desrivières), viii, 3. — C , ch. req., rej., 16 avril 1845 (Manchon-Desrivières), ix, 104. — V. encore, en ce qui touche la révocation, *infrà*, vᵒ *Testament olographe*, nᵒˢ 15 à 17.

19.—La soustraction par les légataires de titres que le testateur aurait eu intérêt à faire disparaître ne constitue pas une injure grave envers celui-ci en ce sens qu'elle fait planer sur lui de fâcheux soupçons.—2ᵉ, 3 juin 1847 (Poullain-Lacroix), xi, 455.

20.—L'exécution volontaire d'un testament ne peut résulter du long silence de la partie à laquelle on l'oppose, tant qu'elle est encore dans les délais pour agir.—On ne peut se faire un moyen de son inaction.—1ʳᵉ, 15 fév. 1842 (Barberel), vi, 102.

21.—Un héritier naturel, auquel on a signifié un testament émané de son auteur, n'est plus recevable à attaquer ce testament, lorsqu'il l'a laissé exécuter et qu'il) a exercé de son chef des poursuites contre la succession.—2ᵉ, 1ᵉʳ mars 1849 (Veuve Leseigneur), xɪɪɪ, 366.

22.—L'exécution sans réserves d'un dernier testament, par celui-là même qui était détenteur des testaments antérieurs faits en sa faveur, prouve qu'il considérait le dernier testament comme *révoquant* les précédents.—2ᵉ, 25 janv. 1850 (Duhamel), xɪv, 158.

23.—Les parents d'un testateur trouvent dans leur parenté une qualité suffisante pour poursuivre en justice l'exécution des conditions imposées par le défunt aux legs par lui faits. — *Spécialement*, ils ont qualité pour exiger des légataires qu'ils fassent dire les messes indiquées dans le testament comme condition de la libéralité. -2ᵉ, 12 mars 1841 (Veuve Cord'homme), v, 205.—V. *suprà*, vᵒ *Legs (en gén.)*, nᵒ 21.

TESTAMENT AUTHENTIQUE.

—*V. Notaire.*—*Testament(en général)*.

1. — Le défaut d'énonciation ou la fausse énonciation du lieu ou de la demeure où un testament authentique a été passé rendent cet acte nul.—1ʳᵉ, 19 mars 1850 (Collat), xɪv, 262.

2.—... *Spécialement*, est radicalement nul un testament authentique portant mention qu'il a été passé dans un lieu, tandis qu'il a été passé dans un autre; il en est ainsi, qu'il y ait eu *fraude* ou seulement *erreur* dans l'énonciation.—*Id.*.

3.—Le notaire lui-même doit rédiger et écrire la partie d'un testament authentique qui contient la mention de l'accomplissement des formalités prescrites par la loi.—1ʳᵉ, 15 fév. 1842 (Barberel), vɪ, 102.

4 — .. *Spécialement*, un testament authentique est nul, si les noms, prénoms et demeures des témoins instrumentaires n'ont pas été écrits par le notaire lui-même.—*Id.*.

5.—L'exécution volontaire d'un testament authentique ne peut fournir une fin de non-recevoir contre la demande en nullité de ce testament pour un vice qui ne pouvait être constaté que sur le vu de la minute, si la partie demanderesse en nullité n'a pas eu connaissance de ce vice avant l'exécution.—*Id.*.

TESTAMENT OLOGRAPHE.—

V. Testament (en gén.).

Indication alphabétique.

1.—On peut difficilement trouver dans une lettre missive les caractères d'un testament; ce n'est le plus souvent qu'un projet de testament.—1ʳᵉ, 9 fév. 1842 (Mulois), vɪ, 510.

2.—Le testament olographe vérifié, ou reconnu comme écrit, daté et signé de la main du testateur fait foi de sa date et de son contenu.—2ᵉ, 25 juill. 1832 (de Virandeville), xɪɪ, 545.— 1ʳᵉ, 14 juill. 1852 (Coypel), xvɪ, 289.

3.—La date d'un testament olographe peut aussi bien être mise en tête de l'acte qu'à la fin.—Placée en tête, elle s'applique aux diverses dispositions du testament, bien que ces dispositions soient séparées par la signature du testateur. —2e, 10 mars 1843 (Hébert), vii, 602.

4. — Un testateur peut valablement faire, à des époques successives, divers exemplaires ou copies du même testament en y mettant la même date, sans que cette date puisse être arguée de faux. —1re, 14 juill. 1852 (Coypel), xvi, 289.

5.—Si la preuve de la fausseté de la date peut se faire par simples présomptions, il faut que ces présomptions soient de nature à entraîner la conviction sur l'antidate qui aurait été donnée au testament pour échapper à l'incapacité dont aurait été frappé le testateur à l'époque réelle de sa confection.—Ainsi, bien que le testateur soit décédé en état de démence, son testament est valable si, par sa date, il remonte à une époque antérieure à la démence.—2e, 25 juill. 1832 (de Virandeville), xii, 545.

6.—L'erreur de date n'entraîne pas la nullité d'un testament olographe, lorsqu'elle peut être rectifiée par l'état matériel de l'acte, spécialement au moyen du papier timbré sur lequel le testament est écrit. Il n'est pas indispensable que la rectification procède des énonciations écrites du testament. — Trib. civ. de Caen, 29 déc. 1849 (Etienne), xiv, 130.

7.—Si la date erronée d'un testament olographe ne peut être rectifiée qu'à l'aide d'éléments puisés dans le testament, il n'en est pas de même quand cette date est régulière et complète, et que l'exactitude n'en est contestée que parce qu'elle serait contradictoire avec certaines énonciations du testament rapprochées de circonstances prises en dehors de ce testament. En pareil cas, il est permis aux juges d'apprécier ces circonstances extrinsèques, pour statuer sur l'existence de la prétendue contradiction et se prononcer sur la sincérité de la date.—Ainsi, lorsqu'un testament dont la date est régulière contient un legs au profit de personnes que le testateur désigne, l'une comme sa domestique, l'autre comme mariée, bien que, à la date exprimée au testament, la première ne fût pas encore à son service et que la seconde ne fût pas encore mariée, le juge peut conclure la sincérité de la date de ce que la première légataire était, à l'époque du testament, sur le point d'entrer au service du testateur, et de ce que, à la même époque, le mariage de la seconde était décidé.—1re, 6 août 1849 (Ledoux), xiii, 279. — C., ch. req., rej., 29 avril 1850 (Ledoux), xiv, 444.

8.—Le légataire qui, dans une instance en nullité, pour cause de captation, du testament qui l'institue, déclare ne pas méconnaître, sur l'articulation de l'héritier, que ce testament ait été fait à une date autre que celle qu'il porte n'est pas lié par cette déclaration, si plus tard la nullité de ce testament est demandée pour fausseté de sa date.—1re, 26 déc. 1849 (Achard), xiv, 160.

9.— La voie de l'inscription de faux est inadmissible pour prouver l'inexactitude de la date lorsque l'héritier n'établit pas que cette inexactitude est le résultat d'une fraude, ou le moyen de masquer l'incapacité du testateur.—Id..

10.—Bien que, en règle générale, la fausseté de la date d'un testament olographe dont l'écriture est reconnue ne puisse être établie que par la voie de l'inscription de faux, l'inscription de faux n'est pas nécessaire quand il s'agit de prouver qu'il y a eu dissimulation de la vraie date pour placer la confection du testament à l'époque la plus favorable à la capacité du testateur. Il en est surtout ainsi lorsque des faits de fraude et de captation sont reprochés aux légataires.—Dans ce cas, de simples présomptions, pourvu qu'elles soient graves, précises et concordantes, peuvent déterminer la conviction des magistrats sans qu'il soit même besoin d'avoir recours à la preuve testimoniale. —1re, 6 août 1849 (Ledoux), xiii, 279. —1re, 19 avril 1852 (Nigault), xvi, 131.

11.—Le testament olographe ne peut être considéré que comme un simple acte sous seing-privé dont la vérification est à la charge du légataire universel, encore bien qu'il ait été envoyé en possession et non pas à celle des héritiers.— 1re, 2 juin 1851 (Foucard), xv, 186.— 1re, 26 avril 1851 (Lesage), xvi, 188.— 1re, 17 janv. 1852 (Lecesne), xvii, 67.— 4e, 17 janv. 1852 (Bain), *ibid.*.

12. — Lorsqu'une expertise pour la vérification de l'écriture d'un testament a eu lieu, que deux experts ont déclaré que le testament n'émanait pas du testateur, que le troisième expert a refusé de statuer et a demandé de nouvelles pièces de comparaison, le tribunal peut encore ordonner une nouvelle vérification.—2e, 19 mai 1849 (Olivier), xiv, 27.

12 *bis*.—... Mais les frais et risques de cette seconde vérification sont à la charge de celui au profit duquel elle est ordonnée et non, comme la première, à celle du légataire.—*Id.*.

13.—Les frais de vérification de l'écriture d'un testament olographe ne doivent pas toujours et nécessairement être acquittés par le légataire; ils peuvent, suivant les circonstances, être mis à la charge des héritiers.—1re, 21 avril 1842 (Veuve Massinot), vi, 485. — 2e, 24 nov. 1842 (Héritiers Levergeois), vi, 621.

14.—... Mais, à moins de mauvaise foi prouvée de la part de l'héritier qui demande la vérification du testament olographe, les frais de cette vérification nécessaire pour compléter le titre des légataires et le rendre exécutoire à l'égard de l'héritier doivent être supportés par le légataire.—2e, 25 juill. 1832 (de Virandeville), xii, 545.

15.—La circonstance qu'un testament postérieur a été écrit sur l'enveloppe d'un testament antérieur est une présomption non équivoque du changement de volonté du testateur.—1re, 31 juill. 1850 (Veuve Villeroy), xiv, 458.

16.—Un testament olographe doit être déclaré nul, s'il est établi qu'il a été biffé et raturé par le testateur dans le but de l'anéantir. Pour former leur conviction à cet égard, les juges ne sont pas tenus de se renfermer dans l'examen du testament en lui-même; ils peuvent apprécier les faits et circonstances de la cause et avoir recours, soit à la preuve testimoniale, soit aux présomptions.— 2e, 4 juin 1841 (Veuve de Lossendière), v, 238.

16 *bis*. — *Id.*...Mais, lorsque les juges reconnaissent en fait que les lacérations qui se trouvent sur l'acte testamentaire ont laissé intactes toutes les parties essentielles du testament olographe, ils ne peuvent plus faire résulter la révocation de preuves puisées en dehors de l'acte lui-même, notamment dans les déclara-

tions du testateur qu'il avait révoqué son testament.— 1ʳᵉ, 14 mai 1845 (Bidard), ix, 373.

17.— Lorsqu'un testament olographe a été fait en plusieurs originaux, et que tous les doublés trouvés dans la succession ont été biffés par le testateur, les juges peuvent décider que la cancellation de ces originaux a également anéanti un troisième original déposé dans la main d'un tiers, s'il résulte, soit d'une preuve testimoniale, soit des présomptions de la cause, que ce troisième double n'a été soustrait à la destruction que par des manœuvres frauduleuses employées par le légataire.—2ᵉ, 4 juin 1841 (Veuve de Lossendière), v, 238.

TESTAMENT RÉVOCATOIRE.
—V. Testament (en gén.)—... olographe.

THÉATRES ᴇᴛ SPECTACLES.
—V. Bal masqué.— Café chantant.— Spectacle public.

1.—Les théâtres ont seuls, à l'exclusion des autres spectacles non privilégiés et de tous établissements publics, le droit de donner des bals masqués.— Trib. de commerce de Caen, 9 fév. 1850 (Pescheux), xiv, 288.

2.— Les directeurs de troupes ambulantes ont droit de prélever l'indemnité que leur acccorde l'ordonnance du 8 décembre 1844 sur la recette des spectacles de curiosités qui se donnent dans les villes où ils séjournent, lors même que, d'après l'itinéraire qui leur a été tracé par l'autorité administrative, ils auraient dû avoir quitté cette ville et se trouver dans une autre.—4ᵉ, 9 juin 1846 (Durand), x, 355.

TIERCE OPPOSITION. — V.
Communauté conjugale. — Garant. —

Hypothèque conventionnelle.—Mise en cause.— Ordre.— Partage.— Séparation de biens.—Succession bénéficiaire. —etc..

1.—Un créancier du mari ne peut se porter tiers opposant au jugement de séparation de biens rendu contre son débiteur qu'en rendant vraisemblable par des présomptions graves que ses intérêts ont été sacrifiés et que l'on a agi en fraude de ses droits.— 1ʳᵉ, 7 août 1848 (Corbel), xii, 242.

2.—Le débiteur qui plaide pour la conservation de ses meubles ou de ses immeubles représente ses créanciers même hypothécaires; ceux-ci ne peuvent donc pas se porter tiers opposants aux jugements prononcés contre lui, à moins qu'il y ait eu collusion entre leur débiteur et ses adversaires, ou qu'ils puissent présenter de leur chef des moyens que leur débiteur ne pouvait faire valoir. — 4ᵉ, 27 juin 1849 (Lecoq), xiii, 380.

3. — Id... à moins encore qu'il ne s'agisse de questions à eux personnelles, telles que celles de validité d'hypothèques ou rang d'inscriptions.—1ʳᵉ, 12 août 1850 (Maubant), xvii, 121.

4.—Les tiers détenteurs d'une créance qui leur a été remise en nantissement ne peuvent exciper de cette qualité pour se porter tiers opposants au jugement prononcé contre leur cédant.— 4ᵉ, 27 juin 1849 (Lecoq), xiii, 380.

5.—Celui qui est intervenu dans une instance après un premier jugement et qui, lors du deuxième jugement, prend les mêmes conclusions que l'une des parties est censé avoir renoncé, par une sorte de contrat judiciaire, aux moyens rejetés par le premier jugement, et, par suite, n'est pas recevable à former tierce opposition contre ce jugement.—1re, 25 mai 1849 (Turmel), XIII, 370.

TIERS.— *V. Acquiescement.—Acte sous seing privé. — Autorisation de femme mariée. — Chose jugée.— Contrat de mariage.— Contumace.— Crédit.—Degré de juridiction.—Diffamation.—Donation entre époux.— ... par contrat de mariage.—Dot.— État (réclamation d').— Faillite.—Habitation (droit d'). — Hypothèque légale des femmes.— Interrogatoire sur faits et articles.—Intervention.—Mise en cause.—Ordre.--Payement.—Percepteur. — Preuve (en gén.).— Quotité disponible.—Ratification.— Remploi.— Saisie immobilière.— Séparation de biens.— Simulation.—Surenchère.— Tuteur.— Usine.—etc..*

TIERS ARBITRE. — *V. Arbitre (tiers).*

TIERS COUTUMIER.—*V. Prescription.—Saisie immobilière.*

TIERS DÉTENTEUR.—*V. Action civile.—Antichrèse.— Compensation.— Degré de juridiction.— Dépens.—Domaine de l'État.—... engagé.— Donation (entre vifs).— ... déguisée.— ... entre époux. — Fabriques. — Femme normande.—Fruits.—Hypothèque (en général).—Inscription hypothécaire.— Intervention. — Partage d'ascendant. —Purge.—Saisie immobilière.—Subrogation.— Surenchère.— Tierce opposition.—Vente.—etc..*

1.— Lorsque des immeubles ont été vendus par licitation, le privilége de chacun des colicitants frappe la totalité des biens licités, et le délaissement fait partiellement et avec réserves doit être déclaré nul. Lors même que ce privilége n'existerait pas, le délaissement ne pourrait être partiel, si les biens, sans être physiquement impartageables, ne pouvaient cependant être divisés sans dépréciation considérable.—1re, 7 nov. 1853 (Petit), XVII, 312.

2.—Le tiers détenteur chargé par son contrat du service d'une rente, dans le cas où il en rettendrait le capital, n'est pas déchu du droit d'opter entre le remboursement de ce capital et le service de la rente, par cela seul que, pendant plusieurs années, il en a acquitté les arrérages en sa qualité de tiers détenteur. —1re, 20 juin 1853 (Dumanoir) XVII, 193.

3.—... Dans ce cas, les créanciers de la rente ont contre lui une action en payement desdits arrérages, encore bien qu'ils n'aient pas accepté la délégation imparfaite contenue dans l'acte de vente, et que leur inscription soit périmée. Mais ils ne peuvent exiger de lui un titre nouveau.—*Id*.

4.—Lorsque, sur une sommation faite par un créancier hypothécaire de payer une somme plus forte que le prix d'une acquisition ou de délaisser, le tiers acquéreur a passé au greffe la déclaration qu'il délaissait, les vendeurs ou le créancier hypothécaire, tant que le délaissement n'est pas effectué, sont maîtres d'en arrêter les effets en faisant cesser les poursuites et en mettant l'acquéreur à l'abri de tout recours hypothécaire. Le tiers acquéreur n'est plus fondé, dans ce cas, à persister dans le délaissement. —1re, 6 mai 1850 (Desjouis), XIV, 408.

5.—Le tiers détenteur qui, par suite de conventions valablement consenties, opère des versements de son prix aux mains d'un créancier de la femme dotale a droit aux intérêts de ces versements du jour où ils sont faits, et non du jour où ces intérêts sont demandés. Dans ce cas, le tiers détenteur doit être considéré comme mandataire.— 1re, 29 août 1849 (de Jenteville), XIII, 508.

6.—*Jugé au contraire que*, dans ce cas, les intérêts ne courent que du jour de la demande.—1re, 20 déc. 1813 (Veuve Dereincourt). XIII, 508.—4e, 6 mars 1815 (Dulongbois), *ibid.*.

7.— Le tiers détenteur d'immeubles dotaux qui a fait sur ces immeubles des constructions trop considérables pour l'immeuble n'a droit, lors de l'éviction, qu'à une indemnité relative aux impenses utiles, le vendeur ne doit pas supporter les dépenses inconsidérées faites par l'acquéreur évincé.— 1re, 9 janv. 1845 (Liénard), XIII, 508.— V. *suprà*, v° *Dot*, n° 87.

TIERS PORTEUR.— *V. Billet à ordre.— Effets de commerce.— Lettre de change.*

TIERS SAISI.—*V. Saisie-arrêt.*

TITRES (EN GÉNÉRAL). — *V. Chemin communal. — Eau (cours d'). — Legs (en général). — Mitoyenneté. — Ordre.— Prescription. — Registres et papiers domestiques.— Servitudes. — Substitution. — Titre exécutoire. — Vaine pâture.—etc..—V. aussi les diverses espèces d'Actes.*

1. — Les juges peuvent, suivant les circonstances, admettre comme sincères les copies anciennes d'un arrêt rendu sous l'ancien droit par le conseil d'État entre le domaine et des communes usagères, lorsque la minute de cet arrêt a disparu par cas fortuit. — 1re, 3 juillet 1845 (Compagnie du Cotentin), IX, 492. — V. *suprà*, v^is *Commune*, n° 12, et *Domaine engagé*, n° 8.

2. — Une copie de copie d'un acte même fort ancien ne peut faire foi en justice. — 2e, 11 mai 1842 (Commune de Beaumout, VI, 286.

TITRE APPARENT.— *V. Héritier apparent. — Scellés.—etc..*

TITRE AUTHENTIQUE. — *V. Acte notarié. — Subrogation.—etc..*

TITRE EXÉCUTOIRE.— *V. Saisie immobilière.*

La signification prescrite par l'art. 877 du Code Napoléon, comme préalable à l'exécution contre l'héritier, des titres exécutoires contre le défunt peut valablement contenir un commandement de payer, pourvu que l'on ait déclaré que les voies rigoureuses ne seraient suivies qu'après l'expiration du délai de huitaine prescrit par la loi ; il n'est pas nécessaire que la signification et le commandement soient faits par actes séparés. — 2e, 25 mars 1848 (Philippe), XII, 162.

TITRE NOUVEL. — *V. Obligations (en général). — Rente (en général).— Saisie immobilière.— Solidarité.— Tiers détenteur.*

TITRE PRÉCAIRE. — *V. Domaine engagé.—Servitudes.—etc.*

TITRE PRIMORDIAL ou RÉCOGNITIF.— *V. Obligations. — Ratification. — Rente (en général). — Saisie immobilière.—Servitudes.*

TOLÉRANCE. — *V. Chemin communal. — ... public. — Prescription. — Servitudes.*

TOUR D'ÉCHELLE. — *V. Servitudes.*

TRAITE. — *V. Billet à ordre.* — *Compétence commerciale.* — *Lettre de change.*

TRAITÉS. — *V. Faillite.* — *Tuteur.* — etc..

TRAITEMENTS. — *V. Société d'acquêts.*

TRANSACTION. — *V. Chasse.* — *Chose jugée.* — *Compensation.* — *Compte.* — *Coutume de Normandie.* — *Dot.* — *Double écrit.* — *Enregistrement.* — *Faillite.* — *Faux incident civil.* — *Femme normande.* — *Mandat.* — *Partage.* — *Péremption.* — *Pressoir.* — *Saisie immobilière.* — *Tuteur.* — *Usage (droits d')*. — etc..

Indication alphabétique.

Action en nullité, 9 et s..
Action en rescision, 10, 11.
Appel, 7 à 9.
Compétence, 7 à 9.
Dommages-intérêts, 2.
Droits hypothécaires, 2.
Fin de non-recevoir, 9.
Homologation, 7 et s..
Indivisibilité, 6.
Interprétation, 8.
Mandat, 2 et s..
Mineur. 7.
Nullité, 6.
Partage, 10, 11.
Preuve testimoniale, 1.
Qualité, 2.
Rescision, 10, 11.

1. — Une transaction doit, à peine de nullité, être rédigée par écrit. — Toute preuve quelconque tendant à établir l'existence d'une transaction qui n'aurait pas été rédigée par écrit est donc inadmissible. — Peu importe à cet égard qu'il y ait ou non un commencement de preuve par écrit. — 2e, 12 avril 1845 (Legrégeois), IX, 351.

2. — Le droit de transiger pour autrui sur des droits hypothécaires ne peut être conféré que par un mandat spécial. — Ce mandat ne peut s'induire de simples présomptions, et notamment de ce que le prétendu mandataire est le fils de la partie pour laquelle la transaction est faite, de ce que c'est lui qui jusque-là a dirigé toutes les poursuites et donné des renseignements aux avoués et avocats, etc.. — 4e, 21 mai 1844 (Lavie), VIII, 316.

3. — Une procuration générale qui n'embrasse que des actes d'administration, et qui se termine par le droit de plaider et de transiger ne donne point le droit au mandataire de plaider ou de transiger sur un droit de propriété tel qu'une servitude ; la faculté de transiger et de plaider ne s'applique dans ce cas qu'aux actes d'administration. — 1re, 27 janv. 1846 (Billeux) X, 134.

4. — Le mandataire qui a fait une transaction, en vertu d'une procuration qui lui conférait les pouvoirs les plus étendus, n'a plus le droit d'accepter des changements et modifications qu'il avait cependant incontestablement le droit de consentir lors de la transaction. — 2e, 28 fév. 1850 (Dumont), XIV, 280.

5. — Le fils qui a signé une transaction dans une affaire qui concernait personnellement son père et non lui, sans cependant se porter fort pour son père ou promettre sa ratification, n'est sujet à aucun recours personnel, dans le cas où le père refuse de ratifier la transaction. — 4e, 21 mai 1844 (Lavie), VIII, 316.

6. — A la différence des jugements dont chaque chef peut être considéré isolément, les transactions sont indivisibles dans l'exécution de toutes les clauses qu'elles renferment, de sorte que, si l'une de ces clauses ne peut être exécutée, la transaction tombe tout entière. — 2e, 14

mars 1844 (Fournet-Brochaye), VIII, 295.

7. — C'est à la Cour impériale qu'il appartient d'homologuer les transactions faites entre mineurs sur l'appel des jugements déférés à sa censure. — 1re, 1er mars 1847 (Veuve Ameline), XI, 580.

8. — Lorsqu'une difficulté s'élève à la suite d'une transaction homologuée par une Cour impériale, cette Cour n'est pas compétente pour statuer sur le litige, si, pour arriver à la décision, il n'y a pas lieu de réformer l'arrêt d'homologation. — 1re, 10 août 1847 (Goubert), XI, 663.

9. — La demande en nullité pour inexécution des conditions d'une transaction faite sur appel ne peut être portée directement devant la Cour; elle doit subir les deux degrés de juridiction. — 1re, 17 mars 1851 (Brunet), XV, 132.

10. — L'action en rescision est admissible contre une transaction passée entre cohéritiers, toutes les fois qu'elle opère partage entre ceux-ci en faisant cesser l'indivision et encore bien qu'elle soit intervenue sur des difficultés réelles et sérieuses. — 1re, 30 janv. 1829 (Biron), XIII, 569.

11. — ... Les transactions antérieures ou préalables faites entre cohéritiers sur des difficultés survenues entre eux ne sont pas susceptibles d'être attaquées par l'action en rescision, pourvu qu'elles ne touchent en rien à l'attribution de biens faite à chaque copartageant. — Id..

TRANSCRIPTION. — V. Adoption. — Conservateur des hypothèques. — Donation (entre vifs). — ... entre époux. — Habitation (droit d'). — Hypothèque légale des femmes. — Inscription hypothécaire.

La transcription d'un acte de licitation entre cohéritiers, quoique relatant exactement les dispositions essentielles de l'acte d'acquisition qui investit l'auteur commun de la propriété, n'équivaut pas à la transcription de l'acte d'acquisition lui-même. — 2e, 25 mai 1844 (Picquot), VIII, 385.

TRANSIT. — V. Boissons.

TRANSPORT. — V. Cession. — Clause pénale. — Délégation. — Faillite. — Usure. — Vente.

TRANSPORT DE MARCHANDISES. — V. Commissionnaire de transport. — Mandat. — Société en nom collectif.

TRANSPORT DE VOYAGEURS. — V. Société en nom collectif. — Voitures publiques.

TRAVAUX. — V. Architecte. — Compétence commerciale. — Eau (cours d'). — Usine. — etc..

TRAVAUX PUBLICS. — V. Acte administratif. — Barrage. — Commune. — Compétence civile. — ... commerciale. — Entrepreneur. — Expropriation pour cause d'utilité publique. — Privilége.

Indication alphabétique.

Service de la guerre, Usine, 1 et s..
7, 8. Visa, 8.
Sous-traitant, 6.

1. — L'établissement d'un barrage, avec écluses de chasse, sur un cours d'eau non navigable à l'aval d'un moulin dont la marche est suspendue pendant un certain temps, par suite de la tension du niveau des eaux sous la roue, constitue un dommage permanent, une expropriation partielle de la force motrice de l'usine. — Trib. civ. de Caen, 1re ch., 16 juin 1852 (de Malherbe), xvi, 267.

2. — ... *Conséquence :* La demande d'indemnité formée par le propriétaire de l'usine ne doit pas être, dans ce cas, portée, en vertu de la loi du 16 septembre 1807, devant le conseil de préfecture qui n'est compétent que pour juger les questions de dommages causés par l'exécution de travaux publics, quelles que soient d'ailleurs la nature, la durée et l'importance desdits dommages. — *Id..*

3. — ... *Autre conséquence :* Les lois des 8 mars 1810, 7 juillet 1833 et 3 mai 1841 sur l'expropriation pour cause d'utilité publique sont applicables aux dommages permanents faits aux usines établies sur des cours d'eau non navigables, aussi bien qu'à l'expropriation totale ou partielle de biens immobiliers proprement dits. — *Id..*

4. — *Jugé au contraire que* l'autorité administrative est seule compétente pour fixer l'indemnité due par l'État au propriétaire d'un moulin, à raison du dommage que doit éprouver sa propriété par suite de l'établissement sur un cours d'eau non navigable ni flottable de vannes de chasse construites pour l'amélioration de la navigation ; qu'il n'y a

pas là expropriation dans le sens de la loi du 3 mai 1841, c'est-à-dire dépossession totale ou partielle d'un fonds ou d'un droit et que c'est la loi du 16 septembre 1807 (art. 48 et 57) qui règle la matière. — 1re, 20 juin 1833 (de Malherbe), xvii, 221.

5. — Les entrepreneurs de travaux publics ne peuvent invoquer la disposition de la loi du 28 pluviôse an viii (art. 4), qui les rend justiciables des conseils de préfecture, que lorsqu'ils ont agi dans les limites de leur autorisation et qu'ils sont seulement accusés de s'être comportés d'une manière abusive ; mais lorsqu'on leur reproche d'être sortis des bornes de cette autorisation, en poussant leurs travaux sur des terrains qui n'y étaient point désignés, et que d'ailleurs il n'y a pas d'équivoque sur le sens et l'étendue de cette autorisation, ce sont les tribunaux civils qui sont compétents. — 2e, 24 janv. 1845 (Maillard), ix, 194.

6. — L'adjudicataire actionné devant les tribunaux civils en résiliation d'une rétrocession et en dommages-intérêts par des sous-traitants, pour des causes qu'il impute à l'administration, doit se borner, s'il veut prévenir toute exception de non valable défense, à dénoncer le procès à la commune. — 4e, 24 fév. 1845 (Commune de Campandré), ix, 76.

7. — Lorsque, faute par l'adjudicataire de travaux publics de remplir les obligations auxquelles il s'était soumis, des ouvriers ont été préposés à la confection de ces travaux par le génie militaire, les difficultés qui s'élèvent entre ces ouvriers, l'adjudicataire et l'admi-

nistration militaire sur le sens et l'exécution du traité relatif aux travaux sont de la compétence de l'autorité administrative.— 4e, 25 fév. 1843 (Jardin), VII, 547.

8. — Les décrets des 13 juin et 12 décembre 1806, qui imposent certaines formalités aux sous-traitants de travaux ou fournitures relatives au service de la guerre, ne sont pas applicables aux entrepreneurs employés par le gouvernement lui-même à la place des adjudicataires qui ne peuvent exécuter les travaux dont ils s'étaient chargés. — Il suffit, dans ce cas, aux entrepreneurs de présenter leurs mémoires et pièces dans les six mois qui suivent le trimestre où la dépense a été faite; des bordereaux leur sont alors délivrés par le directeur, sans être assujettis à l'examen et au *visa* du commissaire ordonnateur.— 4e, 30 nov. 1847 (Jardin), XI, 651.

TRÉFONDS. — *V. Servitudes.* — *Usage (droits d').*

TRÉSOR PUBLIC. — *V. Saisie-arrêt.*

TRIAGE. — *V. Usage (droits d').*

TRIBUNAUX ADMINISTRATIFS. — *V. Acte administratif.* — *Compétence civile.* — etc..

TRIBUNAUX CIVILS.— *V. Abstention de juges.* — *Compétence civile.*

TRIBUNAL CORRECTIONNEL. — *V. Chemin vicinal.— Citation.*

Indication alphabétique.

1. — Le prévenu cité en police correctionnelle à raison d'un fait qui ne constitue qu'une simple contravention, peut, avant tout débat, décliner la juridiction correctionnelle. — Trib. corr. de Caen, 27 mars 1841 (Lesaulnier); V, 421.

1 *bis.*—.... Mais, dans tous les cas, le prévenu ne peut user de ce droit qu'avant tout débat au fond. — Ch. corr., 8 janv. 1849 (Leroux), XIII, 3.

2.—Les tribunaux correctionnels appelés à statuer sur des faits qualifiés délits par la citation mais qui, après l'instruction, dégénèrent en simples contraventions ne doivent pas se borner à renvoyer le prévenu de l'action, ils doivent appliquer les peines de simple police, et statuer sur les dommages-intérêts réclamés par la partie civile, lors même qu'il n'y aurait aucune demande formelle à cet égard.—*Id.*.

3. — .... Dans le cas où le tribunal n'a pas statué sur la contravention, la cour saisie par l'appel de la partie plaignante qui reproduit les faits de sa plainte avec les caractères du délit doit suppléer l'omission du premier juge en prononçant sur la contravention et les dommages-intérêts, sans être obligée de renvoyer devant un autre tribunal. — *Id*.

4. — La disposition de l'art. 319 du Code d'instruction criminelle, d'après laquelle l'accusé ou son conseil ont droit de dire, tant contre le témoin que contre son témoignage, tout ce qui peut être utile à la défense de l'accusé, est appli-

cable aux prévenus en matière correctionnelle, comme aux accusés en cour d'assises. — Ch. corr., 21 nov. 1844 (Lerat), IX, 348.

5. — En fait de délits, une femme mariée peut valablement être assignée devant le tribunal de *sa résidence de fait*, bien que ce tribunal ne soit pas celui du domicile de son mari. — Trib. corr. de Caen, 6 fév. 1847 (Seigneurie), XI, 360.

6. — Les tribunaux correctionnels sont incompétents pour statuer sur la régularité des inscriptions de faux et sur la déchéance de ces inscriptions; ils doivent renvoyer les parties devant la juridiction civile qui statuera d'après les formes tracées par le livre 2, titre 11 du Code de procédure civile. — Ch. corr., 10 mai 1849 (Octroi de Caen), XIII, 175.

7. — .... Toutefois, les tribunaux correctionnels ne doivent se dessaisir qu'après avoir décidé si les faits sur lesquels l'inscription de faux est basée pourraient, en admettant qu'ils fussent prouvés, détruire l'existence du délit ou de la contravention. — Dans le cas contraire, l'exception de l'inscription de faux doit être rejetée. — *Id.*.

8. — La nullité de la citation ne peut influer en rien sur la validité de l'ordonnance de la chambre du conseil, dont la nullité ne peut être prononcée par le tribunal correctionnel. Tant que la prescription de l'action n'est pas accomplie, la poursuite fondée sur cette ordonnance peut être recommencée. — Ch. corr., 25 juill. 1850 (L... C...), XIV, 506.

TRIBUNAL D'APPEL. — *V. Appel en matière civile.* — ... *correction-nelle.* — *Audience solennelle.* — *Degré de juridiction.* — *Demande nouvelle.* — *Réglement de juges.* — *Saisie immobilière.* — etc..

TRIBUNAL DE COMMERCE. — *V. Abstention de juge.* — *Arbitrage forcé.* — *Compétence commerciale.* — *Prud'hommes.* — etc..

Les notables négociants ne peuvent être appelés qu'en aide de justice pour compléter le tribunal de commerce, sans pouvoir, dans aucun cas, le composer en majorité. — 4e, 14 nov. 1841 (Mazeline, V, 431.

TRIBUNAL DES CONFLITS. — *V. Conflits.*

TRIBUNAL DE POLICE CORRECTIONNELLE. — *V. Appel en matière correctionnelle.* — *Tribunal correctionnel.*

TRIBUNAL DE SIMPLE POLICE. — *V. Chemin vicinal* et les renvois indiqués sous le mot *Contravention.*

TRIBUNAUX MILITAIRES. — *V. Garde nationale mobile.*

TROUPE AMBULANTE. — *V. Théâtre.*

TUTEUR. — TUTELLE. — *V. Acquiescement.* — *Appel en matière civile.* — *Conseil de famille.* — *Enfant trouvé.* — *Hypothèque légale des mineurs.* — *Mineur.* — *Partage.* — *Usufruit légal des père et mère.* — *Vente publique d'immeubles.*

Indication alphabétique.

1.—La disposition d'un testament par laquelle le testateur, après avoir légué tout ou partie de sa fortune à un mineur, charge une personne en laquelle il a confiance de recevoir les revenus des biens légués et de les employer comme elle l'entendra aux besoins et à l'éducation du mineur ne peut s'entendre en ce sens que cette personne devra être exclusivement chargée de l'administration de la personne et de l'éducation du mineur, de manière à ce que l'on ne puisse nommer un tuteur à celui-ci s'il se trouve dans le cas d'en recevoir un conformément à la loi.—2e, 7 août 1847 (Carpentier), xi, 635.

2.—Les actes régulièrement faits par un tuteur au nom du mineur sont aussi irrévocables que s'ils émanaient d'un majeur.—4e, 19 nov. 1844 (Coltun), viii, 645.

3.—Le conseil de famille d'un mineur n'a nullement le droit de modifier les pouvoirs, soit de la tutrice qui a convolé, soit de tout autre tuteur datif. La tutrice conservée, ou le tuteur nommé, doivent uniquement se conformer, dans l'accomplissement de leur mandat, aux règles tracées par la loi.—*Spécialement*, le conseil de famille qui conserve la tutelle à la mère qui veut se remarier, n'a pas le droit de lui imposer comme condition qu'elle ne pourra recevoir les capitaux dus au mineur sans l'assistance du subrogé tuteur. Nonobstant cette clause, les payements faits à la tutrice et au cotuteur sont valables.—1re, 30 déc. 1845 (Leclerc), x, 69.

4.—Le tuteur a qualité pour donner mandat à un tiers de toucher les sommes dues à ses mineurs; il a également qualité pour recevoir le compte de ce mandataire et lui en donner décharge. En conséquence, les mineurs devenus majeurs sont non-recevables à intenter une action en reddition de compte contre ce mandataire ainsi déchargé.—2e, 30 déc. 1843 (Fanet), vii, 676.

5.—Le tuteur a qualité pour liquider seul, sans avis de parents et sans formalités de justice, une succession mobilière échue au mineur. — L'acquéreur d'un immeuble dont le prix est dû à la succession n'a pas le droit de se refuser à payer entre les mains du tuteur sous le prétexte que la liquidation n'a pas eu lieu en justice. — 1re, 4 janv. 1842 (David), vi, 53.

6.—Le jugement qui ordonne la vente par licitation des immeubles composant une succession dévolue à des mineurs peut valablement être rendu contradictoirement avec le tuteur, sans le présence du subrogé tuteur. — 2e, 15 juill. 1843 (Almy-Dérouville), vii, 463.

7.—Lorsque le tuteur et ses pupilles ont les mêmes intérêts à défendre dans une contestation, l'assignation donnée au tuteur seul, tant pour lui personnellement qu'en sa qualité de tuteur, est suffisante, sans qu'il soit besoin de mettre en cause le subrogé tuteur. — 2e, 16 déc. 1843 (d'Aligre), vii, 632,

8.—Le tuteur qui s'est porté fort pour ses enfants mineurs dans une transaction ne peut, au nom de ces mêmes enfants, demander la nullité de cette transaction; ses intérêts étant opposés aux leurs, il ne peut les représenter en justice.— 1re, 17 mars 1851 (Brunet), xv, 132.

9.—Le tuteur doit administrer en bon père de famille et prendre les précautions que prescrit une prudence ordinaire pour garantir la fortune des mineurs. — *Spécialement*, quand il laisse entre les mains d'un notaire les fonds provenant d'une vente dont il l'a chargé, il doit en temps utile faire rendre compte à ce dernier, et se munir d'un titre qui permette d'agir au besoin. S'il néglige ces précautions, il devient responsable à l'égard des mineurs, en conservant bien entendu son recours contre le notaire. — 4e, 19 juill. 1853 (Pichard), xvii, 270.

10.—Un tuteur n'a pu encourir aucune responsabilité personnelle pour avoir admis au partage, concurremment avec ses mineurs, un héritier majeur qui avait renoncé à la succession.—2e, 18 août 1842 (Hubert), vi, 513.

11.—L'art. 472 du Code Napoléon, qui prononce la nullité de tout traité intervenu, avant la reddition du compte de tutelle, entre le tuteur et le pupille devenu majeur, n'est applicable qu'à l'égard des traités relatifs à la tutelle.—Mais on doit regarder comme relatif à la tutelle le traité par lequel le pupille reconnaît, après sa majorité, la validité d'une contre-lettre attribuant à son père, son ancien tuteur, la propriété d'un immeuble compris dans l'hérédité maternelle.—Ce traité est une renonciation implicite du pupille à demander compte à son tuteur de l'administration dudit immeuble, et il est par suite frappé de nullité.—C., cass., 1er juin 1847 (Fournet), xi, 336.

11 *bis.* — *Id*... Et la prescription de dix ans consacrée par les art. 475 et 1304 du Code Napoléon ne peut être invoquée à l'effet de valider un acte passé, avant la reddition du compte de tutelle, par le tuteur et son pupille devenu majeur, si d'ailleurs le tuteur avait renoncé à se prévaloir de la prescription pour se dispenser de rendre compte.— 4e, 14 avril 1845 (Fournet), ix, 254.

12.—Lorsque la gestion d'une tutelle a été prise en main par un tiers autre que le tuteur, c'est à ce tiers de répondre aux contredits apportés au compte de tutelle qu'il est tenu de présenter, et il doit garantie au tuteur des condamnations qui sont prononcées contre lui.— 2e, 30 mars 1844 (Daragon), viii, 297.

13.—Le tuteur d'un mineur décédé en minorité, qui, en sa qualité d'héritier pour partie de son pupille, s'est emparé de toute la succession, peut, sur l'action en pétition d'hérédité intentée par ses cohéritiers, opposer la prescription de l'art. 475 du Code Napoléon pour se dispenser de rapporter à la masse le prix des aliénations qu'il aurait consenties comme tuteur.—1re, 23 avril 1845 (Lerogeron), ix, 292.

14.—Les actes faits en Normandie par un tuteur autorisé par le conseil de famille ne pouvaient être attaqués par les mineurs devenus majeurs, qu'autant qu'ils intentaient leur action avant leur 35e année.—1re, 16 mai 1839 (de Lomenie), v, 450.

13.—Bien qu'un tuteur succombe dans les contestations qu'il a élevées, il ne peut être personnellement passible des frais s'il n'a point agi de mauvaise foi. —2ᵉ, 23 nov. 1842 (Veuve Mioque), VI, 655.

U.

ULTRA PETITA.—*V. Compromis.* — *Expert.*

UNION DE CRÉANCIERS.—*V. Faillite.*

UNIVERSITÉ. — *V. Instituteur communal.*

USAGE (droits d'). — *V. Bois.* — *Chose jugée.* — *Demande nouvelle.* — *Expert.* — *Fabriques.* — *Habitation (droit d').* — *Prescription.* — *Société civile.* — *Tiers détenteur.* — *Vaine pâture.* — *Vente.*

Indication alphabétique.

1. — Dans l'ancien droit la qualification de biens communaux donnée aux terres vaines et vagues n'était pas une preuve de propriété pour les communes, mais le signe d'un simple droit d'usage appartenant aux habitants qui faisaient pâturer *en commun* ou *communer* leurs bestiaux. — 1ʳᵉ, 3 juillet 1845 (Compagnie du Cotentin), IX, 492.

2.—Les actes par lesquels les communes usagères prétendent avoir converti leurs droits d'usage en droits de propriété doivent être formels ; l'interversion ne se présume pas, il faut qu'elle résulte d'une cause nouvelle incompatible avec la première, ou de faits indiquant ultérieurement la volonté de posséder à un titre autre que le titre primitif. — *Id..*

3.—Les communes qui, en 1792, n'étaient en possession qu'à titre d'usagères de terres vaines et vagues appartenant au domaine de l'État, et situées dans l'étendue de leur circonscription territoriale ne sont pas devenues propriétaires de ces terrains par l'effet des lois des 28 août 1792 et 10 juin 1793.— *Id..*

4.—Lorsque la concession d'un droit d'usage s'applique à la généralité des habitants d'une commune, sans distinction, ce droit d'usage peut être exercé non-seulement par les habitants établis dans la commune lors de la concession, mais encore par ceux qui viennent s'y

28

fixer dans la suite. — Il en est surtout ainsi lorsqu'il ne s'agit pas d'une concession gratuite, mais d'une convention faite dans l'intérêt commun, et par suite de transaction sur procès. — 2e, 12 août 1848 (Poriquet), xii, 238.

5. — Un simple droit d'usage sur une bruyère ne confère la faculté ni de couper ni d'enlever des bruyères ou autres produits du sol. — 2e, 11 déc. 1845 (Sébire-Lavasserie), x, 60.

6. — Les tréfonciers ne peuvent se soustraire au droit de chauffage des usagers sous prétexte que ceux-ci, par suite des ressources qu'ils trouvent sur leurs propres terres, peuvent se passer de ce droit. — 1re, 25 juin 1839 (Lambert), xi, 226. — 2e, 1er avril 1848 (de Bongard), xii, 178.

7. — Les usagers ne peuvent user de ferrements, la scie exceptée, pour les bois secs et verts en gisant, et la branche volée. — 1re, 18 août 1836 (Lambert), xi, 226. — 2e, 1er avril 1848 (de Bongard), xii, 178.

8. — Une commune ne pourrait demander la révision d'actes opérant un cantonnement qu'en justifiant qu'ils lui ont occasionné un préjudice. — 1re, 5 mai 1845 (de Chasseloup-Laubat), ix, 237.

9. — Les usagers, d'après l'ordonnance de 1669, comme d'après le Code forestier, doivent, pour l'exercice de leurs droits, demander la délivrance aux agents forestiers en ce qui concerne les forêts du gouvernement et aux propriétaires en ce qui touche les bois et forêts des particuliers. — Il en est ainsi lors même qu'il ne s'agirait que de l'enlèvement pour le chauffage du bois sec en

estant, du bois vert en gisant et de la branche volée du faix à deux hommes. — 1re, 18 août 1836 (Lambert), xi, 226. — 2e, 1er avril 1848 (de Bongard) xii, 176.

10. — C'est aux usagers à faire connaître leurs besoins aux propriétaires, et à ceux-ci à admettre ou à contester leur demande. — 1re, 18 août 1836 (Lambert), xi, 226.

11. — .... Les propriétaires peuvent, à cet égard, se faire remplacer par un régisseur, auquel les demandes en délivrance seront adressées, qui recevra les redevances, et, en un mot, sera chargé de tout ce qui concerne les droits respectifs des parties. — Id., et 2e, 1er avril 1848 (de Bongard), xii, 178.

12. — Les demandes qui sont de nature à se reproduire chaque année, et qui intéressent la généralité des habitants, doivent être formées collectivement par le maire de la commune. — Celles qui ne sont qu'accidentelles et de nature à ne se reproduire qu'à des époques plus ou moins éloignées, telles que la demande en délivrance de bois pour clôtures et couvertures, peuvent être formées individuellement par chaque usager. — Id.

13. — Lorsque, d'après le titre de concession, la délivrance doit être faite par les tréfonciers suivant la possibilité de la forêt et les besoins des usagers, on ne peut régler ce qui est relatif à cette délivrance d'une manière absolue et une fois pour toutes; elle doit être faite chaque année suivant la possibilité actuelle de la forêt et les besoins des usagers. — 1re, 25 juin 1839 (Lambert), xi, 226.

14 — Les réclamations des usagers doivent se faire chaque année au moment

des délivrances ; ils ne peuvent, après coup, demander à faire constater par experts la quantité d'hectares de bois qui auraient été exemptés de la pâture sans motifs plausibles. — 2e, 12 août 1848 (Poriquet), xii, 238.

15. — Les usagers auxquels il a été fait des délivrances depuis la promulgation du Code forestier sont relevés des déchéances qu'ils auraient pu encourir aux termes de l'art. 61 du même Code. — Id..

16. — Les usagers ne peuvent faire fixer à l'avance et par experts la quantité d'hectares de bois qui doit être livrée chaque année au pâturage ; cette mission appartient à l'administration forestière, sauf réclamation des usagers, conformément à la loi. — Id..

17. — A défaut de dispositions contraires dans les titres de concession, les propriétaires des forêts soumises à des droits d'usage conservent une grande latitude pour régler l'aménagement de la manière la plus conforme à leurs intérêts. Ils doivent seulement éviter qu'il en résulte un trop grave préjudice pour les usagers. Ils peuvent notamment changer l'ancien aménagement, lorsque cette opération est nécessitée par le changement survenu dans l'essence des bois de la forêt. — 1re, 18 août 1836 (Lambert), xi, 226.

17 bis. — Le propriétaire d'un bois soumis à la pâture ne peut être privé du droit d'améliorer son fonds en creusant des fossés et rigoles utiles à la conservation et à l'aménagement du sol forestier. Ce droit ne peut être restreint à la confection de fossés et rigoles d'une absolue nécessité. — 2e, 12 août 1848

(Poriquet), xii, 238.

18. — Lorsque l'administration forestière a déclaré le nombre de bestiaux admissibles dans une forêt, le propriétaire ne peut pas plus tard, lorsque les constatations sont devenues impossibles, réclamer contre les usagers des dommages-intérêts, sous prétexte que le nombre des bestiaux envoyés par eux était exagéré eu égard à la possibilité de la forêt, et qu'ils l'ont infailliblement dévastée. — 2e, 11 mai 1853 (Poriquet), xvii, 179.

19. — On ne peut argumenter pour fixer à un prix l'indemnité due pour la privation d'un droit (d'un droit de pâture dans l'espèce) de ce qu'un droit de même nature a été racheté par ce prix. — Id..

20. — Le droit concédé à perpétuité au profit d'une église de prendre dans une forêt une certaine quantité de bois de chauffage chaque année est un droit d'usage, droit foncier qui ne peut en aucune manière être assimilé à une simple rente ou redevance personnelle, lors même que, d'après l'acte, la jouissance de ce droit était abandonnée aux curés. — Aud. sol, 30 mars 1843 (Roy), vii, 286.

20 bis. — Les concessions de droits d'usage faites anciennement à la charge de certaines fondations de messes doivent être réputées faites au profit de l'église, lors même que les curés figuraient seuls dans l'acte de concession. — Ils agissaient, dans ce cas, comme représentant leur église. — Id..

21. — Les expressions de branche volée du faix à 2 hommes doivent s'entendre de toute branche détachée par les vents et d'un poids tel que les efforts réu-

nis de deux hommes suffisent pour l'enlever.—1re, 18 août 1836 (Lambert), xi,
226.—2e, 1er avril 1848 (Commune de
St.-Benoit-d'Hébertot), xii, 178.

22.—Les arrérages d'un droit d'usage
ne peuvent être assimilés à des intérêts
qui ne doivent être accordés qu'autant
qu'ils ont fait la matière d'une demande
spéciale. — Ces arrérages forment une
partie intégrante du droit d'usage ; ils
sont dus depuis la réclamation du droit
lui-même.—Aud. sol., 8 fév. 1843 (de
Broyes), vii, 116.

23. — Lorsque le droit des usagers
s'étend sur le bois sec en estant, vert en
gisant et le mort-bois, les tréfonciers ne
peuvent être admis à ne délivrer du
mort-bois qu'en cas d'insuffisance du
bois sec en estant et vert en gisant, le
usagers ayant un droit égal, dans la limite de leurs besoins, sur ces trois sortes de bois. — 1re, 25 juin 1839 (Lambert), xi, 226.—2e, 1er avril 1848 (Commune de St.-Benoit-d'Hébertot), xii, 178.

24.—La disposition d'une ancienne
charte qui accorde aux usagers d'une
forêt *tout mort-bois* pour se chauffer,
doit s'entendre de tout le bois mort sans
exception, qu'il soit debout ou gisant.—
1re, 18 août 1836 (Lambert), xi, 226.

25.—On doit entendre par *mort-bois*
le saulx, morsaulx, épines, puisnes, seux,
aulnes, genêts, genures et ronces.—*Id*..

26.—On peut, surtout en se fondant
sur l'exécution donnée aux titres de concession, interpréter ces mots *le vert en
gisant* et *le sec en estant*, en ce sens
qu'il n'est permis aux usagers d'abattre
aucun bois. Le terme de *bois-mort* employé dans un titre de ce genre peut
aussi être appliqué aux frènes, trembles

et érables.—1re, 3 mars 1846 (Usagers
de la forêt de Saint-Evroult-Notre-Dame-
des-bois), x, 672.

27.—En supposant que les communes
usagères ne pussent transiger sur leurs
droits d'usage ou les aliéner sans l'avis
de l'Intendant de la province, aux termes de l'édit du mois d'avril 1783, l'accomplissement de cette formalité doit se
présumer lorsqu'un long laps de temps
s'est écoulé depuis l'acte d'aliénation ou
de transaction fait par la commune usagère d'après la maxime: *In antiquis
omnia præsumuntur solemniter acta.*
— L'édit de 1783, qui imposait la nécessité de l'avis de l'Intendant, n'était pas
applicable aux arrangements intervenus
entre les communes usagères et l'État,
lors surtout que ces conventions étaient
sanctionnées par un arrêt du conseil revêtu de la sanction du roi.—1re, 5 mai
1845 (de Chasseloup-Laubat), ix, 237.

28. — Les arrêts du conseil qui sta-
tuaient sur les droits et les prétentions
des communes usagères sur les forêts
de l'État n'étaient pas soumis pour leur
validité et leur force exécutoire à l'enregistrement aux Parlements.—*Id*..

29.—La loi des 24 août et 14 septembre 1792 qui annule tous triages faits au
préjudice des communes en exécution
de l'art. 4 du titre 25 de l'ordonnance de
1669 n'a pas entendu anéantir les contrats faits de bonne foi entre un seigneur
et une commune. Cette règle s'applique
aux arrangements intervenus avec l'approbation du roi entre un seigneur et une
commune usagère, pour fixer le mode
et l'étendue des droits d'usages.—*Id*..

30—31.—Les usagers ne peuvent invoquer la prescription comme moyen de

libération des redevances dont ils sont tenus, si, bien qu'ayant joui sans rien payer depuis un temps suffisant pour prescrire, ils ne prouvent pas que leur jouissance a été régulièrement exercée, c'est-à dire qu'il y a eu demande de leur part et délivrance de la part des propriétaires. —1re, 18 août 1836 (Lambert), xi, 226.— 2e, 1er, avril 1848 (Commune de St.-Benoit-d'Hébertot), xii, 178.

32.—Le droit de prendre des bois dans une forêt pour constructions ou réparations de bâtiments (le maronage) est un droit conditionnel qui ne peut se prescrire par le non usage qu'autant que le délai fixé par la loi pour la prescription se serait écoulé depuis l'époque où l'usager aurait eu besoin de bois.—Aud. sol., 8 fév. 1843 (de Broyes), vii, 116.

33.—La preuve de l'exercice du droit d'usage dans une forêt, bien que, en général, elle doive résulter de procès-verbaux de délivrance ou autres actes équipollents, peut néanmoins être établie par témoins et par présomptions lorsqu'il existe un commencement de preuve par écrit ou que l'usager a été dans l'impossibilité de se procurer une preuve littérale de l'exercice de son droit.—Des actes récognitifs et des mandements pour l'exercice du droit doivent être considérés comme des commencements de preuve par écrit qui rendent vraisemblable que les délivrances ont eu lieu chaque année pendant qu'elles ont pu être exigées, lors même que, depuis ces titres, il se serait écoulé un temps suffisant pour prescrire.—*Id.*.

34.—Les droits d'usage ne se sont pas éteints par la réunion dans les mains de l'État des qualités d'usager et de pro-

priétaire d'une forêt; ce n'est là qu'une confusion momentanée qui a cessé de produire effet depuis la double restitution faite par l'État.—Aud. sol., 30 mars 1843 (Roy), vii, 286.

35.—Les communes et les particuliers ne peuvent aujourd'hui réclamer l'exercice d'anciens droits de pâturage et de panage dans les forêts de l'ancien domaine de la couronne, lors même que leurs droits seraient établis par titres, s'ils n'ont pas été compris dans l'état arrêté au Conseil du roi, en exécution de l'art. 1er du titre 19 de l'ordonnance de 1669.—1re, 5 mai 1845 (de Chasseloup Laubat), ix, 237.

36.—Les usagers n'ont droit à aucuns dommages - intérêts pour la privation qu'ils ont éprouvée de tout ou partie de leur jouissance lorsque, de leur côté, ils ne se sont pas soumis aux formalités prescrites par leurs titres, qu'ils n'ont acquitté aucunes redevances, et que d'ailleurs ils ont supporté sans se plaindre les changements opérés sous leurs yeux par les propriétaires.—1re, 18 août 1836 (Lambert), xi, 226.

37. — Les redevances en deniers ou denrées, déterminées par les anciennes chartes comme prix des usages concédés n'ont point été abolies par les lois nouvelles comme entachées de féodalité. —1re, 18 août 1836 (Lambert), xi, 226. —2e, 1er avril 1848 (Commune de St.-Benoit-d'Hébertot), xi, 178.

38.—La concession d'un droit d'usage ne peut être anéantie comme entachée de féodalité par cela seul que les usagers se seraient soumis à des charges féodales, si ces charges sont de peu d'importance et ne peuvent être considérées comme l'équivalent ou le prix des concessions à eux faites. — L'abolition de ces charges ne peut porter atteinte à la concession, objet principal et unique du contrat. — Aud. sol., 8 fév. 1843 (de Broyes), VII, 116.

39. — L'abolition de la redevance féodale établie par tête de bétail admis à la pâture ne change en aucune manière les droits des usagers, et ne peut faire refuser l'exercice du droit d'usage aux habitants de maisons construites postérieurement à la loi du 4 août 1789 abolitive de la féodalité. — 2e, 12 août 1848 (Poriquet), XII, 238.

USINES ET MOULINS. — V. Acte de commerce. — Bail (en gén.). — Barrage. — Canal. — Demande nouvelle. — Eau (cours d'). — Établissement dangereux. — Mitoyenneté. — Remploi. — Travaux publics.

Indication alphabétique.

1. — La concession administrative d'une prise d'eau crée, au profit du concessionnaire vis-à-vis des tiers, une propriété qui se conserve par l'entretien des ouvrages extérieurs constitutifs de l'existence de l'usine. — 1re, 24 nov. 1852 (Pellier), XVII, 3.

2. — Le biez creusé de main d'homme qui conduit l'eau à une usine en est l'accessoire et appartient au propriétaire de cette usine. — 1re, 16 avril 1845 (Maurice), X, 530.

3. — Le propriétaire d'un moulin est, jusqu'à preuve contraire, réputé propriétaire du biez de ce moulin ; il peut donc changer la direction de ce biez et y faire toutes autres modifications qu'il lui convient. — 1re, 9 janv. 1843 (Pernelle), VII, 55. — 2e, 24 nov. 1849 (Rondel), XIII, 455.

4. — L'art. 606 du Code Napoléon n'est pas exclusif des mécaniques des usines ; c'est par analogie que l'on range parmi les grosses réparations le rétablissement des pièces majeures qui, par leur importance et leur durée, correspondent dans les usines aux gros murs et aux couvertures entières dans les bâtiments ordinaires. — 2e, 21 mai 1834 (Decoufley), XII, 610.

5. — Des barrages momentanés n'ont point le caractère de servitude ; spécialement, la confection de barrages momentanés dans un canal servant à alimenter une usine, ne peut, quel que soit le nombre de fois qu'elle se soit renouvelée, conférer aux propriétaires riverains qui ont fait ces barrages aucun droit de servitude sur les eaux du canal. — Peu importe que la propriété de l'usine et des prairies riveraines du canal aient autrefois été réunies dans la même main.

—Peu importe encore que les riverains aient acquis par prescription le droit de recevoir dans des rigoles creusées sur leur propriété le trop plein du canal, ce droit ne peut leur conférer celui de pratiquer des barrages dans l'intérieur du canal.—1re, 25 nov. 1841 (Ballière), v, 401.

6.—Le déplacement de la cage d'une usine en amont du lieu précédemment occupé par un ancien moulin d'origine seigneuriale, le changement de l'industrie, l'augmentation même du volume de la roue ne rendent pas nécessaire une autorisation administrative, lorsque d'ailleurs la mesure déterminée d'eau, la hauteur du barrage, les dimensions du déversoir et du coursier sont restées conformes à l'ancien état des lieux existant avant 1789, et qu'il ne résulte par conséquent de ces changements aucun préjudice pour l'usine inférieure.—1re, 24 nov. 1852 (Pellier), xvii, 3.

7.—Lorsque deux usines existant depuis un temps immémorial, l'une en amont, l'autre en aval, se servent des eaux d'une rivière par voie de dérivation, tout changement fait par le propriétaire de l'usine en amont et tendant à augmenter la prise d'eau de cette usine donne ouverture à une action en rétablissement des choses dans leur ancien état.—2e, 13 janv. 1842 (Dumoncel), vi, 487.—V. suprà, v° Eau (cours d').

8. — Lorsque l'établissement d'une usine a été autorisé sous certaines conditions, les propriétaires voisins ne peuvent se plaindre de l'inexécution de ces conditions qu'autant qu'ils en éprouvent un préjudice.—1re, 25 mars 1846 (Chevalier), x, 263.

9.—L'usinier qui a construit des ou-

vrages non autorisés doit être condamné à les enlever, à rétablir les lieux dans leur état primitif, et à faire disparaître les sables et graviers indûment retenus par son fait et qui élèvent le niveau des eaux.—1re, 24 nov. 1852 (Pellier), xvii, 3.

10.—Bien qu'une usine ne soit pas autorisée par l'autorité compétente, on ne peut ordonner la destruction des ouvrages nécessaires à cette usine, sur la demande des propriétaires voisins qui éprouvent des dommages, qu'autant qu'il qu'il n'est pas possible de concilier autrement les intérêts des parties.—2e, 5 mai 1849 (Moutier), xiii, 440.

11.—L'usine en amont, même non autorisée, peut faire réduire à la hauteur déterminée par l'ordonnance qui en permet l'établissement le déversoir de l'usine en aval dûment autorisée. — 2e, 1er juill. 1842 (Fontenilliat), vi, 568.

12.—Le propriétaire d'une usine non autorisée peut réclamer des dommages-intérêts pour le préjudice que lui cause un nouvel établissement en amont.—1re, 21 août 1849 (Dolbecq), xiii, 328.

13.—Lorsque l'inondation des propriétés situées en aval d'une usine est attribuée par les propriétaires des fonds inondés à la négligence de l'usinier, c'est à eux qu'il incombe de prouver cette négligence, et non à l'usinier de démontrer que l'inondation est le produit de la force majeure, et qu'il n'a aucune faute à se reprocher.—4e, 12 juin 1850 (Thirion), xiv, 420.

14.—On ne peut considérer comme portant préjudice à un droit acquis, l'impossibilité où se trouveraient les voisins d'établir eux-mêmes une usine, parce que les pentes d'un cours d'eau doivent être rangées dans la classe des choses qui n'appartiennent privativement à personne tant qu'il n'est pas intervenu une autorisation de l'administration pour les utiliser par l'établissement d'une usine.—1re, 25 mars 1846 (Chevalier), x, 263.

15.—Est licite la convention par laquelle deux propriétaires stipulent que l'un d'eux sera tenu de détruire le barrage qu'il se propose d'établir pour les besoins de son usine, si plus tard l'autre construit lui-même une usine; ce dernier peut donc demander la destruction du barrage, en offrant le remboursement de l'indemnité par lui reçue du propriétaire de l'usine préexistante pour l'établissement de ce barrage, à condition, toutefois, qu'il ait sérieusement l'intention de construire une usine.— Le propriétaire de la première usine ne serait pas fondé à soutenir devant l'autorité judiciaire que le volume d'eau de la rivière est insuffisant pour l'établissement de deux usines; à l'administration seule appartient de décider si les deux établissements peuvent exister en même temps pour marcher soit simultanément, soit alternativement. Mais les tribunaux peuvent condamner le propriétaire à détruire son barrage, si l'administration le juge nécessaire pour l'existence de deux usines, et si mieux il n'aime souffrir les travaux ordonnés par l'administration soit sur la rive qui lui appartient, soit sur son barrage.— 1re, 26 juill. 1853 (Lemare), xvii, 276.— V. suprà, vis Barrage et Eau.

16.—Lorsque des propriétaires d'usines situées sur le même cours d'eau se présentent devant les tribunaux civils pour l'interprétation ou l'exécution de conventions arrêtées entre eux, les tribunaux doivent faire l'application et ordonner l'exécution de ces conventions, sans avoir égard aux réglements administratifs qui auraient pu intervenir, en réservant toutefois les parties à en revenir devant l'autorité judiciaire pour régler les répétitions ou dommages-intérêts résultant de l'obstacle qu'elles auraient rencontré dans l'exécution de ces conventions de la part de l'autorité administrative; mais il n'y a pas lieu de les renvoyer préalablement devant cette autorité.—1re, 13 juill. 1847 (Monsaint), xi, 510.—V. suprà, vis Barrage, no* 3 et s.—Dommages-intérêts, no 3.—Eau (cours d'), no 3.

17.—Lorsque, dans un partage testamentaire, un père de famille, propriétaire de deux usines, a accordé à l'une d'elles un volume d'eau tel que l'autre ne peut marcher avec le volume d'eau qui lui reste, on doit nécessairement supposer qu'il y a eu erreur et les tribunaux doivent interpréter la donation de manière à répartir d'une manière équitable le volume d'eau entre les deux usines. Il en est surtout ainsi lorsque, de l'ensemble de l'acte, il résulte que le père de famille a voulu évidemment faire un partage égal de ses biens entre ses enfants. — 1re, 9 fév. 1848 (Girard), xii, 261.

18.—Lorsque deux usines non autorisées sont réunies dans la même main, si l'une d'elles vient à être vendue et l'autre conservée par le propriétaire, le régime des eaux tel qu'il existait en faveur de l'usine conservée, doit, en l'absence de toute stipulation, être maintenu, notamment sous le rapport des retenues, sauf règlement par la voie administrative.— 2e, 1er juill. 1842 (Fontenilliat), VI, 568.

19.—Un règlement d'eau doit être fait contradictoirement avec le propriétaire riverain, et non avec un locataire usinier,—1re, 21 août 1849 (Dobecq). XIII, 328.

20. — Lorsque des trous circulaires, dont les diamètres varient, servent à déterminer la hauteur des eaux d'une usine ou le point de départ de diverses mesures, il y a présomption que le centre de ces trous doit seul servir de base à tous les calculs.—Lorsque les mesures sont exprimées en pouces, on doit entendre par cette expression la mesure en usage dans le pays, et non la mesure indiquée par la circulaire ministérielle du 28 mars 1812. — 2e, 22 nov. 1849 (Gervais), XIII, 431.

USINE A GAZ.—V. *Acte de commerce.*

USUFRUIT. — V. *Degré de juridiction.* — *Donation (entre vifs).* — ... *déguisée.* — ... *entre époux.*—*Légataire à titre universel.* — *Mutation par décès.* — *Prescription.* — *Quotité disponible.* — *Usufruit légal des père et mère.* — *Vente.*

Indication alphabétique.

1.—Quand un testateur a légué à une personne la propriété d'une terre à charge de servir à un tiers une rente viagère déterminée, et à une autre personne l'usufruit du *surplus* de la terre, l'extinction de la rente viagère par le décès du crédi-rentier profite à l'usufruitier du *surplus*, et non au légataire de la propriété. — 1re, 26 déc. 1849, (Duparc), XIV, 190.

2. — Quand un testateur a légué l'usufruit d'une maison qu'il faisait construire et qui n'était pas achevée, la dépense nécessaire pour l'achèvement de la maison est à la charge du légataire universel seul; l'usufruitier n'est pas tenu d'y contribuer, conformément à l'art. 609 du Code Napoléon. — 1re, 27 fév. 1849 (Herbert), XIII, 118.

3.— La donation par contrat de mariage de l'usufruit de tous les immeubles propres de l'un des futurs doit recevoir son exécution sur le prix des immeubles aliénés pendant le mariage. — 1re, 19 mars 1849 (Trolley), XIII, 144.

4. — L'usufruitier d'un droit de bail ne peut exercer son usufruit que par la jouissance du produit net du bail; quant au sapital de ce produit net lui-même, il appartient au nu-propriétaire. — 4e, 18 juillet 1842 (Fallue), VI, 575.

5. — Les baux consentis par l'usufruitier dont l'usufruit s'est ouvert sous l'empire de la Coutume de Normandie ne doivent point, dans l'état d'incertitude de la jurisprudence normande sur cette question, cesser de plein droit au décès

de l'usufruitier, conformément aux prescriptions du droit romain : ils doivent être régis par les dispositions du Code Napoléon. — 2e, 9 juillet 1847 (Bertot), XI, 321.

6. — Si un usufruitier, en cédant son usufruit, donne ouverture au rachat d'une rente dont il était tenu d'acquitter les arrérages comme usufruitier universel, et que ce rachat soit fait aux dépens du capital formant le prix de la cession, il ne peut exercer, avant la fin de l'usufruit, aucun recours contre les détenteurs de la nue propriété. — 1re, 16 mars 1842 (Corbin-Desmannetaux), VI, 478.

7. — La donation d'un usufruit, avec déclaration de la part du donateur qu'*il dispense de faire les réparations même d'entretien, lesquelles resteront à la charge du nu-propriétaire*, enlève à celui-ci le droit d'exiger de l'usufruitier qu'il fasse ces réparations, mais ne donne pas à l'usufruitier le droit de contraindre le nu-propriétaire à faire ces mêmes réparations. Le nu-propriétaire est obligé de *souffrir* la jouissance de l'usufruitier, mais non de *faire* quoi que ce soit dans l'intérêt de ce dernier. — 2e, 15 mars 1850, (de Graveron), XIV, 225.

8. — L'omission de quelques biens dans l'inventaire dressé par un mari après la dissolution de la communauté et le défaut de déclaration de quelques créances de la femme ne peuvent faire perdre au mari, si d'ailleurs il n'y a pas eu de sa part intention frauduleuse, l'usufruit auquel il avait droit sur les biens de son épouse, ou du moins ils ne peuvent soumettre ses héritiers au rapport des jouissances dont il a profité pendant

sa vie, en vertu de cet usufruit. — 1re, 22 juillet 1847 (Bureau de bienfaisance de Céton), XI, 513.

9. — La clause qui autorise l'usufruitier à faire abattre sur les biens soumis à l'usufruit, tous les bois et arbres de toute nature qu'il jugera convenable peut être exécutée dans toute son étendue et généralité, sans que l'usufruitier soit tenu de donner le motif des abattis qu'il lui plaît de faire. — Il résulte de là que les arbres ne doivent pas être compris dans l'état qui est dressé des biens soumis à l'usufruit. — 2e, 15 juillet 1843 (Veuve Bisson), VII, 471.

10. — L'usufruitier qui, en vertu du droit que lui conférait son titre, a abattu des arbres qui ne sont point encore enlevés au moment de sa mort ne les transmet pas moins à son légataire universel. — 2e, 3 juin 1847 (Poullain-Lacroix), XI, 455.

11. — Le légataire en usufruit doit contribuer au payement des dettes du défunt dans la proportion de son usufruit, et la valeur de cet usufruit est arbitrée suivant l'âge du légataire. — 2e, 28 juillet 1846 (Jacquelin-Laménardière), X, 397.

12. — Un usufruit ne doit pas nécessairement être évalué à moitié de sa valeur en toute propriété. Il doit être estimé d'après l'âge de l'usufruitier, et les tribunaux peuvent faire cette estimation sans avoir recours à une expertise. — 1re, 3 janv. 1849 (Gruel), XIII, 20. — V. *suprà*, v° *Donation entre époux*, n° 24.

13. — L'usufruitier universel doit acquitter les arrérages des rentes dont le défunt n'était tenu que comme simple caution, sans pouvoir exercer aucun re-

cours contre le nu-propriétaire. — 1re, 16 mars 1842 (Corbin-Desmannetaux), vi, 478.

14. — Les créanciers d'une succession ont action directe contre le légataire universel ou à titre universel de l'usufruit de l'hérédité. — 2e, 30 juillet 1852 'Durand), xvi, 314.

15. — Les tribunaux peuvent autoriser un créancier à louer les biens dont son débiteur a l'usufruit, ou dont la propriété est inaliénable pour que les loyers servent à acquitter le montant de sa créance, sauf, toutefois, le payement des charges qui grèvent la propriété ou l'usufruit. — 2e, 29 avril 1841 (Héot), v, 196.

16. — Bien que le donataire en usufruit d'un capital ait été dispensé par le contrat de fournir caution, si cependant le mauvais état de ses affaires fait craindre pour le capital, il peut être astreint par les tribunaux à fournir caution ou garantie quelconque. — 4e, 18 fév. 1845 (Lebosquain), ix, 185.

USUFRUIT LÉGAL (des père et mère). — V. *Puissance paternelle.*

1. — L'usufruit légal du père sur les biens de ses enfants qui n'ont point atteint l'âge de dix-huit ans est indépendant de l'exercice de la tutelle, et cet usufruit ne peut être enlevé au père sans de très-graves motifs. — 4e, 17 août 1842 (Le Buhotel), vi, 590.

2. — Lorsque le mari, au décès de sa femme, n'a point fait dresser inventaire et nommer un subrogé-tuteur à son fils mineur, il perd tout droit d'usufruit, non-seulement sur les biens appartenant au mineur dans la succession de sa mère, mais encore sur les biens qui peuvent lui échoir par la suite. — 1re, 23 fév. 1843 (Chéradame), vii, 75.

3. — La déchéance de l'usufruit légal, prononcée par l'art. 1442 du Code Napoléon contre l'époux survivant qui n'a point fait dresser inventaire, n'est pas nécessairement encourue par cela seul que cet inventaire n'a point été fait dans les trois mois qui ont suivi la dissolution de la communauté. La loi ne fixe point de délai; c'est aux tribunaux d'apprécier s'il y a eu retard coupable ou préjudiciable aux enfants. — *Spécialement,* si l'inventaire a eu lieu peu de temps après l'expiration des trois mois, et si le retard n'est dû qu'à la maladie du notaire chargé de le dresser, la déchéance ne peut être encourue. — 2e, 18 août 1842 (Hubert), vi, 513.

4. — La déchéance de l'usufruit légal sur les biens des enfants mineurs prononcée par l'art. 1442 du Code Napoléon, contre l'époux survivant qui n'a point fait faire inventaire, est tout-à-fait spéciale au régime de la communauté; elle ne peut être appliquée au cas où les époux sont mariés sous le régime dotal, même avec société d'acquêts. — 4e, 7 juillet 1845 (Tostain), ix, 615.

USURE. — V. *Intérêts (en général).* — Peine. — Prescription.

Indication alphabétique.

1. — Il y a usure toutes les fois qu'on fait produire directement ou indirectement à une somme prêtée un intérêt supérieur au taux légal, que la somme prêtée le soit à terme ou qu'elle soit constituée en rente. — 2e, 21 déc. 1849 (Nicolas), XIV, 96.

2. — Les magistrats jugent, d'après les circonstances, si l'achat d'une rente vendue avec garantie hypothécaire, moyennant un prix inférieur à la somme pour laquelle elle a été créée, constitue une opération usuraire. — Id..

3. — ... Spécialement, il peut y avoir stipulation usuraire quand le cédant a garanti non-seulement la solvabilité actuelle, mais encore la solvabilité future du débiteur, et que le transport a été fait par un prix moindre que le chiffre formant le capital de la créance ou de la rente. — Id..

4. — L'action autorisée par l'art. 3 de la loi du 3 septembre 1807 ne se prescrit que par trente ans, et non par dix ans. — 2e, 8 août 1844 (Veuve de R...), VIII, 460.

5. — L'exécution donnée judiciairement par un débiteur à un réglement de compte fait entre lui et son créancier ne met point obstacle à ce qu'il l'attaque ensuite comme composé d'éléments usuraires. Il en serait ainsi lors même que, dans certaines circonstances, il aurait invoqué ce réglement et s'en serait prévalu contre son créancier. — 4e, 26 mai 1846 (Pétit-Dulongprey), X, 322.

6. — ... Dans tous les cas, les actes de confirmation et d'exécution ne peuvent être opposés au codébiteur solidaire de celui qui les a passés. — Id..

7. — Le créancier qui a usurairement perçu des intérêts extrà légaux n'est tenu à répétition que des sommes qu'il a indûment touchées, et nullement de l'intérêt de ces sommes. — On doit toutefois retrancher les intérêts que, lors des renouvellements, le créancier faisait produire aux intérêts extrà légaux capitalisés. — 2e, 8 août 1844 (Veuve de R...), VIII, 460. — 4e, 26 mai 1846 (Petit-Dulongprey), X, 322.

8. — La compensation entre les intérêts usuraires et le capital de la dette ne s'opère pas de plein droit, mais seulement à partir de la demande en restitution. — Id..

9. — En matière de délit d'habitude d'usure, l'on ne doit pas, dans le calcul des capitaux prêtés et pour fixer l'amende, faire entrer les renouvellements d'un même prêt. — Ch. corr., 30 mars 1841 (T...), V, 104.

V.

VACANCES (tribunaux). — *V. Distribution par contribution.*

VAINE PATURE. — V. les renvois indiqués sous le mot *Pâturage.*

1. — La loi du 6 octobre 1791 n'a entendu abroger que le droit facultatif de vaine pâture fondé seulement sur l'usage général ou la coutume, mais elle a maintenu le droit de pâturage qui, reposant sur une convention, réunit tous les caractères d'une servitude réelle pro-

prement dite.—1re, 13 juillet 1835 (Commune de Caen), XIII, 552

2. — ... Cette loi, en exigeant un titre pour l'établissement du droit de pâturage, n'en a déterminé ni la forme ni les caractères ; dès-lors il suffit de représenter un titre propre à justifier l'existence d'une servitude, suivant les principes de l'ancien droit qui n'astreignait point à produire de titre primitif.— Id..

VARECH ou GOEMON.

1.—Le droit de cueillir du varech, conféré aux habitants d'une commune voisine de la mer, ne peut faire l'objet d'une convention.—La longue possession d'une commune ne peut lui donner le droit de récolter le varech dans les rochers situés dans l'étendue du territoire d'une autre commune, et par concurrence avec elle. — 2e, 11 déc. 18 0 (Commune de Glatigny), V, 28. — C., ch. req., rej., 2 fév. 1842 (Commune de Glatigny), VI, 232.— 2e, 21 nov. 1851 (Commune de Bricqueville), XVI, 16.

2. — La délimitation cadastrale peut servir de règle pour déterminer l'étendue des côtes sur lesquelles chaque commune doit être autorisée à faire la récolte du varech. — 2e, 21 nov. 1851 (Commune de Bricqueville), XVI, 16.

3.— Les ordonnances de 1681 et 1731, en accordant aux habitants des communes du littoral la faculté de faire la coupe du varech excru sur les côtes, et à toutes personnes celle de cueillir le varech sur les rochers, îles et îlots déserts en pleine mer, n'ont pas transmis un droit irrévocable, prohibitif de concessions privées ultérieures. — 2e, 20 nov. 1852 (Harasse), XVI, 332.

VENTE.— V. Acte sous seing primé. — Antichrèse. — Autorisation de femme mariée. — Cession.— Chose jugée. — Contrat pignoratif. — Contre-lettre. — Degré de juridiction. — Demande nouvelle. — Dépens. — Donation déguisée.— Double écrit.— Droits litigieux. — Échange. — Enregistrement. — Enseigne. — Éviction.— Faillite. — Femme normande. — Fonds de commerce.— Garant. — Halle. — Hypothèque (en général).—... légale des femmes. — Inscription hypothécaire. — Legs universel. — Licitation. — Maître de poste. — Mandat.— Marché à terme. — Mitoyenneté.— Notaire.— Novation. — Offices. — Payement.— Partage. — Prescription. — Privilége. — Ratification.— Récoltes en vert. — Remploi. — Rétention (droit de).— Servitudes.— Stellionat.— Stipulation pour autrui.— Subrogation. — Succession bénéficiaire. — Testament (en général). — Transcription. — Usure. — Vente de marchandises.—... publique de meubles.—... publique d'immeubles. — etc..

Indication alphabétique.

1. — En matière de vente d'immeubles, on ne doit pas supposer facilement que la convention soit définitive et la vente parfaite avant la rédaction par écrit, quand surtout il est articulé que la convention a eu lieu dans l'étude d'un notaire. — 1re, 16 juillet 1849 (Veuve Follain-Hautmesnil), XIII, 427.

2. — Lorsqu'il n'y a eu ni rédaction de cahier des charges ni signature des parties, il n'y a que projet de vente, et non pas vente. — 4e, 24 fév. 1843 (Deschevaux), VII, 520.

3. — Ne peut être considéré que comme simple projet de vente l'acte sous seing privé qui désigne, il est vrai, la chose et le prix, mais où il est dit que les autres conditions de la vente seront réglées devant le notaire. — En supposant qu'un tel acte pût être considéré comme opérant vente définitive, il devrait, à peine de nullité, être fait en autant d'originaux qu'il y a de parties intéressées. — 2e, 17 fév. 1842 (Tesnières), VI, 497.

4. — Une vente sous seing privé est valable lors même que, par un acte authentique postérieur, quelques modifications ont été apportées aux conventions primitives. — 2e, 14 mars 1850 (Renouf), XIV, 254.

5. — On ne peut considérer comme vente d'une hérédité, la vente que fait une personne de tout son mobilier ou d'une partie aliquote de ses immeubles tels qu'elle les possède actuellement, bien que l'acquéreur ne doive entrer en possession qu'à la mort du vendeur. — En conséquence, on ne peut imposer à l'acquéreur d'autres charges que celles spécifiées dans le contrat. — 4e, 19 fév. 1845 (Lepetit-Dulongprey), IX, 217.

5 bis. — N'est pas radicalement nul l'acte par lequel un propriétaire vend, par erreur, comme sien, un immeuble encore indivis; les art. 1635 et 1636 du Code Napoléon sont applicables à cette hypothèse. — 2e, 14 mars 1850 (Renouf), XIV, 254.

6. — L'action en nullité d'une vente pour défaut de consentement est indivisible. En conséquence, elle appartient à chacun des héritiers qui peut l'intenter

en son nom. Ici ne s'applique pas la divisibilité qui a lieu pour une créance. — 2e, 18 avril 1833 (Delanoë), xiv, 93.

6 bis. — L'acquéreur, par un seul et même prix, de deux chevaux non appareillés, dont l'un est atteint d'un vice rédhibitoire, ne peut faire prononcer la résiliation à l'égard de celui-ci, en prétendant conserver l'autre. Le vendeur peut invoquer l'indivisibilité de la vente. — 2e, 27 mars 1852 (Mazure), xvi, 155.

7. — Pour calculer le prix d'une vente faite à charge d'usufruit, on doit ajouter au prix en argent la valeur de l'usufruit, d'après les tables de mortalité admises pour les compagnies d'assurance sur la vie. — 1re, 7 août 1848 (Létourmy), xii, 225.

8. — La simple énonciation dans un acte d'adjudication que l'immeuble vendu est borné d'un côté par telle commune est insuffisante pour conférer à l'adjudicataire la propriété d'un fossé bornant l'immeuble de ce côté, encore bien que la commune donnée pour abornement ne commence qu'au-delà dudit fossé, si d'ailleurs il n'a été dans l'acte rien dit de la propriété du fossé. — 2e, 10 juillet 1847 (Veuve Rogère-Préban), xi, 641.

9. — Lorsque l'acquéreur d'un immeuble s'est engagé à verser son prix entre les mains des créanciers privilégiés du vendeur jusqu'à concurrence de leurs créances, et à payer le surplus au vendeur, s'il vient à obtenir des remises de la part des créanciers, ces remises profitent au vendeur, et non à lui. — 4e, 15 nov. 1843 (Marest), vii, 654.

10. — L'acquéreur chargé de payer son prix aux mains des créanciers inscrits, peut devenir valablement transportuaire des créances qu'il rembourse, si, au moment où les transports lui sont consentis par les créanciers, il existe sur les immeubles vendus des inscriptions hypothécaires pour une somme bien supérieure au prix d'acquisition. — 1re, 2 mars 1847 (Courvoisier), xi, 121. — V. suprà, vo Subrogation.

11. — Lorsqu'il a été stipulé dans un contrat de vente que l'acquéreur serait chargé du remboursement des seules créances hypothécaires inscrites, cet acquéreur n'est point tenu des autres créances hypothécaires non inscrites au moment du contrat, telle que, par exemple, celle d'un mineur. — 1re, 8 mars 1848 (Bail), xii, 628.

12. — Lorsque, dans un contrat de vente, il a été stipulé que l'acquéreur ne paierait son prix qu'autant qu'il lui serait justifié qu'il n'existe aucune inscription sur l'immeuble vendu, il est en droit de retenir son prix tant qu'on ne lui apporte pas un certificat négatif de toutes inscriptions; peu importe que celles qui ont été requises l'aient été à tort; c'est au vendeur à en faire donner mainlevée. — 4e, 9 mars 1842 (Lavalley), vi, 177.

13. — Encore bien qu'il soit dit, dans l'acte par lequel un vendeur confère à son acquéreur une hypothèque de garantie, que mainlevée de cette hypothèque sera donnée au moment où il sera justifié que le vendeur était propriétaire exclusif des biens vendus, il faut, avant de réclamer cette mainlevée, que le vendeur ou ses ayants-cause fassent reconnaître leur droit contradictoirement avec tous les tiers qui ont élevé des prétentions con-

traires, et liquident l'indemnité due à l'acquéreur à cause d'un trouble précédemment encouru. — 2e, 16 janv. 1847 (Blanchet), xi, 11.

14. — Il ne suffit pas qu'il y ait pour le mari cause légitime quelconque de vendre à sa femme pour que la vente soit parfaite, et il n'y a pas cause légitime dans le fait que la femme sera créancière de son mari lors de la liquidation de ses droits ; il faut qu'elle soit créancière antérieurement à la cession. — Le mari ne peut consentir une vente à sa femme, pour le payement de ses reprises, après l'introduction de sa demande en séparation de biens, mais avant que toutes les formalités prescrites pour rendre le jugement public aient été remplies. — 1re, 4 janv. 1851 (Lafilard), xv, 83.

15. — La vente faite sans fraude par un mari à sa femme des immeubles de la société d'acquêts, pour lui servir de remploi de sa dot, ne peut être arguée de nullité par un créancier du mari inscrit sur lesdits acquêts, soit parce que le prix ne représenterait pas la valeur réelle du bien vendu, soit parce que certains éléments de la créance dotale ne seraient pas justifiés, soit enfin parce que cette créance n'aurait pas d'hypothèque sur les acquêts faits par le mari commerçant. — Le créancier inscrit doit, dans ce cas, agir contre la femme comme contre tout tiers détenteur, et, si la femme ne paie ni ne délaisse, il a droit de porter une surenchère et, sur l'ordre qui devra être tenu pour la distribution du prix, il pourra critiquer, soit le chiffre de la créance prétendue par la femme, soit même l'existence de son hypothèque. — 2e, 16 mai 1846 (Jouvet),

x, 289.

16. — L'acte par lequel un propriétaire s'est engagé envers un tiers à passer directement, soit en donnant sa procuration à cet effet, soit en donnant sa ratification, les contrats de vente de tout ou partie de sa propriété consentis par ce tiers, sous certaines conditions déterminées, ne confère aucun droit quelconque aux individus qui auraient acquis de ce tiers, si celui-ci ne s'est pas exactement conformé aux conditions qui lui avaient été imposées. — 2e, 28 mars 1846 (Guibert), x, 527.

17. — L'acquéreur qui a profité de la faiblesse d'un individu pour se faire consentir une vente peut être condamné aux frais occasionnés par une demande en interdiction, lorsque les héritiers ont été forcés de l'intenter pour se réserver le droit de demander la nullité de la vente. Cette condamnation n'est que la réparation d'un préjudice causé par le fait de l'acquéreur. — 2e, 18 avril 1833 (Delanoë), xiv, 597.

18. — L'action en rescision n'est admissible que lorsque les faits articulés sont déjà rendus assez vraisemblables pour faire présumer la lésion. — 1re, 24 août 1848 (Létourmy), xii, 225.

19. — La concession du droit d'établir une briqueterie sur un terrain et d'en extraire l'argile nécessaire à la fabrication des briques n'est pas un louage, encore bien qu'elle ait lieu pour un temps et moyennant des annuités déterminées ; un pareil contrat est une vente. — En conséquence, lorsque le droit de celui qui a consenti une pareille exploitation vient à être résolu, le droit qu'il avait concédé l'est aussi. — 1re, 27 fév,

1844 (Saffray), viii, 197.

20. — Lorsqu'un usufruitier a vendu son droit au nu-propriétaire moyennant une rente viagère de même valeur, il n'y a point là contrat aléatoire, mais bien contrat de cession ou d'échange, de sorte que, à défaut de payement des arrérages, ce n'est pas l'art. 1978, mais bien les art. 1184 et 1654 du Code Napoléon qu'il faut appliquer. — 4e, 15 juin 1846 (Mazure), x, 337.

21. — La résolution d'une vente d'immeubles peut être demandée par le vendeur non payé contre l'acquéreur qui ne détient plus les immeubles vendus, sans que celui-ci puisse se faire une fin de non-recevoir de ce que l'action n'a pas été introduite contre le sous-acquéreur dont il révèle le contrat. — 2e, 7 mars 1845 (Chrétien), ix, 78.

22. — L'action en résolution intentée par un vendeur à charge de rente ne peut être écartée, au cas de saisie immobilière, par l'insertion au cahier des charges d'une clause portant que : « L'adjudicataire retiendra telle somme pour faire face au payement de la rente, et qu'il sera remis au crédi-rentier une grosse du cahier de charges. » Celui-ci n'est pas tenu de se contenter d'une pareille stipulation, si, de plus, l'adjudicataire ne consent pas à ce que le privilége de renvoi en possession continue d'exister. — 1re, 29 nov. 1852 (Albert), xvii, 25. — V. suprà, vo Rente foncière, no 6.

23. — Le vendeur qui, à défaut de payement du prix, se fait renvoyer en possession de l'immeuble vendu, ne peut être tenu de contribuer aux frais d'une expropriation dirigée sur ce même immeuble par un créancier de l'acquéreur.

— Il en est surtout ainsi lorsque le vendeur avait requis sur l'immeuble une inscription indiquant le privilége attaché à sa créance. — 1re, 1er juin 1841 (Loyer), v, 315.

24. — C'est à la partie qui demande la résolution d'un contrat de vente, faute de payement du prix, de justifier que le prix est encore dû. — 4e, 7 fév. 1844 (Pesnel), viii, 69.

25. — Un vendeur est très-difficilement supposé avoir renoncé à l'action résolutoire qui lui compétait à défaut de payement du prix de vente. — Spécialement, l'acceptation par lui faite de la délégation d'une partie du prix de revente, sa présentation à l'état d'ordre et les contredits qu'il y aurait élevés ne peuvent engendrer une fin de non-recevoir contre son action résolutoire. — 4e, 28 août 1843 (Bioche de Misery), vii, 487. — V. suprà, vo Donation, no 30.

26. — Lorsqu'une vente est résolue pour cause d'inexécution des obligations du vendeur, celui-ci doit payer à l'acquéreur, à titre de dommages-intérêts, une somme équivalente au bénéfice d'une revente dont la preuve est rapportée ; mais l'acquéreur ne peut obtenir en outre la restitution de ses frais de contrat, et il doit tenir compte des fermages et fruits qu'il a pu percevoir depuis sa mise en jouissance. — 1re, 21 mars 1848 (Rouelle), xii, 31.

27. — Quand un mari cède à un tiers des droits appartenant à sa femme, en promettant la ratification de cette dernière, il doit indemniser l'acquéreur des frais de l'instance et des pertes éprouvées, si la femme refuse sa ratification et fait annuler la cession pour cause de

29

dotalité. — 1re, 8 mars 1848 (Bail), xii, 628. ▓ ▓　▓▓

28. — L'offre de prouver que, à l'époque du contrat, la partie venderesse ne jouissait pas de ses facultés intellectuelles est inadmissible lorsque celle-ci est décédée sans que, de son vivant, il ait été formé contre elle une demande en interdiction, pourvu, toutefois, que l'acte attaqué ne soit pas un acte à titre gratuit. — 1re, 9 nov. 1847 (Vautier), xi, 438.

29. — La vente faite moyennant un prix déterminé, plus une petite somme donnée à titre de pot-de-vin, ne peut être anéantie par le remboursement fait par le vendeur du double de la somme à lui remise à-compte sur ce pot-de-vin. Il en serait autrement si la somme avait été versée comme arrhes. — 2e, 16 fév. 1849 (Lecrosnier), xiii, 170.

30. — La résiliation d'un contrat de vente ne peut être prononcée par cela seul que l'immeuble vendu se trouve grevé de quelques servitudes non déclarées lors du contrat et qui mettent obstacle à la réalisation des projets de l'acheteur (la création d'un passage), si d'ailleurs, dans l'état actuel des choses, elles ne font éprouver qu'un léger préjudice. Il ne peut y avoir lieu, dans ce cas, qu'à une simple diminution de prix. — 2e, 4 juin 1842 (Bedeaux), vi, 373.

31. — L'effet de la résiliation d'un contrat de vente étant de faire réputer cette vente comme n'ayant jamais eu lieu, le vendeur, qui est en même temps, et pour d'autres causes, créancier à hypothèque légale sur son acquéreur, ne peut rien réclamer pour cet objet des acquéreurs des biens soumis à son hypothèque. — 4e, 31 janv. 1844 (Lerouge), viii, 181.

32. — Un simple danger d'éviction suffit pour faire prononcer la résolution d'un contrat de vente, lorsque ce danger est imminent, et que, d'ailleurs, l'acquéreur ne pourrait entreprendre la purge sans s'exposer à perdre ses frais. — 1re, 21 mars 1848 (Rouelle), xii, 31.

33. — L'acquéreur d'un immeuble qui, pour éviter la dépossession, rembourse au précédent propriétaire les sommes qui lui sont dues en principal, intérêts et frais a le droit de se faire tenir compte par son vendeur du montant intégral des sommes qu'il a payées au-delà de son prix. — 1re, 3 mai 1843 (de Saint-Quentin), vii, 256.

34. — L'acquéreur dépossédé par suite de la nullité de la vente a droit non-seulement au prix qu'il a payé, mais encore aux intérêts de ce prix, à partir du jour de sa dépossession. — 4e, 31 mai 1843 (Labaye-Marie), vii, 444.

35. — Des acquéreurs évincés dont la créance sur le vendeur s'est éteinte par l'exception de non-valable défense ont, par cela même, perdu le droit d'agir du chef de leur vendeur contre ceux au profit desquels l'éviction a été prononcée. — 2e, 25 fév. 1850 (Devillereau), xiv, 297.

36. — Quand une partie du prix de vente d'un immeuble a été dissimulée par une contre-lettre, et ce dans l'intérêt commun du vendeur et de l'acheteur, on doit regarder comme tacitement convenu que les frais d'enregistrement seront à la charge de celle des parties par la faute de laquelle la contre-lettre sera arrivée à la connaissance de la régie. —

Cette convention n'a rien de contraire à l'ordre public. — Par conséquent, si la contre-lettre est parvenue à la connaissance de la régie par la faute commune du vendeur et de l'acheteur, le triple droit de mutation doit être supporté également entre eux. — 1re, 9 juillet 1849 (Vigier), XIII, 295.

37. — Lorsqu'il a été formellement stipulé dans une vente partielle que l'acquéreur *serait obligé de se clore sur son fonds et à ses frais*, par des murs, en pierre, etc., cette obligation grève l'héritage vendu tout entier, et le tiers détenteur ne peut se soustraire à son obligation qu'en abandonnant tout cet héritage.—Il ne lui suffirait pas d'abandonner seulement ses droits de propriété sur le mur de clôture. — 1re, 17 mars 1846 (Bazire), X, 479.

38.—La clause par laquelle un vendeur garantit à son acheteur qu'il n'existe aucune servitude passive sur le fonds vendu s'applique aussi bien aux servitudes naturelles qu'aux servitudes conventionnelles, et cela lors même que les servitudes seraient manifestées par un signe apparent. — 1re, 16 déc. 1845 (Roger), X, 508.

39. — La clause d'un contrat de vente portant que l'acquéreur devra souffrir les servitudes passives apparentes ou occultes, s'il en existe, pourvu toutefois qu'elles soient justifiées par titres légitimes et non prescrits, rend l'acquéreur non-recevable à réclamer aucune indemnité pour l'exercice d'une servitude de passage non déclarée formellement dans l'acte, si l'acquéreur, connaissant l'origine des biens à lui vendus, n'a pu ignorer qu'un passage était dû aux cohéri-

tiers de son vendeur.—2e, 27 avril 1849 (Veuve Hébert), XIII, 159.

40. — Le vendeur ne doit pas garantie à l'acquéreur pour les servitudes dont la propriété vendue est grevée, lorsqu'il est prouvé que, au moment de la vente, ce dernier connaissait ces servitudes. — Il en est surtout ainsi quand il a été stipulé dans l'acte que l'acquéreur supporterait les servitudes dont l'objet vendu pourrait être grevé. — 2e, 17 janv. 1851 (Blin-Baron), XV, 121.

41.—Lorsque, dans un acte de vente, il a été stipulé que l'acquéreur supporterait les droits passifs bien établis et non prescrits, le vendeur n'est soumis à aucun recours à raison des servitudes occultes, telles que celles de tour d'échelle, qui viennent a se découvrir. — L'art. 1638 du Code Napoléon est, dans ce cas, sans application. — 2e, 17 mai 1847 (Veuve Lefèvre), XI, 309.

42. — Le vendeur ne doit pas garantie à l'acquéreur pour les servitudes militaires, à moins qu'il ne soit intervenu à ce sujet une convention spéciale. — 1re, 22 nov. 1842 (Lebuhotel), VII, 521.

43.— Les dispositions des art. 1616 et 1617 du Code Napoléon, relatives aux ventes d'immeubles, ne sont pas applicables aux ventes mobilières, et specialement a la vente de la superficie d'un bois.—L'erreur dans l'indication de la contenance ne doit pas nécessairement entraîner une réduction proportionnelle du prix, et les juges peuvent prononcer la résiliation du marché s'il leur paraît évident, d'après les circonstances, que les parties ne se sont pas précisément entendues sur ce que l'une voulait vendre et l'autre acheter. — 1re, 8 nov. 1843 (Lefebvre), VII, 697.

44. — La vente d'objets mobiliers, spécialement de bois, est réputée faite suivant l'usage du lieu où le marché a été conclu. C'est donc cet usage qui doit servir de guide pour lever les difficultés qui surgissent entre les parties. — 4e, 2 avril 1845 (Lecomte), IX, 191.

VENTE ADMINISTRATIVE. — V. Domaine de l'État,

VENTE A TERME. — V. Vente publique de meubles.

VENTE AUX ENCHÈRES. — V. Vente publique de meubles. —... d'immeubles.

VENTE DE BIENS DE MINEURS. — V. Mineur. — Puissance paternelle. — Tuteur. — Vente publique d'immeubles.

VENTE DE BOIS. — V. Rétention (droit de).

VENTE DE MARCHANDISES ou VENTE COMMERCIALE. — V. Clause pénale. — Commissionnaire. — Compétence commerciale. — Contrat synallagmatique. — Degré de juridiction. — Faillite. — Novation. — Prêt. — Rétention (droit de). — Revendication. — Vente. —... publique de meubles.

1. — Il faut considérer comme vice apparent dont le vendeur n'est pas tenu celui qui peut être découvert au moyen d'une opération simple et connue, lorsque, d'ailleurs, la marchandise a été achetée en vrac. — 4e, 19 août 1846 (Joly), X, 405.

2. — Il n'y a lieu ni de prononcer des dommages-intérêts contre le vendeur lorsque l'acheteur, en refusant la marchandise à lui expédiée, n'a point fait constater le défaut de qualité sur lequel il motivait son refus, ni d'ordonner l'exécution de la vente par l'acheteur, lorsque le vendeur a disposé de la marchandise refusée. — 4e, 2 avril 1845 (Lecomte), IX, 191.

3. — La réception, l'emmagasinement, la vente même d'une partie des marchandises n'élèvent pas une fin de non-recevoir contre la demande en garantie, pour défaut de qualité et quantité formée par le destinataire. — Les art. 105 et 106 du Code de commerce sont exclusivement applicables à la responsabilité du voiturier. — 2e, 14 fév. 1852 (Hinsch), XVI, 118.

4. — Lorsque le destinataire a reçu une cargaison de mauvaise qualité, en exigeant une diminution du prix convenu, qu'il a défoncé les barils, et déjà mis une partie du contenu dans ses caves, il est non-recevable à prétendre que la marchandise n'a pas été vérifiée, et à contraindre le capitaine à la reprendre. — 4e, 13 nov. 1843 (Leblanc), VII, 604.

5. — Lorsque la marchandise vendue n'a point été livrée au jour fixé par la convention, il y a lieu de prononcer, sur la demande de l'acheteur, la résiliation du marché ; et, dans ce cas, les dommages-intérêts dus par le vendeur consistent dans le payement de la différence entre le prix de la marchandise au moment où la livraison devait s'en faire et le prix de ladite marchandise au moment où il y a eu mise en demeure d'opérer la livraison. — 4e, 11 avril 1842 (Mouville), VI, 563.

6. — Lorsqu'un délai a été stipulé entre deux commerçants pour la livraison de marchandises, la résolution du marché peut être prononcée par cela

séul que la livraison n'a pas été faite dans le délai prescrit, sans qu'il soit besoin que le vendeur ait été mis en demeure par une sommation. — 4e, 17 juillet 1848 (Lemarquand), XII, 285.

7. — Celui qui, comme vendeur d'un objet livré, aurait action pour demander son payement ne peut cependant rien exiger à cet égard, si, par sa faute ou sa négligence, il a occasionné la perte de cet objet dont le transport lui était confié comme mandataire. C'est là le cas d'appliquer la maxime : *Quem de evictione tenet actio, eumdem agentem repellit exceptio.* — 4e, 11 déc. 1844 (Alexandre), VIII, 652.

VENTE DE MEUBLES. — *V. Créances. — Faillite. — Récoltes en vert. — Rétention (droit de). — Vente. — ... de marchandises. — ... publique de meubles.*

VENTE DE RÉCOLTES. — *V. Récoltes en vert.*

VENTE D'IMMEUBLES. — *V. Cession. — Consignation. — Faillite. — Mineur. — Privilége. — Réméré. — Transcription. — Vente publique d'immeubles.*

VENTE PUBLIQUE DE MEUBLES.

Indication alphabétique.

1. — Les greffiers n'ont point le droit de faire des ventes de récoltes pendantes par branches ou par racines. — 2e, 24 juin 1847 (Chauvel), XI, 329.

2. — Les huissiers n'ont pas le droit de procéder aux ventes publiques des fruits et récoltes pendants par branches et par racines (sauf le cas de saisie-brandon). Ce droit appartient exclusivement aux notaires. — 2e, 25 fév. 1850 (Falaise), XIV, 336.

3. — Les huissiers et greffiers de justice de paix n'ont que le droit de faire des ventes publiques de meubles et effets mobiliers. Ils ne peuvent, en conséquence, procéder à des ventes publiques de récoltes pendantes par branches et par racines (sauf le cas de saisie-brandon), de bois-taillis ou de futaie et d'arbres de haut jet, tant qu'ils n'ont pas été détachés du sol : aux notaires seuls appartient ce droit. — Le caractère d'officiers ministériels des huissiers et des greffiers de justice de paix empêche qu'ils ne soient considérés dans les ventes de ce genre comme de simples mandataires. — 1re, 11 août 1852 (Notaires de Saint-Lo), XVI, 262.

4. — Les greffiers peuvent faire des ventes de meubles avec stipulation de terme et de cautionnement, ou autres garanties. — 2e, 24 juin 1847 (Chauvel), XI, 329.

5. — Si le commerçant qui, sous prétexte de cessation de commerce, s'ést fait autoriser à vendre ses marchandises neuves aux enchères n'a réellement pas cessé ses opérations commerciales, il y a lieu non-seulement de lui retirer

l'autorisation qui lui a été indûment accordée, mais de le condamner à des dommages-intérêts envers les commerçants sédentaires. — 4e, 31 déc. 1845 (Hamard), x, 663.

6. — Peuvent être vendues aux enchères publiques les marchandises qui abandonnées par le failli à ses créanciers ont été rétrocédées par ceux-ci à un tiers, moyennant qu'il leur payera tant pour cent de leurs créances. — 4e, 29 novembre 1842 (Moutier), vii, 613.

7. — L'art. 486 du nouveau Code de commerce et l'art. 4 de la loi du 25 juin 1841 ont abrogé le principe écrit dans la législation antérieure, principe en vertu duquel les commissaires-priseurs avaient le monopole du droit de vendre au chef-lieu de leur établissement, au préjudice des huissiers, greffiers et notaires. —En d'autres termes, les juges-commissaires aux faillites ont le droit de désigner les huissiers et autres officiers publics qu'il leur convient de choisir pour procéder à la vente des marchandises de la faillite, même dans le lieu où il existe des commissaires-priseurs. —2e, 18 janv. 1843 (Poitrineau), viii, 17. — *Contrà*, 2e, 25 août 1843 (Gohier), *ibid.*.

8. — Les tribunaux civils sont compétents pour statuer sur le point de savoir si les huissiers peuvent être désignés par les juges-commissaires aux faillites pour procéder à la vente des marchandises desdites faillites dans les villes où sont établis des commissaires-priseurs. — Il en est ainsi lors même qu'une ordonnance du juge-commissaire aurait désigné la classe des huissiers.—

Dans tous les cas, et en supposant même que le bien ou mal fondé de cette ordonnance pût constituer une question préjudicielle qu'il faudrait faire vider par le tribunal de commerce, cette question ne pourrait donner lieu qu'à un sursis, et non au dessaisissement complet des tribunaux civils. — 2e, 18 janv. 1843 (Poitrineau), viii, 17. — 2e, 25 août 1843 (Gohier), *ibid.*.

9. — Doivent être considérés comme marchandises neuves les bois de construction refusés par l'administration de la marine militaire, malgré les mutilations qu'ils ont subies pour la vérification. Il y a lieu dès-lors d'appliquer les dispositions de la loi du 25 juin 1841. — Les tribunaux peuvent autoriser la vente de ces bois par petits lots, et réduire le minimum de valeur de ces lots à 10 fr., lors surtout que cette vente ne porte aucun préjudice au commerce local. — 2e, 23 mars 1850 (Liais), xiv, 275.

10. — ... Ces ventes, ainsi mises à la portée des consommateurs, doivent être faites par le ministère du commissaire-priseur, le ministère des courtiers étant réservé aux ventes en gros et à la portée des *commerçants.*—*Id.*.

11. — De ce que les bois de construction figurent sur l'état dressé par le tribunal et la chambre de commerce, il n'en résulte pas un droit exclusif au profit des courtiers de procéder à ces ventes. Les tribunaux doivent choisir l'officier public, suivant les réglements d'attribution.—*Id.*.

VENTE PUBLIQUE D'IMMEUBLES.— *V. Saisie immobilière.—Surenchère.*

Indication alphabétique.

1.—Les tribunaux ont un pouvoir discrétionnaire pour déléguer un notaire ou commettre un juge pour procéder à une vente d'immeubles. Le seul motif de préférence entre ces deux modes est l'intérêt bien entendu des parties.—2e, 11 mai 1844 (James), VIII, 249.—1re, 18 mars 1850 (Pannier), XIV, 278.

2.—*Id*... lorsqu'il s'agit d'une vente par suite de faillite.— 1re, 9 juill. 1849 (Syndic Tardif), XIII, 361.

3.—*Jugé encore que* les tribunaux ne doivent pas renvoyer nécessairement devant un notaire les ventes judiciaires d'immeubles, si toutes les parties, majeures, se réunissent pour demander ce renvoi; mais, dans ce cas, le renvoi doit être ordonné si rien ne prouve que ce mode soit contraire à l'intérêt bien entendu des parties. — Ch. vac., 25 oct. 1845 (Héritiers Leloutre), X, 111.—1re, 12 août 1846 (Héritiers Youf), X, 500.— 2e, 11 nov. 1847 (Lefranc), XII, 527.—V. *en sens contraire*, trib. civil de St.-Lo, 7 janv. 1846 (Héritiers Leloutre), X, 111.

4.— Les cours impériales n'ont pas qualité pour réformer les décisions par lesquelles les tribunaux de première instance ordonnent que les ventes judiciaires qu'ils autorisent auront lieu devant un notaire ou à la barre de justice. —Trib. civ. de St.-Lo, 9 janv. 1846 (Leloutre), X, 111.— *Contrà*, 1re, 12 août 1846 (Fayel), X, 500.—V. *suprà*, vo *Saisie immobilière*, n° 22.

5.—Lorsque les tribunaux autorisent l'aliénation de biens de mineurs, ils doivent ordonner qu'il sera procédé à la vente soit devant notaire, soit devant le tribunal, en choisissant celui des deux modes qui, d'après les circonstances, convient le plus à l'intérêt des mineurs. Les juges doivent à cet égard prendre en haute considération l'avis du conseil de famille.—1re, 8 juin 1840 (Courtois), V, 216.

6.— Il suffit que la présence du subrogé-tuteur à l'adjudication des biens du mineur soit constatée par le procès-verbal, il n'est nécessaire ni de la signature du subrogé-tuteur, ni de constitution d'avoué de sa part.—2e, 15 juill. 1843 (Almy-Dérouville), VII, 463.

7.—La vente faite par un tuteur des biens de son pupille, après y avoir été autorisé par délibération du conseil de famille homologuée par le tribunal, pour acquitter les dettes de la succession de l'auteur du pupille, n'est pas valable si l'autorisation n'a été précédée d'un compte sommaire présenté par le tuteur et constatant que les deniers, effets mobiliers et revenus du mineur étaient insuffisants pour le payement de ces dettes. Les acquéreurs trouvent dans l'inaccomplissement de cette formalité un motif suffisant pour se refuser au payement de leur prix.—2e, 23 déc. 1848 (Martine), XII, 507.

8.—Lorsqu'une vente doit avoir lieu chez un notaire en exécution d'un arrêt de la Cour, le tribunal n'est pas compétent pour statuer sur l'opposition formée à la vente. (Ainsi résolu par le tribunal, mais non résolu par la Cour.— 4e, 30 avril 1849 (Roblin), XIII, 330.

9.—L'art. 728 du Code de procédure civile qui exige que les moyens de nullité soient proposés au plus tard trois jours avant l'adjudication n'est relatif qu'aux incidents de la saisie immobilière; il n'est pas applicable aux aliénations des biens des mineurs et des biens dotaux des femmes. Dans ces sortes de ventes judiciaires, les moyens de nullité peuvent être proposés en tout état de cause.—2e, 31 mars 1848 (Mayet), XII, 36.

10.—Lorsque le jugement qui ordonne une vente d'immeubles avec telles ou telles conditions a été exécuté sans réserves, on ne peut plus attaquer l'adjudication faite conformément à ces conditions.— 2e, 15 juill. 1843 (Almy-Dérouville), VII, 463.

VENTE SUR PUBLICATIONS VOLONTAIRES — *V. Saisie immobilière.*

VENTILATION. — *V. Éviction.— Femme normande.*

VÉRIFICATION D'ÉCRITURE. — *V. Appel en matière civile.- Degré de juridiction.- Testament olographe.*

1.—L'héritier qui a déclaré ne pas reconnaître la signature de son auteur, doit être condamné aux frais de la vérification si la signature est reconnue véritable. — 1re, 2 avril 1845 (Veuve Dornois), IX, 112.

2.—Un acte de célébration de mariage devant l'officier de l'état civil peut être admis comme pièce de comparaison dans une vérification d'écriture.—4e, 11 juill. 1843 (Desmares-Lemore), VII, 483.

3.—La Cour peut, sans recourir à une vérification d'écriture par experts, déclarer sincère la signature méconnue par la comparaison qu'elle-même en a faite avec d'autres signatures.—2e, 18 nov. 1842 (Lenfant), VI, 606.— 2e, 23 déc. 1843 (Grigy), VIII, 671.

4. — En matière de vérification d'écriture, on doit admettre la preuve non-seulement des faits qui se rattachent immédiatement à la confection de l'acte à vérifier, mais encore de ceux qui se rapportent à l'intention du confectionnaire relativement à cet acte.—2e, 20 avril 1849 (Aubert), XIV, 41.

VÊTEMENTS. — *V. Femme normande.*

VICES.—*V. Vente de marchandises.*

VICE-CONSUL.— *V. Contrat à la grosse.*

VICE RÉDHIBITOIRE.—*V. Vente.*

1.—Les actions pour rédhibitions conventionnelles doivent, à défaut de stipulation formelle, être intentées dans les délais fixés par la loi du 20 mai 1838 sur les vices rédhibitoires.—1re, 5 juin 1848 (Escher), XII, 113.

2. — Pour la validité d'une demande en résolution d'une vente d'animaux, il suffit d'indiquer dans l'exploit que l'animal vendu est atteint d'un *vice rédhibitoire*; il n'est pas nécessaire, à peine de nullité, de faire connaître la nature du vice et sa dénomination.— C. cass., 11 nov. 1846 (Frezier), X, 629.

VIDANGEUR. — *V. Liberté du commerce.*

VIDUITÉ (droit de).—V. les renvois indiqués sous le mot *Gains nuptiaux*.

Depuis la loi du 17 nivôse an II, le droit de viduité au profit du mari normand n'a pu exister qu'en vertu d'une stipulation.— !re, 11 fév. 1845 (Bobot), IX, 110.

VILITÉ DE PRIX.—*V. Donation déguisée.— Remploi.— Rente viagère.*

VILLE.—*V. Commune.*

VIOLENCE.—*V. Obligations.*

VISA. — *V. Exploit.— Faillite.— Huissier. — Offres réelles. — Saisie immobilière.*

VOIE PUBLIQUE. — *V. Chemin de hallage.—... communal.—... public.—Servitudes.—etc.*.

VOISIN.—VOISINAGE.—*V. Exploit.—Usine.—etc.*.

VOITURES PARTICULIÈRES. —*V. Octroi.*

VOITURES PUBLIQUES. — *V. Maître de poste.— Poste aux lettres. —Société en nom collectif.*

1.—C'est le relayeur et non l'entrepreneur qui a le droit de choisir le postillon-conducteur. Mais ce choix doit être agréé par l'entrepreneur, et, en cas de difficulté, l'autorité judiciaire doit commettre un tiers-expert pour choisir ce postillon.—1e, 23 fév. 1848 (Lebrec), XII, 622.

2.—Lorsque l'entrepreneur et le relayeur, dans les conventions intervenues entre eux, ne se sont pas expliqués sur la nature du chargement de la voiture, sur le *maximvm* du poids que cette voiture pourrait atteindre, ni sur le point de savoir si le relayeur serait tenu ou non de s'arrêter en route, dans le trajet de la voiture, pour prendre soit des voyageurs, soit des articles de messageries non inscrits sur la feuille de route, l'autorité judiciaire doit poser elle-même les règles à cet égard. Dans ce cas, il faut concilier autant que possible l'intérêt des parties avec les lois et ordonnances sur la police du roulage, le chargement et le poids moyen des voitures.—*Id.*.

VOITURIER.— *V. Acte de commerce. — Commissionnaire de transport. — Compétence commerciale.— Maître de poste.— Poste aux lettres.*

VOL.— *V. Action civile.— Escroquerie.—Saisie-exécution.—Testament olographe.*

1.—L'art. 388 du Code pénal est applicable à la *tentative de vol de poisson* comme au vol lui-même.—Ch corr, 29 nov. 1843 (Bazière), VII, 556.

2.—... Le fait d'avoir pêché dans un étang peut, suivant les circonstances, être considéré non-seulement comme une *tentative de vol de poisson*, mais comme le vol lui-même, encore bien que l'accusation soit dans l'impossibilité de retrouver aucune trace du poisson prétendu volé.—Il en est surtout ainsi lorsque l'état de l'étang et le nombre de coups de filet ne permettent pas de penser que le projet des délinquants ne s'est pas réalisé.—*Id.*.

VOLIÈRE.—*V. Immeuble par destination.—Meuble.*

VOYAGEUR.—*V. Boissons.*

VUES.—*V. Servitudes.*

APPENDICE

APPENDICE.

RÉSUMÉ ALPHABÉTIQUE DE LA JURISPRUDENCE

DE LA COUR DE CAEN,

PENDANT L'ANNÉE 1854.

Nota. — *Toutes les solutions indiquées dans cet appendice sont rapportées dans le tome* xviii *du Recueil de la Jurisprudence des Arrêts de la Cour de Caen. — Les abréviations sont les mêmes que dans le Dictionnaire.*

A

ABSTENTION DE JUGE.

1. — Peut s'abstenir le juge qui a donné publiquement son opinion sur le procès.— 1re, 4 déc.. 1854. (Jardin), 318.

2. —Des relations même très amicales ne sont pas un motif légitime d'abstention ou de récusation.—*Id*..

3. — Lorsqu'il y a abstention de la part de tous les juges composant un tribunal, c'est à la Cour impériale de statuer sur les motifs d'abstention. On doit alors appliquer, par analogie, les règles relatives au réglement de juges, et la Cour peut être saisie par simple requête. — *Id*..

4.—En cas d'abstention ou de récusation bien fondée de tous les membres d'un tribunal de commerce, la Cour doit renvoyer non devant le tribunal civil du lieu, mais devant le tribunal de commerce le plus voisin.— *Id*..

ACQUIESCEMENT.

1. — S'en rapporter à justice n'est ni acquiescer ni reconnaître le bien fondé des demandes de l'adversaire.— 1re, 9 fév. 1854 (Cauvet), 78.

2. — Le silence d'une partie ne peut être considéré comme un acquiescement : ainsi, de ce que, dans les conclusions prises par cette partie en première instance, il ne se trouve pas un chef spécial de contestation contre une réclamation formée par l'adversaire, on ne doit pas conclure qu'il y a eu acquiescement à cette demande, si rien, dans ces mêmes conclusions, ne tend à établir cet acquiescement.— 2e, 9 déc. 1854 (Launay), 23.

3. — Consentir à ce qu'une expertise ait lieu, c'est acquiescer au jugement qui ordonne cette expertise, lors même que l'on aurait antérieurement attaqué cette décision par voie d'opposition ou d'appel, et que, en consentant à l'expertise, on aurait fait des réserves à cet égard.—2e, 7 avril 1854 (Guernier), 215.

ACTE ADMINISTRATIF.

Est exclusivement de la compétence de l'autorité administrative la question de savoir si un décret invoqué devant les tribunaux civils a définitivement opéré le partage d'un marais entre deux communes.—2e, 20 mai 1854 (Delarue), 303.

ACTE DE COMMERCE.

Constitue un acte de commerce l'achat d'étoffes fait par un individu, pour les revendre après en avoir fait des vêtements.— 4ᵉ, 31 mai 1854 (Chapel), 304.

ACTE NOTARIÉ.

Est radicalement nul le renvoi porté à la fin d'un acte notarié, malgré la mention que lecture en a été faite, si ce renvoi n'a été ni signé ni paraphé spécialement, ni formellement approuvé.—1ʳᵉ, 18 juill. 1854 (de Gaalon), 234.

ACTION.—V. *Appel en matière civile.*

ACTION EN NULLITÉ ou RESCISION. — V. *Degré de juridiction. — Délégation.— Faillite.— Mariage.— Partage d'ascendant.— Testament.—Tiers détenteur.— Vente.*

ACTION RESOLUTOIRE.— V. *Délégation.— Folle enchère.— Novation. — Vente — ... de meubles.*

ACTION REVOCATOIRE.— V. *Hypothèque légale des femmes.*

ADJUDICATION.—V. *Folle enchère.— Licitation.*

ADULTÈRE.

Le complice de la femme adultère peut être condamné à des dommages-intérêts envers le mari, lorsque les juges reconnaissent que, de l'adultère, il est résulté un préjudice pour lui. — 4ᵉ, 2 janv. 1854 (L...), 32.

APPEL EN MATIÈRE CIVILE.— V. *Demande nouvelle.— Distribution par contribution. — Exploit. — Faillite.— Huissier.— Intervention. — Licitation. — Ordre. — Saisie immobilière.*

1. — L'appel n'est soumis à aucune forme sacramentelle ; il suffit que, par des expressions quelconques, pourvu qu'elles soient claires, on demande que le jugement soit anéanti et déclaré sans effet. — Aud. sol., 26 juill. 1854 (Prével), 313.

2.— Il y a connexité, et, par suite, lieu à jonction de deux appels portés, l'un du jugement qui prononce une condamnation, l'autre du jugement qui statue sur des difficultés élevées à l'occasion de la mise à exécution de cette condamnation.— 4ᵉ, 28 juin 1854 (Legabilleux), 266.

3.—On ne peut porter appel que contre le dispositif et non contre les motifs d'un jugement.—2ᵉ, 2 août 1854, (P...), 255.

APPEL EN MATIÈRE CORRECTIONNELLE.

Bienqu'une partie civile ait porté seule l'appel d'un jugement correctionnel qui a relaxé le prévenu, le ministère public a qualité pour citer les parties devant la Cour, afin de faire statuer sur cet appel. — Ch. corr., 4 juill. 1854 (Veuve G...), 249.

APPEL INCIDENT.

1.—Il n'est pas nécessaire qu'un appel incident soit motivé.—1ʳᵉ, 3 janv. 1854 (de Dauvet), 66.

2.—L'appel incident est recevable lors même que l'intimé a déposé, à l'audience, des conclusions par lesquelles il demandait simplement que l'appelant fût débouté de son opposition à un arrêt par défaut précédemment rendu, si, lors dudit arrêt, il a fait des réserves expresses de porter un appel incident. — 2ᵉ, 16 déc. 1853 (Donnet), 18.

3.—L'intimé qui a conclu à la confirmation du jugement dont est appel peut en interjeter appel incident à l'effet de faire admettre une fin de non-recevoir sur laquelle les premiers juges ont fondé leur décision, concurremment avec les moyens du fond.— 4ᵉ, 2 août 1854 (Le Besnerais), 306.

APPORT FRANC ET QUITTE. — V. *Contrat de mariage.*

ARBITRAGE.—ARBITRE.

1.—Des arbitres investis du droit de faire, en dernier ressort, la liquidation d'une succession ont seuls qualité pour statuer sur la validité et la réalité d'une créance réclamée par l'un des ayants-droit, et aussi sur l'interprétation d'une donation-partage faite par le *de cujus.* Leur décision est, sur tous ces points, inattaquable.—4ᵉ, 14 mars 1854 (Lelubois), 175.

2.— Est de la compétence exclusive de la juridiction arbitrale, la contestation survenue entre deux associés relativement à une association formée par l'un d'eux avec des tiers, lorsque la discussion ne porte que sur le point de savoir si la dernière association n'a pas eu lieu pour le compte de la société préexistante, et si, par suite, celui qui fait partie des deux sociétés ne doit pas tenir compte à cette dernière des bénéfices par lui réalisés dans son association avec des tiers.— Un tribunal de commerce est incompétent pour statuer sur une semblable contestation.—4ᵉ, 20 mars 1854 (Foucault), 271.

ARCHITECTE.

1.—L'architecte qui a dirigé des travaux exécutés par un entrepreneur est responsable des vices de construction et de toutes leurs conséquences, lors même qu'aucun acte écrit ne constaterait que la direction de ces travaux lui était confiée, si ce fait résulte des circonstances de la cause, et qu'il y ait à ce sujet un commencement de preuve par écrit.— Ce commencement de preuve peut résulter d'un interrogatoire sur faits et articles, et de plans donnés et annotés par l'architecte.— 4e, 23 mai 1854 (Lemeille), 298.

2. — L'entrepreneur qui n'a fait qu'exécuter, même d'après l'ordre de l'architecte du propriétaire, des travaux évidemment contraires à toutes les règles de l'art, doit être déclaré, avec et comme l'architecte, responsable des conséquences de leur imprudence commune, mais il doit, pour les condamnations prononcées contre lui, obtenir recours et récompense contre l'architecte.—Id..

ARRÊTÉ DE COMPTE.—V. Crédit.

ASSURANCE.—V. Vente.

ASSURANCE MILITAIRE.— V. Billet à ordre.

1.—Le contrat d'assurance contre le recrutement intervenu sous l'empire de la loi du 28 avril 1853 qui fixait à 80,000 hommes le contingent de l'année 1853 et du décret du 13 novembre de la même année qui réglait l'exécution de la loi du 13 avril se trouve résolu par l'effet de la loi du 13 avril 1854 qui élève le contingent à 140,000 hommes, lors même que ce contrat aurait prévu certains cas dans lesquels il serait considéré comme non avenu, sans y comprendre celui de l'augmentation du contingent. — Trib. civil de Caen, 1re Ch., 10 mai 1854 (Lehoux), 155.— Trib. civil de Caen, 1re Ch., 10 mai 1854 (Eustache), ibid..

2.—L'assuré peut exiger de l'assureur son remplacement immédiat, lorsqu'il fait partie du contingent, et bien qu'il ne soit pas appelé immédiatement sous les drapeaux. — 1re, 20 fév. 1854 (Ernault-d'Orval), 99.

AUBERGISTE.— V. Commerçant.

AUTORISATION DE FEMME MARIÉE.

1. — Est suffisamment spéciale l'autorisation donnée par un mari à sa femme d'aliéner des biens à elles propres et lui appartenant en vertu de tel acte. Il n'est pas nécessaire que l'autorisation indique les conditions de la vente à faire. — Du moins il peut être ainsi décidé, eu égard aux circonstances. — 2e, 12 janv. 1854 (Bonhomme), 39.

2.—La femme dont le mari a été condamné à une peine afflictive et infamante ne peut, tant que dure l'interdiction légale de ce dernier, intenter une action ou y défendre qu'avec l'autorisation de justice; l'autorisation que lui aurait donnée le tuteur de son mari serait entièrement nulle. — Si elle a procédé, tant en première instance qu'en appel, avec cette seule autorisation elle doit être admise à se faire un moyen de cassation de cette violation des art. 213 et 221 du Code Nap..—Pour que son pourvoi soit recevable, il suffit que l'autorisation de justice, à l'effet de se pourvoir en cassation, ait été obtenue par elle avant l'arrêt de la chambre civile, encore qu'elle l'ait été postérieurement à la signification de l'arrêt d'admission. — C. cass., 15 nov. 1854 (Lamarche), 275.

3.—La femme qui forme opposition à une saisie immobilière dirigée à la fois contre elle et son mari est défenderesse dans l'instance, quels que soient les moyens invoqués à l'appui de son opposition.—Il suffit donc qu'elle soit autorisée à ester en justice par le jugement même qui statue sur son opposition. — 2e, 10 mars 1854 (Moulin), 209.

AUTORISATION DE PLAIDER. — V. Caisse d'épargne.

AVEU.

Le principe de l'indivisibilité de l'aveu n'est pas applicable aux faits prouvés autrement que par cet aveu. — 4e, 6 fév. 1854 (Beaumé), 221.

AVOUE. — V. Jugement interlocutoire.

B

BAIL.— V. Demande nouvelle.—Prescription.

1.— Un locataire peut demander la résiliation de son bail si le propriétaire fait ou laisse faire un tel usage du surplus de la maison, qu'elle ne soit plus habitable par une famille honnête.— 4e, 20 déc. 1853 (Lesens), 91.

2.— Lorsqu'un bail est, sur la demande des créanciers du propriétaire, déclaré frauduleux et nul à leur égard, le fermier doit être remboursé des frais de culture et d'engrais, et le bail doit conserver tout son effet entre le bailleur et le preneur. — 4e, 10 juill. 1854 (Thomassé), 296.

BANQUE.

1. — Un banquier peut percevoir un droit de commission en sus de l'intérêt à 6 %, mais ce droit rend usuraire le prêt à raison duquel il est perçu, s'il n'est pas la juste rémunération des soins et démarches du banquier, l'indemnité des frais par lui faits et des risques qu'il peut courir. Dans ce dernier cas, les tribunaux peuvent le retrancher des comptes du banquier ; par exemple : le droit de commission ne peut être perçu qu'une seule fois sur les décaissements réels, et jamais, au moment des arrêtés de compte périodiques, sur la même somme que le banquier consent à prêter de nouveau par continuation de l'opération primitive. —Par exemple encore, le droit de commission ne peut être perçu ni sur la valeur d'objets remis en gage au banquier, sous forme de vente simulée, et par lui revendus plus tard fictivement à l'emprunteur, ni sur une somme prêtée par un commerçant non banquier à un autre commerçant, si ce prêt ne se rattache à aucune opération de banque, et lors même que la créance qui en résulte aurait été ensuite cédée à un banquier. C'est à celui qui attaque le compte de prouver que les droits par lui contestés ne pouvaient y être admis.—4e, 1er juin 1852 (Syndic Jouvet), 10. — 4e, 20 déc 1853 (Larsonneur), 10. —4e, 2 août 1854 (Le Besnerais), 307.—C., ch. req., rej., 5 déc. 1854 (Larsonneur), 307.

2. — Le droit de commission dû à un banquier doit être calculé, non pas eu égard aux usages de la place, mais à l'état de cette place et à la facilité avec laquelle le banquier pouvait se procurer des fonds. — On doit aussi prendre en considération cette circonstance que le crédit était ou non garanti par une hypothèque. — 4e, 1er juin 1852 (Syndic Jouvet), 10. — 4e, 20 déc. 1853 (Larsonneur), 10.

3 — L'imputation des perceptions excessives de commissions doit être faite non à partir seulement de la demande, mais bien de l'époque où ces perceptions ont eu lieu, d'abord sur les intérêts légaux alors échus, et subsidiairement sur le capital de la créance. — La loi du 10 décembre 1850 doit servir, même pour les perceptions antérieures à cette loi, à interpréter celle du 3 septembre 1807.— Id..

BILLET A ORDRE.

1 — Le billet à ordre souscrit par un non-commerçant ne tombe pas sous la juridiction commerciale, lors même que le tiers-porteur est commerçant, si ce billet ne lui a été transmis que par un endossement en blanc. —4e, 12 juin 1854 (Dejenteville), 326.

2 — Le tiers-porteur d'un billet à ordre qui savait que ce billet ne devait être payé que dans le cas où le bénéficiaire aurait, au moment de l'échéance, rempli certaines obligations est non-recevable, si ces obligations n'ont pas été remplies, à exiger du souscripteur le payement de ce billet.— 4e, 27 fév. 1854 (Julien), 214.

BOIS ET FORÊTS.

1.—Lorsque, dans le délai de six mois à partir de l'opposition à défrichement régulièrement faite, la décision ministérielle prohibitive ou l'autorisation conditionnelle n'ont pas été signifiées in extenso au propriétaire du bois ou de la forêt par un officier ayant qualité à cet effet et avec toutes les formalités légales, le défrichement peut avoir lieu, et l'administration ne peut plus s'y opposer, ni le subordonner à aucune condition. — Ch. corr., 29 mars 1854 (Rousselin). 107.

2.—...La signification d'une décision ministérielle prohibitive, qui n'a été précédée ni d'opposition ni d'aucune autre procédure, ne constitue pas un véritable jugement, et ne peut avoir les effets attachés à la signification d'une décision rendue après instruction et débats.— Id..

3.— ... Si, lors du renouvellement d'une demande en défrichement déjà une fois régulièrement rejetée, l'administration est dispensée de former opposition, à la juridiction ordinaire seule appartient de décider si la nouvelle demande est on non le renouvellement de celle antérieurement rejetée. — Id..

BOISSONS.— V. Cafés.

BOIS-TAILLIS.— V. Huissiers.

BONNE FOI.— *V. Femme normande.*
BRIS DE SCELLÉS.— *V. Dommages-intérêts.*

C

CAFÉS ET CABARETS.

Un fait accidentel de consommation de boissons sur place, dans un débit de boissons à emporter, ne constitue pas l'ouverture illicite d'un débit de boissons à consommer. En pareille circonstance, le débitant ne tombe donc pas sous le coup de l'article 3 du décret du 29 décembre 1851.—Ch. corr., 8 déc. 1853 (F...), 45.

CAISSE D'ÉPARGNE. — *V. Jugement interlocutoire.*

1. — Les caisses d'épargne considérées soit comme établissements publics, soit simplement comme établissements d'utilité publique, n'ont pas besoin de l'autorisation du Conseil de préfecture pour ester en justice. La loi de leur institution, (5 juin 1837) ne leur impose pas l'obligation de cette autorisation, et l'on ne peut argumenter, pour les y soumettre, de la disposition de l'art. 1032 du Code de procédure, qui ne pose pas le principe absolu de la nécessité de l'autorisation pour les établissements publics, mais se borne à renvoyer pour cet objet aux lois spéciales concernant les diverses classes d'établissements de cette nature.— C., ch. req., rej., 3 avril 1854 (Caisse d'épargne de Caen), 97.

2. — L'appréciation du mérite d'une quittance produite par la Caisse et son rejet comme ne justifiant pas le payement qu'elle oppose rentrent dans le pouvoir discrétionnaire des tribunaux et ne peuvent donner ouverture à cassation.—*Id.*.

3. — La Caisse d'épargne, dont le caissier a été infidèle et n'a pas payé à un déposant des sommes qu'il avait supposé lui avoir remboursées, ne peut pas échapper à la responsabilité que fait peser sur elle le fait de son préposé, sous le prétexte que celui-ci avait reçu du déposant des quittances en blanc signées et non datées, qui l'auraient constitué mandataire pour recevoir jusqu'à concurrence du montant de son livret, s'il est constaté, en fait, que le déposant n'a jamais eu l'intention de donner un tel mandat, et que

c'est par un abus de ses fonctions et des règlements que les blancs-seings étaient exigés par le caissier infidèle pour favoriser ses méfaits.— *Id.*.

4.—Le déposant qui, en sa qualité de tuteur, aurait pu encourir une responsabilité quelconque envers son pupille, à raison des versements par lui faits irrégulièrement à la Caisse d'épargne pour le compte de ce dernier, ne pourrait être recherché que par le mineur, et non par les administrateurs de cette Caisse, qui ne seraient pas recevables à invoquer contre lui la responsabilité que l'art. 450 du Code Napoléon attache à la mauvaise gestion du tuteur.—*Id.*.

5. — Celui qui a déposé une somme à une Caisse d'épargne et qui a fait condamner cette Caisse à la lui rembourser peut saisir-arrêter : 1° les fonds déposés par la Caisse d'épargne à la Caisse des dépôts et consignations ; 2° les fonds déposés à la Caisse d'épargne par les déposants; 3° la dotation de ladite Caisse ; 4° les bonifications et remises à elle faites par le Trésor. Mais il ne peut demander l'emport immédiat des sommes saisies-arrêtées ; il doit d'abord obtenir la déclaration des tiers-saisis, conformément au Code de proc. civ. et au décret du 18 août 1807, après quoi seulement il peut exiger les justifications relatives à cette déclaration. Il y a lieu à distribution entre tous les déposants, sauf, en cas d'insuffisance des deniers, leur recours contre les administrateurs personnellement, si on prétend que le déficit soit le résultat du fait ou de la négligence de ces derniers. — 2e, 18 mai 1854 (Grandguillot), 178.

6. — La juridiction civile est seule compétente, à l'exclusion des tribunaux administratifs, pour statuer sur l'exécution des jugements, et notamment sur la validité d'une saisie-arrêt dirigée dans les circonstances ci-dessus.—*Id.*.

7.—Les remboursements faits par les Caisses d'épargne, à quelqu'époque que ce soit, en exécution du décret du 7 juillet et de la loi du 24 novembre 1848, ne peuvent avoir lieu, sauf les fractions remboursables en numéraire, qu'en rentes sur l'Etat au taux fixé par ces lois.—*Id.*, et 27 mai 1854 (Caisse d'épargne), 178.

30

CAISSE DES DÉPOTS ET CONSIGNATIONS.

Lorsque, en versant à qui de droit des fonds consignés, la Caisse des dépôts et consignations exige une quittance notariée, les frais de cette quittance sont à sa charge et jamais à celle du créancier, ni à celle du débiteur dont la dette a été éteinte par la consignation et qui, par suite, ne peut même pas être mis en cause.— Trib. civ. de Caen, 1re Ch., 14 juin 1853 (Mouley), 199.

CASSATION. — V. *Contrat judiciaire.* — *Dommages-intérêts.* — *Faillite.* — *Femme normande.* — *Jugement interlotoire.*

CAUSE.—V. *Obligations.*

CAUTION. — **CAUTIONNEMENT.** — V. *Usufruit.*

CESSION. — V. *Legs.* — *Privilége.* — *Vente.*

CHOSE JUGÉE. — V. *Dommages-intérêts.*—*Enfant adultérin.*

L'adultérinité d'un enfant prononcée par un jugement passé en force de chose jugée ne peut plus être remise en question.—C., ch. civ., rej., 12 déc. 1854 (M...), 305.

CLAUSE LICITE.—V. *Contrat de mariage.*—*Legs.*—*Vente.*

COLLOCATION.—V. *Faillite.*—*Ordre.*

COMMERÇANT.—V. *Rente.*

1. — Un aubergiste est commerçant. — 4e, 15 mars 1854 (Morière), 222.

2. — Ne peut être réputée commerçante et par suite poursuivie devant les tribunaux de commerce la femme qui administre la maison de commerce de son mari, même pendant la détention de celui-ci, à moins qu'il ne soit prouvé qu'elle faisait le commerce pour son propre compte. — 4e, 21 fév. 1854 (Docanne), 335.

COMMISSIONNAIRE.

Le commissionnaire qui a acheté et s'est fait livrer des marchandises soi-disant pour le compte d'autrui est tenu d'en payer le prix au vendeur. Il en est ainsi surtout lorsque la personne pour laquelle ces achats auraient été soi-disant faits nie rien devoir pour semblable cause, ni au vendeur, ni au prétendu commissionnaire.—4e, 28 déc. 1853 (Billion), 42.

COMMUNAUTÉ.—V. *Copropriété.*

COMMUNAUTÉ CONJUGALE. — V. *Contrat de mariage.*— *Femme norman-*

de.—*Société d'acquêts.*

La femme survivante qui n'a pas fait inventaire des biens de la communauté est déchue du droit de renoncer à cette communauté ou société d'acquêts, et ne peut, par suite, exercer ses reprises même dotales sur les biens personnels du mari. — 4e, 29 mai 1854 (Mahieu), 283.

COMMUNE.—V. *Acte administratif.*— *Halle.*

La commune qui n'a pas intenté contre le seigneur l'action en revendication de ses biens communaux dans les 5 années qui ont suivi la loi du 28 août 1792 est non-recevable à intenter cette action en vertu d'un acte de triage antérieur à cette loi, si elle ne justifie pas d'une possession trentenaire. —Des actes de possession faits par la commune ne suffisent pas pour faire admettre ses prétentions, si le seigneur ou ses représentants en ont fait de plus nombreux et de plus significatifs.—1re, 24 mai 1854 (Commune d'Amfréville), 289.

COMPENSATION.—V. *Dot.* — *Femme normande.*—*Prescription.*

COMPÉTENCE (EN GÉNÉRAL).—V. *Degré de juridiction.*

Les juges de paix sont seuls compétents pour connaître d'une demande en rédaction d'état de lieux formée par un locataire ou fermier entrant contre son bailleur. — 1re, 6 fév. 1854 (Nouvel), 56.

COMPÉTENCE CIVILE.—V. *Acte administratif.*—*Caisse d'épargne.*—*Compétence commerciale.* — *Faillite.*

1. — L'autorité judiciaire est seule compétente pour décider : 1° si un immeuble vendu par l'État était au moment de la vente et est encore une dépendance d'une halle ; 2° si, en vertu de la loi de 1790, la commune peut contraindre l'acquéreur à lui vendre ou louer cet immeuble ; 3° si, jusqu'à ce qu'elle ait usé de cette faculté, l'acquéreur peut faire usage de la chose comme dépendance de la halle.—1re, 13 fév. 1854 (Corbel), 58.

2. — L'autorité administrative est seule compétente pour statuer sur la réparation du préjudice causé aux propriétaires riverains par les travaux de nivellement exécutés par une ville dans une de ses rues.—1re, 3 mai 1854 (Ville de Falaise), 278.

COMPÉTENCE COMMERCIALE. — V. *Arbitrage.—Abstention de juge.—Billet à ordre.—Compétence civile.*

1.—Dans les endroits où il existe un tribunal de commerce, le tribunal civil ne peut connaître des contestations commerciales que du consentement formel ou tacite de toutes les parties intéressées.— 1re, 4 déc. 1854 (Jardin), 318.

2.—Un tribunal de commerce n'est pas compétent pour connaître de la demande en payement de travaux faits à un immeuble (un moulin dans l'espèce) appartenant à un commerçant, lorsque ce dernier a fait faire ces travaux en qualité de propriétaire, et non par suite d'une opération de commerce. — 4e, 19 juill. 1854 (Levillain), 265.

3. — Un tribunal de commerce est compétent pour statuer sur une question de propriété d'enseigne pendante entre deux commerçants, lors même que, au cours de l'instance, il se serait élevé des questions de propriété excédant sa compétence. — 4e, 15 mars 1854 (Morière), 222.

4.—Lorsque, devant un tribunal de commerce, aucune discussion ne s'est élevée sur la qualité des parties, et que le jugement prononce simplement condamnation contre l'une d'elles aux qualités qu'elle agit, sans rien juger ni préjuger sur ladite qualité, le jugement ne peut être attaqué pour incompétence.— 4e, 2 janv. 1854 (Lerévérend), 73.

5.—L'art. 426 du Code de procédure doit être entendu en ce sens que la veuve et les héritiers des justiciables des tribunaux de commerce seront assignés devant le même tribunal que l'aurait été le défunt, suivant les dispositions de l'art. 420 du Code de procédure.— Id..

COMPLICE.—V. *Adultère.*

COMPTE.— V. *Partage.* — *Prescription.*

COMPTE-COURANT.—V. *Crédit.*

CONDAMNATION RÉCURSOIRE.— V. *Vente.*

CONDITIONS.— V. *Billet à ordre.—Legs.—Rente.*

CONNEXITÉ.—V. *Appel.*

CONSEIL DE FAMILLE.

Est nulle la délibération prise, relativement à une demande en interdiction, par un conseil de famille composé ex-

clusivement d'étrangers, lorsque : 1° il existe notoirement des parents dans le rayon fixé par l'art. 407 du Code Napoléon ; 2° lorsque des parents domiciliés en dehors de ce rayon n'ont pas été appelés ; 3° lorsque les membres qui ont pris part à la délibération ne sont pas domiciliés dans le lieu du domicile de la personne dont l'interdiction est poursuivie. — Aud. sol., 26 juill. 1854 (de B...), 278.

CONSIGNATION. — V. *Demande nouvelle.*

CONTRAINTE PAR CORPS.

1.—Le saisi, séquestre judiciaire des immeubles saisis, lorsqu'ils ne sont pas loués, n'est contraignable par corps que pour les dégradations et coupes de bois par lui faites depuis le jour où la saisie lui a été dénoncée jusqu'à la vente de l'immeuble, et non pour celles qui auraient eu lieu après cette vente. Les demandes connexes en indemnité des coupes de bois, des dégradations, et en répétition des fruits, ne forment qu'une seule demande et ne donnent lieu qu'à une condamnation unique. Il y a donc lieu de prononcer la contrainte par corps si le montant de cette condamnation excède 300 fr.—4e, 23 janv. 1854 (Dosseville), 35.

2.—La contrainte par corps ne peut, en matière civile, être prononcée contre les femmes que pour cause de stellionat. Les art. 126, 681 et 683 du Code de procédure ne contiennent aucune exception au principe posé par l'art. 2066 du Code Napoléon.—Id..

CONTRAT DE MARIAGE.

1.—Est licite la clause d'un contrat de mariage par laquelle une femme, en adoptant le régime dotal, s'est réservé le droit de vendre ses immeubles dotaux, à charge d'un remplacement ou d'une simple affectation hypothécaire sur les biens du mari.—En pareil cas, l'acquéreur n'a qu'un seul droit, c'est d'examiner si l'affectation hypothécaire offerte sur les biens du mari est suffisante, au moment où elle est fournie, pour garantir les droits de la femme.—1re, 9 fév. 1854 (Cauvet), 78.

2.—Si des époux peuvent, en adoptant le régime de la communauté, stipuler que les obligations contractées conjointement par le mari et la femme ne seront pas exécutoires sur les biens de la femme, il faut, pour obtenir ce résultat, que la stipulation soit telle que les tiers ne puissent s'y méprendre.—*Spécialement*, ne sont pas frappés de dotalité les immeubles de la femme qui, en adoptant le régime de la communauté, a stipulé que *lesdits immeubles ne pourraient être vendus sans un remplacement de biens au moins d'égale valeur et exempts de toutes charges*, et que, en renonçant à la communauté, elle pourrait *reprendre ses apports exempts des dettes et charges* de ladite communauté, même de celles qu'elle aurait contractées et auxquelles elle aurait été condamnée pour ou avec son mari, *dont le futur et ses héritiers seraient tenus de la garantir.* — 2ᵉ, 3 juin 1854 (Lecomte), 225.

3.— Le régime de la communauté et le régime dotal peuvent coexister dans le même contrat de mariage, mais, lorsque, en tête de leur contrat, les époux ont adopté le régime de la communauté, il faut, pour que les immeubles compris dans l'apport de la femme soient considérés comme soumis au régime dotal, une déclaration expresse tellement claire que les tiers ne puissent jamais être induits en erreur.—La clause qui se borne à soumettre à certaines conditions, et notamment à celle du remploi, l'aliénation volontaire des immeubles de la femme ne peut produire cet effet et n'enlève pas à celle-ci la faculté de s'obliger valablement sur ses immeubles vis-à-vis des tiers. — C. cass., 6 nov. 1854 (Chemin), 274.

4.— La clause d'un contrat de mariage par laquelle des époux qui ont adopté le régime de la communauté stipulent que la femme ne pourra vendre et aliéner ses biens immeubles qu'à la charge d'un bon et valable remplacement, ne s'applique qu'aux biens présents.—Les biens échus à la femme pendant le mariage restent dans ses mains de libre disposition. Elle peut donc valablement s'obliger et consentir subrogation à son hypothèque légale. — 2ᵉ, 3 fév. 1854 (Aubert), 37.

5.— Lorsque des époux ont adopté le régime de la communauté, en stipulant que les immeubles propres de la femme ne pourraient être aliénés sans un remplacement bon et valable, d'égale valeur et agréé par elle, et qu'elle reprendrait ses apports quittes et francs de toutes dettes, le contrat de mariage doit s'interpréter en ce sens que la clause de remplacement ne doit avoir d'effet qu'à l'égard du mari, et nullement à l'égard des tiers. — 4ᵉ, 7 fév. 1854 (Desloges), 138.

6.— La clause d'un contrat de mariage portant que, dans le cas de survie de la femme et d'acceptation de la communauté, on exceptera du partage tous les effets mobiliers à l'usage personnel et particulier de chacun des époux constitue une simple convention entre associés, et non une donation. — 2ᵉ, 1ᵉʳ décembre 1853 (Danjon-Paisant), 1.

7.—Il appartient à la Cour de cassation de décider si la clause d'un contrat de mariage a ou non pour effet de rendre dotaux les immeubles de la femme. — C. cass., 6 nov. 1854 (Chemin), 274.

CONTRAVENTION. — *V. Délits de la presse.*

CONVOL.—*V. Tuteur.*

COPROPRIÉTÉ.

1. — Le propriétaire d'un premier étage ne peut, à cause du bruit du cheval et de l'odeur du fumier, se plaindre de ce que le propriétaire du rez-de-chaussée a transformé en écurie une cave située dans ce rez-de-chaussée. Mais il peut demander la suppression de la fumière si elle lui cause préjudice. — 2ᵉ, 16 fév. 1854 (Lenglinay), 90.

2.—Lorsque les divers étages d'une maison appartiennent à divers propriétaires, chacun d'eux peut faire dans le mur de l'étage qui lui appartient toutes innovations qu'il juge convenable, pourvu que, par-là, il n'altère en rien la solidité du mur.— *Id.*.

3. — Le nᵒ 2 de l'art. 1859 du Code Napoléon doit être appliqué, par analogie, aux difficultés qui naissent entre les copropriétaires d'une chose commune et indivise. Le copropriétaire d'une cour ou venelle commune peut donc faire à ses bâtiments qui la bordent tous changements, augmentations et innovations, pourvu qu'il ne change pas la destination légale ou conventionnelle de cette cour ou venelle et qu'il ne porte pas atteinte au

droit réciproque des autres communistes. — 2ᵉ, 10 fév. 1854 (David), 115.

4. — Le copropriétaire d'une cour commune peut établir dans les bâtiments qui s'accèdent par cette cour un débit de boissons. Ses copropriétaires ne pourraient se plaindre qu'autant qu'il serait commis des abus.— 2ᵉ, 29 juin 1854 (Arnold), 263.

5.—Un copropriétaire ne peut grever le fonds commun d'une servitude au profit d'un autre fonds dont il est propriétaire exclusif et qui n'a aucun droit à cette servitude. Cette solution doit être adoptée, lors même qu'il est allégué qu'il ne résulte de cette servitude aucune incommodité pour les autres copropriétaires. — 1ʳᵉ, 27 nov. 1854 (Nourry), 321.

COUR COMMUNE.— V. Copropriété.

COUTUME DE NORMANDIE. — V. Femme normande.

CRÉANCIER (EN GÉNÉRAL).— V. Faillite. — Ordre. — Tierce opposition. — Tiers détenteur.—Vente.

CRÉANCIER HYPOTHÉCAIRE. — V. Folle enchère.—Ordre.

CRÉDIT.

Lorsqu'un acte d'ouverture de crédit n'indique pas les époques auxquelles les comptes seront arrêtés, on doit suivre à cet égard les usages du commerce.— 4ᵉ, 2 août 1854 (Lebesnerais), 306.

D

DATE. CERTAINE. — V. Saisie immobilière.

DÉCHÉANCE. — V. Hypothèque légale des femmes.

DÉFRICHEMENT.—V. Bois.

DEGRÉ DE JURIDICTION.—V. Arbitrage.—Jugement interlocutoire.

1.—Les conclusions déposées lors du jugement définitif doivent seules être prises en considération pour fixer le premier ou le dernier ressort.— 4ᵉ, 14 août 1854 (Delange), 293.

2.—Id.., Pourvu que ces conclusions, si elles sont restrictives et qu'il s'agisse d'un jugement par défaut, aient été signifiées avant l'audience.—4ᵉ, 16 janv. 1854 (Dosseville), 220.

3.—Id... Et les restrictions ou acquiescements passés devant la Cour ne peuvent changer la nature du jugement appelé. — 1ʳᵉ, 16 janv. 1854

(Dumont), 141.

4 — Lorsque, dans un état d'ordre ouvert sur le prix de diverses adjudications, le vendeur, l'exproprié ou ses ayants-cause contestent la demande en collocation d'un créancier et forment contre lui une demande reconventionnelle, si l'une de ces demandes excède le taux du dernier ressort, le jugement est susceptible d'appel, lors même qu'il contiendrait autant de dispositifs qu'il y avait de chefs de contestation et aurait été délivré séparément pour chaque contredit. Dans ce cas, l'appel porté par le créancier contesté et celui porté par le vendeur, l'exproprié ou ayants-cause doivent être joints.— 2ᵉ, 8 avril 1854 (Leharivel de Gonneville), 160.

5. — En matière d'ordre on doit, pour fixer le taux du premier ou du dernier ressort, réunir la créance contestée et les créances postérieures.— 1ʳᵉ, 16 janv. 1854 (Dumont), 141.

6. — Lorsque, dans un état d'ordre, la partie saisie conteste l'existence d'une créance dont le chiffre est supérieur à 1,500 fr., le jugement rendu est en premier ressort, encore bien que les deniers mis en distribution forment une somme inférieure à 1,500 fr..— Id..

7. — Est en dernier ressort le jugement rendu sur une demande en exécution de travaux, lorsque le demandeur a fixé lui-même la valeur de ces travaux, en réclamant, en cas d'inexécution, une indemnité inférieure au taux du premier ressort.— 4ᵉ, 21 mars 1854 (Marreau), 205.

8. — Est de valeur indéterminée, et, par suite, susceptible d'appel, la demande en revendication de récoltes saisies, lors même que le principal moyen serait tiré de la sincérité d'un bail, et que ce dernier point, s'il eût été l'objet principal du débat, eut dû,. vu le taux des fermages, être jugé en dernier ressort. — 4ᵉ, 10 juill. 1854 (Thomasse), 296.

9. — Est indéterminée, et par suite susceptible d'appel, la demande intentée par la corporation des notaires pour faire faire défense à un huissier de procéder à la vente d'arbres de haute futaie. — 1ʳᵉ, 16 janv. 1854 (Hébert), 51.

10. — Sont susceptibles d'appel les

jugements qui désignent un notaire pour procéder à une liquidation, une bannie ou une licitation. — 4e, 29 août 1854 (Martin), 327.

11. — Est en premier ressort le jugement rendu sur une demande en nullité de vente d'immeuble dont la valeur en revenu n'est pas déterminée conformément à l'article 1er de la loi du 21 avril 1838, et lorsque, d'ailleurs, le prix principal de la vente et les charges excèdent une valeur de 1,500 fr.. — 2e, 2 mars 1854 (Lepilleur), 127.

12. — Une Cour impériale est incompétente pour statuer sur la demande en nullité d'un jugement rendu par un tribunal de commerce qui n'aurait pas statué par deux dispositions distinctes sur la compétence et sur le fond, lorsqu'elle reconnaît que le tribunal était compétent, et que, d'un autre côté, les demandes sur lesquelles il a statué ne dépassent pas 1,500 fr. — 4e, 2 janv. 1854 (Lerévérend), 73.

13. — Le jugement rendu sur un incident est soumis, quant au premier et dernier ressort, aux mêmes règles que l'action principale. — Spécialement, lorsque, sur une instance pendante devant un tribunal de commerce, il est formé une demande en vérification d'écriture, le jugement rendu sur cette demande par le tribunal civil est en dernier ressort, si, vu la valeur du litige, la décision du tribunal de commerce sur le fond ne devait pas être susceptible d'appel. — 4e, 16 mai 1854 (Huet), 291.

DÉLÉGATION.

La clause d'un acte de constitution de rente par laquelle le débiteur de la rente laisse entre les mains du constituant une certaine somme pour rembourser pareille somme qu'il doit à telle personne ne constitue qu'une simple indication de payement, qui ne change rien à la position du constituant. Ce dernier peut donc opposer au créancier indiqué, même après l'acceptation de ce dernier, toute exception qu'il pourrait opposer au débiteur de la rente, et notamment toute nullité ou résolution. — 2e, 5 janv. 1854 (de Classé), 81.

DÉLITS DE LA PRESSE.

1. — L'art. 15 du décret du 17 février 1852 ne s'applique qu'aux nouvelles proprement dites. — L'appréciation mo-rale d'un fait vrai ne peut constituer une fausse nouvelle dans le sens dudit article, à moins qu'elle n'en change le caractère. — Mais le compte-rendu d'un discours peut être considéré comme une fausse nouvelle, bien qu'il soit exact, quant à la pensée générale de ce discours, s'il résulte des faits qu'il y a eu intention mauvaise dans le choix des expressions employées par le journaliste. — Ch. corr., 8 déc. 1853 (B...), 48.

2. — Il n'appartient pas au gérant d'un journal d'apprécier la teneur des notes rectificatives qui lui sont adressées par un dépositaire de l'autorité publique pour être insérées dans son journal. — Toute suppression ou modification apportée à ces notes constitue la contravention prévue par l'article 19 du décret organique de la presse du 17 février 1852. — En semblable matière, la bonne foi ne saurait être admise comme excuse. — Ch. corr., 8 déc. 1853 (E...), 27.

DEMANDE NOUVELLE.

1. — Ne peut être considérée comme demande nouvelle, et, par suite, peut être formée sur appel, toute demande relativement à laquelle le jugement dont est appel prononce une condamnation formelle, et cela lors même que les premiers juges n'auraient été saisis de la demande que par le défendeur, et malgré le demandeur qui voulait seulement se réserver à conclure plus tard sur cette demande. — 4e, 16 nov. 1853 (Hamel), et 2e, 9 déc. 1853 (Leboucher), 23.

2. — Il n'y a pas demande nouvelle lorsque les conclusions prises sur appel ne sont que la reproduction modifiée et atténuée de celles de première instance. — 1re, 13 fév. 1854 (Corbel), 58.

3. — Une demande en dommages-intérêts peut être formée pour la première fois sur appel, lorsque le fait qui y donne lieu s'est passé depuis le jugement dont est appel. — 4e, 12 déc. 1853 (Larsonneur), 10.

4. — La partie qui n'a figuré en première instance que comme tiers saisi, sans soulever aucune demande, soit directement soit indirectement, est non-recevable à porter appel du jugement intervenu. — 1re, 17 mai 1854 (de Cairon), 257.

5.—La demande en revendication de deniers saisis sur un tiers et qui n'ont été l'objet d'aucune opposition de la part du revendiquant est une demande nouvelle qui ne peut être présentée pour la première fois sur appel. — Il en est de même de la demande subsidiaire afin de consignation des deniers arrêtés.— 1re, 12 juin 1854 (Debaupte), 241.

6.—On ne peut pour la première fois sur l'appel d'un jugement qui, en prononçant la nullité d'une bannie de biens de mineurs à laquelle le tuteur n'avait pas pris part, a ordonné une nouvelle bannie de ces biens, faire décider que le tuteur de ces mineurs n'a pas pu, lors de cette seconde bannie, se rendre fermier de ces biens. — 2e, 16 juin 1854 (Goron), 303.

DEMANDE RECONVENTIONNELLE.— V. *Degré de juridiction.*

DÉPENS. — V. *Caisse des consignations.*— *Désistement.*— *Dot.* — *Femme normande.* — *Huissier.* — *Intervention.* — *Lettre de change.*—*Privilége.*

1.—Le débiteur qui conteste le principe même de l'action intentée contre lui, sans passer aucune obéissance, doit être condamné aux dépens, lors même que la demande ne serait admise que pour partie.— 1re, 17 mai 1854 (de Cairon), 257.

2.—Lorsqu'un jugement ou arrêt, statuant sur les difficultés relatives à un état d'ordre, décide que les dépens seront payés comme frais de mise à exécution, on doit entendre cette disposition en ce sens que lesdits dépens devront être colloqués comme suite de créance et au même rang que cette créance. — 4e, 19 juill. 1854 (Mahieu), 283.

3.—Une femme ne peut réclamer les dépens de sa séparation de biens, lorsque, longtemps avant cette séparation, elle avait repris l'administration et la jouissance de sa fortune, dont les revenus étaient assez considérables pour faire face auxdits dépens. — 2e, 9 avril 1854 (Dumesnil), 224.

4.—La partie qui succombe dans une instance contre une succession vacante ne peut être condamnée aux frais de nomination d'un curateur à cette succession, lorsque, d'ailleurs et pour d'autres causes, cette nomination était nécessaire. — Aud. sol., 15 fév. 1854

(M...), 76.

5. — L'acquéreur d'un bien dotal, poursuivi en payement du prix, peut être condamné aux dépens, lors même que certaines justifications peu importantes d'ailleurs n'ont été fournies que devant la Cour, si, malgré les sommations à lui faites avant et pendant l'instance, cet acquéreur n'a fait connaître qu'au dernier moment les justifications qu'il demandait. Mais dans ces dépens ne doivent pas être compris ceux que les vendeurs étaient, dans tous les cas, obligés de faire pour établir que le remplacement par eux offert était valable et suffisant. — 1re, 9 fév. 1854 (Cauvet), 78.

DÉSAVEU D'OFFICIER MINISTÉRIEL. —V. *Jugement interlocutoire.*—*Mise en cause.*

DÉSISTEMENT.

Ne peuvent se désister d'un appel par eux porté ceux qui n'ont pas capacité pour transiger sur l'objet du débat.—L'individu qui a porté l'appel du jugement qui prononce son interdiction ne peut donc se désister de cet appel.—Il doit, par suite, être condamné aux dépens, malgré son désistement, si l'interdiction est maintenue. — Aud. sol., 1er fév. 1854 (Leroux), 57.

DIFFAMATION.

La suppression d'un mémoire diffamatoire peut être ordonnée, lors même que l'adversaire aurait à tort provoqué par un écrit les explications de l'auteur du mémoire sur des faits étrangers au procès. — 4e, 12 déc. 1853 (Larsonneur), 10.

DISTRIBUTION PAR CONTRIBUTION. —V. *Caisse d'épargne.*—*Intervention.*

1.—En matière de distribution par contribution, l'ordonnance rendue par le juge-commissaire sur le privilége du propriétaire n'a pas besoin d'être signifiée à personne ou domicile. La simple signification à avoué suffit pour rendre cette ordonnance exécutoire et faire courir les délais du recours.— C., ch. civ., rej., 21 fév. 1854 (Caisse des consignations), 63.

2.—L'appel du jugement rendu sur un incident en matière de distribution par contribution doit, à peine de nullité, être signifié au domicile de l'avoué des intimés. La signification faite au domicile de la partie serait radicalement nulle. Il en serait ainsi, lors même que l'appel aurait été formé à nouveau par un exploit prétorial qui serait nul lui-même, comme ayant été simplement signifié d'avoué à avoué, et ne contenant pas citation. — 1re, 9 mai 1854 (Mancel), 173

DOMMAGES-INTÉRÊTS.—*V. Adultère.* —*Contrainte par corps.*—*Demande nouvelle. — Huissier. — Promesse de mariage. — Usine. — Vente.*

1. — La preuve de la paternité doit être rejetée même en ce qui touche la demande en dommages-intérêts formée par la mère d'un enfant naturel. Les faits à ce relatifs ne peuvent donc donner lieu à un interrogatoire sur faits et articles.—1re, 9 juin 1854 (R...), 253.

2. — Celui qui a épousé une fille adultérine, dans l'ignorance de cette adultérinité constatée seulement depuis le mariage, ne peut réclamer pour ce fait de dommages-intérêts contre le père et la mère de sa femme, s'il ne justifie pas que des manœuvres frauduleuses aient été employées pour le tromper, et si, d'un autre côté, il a agi légèrement et n'a pas pris les renseignements qui pouvaient le préserver de l'erreur dont il se plaint. L'arrêt qui le décide ainsi, d'après les circonstances de la cause, ne viole ni l'autorité de la chose jugée, ni l'art. 7 de la loi du 20 avril 1810, ni enfin les art. 1382, 1383, 1109 et 1116 du Code Napoléon. — Aud. sol., 15 fév. 1854 (M...), 76. — C., ch. civ., rej., 12 déc. 1854 (M...), 305.

3. — Il ne peut y avoir lieu à dommages-intérêts pour bris de scellés que s'il y a eu intention coupable et s'il est justifié que quelque soustraction a été commise.—Aud. sol., 15 fév. 1854 (M...), 76.

DONATION (ENTRE VIFS), — *V. Enfant adultérin.* — *Femme normande.*— *Partage d'ascendant.*

La donation entre vifs au profit d'un mineur ne peut, sans l'avis du conseil de famille, être valablement acceptée soit par le tuteur, lorsque la donation émane d'un tiers, soit par le subrogé-tuteur, lorsqu'elle émane du tuteur. La nullité peut, dans ce cas, être opposée soit par le donateur lui-même, soit par ses créanciers. — 1re, 8 mai 1854 (Poirier), 206.

DONATION ENTRE ÉPOUX.—*V. Contrat de mariage. — Dot.— Femme normande.—Hypothèque légale des femmes.—Quotité disponible.—Usufruit.*

Lorsque, par contrat de mariage, des époux ont déclaré se donner réciproquement tout ce que la loi leur permet de donner, l'étendue de cette libéralité est régie par la loi en vigueur lors de la dissolution du mariage. Peu importe que les époux mariés en l'an IV aient stipulé un douaire au profit de la femme.—1re, 3 juill. 1854 (Damamme), 330.

DONATION PAR CONTRAT DE MARIAGE.

La révocation, pour cause d'ingratitude, des donations faites par un père à l'un de ses enfants ne peut s'étendre à celles de ces donations faites par contrat de mariage. Il en serait ainsi lors même qu'aucun enfant ne serait issu du mariage, et que ce mariage aurait été dissous au moment où les faits d'ingratitude se sont produits. — 1re, 21 mars 1854 (Delatour), 130.

DOT.— *V. Communauté conjugale.— Contrat de mariage.— Dépens.—Femme normande.*

1. — Lorsqu'une femme adopte le régime dotal sans que son contrat de mariage contienne aucune constitution de biens en dot, mais seulement stipulation que les biens de la femme ne pourront être aliénés que moyennant remploi, cette stipulation, pût-elle valoir de constitution dotale, ne saurait atteindre que les biens présents, et non les biens à venir.— 2e, 12 janv. 1854 (Bonhomme), 39.

2. — Lorsqu'une femme s'est mariée sous le régime dotal, sans condition d'emploi pour les capitaux mobiliers, et avec constitution de société d'acquêts, l'immeuble par elle acquis de son père, et dont le prix a été compensé jusqu'à due concurrence avec les créances qu'elle portait contre lui du chef de sa mère, n'est pas dotal. — 2e, 10 mars 1854 (Moulin), 209.

3. — Les immeubles dotaux provenant d'une succession peuvent être aliénés pour acquitter les droits de mutation de cette succession, lorsqu'il n'existe pas de valeurs mobilières suffisantes pour le payement de ces droits. — Ils peuvent également être aliénés pour rembourser les emprunts faits à

l'effet d'acquitter ces droits, lors même que les prêteurs ne se seraient pas fait subroger au lieu et place de l'administration de l'enregistrement.—1re, 22 août 1854 (de B...), 324.

4. — Les revenus dotaux peuvent, pendant le mariage et tant qu'il n'y a pas séparation de biens, être saisis pour le payement des dettes du mari. —1re, 28 juin 1854 (Cahours), 332.

5. — Les revenus de la dot sont inaliénables en tant qu'ils ne dépassent pas la somme nécessaire pour subvenir aux charges du mariage, et ces charges comprennent les aliments dus aux enfants.—*Conséquence:* lorsqu'une femme dotale a donné une partie de ses biens dotaux en dot à l'un de ses enfants, à charge par celui-ci de faire une rente viagère à ses père et mère et à ses frères et sœurs, et que la délégation de la partie de cette rente à eux attribuée a été acceptée par ces derniers, les père et mère n'ont plus aucuns droits sur les portions de rente ainsi déléguées, et l'on ne peut compter à leur actif que la portion qu'ils se sont réservée.— Ce n'est donc que sur la fraction de cette portion qui excède leurs besoins que leurs créanciers peuvent poursuivre le remboursement de leurs créances. — 1re, 17 mai 1854 (de Cairon), 257.

6. — La femme dotale qui, dans une obligation par elle souscrite, s'oblige à payer une somme, en déclarant que cette somme était due par sa mère décédée, dont elle est héritière, doit être condamnée à payer le montant de cette obligation, mais la condamnation ne peut être déclarée exécutoire sur ses biens dotaux, ni pour le principal ni pour les dépens. — 2e, 25 fév. 1854 (Hue), 94.

7. — Lorsque, par son contrat de mariage, une femme a adopté le régime dotal et s'est néanmoins réservé le droit d'aliéner ses immeubles, mais sous la condition qu'ils seraient remplacés en immeubles ruraux de même prix et valeur, cette condition doit être exécutée rigoureusement : des immeubles ruraux peuvent donc seuls servir de remplacement ; des rentes sur l'Etat, même immobilisées, ne sauraient être admises.— 1re, 21 déc. 1853 (Mesnier), 30.

8. — L'acte par lequel une femme mariée sous le régime dotal, avec faculté d'aliéner ses immeubles dotaux moyennant remploi, donne une évaluation aux immeubles qu'elle accepte en remplacement fait la règle des parties, tant qu'il n'est pas attaqué pour violence, fraude ou lésion.—2e, 21 juin 1854 (Landry), 294.

9. — ... La clause par laquelle le mari renonce, dans un pareil acte, à exiger, du vivant de sa femme, la répétition des sommes qu'il aura payées pour le dégrevement des immeubles de celle-ci, constitue, non une donation entre époux qui serait révocable, mais une condition insérée dans un acte à titre onéreux.— Le mari ne peut donc, après séparation de biens, opposer lesdites sommes en compensation des reprises de sa femme, ni en demander le remboursement tant que sa femme existe, ni exiger le service des intérêts de ces sommes ou la continuation, à son profit, des rentes remboursées, comme s'il les eût achetées. — *Id.*.

DROITS DE MUTATION.— *V. Dot.*

E

ECHANGE.—V. *Vente.*

EMPRUNT.—V. *Dot.*

ENDOSSEMENT EN BLANC.—V.*Billet à ordre.*

ENFANT ADULTÉRIN.—V. *Chose jugée.*—*Dommages-intérêts.*

Il résulte nécessairement de la qualité d'enfant adultérin passée en force de chose jugée: 1° que l'enfant ne peut recevoir que des aliments dans la succession de ses père et mère ; 2° qu'il ne peut demander l'exécution d'une donation à lui faite, cette donation étant radicalement nulle ; 3° qu'il est non-recevable à demander contre sa mère la déchéance de son usufruit pour de prétendus détournements, d'ailleurs non justifiés, d'objets de la succession.— C., ch. civ., rej., 12 déc. 1854 (M...), 305.

ENFANT NATUREL.—V. *Dommages-intérêts.*

ENQUETE.

1.—En matière commerciale ou sommaire, la nouvelle citation donnée à un témoin défaillant ne doit pas contenir, à peine de nullité, copie du dispositif du jugement qui ordonne sa réassignation et fixe un jour pour son audition.—Il suffit que dans cette citation se trouve la copie du dispositif du premier jugement qui ordonnait l'enquête. — 4e, 12 juill. 1854 (Galopin), 261.

2.—Un témoin ne peut, sous aucun prétexte, être entendu plusieurs fois dans une même enquête.—1re, 23 mars 1854 (Maillard), 148.

ENSEIGNE.—V. *Compétence commerciale.*

ENTREPOT.

Une ville dans laquelle existe un entrepôt de douanes n'est pas responsable des marchandises déposées dans cet entrepôt, à moins de conventions particulières et légalement formées. — Elle ne peut être présumée avoir pris la responsabilité à sa charge, par cela seul que les droits de magasinage sont perçus à son profit, ou que les magasins sont fournis par elle. Il en serait ainsi lors même que le commerce se serait abstenu de placer un agent dans l'entrepôt et de réclamer la clef qui devait lui être remise.— Aud. sol., 1er mars 1854 (Ville de Rouen), 150.

ENTREPRENEUR. — V. *Architecte.* — *Louage d'ouvrage.*

ERREUR DE DROIT OU DE FAIT.—V. *Assurance militaire.—Dommages-intérêts.*

ÉTABLISSEMENT PUBLIC.—V. *Caisse d'épargne.*

ÉTAT DE LIEUX.—V. *Compétence.*

ETRANGERS.—V. *Mariage.*

EVOCATION.

La Cour, en annulant pour nullité ou incompétence une ordonnance sur référé, peut, comme en toute autre matière, évoquer le fond. — 1re, 12 juin 1854 (de Bougy), 229.

EXCEPTION. —V. *Délégation.* — *Fin de non-recevoir.*

Une exception d'incompétence *ratione loci* ne peut être proposée par la partie qui a conclu au fond dans un exploit d'opposition à un jugement par défaut ; il ne suffit pas qu'elle l'ait été avant toute défense devant le tribunal. — 4e, 6 déc. 1853 (Besniers), 28.

EXCUSE.—V. *Délits de la presse.*

EXECUTION DE JUGEMENT. — V. *Appel.—Caisse d'épargne.*

EXPERTISE. — V. *Acquiescement.* — *Jugement interlocutoire.*

EXPLOIT.

1.—L'appel de deux jugements peut être valablement porté par un seul et même exploit.— 4e, 28 juin 1854 (Legabilleux), 266.

2. —Un exploit d'appel est valable lors même qu'il n'indique pas exactement la date du jugement attaqué, si l'intimé n'a pas été induit en erreur, et notamment s'il résulte des conclusions signifiées par lui qu'il a parfaitement compris de quel jugement on entendait porter appel.— *Id.*.

EXPROPRIATION POUR UTILITÉ PUBLIQUE.—V. *Compétence civile.*

F

FAILLITE.— V. *Tierce opposition.*

1. —Un commerçant ne peut être réputé avoir cessé ses payements tant qu'il n'y a eu de sa part ni suspension, ni refus de payement, et cela lors même qu'une liquidation ultérieure établirait que, au moment des payements par lui faits, son passif excédait de beaucoup son actif. — 4e, 21 fév. 1854 (Letellier), 113.

2.—...Il en serait de même alors qu'il serait constant que des valeurs échues depuis longtemps n'ont pas été acquittées, s'il n'est pas établi que le payement ait été demandé au débiteur et refusé par lui.—*Id.*.

3.—La cessation de payements n'entraîne les effets légaux de la faillite qu'autant qu'elle a été déclarée judiciairement. — Cette déclaration peut être prononcée par les tribunaux civils, mais sous les mêmes conditions qu'elle pourrait l'être par les tribunaux de commerce ; elle ne peut donc être prononcée d'office ou demandée que dans l'année qui suit le décès, même en ce qui concerne les droits de la femme. — 1re, 15 mai 1854 (Pannier), 190.

4.— La fin de non-recevoir édictée par le dernier § de l'art. 437 du Code de commerce s'applique à toute demande qui est la conséquence nécessaire de l'état de faillite, et l'on ne peut faire incidemment, devant la juridiction ordinaire, ce que la loi interdit de faire devant la juridiction commerciale. — *Conséquence* : lorsque la veuve d'un commerçant est assignée en mainlevée de l'inscription de son hypothèque légale par elle prise sur un immeuble acquis par le mari à titre onéreux pendant le mariage, et qu'elle oppose à cette demande une fin de non-recevoir résultant de ce que plus d'une année s'est écoulée depuis le décès de son mari et que dès lors l'état de faillite de ce dernier ne peut plus être déclaré par les tribunaux, l'arrêt qui accueille cette fin de non-recevoir ne viole pas l'art. 437 du Code de commerce.— C., ch. req., rej., 4 déc. 1854 (Pannier), 302.

5. — Les dispositions de l'art. 446 § 3 du Code de commerce ne sont applicables qu'autant que les objets donnés en payement ont été réellement remis en la possession du créancier. C'est au syndic qui demande le rapport de ces objets de prouver que tradition réelle en a été faite.—4e, 28 déc. 1853 (Michel), 64.

6.—Bien qu'une créance ait été vérifiée, affirmée et admise au passif d'une faillite, elle peut encore être contestée par le failli ou par ses créanciers.—Il n'y aurait de fin de non-recevoir contre cette contestation que s'il était justifié que le contestant a été présent ou dûment appelé à la vérification des créances et qu'il avait alors les éléments qui devaient appuyer ses soutiens, et encore cette fin de non-recevoir ne pourrait-elle pas être opposée à la créance était attaquée pour cause d'usure.—Enfin l'admission de la créance à un état d'ordre n'élève pas une fin de non-recevoir, si le jugement a réservé les autres parties à contester cette créance.—4e, 2 août 1854 (Le Besnerais), 306.

7. — D'après l'art. 513 de l'ancien Code de commerce n'étaient déchus du droit de prendre part aux répartitions les créanciers qui n'avaient pas comparu et affirmé leur créance dans le délai, que s'ils avaient été avertis et mis en demeure. La simple opposition à répartitions, faite par ces créanciers, suffisait pour maintenir leurs droits, sans qu'il fût nécessaire que leurs créances fussent vérifiées et affirmées.—4e, 13 fév. 1854 (Trésor public), 128.

8. — Le jugement qui rejette la demande de mise en faillite formée par un créancier contre son débiteur doit être réformé, lorsque, au moment de l'action, le demandeur était porteur de créances certaines et liquides, et que de plus, le débiteur avait cessé ses payements.—Peu importe que postérieurement et sur sa propre demande, le débiteur ait été déclaré en faillite, et il suffit de porter l'appel du premier jugement qui a rejeté la demande du créancier, la réformation de ce jugement entraînant nécessairement la nullité du second. La voie d'appel est même, dans ce cas, la seule à suivre, l'opposition au second jugement formée devant le tribunal de commerce ne pouvant conduire à la décision demandée lors du premier jugement.— Aud. sol., 26 juill. 1854 (Prevel), 313.

FEMME. — V. Commerçant. — Contrainte par corps.

La femme est réputée mandataire de son mari pour toutes les acquisitions qu'elle fait dans l'intérêt de la famille, et elle ne peut, à moins de convention expresse, être condamnée ni personnellement ni solidairement à en payer le prix. — 1re, 28 juin 1854 (Cahours), 332.

FEMME NORMANDE. — V. Partage d'ascendant.

1.—Le statut normand était exclusif de la communauté pure et simple entre époux ; mais il admettait une société d'acquêts. — 2e, 1er déc. 1853 (Danjon-Paisant), 1.

2.—Les époux mariés sous l'empire de la loi de nivôse an II étaient soumis aux art. 329, 392, 393 et 399 de la Coutume de Normandie, s'ils n'y dérogeaient pas par leur contrat de mariage, mais ils pouvaient y déroger, stipuler une société d'acquêts et attribuer à la femme une part supérieure à celle que l'art. 229 de la Coutume lui accordait sur les conquêts.—Id..

3.—... Les droits de la femme sur la société d'acquêts ne constituaient pas un droit héréditaire, mais un droit de copropriété qui, par conséquent, n'a pas été atteint par la loi du 17 nivôse an II, abolitive seulement de toutes les lois, coutumes, usages et statuts relatifs à la transmission des biens par succession ou donation.—Id..

4.—Id.. Et, par suite, ces droits ne sont pas réductibles à la quotité disponible. — C., ch. req. rej., 6 nov. 1854 (Danjon-Paisant), 273.

5. — *Jugé toutefois que* ils peuvent, suivant les circonstances, être considérés comme une libéralité de la part du mari, et, par suite, être imputables sur la quotité disponible et réductibles à cette quotité—2e, 1er déc. 1853 (Danjon-Paisant), 1.

6.—... Au surplus, l'arrêt qui juge qu'une stipulation de société d'acquêts ne renferme pas une donation, soit d'après les termes de l'acte, soit d'après l'intention des parties, échappe à la censure de la Cour de cassation.— C., ch. req., rej., 6 nov. 1854 (Danjon-Paisant), 273.

7. — La femme normande pouvait, sans autorisation de justice ni avis de parents, aliéner ses immeubles dotaux pour l'établissement de ses enfants et, par suite, leur en faire donation.— 1re, 21 mars 1854 (Delatour), 130.

8.—L'acquéreur d'un immeuble vendu par une femme normande, sans les formalités voulues, ne peut, s'il connaissait les causes de nullité de la vente au moment où elle a eu lieu, réclamer les frais et coûts du contrat annulé. Il doit restituer les fruits, mais il peut opposer en compensation les intérêts de son prix par lui payés.— 2e, 7 avril 1854 (Guernier), 215.

FIN DE NON-RECEVOIR. — V. *Acquiescement.* — *Appel.*—... *incident.*— *Caisse d'épargne.*—*Chose jugée.*—*Degré de juridiction.* — *Demande nouvelle.* — *Dot.* — *Enfant adultérin.* — *Evocation.* — *Faillite.* — *Hypothèque légale des femmes.*— *Intervention.*— *Jugement interlocutoire.* — *Licitation.*—*Mariage.* — *Ordre.* — *Partage d'ascendant.*—*Séparation de corps.* — *Testament.* — *Tiers détenteur.*

FOLLE ENCHÈRE.—V. *Licitation.*

Les créanciers d'un vendeur, colloqués sur le prix de l'immeuble vendu et subrogés aux droits du vendeur par l'ordre définitif, ne peuvent, à défaut de payement de leurs bordereaux, poursuivre la revente de l'immeuble par voie de folle enchère. Ils n'ont d'autre voie à suivre que la demande en résolution de la vente ou la saisie immobilière. L'adjudication sur folle enchère est donc nulle et ne peut être opposée aux créanciers qui n'y ont pas été partie. Ceux-ci peuvent, par suite, s'opposer à la rectification de l'état d'ordre précédemment arrêté.— 2e, 4

mars 1854 (Diavet), 120

FORCE MAJEURE.—V. *Vente.*

FRAIS. — V. *Dépens.* — *Huissier.* — *Lettre de change.*

FRAUDE.—V. *Vente.*

FRUITS.—V. *Femme normande.*

G

GAINS DE SURVIE. — V. *Hypothèque légale des femmes.*

GARDIEN JUDICIAIRE. — V. *Contrainte par corps.*

H

HALLE.—V. *Compétence civile.*

Une commune qui acquiert de l'État une halle dont une dépendance, servant de lieu de dépôt moyennant rétribution pour les grains qui doivent approvisionner cette halle, a été précédemment aliénée par l'État au profit d'un particulier ne peut établir un autre lieu de dépôt pour lesdits grains au préjudice de ce particulier.— 1re, 13 fév. 1854 (Corbel), 58.

HAUTE-FUTAIE.— V. *Bois.* — *Huissier.*

HUISSIER.—V. *Degré de juridiction.*

1.—La loi du 5 juin 1851, qui donne aux huissiers le droit de procéder, concurremment avec les notaires, à la vente des fruits et récoltes pendants par racines et des coupes de bois taillis ne leur donne pas celui de procéder aux ventes d'arbres de haute futaie. Ces ventes leur sont donc interdites. On doit entendre par bois taillis les bois qui ne sont pas encore parvenus à l'état d'arbres et sont destinés à se reproduire et à être exploités à des époques périodiques. — 1re, 16 janv. 1854 (Hébert), 51.

2.—Un huissier peut être déclaré irresponsable de la nullité d'un exploit d'appel signifié par lui, s'il est reconnu que cette nullité n'a causé aucun préjudice à l'appelant, les prétentions de ce dernier n'ayant aucun fondement. L'appelant peut même être condamné aux dépens de la demande en dommages-intérêts par lui formée contre l'huissier ; mais ce dernier doit supporter les frais de l'exploit d'appel et ceux faits sur la demande en nullité

de cet exploit. — 2e, 14 janv. 1854
(Prevel), 52.

HYPOTHEQUE (EN GENERAL). — *V.*
—Legs.—Prescription.—Subrogation.

Une hypothèque éteinte par la purge
ne peut pas plus produire d'effet sur le
prix de l'immeuble que sur l'immeuble
lui-même. — 1re, 16 janv. 1854 (Dumont), 141.

HYPOTHEQUE LEGALE DES FEMMES.
— *V. Contrat de mariage.—Faillite.*

1.—La clause par laquelle un mari a,
par contrat de mariage, conféré à sa
femme, en cas de survie, des avantages
à prendre sur les valeurs mobilières et
immobilières les plus claires de sa succession constitue une institution contractuelle et n'interdit pas au mari le
droit de disposer de ses biens à titre
onéreux. La femme n'a donc pas d'hypothèque légale pour ces gains de survie et ne peut les réclamer que quand
tous les créanciers de son mari sont
payés. — 1re, 3 janv. 1854 (de Dauvet),
66.

2. — Une femme dotale peut, pour
conserver à sa dot mobilière le bénéfice entier de son hypothèque légale
à la date du mariage, renoncer à sa
collocation pour le prix d'un de ses
immeubles propres aliénés, ou demander que cette collocation ait lieu non
à la date du mariage, mais à la date de
la vente, tout en se réservant contre
le tiers détenteur de l'immeuble
l'exercice de l'action révocatoire. —
C., ch. civ., rej., 21 déc. 1853 (Drieu),
47.

3. — Le dépôt au greffe d'un contrat
d'acquisition et la notification à l'officier du ministère public prescrite par
l'art. 2194 du Code Napoléon ne purgent
que les hypothèques légales inconnues
de l'acquéreur, mais non celles dont il
connaît l'existence. Il en est ainsi lors
même que le mari, dont la femme veut
exercer son hypothèque légale, n'a
comparu à l'acte de vente que comme
mandataire des précédents propriétaires, s'il est constant qu'il était réellement propriétaire des immeubles
vendus, et que l'acquéreur connaissait
parfaitement sa position.— 1re, 3 janv.
1854 (de Dauvet), 66.

I

INCESSIBILITÉ.—*V. Legs.—Substitu-*
tion.

INCIDENT.— *V. Distribution par con-*
tribution.

INCOMPETENCE. — *V. Degré de juri-*
diction.—Evocation.

INDICATION DE PAYEMENT. — *V.*
Délégation.

INGRATITUDE. — *V. Donation par*
contrat de mariage.

INSAISISSABILITE.— *V. Incessibilité.*

INSTITUTION CONTRACTUELLE. —
V. Hypothèque légale des femmes.

INTERDICTION. — *V. Conseil de fa-*
mille.

INTERETS. — *V Banque.* — *Dot.* —
Femme normande.—Rente.

Quels que soient les usages locaux,
l'année, pour le calcul des intérêts,
doit être comptée de 365 jours et non
de 360. — 4e, 21 déc. 1853 (Larsonneur), 10.— 4e, 2 août 1854 (Le Besnerais), 306.

INTERPRETATION DE JUGEMENT.—
V. Dépens.

INTERROGATOIRE SUR FAITS ET
ARTICLES. — *V. Architecte.* — *Domma-*
ges-intérêts. — *Jugement interlocutoire.*
—Promesse de mariage.

INTERVENTION.—*V. Ordre.—Tierce*
opposition.

1.—En supposant que les principes
généraux du droit sur l'intervention
en appel soient applicables en matière
de saisie immobilière, ce ne serait
qu'autant que l'intervention porterait
sur l'objet même de l'appel, et l'intervenant ne pourrait soulever d'autres
questions que celles qui, d'après l'art.
732 du Code de procédure civile, peuvent être soumises à la Cour. — 2e, 10
mars 1854 (Moulin), 209.

2.—Les créanciers opposants sur les
deniers à distribuer sont suffisamment
représentés sur appel par l'avoué le
plus ancien des créanciers opposants.
Leur intervention est cependant recevable, mais ils doivent en supporter les
frais. — 1re, 12 juin 1854 (Debaupte),
241.

INVENTAIRE.

Lorsque les parties ne sont pas d'accord sur le choix du notaire qui doit
procéder à un inventaire, il doit y être
pourvu d'office par le juge qui, suivant

l'importance des valeurs à inventorier, peut ordonner que cet inventaire sera fait par deux notaires. — 1re, 12 juin 1854 (de Bougy), 229.

J

JONCTION.—V. *Appel.—Degré de juridiction.*

JOURNAL.—V. *Délits de la presse.*

JUGE DE PAIX.—V. *Compétence.*

JUGEMENT INTERLOCUTOIRE OU PRÉPARATOIRE.—V. *Acquiescement.— Testament (en général).*

1.—Est interlocutoire, et par conséquent susceptible d'appel, le jugement qui statue sur une fin de non-recevoir proposée contre une demande en désaveu d'officier ministériel et fondée sur ce que le mandataire qui, porteur de titres, a fait agir cet officier n'a pas été mis en cause par le désavouant.— 2e, 7 juill. 1854 (Delafaucherie), 333.

2.—Le jugement qui nomme des experts pour estimer le dommage éprouvé par l'une des parties est simplement préparatoire ; l'appel n'en peut être porté qu'après le jugement définitif et conjointement avec l'appel de ce jugement, et cet appel n'est pas recevable lorsque le jugement définitif est en dernier ressort, même par suite d'une réduction opérée dans la demande depuis le jugement préparatoire. —4e, 14 août 1854 (Delange), 293.

3.—Le jugement qui, sur une contestation entre une caisse d'épargne et un déposant, concernant des payements prétendus faits à celui-ci et qu'il conteste, a ordonné l'apport des registres de la caisse, la vérification de ces registres et une expertise desquels dépend la décision du procès préjuge nécessairement le fond du droit, et, par conséquent, est interlocutoire. Il peut, dès-lors, en être interjeté appel avant le jugement définitif. Au surplus, le jugement fut-il, dans l'espèce, simplement préparatoire, le moyen tiré de ce que l'appel aurait été prématuré et nul, aux termes des art. 450 et 452 du Code de procédure, est non-recevable devant la Cour de cassation, comme n'ayant pas été soumis aux juges de la cause.—C., ch. req., rej., 3 avril 1854 (Caisse d'épargne de Caen), 97.

4.—Le jugement qui admet ou rejette une demande en interrogatoire sur faits et articles est susceptible d'appel. — 1re, 19 juin 1854 (R...), 253.

JUGEMENT PAR DÉFAUT.—V. *Evocation.*

L'opposition au jugement d'un tribunal de commerce rendu par défaut contre une partie qui a comparu à une précédente audience doit, à peine de déchéance, être formée dans la huitaine de la signification de ce jugement.— 4e, 24 avril 1854 (Courvoisier), 288.

L

LEGS.—LEGATAIRE.— V. *Testament olographe.—Usufruit.*

1.— Un testateur peut valablement frapper d'incessibilité les revenus d'un immeuble par lui légué à une personne non réservataire. Cette dernière ne peut donc transporter ces revenus. — Toutefois, les tribunaux peuvent appliquer à cette clause le tempérament apporté par le Code de procédure civile à la clause d'insaisissabilité, et, suivant les circonstances et pour la portion qu'ils déterminent, valider les transports. — 1re, 12 juin 1854 (Debaupte), 241.

2.—Des immeubles ne peuvent être, par testament, frappés d'incessibilité. Des inscriptions peuvent donc être valablement requises sur ces biens par les créanciers du légataire. Il en est de même lorsque les biens déclarés incessibles et insaisissables sont grevés de substitution ; mais, dans ce cas, les hypothèques sont soumises à la même condition résolutoire que les droits du grevé eux-mêmes.—*Id.*.

LETTRE DE CHANGE.

La mention *sans frais*, insérée dans une lettre de change, dispense le porteur de la nécessité de faire constater le refus de payement par un protêt pour conserver son recours contre le tireur. Les frais que ferait à cet égard le porteur resteraient à sa charge.— Il est difficile d'admettre que, d'après les usages d'une place, cette mention doive être considérée comme de nul effet.—4e, 15 mars 1854 (Gilles), 147.

LICITATION.

La résolution par voie de folle enchère d'une adjudication faite sur licitation n'étant pas admise par la loi, l'appel du jugement qui statue sur une semblable demande doit être porté conformément aux dispositions du livre 3 du Code de procédure civile.— L'art. 732 du même code n'est pas applicable à ce cas. Mais les colicitants peuvent valablement stipuler, comme condition de la licitation, que l'adjudicataire sera soumis à la folle enchère dans le cas où il ne satisferait pas aux conditions de son adjudication ; et cette clause a effet tout aussi bien à l'égard des colicitants qu'à l'égard de tout autre adjudicataire. En pareil cas, on doit, par analogie, suivre les mêmes formes que pour la revente sur folle enchère des biens de mineurs. — Toutefois, cette dernière solution ne s'applique qu'à la procédure à suivre pour arriver à la revente, et aux incidents qui peuvent s'élever dans le cours de cette procédure, mais non au débat qui s'engage sur le fond même du droit de folle enchère. Dans ce dernier cas, les règles ordinaires de l'appel sont seules applicables, et non les formalités exceptionnelles des art. 731 et 732 du Code de procédure civile.—On ne peut non plus, dans le même cas, invoquer la fin de non-recevoir édictée par l'art. 703 du même code, ni en tirer aucune de l'art. 739, cet article ne faisant aucune distinction entre les nullités du fond et les nullités de forme et de procédure.—4e, 3 avril 1854 (Fornet), 193.

LIQUIDATION.— V. Arbitrage.—Société commerciale.—Vente.

LOUAGE D'OUVRAGE.

Lorsqu'un marché a été arrêté entre un propriétaire et un entrepreneur pour le prix de la construction d'un édifice, l'entrepreneur ne peut réclamer aucun supplément de prix pour les changements, démolitions ou ornementations nouvelles, à moins qu'il ne prouve que ce supplément de prix a été accordé par le propriétaire, et cette preuve ne peut être faite que par écrit.— 4e, 8 fév. 1854 (Canivet), 118.

M

MAINLEVÉE. — V. Subrogation.

MANDAT. — V. Caisse d'épargne. — Mise en cause.

MARAIS. — V. Acte administratif.

MARIAGE. — V. Dommages-intérêts.

1. — La fin de non-recevoir édictée par l'art. 183 du Code Napoléon ne s'applique qu'à l'action en nullité dirigée contre les mariages contractés sans le consentement des père et mère, des ascendants ou du conseil de famille, dans les cas où ce consentement est nécessaire ; mais, lorsque le mariage est attaqué pour vice du consentement de l'un des époux, l'art. 181 du même Code est seul applicable, et l'action en nullité est recevable tant qu'il n'y a pas eu six mois de cohabitation entre les époux.— Toutefois, lorsqu'il s'est écoulé plusieurs années depuis la célébration du mariage, il y a présomption que le consentement a été libre, surtout lorsque le demandeur en nullité avait intérêt à contracter le mariage.— 1re, 27 juill. 1854 (Mazier), 276.

2.—L'action en nullité d'un mariage est prescriptible. — Id..

3. — Est valable le mariage contracté par des étrangers suivant la forme usitée dans le pays où il se fait.—La preuve de ce mariage peut être faite de la manière admise en ce pays.— Aud. sol., 15 février 1854 (M...), 76.

MÉMOIRE. — V. Diffamation.

MESURES CONSERVATOIRES. — V. Saisie immobilière.

Encore bien que le premier juge n'eût pas dû ordonner l'exécution provisoire, le juge d'appel peut ordonner toutes les mesures conservatoires nécessitées par les circonstances, et notamment décider que les objets saisis seront, soit récoltés par compte et nombre et confiés à la garde d'un tiers jusqu'au vide du litige, soit vendus, sauf à laisser le prix ou partie du prix de la vente entre les mains de l'huissier instrumentaire.— 2e, 11 août 1854 (Rogue), 287.

MINEUR. — V. Donation. — Tuteur.

MINISTÈRE PUBLIC. — V. Appel en matière correctionnelle.

MISE EN CAUSE. — V. Jugement interlocutoire.

Lorsqu'un officier ministériel oppose à l'action en désaveu dirigée contre lui une fin de non-recevoir tirée de ce que le mandataire qui, porteur des titres, l'a fait agir, n'a pas été mis en cause par le désavouant, il peut être ordonné que la mise en cause aura lieu à la requête de ce dernier. — 2ᵉ, 7 juill. 1854 (Delafaucherie), 333.

MITOYENNETÉ. — V. Copropriété.

N

NOTAIRE. — V. Inventaire.

1. — Le notaire instrumentaire est responsable de tout le préjudice causé par la nullité d'un acte résultant de ce que un renvoi, porté à la fin de cet acte, n'a été ni signé ni paraphé spécialement, ni formellement approuvé. — 1ʳᵉ, 18 juill. 1854 (de Gaalon), 234.

2. — Le notaire qui consigne ou laisse consigner dans un acte de vente d'immeubles reçu par lui la déclaration que ces immeubles sont libres de toutes charges autres que celles désignées est responsable du préjudice éprouvé par l'acquéreur, par suite d'hypothèques non désignées, grevant lesdits immeubles, et résultant d'un autre acte reçu par lui peu de temps auparavant.—2ᵉ, 5 août 1854 (Mérillé), 280.

NOUVELLE FAUSSE.—V. Délits de la presse.

NOVATION.

Il n'y a point novation dans le fait d'un vendeur d'accepter des billets pour le montant d'un prix de vente d'immeubles, encore bien que l'acte de vente contienne quittance de ce prix, lorsque cet acte constate que le prix a été payé en billets, et lorsque ces billets eux-mêmes ont été causés pour prix du contrat de vente.— Le vendeur ne peut donc, dans ce cas, être présumé avoir renoncé à son privilége et à son action résolutoire.— 2ᵉ, 6 janv. 1854 (Châtel), 61.

O

OBLIGATIONS. — V. Assurance militaire.— Contrat de mariage.—Degré de juridiction.—Dot.

Une obligation énonçant une cause fausse n'en est pas moins valable, si elle a une cause réelle et licite. Mais il appartient aux tribunaux, sur la demande de tiers intéressés, de réduire le chiffre de cette obligation, s'il leur semble exagéré. — 1ʳᵉ, 10 juill. 1854 (Costard), 251.

OPPOSITION.— V. Jugement par défaut.

ORDRE. — V. Degré de juridiction.— Dépens. — Faillite. — Folle enchère. — Hypothèque légale des femmes.—Vente.

1.—Tout créancier, même simplement chirographaire, a qualité pour intervenir à l'ordre ouvert sur le prix des biens de son débiteur, en surveiller les opérations et faire des contredits. — 1ʳᵉ, 16 janv. 1854 (Dumont), 141.

2.—La partie saisie a qualité pour porter l'appel d'un jugement d'ordre et soutenir qu'un créancier colloqué n'est porteur d'aucune créance.—Id..

3.—Les créanciers hypothécaires qui n'ont point contredit en temps utile sont recevables à soutenir les contredits faits aux collocations provisoires par un créancier simplement chirographaire et à profiter de ces contredits.— A fortiori, en serait-il ainsi si ce créancier chirographaire avait, à l'expiration des délais pour contredire, la qualité apparente de créancier hypothécaire.—Id..

P

PARTAGE.—V. Privilége.

1.—L'art. 828 du Code Napoléon ne contient pas une règle absolue dont on ne puisse s'écarter à peine de nullité. Les tribunaux peuvent donc ordonner qu'il sera procédé au partage immédiat d'une succession, sans attendre l'apurement d'un compte demandé par l'un des copartageants, lors surtout que le reliquat de ce compte doit être peu considérable.—1ʳᵉ, 22 mai 1854 (de Marguerie), 223.

2.—Lorsque deux successions distinctes sont échues aux mêmes héritiers, que les biens composant ces successions sont partageables en nature pour l'une et impartageables pour l'autre, il doit être procédé au partage en nature pour la première, et à la licitation pour la deuxième. — 2ᵉ, 13 août 1853 (Cosnard), 213.

PARTAGE D'ASCENDANT.—V. Arbitrage.

1.—Les dispositions des art. 826 et 832 du Code Napoléon sont applicables aussi bien aux partages faits par les ascendants qu'à ceux faits par les cohéritiers eux-mêmes. Doit donc être annulé le partage qui attribue à un enfant une somme d'argent ou une rente, et aux autres tous les immeubles.—2ᵉ, 16 déc. 1853 (Donnet), 18.

2.—*Id*... Lors même que l'ascendant donateur aurait pris pour prétexte que, à raison de l'état d'idiotisme de celui-auquel une somme d'argent seule est attribuée, il lui est plus avantageux d'avoir une rente qu'un immeuble à administrer. Un tel partage peut être déclaré nul, sans que l'offre faite par le cohéritier d'un supplément en argent élève une fin de non-recevoir contre l'action en nullité. Cette offre ne peut entraver que l'action en rescision pour cause de lésion ; mais, lorsque la demande en nullité a été formée en première ligne et la demande en rescision présentée subsidiairement, il n'est pas nécessaire que la Cour impériale s'occupe de cette dernière demande d'une manière particulière.—C.. ch. req., rej., 16 août 1854 (Donnet), 273.

3.—En admettant que la prescription de l'art. 1304 soit applicable à l'action en nullité d'un testament contenant partage par un ascendant de ses biens entre ses enfants, cette prescription ne peut courir, lorsqu'il s'agit d'un partage testamentaire, que du jour où la partie qui oppose la nullité a eu connaissance du testament.— *Id.*.

4.—*Id.*.... et, dans tous les cas, cette prescription ne peut courir contre un individu qui est notoirement idiot de naissance, et qui a été interdit, pour ce motif, depuis le décès du testateur.—2ᵉ, 16 déc. 1853 (Donnet), 18.

5.— La prescription contre l'action en nullité ou rescision d'un acte contenant partage anticipé de ses biens par un père entre ses enfants et réglant de plus en apparence entre le père et les enfants et aussi entre les enfants eux-mêmes les droits et reprises qui leur appartenaient du chef de leur mère prédécédée ne peut courir que du jour du décès du père, et non avant. L'exécution donnée par les enfants à un pareil acte, toujours avant le décès de leur père, n'élève pas une fin de non-recevoir contre leur action en nullité ou en rescision. — 1ʳᵉ, 21 mars 1854 (Delatour), 130.

6.— Les mêmes solutions sont, dans les mêmes circonstances, applicables à la demande en nullité d'une donation de ses biens dotaux consentie par la mère, femme normande, prédécédée, au profit de l'un de ses enfants copartageant.— *Id.*.

PRELEVEMENT. — *V. Contrat de mariage.*

PRESCRIPTION. — *V. Vente de meubles.*

1.—Le propriétaire d'un immeuble loué ne peut, tant que dure le bail, se plaindre des empiétements faits par son locataire ou fermier, propriétaire lui-même de l'héritage voisin.— 2ᵉ, 16 fév. 1854 (Lenglinay), 90.

2.—La prescription ne peut être invoquée lorsque l'empiétement duquel elle résulterait est le résultat d'un cas fortuit.—*Id.*.

3.—On ne peut, dans un compte, opposer la prescription pour une créance qui s'est éteinte par compensation.—1ʳᵉ, 29 nov. 1853 (Angot-Lacouture), 105.

4. — La bonne foi, au moment de la vente, est exigée de la part du tiers détenteur pour la prescription des hypothèques par 10 et 20 ans, comme pour la prescription de la propriété. L'indication, dans l'acte de vente, d'une inscription prise sur les biens vendus ne constitue pas l'acquéreur de mauvaise foi, si le vendeur déclare dans ce même acte que cette inscription ne frappe pas lesdits biens. Il en est ainsi surtout lorsque, dans l'établissement de propriété, les personnes qui ont requis l'inscription ne sont pas désignées comme ayant possédé les immeubles vendus. — 1ʳᵉ, 21 nov. 1854 (Goujet), 312.

5. — L'acquéreur d'un immeuble affecté au service d'une rente foncière qui, dans son titre d'acquisition et dans un titre nouvel, ne s'est reconnu débiteur que d'une rente sujette à retenue et qui exerçait cette retenue au moment où la contestation est née doit être présumé l'avoir toujours exercée dans le temps intermédiaire ; il ne peut donc être contraint personnellement au service de la rente sans retenue, s'il invoque la prescription et si les créanciers de la rente ne prouvent pas qu'il ait été dérogé aux actes ci-dessus indiqués. Mais, comme tiers détenteur, il ne peut, pour la retenue,

invoquer' la prescription décennale lorsque le contrat d'acquisition, quoique indiquant comme non exempte une rente réellement exempte, lui imposait l'obligation de souffrir l'inscription hypothécaire prise pour sa conservation. Enfin, il peut, dans les mêmes circonstances, invoquer la prescription trentenaire, qui doit être admise si le créancier ne justifie d'aucune reconnaissance émanée, depuis la vente, des débiteurs originaires de la rente ni d'aucun acte interruptif de prescription. Ne seraient pas suffisantes, à cet égard, de simples réserves insérées dans un titre nouvel et non suivies d'effet. — 2ᵉ, 12 mai 1854 (Leroy), 162.

6.—La prescription de l'art. 2273 ne peut être invoquée par celui qui n'allègue même pas avoir payé la somme réclamée. — 2ᵉ, 3 mai 1854 (Fournier), 159.

7.—Une citation en justice interrompt seule la prescription. Une simple requête, afin d'obtenir permission d'assigner, ne peut avoir le même effet.— 1ʳᵉ, 15 mai 1854 (Pannier), 190.

PRESOMPTIONS. — V. *Architecte.*

PRESSE.—V. *Délits de la presse.*

PRET.—V. *Dot.—Rente.*

PRETE-NOM.—V. *Vente.*

PREUVE.— V. *Louage d'ouvrage.*

PREUVE PAR ÉCRIT (COMMENCEMENT DE). — V. *Architecte.*

Ne peut servir de commencement de preuve par écrit, à l'effet de faire admettre une preuve testimoniale, un acte qui, s'il était valable, ferait preuve complète. — Ainsi jugé lorsqu'il s'agit d'une question de capacité ou de dotalité. — 2ᵉ, 25 fév. 1854 (Hue), 94.

PRIVILÉGE. — V. *Distribution par contribution.—Novation.—Subrogation. — Vente.*

1.—Le privilége accordé par l'article 2103 du Code Napoléon au vendeur, sur l'immeuble vendu, s'étend nonseulement au prix principal de la vente, mais encore à tous les accessoires, tels que droits de mutation, frais faits pour forcer l'acquéreur à remplir l'obligation par lui prise de déposer devant notaire l'acte sous seing privé et autres.—2ᵉ, 20 janv. 1854 (Guesviller), 33.

2. — Encore bien que l'acte par lequel une partie stipule le payement d'une somme d'argent, pour équivaloir

à ses droits dans certains immeubles indivis, ne fasse pas cesser l'indivision entre les autres cohéritiers, si ceux-ci n'ont pas tardé à opérer entre eux le partage par un acte subséquent, et s'il est démontré que les deux actes consécutifs présentent un ensemble de conventions destinées à régler le partage entre tous les cohéritiers, celui dont le lot a ainsi consisté en une somme d'argent peut inscrire le privilége du copartageant sur les immeubles échus à ses cohéritiers. — 4ᵉ, 27 juill. 1853 (Laurent-Charrier), 101.

3. — Le privilége du vendeur non payé, transmis principalement et indépendamment du prix, continue de subsister au profit du cessionnaire, après que le vendeur a été intégralement remboursé. — 2ᵉ, 11 mars 1854 (Brémontier), 231.

PROMESSE DE MARIAGE.

L'inexécution d'une promesse de mariage peut donner lieu à des dommages-intérêts lorsqu'elle a causé un préjudice. Dans ce cas, la demande en interrogatoire sur faits et articles doit être admise. — 1ʳᵉ, 19 juin 1854 (R...), 253.

PROTÊT. — V. *Lettre de change.*

PUISSANCE PATERNELLE.— V. *Tuteur.*

PURGE.— V. *Hypothèque.— ... légale des femmes.*

Q

QUESTION PRÉJUDICIELLE. — V. *Testament.*

QUITTANCE.— V. *Caisse des consignations.*

QUOTITÉ DISPONIBLE.— V. *Femme normande.*

1. — La quotité disponible entre époux doit être fixée d'après la loi en vigueur au moment où ont eu lieu les donations par contrat de mariage, lorsque, d'après cette loi, la quotité disponible était plus étendue que d'après la loi en vigueur au moment de l'ouverture de la succession.— 2ᵉ, 9 déc. 1853 (Leboucher), 23.

2. — ... Mais elle doit être calculée d'après cette dernière loi, lorsque celle-ci fixe à la quotité disponible des limites plus larges que la loi sous l'empire de laquelle les donations ont eu

lieu. — **2e**, **1er** déc. **1853** (Danjon-Paisant), **1**.

3.—*Id*... Il en est au moins ainsi lorsque les époux ne se sont pas donné purement et simplement la quotité disponible, mais ont positivement déclaré qu'ils voulaient se donner plus que ne permettait la loi en vigueur au moment de la donation. — **2e**, 9 déc. **1853** (Leboucher), **23**.

R

RECHERCHE DE PATERNITÉ. — *V. Dommages-intérêts.*
RÉCUSATION. — *V. Abstention de juge.*
RÉFÉRÉ.—*V. Évocation.*
1. L'ordonnance sur référé rendue par le vice-président d'un tribunal, sans constatation de l'absence ou de l'empêchement du président, est nulle.—**1re**, 12 juin **1854** (de Bougy), **229**.
2.—*Contrà*, lorsqu'un tribunal est divisé en deux chambres, le vice-président attaché à la **2e** chambre a le droit de juger les référés, les jours où siége cette chambre, et il n'est pas tenu, à peine de nullité, de constater l'absence du président qui est présumé empêché.—Il en est surtout ainsi lorsque le référé se rattache à une affaire distribuée à la chambre que préside le vice-président.— **2e**, 17 juin **1854** (Bourges), **237**.
3. Un référé est valablement introduit par acte d'avoué à avoué, quand les parties sont déjà en instance. — *Id..*
REGLEMENT DE JUGES.—**v**. *Abstention de juge.*
REMPLACEMENT MILITAIRE. — *V. Assurance militaire.*
REMPLOI.—*V. Dot.*
RENTE. — *V. Délégation.* — *Dot.* — *Substitution.*
1.—Est licite la clause par laquelle un non commerçant prête à un commerçant une certaine somme moyennant une constitution de rente au taux de 6 °⁄₀ par an.— **4e**, 24 mai **1854** (Demireleau), **264**.
2.—Le créancier d'une rente peut exiger le remplacement des capitaux par lui versés pour la constitution de la rente ou retenir lesdits capitaux lorsqu'il ne s'en est pas encore dessaisi, si

la succession du débiteur de la rente, décédé insolvable, est déclarée vacante, et que le prix des immeubles composant cette succession soit insuffisant pour désintéresser même les créanciers hypothécaires. — **2e**, 5 janv. **1854** (de Classé), **81**.
3.—Lorsqu'une rente est constituée en blé *du meilleur de la halle de tel endroit,* on doit entendre ces mots non pas en ce sens que le débiteur devra fournir du *franc blé* ou la tête du blé, mais en ce sens qu'il pourra s'acquitter même en *blé chicot,* dans les années où ce blé sera supérieur à la qualité moyenne de la halle indiquée.—*Id..*
RENTE FONCIERE.—*V. Prescription.*
1.—La retenue créée par l'édit du 14 octobre **1710** a atteint toutes les rentes antérieures, à moins qu'une disposition claire et explicite de l'acte de constitution ne les ait soustraites aux impositions qui pourraient être établies par la suite. Ne sont pas suffisantes pour arriver à ce but les expressions *franchement venante*. Dans le doute, on doit soumettre la rente à l'application des lois postérieures, c'est-à-dire à l'édit de **1710** et ceux qui ont suivi. — **2e**, 12 mai **1854** (Leroy), **162**.
2.—Lorsqu'il n'est pas question de l'amortissement immédiat d'une rente, les Tribunaux ne doivent pas statuer sur le taux auquel devra avoir lieu le remboursement.—*Id..*
RENTES SUR L'ETAT.—*V. Dot.*
RENTE VIAGERE.—*V. Dot.*
REPRISES MATRIMONIALES. — *V. Communauté conjugale.* — *Contrat de mariage.*
RESOLUTION.—*V. Licitation.*
RESPONSABILITE.—*V. Architecte.*—*Caisse d'épargne.*—*Entrepôt.*—*Notaire.*
REVENDICATION.—*V. Degré de juridiction.*—*Demande nouvelle.*

S

SAISIE-ARRET. — *V. Caisse d'épargne.*—*Dot.*—*Demande nouvelle.*
Une saisie-arrêt peut être exercée pour des créances non certaines et non liquides, par exemple, pour le reliquat d'un arrêté de compte non encore rendu, lors, du moins, qu'il semble probable que le saisissant de-

meurera créancier par suite dudit compte.—1re, 1er février 1854 (Lair-Dubreuil), 106.

SAISIE-BRANDON. — V. *Degré de juridiction.*

SAISIE IMMOBILIERE. — V. *Contrainte par corps.—Folle enchère.—Intervention.—Vente.*

1.—La vente d'un immeuble consentie sous l'empire de l'ancien Code de procédure civile doit être déclarée nulle au respect des créanciers hypothécaires inscrits sur cet immeuble, si l'acte constatant cette vente n'a pas acquis date certaine avant la dénonciation de la saisie dudit immeuble.—4e, 27 juill. 1853 (Laurent-Charrier), 101.

2.—Bien qu'il y ait appel du jugement qui a validé une saisie immobilière, le saisissant peut demander l'emploi de mesures conservatoires pour empêcher le divertissement des récoltes.—2e, 17 juin 1854 (Bourges), 237.

3.—L'opposition à un commandement tendant à saisie immobilière ne constitue pas un incident sur saisie.—Le délai d'appel du jugement qui statue sur cette opposition est donc, non le délai de dix jours fixé par l'art. 731 du Code de procédure, mais bien le délai ordinaire de trois mois.—C. cass., 9 janv. 1854 (Anquetil), 46.

SAISIE-REVENDICATION.

Un tribunal saisi d'une demande en nullité d'une saisie-revendication pour défaut de l'autorisation exigée par l'art. 826 du Code de procédure civile peut statuer sans attendre que la question de propriété des objets saisis, pendante devant un autre tribunal, ait été vidée. — 4e, 20 mars 1854 (Greslé), 219.

SCELLES.— V. *Dommages-intérêts.*

SEPARATION DE BIENS.—V. *Dépens. —Dot.*

SEPARATION DE CORPS.

1.—Les torts réciproques des époux n'élèvent pas une fin de non-recevoir contre la demande en séparation de corps.— 2e, 2 août 1854 (P...), 255.

2.—La cohabitation des époux, même spontanée de la part de la femme et survenue depuis l'instance en séparation de corps, n'emporte pas la preuve nécessaire de la réconciliation. — 2e, 30 mai 1818 (Apvril); 1re, 12 fév.

1829 (Lenoir); 2e, 24 mars 1854 (Bouvet), 85.

SERVITUDE. — V. *Copropriété. — Vente.*

1.—Le propriétaire qui vend une partie d'un terrain lui appartenant, en se réservant un droit de passage à tous usages sur la portion vendue, peut exercer ce passage pour tous les bâtiments qu'il fait construire sur les terrains dont il a conservé la propriété.—Il en serait autrement pour les constructions par lui faites sur des terrains achetés depuis la vente, à moins qu'il n'en résulte aucune aggravation de servitude, par exemple, si les bâtiments par lui construits sur ces divers terrains ont une deuxième entrée (entrée principale) sur la voie publique.—2e, 16 mars 1854 (Ameline), 125.

2.—La renonciation à une servitude (un droit de vue, dans l'espèce) peut s'induire des circonstances, encore bien que le non-usage n'ait pas duré trente ans.—2e, 17 nov. 1853 (Guibout), 123.

SIGNIFICATION. — V. *Distribution par contribution.*

SOCIETE.

L'administrateur d'une société, condamné en cette qualité, n'est pas passible personnellement des condamnations prononcées. — 2e, 18 mai 1854 (Grandguillot), 178.

SOCIETE COMMERCIALE.— V. *Arbitrage.*

SOCIÉTÉ D'ACQUÊTS — V. *Communauté conjugale.— Femme normande.*

SOLIDARITE.—V. *Femme.—Vente.*

SUBROGATION. — V. *Contrat de mariage.— Vente.*

1. — Le privilége du vendeur non payé peut être valablement transmis séparément du prix qu'il garantit.— *Spécialement,* la cession de son privilége, consentie par le vendeur non payé, est valable, quoique faite sans prix et constitue une garantie réelle au profit du cessionnaire.—2e, 11 mars 1854 (Brémontier), 231.

2. — Le créancier qui, en recevant d'un tiers la somme qui lui est due, consent subrogation au profit de ce tiers dans les priviléges et hypothèques garantissant sa créance s'oblige virtuellement à fournir tous les actes et justifications qui sont en son pouvoir,

et qui sont nécessaires pour réaliser les subrogations et mainlevées par lui consenties.—2ᵉ, 25 mars 1854 (Dubosq), 152.

SUBSTITUTION. — *V. Legs.*

1. — Si, par suite de l'abrogation de la loi du 17 mai 1826, une clause de substitution entre frères jusqu'au deuxième degré est nulle, il n'en est pas de même de la clause de substitution au premier degré contenue dans le même testament. — 1ʳᵉ, 12 juin 1854 (Debaupte), 241.

2. — Le tuteur à une substitution a qualité pour s'opposer à ce que les deniers destinés à acquitter les charges grevant les biens substitués soient divertis de leur destination, et notamment il peut faire prononcer distraction, au profit des créanciers des rentes grevant les biens légués, de la portion de fermages nécessaire pour payer les arrérages de ces rentes.— Une semblable mesure ne peut être critiquée par les créanciers du grevé dont le legs a été déclaré, par le testateur, incessible et insaisissable, surtout lorsque ces créanciers n'ont pas rempli les formalités prescrites par l'art. 582 du Code de procédure civile.— *Id..*

SUCCESSION.— *V. Arbitrage.— Dot. — Partage.*

SUCCESSION VACANTE.— *V. Dépens.*

SURENCHÈRE.

Le créancier inscrit qui a consenti à la conversion d'une poursuite de saisie immobilière en vente sur publications judiciaires ne peut plus surenchérir du dixième.— Il en serait ainsi lors même que l'acquéreur, sur la sommation à lui faite de payer ou de délaisser, aurait notifié son contrat aux créanciers, avec offre de payer son prix.— Une semblable notification n'emporte pas renonciation au droit d'opposer les exceptions qui peuvent faire écarter la surenchère.—Tribunal civil de Caen, 1ʳᵉ ch., 22 août 1853 (Blanchard), 43.

T

TESTAMENT (EN GÉNÉRAL).— *V. Legs. — Partage d'ascendant.— Usufruit.*

1. — Lorsque les héritiers contestent la validité d'un legs sous le rapport de la forme ou de la capacité du testateur, la valeur du testament doit être vérifiée avant d'examiner quels seront ses effets. — 1ʳᵉ, 30 janv. 1854 (Bretonnet), 176.

2. — L'héritier qui attaque un testament, et à l'action duquel on oppose une fin de non-recevoir tirée de ce qu'il n'a aucun intérêt à la contestation, parce que le légataire produit un autre testament qui enlève également à cet héritier tous droits dans la succession, doit, pour écarter cette fin de non-recevoir, produire *hic et nunc* les moyens qu'il entend faire valoir contre ce second testament, et, s'il ne le fait pas, il doit être déclaré sans intérêt, et ne peut être réservé à l'attaquer plus tard. — 2ᵉ, 24 mars 1854 (Mauny), 153.

3. — *Id...* Et le jugement qui le décide ainsi n'est pas un simple jugement préparatoire, dont l'appel ne serait pas recevable.— 1ʳᵉ, 1ᵉʳ juin 1854 (de Brecey), 203.

TESTAMENT AUTHENTIQUE.

N'est pas exigée, à peine de nullité d'un testament authentique, la lecture aux témoins et au testateur des énonciations relatives au défaut de signature de ce dernier, ni, par conséquent, la mention de cette lecture. — 1ʳᵉ, 17 juill. 1854 (Poulain), 260.

TESTAMENT OLOGRAPHE.

La vérification de l'écriture d'un testament olographe est à la charge de l'héritier réservataire, et non à celle du légataire universel envoyé en possession de son legs.— C. cass., 25 août 1853 (Gauthier), 305.

TIERCE OPPOSITION.

1. — Celui qui a cédé une créance active peut former tierce opposition au jugement intervenu entre ses cessionnaires et le débiteur de la créance cédée, relativement aux droits hypothécaires attachés à ladite créance.— Il peut donc intervenir sur l'appel dudit jugement. — 4ᵉ, 7 fév. 1854 (Desloges), 138.

2. — Le créancier hypothécaire d'un débiteur failli est recevable à frapper de tierce opposition un jugement statuant sur un litige dans lequel il avait un intérêt opposé à celui de la masse des créanciers chirographaires du débiteur, encore bien que le syndic à la faillite de ce débiteur ait été partie dans ce jugement.— Toutefois, la recevabilité de cette tierce opposition doit être

restreinte aux chefs sur lesquels il y avait véritablement opposition entre les intérêts du créancier hypothécaire et ceux de la masse des créanciers chirographaires, le jugement reste inattaquable sur tous les autres chefs.—2e, 2 mai 1851 et 21 janv. 1854 (Bruneaux), 187.

TIERS DÉTENTEUR.—V. Dot.—Prescription.

Le créancier hypothécaire qui a poursuivi un tiers détenteur par la sommation de payer, purger ou délaisser, n'est pas réputé avoir renoncé à l'action en nullité que la loi lui accordait contre l'acte qui transférait aux tiers détenteurs la propriété des immeubles soumis à l'hypothèque.— Il en est surtout ainsi lorsque le créancier, au moment des poursuites par lui dirigées, pouvait ignorer les vices de l'acte dont il s'agit. — 4e, 27 juill. 1853 (Laurent-Charrier), 101.

TIERS-PORTEUR. — V. Lettre de change.

TIERS-SAISI.— V. Demande nouvelle.

TRANSPORT. — V. Legs.

TRAVAUX PUBLICS. — V. Compétence civile

TRIBUNAL DE COMMERCE.—V. Abstention de juges.

Les notables commerçants ne peuvent être appelés qu'en aide de justice, pour compléter un tribunal de commerce ; mais ils ne peuvent, dans aucun cas, le composer en majorité.— 1re, 4 déc. 1854 (Jardin), 318

TUTELLE. — TUTEUR. — V. Caisse d'épargne.—Demande nouvelle.—Donation.

La mère qui a perdu la tutelle de ses enfants parce qu'elle a convolé en deuxièmes noces sans convoquer le conseil de famille ne perd pas de plein droit la garde des enfants. Les tribunaux ont, à cet égard, un pouvoir discrétionnaire.— 2e, 19 mai 1854 (C....), 185.

U

USAGES. — V. Intérêts. — Lettre de change.

USINE.

Le propriétaire d'une usine même non autorisée, mais approuvée tacitement par l'administration, peut se plaindre du trouble apporté à sa longue et paisible possession par un tiers qui exécute des travaux non autorisés par l'administration. A fortiori, en est-il ainsi lorsque ces travaux sont contraires au décret d'autorisation rendu en faveur de ce tiers. — 2e, 5 nov. 1853 (Colein), 54.

USUFRUIT.— V. Enfant adultérin.

1.—Le légataire d'un usufruit d'immeubles, non dispensé par le testateur de fournir caution, peut cependant ne pas être tenu de donner cette caution, tant que dure le bail desdits immeubles consenti par le testateur, et cela lors même que ce bail n'obligeait pas le fermier à faire toutes les réparations d'entretien qui sont à la charge de l'usufruitier. — 1re, 12 déc. 1853 (Morice), 201.

2. — La mère, donataire par contrat de mariage de l'usufruit des biens de son mari, avec dispense de donner caution, peut être tenue de fournir cette caution, si, par suite de faits postérieurs, les enfants ont de justes sujets de craindre la perte de leurs droits. — 2e, 19 mai 1854 (C....), 185.

USURE. V. Banque.

V

VENTE (EN GÉNÉRAL). — V. Femme normande.—Privilége.

1.—Le contrat par lequel un individu a cédé à un autre le droit qui lui a été conféré de faire la recette d'une société d'assurance est licite et doit recevoir sa pleine exécution, lorsque le directeur de cette assurance, à l'adhésion duquel était subordonnée la validité de cette cession, accepte plus tard le cessionnaire comme receveur de la société.—2e, 10 août 1854 (Hardy), 286.

2.—Lorsque, dans l'acte de vente ou d'échange d'un immeuble, celui qui cède l'immeuble a concédé droit de passage par un chemin déterminé, et que plus tard ce chemin, qui appartenait à la commune, vient à être vendu par elle aux propriétaires riverains, ce qui rend le passage impossible, il y a lieu de prononcer la résolution du contrat et de condamner le cédant à indemniser les acquéreurs ou échangistes de tout le préjudice par eux éprouvé. — 4e, 18 janv. 1854 (Fauvel), 217.

3.—Le subrogé aux droits d'un créancier, par suite de remboursement, ne peut intenter l'action résolutoire appartenant au subrogeant, qu'autant que celui-ci n'y aurait pas renoncé.— 4e, 3 avril 1854 (Fornet), 193.

4.—Le créancier qui poursuit la vente sur saisie immobilière d'un immeuble hypothécairement affecté à sa créance est présumé avoir renoncé au droit de résolution qu'il pouvait avoir sur cet immeuble.—Il en serait ainsi lors même qu'il aurait été décidé que, vu leur priorité, les poursuites d'un autre créancier seraient seules continuées, surtout lorsque le subrogeant a été réservé à réclamer du saisi les frais qu'il a faits et a produit à l'ordre pour en recevoir le remboursement. — Mais on ne peut induire une renonciation à l'action résolutoire de ce que le créancier aurait simplement produit à l'état d'ordre ouvert sur le prix de l'immeuble affecté à sa créance, si, par un motif quelconque, il ne reçoit pas le payement de cette créance. La même solution est applicable au subrogé qui a produit en sous-ordre de son subrogeant.— Id..

VENTE DE MEUBLES.

1. — Lorsqu'un cheval est tellement méchant que, évidemment, l'acquéreur ne l'aurait pas acheté s'il eût été mis à même de connaître sa méchanceté, l'action en nullité de la vente de ce cheval n'est pas soumise aux délais prescrits par la loi du 20 mai 1838 sur les vices rédhibitoires. — La prescription de dix ans est seule opposable. — 4e, 20 juin 1854 (Bellenger), 268.

2. — ...Lorsque la nullité d'une telle vente est prononcée, le prête-nom du vendeur doit, s'il a concouru à la fraude être condamné, solidairement avec le vendeur, au remboursement du prix de vente et aux dommages-intérêts.— Ce prête-nom doit avoir recours contre le vendeur réel pour la portion du prix de vente qu'il pourrait être tenu de payer, mais non pour les dommages-intérêts ni les dépens.— Id..

VENTE D'IMMEUBLES.— V. Degré de juridiction.

VENTE PUBLIQUE.   V. Huissier.

VÉRIFICATION D'ÉCRITURE. — V. Degré de juridiction. — Testament olographe.

VICES RÉDHIBITOIRES.—V. Vente de meubles.

ERRATA.

A la page 15, 2e col., ligne 9, au lieu de: *Offres réelles*, lire: *Offres*.

page 59, 1re col., ligne 3, supprimer le mot *Percepteur*.

page 62, 1re col., ligne 5, au lieu de: viii, 195, lire: viii, 191.

page 69, 2e col., avant-dernière ligne, au lieu de 32, lire: 31.

page 80, 2e col., lignes 22 et 23, au lieu de: *lors même que, au moment où*, lire: *lorsque, au moment où*.

page 88, 2e col., lignes 32 et 33, au lieu de *Offres réelles*, lire: *Offres*.

CAEN.—IMPRIMERIE E. POISSON.

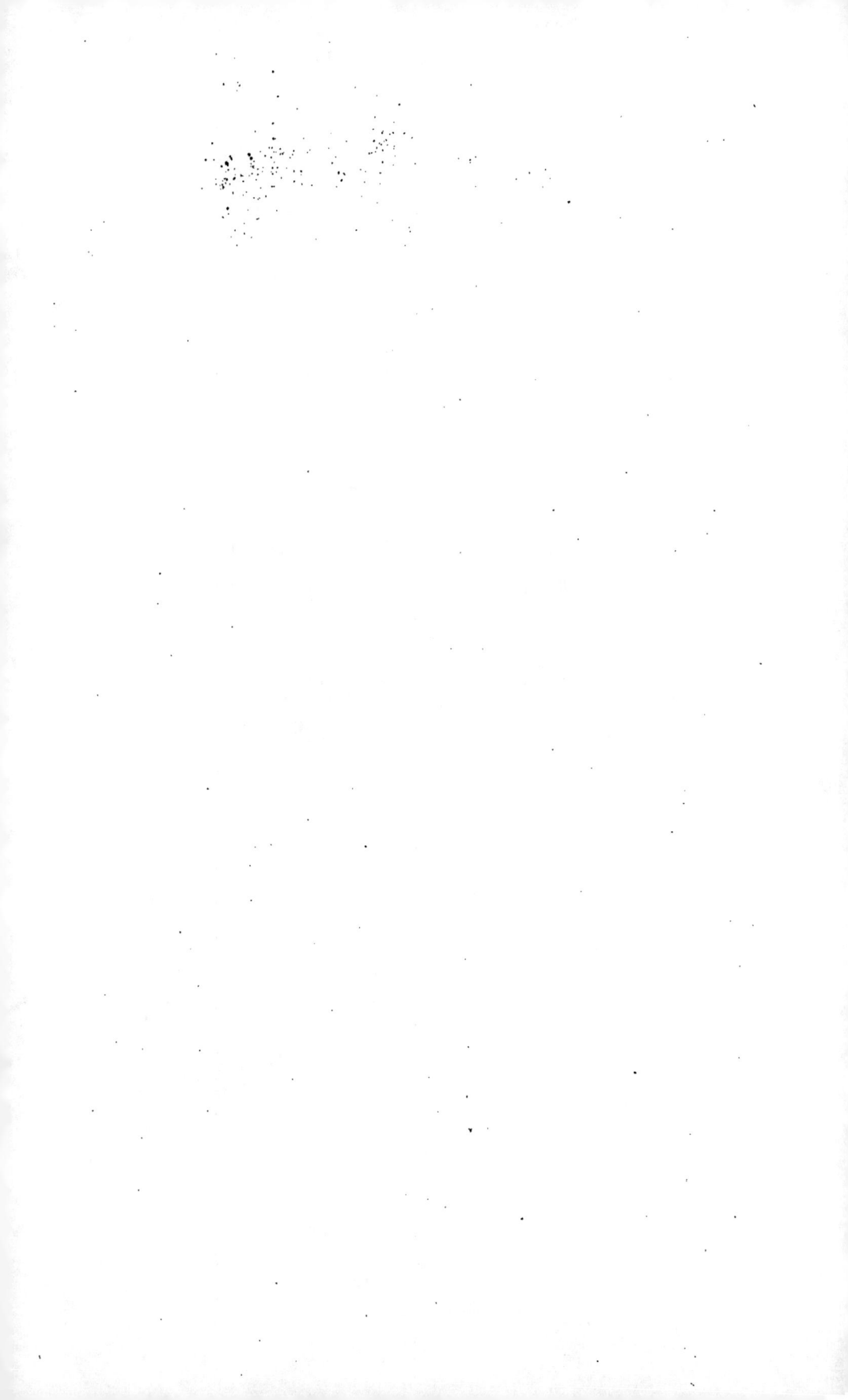

www.ingramcontent.com/pod-product-compliance
Lightning Source LLC
Chambersburg PA
CBHW031613210326
41599CB00021B/3169